[日]秋谷裕幸 著

闽东四县市方言调查研究

上海教育出版社

作者简介

秋谷裕幸（AKITANI Hiroyuki），男，1963 年 3 月 13 日出生于日本神奈川县。1988 年在早稻田大学获文学硕士学位，2017 年在神户市外国语大学获文学博士学位。现任爱媛大学法文学部教授。主要从事汉语方言音韵史和词汇史研究。汉语南方方言的研究集中在闽语和浙南吴语，著有《吴语处衢方言研究》（合著）（2000）、《吴语处衢方言（西北片）古音构拟》（2003）、《闽北区三县市方言研究》（2008）、《闽东区古田方言音韵研究》（合著）（2012）、《吴语婺州方言研究》（合著）（2016）和《闽东区宁德方言音韵史研究》（2018）等；汉语北方方言的研究集中在关中片、汾河片一带的中原官话和吕梁片晋语，著有《韩城方言调查研究》（合著）（2016）和《中原官话汾河片音韵史研究》（2020）。

目　录

1　前言

1.1　本书的研究背景与目的

至今笔者一共发表了四本研究闽东区方言的著作（包括合著在内）：

（1）《浙南的闽东区方言》（2005 年）；

（2）《闽东区福宁片四县市方言音韵研究》（2010 年）；

（3）《闽东区古田方言研究》（与陈泽平合著，2012 年）；

（4）《闽东区宁德方言音韵史研究》（2018 年）。

这四本著作都是笔者的个人著述规划“闽东区方言音韵史和闽东区方言词汇史”的组成部分。

音韵史部分要撰写《闽东区方言音韵史研究》。首先构拟原始闽东区方言的音系，然后阐明自原始闽东区方言至现代各地闽东区方言的语音演变。

词汇史部分则要撰写《闽东区方言词汇史研究——身体部位词语部分》。词汇史当然要研究基本词汇的各个方面。但考虑到各种客观条件，笔者打算先完成身体部位词语部分。

这两本计划中的著作也是笔者对闽语史研究的阶段性研究成果。

通过以上四本已出版的著作，笔者积累了以下 11 个方言点的第一手材料，分类根据秋谷裕幸(2010b)：

南片　福州小片　古田大桥

北片　福宁小片　寿宁斜滩、柘荣富溪、福鼎白琳、霞浦长春、古田杉洋、宁德虎浿、宁德九都、周宁咸村

浙江小片　泰顺三魁、苍南炎亭

以往的调查研究中，调查点偏重北片，南片的第一手材料只有古田大桥。另外，《闽东区福宁片四县市方言音韵研究》所记录的寿宁斜滩、柘荣富溪、福鼎白琳和霞浦长春四个点缺少系统性的词汇材料。所以，在着手撰写《闽东区方言音韵史研究》和《闽东区方言词汇史研究——身体部位词语部分》之前，显然很有必要获得更多的方言材料，尤其是南片方言的材料。

撰写本书的目的就是积累四个闽东区方言，即寿宁、福安、屏南和福清方言的系统性材料。

本书挑选福清方言的理由很明确，是要把它作为南片福清小片的代表点。其他三个点则不然。一个具体方

言点的资料到底具有哪些语言史意义(方言史意义),往往要在调查研究之后才能明白。本书所要研究的寿宁、福安和屏南方言都属这种情况。在整理调查材料的过程当中,笔者果然发现了这三个方言以及福清方言里一些具有闽东区方言史意义的问题。本书第三章专门讨论这些问题。除了屏南方言的归属问题以外,讨论均与原始闽东区方言的构拟直接有关。所以,本书 3.1、3.2、3.3、3.4 都可视为《闽东区方言音韵史研究》的准备性工作或者它的组成部分。

1.2 四县市方言的研究文献

所有文献按内容分为五大类,每类内部的篇目按发表时间的先后排列。秋谷裕幸(2010a: 2—4)已经列出的文献,除了林寒生《闽东方言词汇语法研究》和《寿宁县志·卷三十二 方言》以外不再收录。前加"*"者,笔者尚未目睹,兹据有关文献采录。

1.2.1 综合类

(1) 林寒生《闽东方言词汇语法研究》,云南大学出版社,全 128 页,2002 年 8 月。

［10种闽东方言的词汇语法对照。第一章“闽东方言词汇对照表”共收735个词条，第五章第三节“语法例句对照表”则收51个短句。第三章“闽东方言本字考”也值得参见。10个代表点当中包括了本书所要研究的3个点，即寿宁、福安和福清方言，参考价值相当高。］

（2）曹志耘主编《汉语方言地图集》，商务印书馆，2008年11月。

［语音卷205幅、词汇卷203幅、语法卷102幅，共有510幅全国汉语方言地图。图上的寿宁点是斜滩镇，福安点是穆阳镇，均由秋谷裕幸负责调查；屏南点是黛溪镇，福清点是龙江街道，均由福建师范大学的陈泽平教授负责调查。］

（3）秋谷裕幸（AKITANI，Hiroyuki）《闽东区福宁片四县市方言音韵研究》，福建人民出版社，全251页，2010年3月。

［闽东区福宁片福鼎市白琳方音、霞浦县长春方音、寿宁县斜滩方音和柘荣县富溪方音的描写。第六章通过与中古音的对照归纳这四个福宁片方言的音韵特点，从而取得了福宁片和侯官片之间音韵差异的初步认识。］

（4）秋谷裕幸《论闽东区方言的分区》，《罗杰瑞先生七秩晋三寿庆论文集》（余霭芹、柯蔚南主编，香港中文大学中国文化研究所吴多泰中国语文研究中心），47—76

页,2010 年 6 月。

[本文对闽东区方言的分区重新进行讨论。主要内容有:1.“变韵”和闽东区方言的分区;2. 闽东区的南北界;3. 福清;屏南黛溪、宁德方言的归属;4. 蛮话片的位置;5. 分区方案。]

(5) 杜佳伦《闽东方言韵变现象的历时分析与比较研究》,《汉学研究》(汉学研究中心)第 28 卷第 3 期(总号第 62 号),197—229 页,2010 年 9 月。

[相当详细地分析了包括福安和福清方言在内的很多闽东区方言的变韵。材料均为第二手材料。]

(6) 袁碧霞《闽东方言韵母的历史层次》,浙江大学博士学位论文,全 284 页,2010 年。

[本论文较为全面地分析了闽东韵母的历史层次。主要的分析对象是福州、福清、宁德、福安、福鼎、柘荣、霞浦等方言。但也列出了屏南方言的少数字音,由笔者自己调查。福清和福安方言的材料则利用了冯爱珍(1993)和《福安市志·卷三十七 方言》的材料。指导老师是陈忠敏教授。]

(7) 叶太青《北片闽东方言语音研究》,黄山书社,全 413 页,2014 年 5 月。

[内容包括第一章“北方闽东方言的研究背景”、第二章“音系”(第一节“福安话音系”、第二节“洋中话音系”、

第三节“霍童话（老派）音系”、第四节“白玉话音系”）、第三章“历史音韵（上）——比较音韵”、第四章“历史音韵（下）——《简易识字七音字汇》音系”（第二节“《简易识字七音字汇》同音字汇”）、第五章“音系的性质与演变”（第一节“声母的分析”、第二节“韵母的分析——三套辅音韵尾格局的保存与消变”、第三节“韵母的分析——变韵现象”、第四节“声调的分析”、第五节“音系的特征和方言分片的讨论”）、结语、参考文献。本书是笔者在 2007 年所提交博士学位论文的修订本。本书第二章第一节所记的福安方言是潭头镇潭溪村的方言。这个福安方言有[j]声母，但没有[w]声母。“有”和“务”福安穆阳方言读作[ou^{223}]和[wou^{223}]，有区别。潭头方言则都读[ou^{23}]。第二章第四节是屏南县寿山乡白玉村方言的音系。虽然位于屏南县境内，但这个方言和城关方言之间存在巨大的差异。所以，本书把白玉方言作为周宁县周边地带周宁方言的代表。《简易识字七音字汇》是反映 20 世纪上半叶福安方言的韵书。本书第四章则较为详细地分析其音系，并列出了同音字汇。这是福安方言的历史音韵研究不可或缺的重要材料。]

1.2.2　寿宁方言

（1）寿宁县地方志编纂委员会《寿宁县志・卷三十

二 方言》，726—772 页，鹭江出版社，1992 年 7 月。

［本书较为全面地描写了寿宁城关方言。内容包括“概说”、第一章“语音”（第四节为“同音字表”）、第二章“词汇”、第三章“语法选例”、第四章“标音举例”。具有很高的参考价值。］

秋谷裕幸（2010a：2—4）列出了 2009 年之前研究寿宁方言的文献。除了秋谷裕幸（2010a：99—142）描写了斜滩镇的方言以外，2009 年以后大概只有以下一篇文章。

（2）李佐铃、李秋果《闽东方言之寿宁话与普通话的比较研究》，《邢台学院学报》第 32 卷第 2 期，88—92 页、108 页，2017 年 6 月。

1.2.3 福安方言

1.2.3.1 现代福安方言

（1）Jerry Norman ‘A preliminary report on the dialects of Mintung’, *Monumenta Serica* 33, 326 - 348, 1977 - 78.

［文章指出福安穆阳方言中逢阴平、阳平、阴去、阳去、阴入和阳入时形成了变韵，声母系统里存在半元音声母［w］和［j］等重要现象后，列出了 411 个单字音，与福鼎、柘洋、宁德和福州方言对照。具有相当高的参考价值。在文章所记录的穆阳方言中，七个辅音韵尾即 m/p、 n/t、ŋ/k、ʔ齐全。]

(2) 梁玉璋《福安方言概述》,《福建师大学报(哲学社会科学版)》1983年第3期,77—86页,1983年。

[文章第77—78页指出某些高龄老人除了ŋ/k尾以外还保留着m/p尾。]

(3) 福建省福安市地方志编纂委员会《福安市志·卷三十七 方言》,1052—1100页,方志出版社,1999年12月。

[本书较为全面地描写了福安城关方言。内容包括概说、第一章语音(第四节为同音字表)、第二章分类词表、第三章语法例句、第四章标音举例。具有很高的参考价值。由梁玉璋撰稿。]

(4) 戴黎刚《福安话撮口呼的消变》,《语言学论丛》第三十六辑(北京大学汉语语言学研究中心《语言学论丛》编委会编),171—183页,商务印书馆,2007年12月。

[文章认为变韵是早期福安方言中撮口呼消变的原因。]

(5) 戴黎刚《闽东福安话的变韵》,《中国语文》2008年第3期,216—227页,2008年5月。

(6) 赵峰《福安方言本字考释》,《湖南医科大学学报(社会科学版)》第10卷第5期,86—88页,2008年9月。

(7) 陈平《福安方言指示代词的音变构词》,《红河学院学报》第6卷第6期,77—80页,2008年12月。

(8) 陈泽平《福安话韵母的历史音变及其共时分析方法》,《中国语文》2012 年第 1 期,58—67 页,2012 年 1 月。后来把题目改为《论福安话的韵母系统》,稍微作了修改后收录于陈泽平《福州方言的结构与演变》,64—79 页,人民出版社,2014 年 10 月。

[文章把音变过程分成以调类为条件的变韵和自我调整的自然音变而分析了福安方言的变韵和韵母演变过程。]

(9) 陈泽平〈闽东福安话半元音声母的由来〉,《中国语文》2014 年第 3 期,259—266 页,2014 年 5 月。

[文章认为福安方言的半元音声母[w]和[j]都不是存古特征,而主要是早期介音转换为声母的结果。]

(10) 林梅琴《福安话土不土说了才知道》,《福建人》2016 年第 10 期,63 页,2016 年。

(11) 戴黎刚《福建福安话零声母自由变体的音位化历程》,《方言》2018 年第 1 期,58—71 页,2018 年 2 月。

[文章认为福安方言的半元音声母[w]和[j]是由几种不同的因素造成的,即 1. 浙南闽南区方言的影响;2. 自由变体随机分化;3. 韵母系统的整合;4. 调查者对音系的处理。]

1.2.3.2 历史文献

福安方言具有《安腔八音》、*Diccionario Español* =

Chino, Dialecto de Fu-an（《班华字典—福安方言》）、《简易识字七音字汇》和《戚林八音福安地方方言版》等历史文献。在此列出与此相关的研究。

1.2.3.2.1 综合类

（1）吴姗姗《四部福安方言韵书研究》，福建师范大学博士学位论文，全313页，2012年5月。

[该博士论文全面研究了福安方言的四种历史文献。内容包括绪论、第一章“闽东方言北片区语音概况”、第二章“《安腔八音》声韵调系统研究”（第五节“《安腔八音》同音字汇”）、第三章“《班华字典》、《简易识字七音字汇》及《戚林八音福安地方方言版》（残卷）声韵调系统研究”（第一节“五《班华字典》同音字汇”）、第四章“福安地区四部韵书声韵调系统与中古音系的音韵比较研究”、第五章“福安四部方言韵书音系与闽东方言北片语音比较研究”、第六章“《戚林八音福安地方方言版》、《安腔八音》、《七音字汇》与闽东方言南片韵书《戚林八音》音系系统比较”、第七章“福安四部方言韵书音系的性质及演变”、第八章“结语”。附录1是《班华字典—福安方言》PROLOGO（序言）和INTRODUCCION（说明）的中文译版。可以说本博士论文为今后福安方言的历史研究打下了一个相当良好的基础。指导老师是福建师范大学马重奇教授。]

（2）赵峰《西洋传教士的福安方言研究概述》，《湖南工程学院学报》第 23 卷第 2 期，29—31 页、112 页，2013 年 6 月。

也参看 1.2.1 综合类(7)叶太青《北片闽东方言语音研究》。根据吴姗姗(2012：14—15)，《宁德地区志·方言卷》的第一章第四节“福安话方言字典”研究了《安腔八音》《简易识字七音字汇》和《班华字典》的音系。但笔者尚未目睹。

1.2.3.2.2 《安腔八音》

(3) 杨碧珠《〈安腔八音〉声母系统研究》，《福州大学学报(哲学社会科学版)》第 14 卷第 4 期，58—60 页，2000 年 10 月。

(4) 杨碧珠《〈安腔八音〉与〈戚林八音〉声母系统比较研究》，《中共福建省委党校学报》2000 年第 8 期，50—53 页，2000 年。

(5) 马重奇《福建福安方言韵书〈安腔八音〉》，《方言》2001 年第 1 期，1—16 页，2001 年 2 月。也收录于马重奇《汉语音韵与方言史论稿》，273—296 页，人民出版社，2015 年 6 月。

[本文分析手抄本《安腔八音》的十七个声母、四十七个韵类和七个声调，并拟测出它们的实际音值。文章还指出《安腔八音》中鼻尾 m、n 和 ŋ 尾以及塞音韵尾 p、t、k 和 ʔ 尾分别已经开始合并。]

(6) 吴姗姗、马重奇《〈戚林八音福安地方方言版〉残卷与〈安腔八音〉手抄本韵部比较研究》,《东南学术》2012年第1期,268—274页,2012年。

(7) 戴黎刚《陈祖蔚抄本〈安腔八音〉的韵母系统》,《方言》2013年第2期,141—149页,2013年5月。

[本文重新分析手抄本《安腔八音》的韵母后指出:1. "杯"韵和"辉"韵没有区别;2. 存在撮口呼韵母;3. 辅音韵尾实际上只有ŋ尾和k、ʔ尾。]

(8) 吴姗姗《〈安腔八音〉声母特殊音读分析》,《铜仁学院学报》第18卷第6期,128—130页,2016年11月。

(9) 吴姗姗《〈安腔八音〉老本、抄本声韵系统比较研究》,《贵州工程应用技术学院学报》2017第6期第35卷(总第191期),117—120页,2017年。

1.2.3.2.3 《班华字典—福安方言》

(10) 秋谷裕幸《〈班华字典—福安方言〉音系初探》,《方言》2012年第1期,40—66页,2012年2月。

[本文分析《班华字典—福安方言》(1941—1943)的音系,拟测注音罗马字的实际音值,并考察了近一两百年来福安方言的语音演变,同时还整理出较为初步的同音字汇。]

(11) 吴姗姗《闽东、闽南土白语汇的语言年代学考察》,《牡丹江师范学院学报(哲社版)》2012年第1期(总167期),82—83页、86页,2012年。

1.2.4 屏南方言

1.2.4.1 城关方言

*(1) 陆泽品《屏南话古词语试考》,《宁德师专学报》1983 年第 1 期,1983 年。

(2) 陆泽品《屏南话古词语考(续)》,《宁德师专学报(哲学社会科学版)》1984 年第 2 期(总 8 期),123—128 页,1984 年。

(3) 屏南县地方志编纂委员会《屏南县志 · 第三十四篇 方言》,755—794 页,方志出版社,1999 年 4 月。

[本书较为全面地描写了屏南城关方言。内容包括概说、第一章“语音”(第四节“同音字表”)、第二章“分类词表”、第三章“语法举例”、第四章“标音举例”。具有很高的参考价值。据《屏南县志》第 883 页,由梁玉璋和游文良撰稿,由游文良编辑。]

(4) 胡育弟《闽东方言屏南土语研究》,云南师范大学硕士研究生学位论文,全 54 页,2009 年 5 月。

[本论文较为详细地描写了城关方言的语法。内容包括否定词、动词的体和貌、代词等。指导老师是云南师范大学的姚一斌教授。]

1.2.4.2 黛溪方言

阜阳师范学院的叶太青副教授积极展开屏南县黛溪

镇方言的研究。他就是黛溪本地人。

（1）叶太青《屏南代溪话音系》，福建师范大学硕士学位论文，全104页，2003年6月。

［本论文较为详细地描写了黛溪方言的音系。第四章“黛溪方言同音字汇”具有很高的参考价值。指导老师是福建师范大学陈泽平教授。］

（2）叶太青《屏南代溪话中的方言古词语》，《福建论坛·人文社会科学版》2005年专辑，207—208页，2005年。

（3）叶太青《屏南代溪话声调说略》，《福建论坛·人文社会科学版》2006年专刊，200页，2006年。

（4）叶太青《〈说文解字〉中的屏南话方言词》，《乐山师范学院学报》第22卷第6期，47—49页，2007年6月。

（5）叶太青《福建屏南县若干方言词本字考》，《阜山师范学院学报（社会科学版）》2016年第6期（总第174期），55—58页，2016年。

1.2.5 福清方言

（1）高玉振《福清方言的声母连续音变》，《中国语文》1978年第4期（总第147期），258—259页，1978年。

［简要地描写了福清方言的声母类化。］

（2）冯爱珍《福建省福清方言的语音系统》，《方言》1988年第4期，287—300页，1988年11月。

[本论文可视为冯爱珍《福清方言研究》第三章“福清方言音系”之部分内容的初稿。]

(3) 梁玉璋《福清方言》,《福建师范大学学报(哲学社会科学版)》1990 年第 2 期,84—92 页,1990 年。也收录于梁玉璋《语海拾贝 梁玉璋方言研究文集》,231—243 页,海峡文艺出版社,2009 年 9 月。

[《福清市志 · 卷三十八 方言》的摘要。]

(4) 冯爱珍《福清方言声母与〈广韵〉声母比较》,《方言》1990 年第 2 期,109—116 页,1990 年 5 月。

[这篇文章可视为冯爱珍《福清方言研究》第六章第一节“声母的古今对比”和第四节“例外字”的初稿。但正例的单字音材料比该书更多。]

(5) 冯爱珍《福清方言韵母与〈广韵〉韵母的比较》,《方言》1990 年第 4 期,249—261 页,1990 年 11 月。

[这篇文章可视为冯爱珍《福清方言研究》第六章第二节“韵母的古今对比”和第四节“例外字”的初稿。但正例的单字音材料比该书更多。]

(6) 冯爱珍《福清话与福州话的入声》,《第二届闽方言学术研讨会论文集》(梁东汉、林伦伦、朱永锴编,暨南大学出版社),58—64 页,1992 年 12 月。

(7) 冯爱珍《福州方言的入声》,《方言》1993 年第 2 期,101—118 页,1993 年 5 月。

［文章第四章“从与福清方言的对比看入声韵尾”里指出福清方言中古入声的分化情况和福州方言一致。关于闽东方言中古入声分化，参看本书2.1.1.2.3.5、2.1.3.2.3.5、2.1.4.2.3.5以及秋谷裕幸（2010a：241—242）。］

（8）冯爱珍《福清方言研究》，社会科学文献出版社，全215页，1993年6月。

［本书是对福清方言既全面又很深入的研究。内容包括第一章 导论、第二章 福清方言的特点、第三章 福清方言音系、第四章 福清方言同音字表、第五章 福清方言音系和北京音系的比较、第六章 福清方言音系和古音的比较、第七章 福清方言标音举例、第八章 福清方言词汇表。词汇表共收约3 000多条。本书对以后的福清方言研究乃至整个闽东区方言的研究起到了良好的影响。］

（9）福清市志编纂委员会《福清市志・卷三十八 方言》，997—1054页，厦门大学出版社，1994年4月。

［本文也较为全面地描写了福清方言。内容包括概说、第一章语音、第二章字音（第一节为同音字表）、第三章分类词表、第四章语法选例、第五章标音举例。与冯爱珍《福清方言研究》一样具有相当高的参考价值。由梁玉璋撰稿。］

（10）陈则东编著《福清方言词典》，2007年1月第1版，2013年第2次印刷，2016年6月第3版，香港：中华金孔雀出版集团有限公司，第3版全539页。

[本词典按照《戚林八音》的框架而编的福清方言词典。具有很高的参考价值。编者陈则东先生是本书所记录福清方言的发音人。]

(11) 郑卫建、陈则东编著《福清方言熟语》,2007年1月第1版,2013年第2次印刷,香港:中华金孔雀出版集团有限公司,全285页。

[本书搜集了大量的福清方言熟语,并给每一条熟语标出国际音标,举出了相关注释和例句。]

(12) 郑卫建《福清方言的语流音变》,《福建师范大学福清分校学报》2007年第4期(总第81期),79—83页,2007年。

(13) 林文芳《福清方言语音系统及变调研究》,香港中文大学中国语言及文学系哲学硕士论文,全173页,2008年8月。

[本论文的重点是连读变调。它很详细地描写了福清海口镇方言的二字组、三字组的连读变调。研究连读变调的部分都具有很高的参考价值。2.3.2是同音字表。论文导师是香港中文大学的万波教授。]

(14) 陈则东注释《新注五言杂字》,2010年12月第1版,2015年2月第2次印刷,香港:天河出版集团,全207页。

[《五言杂字》是早期训蒙读物之一。本书为福清版《五言杂字》标出音标并作了注释。书中使用了大量的彩

色照片，让读者对《五言杂字》提到的事物一目了然。]

（15）LAM，Man Fong（林文芳）'A Phonetic Study of Tones and Vowels in Fuqing Chinese'，PhD. thesis，Hong Kong University of Science and Technology，January 2014.

[本论文根据大量的语音实验极其详细地研究了福清市海口镇方言的单字调、单元音以及声调和元音舌位之间的互动。内容包括 CHAPTER 1 INTRODUCTION、CHAPTER 2 LITERATURE REVIEW、CHAPTER 3 FUQING TONES、CHAPTER 4 FOUR FALLING CONTOURS、CHAPTER 5 FUQING VOWELS、CHAPTER 6 INTERACTION BETWEEN TONES AND VOWELS、CHAPTER 7 CONCLUSION。论文导师是香港科技大学朱晓农教授。]

（16）林文芳、洪英《福建福清方言的松紧元音》，《方言》2016 年第 3 期，316—322 页，2016 年 8 月。

[这篇文章实际上是以上博士论文中研究福清方言之松紧元音部分的摘要。通过语音实验，文章证明了福清市海口镇方言中松紧音的舌位区别都是高低，不存在前后的区别。]

（17）陈学雄《汉语福清方言の音节结合时における音声实现の问题について》，[日本]《神户市外国语大学研究科论集》19，1—30 页，2016 年 12 月。

[陈学雄《汉语福清方言の记述言语学的研究》中1.5.1、1.5.2、1.5.3 的初稿。]

(18) 陈学雄《汉语福清方言の记述言语学的研究》,[日本]神户市外国语大学博士学位论文,全 270+89 页,2017 年 12 月。

[本博士论文主要研究福清市海口镇前村方言的语法。论文中的例句均为纯粹的口语,而且也注意到发音上细微的区别所导致句子意思上的差异。可以说充分地发挥了母语研究者的优势。附录“福清方言分类语汇表”共收 2 104 条,具有很高的参考价值。指导老师是神户市外国语大学的林范彦教授。]

(19) 林少芳《汉语方言分类词的认知机制——以闽方言福清话为例》,《龙岩学院学报》第 35 卷第 6 期,26—31、37 页,2017 年 12 月。

[补遗]梁玉璋(著)、李如龙(审)《福清县志方言志》,《福清县志通讯》(福清县志编纂委员会办公室)第五期,1—146 页,1987 年 1 月 1 日。

1.2.6 小结

四县市方言的研究状况很不平衡。寿宁方言和屏南城关方言的研究成果寥寥无几。这两个方言的研究还处于起步阶段。首先要做的是积累具有一定水平的方言材料。福安方言和福清方言的研究成果则比较丰富。尤其是福清方言的第一手方言材料不断地增加，有利于开展各种领域的研究。此外，我们不会忘记已故梁玉璋教授的贡献。她撰写了1.2.3.1(3)《福安市志·卷三十七 方言》、1.2.4.1(3)《屏南县志·第三十四篇 方言》和1.2.5(9)《福清市志·卷三十八 方言》。1.2.1(5)、1.2.1(6)、1.2.3.1(5)、1.2.3.1(8)等历史音韵方面的多数研究或多或少依据梁玉璋教授所提供的方言材料而展开的。从中我们不难看出她的贡献有多大。[①]

1.3 四县市的概况[②]

1.3.1 寿宁县[③]

寿宁县位于福建省东北部，处于北纬27°16′～27°41′，

---

① 她还撰写了《永泰县志·卷三十三篇 方言》(771—810页，新华出版社，1992年)和《古田县志·第三十二篇 方言》(872—913页，中华书局，1997年)等大量的闽东区方言志。

② 本节根据《福建省地图集》《福建省历史地图集》《宁德市地图册》《中华人民共和国行政区划简册·2017》《寿宁县志》《福安市志》《屏南县志》《福清市志》、冯爱珍(1993：1—2)、陈学雄(2017：2—3)以及寿宁县人民政府网站(www.fjsn.gov.cn)、福安市人民政府网站(http://www.fjfa.gov.cn/faszfwz/)、屏南县人民政府网站(www.pingnan.gov.cn)的相关记载而改写。

③ 本小节主要根据秋谷裕幸(2010a：99)。

东经 119°12′～119°44′。东面是浙江省温州市泰顺县(主要通行闽语闽东区蛮话片和吴语处衢片)[①]，东南面是福安市，西南面是周宁县(均通行闽语闽东区福宁片)，西面是政和县(通行闽语闽北区方言)，西北面是浙江省庆元县，北面是浙江省景宁畲族自治县(均通行吴语处衢片)。地势从西北向东南逐渐降低。全县总面积 1 424 平方千米，东西宽 46 千米，南北长 57 千米。山地占总面积的 81.9％。境内主要河流有后溪、蟾溪和斜滩溪等，都从西北向东南走，流入福安境内。

明景泰六年(1455 年)析福安、政和置寿宁县，属建宁府，直到清雍正十二年(1734 年)才改隶福宁府。中华人民共和国成立后历属福安专区、宁德地区。现属福建省宁德市。

寿宁县辖有 8 个镇、6 个乡。如下：

8 个镇：鳌阳镇、斜滩镇、南阳镇、武曲镇、犀溪镇、平溪镇、凤阳镇、清源镇；

6 个乡：大安乡、坑底乡、竹管垄乡、芹洋乡、托溪乡、下党乡。

寿宁县人民政府驻地为鳌阳镇。

1949 年寿宁总人口 9.4 万，2016 年增至 27 万。少

---

① 关于泰顺县的方言，请参看秋谷裕幸(2005：37—38)。

数民族人口很少，大多数是畲族。1989 年畲族人口为 2 296 人，占总人口的 1.07%。

1.3.2 福安市

福安市位于福建省东北沿海，处于北纬 26°41′～27°24′，东经 119°23′～119°51′。东面是柘荣县和霞浦县，北面是寿宁县和浙江省泰顺县（通行闽语闽东区蛮话片和吴语），西面是周宁县，西南面是宁德市焦城区（均通行闽语闽东区福宁片）。地势从北向南倾斜，东、西部高，中间低。全县总面积 1 880 平方千米，东西宽 37 千米，南北长 80 千米。市境内的河流主要属于交溪水系。交溪是福建省第三大河流，纵贯全市，注入东海。

宋淳祐五年（1245 年）析长溪县（现霞浦县）西北二乡、九里建福安县，历属福建路福州、福州路福宁州、福宁府、闽海道。中华人民共和国成立后历属福安专区、宁德地区。1989 年撤福安县，设立县级福安市。现属福建省宁德市。

福安市辖有 2 个经济开发区、4 个街道、6 个镇、3 个乡（含 2 个畲族乡）。如下：

2 个经济开发区：福安经济开发区、福安畲族经济开发区；

4 个街道：城南街道、城北街道、阳头街道、罗江街道；

6 个镇：城阳镇、赛岐镇、穆阳镇、溪柄镇、溪尾镇、湾坞镇；

3 个乡：坂中畲族乡、穆云畲族乡、松罗乡。

福安市人民政府驻地为城北街道，距离福州 202 千米，离宁德则有 78 千米。

1949 年福安总人口 23.8 万，2016 年增至 65 万。少数民族人口较多，1990 年 58 799 人，大多数少数民族为畲族，畲族占总人口的 10.95%。闽东的畲族主要是在明朝时迁入的。现在福安市是全国畲族人口最多的县市。

1.3.3 屏南县

屏南县位于福建省东北部，位于北纬 26°44′～27°10′，东经 118°41′～119°13′。东面是周宁县和宁德市蕉城区（均通行闽语闽东区福宁片），东北面是政和县，西北面是建瓯市（均通行闽语闽北区方言），南面是古田县（通行闽语闽东区侯官片和福宁片）。全县总面积 1 458 平方千米，东西宽 54 千米，南北长 50 千米。地势西北高，东南低。山地占总面积的 81%，平均海拔 830 米。境内有霍童溪和古田溪两大水系，前者往东流，后者则往西南流。

清雍正十三年（1735 年）析古田县东北部置屏南县，县治设在双溪，属福州府。中华人民共和国成立后历属南平专区、闽侯专区、福安专区、宁德地区。现属福建省宁德市。

屏南县辖有 4 个镇、7 个乡。如下：

4 个镇：古峰镇、双溪镇、黛溪镇[①]、长桥镇；

7 个乡：屏城乡、棠口乡、甘棠乡、熙岭乡、路下乡、岭下乡、寿山乡。

屏南县人民政府驻地为古峰镇，距离福州 173 千米，离宁德 101 千米。

1949 年屏南总人口 6.9 万，2016 年增至 19 万。少数民族人口很少，大多数是畲族。2011 年畲族人口为 733 人，占总人口的 0.39%。

1.3.4 福清市

福清市位于福建省东南沿海，处于北纬 25°18′～25°51′，东经 119°03′～119°40′。东面与平潭县隔海相望，北面是长乐市和闽侯县，西北面是永泰县（通行闽语闽东区侯官片），西南面是莆田市涵江区（通行闽语莆仙区方言）。全县总面积 1 518 平方千米，东西宽 47 千米，南北长 54 千米。岛屿共有 141 多个。地势西北高，东南低。境内多数河流自西向东或自南向北流入海港。

唐圣历二年（699 年）析长乐县南部置万安县，属闽

① 也可以写成“代溪”。

州。后唐长兴四年(933 年)更名为福清县,属长乐府。后来历属福州路、福州府等。1949 年中华人民共和国成立后历属闽侯专区、晋江专区、莆田地区、福州市。1990 年撤县设福清市(县级)。现属福建省福州市。

2005 年福清市辖有 7 个街道、17 个镇。如下:

7 个街道:玉屏街道、龙山街道、龙江街道、音西街道、宏路街道、石竹街道、阳下街道;

17 个镇:南岭镇、城头镇、海口镇、龙田镇、江镜镇、港头镇、三山镇、高山镇、东瀚镇、沙埔镇、江阴镇、新厝镇、渔溪镇、上迳镇、东张镇、一都镇、镜洋镇。

福清市人民政府驻地为玉屏街道,距离福州有 59 千米。

1949 年福清总人口 40.5 万,2016 年增至 129 万。少数民族人口很少,大多数是畲族。1990 年畲族人口为 5 000 人,占总人口的 0.48%。

1.4 四县市的方言

1.4.1 寿宁县的方言

据《寿宁县志·卷三十二 方言》,寿宁县境内主要通行以县城鳌阳镇为代表的寿宁话,属于闽语闽东区福宁片或闽东区北片福宁小片(秋谷裕幸 2010b)。其中斜滩镇的方言与县城方言之间的差异很明显。秋谷裕幸(2010a：110)指出:"斜滩方言的底子还是寿宁方言,它是在这个底子上受到福安方言强烈影响而形成的方言。"从共时的角度而言,斜滩方言呈现出寿宁方言和福安方言之间的过渡状态。具体的情况,请参看秋谷裕幸(2010a：99—142)。

此外,县境内边界还有政和话(属闽北区方言)、泰顺"蛮讲"(属闽东区蛮话片或闽东区北片浙江小片)[①]、景宁话、庆元话、龙泉话(均属吴语处衢片)和"汀州话"[②]。

1.4.2 福安市的方言

据《福安市志·卷三十七 方言》,福安市境内主要通行以城关口音为代表的福安话,属于闽语闽东区福宁片或闽东区北片福宁小片(秋谷裕幸 2010b)。境内各乡镇所说的福安话与此大同小异。旧溪潭镇和旧社口镇的个别村庄还有少数人说"汀州话"。畲族居住点还通行畲话(属客家话),但畲族也会说当地汉族所说的福安话。关于福安市境内畲族所说的客家话,可以参看蓝运全、缪品

① 关于浙江省泰顺县的"蛮讲",参看秋谷裕幸(2005)。
② 大概是闽西移民带过来的客家话。

枚主编《闽东畲族志·第六篇 语言》和游文良(2002)。

1.4.3 屏南县的方言

据《屏南县志·第三十四篇 方言》,屏南县境内的闽东区方言可以分成三类:里路话、前路话和下路话。城关方言属于里路话,黛溪方言则属于下路话。前路话和下路话分别受了古田方言和宁德方言的影响。《县志》第756页认为下路话可以划归里路话。其实,城关方言和黛溪方言之间的差异相当大。较为明显的差异之一是黛溪方言的介音有提高主要元音舌位的作用,而这就是宁德方言最重要的音韵特点(秋谷裕幸 2018:448—451)。此举二例:

	破	行走
城关	$p^{h}uai^{335}$	$kiaŋ^{221}$
黛溪	$p^{h}uo^{24}$	$kieŋ^{221}$
宁德虎浿	$p^{h}uo^{445}$	$kieŋ^{211}$

关于黛溪方言的归属,请参看秋谷裕幸(2010b:65—67)。本书2.1.5“字音对照”除了城关方言以外,还列出了黛溪方言的材料。读者从中很容易了解到城关方言和黛溪方言之间的巨大差异。

寿山乡位于下路话的范围。不过,根据叶太青(2014:20),寿山乡白玉方言实为周宁县周边地带周宁方言。

总之，下路话的性质还需要进行深入的研究。

此外，与建瓯市毗邻岭下乡的部分村庄还有建瓯方言分布，畲族人则说一种客家话。

1.4.4 福清市的方言

据《福清市志·卷三十八 方言》和冯爱珍(1993：2—7)，福清市境内主要通行以城关口音为代表的福清话，属于闽语闽东区侯官片或闽东区南片福清小片（秋谷裕幸2010b)。福清话内部还可以分成四类：融城片，高山片，江阴片，一都片，以包括城关话在内的融城片为代表。此外，隔海相望平潭县的方言也是一种福清话。

福清市西部与闽侯、永泰和莆田接壤，所以方言比较复杂。比如，新厝镇、渔溪镇和东张镇等市西部的部分村庄有莆田话分布；居住在福厦公路两侧则有闽南移民带来的闽南话分布。境内非福清话还有闽县话①。此外，还存在莆田闽南融合语、福清莆田融合语、莆田闽县融合语等融合语。② 畲族居住点还通行畲话（属客家话），但畲族对外也说福清话。

① 大概是闽侯县的方言。

② 至今为止，还没有这些“融合语”的调查报告。

1.5 四县市方言的调查

四种方言都记了《方言调查字表》《汉语方言地图集调查手册》(北京语言大学语言研究所 2003)、《闽北区三县市方言研究》(秋谷裕幸 2008)同一套的 600 个词汇和 100 个例句①、潘悟云教授设计的例句以及自编词汇调查表等内容。

1.5.1 寿宁方言

2014 年 9 月间,笔者赴寿宁县城关第一次调查寿宁县南阳镇的方言(因为发音人都住在寿宁县县城)。2015 年 3 月、2015 年 9 月、2018 年 1 月,笔者三次赴寿宁县城

① 除了《闽北区三县市方言研究》以外,本书的调查项目还与以下九种著作等基本上相同:《浙南的闽东区方言》(秋谷裕幸 2005)、《闽东区古田方言研究》(秋谷裕幸、陈泽平 2012)、《闽东区宁德方言音韵史研究》(秋谷裕幸 2018)以及《徽语严州方言研究》(曹志耘 2017,第一版 1996 年)、《徽州方言研究》(平田昌司、赵日新、刘丹青、冯爱珍、木津祐子、沟口正人 1998)、《吴语处衢方言研究》(曹志耘、秋谷裕幸、赵日新、太田斋 2000)、《吴语江山广丰方言研究》(秋谷裕幸 2001)、《吴语兰溪东阳方言调查报告》(秋谷裕幸、赵日新、太田斋、王正刚 2002)、《吴语婺州方言研究》(曹志耘、秋谷裕幸、黄晓东、太田斋、赵日新、刘祥柏、王正刚 2016)。另外,字音对照的字条还与《闽东区福宁片四县市方言音韵研究》(秋谷裕幸 2010a)基本上相同,彼此之间对照便利。

关做补充调查和核实工作。南阳镇的方言十分接近寿宁县城关方言(参看 2.1.1.3)。本书中把寿宁南阳镇的方言称作寿宁方言。寿宁方言的发音人是:

1. 陈培,男,1952 年生,2014 年第一次调查时 62 周岁,世代居住在南阳镇,中专文化水平。基本上都在南阳当小学高级教师。2012 年退休。说地道的寿宁南阳方言,还会说普通话。

2. 张仁村,男,1950 年生,2014 年第一次调查时 64 周岁,世代居住在南阳镇。高中文化水平。除了 1968—1971 年参军以外,一直在南阳镇和县城当小学老师。2010 年退休。说地道的寿宁南阳方言,还会说普通话。

二人的发音基本上一致。

1.5.2 福安方言

2004 年 9—10 月,笔者赴福安市城关第一次调查福安市穆阳镇的方言(因为发音人都住在福安市城关)。2007 年 3—4 月、2007 年 4 月、2007 年 12 月笔者三次赴福安做补充调查和核实工作。穆阳镇的方言十分接近福安市城关方言。本书中把穆阳镇的方言称作福安方言。穆阳镇位于离城关只有 12 千米的市西部,为福安市主要集镇之一。1956 年前,周宁、政和、松溪等县的生活必需品就从这里集运。

福安方言的发音人是：

1. 缪嫩春，男，1927 年出生，2004 年第一次调查时 77 周岁，世代居住在穆阳镇，普师文化水平。1953—1969 年在霞浦县境内当小学老师，1970—1976 年在福安社口镇当小学老师，1977—1984 年在福安康厝畲族乡当小学老师，1984 年退休。1977 年以后一直住在穆阳镇。说地道的福安穆阳方言，还会说普通话。

2. 陈祥谦，男，1934 年生，2004 年第一次调查时 70 周岁，世代居住在穆阳镇，普师文化水平。一直在福安市的范围内当小学老师，1987 年退休。说地道的穆阳方言，还会说普通话。

直到 2015 年 5 月和 2015 年 9 月，笔者赴穆阳镇再一次做了补充调查和核实工作。此时的发音人是：

3. 黄树松，男，1941 年出生，2015 年调查时 75 虚岁，世代居住在穆阳镇苏堤村，高中文化水平。一直在穆阳镇和康厝畲族乡当小学老师。60 周岁退休。说地道的福安穆阳方言，还会说普通话。

4. 黄润声，男，1956 年出生，2015 年调查时 60 虚岁，世代居住在穆阳镇苏堤村，小学文化水平。一直在本地务农。说地道的福安穆阳方言，还会说普通话。

四人的发音略有区别。本书以缪嫩春的材料为主。

1.5.3 屏南方言

2016 年 4—5 月间，笔者赴屏南县城关做第一次调查。2016 年 8 月、2017 年 1 月、2017 年 12 月，笔者三次赴屏南做补充调查和核实工作。本书中把屏南县城关的方言称作屏南方言。屏南方言的发音人是：

叶学挺，男，1952 年生，2016 年第一次调查时 65 虚岁，世代居住在屏南县古峰镇（即城关），小学文化水平。一直在本地务农或做生意。说地道的屏南方言，还会说普通话。

1.5.4 福清方言

2015 年 8—9 月间，笔者赴福清市城关做第一次调查。2016 年 1 月、2017 年 2 月、2017 年 12 月，笔者三次赴福清做补充调查和核实工作。本书中把福清市城关的方言称作福清方言。福清方言的发音人是：

陈则东，男，1941 年生，2015 年第一次调查时 75 虚岁，世代居住在福清城里，高中文化水平。一直在本地做编剧方面的工作，2001 年退休。说地道的福清方言，还会说普通话。曾出过《福清方言词典》等几种研究福清方言的著作。参看上文 1.2.5。

1.6 本书中使用的本字和中古音切

本书中使用的本字和中古音切，在这里先做个总的注释。下面条目首先按十六摄排列，同摄里的同韵字再按声母排列。韵母以及声母的次序根据《方言调查字表》。

1.6.1 果摄

驮：拿。例如：寿宁 tɔ^{211}。《集韵》平声戈韵唐何切："马负物。"

作：做。例如：福安 tsɔ^{335}。《广韵》去声箇韵则箇切："造也。本臧洛切。"本书里写作"做"。

莝：砍。例如：寿宁 ts^{h}ɔi^{335}。《广韵》去声过韵麤卧切："斩草。"参[词]493。

过：菜老。例如：福安 ko^{443}。《广韵》平声戈韵古禾切："经也。又过所也。"

夥："多少"说"若夥"。"夥"音，例如：福清 ua^{41}。《广韵》上声果韵胡果切："楚人云多也。"参看 Jerry Norman (1983：204)、秋谷裕幸、汪维辉(2016)、秋谷裕幸(2017：

128)、[词]328。

1.6.2　假摄

蛇：海蜇。例如：寿宁 t^ha^{335}。《广韵》去声祃韵除驾切："水母也。"

虾：四地方言的读音均来自《集韵》平声麻韵何加切。例如：寿宁 xa^{211}。

榭："厢房"，屏南方言说"□榭"[p^heik^5 $se\text{ɐ}^{224}$]，福清方言说"□榭"[$p^hi\text{ɛʔ}$-$p^hie\text{ʔ}^{21-5}$ θia^{41}]。《广韵》去声祃韵辞夜切："台榭。《尔雅》曰：有木者谓之榭。"参[词]034。

1.6.3　遇摄

箍：四地方言的读音均通"簬"，《集韵》平声模韵空胡切："篾也。"例如：福清 k^hu^{52}。

鑢：锉。例如：寿宁 $l\text{œ}^{335}$。《广韵》去声御韵良倨切："错也"；《集韵》去声御韵良据切："《说文》：错铜铁也。"

覰：看；看守。例如：屏南 ts^hy^{335}。《广韵》去声御韵七虑切："伺视也。"参[词]383。

藷：山药。例如：寿宁 sy^{211}。《广韵》平声鱼韵署鱼切："似薯蓣而大。"参看郑张尚芳(2005：233)、[词]285。

殕：霉。例如：寿宁 p^hu^{41}。《广韵》上声麌韵芳武切："食上生白毛。"参[词]497。

戍：房子。例如：寿宁 $ts^hyø^{335}$。《广韵》去声遇韵伤遇切："遏也。舍也。从人荷戈也。"参看 Jerry Norman (1984：176—181)、[词]031。

1.6.4 蟹摄

苔："舌苔"之"苔"的读音四地方言均通"胎"。例如：寿宁 t^hai^{44}。《伤寒论·卷五》："舌上白胎者，可与小柴胡汤。"参看北京大学(2008：146)。

疥：寿宁方言"碗橱"说"疥橱"[kua^{-55} $tyø^{211}$]。《集韵》去声怪韵居拜切："所以庋食器者。"

蠘：一种海里较小的螃蟹。例如：福安 ai^{42}。宋·戴侗《六书故》第二十："乌介切。似彭蜎可食，薄壳而小。"这个字在闽东区的单字调是上声，与"乌介切"不尽相符。参看潘悟云(2009：202)。

鲑：福安方言"虾米"说"鲑薧"[$kei\text{-}ki^{221\text{-}22}$ $k^hɔ\text{-}ɔ^{335}$]，屏南方言"小鱼干"说"鲑囝"[ke^{-11} $kiaŋ\text{-}iaŋ^{41}$]，福清方言"鱼酱"说"咸鲑"[$kɛŋ^{44}$ kie^{44}]。《广韵》平声佳韵户佳切："鱼名。出《吴志》"；《集韵》平声佳韵户佳切："吴人谓鱼菜揔称。"

解：会。例如：寿宁 $ɛ^{223}$。《广韵》上声蟹韵胡买切："晓也。"参[句]18、19、54、89。

漈：小瀑布。例如：寿宁 $tsia^{335}$。《集韵》去声祭韵子例切："水涯。"

剕：削。例如：福清 $p^{h}ie^{52}$。《广韵》平声齐韵匹迷切："剕斫"；《集韵》平声齐韵篇迷切："削也。"

濿：过滤。例如：寿宁 lie^{223}。《广韵》去声霁韵郎计切："《埤苍》云：渧濿，漉也。"参看盛益民、李旭平（2018：61）。

帹：苎丝。例如：寿宁 $ts\varepsilon^{335}$。《广韵》去声霁韵子计切："帹缉，麻紵名。出《异字苑》。"

粞：大米或糯米磨成的粉。例如：屏南 $ts^{h}\varepsilon^{335}$。《集韵》去声霁韵思计切："米屑。"

癗：寿宁方言"粉刺"说"□癗"[$xi\eta^{-55}$ $l\mathrm{ɔ}i^{41-51}$]。《广韵》上声贿韵落猥切："痱癗，皮外小起。"

晬："做一周岁"说"做晬"。"晬"音，例如：寿宁 $ts\mathrm{ɔ}i^{335}$。《广韵》去声队韵子对切："周年子也。"

悔：四地方言的读音均来自《广韵》去声队韵荒内切。例如：寿宁 $xuoi^{335}$。

柿："砍下来的木片"说"柴柿"。"柿"音，例如：寿宁 $p^{h}uoi^{335}$。《广韵》去声废韵芳废切："斫木札也。"参看李荣（1980/1985：100）、郑张尚芳（2005：238—239）。

1.6.5 止摄

疕：痂。例如：寿宁 $p^{h}i^{41}$。《广韵》上声纸韵匹婢切："疮上甲。亦头疡。"这个字的读音也可以与《广韵》上声旨韵"匹鄙切"对应。

糜：除了福清方言单说"糜"以外，其他三个方言"稀饭"都说"糜粥"。比如，寿宁方言说"糜粥"[muoi^{211} tsuʔ^{5}]。《广韵》平声支韵靡为切："糜粥。"

离：四地方言中表示"离开"时的读音均来自《广韵》去声寘韵力智切。例如：寿宁 lie^{223}。

黐：鱼的黏液。例如：寿宁 t^{h}i^{44}。《广韵》平声支韵丑知切："所以粘鸟。"

攲：倾斜、歪。例如：寿宁 k^{h}i^{44}。《广韵》平声支韵去奇切："不正也。"

徛：站立。例如：寿宁 k^{h}ia^{223}。《广韵》上声纸韵渠绮切："立也。"参汪维辉、秋谷裕幸(2010)、[词]527。

桸：屏南方言"瓢"说"匏桸"[pɔ̱$^{221-44}$ e^{-443}]，福清方言"粪勺"说"粪桸"[poŋ-puŋ$^{211-55}$ ŋia^{-52}]。《广韵》平声支韵许羁切："杓也。"参看 Jerry Norman(1983：205)。

箒：筛子。例如：寿宁 t^{h}ai^{44}。《广韵》平声脂韵丑饥切："竹器。"

痴："台风"说"风痴"。"痴"音，例如：寿宁 t^{h}ai^{44}。《广韵》平声之韵丑之切："不慧也。"参看李荣(1990：241—242)。郑张尚芳(2005：237—238)则认为本字是"飔"，《广韵》平声之韵楚持切："风也。"

治：杀。例如：寿宁 t^hai^{211}。《广韵》平声之韵直之切："理也。"参 Jerry Norman(1979)、[词]464。

萁：寿宁方言"当柴火用的蕨蕨"说"莨萁"[$lɔŋ^{211}$ ki^{44}]。《广韵》平声之韵居之切："菜。似蕨。"参[词]485。

饑：饿。例如：寿宁 kui^{44}。《广韵》平声微韵居依切："穀不熟。"参[词]589。

蟣：蚂蟥。例如：福安 k^hei^{221}。《广韵》平声微韵渠希切："《尔雅》云：蛭蝚。"参 Jerry Norman(1983：207)。

箠："赶牛用的竹鞭"说"牛箠"。比如，屏南方言说"牛箠"[$ŋɔ^{221-11}$ ts^hoi^{221}]。《集韵》平声支韵是为切："竹名。"

跪：寿宁方言读作[k^huoi^{41}]，来自《广韵》上声纸韵去委切。福安、福清方言里表示"跪拜"的"跪"亦如此。

椎：捶。例如：寿宁 ty^{211}。《集韵》平声脂韵传追切："《说文》：击也。"在本书里写作"捶"。

椎：寿宁方言"一种像栗子的果实"说"椎"[tsy^{44}]，福安方言"栗子"说"针椎"[$tʃɛiŋ^{443-34}$ $tʃɵi$-$ɲɵi^{443}$]。《集韵》平声脂韵朱惟切："木名。似栗而小。"参[词]291。

沝：水。例如：寿宁 tsy^{41}。《集韵》上声旨韵之诔切："闽人谓水曰沝。"在本书里主要写作"水"。

1.6.6 效摄

藨：屏南方言"桑葚"说"蚕藨"[$tsaŋ^{221-44}$ $p^hɔ^{443}$]。

《广韵》平声豪韵普袍切:“醋莓。可食。”

栳：篓。例如：寿宁 lɔ^{41}。《广韵》上声皓韵卢皓切：“栲栳,柳器也。”

燥：天气干燥;物品或地板等干燥。例如：福清 θɔ^{211}天气干燥。《集韵》去声号韵先到切:“《说文》：乾也。”

洘：福清方言“粥等稠”说“洘”[k^{h}ɔ̱^{322}]。《广韵》上声皓韵苦浩切:“水干。”参[词]431。

薧：虾米;小鱼干。例如：福清 k^{h}ɔ^{211}小鱼干。《集韵》去声号韵口到切:“枯也。”

鏊：福清方言“平底锅”说“鏊”[ŋɔ^{41}]。《广韵》去声号韵五到切:“饼鏊”;《集韵》去声号韵鱼到切:“烧器。”

薅：除草。例如：寿宁 xau^{44}。《广韵》平声豪韵呼毛切:“除田草也。”

号：哭。例如：寿宁 au^{211}。《广韵》平声豪韵胡刀切:“大呼也。又哭也。”参[词]556。

脬:“阴囊”说“羼脬”。比如,屏南方言说“羼脬”[liŋ$^{-44}$ p^{h}a^{443}]。《广韵》平声肴韵匹交切:“腹中水府。”参[词]133。

匏：瓠子。例如：寿宁 pu^{211}。《广韵》平声肴韵薄交切:“瓠也。”参看郑张尚芳(2005：234)、[词]487。

炮：煨。例如：寿宁 pu^{211}。《广韵》平声肴韵薄交切：“合毛炙物也。一曰裹物烧。”参看郑张尚芳(2005：234)。

泡："鱼鳔"说"鱼泡"。比如，寿宁方言说"鱼泡"[ŋy^{211} p^{h}au^{223}]。此处"泡"音来自《集韵》去声效韵皮教切"水泉"，亦通"皰"，《广韵》去声效韵防教切："面生气也。"

筲：寿宁方言"装饭用的小草袋子"说"饭筲"[puoŋ$^{223-44}$ sau^{44}]。《广韵》平声肴韵所交切："斗筲，竹器。"

铰：剪。例如：寿宁 ka^{44}。《广韵》平声肴韵古肴切："铰刀"；《集韵》平声爻韵居肴切："削刀也。"参[词]503。

溉：福清乡下话"粥等稀"说"溉"[ka^{211}]。《集韵》去声效韵居效切："水也。"参[词]430。

骹：脚。例如：寿宁 k^{h}a^{44}。《广韵》平声肴韵口交切："胫骨。近足细处"；《集韵》平声爻韵丘交切："《说文》：胫也。"参[词]128。

乐：寿宁方言"嘴馋"说"乐食"[ŋa^{-44} siaʔ^{2}]。《经典释文·卷十二》："五孝反。好也"；《集韵》去声效韵鱼教切："欲也。"

咬：四地方言的读音均来自《集韵》上声巧韵下巧切。例如：寿宁 ka^{223}。参[词]547。

薸：浮萍。例如：寿宁 p^{h}iɐu^{211}。《广韵》平声宵韵符宵切："《方言》云：江东谓浮萍为薸。"参看 Jerry Norman (1983：206)、[词]489。

跳："玩儿"说"□t^{h}a 跳"或"□k^{h}a 跳"。比如，寿宁方言说"□跳"[t^{h}a^{-55} tiɐu^{211}]。此处"跳"音来自《广韵》平

声萧韵徒聊切。参[词]400。

廖：寿宁、福安、福清方言的读音均来自《集韵》去声啸韵力吊切。例如：寿宁 lɛu²²³。

藠："藠头"说"藠头"或"□leu 藠"等。比如，屏南方言说"□藠"[leu⁻⁴⁴ keu²²⁴]。《集韵》上声筱韵胡了切："艸名"；《正字通·卷九艸部》："藠读乔上声。俗呼薤曰藠子，以薤根白如藠也。"

1.6.7 流摄

敨：展开。例如：寿宁 tʰau⁴¹。《集韵》上声厚韵他口切："展也。"参看李荣(1980/1985：99)。

脰："脖子"说"脰管"或"脰领"等。比如，寿宁方言说"脰领"[tau⁻⁴⁴ liaŋ⁴¹]。《集韵》去声候韵大透切："《说文》：项也。"参看 Jerry Norman(1983：207)、[词]115。

伏：孵。例如：寿宁 pu²²³。《广韵》去声宥韵扶富切："鸟菢子。"参[词]470。

烋："草木灰"说"火烋"。比如，福安方言说"火烋"[hui⁴²⁻⁵⁵ hou-ou⁴⁴³]。《集韵》平声尤韵虚尤切："吴俗谓灰为烋。"

嗅：闻。例如：寿宁 xiu³³⁵。《广韵》去声宥韵许救切："以鼻取气。"参看汪维辉、秋谷裕幸(2014)、秋谷裕幸(2017：125—126)、[词]546。

1.6.8 咸摄

糁：屏南方言“饭粒”说“饭糁”[pouŋ$^{224-33}$ sᴇiŋ-nzᴇiŋ^{41}]。《集韵》上声感韵桑感切：“《说文》：以米和羹也。一曰粒也。”

䃭：盖子；盖上。例如：寿宁 kaŋ^{41} 盖子；盖上。《广韵》上声感韵古禫切：“《方言》云：箱类，又云：覆头也”；《增修互註礼部韵略》上声四十八感韵古禫切：“箱类。又器盖。”参看郑张尚芳（2005：235）。

磡：寿宁方言“田埂”说“塍磡”[tsʰɛŋ^{211} kʰaŋ^{335}]，福安方言“台阶”说“磡”[kʰaŋ^{335}]。《广韵》去声勘韵苦绀切：“岩崖之下。”

衲：寿宁方言“尿布”说“衲囝”[naʔ$^{2-4}$ kiaŋ^{41}]。《广韵》入声合韵奴答切：“补衲，紩也。”参[词]165。

合：聚。比如，福清方言“合伙”说“合众”[kaʔ$^{21-5}$ tsøŋ^{211}]。“合”音来自《广韵》入声合韵古沓切：“合集。”

澹：湿。例如：寿宁 taŋ^{211}。《集韵》平声谈韵徒甘切：“水皃。”参看秋谷裕幸（2017：126—127）、[词]575。

揽：拥抱。例如：寿宁 laŋ^{41}。《集韵》上声敢韵鲁敢切：“《说文》：撮持也。”参[词]542。

㡎：屏南方言“窗户”说“㡎门”[kʰaŋ$^{-11}$ mouŋ$^{221-51}$]或“㡎门囝”[kʰaŋ$^{-11}$ mouŋ$^{221-13}$ kiaŋ-ŋiaŋ$^{41-51}$]。《广韵》上声

豏韵苦减切:“牖也。一曰小户。”参[词]039。

鞈：盖子；盖上。例如：屏南 k^h ɛiŋ³³⁵ 盖子；盖上。《集韵》去声陷韵口陷切:“物相值合。”

賺：福清方言“错”说“賺”[taŋ⁴¹]。《广韵》去声陷韵伫陷切:“重买”;《说文解字·卷六下》徐铉“新附”：“重买也。错也。从贝廉声。伫陷切。”参看汪维辉(1990：463)。

煠：水煮。例如：寿宁 saʔ²。《广韵》入声洽韵士洽切:“汤煠。”参[词]494。

櫼：楔子。例如：寿宁 tsieŋ⁴⁴。《集韵》平声侵韵咨林切:“楔也”;平声盐韵将廉切:“《说文》：楔也。”四地方言的读音均符合“将廉切”。

𩞄：淡。例如：寿宁 tsiaŋ⁴¹。《广韵》上声琰韵子冉切:“食薄味也。”参[词]429。

臁:“胫骨”说“骹臁杠”。“臁”音,例如：寿宁 lieŋ²¹¹。《集韵》平声盐韵离盐切:“胫廉也。”

厣：螺蛳头上的圆盖。例如：寿宁 ieŋ⁴¹。《广韵》上声琰韵於琰切:“蟹腹下厣。”

盐：腌制。例如：寿宁 sieŋ³³⁵。《广韵》去声艳韵以赡切:“以盐醃也。”

挟：用筷子夹。例如：福清 kiɛʔ²¹。来自《集韵》入声帖韵吉协切。

挟：寿宁方言“把尿”说“挟尿”[kieʔ$^{2-4}$ niɐu^{223}]。来自《广韵》入声帖韵胡颊切。

1.6.9 深摄

蟳：一种海里的螃蟹。例如：寿宁 siŋ^{211}。宋·戴侗《六书故·第二十》：“徐林切。青蟳也。敖似蟹，壳青，海滨谓之蝤蝥。”

熻：焖。例如：寿宁 xiʔ^{5}。《广韵》入声缉韵许及切：“熻热。”

1.6.10 山摄

瀾：唾液；湿。表示“唾液”时读作上声，表示“湿”时则读阳去。例如：福清 laŋ^{322}唾液、laŋ^{41}湿。《集韵》上声缓韵鲁旱切：“潘也。”参看郑张尚芳（2005：232）、温昌衍（2012：53—54）、秋谷裕幸（2017：126—127）、[词]575。

扇：“扇车”说“风扇”或“米扇”。此处“扇”字的读音均来自《广韵》平声仙韵式连切。例如：寿宁 sieŋ^{44}。

囝：儿子。例如：寿宁 kiaŋ^{41}。《集韵》上声狝韵九件切：“闽人呼儿曰囝。”参[词]087。

箭：晒粮食用的大竹席。例如：屏南 tseik^{5}。《集韵》入声薛韵之列切：“《博雅》：笙箭，席也。”参[词]197。

羯：阉。例如：寿宁 kyøʔ^{5}。《集韵》入声月韵居谒切:“《说文》：羊羖犗也。”参[词]463。

揭：用肩扛。例如：寿宁 kiaʔ^{2}。《广韵》入声月韵其谒切:“担揭物也”;《集韵》入声月韵其谒切:“担也。”

瞋：福安方言“打雷”说“雷瞋”[lai^{221} tɛiŋ^{221}]。《集韵》平声先韵亭年切:“声盈耳也。”参[词]003。

榠：饱满、紧。例如：寿宁 tɛŋ^{223}。《集韵》去声霰韵堂练切:“木理紧密。”参[词]426。

荐：屋斜使正。例如：寿宁 tsieŋ^{335}。本字考参看李荣(1997：2—4)。

跣：福安、福清方言把赤脚”说“褪跣骹”。比如，福清方言读作[tʰɔŋ-tʰɔ̱ŋ$^{211-11}$ tɕieŋ-ȵʑieŋ$^{322-11}$ kʰa-ŋa^{52}]。《广韵》上声铣韵苏典切:“跣足”;《集韵》上声铣韵苏典切:“《说文》：足亲地也。”

蠞：梭子蟹。例如：寿宁 tsʰieʔ^{2}。《广韵》入声屑韵昨结切:“蠞似蟹，生海中。”

鍥：镰刀;割草刀。比如，寿宁方言“镰刀”说“禾鍥”[uoi^{211} kɛʔ^{5}]。《广韵》入声屑韵古屑切:“镰别名也。”参看郑张尚芳(2005：239)。

断：福清方言“剪”说“断”[tɔ̱ŋ^{322}]，来自《广韵》上声缓韵都管切。参[词]503。

踆：摔倒。例如：寿宁 puaʔ^{2}。《广韵》入声末韵蒲拨切:“踆躠行皃。又蹦也。”参[词]399。

缘：爬行。例如：寿宁 siɔŋ^{211}。《孟子·梁惠王上》："以若所为，求若所欲，犹缘木而求鱼也。"参看温昌衍（2012：112）。

潘："泔水"说"潘水"。"潘"音，例如：寿宁 p^{h}uŋ$^{-44}$。《集韵》平声元韵孚袁切："米澜也。"参[词]232。

抉：屏南方言"挖鼻屎"说"抉鼻屎"[eik^{5} p^{h}i^{335} sai-lai$^{41-51}$]。《广韵》入声屑韵於决切："抉出。"参[词]540。

1.6.11 臻摄

烟：烟气；冒烟。四地方言的读音均来自《广韵》平声真韵於真切。例如：寿宁 iŋ^{44}烟气。

屦："阴囊"说"屦脬"。比如，屏南方言说"屦脬"[liŋ$^{-44}$ p^{h}a^{443}]。《字汇·寅集尸部》："力刃切，音吝。闽人谓阴也。"参[词]133。

喷：吹。例如：屏南 pɔ̱uŋ^{221}。《集韵》平声魂韵蒲奔切："吐也。"

驐：福清方言"阉公鸡"说"驐"[tɔ̱ŋ^{52}]。《广韵》平声魂韵都昆切："去畜势。出《字林》。"参[词]463。

褪：脱。例如：寿宁 t^{h}ɔŋ^{335}。《增修互註礼部韵略》去声二十六慁韵吐困切："卸衣。又花谢也。"参[词]501。

揾：蘸。例如：寿宁 uŋ^{335}。《集韵》去声圂韵乌困切："《说文》：没也。"

突：福安、屏南、福清三地方言的读音均来自《广韵》入声没韵陀骨切。例如：福清 tɔʔ^{5}。

核：表示“桃核”的“核”字通“槲”，《广韵》入声没韵户骨切：“果子槲也。”例如：寿宁 xɔʔ^{2}。

欶：寿宁方言“吮吸”说“欶”[tsyʔ^{5}]。《广韵》入声術韵子聿切：“饮也。《玉篇》云：吮也。”参[词]548。

秫：“糯米”说“秫米”。比如，屏南方言说“秫米”[suk$^{43-1}$ mi^{41}]。《广韵》入声術韵食聿切：“穀名”；《集韵》入声術韵食律切：“《说文》：稷之黏者。”

掘：四地方言的读音均来自《广韵》入声物韵衢物切。例如：寿宁 kuʔ^{2}。

熨：四地方言的读音均来自《广韵》入声物韵纡物切：“火展帛也。”例如：寿宁 uʔ^{5}。

薰：“抽烟”说“食薰”。“薰”音，例如：寿宁 xɔŋ^{44}。《广韵》平声文韵许云切：“香草。”

熏：寿宁方言“拔火罐”说“熏竹管”[xyŋ$^{335-55}$ tuʔ^{5} kuoŋ$^{41-51}$]，福清方言“燻蚊子”说“熏蠓”[xɔŋ-xɔŋ$^{211-52}$ mœŋ^{322}]。“熏”都来自《集韵》去声焮韵吁运切。

1.6.12 宕摄

塝：屏南方言“坎子、塴”说“塝”[puaŋ^{224}]。《集韵》去声宕韵蒲浪切：“地畔也。”

茛：寿宁方言“当柴火用的蕨蕨”说“茛萁”[lɔŋ²¹¹ ki⁴⁴]。《广韵》平声唐韵鲁当切：“草名。”参[词]485。

眼：晾。寿宁、福安方言“晾”说“眼”。例如：寿宁 lɔŋ³³⁵。《集韵》去声宕韵郎宕切：“暴也。”

园：藏放；放。例如：寿宁 kʰɔŋ³³⁵放。《集韵》去声宕韵口浪切：“藏也。”参[词]396、539。

笐：“晒衣服用的竹竿”说“(竹)笐”。比如，屏南方言说“竹笐”[tyk⁵ ɔuŋ²²⁴]。《广韵》去声宕韵下浪切：“衣架。”参[词]190。

长：剩。例如：寿宁 tiɔŋ²²³。《广韵》去声漾韵直亮切：“多也。”参[句]95。

瓤：四地方言的读音均来自《集韵》平声唐韵奴当切或《广韵》平声阳韵女良切。例如：寿宁 nɔŋ²¹¹。

婥：福安方言“漂亮、好”说“婥”[tʃʰøoʔ⁵]。《广韵》入声药韵昌约切：“婥约，美皃。”参看赵峰(2008：88)、[句]11、12。

箬：叶子。例如：寿宁 nyøʔ²。《广韵》入声药韵而灼切：“竹箬。”

圹：墓穴。例如：屏南 kʰouŋ⁴¹。《集韵》上声荡韵苦晃切：“窾也。”

1.6.13 江摄

戳：福安方言把“戳印盖章”里的“戳”读作[tsʰɔʔ²]，

来自《广韵》入声觉韵直角切。

欶：吮吸。例如：寿宁 θɔ[335]。《集韵》入声觉韵色角切："《说文》：吮也。"参[词]548。

搉：敲。例如：屏南 kʰɔ̠k[5]。《广韵》入声觉韵苦角切："击也。"

1.6.14 曾摄

薐：福清方言"菠菜"说"菠薐"[puo[-44] lɛŋ[44]]。《五音集韵》平声登韵鲁登切："菠薐，菜名。"参[词]281。

1.6.15 梗摄

撑：寿宁、福安方言里表示"支撑"的"撑"来自《广韵》去声映韵他孟切。例如：寿宁 tʰaŋ[335]。

桁：檩子。例如：福清 aŋ[44]。《广韵》平声庚韵户庚切："屋桁"；《集韵》平声庚韵何庚切："屋横木。"

搦：抓、捉。例如：寿宁 naʔ[2]。《广韵》入声陌韵女白切："捉搦。"参[词]537。

䏲："脚后跟"说"(骹)后䏲"等。"䏲"音，例如：寿宁：taŋ[44]。《集韵》平声耕韵甾茎切："足筋。"

瘤："瘦肉"说"瘤肉"。"瘤"音，例如：寿宁 sɛŋ[41]。《广韵》上声梗韵所景切："瘦瘤"；《集韵》上声梗韵所景切："瘦谓之瘤。"

映：看；盼望；看守。例如：寿宁 $ɔŋ^{335}$ 看；看守。《集韵》去声映韵於庆切："视也。"参[词]383。

摒：把不需要的脏水等液体倒掉。例如：寿宁 $piaŋ^{335}$。《广韵》去声劲韵畀政切："摒除也。"

倩：雇；引诱。例如：福清 $tɕ^{h}iaŋ^{211}$ 雇。《广韵》去声劲韵七政切："假倩也。"

凊：东西凉。例如：寿宁 $ts^{h}iŋ^{335}$。《集韵》去声劲韵七正切："《说文》：寒也。"参看 Jerry Norman(1983：207—208)、郑张尚芳(2005：239)、[词]579。

借：四地方言的读音均来自《广韵》入声昔韵资昔切。例如：寿宁 $tsyø^{335}$。

刺：编织。例如：寿宁 $ts^{h}ia^{335}$。《广韵》入声昔韵七迹切："穿也。"参看郑张尚芳(2005：231—232)。

射：福安方言读作[$θiʔ^{2}$]，来自《广韵》入声昔韵食亦切。

骿：福清方言"脊背"说"骿"[$p^{h}iaŋ^{52}$]。《集韵》平声青韵滂丁切："肋骨。"

冥："晚上"说"冥晡(头)"。"冥"音，例如：寿宁 $maŋ^{211}$。《广韵》平声青韵莫经切："暗也，幽也。"参[词]360。

㔏：一种晒东西用的圆形大竹器；一种箅子。例如：福安 $leiʔ^{2}$ 一种晒东西用的圆形大竹器。《集韵》入声锡韵狼狄切："床箦。"参看郑张尚芳(2005：233—234)。

溉：福安方言"开裂"说"溉"[$koʔ^{5}$]。《广韵》入声陌韵古伯切："水裂。"参看曹志耘、秋谷裕幸[主编](2016：36)、[词]564。

画：寿宁、福清方言里当动词用时的读音来自《广韵》入声麦韵胡麦切。例如：寿宁 uaʔ^{2}。

1.6.16 通摄

桶："太阳穴"说"饭桶(窠)"。比如，屏南方言说"饭桶"[pouŋ$^{224-44}$ tœŋ^{224}]。此处"桶"音来自《广韵》上声董韵徒揔切。

笼：屏南方言和福清方言除了卢红切以外还用来自《广韵》上声董韵力董切的读音。比如，屏南方言"装筷子的器具"说"箸笼"[tœ$^{224-44}$ lœŋ^{224}]。

揔：推。例如：寿宁 sœŋ^{41}。《集韵》上声董韵损动切："推也。"

塕："灰尘"说"塕尘(粉)"。比如，福清方言说"塕尘"[uŋ$^{52-44}$-niŋ$^{-44}$]。《广韵》上声董韵乌孔切："塕埲，尘起。"《集韵》上声董韵邬孔切："尘也。"闽东区方言把"塕"读作阴平，不合乎中古音的上声。参[词]020。

赣：福安方言的读音[kouŋ^{335}]来自《广韵》去声送韵古送切。

渎：福清方言"畦间小沟"说"渎渎"[tœʔ^{3} tœʔ^{5}]。《广韵》入声屋韵徒谷切："《说文》曰：沟也。"

簏：盒子。例如：寿宁 lœʔ^{5}。《广韵》入声屋韵卢谷切："箱簏。《说文》云：竹高箧也。"

漉：捞。例如：屏南 l$\underline{\text{œ}}$k^{43}。《广韵》入声屋韵卢谷切："渗漉。又沥也。《说文》：浚也。"

凿：四地方言的读音均来自《广韵》入声屋韵昨木切。例如：寿宁 ts^{h}œʔ^{2}。

脓：寿宁方言读作[nuŋ^{335}]，通"癑"，《集韵》去声宋韵奴宋切："病也。"

熊、雄：四地方言的读音均来自《集韵》平声东韵胡弓切。例如：福清 xyŋ^{44}。

1.7　本书体例说明

1.7.1　音标

1. 国际音标中的送气符号一律在右上角用"^{h}"表示。

2. 音标下加单线的表示介乎半高和半低之间的舌位①。

3. 调类和调值。本书除了第二章 2.1.5"字音对照"

---

① 即，与[ᴇ]相同的舌位。

以及第三章“专题研究”以外一律用右上角的数字表示调值。如寿宁：羊 iɔŋ^{211}。2.1.5 和第三章当中则一律用右上角的数字表示调类：1—阴平、2—阳平、3—上声、5—阴去、6—阳去、7—阴入、7a—阴入甲、7b—阴入乙、8—阳入、8a—阳入甲、8b—阳入乙。如果没有单字调只有连读调(或连读音)，则用两个或三个数字直接记调值。此时在调值的前面加短横。因连读而引起声母或韵母转换的，在原读音和实际读音之间用连字号“-”隔开。如屏南：新妇团童养媳 siŋ$^{443-11}$-mɔ̠$^{224-33}$ kiaŋ-iaŋ^{41}；福清：豆腐团豆腐脑 ta^{-335} xo-u$^{41-52}$ kiaŋ-iaŋ^{322}。

1.7.2 同音字汇

同音字汇(2.1.1.6、2.1.2.5、2.1.3.6 和 2.1.4.5)以收录四县市方言的单字音为主。一个字如果不能单独念，则收连读音。连读音放在相应的单字音节后面，在连读音的前面加单竖线“|”或双竖线“‖”表示。前者表示不能恢复原声母的连续音，后者则表示两种情况：(a) 不能恢复单字调的连续音；(b) 不能恢复单字调和原声母或原韵母的连续音。如果连读调是单字调以外的新调值，该调值放在其他调类后，“‖”加在连读调的前面。字汇根据三地方言韵母、声母、声调的次序(见 2.1.1.1、2.1.2.1、2.1.3.1 和 2.1.4.1)排列。轻声音节用“[0]”表示。写不

出本字的音节用方框“□”表示。释义、举例在字后用括号“( )”表示。在例子里，用“～”代替本字，“□”后加注音标。又读、文白异读等一字多音的现象在字的右下角用数码表示，一般用“1”表示最常用或最口语化的读音，“2”次之，依此类推。字下加单线的，表示该字的本字考或中古音切见于“1.6 本书中使用的本字和中古音切”。

1.7.3 中古音韵地位

主要根据《古今字音对照手册》和《方言调查字表》。在不会引起误会的情况下，韵目举平赅上去。端组有时也包括来母和泥母。泥母和娘母分立。

1.7.4 其他

各地方音部分连读调表(表 1、表 2、表 3、表 4)第一行第一列的“1”和“2”分别表示“前字”和“后字”。表中各栏的上一行是单字调，下一行是连读调，无下一行的表示连读调与单字调相同。

书中提到“2.2 词汇对照”和“2.3 例句对照”的材料时，以“[词]××”和“[句]××”的形式注明编号，以便查阅。例如：[词]003 打雷。

引用其他研究者的论著时，笔者自己重新认定本字。比如冯爱珍(1998：439)把“捅，刺”义词用方框“□”表示，本书则把它认定并写作"戳"。

其他体例从俗，或在各有关部分交代。

1.8 本书中方言材料来源及其归属

本书中所引用除四个现代闽东区方言以外的方言点、它们的归属和方言材料的出处如下。字下加单线的地点是本书中的称呼。除了古田杉洋方言和屏南黛溪方言以外，方言归属是第一版《中国语言地图集》的方案①：

地点	大区	区	片	方言材料的出处
福州市	闽语	闽东区	侯官片	冯爱珍（1998）、秋谷裕幸、陈泽平（2012）、陈泽平调查
古田县大桥镇	闽语	闽东区	侯官片	秋谷裕幸、陈泽平（2012）

① 第一版《中国语言地图集·B12 闽语》把古田县和屏南县的方言都归属侯官片。不过，古田杉洋话和屏南黛溪话的各种音韵特点明显更接近于福宁片。参看秋谷裕幸（2010b：65—67）和秋谷裕幸、陈泽平（2012：157—168、276—281）。笔者自己的闽东区方言分类，请看秋谷裕幸（2010b）。关于屏南城关话的归属，则请看本书 3.6。

地点	大区	区	片	方言材料的出处
古田县杉洋镇	闽语	闽东区	福宁片	秋谷裕幸、陈泽平(2012)
屏南县黛溪镇	闽语	闽东区	福宁片	叶太青(2003)
周宁县	闽语	闽东区	福宁片	林寒生(2002)
周宁县咸村镇	闽语	闽东区	福宁片	秋谷裕幸(2018)
宁德市蕉城区虎狈镇	闽语	闽东区	福宁片	秋谷裕幸(2018)
宁德市蕉城区九都镇	闽语	闽东区	福宁片	秋谷裕幸(2018)
霞浦县长春镇	闽语	闽东区	福宁片	秋谷裕幸(2010a)
福安市斜滩镇	闽语	闽东区	福宁片	秋谷裕幸(2010a)
福鼎市白琳镇	闽语	闽东区	福宁片	秋谷裕幸(2010a)
泰顺县三魁镇	闽语	闽东区	蛮话片	秋谷裕幸(2005)
厦门市	闽语	闽南区	泉漳片	北京大学(2005)、周长楫(1998)
海口市	闽语	琼文区	府城片	陈鸿迈(1996)
仙游县	闽语	莆仙区		秋谷裕幸调查
政和县镇前镇	闽语	闽北区		秋谷裕幸(2008)
建瓯市	闽语	闽北区		北京大学(2005)
建瓯市迪口镇	闽语	闽北区		秋谷裕幸(2008)
武夷山市	闽语	闽北区		秋谷裕幸调查
浦城县石陂镇	闽语	闽北区		秋谷裕幸(2008)

地点	大区	区	片	方言材料的出处
浦城县山下乡	闽语	闽北区		秋谷裕幸调查
沙县富口镇盖竹	闽语	闽中区		邓享璋(2006)
光泽县寨里镇	闽语	邵将区		秋谷裕幸调查
庆元县	吴语		处衢片	曹志耘等(2000)

冯爱珍(1998)和秋谷裕幸、陈泽平(2012)的福州方言语音系统稍微有区别。本书中把这两种研究的语音系统折合成北京大学(2008)的音系。

1.9 基金项目

本书的研究得到以下基金项目的资助：

1. 日本学术振兴会平成17—19年度科学研究费补助金基盘研究B“びん东语福宁方言群の调查研究(闽东区福宁片调查研究)”(项目号：17401014，负责人：秋谷裕幸)；

2. 日本学术振兴会平成19—20年度科学研究费补助金基盘研究C“新调查データに基づくびん东区方言の下位分类の再检讨(根据新调查材料重新探讨闽东区方言的分类)”(项目号：19520348，负责人：秋谷裕幸)；

3. 日本学术振兴会平成21—23年度科学研究费补助金基盘研究C“びん语びん东区方言群祖语の再构(原始闽语闽东区方言的重构)”(项目号：21520442，负责人：秋谷裕幸)；

4. 日本学术振兴会平成28—31年度科学研究费补助金基盘研究C“中国語方言学の領域における語源辞典編纂の試み——びん東区方言の身体名称語を例に(尝试编纂汉语方言学领域里的词源辞典——以闽东区方言的身体部位名称为例)”(项目号：16K02681，负责人：秋谷裕幸)。

2 四县市方言的描写

2.1 方　　音

2.1.1 寿宁方音

2.1.1.1 声韵调

2.1.1.1.1 声母

声母 15 个，包括零声母在内。

p 帮盘簿步白缚	p^h 派鼻蜂	m 门尾袜	
t 刀铜断大夺肠	t^h 讨虫	n 脑年染忍	l 来
ts 糟罪渣肿酒书	ts^h 仓插贼秋树$_1$		s 消烧心三生坐船痒
k 家记锯汗	k^h 坑欠臼齿	ŋ 硬鱼瓦话耳	x 好和虎府戏园$_1$
ø 爱$_1$音温芋鞋约然换万围			

说明：

(1)［ts ts^h］声母拼齐齿呼时常读作［tɕ $tɕ^h$］。比如

“字”读作[ts^{j}i^{223}]或[tɕi^{223}];“市”读作[ts^{jh}i^{223}]或[tɕ^{h}i^{223}]。陈培的口音中腭化较为明显。拼撮口呼时这个现象不很突出。比如“水”读作[tsy^{41}];“取”读作[ts^{h}y^{41}]。本书里一律记作 ts 组。这是特别需要说明的。

(2) 张仁村把[s]声母有时读作齿间音[θ]。比如,张仁村把“师父”的“师”[sɛ$^{-44}$]有时读作[θɛ$^{-44}$];把“伞”[saŋ^{41}]有时读作[θaŋ^{41}]。

(3) [x]声母拼细音时读作[ç]或[çɕ],有时还读成[ɕ]。比如“喜”[xi^{41}]的实际音值是[çi^{41}]或[çɕi^{41}];“墟”[xy^{44}]的实际音值是[çy^{44}];“歇”[xyøʔ^{5}]的实际音值是[çɕyøʔ^{5}]或[ɕyøʔ^{5}],以[ɕyøʔ^{5}]为主。有些字在调查时只记到[ɕ],没有记到[ç]或[çɕ]的读音。本书把这些字也处理成[x]声母。由于[s]声母在细音之前不腭化,所以仍然不存在[s x]之间的相混。比如“晓”只记到[ɕiɐu^{41}],但是与“小”[siɐu^{41}]之间的差别很明显,本书把[ɕiɐu^{41}]处理成[xiɐu^{41}]。

(4) 零声母拼开口呼时读作喉塞音。比如“鸭”[aʔ^{5}]的实际音值是[ʔaʔ^{5}],“矮”[ɛ^{41}]的实际音值是[ʔɛ^{41}]。拼齐齿呼、合口呼、撮口呼时,有时读作[j w ɥ],有时读作喉塞音。比如“姨”[i^{211}]的实际音值是[ji^{211}]或[ʔi^{211}];“沃”[uo^{335}]的实际音值是[wuo^{335}]或[ʔuo^{335}];“药”[yøʔ^{2}]的实际音值是[ɥyøʔ^{2}],而“用”[yŋ^{223}]的实际音值是[ʔyŋ^{223}]。

（5）寿宁方言里存在着少量的“声母类化”现象，即，在连续的语流中，后字的声母受到前字韵母的影响而发生有规律的变化。以下列出一部分例子：

（a）[p]声母：水坝 tsy$^{41-55}$ pa-b̥a^{335}。

（b）[t ts s]声母

（b－1）在阴声韵的后面变为[l]：姑丈姑父 ku^{44} tiɔŋ^{223}～ku^{44} tiɔŋ-liɔŋ^{223}｜骹肚小腿 kʰa^{44} tu-lu^{41}｜骹肚包腿肚子 kʰa^{44} tu-lu$^{41-55}$ pau^{44}｜底底里面 tie$^{41-55}$ tɛ-lɛ$^{41-51}$｜祠堂 su$^{211-22}$ tɔŋ-lɔŋ^{211}｜舅□舅舅 ku$^{223-44}$ tau^{335}～ku$^{223-44}$ tau-lau^{335}｜拜堂 pai$^{335-55}$ tɔŋ-lɔŋ^{211}｜街中街上 kɛ^{44} tɔŋ^{44}～kɛ^{44} tɔŋ-lɔŋ^{44}；喙舌尾舌尖 tsʰy$^{335-55}$ tsieʔ$^{2-4}$ muoi^{41}～tsʰy$^{335-55}$ tsieʔ-lieʔ$^{2-4}$ muoi^{41}。

另外，“无事不要紧”[mɔ^{211} lai^{223}]的后字[l]声母当为早期*t 声母发生声母类化的结果。

（b－2）在阳声韵的后面变为[n]：指头团指头 tsɛŋ$^{-44}$ tʰau^{211} kiaŋ^{41}～tsɛŋ$^{-44}$ tʰau-nau^{211} kiaŋ^{41}｜塍塍豆大豆 tsʰɛŋ$^{211-22}$ siŋ^{211} tau^{223}～tsʰɛŋ$^{211-22}$ siŋ^{211} tau-nau^{223}；蕃薯粉白薯粉做的粉条儿 xuaŋ^{44} sy^{211} xuŋ^{41}～xuaŋ^{44} sy-ny^{211} xuŋ^{41}｜□式这么 tsuŋ^{335} siʔ^{5}～tsuŋ^{335} siʔ-niʔ^{5}｜□式那么 xuŋ^{335} siʔ^{5}～xuŋ^{335} siʔ-niʔ^{5}。

（c）[k kʰ x]声母和零声母

（c－1）[x]声母在阴声韵的后面脱落：屎楻头露天的厕所 sai$^{41-55}$ xuoŋ$^{211-22}$ tʰau^{211}～sai$^{41-55}$ xuoŋ-uoŋ$^{211-22}$ tʰau^{211}｜底□个哪个 tu^{-55} xuoi$^{335-55}$ kɔi^{335}～tu^{-55} xuoi-uoi$^{335-55}$ kɔi^{335}｜三岁

saŋ^{44} xuoi^{335}～saŋ^{44} xuoi-uoi^{335} 。

另外“竹篙竹竿”[tuʔ^{5} ɔ^{44}]的后字零声母当为早期*k声母脱落的结果。

(c－2) [k kʰ]声母和零声母在阳声韵的后面变为[ŋ]：冥间头晚上 maŋ^{211} kaŋ^{44} tʰau^{211} ～ maŋ^{211} kaŋ-ŋaŋ^{44} tʰau-nau^{211}；□起盖上 kiŋ^{211} kʰi-ŋi^{41}｜睏去了睡着了 kʰuŋ^{335} kʰyø^{335} lɔ^{0}～kʰuŋ^{335} kʰyø-ŋyø^{335} lɔ^{0}；病哑哑巴 paŋ$^{223-44}$ a-ŋa^{41}｜前后时候 sɛŋ^{211} au-ŋau^{223}。例外有：关起关上 kuoŋ^{44} kʰi^{41}～kuoŋ^{44} kʰi-ki^{41}。

从现有的材料来看，最容易发生声母类化的应该是[t]声母，而[p pʰ]声母则一般不发生类化，说明声母类化的形成存在阶段性。

寿宁方言的声母类化处于刚刚开始形成的阶段，远不如福安、宁德、古田等方言那么复杂、频繁。一般来说发音人很容易恢复原声母。2.1.1.6“同音字汇”里收录了一部分声母类化的读音，①以供参考。

2.1.1.1.2 韵母

韵母 46 个，包括自成音节[ŋ]在内。

i 米丝鼻字起非来$_1$	u 浮租度府舅有$_1$祠	y 猪锯区水醉锤穗

① 都处理成单字音。

a 架教$_1$把饱早册客	ia 遮写也寄纸摘脊	ua 瓜花挂拖我破$_1$所	
ai 菜海害戒屎治杀腿		uai 怪快$_2$	
au 糟扫包抄头厚九	iɐu 表赵腰尿萧桥		
ɛ 排街快$_1$溪犁	ie 祭鸡肺桂池移		
ɛu 条料凑馊狗$_2$			
ɔ 多刀歌高磨名索桌		uo 补布芋果货剥曲$_1$	
ɔi 袋爱$_1$对推罪$_2$坐短		uoi 杯配悔税皮尾火	
œ 鑢锉苎			yø 珠$_2$去$_1$吹髓尺烛
ui 柜肥龟$_1$开$_1$衣$_1$	iu 秋抽手油珠$_1$柱		
	iŋ 心婶镇身等瓶星	uŋ 军放$_1$双统梦蜂肿	yŋ 春船根$_1$斤银穷用
aŋ 潭胆衫伞颜坑病	iaŋ 行走饼听兄线懒	uaŋ 盘满官範万横	
ɛŋ 鹹店闲千还动县蛏	ieŋ 严尖厌钱战边		
ɔŋ 酸嫩孙帮党肠床	iɔŋ 选砖权建想伤响	uoŋ 饭本光黄方管$_1$	
œŋ 葱冬虫共$_1$能生$_2$硬			

	iʔ 习急笔失直踢	uʔ 不$_1$佛福服毒竹粥	yʔ 卒出麯育玉
aʔ 答插粒铡割白宅	iaʔ 獭揭用肩扛籴食吃	uaʔ 钵阔$_1$法袜划笔～	
ɛʔ 贴十拔节血虱北	ieʔ 接蝶篾热铁		
ɔʔ 夺刷骨作薄形郭		uoʔ 蕨缚国	
œʔ 德色策壳读六			yøʔ 雪歇月药石绿局

ŋ 唔不

说明：

1. [ɛu]韵的[ɛ]舌位偏高。

2. [yø yøʔ]韵的[ø]唇较展，舌位偏后。但它与[ie ieʔ]韵的[e]之间的差别仍然很明显。

3. [uoi]韵的实际音值是[uoəi]。

4. [ui]韵的实际音值是[uʋʊi]。[ʊ]较弱。

5. [uŋ uʔ]二韵的实际音值分别是[ʊŋ ʊʔ]。

6. [yŋ]韵的“荣、容、融”[yŋ^{211}]有时读作[yuŋ^{211}]。由于发音人认为“荣、容、融”与“云”[yŋ^{211}]同音，本书没有设立[yuŋ]韵。

7. [ɛŋ ɔŋ œŋ]三韵的实际音值分别是[ɛʋeŋ ɔʋoŋ œʋøŋ]。[e o ø]都较弱。

8. [iɔŋ]韵的[i]唇较圆。

2.1.1.1.3　单字调

单字调 7 个。

阴平　[44]　东天山西工恩

阳平　[211]　头肠房名南龙

上声　[41]　等九口粉，米尾李领

阴去　[335]　对菜四见唱送，鼻妹，桌百壁剥烛

阳去　[223]　厚近$_1$舅重形容词，五$_1$蚁老$_1$，步洞害二麵硬

阴入　[5]　雪笔出约踢竹

阳入　[2]　十夺直六热玉，药镯食吃白粂局

说明：

1. 阴去[335]的实际调值近[325]。

2. 阳入[2]整个音节带有很强的紧喉作用。

3. 除了以上七个单字调以外，还有[51]调和[55]调，即：□谁 nœŋ^{51}；□我～：咱们 ni^{55}｜□咱们 ŋuai^{55}。

2.1.1.2　与中古音比较

2.1.1.2.1　声母

2.1.1.2.1.1　少数古全清声母读送气音：波帮 p^{h}ɔ^{44}｜杯珓～。帮 p^{h}uoi^{44}｜迫帮 p^{h}œʔ^{5}｜卜～卦。帮 p^{h}uʔ^{5}；废非 p^{h}ie^{335}｜非飞～机。非 p^{h}i^{44}｜匪非 p^{h}i^{41}｜否非 p^{h}ɛu^{41}；堤端 t^{h}i^{211}；躁精 ts^{h}ɔ^{335}｜雀精 ts^{h}yøʔ^{5}；张量词。知 t^{h}iɔŋ^{44}；锅铅～。见 k^{h}uo^{44}｜昆见 k^{h}ɔŋ^{44}｜矿见 k^{h}ɔŋ^{335}。

2.1.1.2.1.2 古全浊声母读清音，而且今读塞音或塞擦音时，大多数是不送气音。例如：

古平声　　爬 pa^{211} | 题 $tɛ^{211}$ | 财 $tsai^{211}$ | 晴 $saŋ^{211}$ | 池 tie^{211} | 肠 $tɔŋ^{211}$ | 穷 $kyŋ^{211}$；

古上声　　断拗～$tɔŋ^{223}$ | 坐 $sɔi^{223}$ | 罪 $tsɔi^{223}$ | 重形容词 $tœŋ^{223}$ | 是 si^{223} | 近 $kyŋ^{223}$；

古去声　　病 $paŋ^{223}$ | 大 tua^{223} | 寺 su^{223} | 箸 ty^{223} | 状 $tsɔŋ^{223}$ | 顺 $syŋ^{223}$ | 汗 $kaŋ^{223}$；

古入声　　白 $paʔ^{2}$ | 缚 $puoʔ^{2}$ | 罚 $xuaʔ^{2}$ | 毒 $tuʔ^{2}$ | 直 $tiʔ^{2}$ | 铡 $tsaʔ^{2}$ | 石 $syøʔ^{2}$。

另外，还有少数古全浊声母读作送气清音。下面列举所有的例字：

古平声　　蒲菖～。模並 $p^{h}uo^{41}$ | 皮支並 $p^{h}uoi^{211}$ |
脾支並 $p^{h}i^{211}$ | 袍豪並 $p^{h}ɔ^{211}$ |
瓢浮萍。宵並 $p^{h}iɐu^{211}$ | 彭膨庚二並 $p^{h}aŋ^{211}$ |
评～理。庚三並 $p^{h}aŋ^{211}$ |
篷蓬东一並 $p^{h}uŋ^{211}$ | 扶虞奉 $p^{h}uo^{211}$ |
浮尤奉 $p^{h}u^{211}$ | 冯东三奉 $p^{h}uŋ^{211}$ |
逢缝裁～。锺奉 $p^{h}uŋ^{211}$ | 涂泥土。模定 $t^{h}u^{211}$ |
苔咍定 $t^{h}i^{211}$青～、$t^{h}ai^{44}$舌苔 |
提齐开定 $t^{h}i^{211}$ | 桃豪定 $t^{h}ɔ^{211}$ |
涛豪定 $t^{h}ɔ^{44}$ | 头侯定 $t^{h}au^{211}$ |

潭谭坛酒～。覃定 $t^{h}aŋ^{211}$ |
檀寒定 $t^{h}aŋ^{211}$ | 团桓定 $t^{h}uaŋ^{211}$ |
豚猪～。魂定 $t^{h}ɔŋ^{211}$ | 糖唐开定 $t^{h}ɔŋ^{211}$ |
桐东一定 $t^{h}œŋ^{211}$ | 墙阳开从 $ts^{h}iɔŋ^{211}$ |
斜麻开三邪 $ts^{h}ia^{211}$ | 寻庹。侵邪 $ts^{h}ieŋ^{211}$ |
持之澄 $t^{h}i^{211}$ | 治杀。之澄 $t^{h}ai^{211}$ |
槌锤脂合澄 $t^{h}y^{211}$ | 绸稠筹尤澄 $t^{h}iu^{211}$ |
沉侵澄 $t^{h}ɛŋ^{211}$ | 椽仙合澄 $t^{h}iɔŋ^{211}$ |
尘扫～。真澄 $t^{h}ɔŋ^{211}$ | 虫东三澄 $t^{h}œŋ^{211}$ |
锄鱼崇 $t^{h}y^{211}$ | 豺～犬。皆崇 $t^{h}ai^{211}$ |
床床铺。阳开崇 $ts^{h}ɔŋ^{211}$ |
垂耳朵～。支合禅 $t^{h}y^{211}$ |
成做～得。清开禅 $ts^{h}iaŋ^{211}$ |
瘸戈三群 $k^{h}iɐu^{211}$～骹、$k^{h}uo^{211}$～手 |
骑支开群 $k^{h}i^{211}$ | 蠛微开群 $k^{h}i^{211}$ |
钳盐群 $k^{h}ieŋ^{211}$ | 琴禽侵群 $k^{h}iŋ^{211}$ |
擒侵群 $k^{h}ieŋ^{211}$ | 勤芹殷群 $k^{h}yŋ^{211}$ |
狂阳合群 $k^{h}uaŋ^{211}$ | 琼清合群 $k^{h}iŋ^{211}$ |
环删合匣 $k^{h}uaŋ^{211}$；

古上声　被支並 $p^{h}uoi^{223}$ | 抱豪並 $p^{h}ɔ^{223}$ |
艇挺青定 $t^{h}iŋ^{41}$ | 象像阳开邪 $ts^{h}iɔŋ^{223}$ |
橡～皮。阳开邪 $ts^{h}iɔŋ^{-44}$ | 柱虞澄 $t^{h}iu^{223}$ |

杖阳开澄 tʰuŋ$^{-44}$～团、tʰiɔŋ^{223}戳～|

柿之崇 kʰi^{223}|市之禅 tsʰi^{223}|

鳝仙开禅 tsʰiaŋ^{223}|

徛支开群 kʰia^{223}站立、kʰia^{335}陡|

臼尤群 kʰu^{223}|菌谆群 kʰyŋ^{41}|

强勉～。阳开群 kʰiɔŋ^{41}|舰衔匣 kʰaŋ^{41}；

古去声　捕模並 pʰuo^{41}|稗佳並 pʰɛ^{335}|

毙枪～。祭並 pʰie^{335}|敝祭並 pʰieʔ^{5}|

佩灰並 pʰuoi^{335}|鼻脂並 pʰi^{335}|

泡鱼～。皮教切 pʰau^{223}|

叛～徒。桓並 pʰaŋ$^{-55}$|饲之邪 tsʰi^{335}|

蛇海蜇。麻开二澄 tʰa^{335}|

坠秤尾～。支合澄 tʰy^{335}|示脂开船 tsʰi^{223}|

豉支开禅 tsʰi^{223}|视近～。脂开禅 tsʰi^{223}|

树虞禅 tsʰiu^{335}；

古入声　雹觉並 pʰuoʔ^{2}|曝屋一並 pʰuoʔ^{2}|

叠帖定 tʰieʔ^{2}|读屋一定 tʰœʔ^{2}|

截屑开从 tsʰieʔ^{2}|贼德开从 tsʰɛʔ^{2}|

凿屋一从 tsʰœʔ^{2}|席昔开邪 tsʰyøʔ^{2}|

值～钱。职开三澄 tʰiʔ^{2}|或惑德合匣 pʰɛʔ^{2}|

宅陌开二澄 tʰaʔ^{2}|勺药合禅 tsʰiaʔ^{2}|

芍药合禅 tsʰyøʔ^{5}|剧闽～。陌开三群 kʰyøʔ^{2}|

峡门～。洽匣 $k^hia?^2$｜获麦合匣 $p^h\varepsilon?^2$；

其他 嫖 $p^hi\text{ɐ}u^{211}$｜绱 $ts^hi\text{ɔ}\eta^{223}$。

2.1.1.2.1.3 一部分非、敷、奉母字读作塞音[p pʰ]声母。例如：

非母 斧～头 pua^{-55}｜飞动词 $puoi^{44}$｜痱沸 pui^{335}｜反 $p\varepsilon\eta^{41}$｜发头～发～芽 $puo?^5$｜分 $puo\eta^{44}$｜粪 $pu\eta^{335}$｜枋 $pu\eta^{44}$｜放 $pu\eta^{335}$｜腹 $pu?^5$；废 p^hie^{335}｜非飞～机 p^hi^{44}｜匪 p^hi^{41}｜否 $p^h\varepsilon u^{41}$；

敷母 麸 p^huo^{44}｜殕生～p^hu^{41}｜柿柴～p^huoi^{335}｜费 p^hie^{335}｜潘～水。孚袁切 $p^hu\eta^{-44}$｜蜂 $p^hu\eta^{44}$｜捧 $p^hu\eta^{41}$；

奉母 腐 pu^{223}｜吠 pui^{223}｜肥 pui^{211}｜妇新～pu^{223}｜伏孵。扶富切 pu^{223}｜范姓 $puo\eta^{223}$｜饭 $puo\eta^{223}$｜房 $pu\eta^{211}$｜缚 $puo?^2$｜匐 $pu?^2$；扶 p^huo^{211}｜浮 p^hu^{211}｜缝裁～$p^hu\eta^{211}$。

2.1.1.2.1.4 多数微母字读作[m]声母。例如：务雾 muo^{223}｜尾 $muoi^{41}$｜未副词 $muoi^{223}$｜味 mi^{223}｜袜 $mua?^2$｜蚊 $muo\eta^{211}$｜问 $mu\eta^{335}$动词、$mu\eta^{223}$～题｜网 $mu\eta^{223}$｜望 $m\text{ɔ}\eta^{223}$。

2.1.1.2.1.5 来母有两个字读作[t]声母：蛎 tia^{223}｜懒 $tia\eta^{223}$。

2.1.1.2.1.6　少数从母字读作擦音[s]声母：坐 sɔi^{223} | 座 sɔi^{223} | 糍 si^{211} | 鹚 si^{211} | 槽 sɔ^{211} | 前 sɛŋ^{211} | 截 sɛʔ^{2} | 疾 siʔ^{2} | 晴 saŋ^{211} | 情亲～siaŋ^{211} | 寂 siʔ^{2}。

2.1.1.2.1.7　一部分古清擦音声母今读塞擦音或塞音。除了书母“书、少数量少、升容量单位、叔、春”以外，其余均为送气音：

心母　　鬚触须 ts^{h}iu^{44} | 碎 ts^{h}ɔi^{335} | 臊 ts^{h}ɔ^{44} | 笑 ts^{h}iɐu^{335} | 鲜新鲜 ts^{h}ieŋ^{44} | 癣 ts^{h}iaŋ^{41} | 筅 ts^{h}ɛŋ^{41} | 醒 ts^{h}aŋ^{41} | 粟稻谷 ts^{h}yø^{335}；

生母　　馊 t^{h}ɛu^{44}；

书母　　鼠 ts^{h}y^{41} | 戍房子 ts^{h}yø^{335} | 手首蜀～墓 ts^{h}iu^{41} | 深 ts^{h}iŋ^{44} | 伸～得 ts^{h}iɔŋ^{44} | 呻呻吟 ts^{h}ɛŋ^{44} | 拭 ts^{h}iʔ^{5}；书 tsy^{44} | 少数量少 tsiɐu^{41} | 升容量单位 tsiŋ^{44} | 叔 tsuʔ^{5} | 春 tsuŋ^{44}；

晓母　　靴 k^{h}uo^{44}。

2.1.1.2.1.8　大多数知、彻、澄母字读作塞音[t t^{h}]声母。例如：

知母　　猪 ty^{44} | 智 ti^{335} | 镇 tiŋ^{335} | 帐 tiɔŋ^{335} | 桩 tɔŋ^{44} | 桌 tɔ^{335} | 摘 tia^{335} | 竹 tuʔ^{5}；

彻母　　抽 t^{h}iu^{44} | 丑地支 t^{h}iu^{41} | 趁赚 t^{h}iŋ^{335} | 撑 t^{h}aŋ^{44} | 拆 t^{h}iaʔ^{5} | 蛏 t^{h}ɛŋ^{44}；

澄母　　茶 ta^{211}｜苎 $tœ^{223}$｜橱鸡～tiu^{211}｜痔 ti^{223}｜赵 $tiɐu^{223}$｜陈 $tiŋ^{211}$｜丈 $tɔŋ^{223}$；槌 t^hy^{211}｜沉 $t^hɛŋ^{211}$｜虫 $t^hœŋ^{211}$｜柱 t^hiu^{223}｜杖 $t^hiɔŋ^{223}$｜蛇 t^ha^{335}｜宅 $t^haʔ^2$。

2.1.1.2.1.9　少数庄组字读作塞音[t t^h n l]声母：

庄母　　皱衣服皱纹 $niɐu^{335}$｜庄村～$tɔŋ^{44}$｜睁手～拳 $taŋ^{44}$；

初母　　铲～朥磡 $t^hiaŋ^{41}$｜窗～门 $t^huŋ^{44}$；

崇母　　事无～lai^{223}｜愁 $tɛu^{211}$；锄 t^hy^{211}｜豺～犬 t^hai^{211}；

生母　　馊 $t^hɛu^{44}$。

2.1.1.2.1.10　崇母有少数字读作擦音[s]声母：士仕 su^{223}｜事事情 su^{223}｜煠水煮 $saʔ^2$｜镯 $sɔʔ^2$｜崇～安 $suŋ^{211}$。

2.1.1.2.1.11　章组和同摄三四等的精组都读作[ts ts^h s]声母。例如：谢麻邪＝社麻禅 sia^{223}｜祭祭精＝制祭章 $tsie^{335}$｜姊脂精＝旨脂章 tsi^{41}｜四脂心＝试之书 si^{335}｜蕉宵精＝招宵章 $tsiɐu^{44}$｜箭仙精＝战仙章 $tsieŋ^{335}$｜新真心＝身真书 $siŋ^{44}$｜奖阳精＝掌阳章 $tsiɔŋ^{41}$｜枪阳清＝昌阳昌 $ts^hiɔŋ^{44}$｜抢阳清＝厂阳昌 $ts^hiɔŋ^{41}$｜刺昔清＝赤昔昌 ts^hia^{335}｜锡锡心＝释昔书 $siʔ^5$｜足烛精＝粥屋章 $tsuʔ^5$｜俗烛邪＝赎烛船 $suʔ^2$。

2.1.1.2.1.12　船禅母，除了少数字读作送气塞擦音[ts^h]声母以外，基本上都读作擦音[s]声母。例如：

船母　　蛇 sia^{211}｜船 $sy\eta^{211}$｜顺 $sy\eta^{223}$｜食 $sia?^{2}$｜赎 $su?^{2}$；示 $ts^{h}i^{223}$；

禅母　　社 sia^{223}｜是 si^{223}｜受 siu^{223}｜十 $s\varepsilon?^{2}$｜肾 $si\eta^{223}$｜上动词 $si\text{ɔ}\eta^{223}$｜成八～$sia\eta^{211}$｜石 $sy\text{ø}?^{2}$；豉 $ts^{h}i^{223}$｜视近～$ts^{h}i^{223}$｜市 $ts^{h}i^{223}$｜树 $ts^{h}iu^{335}$｜鳝 $ts^{h}ia\eta^{223}$｜成做～得 $ts^{h}ia\eta^{211}$。

另外，船母"舌"读作[$tsie?^{2}$]，声母为不送气塞擦音[ts]。

2.1.1.2.1.13　章组有两字读作[k]组声母：枝柴～。支章 ki^{44}｜齿之昌 $k^{h}i^{41}$。

2.1.1.2.1.14　多数日母字读作[n]声母。例如：汝 ny^{41}｜二 ni^{223}｜饵 ni^{335}｜染 $nie\eta^{41}$｜入～被 $ni?^{2}$｜软 $ni\text{ɔ}\eta^{41}$｜认 $ni\eta^{223}$｜日 $ni?^{2}$｜忍 $ny\eta^{41}$｜润 $ny\eta^{335}$｜让 $ni\text{ɔ}\eta^{335}$｜箬 $ny\text{ø}?^{2}$｜肉 $nu?^{2}$。

2.1.1.2.1.15　日母还有少数字读作[ŋ]声母。例如：耳 ηi^{41}木～、ηi^{223}～朵｜任 $\eta i\eta^{223}$｜弱 $\eta y\text{ø}?^{2}$。

2.1.1.2.1.16　见组一般读作 k 组声母，今逢细音时也与精组和泥娘母有区别。例如：计见 kie^{335} ≠ 祭精 $tsie^{335}$｜结见 $kie?^{5}$ ≠ 疖精 $tsie?^{5}$｜京见 $ki\eta^{44}$ ≠ 精精 $tsi\eta^{44}$；邱溪 $k^{h}iu^{44}$ ≠ 秋清 $ts^{h}iu^{44}$；乾～坤。群 $kie\eta^{211}$ ≠ 钱从 $tsie\eta^{211}$；语疑 ηy^{41} ≠ 女娘 ny^{41}。

2.1.1.2.1.17　见组有三个字今读 p 组声母，韵母都是[uo]：窠被～。溪 $p^{h}uo^{44}$；误悟觉～。又读 muo^{223}。

2.1.1.2.1.18 多数匣母字读作[x]声母。例如：荷~花 $xɔ^{211}$ | 贺 $xɔ^{223}$ | 霞 xa^{211} | 夏~至 xa^{223} | 华中~ xua^{211} | 湖 xu^{211} | 户 xu^{223} | 护 xu^{223} | 亥 xai^{223} | 回 $xuoi^{211}$ | 怀 $xuai^{211}$ | 画 xua^{223} | 号儿~ $xɔ^{223}$ | 效 xau^{223} | 候 $xɛu^{223}$ | 盒 $xaʔ^{2}$ | 韩 $xaŋ^{211}$ | 还动词 $xɛŋ^{211}$ | 痕 $xɔŋ^{211}$ | 魂 $xuoŋ^{211}$ | 杭 $xɔŋ^{211}$ | 皇~后 $xuoŋ^{211}$ | 幸 $xœŋ^{223}$ | 形型刑 $xiŋ^{211}$ | 横 $xuaŋ^{211}$。

2.1.1.2.1.19 除了[x]声母以外，部分匣母字还读作[k k^h ŋ p^h]声母或零声母。例如：

[k]声母　桦~柴 kua^{211} | 糊 ku^{211} | 咬下巧切 ka^{223} | 猴 kau^{211} | 厚 kau^{223} | 含 $kaŋ^{211}$ | 鹹 $kɛŋ^{211}$ | 衔鸟~来 $kaŋ^{211}$ | 挟胡颊切 $kieʔ^{2}$ | 寒 $kaŋ^{211}$ | 汗 $kaŋ^{223}$ | 舷桌~ $kieŋ^{211}$ | 滑形容词 $kɔʔ^{2}$ | 悬高 $kɛŋ^{211}$ | 县 $kɛŋ^{223}$ | 行走 $kiaŋ^{211}$；

零声母　河 $ɔ^{211}$ | 鞋 $ɛ^{211}$ | 馅 $aŋ^{223}$ | 旱 $aŋ^{223}$ | 闲 $ɛŋ^{211}$ | 换 $uaŋ^{223}$ | 活 $uaʔ^{2}$ | 浑 $ɔŋ^{211}$ | 黄 $uoŋ^{211}$ | 学 $ɔʔ^{2}$ | 桁 $aŋ^{211}$ | 劃笔~ $uaʔ^{2}$ | 红 $œŋ^{211}$；

[k^h]声母　舰 $k^haŋ^{41}$ | 环 $k^huaŋ^{211}$；

[ŋ]声母　夥若~ $ŋua^{223}$ | 话 $ŋua^{223}$；

[p^h]声母①　或惑 $p^hɛʔ^{2}$ | 获 $p^hɛʔ^{2}$。

---

① 关于[p^h]声母的读音，参看《福建省志·方言志》(第 71 页)。

2.1.1.2.1.20　云母有三个字读作[x]声母：园 $xuoŋ^{211}$ | 远 $xuoŋ^{223}$ | 雲 $xuŋ^{211}$。

2.1.1.2.1.21　少数以母字读作[s]声母：盐名词檐 $sieŋ^{211}$ | 盐腌制 $sieŋ^{335}$ | 缘爬行 $siɔŋ^{211}$ | 痒 $siɔŋ^{223}$ | 蝇 $siŋ^{211}$ | 翼鱼～$siaʔ^{2}$。

2.1.1.2.1.22　止摄合口三等脂韵的以母字读作[m]声母：维惟遗 mi^{211} | 唯 mi^{211}。

2.1.1.2.1.23　影云以母有少数字读作[ŋ]声母：亚～洲。影 $ŋa^{-55}$ | 瘾影 $ŋieŋ^{335}$；违云 $ŋui^{211}$；阎姓。以 $ŋaŋ^{211}$ | 缘有～。以 $ŋiɔŋ^{211}$。

2.1.1.2.1.24　其他：晡冥～头。帮 kuo^{-44}；鸟端 $tsɛu^{41}$；锹清 $t^{h}iu^{44}$；岁心 $xuoi^{335}$；习邪 $tsiʔ^{2}$；柿崇 $k^{h}i^{223}$；镊娘 $ŋiaʔ^{5}$；垂耳朵～。禅 $t^{h}y^{211}$；韭～团。见 xiu^{-55} | 介～绍。见 $ŋai^{335}$ | 级无产阶～。见 $ŋiʔ^{5}$；砚疑 $ieŋ^{335}$；鹞老～。以 $kiɐu^{223}$ | 阎～王。以 $liŋ^{211}$ | 页以 $xiaʔ^{2}$ | 捐以 $kiɔŋ^{44}$。

2.1.1.2.2　韵母

2.1.1.2.2.1　果摄

2.1.1.2.2.1.1　果摄开口一等歌韵读作[ua ɔ]韵。例如：

[ua]韵　　拖 $t^{h}ua^{44}$ | 大 tua^{223} | 箩 lua^{211} | 我 $ŋua^{41}$；
[ɔ]韵　　多 $tɔ^{44}$ | 驼驮拿 $tɔ^{211}$ | 罗锣 $lɔ^{211}$ | 搓 $ts^{h}ɔ^{44}$ | 歌 $kɔ^{44}$ | 河 $ɔ^{211}$ | 贺 $xɔ^{223}$。

2.1.1.2.2.1.2 果摄合口一等戈韵帮组读作[ua ɔ]韵。例如：

[ua]韵 簸 pua^{335} | 破 p^{h}ua^{335} | 磨动词 mua^{211}；

[ɔ]韵 波 p^{h}ɔ^{44} | 播 pɔ^{335} | 坡 p^{h}ɔ^{44} | 磨名词 mɔ^{223}。

2.1.1.2.2.1.3 果摄合口一等戈韵端精组读作[ɔ ɔi]韵。例如：

[ɔ]韵 朵耳～lɔ^{41} | 座 tsɔ^{223} | 梭 sɔ^{44} | 锁 sɔ^{41}；

[ɔi]韵 螺腡 lɔi^{211} | 剉砍 ts^{h}ɔi^{335} | 坐 sɔi^{223}。

2.1.1.2.2.1.4 果摄合口一等戈韵见晓组读作[ua uo uoi]韵。例如：

[ua]韵 过吃还没熟透的菜时的口感 kua^{44} | 夥若～ŋua^{223}；

[uo]韵 果 kuo^{41} | 过动词 kuo^{335} | 科窠 k^{h}uo^{44} | 课 k^{h}uo^{335} | 货 xuo^{335} | 和～平 xuo^{211}；

[uoi]韵 裹～粽 kuoi^{41} | 火 xuoi^{41} | 禾 uoi^{211}。

2.1.1.2.2.1.5 果摄开口三等戈韵读作[yø]韵：茄读字kyø^{211}；合口三等戈韵则读[uo]韵：瘸～手 k^{h}uo^{211} | 靴 k^{h}uo^{44}。

2.1.1.2.2.1.6 果摄里比较特殊的读音：萝～卜。歌一来 la^{211} | 大～暑。歌一定 tai^{223} | 个歌一见 kɔi^{335}通用量词、kɛ^{335}的 | 鹅歌一疑 ŋia^{211}；和～尚。戈一匣 xu^{211}；瘸～骹。戈三群 k^{h}iɐu^{211}。

2.1.1.2.2.2 假摄

2.1.1.2.2.2.1 假摄开口二等麻韵主要读作[a]韵，开口三等麻韵读作[ia]韵，合口二等麻韵读作[ua]韵，均以[a]为主要元音。例如：

二等开 马 ma^{41} | 茶 ta^{211} | 家加 ka^{44} | 牙 $ŋa^{211}$ | 哑 a^{41} | 下楼～a^{223} | 夏～至 xa^{223}；

三等 写 sia^{41} | 斜 ts^hia^{211} | 爹阿～tia^{44} | 遮 $tsia^{44}$ | 车拖～ts^hia^{44} | 蛇 sia^{211} | 也 ia^{223}；

二等合 瓜 kua^{44} | 瓦名词 $ŋua^{223}$ | 花 xua^{44}。

2.1.1.2.2.2.2 假摄开口二等麻韵有三个字读作[ua]韵：麻痲 mua^{211} | 沙 sua^{44}。

2.1.1.2.2.2.3 假摄里比较特殊的读音：芭～蕉。麻开二帮 pau^{44} | 枷麻开二见 kia^{211} | 哈张口呼气。麻开二晓 $xɔ^{211}$ | 鸦老～。麻开二影 ua^{44}。

2.1.1.2.2.3 遇摄

2.1.1.2.2.3.1 遇摄一等模韵帮组的读音与其他不相同，主要读作[uo]韵，其余则读[u]韵。例如：

帮组 布 puo^{335} | 铺十里 p^huo^{335} | 浦 p^huo^{41} | 簿 puo^{223} | 步 puo^{223} | 墓 muo^{335}；

其他 赌 tu^{41} | 度 tu^{223} | 露露水 lu^{335} | 租 tsu^{44} | 素 su^{335} | 顾 ku^{335} | 苦 k^hu^{41} | 吴 $ŋu^{211}$。

2.1.1.2.2.3.2 遇摄三等鱼韵有两个字读作[œ]韵：

鑢锉。来 lœ^{335} | 苎澄 tœ^{223}。

2.1.1.2.2.3.3 遇摄三等虞韵非组读作[u uo]韵：

[u]韵 殕生～p^{h}u^{41} | 腐腐朽 pu^{223}；

[uo]韵 夫丈～农 muo^{-44} | 扶推 p^{h}uo^{211} | 雾 muo^{223}。

2.1.1.2.2.3.4 遇摄三等虞韵知章组的多数字读作[yø]韵。例如：橱济～tyø^{211} | 朱 tsyø^{44} | 主 tsyø^{41} | 蛀铸 tsyø^{335} | 输 syø^{44} | 戍房子 ts^{h}yø^{335}。鱼韵也有[yø]韵的读法出现，但只有三个字：贮 tyø^{41} | 黍 syø^{41} | 去 k^{h}yø^{335}。虞韵的见组没有读[yø]韵的字。

2.1.1.2.2.3.5 遇摄三等虞韵精知章组的部分字读作[iu]韵：鬚触须 ts^{h}iu^{44} | 拄 tiu^{41} | 橱鸡～tiu^{211} | 柱 t^{h}iu^{223} | 珠目～tsiu^{44} | 树 ts^{h}iu^{335}。

2.1.1.2.2.3.6 遇摄虞韵见晓组有两个字读作[uo]韵：句 kuo^{335} | 芋大～卵 uo^{223}。

2.1.1.2.2.3.7 遇摄里比较特殊的读音：错措模清 ts^{h}ɔ^{335} | 箍空胡切 k^{h}au^{44} | 蜈～蚣。模疑 ŋy^{211} | 互模匣 uo^{223}；疏鱼生 sa^{44} | 所派出～。鱼生 sua^{41} | 去～年。鱼溪 k^{h}i^{335}；斧～头。虞非 pua^{-55}。

2.1.1.2.2.4 蟹摄

2.1.1.2.2.4.1 蟹摄开口一等咍泰韵（除泰韵帮组以外）主要读作[i ai ɔi]韵。例如：

[i]韵 戴～帽 ti^{335} | 苔青～t^{h}i^{211} | 来 li^{211}

（以上咍韵）；

[ai]韵 戴姓 tai^{335} | 财 tsai^{211} | 菜 ts^{h}ai^{335} |
改 kai^{41} | 海 xai^{41} | 亥 xai^{223}（以上咍韵）；
带 tai^{335} | 太泰 t^{h}ai^{335} | 赖 lai^{223} |
蔡 ts^{h}ai^{335} | 害 xai^{223}（以上泰韵）；

[ɔi]韵 台烛～lɔi^{211} | 贷～款 tɔi^{223} |
代第几～袋 tɔi^{223} | 爱要 ɔi^{335}
（以上咍韵）。

2.1.1.2.2.4.2 蟹摄开口二等皆佳夬韵主要读作[a ua ai ɛ]韵：

[a]韵 芥～兰包 ka^{-55}（皆韵）；罢 pa^{335} |
佳 ka^{44} | 涯崖 ŋa^{211}（以上佳韵）；

[ua]韵 芥～菜疥～橱 kua^{-55}（以上皆韵）；

[ai]韵 拜 pai^{335} | 斋 tsai^{44} | 豺 t^{h}ai^{211} |
戒～薰 kai^{335}（以上皆韵）；摆 pai^{41} |
派 p^{h}ai^{335} | 债 tsai^{335}（以上佳韵）；
败 pai^{223} | 寨 tsai^{223}（以上夬韵）；

[ɛ]韵 排 pɛ^{211} | 阶 kɛ^{44} | 疥 kɛ^{335}（以上皆韵）；
牌 pɛ^{211} | 稗 p^{h}ɛ^{335} | 买 mɛ^{41} | 街 kɛ^{44} |
解～得 kɛ^{41} | 鞋 ɛ^{211} | 蟹 xɛ^{223}（以上佳韵）。

2.1.1.2.2.4.3 蟹摄开口三等祭韵读作[ia ie]韵。例如：

[ia]韵　　蛎牡蛎 tia^{223}|漈小瀑布 tsia^{335}；

[ie]韵　　例 lie^{223}|祭际 tsie^{335}|制製 tsie^{335}|
世势 sie^{335}|誓 sie^{223}|艺 ŋie^{223}。

2.1.1.2.2.4.4　蟹摄开口四等齐韵的读音较为复杂，读作[i ai ɛ ie]韵。例如：

[i]韵　　米 mi^{41}|蒂 ti^{335}；

[ai]韵　　梯 t^{h}ai^{44}|脐 tsai^{211}|婿 sai^{335}；

[ɛ]韵　　底鞋～tɛ^{41}|体 t^{h}ɛ^{41}|替 t^{h}ɛ^{335}|蹄 tɛ^{211}|
弟徒～tɛ^{223}|泥 nɛ^{211}|犁 lɛ^{211}|齐 tsɛ^{211}|
妻 ts^{h}ɛ^{44}|西 sɛ^{44}|溪 k^{h}ɛ^{44}|倪 ŋɛ^{211}；

[ie]韵　　批 p^{h}ie^{44}|底～爿 tie^{41}|剃 t^{h}ie^{335}|
弟阿～tie^{223}|鸡 kie^{44}|计继 kie^{335}|
启 k^{h}ie^{41}|契 k^{h}ie^{335}|系 xie^{223}。

2.1.1.2.2.4.5　蟹摄开口韵里比较特殊的读音：开咍溪 k^{h}ui^{44}；带咸～鱼。泰端 tɛŋ$^{-55}$|濑泰来 lua^{335}|艾泰疑 ŋia^{335}；底～□xuoi^{-55}个：哪个。齐端 tu^{-55}|髫～□niu^{-51}：髫。齐见 kui^{-55}。

2.1.1.2.2.4.6　蟹摄合口一等灰韵帮组、见晓组以及泰韵读作[uoi]韵，灰韵端精组则读[ai ɔi]韵。例如：

灰韵帮组　　杯 puoi^{44}|辈 puoi^{335}|胚 p^{h}uoi^{44}|
配 p^{h}uoi^{335}|赔 puoi^{211}|焙 puoi^{223}|
煤 muoi^{211}|每 muoi^{41}|妹 muoi^{335}；

灰韵端精组　　碓 tai^{335}|腿 t^{h}ai^{41}|雷拍～lai^{211}|

罪～过 tsai^{-44}；堆 tɔi^{44} | 对 tɔi^{335} |
推 t^hɔi^{44} | 退 t^hɔi^{335} | 内 nɔi^{223} | 雷姓 lɔi^{211} |
催崔 ts^hɔi^{44} | 罪得～tsɔi^{223} | 碎 ts^hɔi^{335}；

灰韵见晓组　灰～粉 xuoi^{44} | 悔 xuoi^{335} | 回 xuoi^{211}；

泰韵　贝 puoi^{335} | 会开～xuoi^{223}。

2.1.1.2.2.4.7　蟹摄合口三等祭韵有两个字读作[uoi]韵：岁 xuoi^{335} | 税 suoi^{335}。

2.1.1.2.2.4.8　蟹摄合口三等废韵非组和合口四等齐韵见晓组主要读作[ie]韵：

废韵非组　废 p^hie^{335} | 肺 xie^{335}；

齐韵见晓组　圭 kie^{44} | 桂 kie^{335} | 惠慧 xie^{223}。

2.1.1.2.2.4.9　蟹摄合口韵里比较特殊的读音：队灰定 tui^{223} | 蕾灰来 ly^{41}；最泰精 tsui^{335} | 外～爿。泰疑 ŋia^{223}；快形容词。夬溪 k^hɛ^{335}；脆祭清 ts^hui^{335} | 锐祭以 yø^{223}；柿废敷 p^huoi^{335} | 吠废奉 pui^{223}；奎齐溪 k^hɔi^{44}。

2.1.1.2.2.5　止摄

2.1.1.2.2.5.1　止摄开口支脂之韵精庄组的部分字读作[u]韵，这些字以书面语为主。例如：

支韵　此 ts^hu^{41} | 斯 su^{44} | 赐 su^{335}；

脂韵　资姿 tsu^{44} | 次 ts^hu^{335} | 瓷 tsu^{211} |
自～传 tsu^{-44} | 四～川 su^{335} | 师老～su^{44}；

之韵　子地支之一 tsu^{41} | 慈磁 tsu^{211} | 思 su^{44} |

词祠 su^{211} | 士仕 su^{223} | 史 su^{41} |
事事情 su^{223}。

2.1.1.2.2.5.2 止摄支韵开口的读音比较复杂，读作[i ia ie uoi]韵。[uoi]韵只有帮组字（重纽三等），读[ia]韵的见组字都是重纽三等字。例如：

[i]韵 脾 p^hi^{211} | 疕痂 p^hi^{41} | 紫 tsi^{41} | 知 ti^{44} |
智 ti^{335} | 是 si^{223} | 豉豆～ts^hi^{223} | 骑 k^hi^{211}；

[ia]韵 纸 $tsia^{41}$ | 寄 kia^{335} | 徛站立 k^hia^{223} |
蚁 $ŋia^{223}$；

[ie]韵 避 pie^{223} | 披 p^hie^{44} | 篱笊～璃玻～lie^{211} |
离 lie^{223} | 刺 ts^hie^{335} | 池 tie^{211} |
支枝荔～$tsie^{44}$ | 施 sie^{44} | 匙锁～sie^{211} |
义议 $ŋie^{223}$ | 戏 xie^{335} | 椅 ie^{41} | 移 ie^{211}；

[uoi]韵 皮 p^huoi^{211} | 被被子 p^huoi^{223} |
糜～粥 $muoi^{211}$。

2.1.1.2.2.5.3 止摄支韵开口字里比较特殊的读音：荔～枝。来 $lieʔ^{2}$ | 儿～婿。日 $nieŋ^{211}$。

2.1.1.2.2.5.4 止摄开口脂之韵帮知庄章组的部分字读作[aiɛ]韵：

脂韵 眉 mai^{211} | 箒筛子 t^hai^{44} | 狮 sai^{44} |
指第二～$tsai^{41}$ | 屎 sai^{41}；尼 $nɛ^{211}$ |
腻～农 $nɛ^{335}$ | 师～父 $sɛ^{-44}$；

之韵　　　　痴风～t^{h}ai^{44} | 治杀 t^{h}ai^{211} | 事无～lai^{223} | 使驶～车 sai^{41}。

之韵来母的"厘"读作[lɛ^{211}]，亦为[ɛ]韵。

2.1.1.2.2.5.5　止摄脂韵开口字（包括帮组）里比较特殊的读音：泌分～。帮 miʔ^{2} | 屁滂 p^{h}ui^{335} | 脂章 tsie^{44} | 指～头团。章 tsɛŋ$^{-55}$。

2.1.1.2.2.5.6　止摄开口微韵见晓组的部分字读作[ui]韵：饑饿 kui^{44} | 几～个 kui^{41} | 衣团～ui^{44}。

2.1.1.2.2.5.7　止摄微韵开口字里比较特殊的读音：毅疑 ŋie^{223}。

2.1.1.2.2.5.8　止摄微韵非组的读音较复杂，读作[i uoi ui]韵：

[i]韵　　　　未地支之一味 mi^{223}；

[uoi]韵　　　飞 puoi^{44} | 尾 muoi^{41} | 未副词 muoi^{223}；

[ui]韵　　　　痱沸 pui^{335} | 肥 pui^{211}。

2.1.1.2.2.5.9　止摄合口支脂韵的来母和精知章组的多数字读作[y]韵。例如：

支韵　　　　累连～ly^{223} | 随 sy^{211} | 瑞 sy^{223}；

脂韵　　　　类 ly^{223} | 醉 tsy^{335} | 穗 sy^{335} | 锤 t^{h}y^{211} | 坠秤尾～ty^{223} | 林水 tsy^{41}。

2.1.1.2.2.5.10　止摄合口支韵还有三个字读作[yø]韵：吹炊 ts^{h}yø^{44} | 髓 syø^{41}。

2.1.1.2.2.5.11 止摄合口韵里比较特殊的读音：跪支溪 $k^{h}uoi^{41}$；衰脂生 $s\text{ɔ}i^{44}$ | 帅脂生 $suai^{335}$ | 季脂见 kie^{335}。

2.1.1.2.2.6 效摄

2.1.1.2.2.6.1 效摄一等豪韵主要读作[au ɔ]韵。例如：

[au]韵 老形容词 lau^{223} | 糟 $tsau^{44}$ | 蚤 $tsau^{41}$ | 灶 $tsau^{335}$ | 草 $ts^{h}au^{41}$ | 扫 sau^{335} | 薅～塍 xau^{44}；

[ɔ]韵 褒 $p\text{ɔ}^{44}$ | 报 $p\text{ɔ}^{335}$ | 帽 $m\text{ɔ}^{223}$ | 刀 $t\text{ɔ}^{44}$ | 岛 $t\text{ɔ}^{41}$ | 讨 $t^{h}\text{ɔ}^{41}$ | 桃 $t^{h}\text{ɔ}^{211}$ | 牢 $l\text{ɔ}^{211}$ | 枣 $ts\text{ɔ}^{41}$ | 槽 $s\text{ɔ}^{211}$ | 高 $k\text{ɔ}^{44}$ | 熬 $\text{ŋ}\text{ɔ}^{211}$ | 好形容词 $x\text{ɔ}^{41}$ | 号儿～$x\text{ɔ}^{223}$。

2.1.1.2.2.6.2 效摄二等肴韵主要读作[a au]韵。例如：

[a]韵 饱 pa^{41} | 猫 ma^{211} | 炒吵 $ts^{h}a^{41}$ | 胶～水铰 ka^{44} | 教～书 ka^{335} | 骹脚 $k^{h}a^{44}$ | 孝 xa^{335} | 咬 ka^{223}；

[au]韵 包 pau^{44} | 炮 $p^{h}au^{335}$ | 卯 mau^{41} | 闹 nau^{223} | 罩 $tsau^{335}$ | 爪 $tsau^{41}$ | 交 kau^{44}。

2.1.1.2.2.6.3 效摄二等肴韵並母还有两个字读作[u]韵：匏炮煨 pu^{211}。

2.1.1.2.2.6.4 效摄三等宵韵和四等萧韵主要读作[iɐu]韵。例如：

宵韵　　薸浮萍 p^hieu^{211} | 庙 $mieu^{223}$ | 燎 $lieu^{211}$ |
椒 $tsieu^{44}$ | 笑 ts^hieu^{335} | 赵 $tieu^{223}$ |
照 $tsieu^{335}$ | 烧 $sieu^{44}$ | 少数量小 $tsieu^{41}$ |
娇 $kieu^{44}$ | 桥 $kieu^{211}$ | 轿 $kieu^{223}$ |
摇 ieu^{211} | 舀 ieu^{41} | 鹞老～$kieu^{223}$；

萧韵　　刁 $tieu^{44}$ | 钓 $tieu^{335}$ | 跳 t^hieu^{335} |
尿 $nieu^{223}$ | 辽 $lieu^{211}$ | 了 $lieu^{41}$ |
萧 $sieu^{44}$ | 缴 $kieu^{41}$ | 叫 $kieu^{335}$。

2.1.1.2.2.6.5　效摄四等萧韵端组的部分字还读作[ɛu]韵：雕 $t\varepsilon u^{44}$ | 鸟 $ts\varepsilon u^{41}$ | 吊 $t\varepsilon u^{335}$ | 条 $t\varepsilon u^{211}$ | 寮灰～$l\varepsilon u^{211}$ | 料廖力吊切 $l\varepsilon u^{223}$。

2.1.1.2.2.6.6　效摄里比较特殊的读音：毛～竹。豪明 ma^{211} | 早豪精 tsa^{41}；笊～篱。肴庄 $tsia^{-55}$ | 胶阿～。肴见 $k\varepsilon u^{44}$ | 巧肴溪 k^hieu^{41}；销门～。宵心 $s\varepsilon u^{44}$；了助词。萧来 $l\varepsilon^{44}$、$l\text{ɔ}^{0}$。

2.1.1.2.2.7　流摄

2.1.1.2.2.7.1　流摄一等侯韵主要读作[au ɛu]韵。例如：

[au]韵　　偷 t^hau^{44} | 头 t^hau^{211} | 楼 lau^{211} |
漏 lau^{223} | 走 $tsau^{41}$ | 嗽 sau^{335} |
钩沟 kau^{44} | 垢 kau^{41} | 厚 kau^{223} | 後 au^{223}；

[ɛu]韵　　某亩 $m\varepsilon u^{41}$ | 奏 $ts\varepsilon u^{335}$ | 凑 $ts^h\varepsilon u^{335}$ |
构 $k\varepsilon u^{335}$ | 狗走～$k\varepsilon u^{41}$ | 藕 $\eta\varepsilon u^{41}$ |

侯 $x\varepsilon u^{223}$｜欧瓯 εu^{44}。

2.1.1.2.2.7.2 流摄一等侯韵明母还有[u ɔ uo iɐu]等韵的读音：母丈～mu^{41}；母鸡～拇 $m\text{ɔ}^{41}$；母做～农 muo^{-55}｜戊 muo^{223}；牡～丹 $mi\text{ɐ}u^{41}$。

2.1.1.2.2.7.3 流摄三等尤幽韵(除非组和庄组以外)主要读作[iu]韵。例如：

尤韵	榴 liu^{211}｜柳 liu^{41}｜酒 $tsiu^{41}$｜秋 ts^hiu^{44}｜就 $tsiu^{223}$｜修 siu^{44}｜秀 siu^{335}｜丑地支之一 t^hiu^{41}｜绸 t^hiu^{211}｜周 $tsiu^{44}$｜手 ts^hiu^{41}｜守 siu^{41}｜受 siu^{223}｜韭～团 xiu^{-55}｜救 kiu^{335}｜邱 k^hiu^{44}｜求 kiu^{211}｜油 iu^{211}；
幽韵	幽 iu^{44}｜幼 iu^{335}。

2.1.1.2.2.7.4 流摄三等尤韵非组和多数见晓组字读作[u]韵：

非组	浮 p^hu^{211}｜妇新～pu^{223}｜伏孵 pu^{223}；
见晓组	丘 k^hu^{44}｜舅 ku^{223}｜臼 k^hu^{223}｜旧 ku^{223}｜有 u^{223}。

2.1.1.2.2.7.5 流摄三等尤韵庄组读作[ɛu]韵：皱～纹 $ts\varepsilon u^{335}$｜愁 $t\varepsilon u^{211}$｜馊 $t^h\varepsilon u^{44}$｜搜 $s\varepsilon u^{44}$。

2.1.1.2.2.7.6 流摄三等尤韵(除庄组以外)有两个字读作[ɛu]韵：否非 $p^h\varepsilon u^{41}$｜咒诅咒。章 $ts\varepsilon u^{335}$。

2.1.1.2.2.7.7　流摄三等尤韵的部分字还有[au iɐu]韵的读音出现：流刘留 lau^{211} | 昼 tau^{335} | 臭 tsʰau^{335} | 九 kau^{41}；纣 tiɐu^{223} | 皱衣服皱纹 niɐu^{335}。

2.1.1.2.2.7.8　流摄里比较特殊的读音：抖颠簸。侯端 tiɐu^{41} | 喉～咙。侯匣 xa^{211}。

2.1.1.2.2.8　咸摄

2.1.1.2.2.8.1　咸摄一等覃谈合盍韵和多数二等咸衔洽狎韵字读作[aŋ aʔ]韵，与山摄开口一等寒曷韵和多数开口二等山删黠鎋韵字相同。例如：

覃韵	贪 tʰaŋ^{44}	潭 tʰaŋ^{211}	南 naŋ^{211}	簪 tsaŋ^{44}	惨 tsʰaŋ^{41}	⿷匚贛 kaŋ^{41}	含 kaŋ^{211}；
谈韵	担动词 taŋ^{44}	篮 laŋ^{211}	錾 tsaŋ^{223}	三 saŋ^{44}	敢 kaŋ^{41}	庵 aŋ^{44}	暗 aŋ^{335}；
寒韵	旦 taŋ^{335}	摊 tʰaŋ^{44}	拦 laŋ^{211}	伞 saŋ^{41}	肝 kaŋ^{44}	寒 kaŋ^{211}	安 aŋ^{44}；
咸韵	斩 tsaŋ^{41}	杉 saŋ^{44}	馅 aŋ^{223}；
衔韵	衫 saŋ^{44}	监～督 kaŋ$^{-44}$	鉴监太～kaŋ^{335}	衔 kaŋ^{211}；
山韵	盏 tsaŋ^{41}	山 saŋ^{44}	产 saŋ^{41}	艰 kaŋ^{44}	眼～镜 ŋaŋ$^{-55}$；
删韵	班 paŋ^{44}	奸 kaŋ^{44}	菅～笋 kaŋ$^{-44}$	

	雁 ŋaŋ^{223}；
合韵	答 taʔ^{5}｜踏 taʔ^{2}｜纳 naʔ^{2}｜拉 laʔ^{2}｜杂 tsaʔ^{2}｜蛤 kaʔ^{5}｜合～作 xaʔ^{2}；
盍韵	塔 tʰaʔ^{5}｜蜡 laʔ^{2}；
曷韵	达 taʔ^{2}｜萨 saʔ^{5}｜割葛 kaʔ^{5}；
洽韵	插 tsʰaʔ^{5}｜闸 tsaʔ^{2}｜裌 kaʔ^{5}；
狎韵	甲 kaʔ^{5}｜鸭 aʔ^{5}；
黠韵	扎 tsaʔ^{5}｜杀 saʔ^{5}；
鎋韵	铡 tsaʔ^{2}。

2.1.1.2.2.8.2 咸摄二等咸洽狎韵和四等添帖韵的部分字读作[ɛŋ ɛʔ]韵，与山摄开口二等山删黠韵和开口四等先屑韵部分字的读音相同。例如：

咸韵	减 kɛŋ^{41}｜鹹 kɛŋ^{211}；
添韵	点儿～tɛŋ^{41}｜店 tɛŋ^{335}｜簟 tɛŋ^{223}｜念～经 nɛŋ^{223}；
山韵	办 pɛŋ^{223}｜拣 kɛŋ^{41}｜苋～菜 xɛŋ$^{-55}$｜闲 ɛŋ^{211}；
删韵	斑 pɛŋ^{44}｜板版 pɛŋ^{41}｜爿 pɛŋ^{211}｜慢 mɛŋ^{223}；
先韵	填 tɛŋ^{211}｜殿垫 tɛŋ^{223}｜荐床垫 tsɛŋ^{335}｜千 tsʰɛŋ^{44}｜筅 tsʰɛŋ^{41}｜前 sɛŋ^{211}｜先副词 sɛŋ^{44}｜牵 kʰɛŋ^{44}；

洽韵　　　掐 $k^hɛʔ^5$ | 狭 $ɛʔ^2$；

狎韵　　　压 $ɛʔ^5$；

帖韵　　　帖贴 $t^hɛʔ^5$；

黠韵　　　八 $pɛʔ^5$ | 拔 $pɛʔ^2$；

屑韵　　　捏 $nɛʔ^2$ | 节 $tsɛʔ^5$ | 截 $sɛʔ^2$ |
　　　　　洁□t^ha^{-55}～：干净鍥柴～$kɛʔ^5$。

2.1.1.2.2.8.3　咸摄二等还有[iaŋ iaʔ ieŋ]韵的读音出现：

[iaŋ]韵　　岩～头 $ŋiaŋ^{211}$（衔韵）；

[iaʔ]韵　　夹动词 $kiaʔ^5$ | 夹头发～$kiaʔ^2$ |
　　　　　峡门～$k^hiaʔ^2$（洽韵）；

[ieŋ]韵　　碱 $kieŋ^{44}$（咸韵）；岩～头。又读 $ŋieŋ^{211}$
　　　　　（衔韵）。

2.1.1.2.2.8.4　咸摄三等盐严叶业韵和四等添帖韵主要读作[ieŋ ieʔ]韵，与山摄开口三等仙薛韵和开口四等先屑韵的多数字相同。例如：

盐韵　　　尖櫼楔子 $tsieŋ^{44}$ | 签 $ts^hieŋ^{44}$ | 染 $nieŋ^{41}$ |
　　　　　占～领 $tsieŋ^{335}$ | 钳 $k^hieŋ^{211}$ | 验 $ŋieŋ^{223}$ |
　　　　　厌 $ieŋ^{335}$ | 炎 $ieŋ^{223}$ | 盐名词 $sieŋ^{211}$ |
　　　　　盐腌制 $sieŋ^{335}$；

严韵　　　剑 $kieŋ^{335}$ | 欠 $k^hieŋ^{335}$ | 严 $ŋieŋ^{211}$；

添韵　　　添 $t^hieŋ^{44}$ | 嫌 $xieŋ^{211}$；

仙韵　　鞭 pieŋ^{44} | 变 pieŋ^{335} | 辨 pieŋ^{223} | 棉 mieŋ^{211} | 免 mieŋ^{41} | 缠 tieŋ^{211} | 箭 tsieŋ^{335} | 浅 ts^{h}ieŋ^{41} | 钱 tsieŋ^{211} | 扇扇子 sieŋ^{335}；

先韵　　边 pieŋ^{44} | 扁 pieŋ^{41} | 辫～团 pieŋ$^{-44}$ | 麺 mieŋ^{223} | 年 nieŋ^{211} | 莲 lieŋ^{211} | 肩 kieŋ^{44} | 见 kieŋ^{335} | 显 xieŋ^{41} | 贤 xieŋ^{211} | 现 xieŋ^{223} | 燕 ieŋ^{335}；

叶韵　　聂 nieʔ^{5} | 接 tsieʔ^{5} | 叶 ieʔ^{2}；

业韵　　涉 sieʔ^{2} | 劫 kieʔ^{5} | 业 ŋieʔ^{2}；

帖韵　　碟 tieʔ^{2} | 叠 t^{h}ieʔ^{2} | 荚 kieʔ^{5} | 协 xieʔ^{2}；

薛韵　　灭 mieʔ^{2} | 列 lieʔ^{2} | 薛 sieʔ^{5} | 舌 tsieʔ^{2} | 设 sieʔ^{5} | 杰 kieʔ^{2} | 热 ieʔ^{2}；

屑韵　　撇 p^{h}ieʔ^{5} | 篾 mieʔ^{2} | 铁 t^{h}ieʔ^{5}。

2.1.1.2.2.8.5　咸摄三四等还有[iaŋ iaʔ]韵的读音出现：

[iaŋ]韵　　灩淡 tsiaŋ^{41} | 艳焰 iaŋ^{223}（以上盐韵）；点～火。添端 tiaŋ^{41}（添韵）；

[iaʔ]韵　　镊 ŋiaʔ^{5} | 页 xiaʔ^{2}（以上叶韵）；胁 xiaʔ^{5}（业韵）。

2.1.1.2.2.8.6　咸摄三等凡乏韵主要读作[uaŋ uaʔ]韵。例如：凡 xuaŋ^{211} | 犯 xuaŋ^{223}；法 xuaʔ^{5} | 乏 xuaʔ^{2}。

2.1.1.2.2.8.7 咸摄里比较特殊的读音：合~得好。合见 ka^{-55}；橄~榄。谈见 ka^{-55}；闪雷~。盐书 sieʔ^{5} | 阎盐以 liŋ^{211} ~王、ŋaŋ^{211}姓；猎业来 laʔ^{2}；范姓。凡奉 puoŋ^{223}；点~心。添端 tœŋ$^{-55}$。

2.1.1.2.2.9 深摄

2.1.1.2.2.9.1 深摄三等侵缉韵读作[iŋ aŋ ɛŋ]韵和相应的[iʔ aʔ ɛʔ]韵，以[iŋ iʔ]韵为主，与臻摄开口三等真质韵和曾摄开口三等蒸职韵相同（参 2.1.1.2.2.11.3、2.1.1.2.2.14.4）。例如：

[iŋ]韵　　品 p^{h}iŋ^{41} | 林姓临 liŋ^{211} | 浸 tsiŋ^{335} | 心 siŋ^{44} | 枕 tsiŋ^{41} | 深 ts^{h}iŋ^{44} | 审 siŋ^{41} | 任 ŋiŋ^{223} | 今~年冥金 kiŋ^{44} | 锦 kiŋ^{41} | 琴禽 k^{h}iŋ^{211} | 妗 kiŋ^{223} | 音 iŋ^{44}；

[iʔ]韵　　集 tsiʔ^{2} | 习 tsiʔ^{2} | 立 liʔ^{2} | 笠 niʔ^{2} | 蛰惊~niʔ^{2} | 执 tsiʔ^{5} | 湿 siʔ^{5} | 入~被 niʔ^{2} | 急 kiʔ^{5} | 及 kiʔ^{2} | 吸 xiʔ^{5}；

[aŋ]韵　　林柴~laŋ^{211} | 饮米汤 aŋ^{41}；

[aʔ]韵　　粒 laʔ^{2}；

[ɛŋ]韵　　沉 t^{h}ɛŋ^{211} | 森参人~sɛŋ^{44} | 针 tsɛŋ^{44} | 阴~天 ɛŋ^{44}；

[ɛʔ]韵　　涩 sɛʔ^{5} | 汁 tsɛʔ^{5} | 十 sɛʔ^{2}。

2.1.1.2.2.9.2 深摄里比较特殊的读音：寻庹。侵邪 ts^{h}ieŋ^{211}。

2.1.1.2.2.10 山摄①

2.1.1.2.2.10.1 山摄开口一等寒曷韵有三个字读作[iaŋ iaʔ]韵：懒 tiaŋ^{223}；獭 tʰiaʔ^{5}｜辣 liaʔ^{2}。

2.1.1.2.2.10.2 山摄开口三等仙韵的少数字读作[iaŋ]韵：煎 tsiaŋ^{44}｜溅 tsiaŋ^{335}｜线 siaŋ^{335}｜鳝 tsʰiaŋ^{223}｜癣 tsʰiaŋ^{41}｜囝儿子 kiaŋ^{41}。

2.1.1.2.2.10.3 山摄开口三等仙薛韵有三个字读作[ɛŋ ɛʔ]韵：剪 tsɛŋ^{41}；别～农 pɛʔ^{2}｜裂 lɛʔ^{2}。

2.1.1.2.2.10.4 山摄开口三等元月韵主要读作[iɔŋ yøʔ]韵：建 kiɔŋ^{335}｜键 kiɔŋ^{223}｜健 kiɔŋ^{335}｜言 ŋiɔŋ^{211}｜宪献 xiɔŋ^{335}；羯阉 kyøʔ^{5}｜歇 xyøʔ^{5}。

2.1.1.2.2.10.5 山摄开口三四等仙先屑韵有四个字读作[iŋ iʔ]韵：便～宜。仙 piŋ^{211}｜面脸。仙 miŋ^{335}；先～生。先 siŋ$^{-44}$；屑头～。屑 siʔ^{5}。

2.1.1.2.2.10.6 山摄开口韵里比较特殊的读音：铲山初 tʰiaŋ^{41}～塍磡、tsʰiaŋ^{41}火～｜间山见 kiŋ^{44}～底、kieŋ^{44}屎楻～｜限山匣 xɔŋ^{223}；煞～尾。黠生 saŋ$^{-55}$；件仙群 kiɔŋ^{223}；揭用肩扛。月群 kiaʔ^{2}；片先滂 pʰiaŋ^{335}。

2.1.1.2.2.10.7 山摄合口一等桓末的韵帮组和见晓组主要读作[uaŋ uaʔ]韵。例如：

---

① 也参看 2.1.1.2.2.8。

桓韵　　般 puaŋ^{44} | 半 puaŋ^{335} | 潘 p^{h}uaŋ^{44} | 判 p^{h}uaŋ^{335} | 盘 puaŋ^{211} | 鳗 muaŋ^{211} | 满 muaŋ^{41}；官 kuaŋ^{44} | 馆 kuaŋ^{41} | 灌强制灌注 kuaŋ^{335} | 宽 k^{h}uaŋ^{44} | 款 k^{h}uaŋ^{41} | 欢 xuaŋ^{44} | 换 uaŋ^{223} | 碗 uaŋ^{41}；

末韵　　钵拨 puaʔ^{5} | 泼 p^{h}uaʔ^{5} | 跋 puaʔ^{2} | 抹 muaʔ^{5} | 末 muaʔ^{2}；括 kuaʔ^{5} | 阔 k^{h}uaʔ^{5} | 活 uaʔ^{2}。

2.1.1.2.2.10.8　山摄合口一等桓末韵的端精组主要读作[ɔŋ ɔʔ]韵。例如：

桓韵　　断拗～tɔŋ^{223} | 段 tɔŋ^{223} | 卵 lɔŋ^{223} | 乱 lɔŋ^{223} | 钻 tsɔŋ^{335} | 酸 sɔŋ^{44} | 算蒜 sɔŋ^{335}；

末韵　　掇 tɔʔ^{5} | 脱～臼 t^{h}ɔʔ^{2} | 夺 tɔʔ^{2} | 撮～药 ts^{h}ɔʔ^{5}。

2.1.1.2.2.10.9　山摄合口二等删黠鎋韵的读音较为复杂，读作[uaŋ ɛŋ uoŋ]韵和[uaʔ ɔʔ]韵：

[uaŋ]韵　　关～公 kuaŋ^{44} | 环 k^{h}uaŋ^{211} | 弯湾 uaŋ^{44}（以上删韵）；

[uaʔ]韵　　刮 kuaʔ^{5}（鎋韵）；

[ɛŋ]韵　　惯～骨 kɛŋ$^{-55}$ | 还动词 xɛŋ^{211}

（以上删韵）；

［ɔʔ］韵　滑形容词 kɔʔ^{2}（黠韵）；刷 sɔʔ^{5}（鎋韵）；

［uoŋ］韵　关～门 kuoŋ^{44}（删韵）。

2.1.1.2.2.10.10　山摄合口三等仙薛韵以及元月韵见晓组主要读作［iɔŋ yøʔ］韵。例如：

仙韵　恋 liɔŋ^{223} | 全泉 tsiɔŋ^{211} | 宣 siɔŋ^{44} | 选 siɔŋ^{41} | 转 tiɔŋ^{41} | 椽 t^{h}iɔŋ^{211} | 传自～tiɔŋ^{223} | 专砖 tsiɔŋ^{44} | 穿 ts^{h}iɔŋ^{44} | 软 niɔŋ^{41} | 卷 kiɔŋ^{335} | 权 kiɔŋ^{211} | 圆形容词员 iɔŋ^{211} | 院 iɔŋ^{223} | 缘爬行 siɔŋ^{211} | 捐 kiɔŋ^{44}；

元韵　元源 ŋiɔŋ^{211} | 愿 ŋiɔŋ^{223} | 楦 xiɔŋ^{335} | 袁 iɔŋ^{211} | 援 iɔŋ^{211} | 冤 iɔŋ^{44} | 怨 iɔŋ^{335}；

薛韵　绝 tsyøʔ^{2} | 雪 syøʔ^{5} | 踅 syøʔ^{2} | 啜 ts^{h}yøʔ^{5} | 说 syøʔ^{5}；

月韵　月 ŋyøʔ^{2} | 越 yøʔ^{2}。

2.1.1.2.2.10.11　山摄合口三等仙元月韵见晓组还有少数字读作［uoŋ uoʔ］韵：捲 kuoŋ^{41} | 桊 kuoŋ^{335} | 圆宝～uoŋ^{211}（仙韵）；劝 k^{h}uoŋ^{335} | 园 xuoŋ^{211} | 远 xuoŋ^{223}（以上元韵）；蕨 kuoʔ^{5}（月韵）。

2.1.1.2.2.10.12　山摄合口三等元月韵非组的读音较为复杂，读作［uŋ uaŋ ɛŋ uoŋ］韵和［uʔ uaʔ uoʔ］韵：

[uŋ]韵　　潘～水。孚袁切 p^huŋ$^{-44}$；

[uʔ]韵　　发～瘴 puʔ^5；

[uaŋ]韵　　反～对 xuaŋ^{41}｜贩 xuaŋ^{335}｜翻 xuaŋ^{44}｜烦矾 xuaŋ^{211}｜万 uaŋ^{223}；

[uaʔ]韵　　发～财 xuaʔ^5｜罚 xuaʔ^2｜袜 muaʔ^2；

[ɛŋ]韵　　反翻动 pɛŋ^{41}；

[uoŋ]韵　　饭 puoŋ^{223}；

[uoʔ]韵　　发头～发～芽 puoʔ^5。

2.1.1.2.2.10.13　山摄合口四等先屑韵读作[ɛŋ]韵和[iaʔ ɛʔ ieʔ yøʔ]韵，以开口呼和齐齿呼为主：

[iaʔ]韵　　缺膝～k^hiaʔ^5；

[ɛŋ]韵　　悬高 kɛŋ^{211}｜犬 k^hɛŋ^{41}｜县 kɛŋ^{223}；

[ɛʔ]韵　　血 xɛʔ^5；

[ieʔ]韵　　缺～喙 k^hieʔ^5｜穴 xieʔ^2；

[yøʔ]韵　　决诀 kyøʔ^5。

2.1.1.2.2.10.14　山摄合口韵里比较特殊的读音：短桓端 tɔi^{41}｜管火～。桓见 kuoŋ^{41}；捋末来 laʔ^2；串仙昌 ts^hɔŋ^{335}｜船仙船 syŋ^{211}｜拳仙群 kuŋ^{211}｜铅～锅。仙以 k^hieŋ^{44}；曰月云 ia^{44}。

2.1.1.2.2.11　臻摄

2.1.1.2.2.11.1　臻摄开口一等痕韵主要读作[ɔŋ]韵：吞 t^hɔŋ^{44}｜根～据 kɔŋ^{44}｜恳垦 k^hɔŋ^{41}｜痕 xɔŋ^{211}｜恩 ɔŋ^{44}。

2.1.1.2.2.11.2　臻摄开口一等痕韵还有两个字读作

[œŋ]韵：跟 kœŋ^{44} | 恨 xœŋ^{41}。

2.1.1.2.2.11.3　臻摄开口三等真质韵(除见晓组以外)读作[iŋ iʔ]韵，与深摄三等侵缉韵和曾摄开口三等蒸职韵的多数字相同(参 2.1.1.2.2.9.1、2.1.1.2.2.14.4)。例如：

真韵　　宾 piŋ^{44} | 贫 piŋ^{211} | 民 miŋ^{211} | 邻鳞 liŋ^{211} | 亲 ts^{h}iŋ^{44} | 尽 tsiŋ^{223} | 新 siŋ^{44} | 镇 tiŋ^{335} | 趁 t^{h}iŋ^{335} | 真 tsiŋ^{44} | 身 siŋ^{44} | 肾 siŋ^{223} | 认 niŋ^{223}；

质韵　　笔 piʔ^{5} | 匹 p^{h}iʔ^{5} | 蜜 miʔ^{2} | 七漆 ts^{h}iʔ^{5} | 悉 siʔ^{5} | 侄 tiʔ^{2} | 质 tsiʔ^{5} | 实 siʔ^{2} | 失 siʔ^{5} | 日 niʔ^{2}。

2.1.1.2.2.11.4　臻摄开口三等真质韵还有[ɛŋ ɛʔ ieʔ]韵的读音出现：呻 ts^{h}ɛŋ^{44}；密 mɛʔ^{2}；栗~子 lieʔ^{2} | 秩 tieʔ^{2}。

2.1.1.2.2.11.5　臻摄开口三等真韵日母还有两个字读作[yŋ]韵：忍 nyŋ^{41} | 韧 nyŋ^{223}。

2.1.1.2.2.11.6　臻摄开口三等臻栉韵庄组读作[ɛŋ ɛʔ]韵：臻 tsɛŋ^{44}；虱 sɛʔ^{5}。

2.1.1.2.2.11.7　臻摄开口三等真韵见晓组读作[iŋ yŋ]韵，读[yŋ]韵的两个字都是重纽三等字。例如：

[iŋ]韵　　紧 kiŋ^{41} | 因 iŋ^{44} | 印 iŋ^{335} | 引 iŋ^{41} | 寅 iŋ^{211}；

[yŋ]韵　　巾 kyŋ^{44}｜银 ŋyŋ^{211}。

2.1.1.2.2.11.8　臻摄开口三等质韵见晓组读作[iʔ]韵：吉 kiʔ^{5}｜乙 iʔ^{5}｜一 iʔ^{5}｜逸 iʔ^{2}。

2.1.1.2.2.11.9　臻摄开口三等殷韵见晓组读作[iŋ yŋ]韵，以[yŋ]韵为主：

[iŋ]韵　　谨 kiŋ^{41}｜劲 kiŋ^{335}｜隐 iŋ^{41}；

[yŋ]韵　　斤筋 kyŋ^{44}｜勤芹 kʰyŋ^{211}｜近 kyŋ^{223}｜龈 ŋyŋ^{211}｜欣 xyŋ^{44}。

2.1.1.2.2.11.10　臻摄开口三等迄韵溪母“乞”读作[kʰiʔ^{5}给；被]和[kʰyʔ^{5}～食]。

2.1.1.2.2.11.11　臻摄开口韵里比较特殊的读音：根柴～。痕见 kyŋ^{44}｜很痕匣 xɛŋ^{41}；津天～。真精 tsyŋ^{44}｜尘扫～。真澄 tʰɔŋ^{211}｜伸真书 tsʰiɔŋ^{44}；瘾殷影 ŋieŋ^{335}。

2.1.1.2.2.11.12　臻摄合口一等魂韵的读音较为复杂，帮组读作[uŋ uoŋ]韵，端精组一律读作[ɔŋ]韵，见晓组读作[uŋ ɔŋ uoŋ]韵。例如：

帮组　　喷 pʰuŋ^{335}｜闷 muŋ^{223}；本 puoŋ^{41}｜门 muoŋ^{211}；

端精组　　顿 tɔŋ^{335}｜墩桥～tɔŋ^{41}｜豚 tʰɔŋ^{211}｜嫩 nɔŋ^{223}｜论 lɔŋ^{223}｜尊 tsɔŋ^{44}｜村 tsʰɔŋ^{44}｜寸 tsʰɔŋ^{335}｜孙 sɔŋ^{44}｜损 sɔŋ^{41}；

见晓组　　困 $k^hu\eta^{335}$ | 温 $u\eta^{44}$ | 稳 $u\eta^{41}$ | 揾蘸 $u\eta^{335}$；昆 $k^h\mathrm{ɔ}\eta^{44}$ | 坤 $k^h\mathrm{ɔ}\eta^{44}$ | 浑 $\mathrm{ɔ}\eta^{211}$；婚 $xuo\eta^{44}$ | 魂 $xuo\eta^{211}$ | 瘟 $uo\eta^{44}$。

2.1.1.2.2.11.13　臻摄合口一等没韵见晓组读作[ɔʔ]韵：骨 kɔʔ[5] | 窟水～kʰɔʔ[5] | 核桃团～。户骨切 xɔʔ[2]。

2.1.1.2.2.11.14　臻摄合口三等谆韵端精章组读作[yŋ]韵。例如：伦 lyŋ[211] | 俊 tsyŋ[335] | 笋 syŋ[41] | 巡 syŋ[211] | 準 tsyŋ[41] | 春 tsʰyŋ[44] | 顺 syŋ[223] | 闰 yŋ[223] | 润 nyŋ[335]。

2.1.1.2.2.11.15　臻摄合口三等文韵非组读作[uŋ uoŋ]韵。例如：

[uŋ]韵　　分春～xuŋ[44] | 粉 xuŋ[41] | 粪 puŋ[335] | 份 xuŋ[223] | 文 uŋ[211] | 问动词 muŋ[335]；

[uoŋ]韵　　分～开 puoŋ[44] | 蚊～虫 muoŋ[211]。

2.1.1.2.2.11.16　臻摄合口三等文韵见组读作[uŋ]韵，晓母读作[yŋ ɔŋ]韵，云母读作[uŋ yŋ]韵。例如：

见组　　君军 kuŋ[44] | 群裙 kuŋ[211] | 郡 kuŋ[223]；

晓母　　勋 xyŋ[44] | 熏～竹管 xyŋ[335]；熏～火薰食～xɔŋ[44]；

云母　　雲 xuŋ[211]；运晕 yŋ[223]。

2.1.1.2.2.11.17　臻摄合口三等術韵读作[yʔ]韵。例如：律 lyʔ[2] | 戌 syʔ[5] | 术白～syʔ[2] | 出 tsʰyʔ[5] | 術述 syʔ[2]。

2.1.1.2.2.11.18　臻摄合口三等物韵读作[uʔ]韵。例如：佛 $xuʔ^{2}$｜物 $uʔ^{2}$｜掘衢物切 $kuʔ^{2}$｜熨纡物切 $uʔ^{5}$。

2.1.1.2.2.11.19　臻摄合口韵里比较特殊的读音：奔魂帮 $poeŋ^{44}$｜盆魂並 $puaŋ^{211}$；窟～窿。没溪 $k^{h}œ^{0}$｜忽～然间。没晓 xu^{-55}；遵谆精 $tsɔŋ^{44}$；橘術见 $kiʔ^{5}$；不～如。物非 pu^{-55}｜屈物溪 $k^{h}yʔ^{5}$。

2.1.1.2.2.12　宕摄

2.1.1.2.2.12.1　宕摄开口一等唐韵读作[ɔŋ]韵。例如：帮 $pɔŋ^{44}$｜汤 $t^{h}ɔŋ^{44}$｜糖 $t^{h}ɔŋ^{211}$｜浪 $lɔŋ^{223}$｜葬 $tsɔŋ^{335}$｜仓 $ts^{h}ɔŋ^{44}$｜缸 $kɔŋ^{44}$｜糠 $k^{h}ɔŋ^{44}$｜囥藏放 $k^{h}ɔŋ^{335}$｜杭 $xɔŋ^{211}$。

2.1.1.2.2.12.2　宕摄开口一等铎韵读作[ɔʔ ɔ]韵。读[ɔ]韵的字都是古清入声字。例如：博 $pɔʔ^{5}$｜薄形容词 $pɔʔ^{2}$｜膜 $mɔʔ^{5}$｜莫 $mɔʔ^{2}$｜託 $t^{h}ɔʔ^{5}$｜落日头～山 $lɔʔ^{2}$｜作 $tsɔʔ^{5}$｜阁搁 $kɔʔ^{5}$｜鹤 $xɔʔ^{2}$｜恶 $ɔʔ^{5}$；粕 $p^{h}ɔ^{335}$｜索 $sɔ^{335}$。

2.1.1.2.2.12.3　宕摄开口一等铎韵来母还有两个字读作[œʔ]韵：落掉落 $lœʔ^{5}$｜骆～驼 $lœʔ^{2}$。

2.1.1.2.2.12.4　宕摄开口三等阳韵的庄组读作[ɔŋ]韵，其余则读[iɔŋ]韵或[ɔŋ]韵（以知组为主）。例如：

庄组　　装 $tsɔŋ^{44}$｜壮 $tsɔŋ^{335}$｜创 $ts^{h}ɔŋ^{335}$｜床 $ts^{h}ɔŋ^{211}$｜状 $tsɔŋ^{223}$｜霜 $sɔŋ^{44}$；

其他　　凉 $liɔŋ^{211}$｜酱 $tsiɔŋ^{335}$｜帐 $tiɔŋ^{335}$｜伤 $siɔŋ^{44}$｜让 $niɔŋ^{335}$｜香 $xiɔŋ^{44}$｜

痒 siɔŋ^{224}；涨 tɔŋ^{41}｜长形容词肠 tɔŋ^{211}｜丈长度单位 tɔŋ^{223}｜酿娘母 nɔŋ^{223}｜秧 ɔŋ^{44}。

2.1.1.2.2.12.5 宕摄开口三等阳韵知组还有两个字读作[u]韵：丈～夫农 tu^{211}｜娘～奶 nu^{211}。

2.1.1.2.2.12.6 宕摄开口三等药韵主要读作[yøʔ]韵和[iaʔ ia]韵。例如：

[yøʔ]韵　雀 tsʰyøʔ^{5}｜着算～tyøʔ^{2}｜箬 nyøʔ^{2}｜脚 kyøʔ^{5}｜弱 ŋyøʔ^{2}｜虐 nyøʔ^{2}｜约 yøʔ^{5}｜药 yøʔ^{2}；

[iaʔ ia]韵　鹊 tsʰiaʔ^{5}｜勺 tsʰiaʔ^{2}；削 sia^{335}。

2.1.1.2.2.12.7 宕摄开口韵里比较特殊的读音：郎～爸。唐来 luŋ^{211}；两数词。阳来 laŋ^{223}｜杖～团。阳澄 tʰuŋ$^{-44}$；着在。药澄 tuʔ^{2}｜若药日 ni^{-55}～乇、niŋ$^{-44}$～夥。

2.1.1.2.2.12.8 宕摄合口一等唐韵和合口三等阳韵的见晓组都读作[uoŋ]韵。例如：

唐韵　光 kuoŋ^{44}｜广 kuoŋ^{41}｜荒 xuoŋ^{44}｜黄 uoŋ^{211}｜皇～后 xuoŋ^{211}；

阳韵　况 xuoŋ^{335}｜王 uoŋ^{211}｜往 uoŋ^{41}｜旺 uoŋ^{223}。

2.1.1.2.2.12.9 宕摄合口一等铎韵读作[ɔʔ]韵和[uoʔ uo]韵：郭廓 kɔʔ^{5}；扩 kʰuoʔ^{5}；霍～童：地名 xuo^{-55}。

2.1.1.2.2.12.10 宕摄三等阳韵非组的读音较为复

杂，读作[uŋ aŋ ɔŋ uoŋ]韵。例如：

[uŋ]韵　　枋 puŋ44｜放～假 puŋ335｜房 puŋ211｜芒□xu-22～：芦苇花 muŋ211｜网鱼～muŋ223；

[aŋ]韵　　芒麦～maŋ211；

[ɔŋ]韵　　网蜘蛛～mɔŋ41｜望希望 mɔŋ223；

[uoŋ]韵　　方 xuoŋ44｜放解～xuoŋ335｜芳 xuoŋ44｜望希～uoŋ223。

2.1.1.2.2.12.11　宕摄三等药韵奉母“缚”、江摄二等觉韵帮母“剥”和通摄一屋韵並母“曝”读作[uoʔ uo]韵：缚 puoʔ2；剥 puo335；曝 pʰuoʔ2。

2.1.1.2.2.12.12　宕摄合口韵里比较特殊的读音：狂阳群 kʰuaŋ211。

2.1.1.2.2.13　江摄

2.1.1.2.2.13.1　江摄开口二等江韵读作[uŋ ɔŋ œŋ]韵，以[ɔŋ]韵为主。例如：

[uŋ]韵　　窗～门 tʰuŋ44｜双 suŋ44；

[ɔŋ]韵　　邦 pɔŋ44｜桩 tɔŋ44｜撞 tɔŋ223｜江 kɔŋ44｜讲 kɔŋ41｜项 xɔŋ223；

[œŋ]韵　　港 kœŋ41｜巷 xœŋ335。

2.1.1.2.2.13.2　江摄开口二等觉韵读作[uʔ œʔ]韵和[ɔʔ ɔ]韵、[uoʔ uo]韵，以[ɔʔ ɔ]韵为主。例如：

[uʔ]韵　　戳~杖 $t^{h}uʔ^{5}$ | 握 $uʔ^{5}$；

[ɔʔ ɔ]韵　　驳 $pɔʔ^{5}$ | 啄 $tɔʔ^{5}$ | 戳捅 $ts^{h}ɔʔ^{5}$ | 镯 $sɔʔ^{2}$ | 确 $k^{h}ɔʔ^{5}$ | 嶽 $ŋɔʔ^{2}$ | 学 $ɔʔ^{2}$动词、$xɔʔ^{2}$~堂；欶吮吸 $sɔ^{335}$ | 桌 $tɔ^{335}$ | 角牛~$kɔ^{335}$；

[uoʔ uo]韵　　朴~素 $p^{h}uo^{-55}$ | 雹 $p^{h}uoʔ^{2}$；

[œʔ]韵　　角四~$kœʔ^{5}$ | 壳 $k^{h}œʔ^{5}$。

关于"剥"字的读音，请看 2.1.1.2.2.12.11。

2.1.1.2.2.13.3　江摄里比较特殊的读音：腔江溪 $k^{h}iɔŋ^{44}$；饺觉见 $kiɐu^{41}$。

2.1.1.2.2.14　曾摄

2.1.1.2.2.14.1　曾摄开口一等登韵(除帮组以外)读作[iŋ œŋ]韵。例如：

[iŋ]韵　　等 $tiŋ^{41}$ | 凳 $tiŋ^{335}$ | 藤 $tiŋ^{211}$ | 肯 $k^{h}iŋ^{41}$；

[œŋ]韵　　灯 $tœŋ^{44}$ | 增 $tsœŋ^{44}$ | 曾~经层 $tsœŋ^{211}$ | 赠 $tsœŋ^{44}$ | 恒 $xœŋ^{211}$。

2.1.1.2.2.14.2　曾摄开口一等德韵(除帮组以外)主要读作[ɛʔ œʔ]韵，以[œʔ]韵为主。例如：

[ɛʔ]韵　　贼 $ts^{h}ɛʔ^{2}$ | 塞 $sɛʔ^{5}$；

[œʔ]韵　　得~罪德 $tœʔ^{5}$ | 特 $tœʔ^{2}$ | 刻 $k^{h}œʔ^{5}$ | 黑 $xœʔ^{5}$。

2.1.1.2.2.14.3　曾摄开口一等登德韵帮组读作[uŋ ɛŋ œŋ]韵和[uʔ ɛʔ]韵：

[uŋ ɛŋ œŋ]韵　崩 puŋ^{44}；崩又读 pɛŋ^{44}｜朋 pɛŋ^{211}；
鹏 pœŋ^{211}；

[uʔ ɛʔ]韵　卜萝～puʔ^{2}；北 pɛʔ^{5}｜墨默 mɛʔ^{2}。

2.1.1.2.2.14.4　曾摄开口三等蒸职韵（除职韵庄组以外）主要读作[iŋ iʔ]韵，与深摄三等侵缉韵和臻摄开口三等真质韵的多数字相同（参 2.1.1.2.2.9.1、2.1.1.2.2.11.3）。例如：

[iŋ]韵　冰 piŋ^{44}｜蒸 tsiŋ^{44}｜秤 $ts^{h}iŋ^{335}$｜
升容量单位 tsiŋ^{44}｜兴～旺 xiŋ^{44}｜
应应答 iŋ^{335}；

[iʔ]韵　逼 piʔ^{5}｜力 liʔ^{2}｜息 siʔ^{5}｜直 tiʔ^{2}｜
值～钱 $t^{h}iʔ^{2}$｜织职 tsiʔ^{5}｜食扁～siʔ^{2}｜
式 siʔ^{5}｜极 kiʔ^{2}。

2.1.1.2.2.14.5　曾摄开口三等职韵庄组读作[œʔ]韵：侧 tsœʔ^{5}｜测 $ts^{h}œʔ^{5}$｜色 sœʔ^{5}。

2.1.1.2.2.14.6　曾摄开口三等职韵影母读作[i]韵：忆亿 i^{335}｜薏～米 i^{-55}。

2.1.1.2.2.14.7　曾摄开口三等职韵还有两个字读作[iaʔ]韵：食吃 siaʔ^{2}｜翼鱼～siaʔ^{2}。

2.1.1.2.2.14.8　曾摄开口韵里比较特殊的读音：得德端 tieʔ^{5}～农□nu^{41}：讨厌、li^{-55}合～好、tiʔ^{5}助词｜忒德透 $t^{h}aʔ^{5}$｜勒弥～佛。德来 lœ$^{-44}$；穑做～。职生 siʔ^{5}｜翼～□$p^{h}ɛ^{41}$：翅膀。职以 ieʔ^{2}。

2.1.1.2.2.14.9 曾摄合口一等德韵匣母读作[εʔ]韵：或惑 p^{h}εʔ^{2}。

2.1.1.2.2.15 梗摄

2.1.1.2.2.15.1 梗摄开口二等庚耕韵主要读作[aŋ iaŋ εŋ œŋ]韵。例如：

[aŋ]韵 彭 p^{h}aŋ^{211} | 盲青~虻 maŋ^{211} | 蜢 maŋ^{41} | 撑 t^{h}aŋ^{44} | 生 saŋ^{44} | 省~钱 saŋ^{41} | 更三~kaŋ^{44} | 坑 k^{h}aŋ^{44}（以上庚韵）；棚 paŋ^{211} | 争 tsaŋ^{44}（以上耕韵）；

[iaŋ]韵 行走 kiaŋ^{211}（庚韵）；

[εŋ]韵 猛 mεŋ^{41} | 瘠~肉 sεŋ^{41}（以上庚韵）；

[œŋ]韵 孟 mœŋ^{41} | 庚 kœŋ^{44} | 硬 ŋœŋ^{223} | 衡 xœŋ^{211} | 杏 xœŋ^{335}（以上庚韵）；幸 xœŋ^{223}（耕韵）。

2.1.1.2.2.15.2 梗摄开口二等陌麦韵主要读作[aʔ a]韵、[iaʔ ia]韵和[œʔ]韵。读[a ia]韵的字都是古清入声字。例如：

[aʔ a]韵 白 paʔ^{2} | 宅 t^{h}aʔ^{2} | 搦抓 naʔ^{2} | 格 kaʔ^{5}；百 pa^{335} | 拍魄 p^{h}a^{335} | 客 k^{h}a^{335}（以上陌韵）；麦 maʔ^{2} | 隔~间 kaʔ^{5}；掰 pa^{335} | 册 ts^{h}a^{335} | 隔~壁成 ka^{335}（以上麦韵）；

[iaʔ ia]韵　拆 $t^hiaʔ^5$｜额 $ŋiaʔ^2$（以上陌韵）；
摘 tia^{335}（麦韵）；
[œʔ]韵　迫 $p^hœʔ^5$｜泽 $tsœʔ^2$（以上陌韵）；
责 $tsœʔ^5$｜策 $ts^hœʔ^5$｜革 $kœʔ^5$
（以上麦韵）。

2.1.1.2.2.15.3　梗摄开口三等庚清韵和四等青韵主要读作[iŋ aŋ iaŋ]韵。例如：

[iŋ]韵　兵 $piŋ^{44}$｜丙 $piŋ^{41}$｜京 $kiŋ^{44}$｜敬 $kiŋ^{335}$｜
庆 $k^hiŋ^{335}$｜英 $iŋ^{44}$（以上庚三韵）；
聘 $p^hiŋ^{335}$｜令 $liŋ^{223}$｜精 $tsiŋ^{44}$｜
清 $ts^hiŋ^{44}$｜情~况 $tsiŋ^{211}$｜静 $tsiŋ^{223}$｜
整 $tsiŋ^{41}$｜政 $tsiŋ^{335}$｜圣 $siŋ^{335}$
（以上清韵）；瓶 $piŋ^{211}$｜钉名词 $tiŋ^{44}$｜
顶 $tiŋ^{41}$｜钉动词 $tiŋ^{335}$｜亭 $tiŋ^{211}$｜
灵 $liŋ^{211}$｜星 $siŋ^{44}$｜形 $xiŋ^{211}$
（以上青韵）；
[aŋ]韵　柄 $paŋ^{335}$｜平坪 $paŋ^{211}$｜评~理 $p^haŋ^{211}$｜
病 $paŋ^{223}$（以上庚三韵）；井 $tsaŋ^{41}$｜
晴 $saŋ^{211}$｜姓 $saŋ^{335}$｜郑 $taŋ^{223}$
（以上清韵）；青 $ts^haŋ^{44}$｜醒 $ts^haŋ^{41}$｜
经~布 $kaŋ^{44}$（以上青韵）；
[iaŋ]韵　明松~ $miaŋ^{211}$｜命 $miaŋ^{223}$｜

惊害怕 kiaŋ^{44} | 镜 kiaŋ^{335} |
迎～神 ŋiaŋ^{211} | 影有～iaŋ^{41}
（以上庚三韵）；饼 piaŋ^{41} | 名 miaŋ^{211} |
领岭 liaŋ^{41} | 请 ts^{h}iaŋ^{41} | 情亲～siaŋ^{211} |
净 tsiaŋ^{223} | 程 tiaŋ^{211} | 声 siaŋ^{44} |
正～月 tsiaŋ^{44} | 正形容词 tsiaŋ^{335} |
城 siaŋ^{211} | 轻 k^{h}iaŋ^{44} | 赢 iaŋ^{211}
（以上清韵）；鼎锅 tiaŋ^{41} | 听厅 t^{h}iaŋ^{44} |
定 tiaŋ^{223}（以上青韵）。

2.1.1.2.2.15.4 梗摄开口三等庚韵影母有两个字读作[ɔŋ]韵：影影子 ɔŋ^{41} | 映看 ɔŋ^{335}。

2.1.1.2.2.15.5 梗摄开口三等昔韵读作[iʔ]韵、[iaʔ ia]韵和[yøʔ yø]韵。读[ia yø]韵的字都是古清入声字。例如：

[iʔ]韵 僻 p^{h}iʔ^{5} | 积 tsiʔ^{5} | 惜可～siʔ^{5} | 释 siʔ^{5} |
益 iʔ^{5} | 译易～经 iʔ^{2}；
[iaʔ ia]韵 籍户～tsiaʔ^{2}；刺七迹切 ts^{h}ia^{335} |
迹脊 tsia^{335} | 赤 ts^{h}ia^{335}；
[yøʔ yø]韵 席 ts^{h}yøʔ^{2} | 石 syøʔ^{2}；借资昔切 tsyø^{335} |
惜好～syø^{335} | 尺 ts^{h}yø^{335}。

2.1.1.2.2.15.6 梗摄开口四等锡韵读作[iʔ]韵和[iaʔ ia]韵。读[ia]韵的字都是古清入声字。例如：

[iʔ]韵　　滴 tiʔ^{5} | 踢 t^{h}iʔ^{5} | 敌 tiʔ^{2} | 绩 tsiʔ^{5} | 戚 ts^{h}iʔ^{5} | 锡 siʔ^{5} | 击 kiʔ^{5}；

[iaʔ ia]韵　　籴 tiaʔ^{2} | 曆𤗈一种箅子 liaʔ^{2}；壁 pia^{335} | 剔 t^{h}ia^{335}。

2.1.1.2.2.15.7　梗摄开口韵里比较特殊的读音：梗庚二见 kuaŋ^{41}；核～对。麦匣 xɔʔ^{2}；剧闽～。陌三群 k^{h}yøʔ^{2}；蛏清彻 t^{h}ɛŋ^{44}。

2.1.1.2.2.15.8　梗摄合口二等庚麦韵有三个字读作[uaŋ uaʔ]韵：横庚二 xuaŋ^{211}；劃笔～画动词。麦二 uaʔ^{2}。

2.1.1.2.2.15.9　梗摄合口三等庚清韵和昔韵的多数字读开口呼或齐齿呼：

庚韵　　兄 xiaŋ^{44}；

清韵　　营 iaŋ^{211}；倾 k^{h}iŋ^{44} | 琼 k^{h}iŋ^{211}；

昔韵　　疫 iaʔ^{2}；役 iʔ^{2}。

2.1.1.2.2.15.10　梗摄合口韵里比较特殊的读音：矿庚二见 k^{h}ɔŋ^{335}；获麦二匣 p^{h}ɛʔ^{2}。

2.1.1.2.2.16　通摄

2.1.1.2.2.16.1　通摄一等东冬韵读作[uŋ œŋ]韵。例如：

[uŋ]韵　　篷 p^{h}uŋ^{211} | 蒙 muŋ^{211} | 蠓～団 muŋ$^{-55}$ | 董懂 tuŋ^{41} | 总 tsuŋ^{41} | 聪 ts^{h}uŋ^{44} | 功 kuŋ^{44} | 贡 kuŋ^{335} | 控 k^{h}uŋ^{335} | 洪 xuŋ^{211}（以上东韵）；统 t^{h}uŋ^{41} |

脓 $nuŋ^{335}$ | 宗 $tsuŋ^{44}$ | 宋 $suŋ^{335}$ |
鬆 $suŋ^{44}$（以上冬韵）；

[œŋ]韵　　东 $tœŋ^{44}$ | 冻 $tœŋ^{335}$ | 通 $t^hœŋ^{44}$ |
桶 $t^hœŋ^{41}$ | 铜筒 $tœŋ^{211}$ | 桐 $t^hœŋ^{211}$ |
洞 $tœŋ^{223}$ | 笼聋 $lœŋ^{211}$ | 棕 $tsœŋ^{44}$ |
粽 $tsœŋ^{335}$ | 葱 $ts^hœŋ^{44}$ | 送 $sœŋ^{335}$ |
工 $kœŋ^{44}$ | 空 $k^hœŋ^{44}$ | 瓮 $œŋ^{335}$ |
红 $œŋ^{211}$（以上东韵）；冬 $tœŋ^{44}$ |
农人 $nœŋ^{211}$（以上冬韵）。

2.1.1.2.2.16.2　通摄一等屋韵读作[uʔ œʔ]韵。例如：

[uʔ]韵　　木 $muʔ^{2}$ | 独 $tuʔ^{2}$ | 鹿 $luʔ^{2}$ | 族 $tsuʔ^{2}$ |
穀 $kuʔ^{5}$；

[œʔ]韵　　读 $t^hœʔ^{2}$ | 簏 $lœʔ^{5}$ | 凿昨木切 $ts^hœʔ^{2}$。

关于“曝”字的读音，请看 2.1.1.2.2.12.11。

2.1.1.2.2.16.3　通摄一等沃韵主要读作[uʔ]韵：笃督 $tuʔ^{5}$ | 毒 $tuʔ^{2}$。

2.1.1.2.2.16.4　通摄一等沃韵里比较特殊的读音：沃影 uo^{335}。

2.1.1.2.2.16.5　通摄三等东锺韵读作[uŋ yŋ œŋ]韵。[yŋ]韵只有见晓组字。例如：

[uŋ]韵　　风 $xuŋ^{44}$ | 丰 $xuŋ^{44}$ | 冯 $p^huŋ^{211}$ |
凤～凰 $xuŋ^{-44}$ | 梦 $muŋ^{335}$ | 隆 $luŋ^{211}$ |

中～国忠 $tuŋ^{44}$ | 中～毒 $tuŋ^{335}$ | 仲 $tuŋ^{223}$ | 终 $tsuŋ^{44}$ | 众 $tsuŋ^{335}$ | 充 $ts^{h}uŋ^{44}$ | 铳 $ts^{h}uŋ^{335}$（以上东韵）；封 $xuŋ^{44}$ | 峰 $xuŋ^{44}$ | 蜂 $p^{h}uŋ^{44}$ | 捧 $p^{h}uŋ^{41}$ | 逢 $p^{h}uŋ^{211}$ | 缝名词 $xuŋ^{223}$ | 龙 $luŋ^{211}$ | 从介词 $tsuŋ^{211}$ | 松～柴 $suŋ^{211}$ | 重～阳 $tuŋ^{211}$ | 鐘鍾 $tsuŋ^{44}$ | 肿 $tsuŋ^{41}$ | 衝 $ts^{h}uŋ^{44}$ | 舂 $tsuŋ^{44}$（以上锺韵）；

［yŋ］韵　　绒 $yŋ^{211}$ | 弓宫 $kyŋ^{44}$ | 穷 $kyŋ^{211}$ | 熊雄英～$xyŋ^{211}$（以上东韵）；茸 $yŋ^{211}$ | 恭 $kyŋ^{44}$ | 胸 $xyŋ^{44}$ | 雍～正 $yŋ^{44}$ | 勇 $yŋ^{41}$ | 用 $yŋ^{223}$（以上锺韵）

［œŋ］韵　　虫 $t^{h}œŋ^{211}$ | 雄鸭～$xœŋ^{211}$（以上东韵）；重形容词 $tœŋ^{223}$ | 供～郎爸娘奶 $kœŋ^{44}$ | 共一样 $kœŋ^{223}$（以上锺韵）。

2.1.1.2.2.16.6　通摄三等屋韵读作［uʔ yʔ œʔ］韵。［yʔ］韵只有见晓组字。例如：

［uʔ］韵　　福 $xuʔ^{5}$ | 腹 $puʔ^{5}$ | 服伏 $xuʔ^{2}$ | 匐 puk^{2} | 目～珠汁牧 $muʔ^{2}$ | 陆 $luʔ^{2}$ | 宿～舍 $suʔ^{5}$ | 竹筑 $tuʔ^{5}$ | 逐追赶 $tuʔ^{2}$ | 缩 $suʔ^{5}$ | 祝粥 $tsuʔ^{5}$ | 叔 $tsuʔ^{5}$ | 熟煮～$suʔ^{2}$ | 肉 $nuʔ^{2}$；

[yʔ]韵　　菊 kyʔ^{5} | 麯 k^{h}yʔ^{5} | 育 yʔ^{2}；

[œʔ]韵　　六 lœʔ^{2} | 逐～工 tœʔ^{2}。

2.1.1.2.2.16.7　通摄三等烛韵读作[uʔ]韵、[yʔ]韵、[uo]韵和[yøʔ yø]韵。读[uo yø]韵的字都是古清入声字。例如：

[uʔ]韵　　录 luʔ^{2} | 足 tsuʔ^{5} | 俗 suʔ^{2} | 赎 suʔ^{2} | 属 suʔ^{2}；

[yʔ]韵　　辱 yʔ^{2} | 玉 ŋyʔ^{2} | 浴 yʔ^{2}；

[uo]韵　　曲～尺 k^{h}uo^{335}；

[yøʔ yø]韵　　绿 lyøʔ^{2} | 局 kyøʔ^{2}；粟稻谷 ts^{h}yø^{335} | 烛 tsyø^{335}。

2.1.1.2.2.16.8　通摄三等韵里比较特殊的读音：中东知 tɔŋ^{44} 街～、tiɔŋ^{44} 椅～；目～珠。屋微 miʔ^{2}。

2.1.1.2.3　声调

2.1.1.2.3.1　古平上去入四个声调基本上按古声母的清浊各分阴阳两类。古全浊上声字归阳去，古次浊上声字大部分归阴上，小部分归阳去(参 2.1.1.2.3.2)，所以实际上只有七个调类。例如：

古清平　　帮帮 pɔŋ^{44} | 潘姓。滂 p^{h}uaŋ^{44} | 单端 taŋ^{44} | 汤透 t^{h}ɔŋ^{44} | 基见 ki^{44}；

古浊平　　磨动词。明 mua^{211} | 堂定 tɔŋ^{211} | 来来 li^{211} | 沉澄 t^{h}ɛŋ^{211} | 寒匣 kaŋ^{211}；

古清上　　本帮 puoŋ^{41} | 抢清 tsʰioŋ^{41} | 写心 sia^{41} |
　　　　　洗心 sɛ^{41} | 煮章 tsy^{41} | 简见 kaŋ^{41}；

古次浊上　马明 ma^{41} | 卯明 mau^{41} | 脑泥 nɔ^{41} |
　　　　　岭来 liaŋ^{41} | 染日 nieŋ^{41} | 酉以 iu^{41}；

古全浊上　被被子。並 pʰuoi^{223} | 抱並 pʰɔ^{223} |
　　　　　淡定 taŋ^{223} | 市禅 tsʰi^{223} | 近群 kyŋ^{223}；

古清去　　破滂 pʰua^{335} | 对端 tɔi^{335} | 四心 si^{335} |
　　　　　壮庄 tsɔŋ^{335} | 臭昌 tsʰau^{335} | 庆溪 kʰiŋ^{335}；

古浊去　　命明 miaŋ^{223} | 务微 muo^{223} | 度定 tu^{223} |
　　　　　袋定 tɔi^{223} | 箸澄 ty^{223} | 念泥 nɛŋ^{223}；

古清入　　八帮 pɛʔ^{5} | 答端 taʔ^{5} | 七清 tsʰiʔ^{5} |
　　　　　拆彻 tʰiaʔ^{5} | 割见 kaʔ^{5} | 鸭影 aʔ^{5}；

古浊入　　拔並 pɛʔ^{2} | 墨明 mɛʔ^{2} | 敌定 tiʔ^{2} |
　　　　　绿来 lyøʔ^{2} | 贼从 tsʰɛʔ^{2} | 药以 yøʔ^{2}。

2.1.1.2.3.2　次浊上声，除了大多数字归上声以外，还有一部分口语字归阳去：网微 muŋ^{223} | 老形容词。来 lau^{223} | 懒来 tiaŋ^{223} | 卵来 lɔŋ^{223} | 两数词。来 laŋ^{223} | 耳～朵。日 ŋi^{223} | 瓦疑 ŋua^{223} | 五疑 ŋu^{223} | 蚁疑 ŋia^{223} | 有云 u^{223} | 远云 xuoŋ^{223} | 也以 ia^{223} | 痒以 siɔŋ^{223}。

2.1.1.2.3.3　次浊去声，除了大多数字归阳去以外，还有一部分口语字归阴去：骂明 ma^{335} | 墓明 muo^{335} | 妹明 muoi^{335} | 面脸。明 miŋ^{335} | 梦明 muŋ^{335} | 问微 muŋ^{335} | 脓泥

nuŋ^{335}①|露露水。来 lu^{335}|鑢锉。来 lœ^{335}|濑来 lua^{335}|利～息。来 li^{335}|眼晾。来 lɔŋ^{335}|腻～农。娘 nɛ^{335}|饵日 ni^{335}|润日 nyŋ^{335}|让日 niɔŋ^{335}|艾草名。疑 ŋia^{335}|外水放～。疑 ŋia^{335}|砚疑 ieŋ^{335}|盐腌制。以 sieŋ^{335}。

2.1.1.2.3.4　全浊去声有少数字今读送气音声母(参 2.1.1.2.1.2)。这些字一般归入阴去：毙並 p^{h}ie^{335}|佩並 p^{h}uoi^{335}|稗並 p^{h}ɛ^{335}|鼻並 p^{h}i^{335}|饲邪 ts^{h}i^{335}|蛇海蜇。澄 t^{h}a^{335}|坠秤尾～。澄 t^{h}y^{335}|树禅 ts^{h}iu^{335}。此外匣母“巷”读作[xœŋ^{335}],也是阴去。

2.1.1.2.3.5　大多数清入声字归阴入。此外,还有一部分铎药觉陌麦昔锡沃烛韵的口语字不归阴入而归阴去：粕 p^{h}ɔ^{335}|索 sɔ^{335}(以上铎韵)；削 sia^{335}(药韵)；剥 puo^{335}|欶吮吸 sɔ^{335}|桌 tɔ^{335}|角牛～kɔ^{335}(以上觉韵)；百柏 pa^{335}|拍魄 p^{h}a^{335}|客 k^{h}a^{335}(以上陌韵)；掰 pa^{335}|摘 tia^{335}|册 ts^{h}a^{335}|隔～壁戍 ka^{335}(以上麦韵)；借资昔切 tsyø^{335}|迹脊 tsia^{335}|刺七迹切 ts^{h}ia^{335}|惜 syø^{335}|赤 ts^{h}ia^{335}(以上昔韵)；壁 pia^{335}|剔 t^{h}ia^{335}(锡韵)；沃 uo^{335}(沃韵)；粟稻谷 ts^{h}yø^{335}|烛 tsyø^{335}|曲 k^{h}uo^{335}(以上烛韵)。

2.1.1.2.3.6　次浊入声,除了大多数字归阳入以外,还有一部分字归阴入：抹明 muaʔ^{5}|沫明 mɔʔ^{5}|膜幕明

① 通“癑”,《集韵》去声宋韵奴宋切:“病也。”

mɔʔ^{5} | 瘌来 laʔ^{5} | 落掉落。来 lœʔ^{5} | 篚来 lœʔ^{5} | 镊娘 ŋiaʔ^{5} | 聂娘 nieʔ^{5} | 孽疑 nieʔ^{5} | 阅以 yøʔ^{5} | 跃以 yøʔ^{5} 。

2.1.1.3　与寿宁城关音比较①

本书所记的是寿宁县南阳镇的方言。就音系而言，南阳音和寿宁城关音大同小异。主要差异只有以下三条。城关音的材料根据《寿宁县志・卷三十二方言》。

2.1.1.3.1　南阳[ɛŋ œŋ]韵和城关[eŋ]韵

城关不能区分南阳的[ɛŋ œŋ]二韵，都读[eŋ]韵。例如：

	慢	孟	针	棕	千	葱
南阳	mɛŋ^{223}	mœŋ^{41}	tsɛŋ^{44}	tsœŋ^{44}	ts^{h}ɛŋ^{44}	ts^{h}œŋ^{44}
城关	meŋ^{212}	meŋ^{212}	tseŋ^{33}	tseŋ^{33}	ts^{h}eŋ^{33}	ts^{h}eŋ^{33}

2.1.1.3.2　南阳[yŋ]韵和城关[yŋ yuŋ]韵

南阳不能区分城关的[yŋ yuŋ]二韵，都读[yŋ]韵。例如：

	允	勇	运	用
南阳	yŋ^{41}	yŋ^{41}	yŋ^{223}	yŋ^{223}
城关	yŋ^{42}	yuŋ^{42}	yŋ^{212}	yuŋ^{212}

请注意，在音值上南阳还有[yuŋ]韵的痕迹。参看上文 2.1.1.1.2 的说明 6。

① 关于寿宁县斜滩镇的方言，请参看秋谷裕幸(2010a：99—142)。

城关[yuŋ]韵只有零声母的字，辖字不多：雍甬痈（以上阴平）；容茸荣溶庸绒戎（以上阳平）；永勇（以上上声）；涌拥咏泳（以上阴去）；用佣（以上阳去）。

2.1.1.3.3 南阳[yʔ]韵和城关[yʔ yuʔ]韵

南阳不能区分城关的[yʔ yuʔ]二韵，都读[yʔ]韵：

	郁	育
南阳	yʔ^{5}	yʔ^{2}
城关	yʔ^{5}	yuʔ^{2}

城关[yuʔ]韵只有零声母的阳入字，辖字很少：育欲毓辱浴（以上阳入）。由于城关的[yʔ]韵不存在零声母的阳入字，所以[yʔ yuʔ]二韵之间找不到音位对立。

2.1.1.4 连读调

寿宁方言两字组的连调规律见表1。

表1 寿宁方言两字组连调表

1 \ 2	阴平 44	阳平 211	上声 41	阴去 335	阳去 223	阴入 5	阳入 2
阴平 44	44 44	44 211	44 41	44 335	44 223	44 5	44 2
阳平 211	211 44	211 211 22	211 41	211 335	211 223	211 5	211 2
上声 41	41 44 55	41 211 55	41 41 55 51	41 335 55	41 223 55	41 5 55	41 2 55

续 表

2 1	阴平 44	阳平 211	上声 41	阴去 335	阳去 223	阴入 5	阳入 2
阴去 335	335 44 55	335 211 55	335 41 55 51	335 335 55	335 223 55	335 5 55	335 2 55
阳去 223	223 44 44	223 211 44	223 41 44	223 335 44	223 223 44	223 5 44	223 2 44
阴入 5	5 44	5 211	5 41 51	5 335	5 223	5 5	5 2
阳入 2	2 44 4	2 211 4	2 41 4	2 335 4	2 223 4	2 5 4	2 2 4

寿宁方言两字组的连读调有以下几个特点：

（1）重音落在后字。

（2）"阳平＋阳入"有时读作[22 2]。

（3）[55 5]、[5 5]的前字[55]、[5]稍微低一点。

（4）"拍打 p^{h}a^{335}＋宾语"结构的连读调不合乎表1的规律。"拍"一般变为[p^{h}aʔ^{5}]。例如：拍双双数 p^{h}a-p^{h}aʔ$^{335-5}$ suŋ^{44}｜拍针 p^{h}a-p^{h}aʔ$^{335-5}$ tsɛŋ^{44}｜拍禾在稻桶上打稻子 p^{h}a-p^{h}aʔ$^{335-5}$ uoi^{211}｜拍雷 p^{h}a-p^{h}aʔ$^{335-5}$ lai^{211}｜拍仗 p^{h}a-p^{h}aʔ$^{335-5}$ tiɔŋ^{335}｜拍□打喷嚏 p^{h}a-p^{h}aʔ$^{335-5}$ ts^{h}ai^{335}｜拍铁 p^{h}a-p^{h}aʔ$^{335-5}$ t^{h}ieʔ^{5}｜拍结 p^{h}a-p^{h}aʔ$^{335-5}$ kieʔ^{5}｜拍猎 p^{h}a-p^{h}aʔ$^{335-5}$ laʔ^{2}。

（5）"动词＋补语、助词（不读轻声的）"结构均不变调。在这一结构里重音一般落在前字。例如：分开

puoŋ^{44} k^{h}ui^{44} | 填平 tɛŋ^{211} paŋ^{211} | 包起 pau^{44} k^{h}i^{41} | 听着听见 t^{h}iaŋ^{44} tyøʔ^{2} | □起盖上 kiŋ^{211} k^{h}i-ŋi^{41} | 醒起醒过来 ts^{h}aŋ^{41} k^{h}i^{41} | 讲好说完 kɔŋ^{41} xɔ^{41} | 底去进去 tie^{41} k^{h}yø^{335} | 拗断 a^{41} tɔŋ^{223} | 倒下躺倒 tɔ^{41} a^{223} | 煮熟 tsy^{41} suʔ^{2} | 解得解开 kɛ^{41} liʔ^{5} | 过来 kuo^{335} li^{211} | 戴□戴歪 ti^{335} ŋau^{211} | 沃澹淋湿 uo^{335} taŋ^{211} | 做好 tsɔ^{335} xɔ^{41} | 吊死 tɛu^{335} si^{41} | 戴正 ti^{335} tsiaŋ^{335} | 算错 sɔŋ^{335} ts^{h}ɔ^{335} | 算着算对 sɔŋ^{335} tyøʔ^{2} | 垫悬垫高 tɛŋ^{223} kɛŋ^{211} | 徛起站起来 k^{h}ia^{223} k^{h}i^{41} | 外去出去 ŋia^{223} k^{h}yø^{335} | 腐得腐朽 pu^{223} liʔ^{5} | □着找着 lɔ^{223} tyøʔ^{2} | □起拾起来 k^{h}aʔ^{5} k^{h}i^{41}（与“簏团装童尸的棺材”[lœʔ^{5} kiaŋ$^{41-51}$]的调值明显不一样）| □起套上 lɔʔ^{5} k^{h}i^{41} | □着遇见 tœʔ^{5} tyøʔ^{2} | 拉开 laʔ^{2} k^{h}ui^{44} | 拔长拉长 pɛʔ^{2} tɔŋ^{211} | □死勒死 sɔʔ^{2} si^{41} | 食饱吃饱 siaʔ^{2} pa^{41}（比较，食酒喝酒 siaʔ$^{2-4}$ tsiu^{41}）。一般两字组也有不变调的情况。比如“阴平＋阴平”结构的“分开”[puoŋ^{44} k^{h} ui^{44}]和“拖车”[t^{h} ua^{44} ts^{h}ia^{44}]调值都是[44 44]。尽管如此，“分开”前重后轻，“拖车”则前轻后重，听觉上调值仍然有区别。

（6）“动词＋农人”结构读作“单字调＋轻声”。例如：□农触着凸起的东西觉得不舒服 tɛŋ^{44} nœŋ$^{211-0}$（比较，癫农发神经病的人 tieŋ^{44} nœŋ^{211}）| □农耀眼 ts^{h} i^{211} nœŋ$^{211-0}$ | 寒农发冷 kaŋ^{211} nœŋ$^{211-0}$ | 讨农雇人 t^{h} ɔ^{41} nœŋ$^{211-0}$（比较，举人 ky$^{41-55}$ iŋ^{211}）| 咒农 tsɛu^{335} nœŋ$^{211-0}$ | 叮农 tiŋ^{335} nœŋ$^{211-0}$ | 腻农油腻 nɛ^{335} nœŋ$^{211-0}$ | □农传染 ts^{h} ia^{335} nœŋ$^{211-0}$ | 抓农 tsau^{335}

nœŋ$^{211-0}$ | 定农许配 tiaŋ^{223} nœŋ$^{211-0}$ | □农东西热 t^{h}ɔʔ^{5} nœŋ$^{211-0}$ | 急农 kiʔ^{5} nœŋ$^{211-0}$ | 搦农抓人 naʔ^{2} nœŋ$^{211-0}$。“治农杀人”读作[t^{h}ai$^{211-22}$ nœŋ^{211}]，为例外。

（7）“几＋X”结构不变调。例如：几张 kui^{41} t^{h}iɔŋ^{44} | 几头 kui^{41} t^{h}au^{211} | 几把 kui^{41} pa^{41} | 几两 kui^{41} liɔŋ^{41} | 几个 kui^{41} kɔi^{335} | 几岁 kui^{41} xuoi^{335} | 几号 kui^{41} xɔ^{223} | 几件 kui^{41} kiɔŋ^{223} | 几粒颗、块 kui^{41} laʔ^{2} | 几月 kui^{41} ŋyøʔ^{2}。

（8）复数人称代词“我、汝、伊＋□ka^{223}”结构不变调：我□我们 ŋua^{41} ka^{223} | 汝□你们 ny^{41} ka^{223} | 伊□他们 i^{44} ka^{223}。

（9）“指代词＋X”结构不变调。例如：许条 xa^{335} tɛu^{211} | □把那把 tsyø^{335} pa^{41} | 这句 tsia^{335} kuo^{335} | 这乇这东西 tsia^{335} nɔ^{335} | 这事 tsia^{335} su^{223} | 这粒这块 tsia^{335} laʔ^{2}。

（10）“X＋□k^{h}yø^{335}结构助词”结构不变调。例如伊□他的 i^{44} k^{h}yø^{335} | 青□生的 ts^{h}aŋ^{44} k^{h}yø^{335} | 我□我的 ŋua^{41} k^{h}yø^{335} | 店□店的 tɛŋ^{335} k^{h}yø^{335} | 熟□熟的 suʔ^{2} k^{h}yø^{335}。

（11）表示位置的“X＋爿边”结构变为“单字调＋轻声”。例如：东爿 tœŋ^{44} pɛŋ$^{211-0}$ | 西爿 sɛ^{44} pɛŋ$^{211-0}$ | 南爿 naŋ^{211} pɛŋ$^{211-0}$ | 底爿里面 tie^{41} pɛŋ$^{211-0}$ | □爿硬币没有阿拉伯数字的面 kuŋ^{335} pɛŋ$^{211-0}$ | 外爿 ŋia^{223} pɛŋ$^{211-0}$（与“垫悬垫高”[tɛŋ^{223} kɛŋ^{211}]的调值不尽相同）| 上爿 siɔŋ^{223} pɛŋ$^{211-0}$ | 下爿 a^{223} pɛŋ$^{211-0}$ | 北爿 pɛʔ^{5} pɛŋ$^{211-0}$ | 艙爿左边 mɛ^{223} pɛŋ$^{211-0}$ | 解爿右边 ɛ^{223} pɛŋ$^{211-0}$。例外有：后爿 au$^{223-44}$ pɛŋ^{211}。“X＋面”结构

则不变调。例如：底面里面 tie^{41} miŋ^{335} | 外面 ŋia^{223} miŋ^{335} | 下面 a^{223} miŋ^{335}。

（12）还有别的方位词不变调：□□这里 tsɔi^{335} ieʔ^{2} | □穴这里 tsɔi^{335} xieʔ^{2} | □□那里 xuoi^{335} ieʔ^{2} | 别□别的地方 pɛʔ^{2} ieʔ^{2} | 尽□到处 tsiŋ^{223} ieʔ^{2}。

（13）“蜀一＋X”结构的连读调与表 1 相同，重音落在后字。其他“数词＋X”结构则不变调，重音落在前字，后字读得很轻，与“动词＋补语、助词（不读轻声的）”结构相同。下面举一些“数词＋X”结构的例子：

蜀＋X：　蜀张 siʔ$^{2-4}$ t^{h}iɔŋ^{44} | 蜀头 siʔ$^{2-4}$ t^{h}au^{211} |
蜀本 siʔ$^{2-4}$ puoŋ^{41} | 蜀□一块（钱）siʔ$^{2-4}$ tɔi^{335} |
蜀个 siʔ$^{2-4}$ kɔi^{335} | 蜀百 siʔ$^{2-4}$ pa^{335} |
蜀件 siʔ$^{2-4}$ kiɔŋ^{223} | 蜀万 siʔ$^{2-4}$ uaŋ^{223} |
蜀节 siʔ$^{2-4}$ tsɛʔ^{5} | 蜀粒颗、块 siʔ$^{2-4}$ laʔ^{2}；

两＋X：　两张 laŋ^{223} t^{h}iɔŋ^{44} | 两头 laŋ^{223} t^{h}au^{211} |
两本 laŋ^{223} puoŋ^{41} | 两□两块（钱）laŋ^{223} tɔi^{335} |
两个 laŋ^{223} kɔi^{335} | 两百 laŋ^{223} pa^{335} |
两件 laŋ^{223} kiɔŋ^{223} | 两万 laŋ^{223} uaŋ^{223} |
两节 laŋ^{223} tsɛʔ^{5} | 两粒 laŋ^{223} laʔ^{2}；

二＋X：　二十 ni^{223} sɛʔ^{2} | 二月 ni^{223} ŋyøʔ^{2}；

三＋X：　三张 saŋ^{44} t^{h}iɔŋ^{44} | 三头 saŋ^{44} t^{h}au^{211} |
三本 saŋ^{44} puoŋ^{41} | 三□三块（钱）saŋ^{44} tɔi^{335} |

三个 $saŋ^{44} kɔi^{335}$ | 三百 $saŋ^{44} pa^{335}$ |

三件 $saŋ^{44} kiɔŋ^{223}$ | 三万 $saŋ^{44} uaŋ^{223}$ |

三节 $saŋ^{44} tsɛʔ^{5}$ | 三十 $saŋ^{44} sɛʔ^{2}$ |

三粒 $saŋ^{44} laʔ^{2}$ | 三月 $saŋ^{44} ŋyøʔ^{2}$；

四＋X： 四张 $si^{335} t^{h}iɔŋ^{44}$ | 四头 $si^{335} t^{h}au^{211}$ |

四本 $si^{335} puoŋ^{41}$ | 四□四块(钱) $si^{335} tɔi^{335}$ |

四个 $si^{335} kɔi^{335}$ | 四百 $si^{335} pa^{335}$ |

四件 $si^{335} kiɔŋ^{223}$ | 四万 $si^{335} uaŋ^{223}$ |

四节 $si^{335} tsɛʔ^{5}$ | 四十 $si^{335} sɛʔ^{2}$ |

四粒 $si^{335} laʔ^{2}$ | 四月 $si^{335} ŋyøʔ^{2}$；

五＋X： 五张 $ŋu^{223} t^{h}iɔŋ^{44}$ | 五头 $ŋu^{223} t^{h}au^{211}$ |

五本 $ŋu^{223} puoŋ^{41}$ | 五□五块(钱) $ŋu^{223} tɔi^{335}$ |

五个 $ŋu^{223} kɔi^{335}$ | 五百 $ŋu^{223} pa^{335}$ |

五件 $ŋu^{223} kiɔŋ^{223}$ | 五万 $ŋu^{223} uaŋ^{223}$ |

五节 $ŋu^{223} tsɛʔ^{5}$ | 五十 $ŋu^{223} sɛʔ^{2}$ |

五粒 $ŋu^{223} laʔ^{2}$ | 五月 $ŋu^{223} ŋyøʔ^{2}$；

六＋X： 六张 $lœʔ^{2} t^{h}iɔŋ^{44}$ | 六头 $lœʔ^{2} t^{h}au^{211}$ |

六本 $lœʔ^{2} puoŋ^{41}$ | 六□六块(钱) $lœʔ^{2} tɔi^{335}$ |

六个 $lœʔ^{2} kɔi^{335}$ | 六百 $lœʔ^{2} pa^{335}$ |

六件 $lœʔ^{2} kiɔŋ^{223}$ | 六万 $lœʔ^{2} uaŋ^{223}$ |

六节 $lœʔ^{2} tsɛʔ^{5}$ | 六十 $lœʔ^{2} sɛʔ^{2}$ |

六粒 $lœʔ^{2} laʔ^{2}$ | 六月 $lœʔ^{2} ŋyøʔ^{2}$；

七＋X：　七张 ts^{h}iʔ^{5} t^{h}iɔŋ^{44} | 七头 ts^{h}iʔ^{5} t^{h}au^{211} |

七本 ts^{h}iʔ^{5} puoŋ^{41} | 七□七块(钱) ts^{h}iʔ^{5} tɔi^{335} |

七个 ts^{h}iʔ^{5} kɔi^{335} | 七百 ts^{h}iʔ^{5} pa^{335} |

七件 ts^{h}iʔ^{5} kiɔŋ^{223} | 七万 ts^{h}iʔ^{5} uaŋ^{223} |

七节 ts^{h}iʔ^{5} tsɛʔ^{5} | 七十 ts^{h}iʔ^{5} sɛʔ^{2} |

七粒 ts^{h}iʔ^{5} laʔ^{2} | 七月 ts^{h}iʔ^{5} ŋyøʔ^{2}；

八＋X：　八张 pɛʔ^{5} t^{h}iɔŋ^{44} | 八头 pɛʔ^{5} t^{h}au^{211} |

八本 pɛʔ^{5} puoŋ^{41} | 八□八块(钱) pɛʔ^{5} tɔi^{335} |

八个 pɛʔ^{5} kɔi^{335} | 八百 pɛʔ^{5} pa^{335} |

八件 pɛʔ^{5} kiɔŋ^{223} | 八万 pɛʔ^{5} uaŋ^{223} |

八节 pɛʔ^{5} tsɛʔ^{5} | 八十 pɛʔ^{5} sɛʔ^{2} |

八粒 pɛʔ^{5} laʔ^{2} | 八月 pɛʔ^{5} ŋyøʔ^{2}；

九＋X：　九张 kau^{41} t^{h}iɔŋ^{44} | 九头 kau^{41} t^{h}au^{211} |

九本 kau^{41} puoŋ^{41} | 九□九块(钱) kau^{41} tɔi^{335} |

九个 kau^{41} kɔi^{335} | 九百 kau^{41} pa^{335} |

九件 kau^{41} kiɔŋ^{223} | 九万 kau^{41} uaŋ^{223} |

九节 kau^{41} tsɛʔ^{5} | 九十 kau^{41} sɛʔ^{2} |

九粒 kau^{41} laʔ^{2} | 九月 kau^{41} ŋyøʔ^{2}；

十＋X：　十张 sɛʔ^{2} t^{h}iɔŋ^{44} | 十头 sɛʔ^{2} t^{h}au^{211} |

十本 sɛʔ^{2} puoŋ^{41} | 十□十块(钱) sɛʔ^{2} tɔi^{335} |

十个 sɛʔ^{2} kɔi^{335} | 十件 sɛʔ^{2} kiɔŋ^{223} |

十万 sɛʔ^{2} uaŋ^{223} | 十节 sɛʔ^{2} tsɛʔ^{5} |

十粒 sɛʔ^{2} laʔ^{2} | 十月 sɛʔ^{2} ŋyøʔ^{2}①。

（14）"十＋数词"结构也不变调：十一 sɛʔ^{2} iʔ^{5} | 十二 sɛʔ^{2} ni^{223} | 十三 sɛʔ^{2} saŋ^{44} | 十四 sɛʔ^{2} si^{335} | 十五 sɛʔ^{2} ŋu^{223} | 十六 sɛʔ^{2} lœʔ^{2} | 十七 sɛʔ^{2} ts^{h}iʔ^{5} | 十八 sɛʔ^{2} pɛʔ^{5} | 十九 sɛʔ^{2} kau^{41}。

不符合表 1 连调规律的个别例外词有：

阳平＋阴平：□孙孙子的儿子 sɔŋ^{211} sɔŋ$^{44-335}$；

阳平＋阳入：前日 sɛŋ^{211} niʔ^{2}（不变调）；

上声＋阳平：每年 muoi^{41} nieŋ$^{211-0}$②；

阴去＋阴平：做官当官 tsɔ-tsɔʔ$^{335-5}$ kuaŋ^{44}；

阳去＋阳入：后日 au^{223} niʔ^{2}（不变调）；

阳入＋阴平：热天夏天 ieʔ^{2} t^{h}ieŋ^{44} | 日间白天 niʔ^{2} kaŋ^{44}（均不变调）；

阳入＋阳平：画符 uaʔ-ua$^{2-44}$ xu^{211}；

阳入＋阳去：画画 uaʔ-ua$^{2-44}$ xua^{223}。

2.1.1.5 小称音

寿宁方言缺乏小称音，而多用"囝"[kiaŋ^{41}]尾来表示小称的功能。例如：犬囝小狗 k^{h}ɛŋ$^{41-55}$ kiaŋ$^{41-51}$ | 猪囝小猪 ty^{44} kiaŋ^{41} | 牛囝牛犊 ŋu^{211} kiaŋ^{41} | 羊囝羊羔 iɔŋ^{211} kiaŋ^{41} | 鸡囝小鸡 kie^{44} kiaŋ^{41} | 鸭囝小鸭子 aʔ^{5} kiaŋ$^{41-51}$ | 鸟囝麻雀 tsɛu$^{41-55}$

---

① "正月"读作[tsiaŋ^{44} ŋyøʔ^{2}]（重音落在前字），"十一月"读作[sɛʔ^{2} iʔ^{5} ŋyøʔ^{2}]，"十二月"读作[sɛʔ^{2} ni-niŋ^{223} ŋyøʔ^{2}]。

② 也可以说"年年"[nieŋ$^{211-22}$ nieŋ^{211}]。

kiaŋ$^{41-51}$（比较，鸟鸟儿的统称 tsɛu^{41}）| 桌囝小桌子 tɔ$^{335-55}$ kiaŋ$^{41-51}$ | 车囝板车 ts^{h}ia^{44} kiaŋ^{41} | 凳囝一个人坐的矮凳 tiŋ$^{335-55}$ kiaŋ$^{41-51}$ | 鼎囝小锅 tiaŋ$^{41-55}$ kiaŋ$^{41-51}$ | 雨囝小雨 y$^{41-55}$ kiaŋ$^{41-51}$ | 船囝小船 syŋ^{211} kiaŋ^{41} | 新妇囝童养媳 siŋ^{44} pu$^{223-44}$ kiaŋ^{41}（比较，新妇儿媳妇 siŋ^{44} pu^{223}）| 岩头囝石头子 ŋiaŋ$^{211-22}$ t^{h}au^{211} kiaŋ^{41} | 豆腐囝豆腐脑 tau$^{223-44}$ xu$^{223-44}$ kiaŋ^{41} | 飞□囝小蝴蝶 puoi^{44} iaʔ$^{2-4}$ kiaŋ^{41}。

2.1.1.6 同音字汇

i

p [44]碑（墓～）卑□（牛～：一种牛身上的虫子，比虱子更大，牛～豆：蓖麻）‖ 被（～告） [211]琵枇 [41]比 [335]闭（～气）箅（鼎～：箅子）秘痹 [223]备篦（竹～：篦子）

p^{h} [44]非飞$_3$（～机） [211]脾（内脏之一。指人的）啤（～酒） [41]疕（痂，鼎～：锅巴）匪（土～） [335]鼻（～头；鼻子，流～：流鼻涕） ‖ [55] □（～□liʔ^{5}柴：榕树）

m [211]迷弥（～补）眉$_2$（～眉$_1$：眉毛。读作[mi^{22} mai^{211}]）楣维惟遗（～腹囝：遗腹子）唯微□（～毛根：蔬菜的细根） [41]米（大米）美□（长～蜂：蚂蜂） [335]眯（目珠～起映：眯着眼看）□（猫～：猫） [223]未$_2$（地支之一）味□（～水：潜水）

t [44]知‖蜘(～蛛)雉(～鸡：山鸡)□(发～□tɔŋ^{211}疾：癫痫) [211]迟□(～兜：地面，如，扫～兜：扫地) [41]□(～～：刚刚，如，～～来：刚来) [335]戴$_1$(～帽)蒂(金瓜～：南瓜蒂)智致置 [223]地(～下：地面，背□laŋ^{211}～：晒不到太阳的地方，～豆：花生，～主)痔治(政～)

t^h [44]黐(鱼的黏液) [211]苔$_1$(青～)堤提(～手爿：提手旁)持

n [335]饵(鱼～)□(肥～～：油腻) [223]腻$_2$(细～：小心)二 [55]□(我～：咱们)‖若$_1$(～乇：什么) [0]呢

l [211]来$_1$梨莉(茉～花)狸(狐～)‖蛳(螺～钉) [41]李(～囝：李子；姓)里(距离单位)理鲤(～鱼)□(□la^{211}～：穿山甲) [335]利$_1$(～息，胜～) [223]利$_2$(锋利)痢(病赤～) ‖[55]得$_4$(合～好：要好)

ts [44]‖□(～□pɛ^{44}：女阴) [211]□(～自：自己)□(～□ka^{223}：大家)□(～□lɔʔ^2：现在。本书里写作“这”) [41]紫$_1$(～菜：茄子)只(～好)姊(阿～：姐姐)旨(圣～)指$_3$(手～：戒指，针～：顶针；用手指指)子$_1$(果～：水果；鱼□t^{h}iaŋ^{55}～：鱼产卵，算盘～：算盘的珠子，日～)籽止址□(柱～：

柱子底下的石礅）[335]至（夏～）志誌痣　[223]自$_1$（□tsi^{211}～：自己）字　‖[55]□（骹～底：脚底）

ts^{h}　[44]痴$_2$（不灵活）　[211]□（～农：耀眼）　[41]耻（无～：耍赖）　[335]饲$_1$（喂养，～猪：养猪）　[223]豉（豆～）示（指～）视$_1$（近～）市

s　[44]尸司$_1$（公～）丝诗（摇天～：求签）　[211]糍（糯米～：糍粑）鹚（鸬～）时　[41]死始　[335]四$_1$（～个）试　[223]是氏视$_2$（电～）

k　[44]枝$_1$（柴～：树枝①）栀（黄～团：栀子的树、栀子的果子）技肌基（戍～：地基）箕（粪～：簸箕）萁（萁～：当柴火用的蕨）机（织布～）讥‖妓（～女）飢（～饿）饑$_2$（～荒）□（～椒：辣椒）　[211]奇（～怪）其棋期旗□（□□$naŋ^{211}$ $muoi^{55}$～：萤火虫）　[41]麂几（茶～）己（天干之一）杞（枸～）　[335]纪（～念）记（～□ka^{0}：记住）既　[223]忌　‖[55]□（～□□$liŋ^{55}$ $tsyŋ^{44}$：抖一下子）

k^{h}　[44]攲（桌面等倾斜）欺　[211]骑蟣渠希切（蛞蝓，～螺：蜗牛，扁担～：蚂蟥）　[41]企齿（喙～：牙齿，锯～）起（□$naŋ^{335}$～：起来、起床）岂　[335]

---

① 也可以说“柴树枝”[$ts^{h}a^{211}$ $ts^{h}iu^{55}$ ki^{44}]。

去$_2$(～年)器弃气(闭～,断～)汽 [223]柿(柿子)

ŋ [211]宜$_2$仪谊疑 [41]尔耳$_2$(木～) [335]□(～农:东西热) [223]耳$_1$(～朵)

x [44]熙(康～)希妃‖牺(～牲) [41]喜蟢(八骹～:蟢子)

ø [44]伊(他)医衣$_2$(～裳,棕～:蓑衣)依 [211]夷姨胰(～皂:肥皂)而(～且) [41]已以(可～) [335]意忆亿 ‖[55]薏(～米)

u

p [211]蒲(～扇)菩匏(瓠子,～头:水瓢)炮薄交切(煨)□(～蝇:苍蝇) [223]腐$_1$(腐朽)妇$_1$(新～:儿媳妇)伏扶富切(孵) ‖[55]不$_2$(～如)□(～乱讲:胡说)□(□xɔ^{211}～驼:驼子)

pʰ [211]浮□(用油炸) [41]殕(生～:发霉;冬瓜～:冬瓜表皮上的白霜)

m [41]母$_3$(丈～:岳母)姆(保～)

t [44]都(八～:地名)都(副词)‖杜$_1$(～仲)□(～□tɛŋ^{223}:蜥蜴) [211]徒(～弟)涂$_2$(～墙)途图丈$_4$(～夫农:男人)□(～□nɛŋ^{211}:橡皮) [41]堵赌肚$_1$(猪～)□(这～墙:这段墙) [335]□(红～～:非常红) [223]肚(胃)度渡镀 ‖[55]杜$_2$

（～甫）底$_4$（～□xuoi^{55}个：哪个，～□xuoi^{335}：哪里）

tʰ [211]涂$_1$（泥土） [41]土（～改，～匪）□（～乞汝：递给你）□（□kuŋ^{55}～：噘嘴） [335]吐（呕吐）兔（山～：野生的兔子）

n [211]奴（～才）娘$_2$（～奶：母亲） [41]努□（得农～：讨厌）①

l [211]卢炉鸬（～鹚）庐 [41]肚$_2$（腹～：肚子，手～：胳膊，骹～包：腿肚子）鲁（～班）卤□（捞） [335]露$_1$（露水） [223]露$_2$（精液）鹭（白～） ‖ [55]虏（俘～兵）

ts [44]租资咨姿滋‖诸（～葛亮）自$_2$（～传） [211]瓷慈磁 [41]祖组阻子$_2$（地支之一；骗～）梓 [223]助 ‖[55]<u>做</u>$_5$（～母农：女人）紫$_2$（～菜：海里的紫菜）□（～血：淤血）

tsʰ [44]粗初（～一头：初一） [41]楚（清～；国名）础此 [335]醋次

s [44]苏酥稣（耶～）斯私师$_2$（老～）司$_2$（～令）思□（园～：一种草，叶子暗红色） [211]辞词祠（～堂）嗣饲$_2$（～料） [41]史驶$_2$ [335]素诉塑数（算～：算账，～学）四$_2$（～川）赐 [223]祀巳士仕寺

---

① 本字有可能是"恼"。

（～庙）事$_2$（事情）

k [44]姑孤菇（野生的蘑菇）蛄（虾～）‖龟$_2$（～岭：地名） [211]糊$_1$（糨糊）□（～□tsy^{335}：阴茎） [41]古估（～计）股鼓牯（牛～：公牛，羊～：公羊）□（茶～囝：金属制的茶壶形烧水用具）□（蟾蜍～：蟾蜍） [335]故固雇顾□（还，副词。本书里写作"固"） [223]舅旧 ‖[55]□（～□luʔ^5：打嗝儿）□（～□luŋ^{55}客：货郎）□（呵～□tsiʔ^5：胳肢）□（□kau^{211}～虫：生活在泥土里的虫子的统称）

k^h [44]枯（□tsɛŋ^{211}～：油茶树的种子榨油后的渣子压成的饼）丘（量词，用于田） [41]苦 [335]库裤 [223]臼（舂～） ‖[55]□（～毛：汗毛）

ŋ [211]梧吴牛$_1$ [41]伍（队～）午 [223]五$_1$（～个） ‖[55]五$_2$（～香粉，～岳）①

x [44]呼夫$_2$肤敷‖抚$_1$（～养）辅（～导） [211]和$_2$（～尚）胡（姓）湖狐（～狸）壶鬍（□saŋ^{44}～：满脸的胡子）蝴（～蝶）糊$_2$（模～）瑚俘（～虏兵）符（画～）芙（～蓉）□（～芒：芦苇花） [41]虎府腑俯 [335]戽（～水）付咐（吩～）傅赴（解～：来得及，獪～：来不及）副富（富裕）□（刀～：刀背）□（病□xa^{211}～：患

---

① 单字调当为上声或阴去。

哮喘） [223]户沪护扶$_2$（搀）父腐$_2$（豆～）负妇$_2$（寡～）阜 ‖[55]武$_2$（～曲：地名）忽（～然间）

Ø [44]乌（黑）污坞（湾～：地名） [211]无（～耻：耍赖）诬 [41]武$_1$舞（～龙）鹉 [335]□（躲） [223]有$_1$ ‖[55]抚$_2$（～恤金）侮（～辱）

y

t [44]猪 [211]除捶传追切（～腹脊：捶背，～桌：拍桌子） [335]著 [223]箸（筷子）坠$_2$（油冰～：冰柱，秤尾～：秤尾低，耳～：耳环，沉～：铅坠）

t^h [211]锄（～头）垂$_1$（耳朵～）锤（铁锤）槌（□muoŋ^{22}～：棒槌） [335]坠$_1$（秤尾～：秤尾低）

n [41]女（外甥～。兼指“外孙女”）汝（你）

l [211]驴 [41]吕旅铝缕屡蕾（花～） [223]虑累（连～）类

ts [44]书椎（一种像栗子的果实）□（斑～：斑鸠） [41]煮沝（水。本书里主要写作“水”） [335]注醉□（□ku^{211}～：阴茎） [223]聚驻住

ts^h [44]‖□（～鼠：人养的兔子） [41]杵（舂～）鼠取 [335]处（～暑，相～）处（～长）□（嘴。本书里写作“喙”） [223]趣

s [44]梳须（必～）需输（运～）虽 [211]徐（姓）藷

(山药,蕃～：白薯)蜍(蟾～□ku^{41}：蟾蜍)殊随$_1$(～伊走：跟着他走;～溪舷行：沿河边走)隋垂$_2$(读字)□(和,跟,如,纸～笔) [41]绪(光～)暑(大～,小～) [335]絮庶恕穗(禾～：稻穗) [223]序树$_2$(读字)瑞遂□(苍蝇等栖止) ‖[55]署(～名)

k [44]居车(棋子之一)‖拘(～留所) [211]巨(艰～) [41]举矩 [335]拒据锯(锯子;～板;～琴：拉二胡) [223]具 ‖[55]距(～离)句$_2$(～号)□$_1$(吹～～：吹口哨。读作[$ts^hyø^{44}ky^{55}ky^{55}$]。连读调特殊)

k^h [44]区驱

ŋ [211]蜈(～蚣)鱼渔愚娱 [41]语 [223]遇

x [44]墟(赶～：赶集)虚 [41]浒(水～)许(～愿;姓) ‖[55]□$_2$(吹～～：吹口哨。读作[$ts^hyø^{44}xy^{55}xy^{55}$]。连读调特殊)

ø [211]如余(姓)餘儒虞(姓)于(姓) [41]於屿(秦～：地名)与盂(钵～：磬)雨(做～：下雨,谷～)羽 [223]誉预豫喻裕

a

p [44]巴$_1$(□$sɔʔ^5$蜀～掌：打一巴掌)芭$_2$(～蕉)疤

爸$_1$(阿～：爸爸) [211]巴$_2$(下～)爬琶杷耙(粟～：耙稻谷用的耙子)扒(□maŋ^{335}～喙：向嘴里扒饭，～塍：耙田，～水□puoi^{335}：浚沟渠) [41]把(量词；拦住)靶饱 [335]霸坝(水～)罢(～工)百柏(～柴：柏树)掰(撕，～布：扯布，掰，揭下)□(～喙：张嘴，目珠～起：睁眼) [223]爸$_2$(郎～：父亲) [0]吧

p^h [44]□(～肩：换肩) [335]泡$_1$(发～：起泡)拍(打；从，介词)魄(魂～)

m [44]妈$_2$(阿～：妈妈)□(五指抓) [211]麻$_2$(～痹)蟆(蛤～：小青蛙)毛$_2$(～竹)猫(～□mi^{335}：猫) [41]妈$_1$(老～：妻子，姨～：母亲的妹妹)马码 [335]妈$_3$(～～：父亲的妹妹。读作[ma^0 ma^{335}])骂

t [44]□(干燥)①□(解食得伊～：打得过他) [211]茶 [335]榨$_1$(～油)□(～□ka^0：压住，～年钱：压岁钱)

t^h [44]他 [335]蛇(海蜇) ‖[55]□(～跳：玩儿)□(～洁：干净)

n [44]□(疤)□$_1$(就～：只，只有) [211]拿(读字)

---

① 发音人认为这是来自福安方言的说法。

□(拃)□(解大小便)□(□sɔ^{55}～：喇叭) [41]□(柴～：树节疤)

l [44]□(一下。“蜀下”的合音)□$_2$(就～：只，只有) [211]萝$_1$(～卜)□(～□li^{41}：穿山甲)

ts [44]渣(豆腐～，甘蔗～)楂(山～) [211]查(～夜)□(瀫～：围嘴儿) [41]早 [335]炸(～弹)榨$_2$(～菜)诈

tsʰ [44]叉杈(分～：分枝)差(不好；～别) [211]□(柴，树，木头。本书里写作“柴”) [41]炒吵$_1$(讲～：开玩笑) [335]册

s [44]纱痧(发～：中暑)疏(跟“密”相对)□(向天～睏：仰面睡) [41]洒撒 ‖[55]□(～□mɔŋ^{44}：当柴火用的蕨)

k [44]家(着～：在家)加嘉迦(释～佛)佳胶$_1$(～水)铰(剪)□(□tsʰiŋ^{44}～：蜻蜓)□(□aʔ^5～□lai^{44}：一种类似高粱的杂粮) [41]假(真～)假(放～)□(～米：碾米) [335]架驾嫁稼价教$_1$(～书)隔$_1$(～壁成：邻居) [223]咬下巧切(咬，嚼)□(我～：我们，伊～：你们) [0]□(相当于“住”的补语，如，粘～，钉～) ‖[55]芥$_2$(～兰包：洋白菜)合$_2$古沓切(～得好：要好)橄(～榄)□(～领：领子)□(～□laŋ^{55}侧睏：侧身而睡)

k^h [44]骹(脚) ‖ □(～□tsyø[44]虫：孑孓) [41]□(奇～：奇怪) [335]客(农～：客人)

ŋ [44] ‖ 乐鱼教切(～食：嘴馋) [211]牙(～科)芽衙涯崖□(～农：经纪人) [41]雅 ‖ [55]亚(～洲)

x [44]□(～货：载货) [211]虾何加切霞蛤(～蟆：小青蛙)暇喉₁(～咙)□(病～□xu[335]：患哮喘) [335]孝₁(带～)□₁(那,那个。"许只"的合音。本书里写作"许") [223]厦(～门)夏(姓)下₁(动量词)夏(～至)

ø [44]丫(读字)桠(柴树～：树杈) [41]哑(病～：哑巴)拗(～断) [223]下(楼～)下(～课)下₂(动量词) [0]阿₁(词头,如,～叔)啊

ia

p [335]壁 ‖ [55]□(～篱：篱笆)

p^h [211]□(山坡,上～：上坡)

t [44]爹(阿～：公公,面称)□(卵～：蛋胚) [335]摘(～茶) [223]蛎(牡蛎)

t^h [335]剔(～骨：把肉从骨头上刮下来)

n [41]惹

ts [44]遮 [41]者纸 [335]蔗(甘～)漈(小瀑布)迹

（骹～：脚印）脊（腹～：背脊）□（这，这个。本书里写作“这”） ‖［55］磜（～头仔：地名）鹧（～鸪）笊（～篱）柘（～荣：地名）□（～□tsieŋ^{211}菜：蒲公英）

ts^h ［44］车（拖～） ［211］斜$_1$（形容词） ［41］且 ［335］刺七迹切（～洋毛：打毛衣）赤（～豆：小红豆；～骹□miaʔ^5：赤脚；病～痢）□（～农：传染） ‖［55］□（～蜢：蚱蜢）

s ［44］奢赊 ［211］邪斜$_2$（形容词，～眼：斜视眼）蛇佘（姓）畲□（～□mau^{55}花：杜鹃花） ［41］写舍（𫗇～得：舍不得） ［335］卸赦舍（宿～）削 ［223］社谢（～～；姓）射（～箭）麝

k ［211］枷（驮～）岐（赛～：地名） ［335］寄

k^h ［335］徛$_1$（陡） ［223］徛$_2$（站立）

ŋ ［211］鹅 ［41］外$_3$（漕～来：溢出来） ［335］艾$_1$（草名）外$_2$（水放～：排水） ［223］外$_1$（～爿：外面，～去：出去）蚁（蚂蚁）

x ［44］□（□tai^{211}～：婆婆） ［211］□（食～了：吃腻了） ［335］□$_2$（那，那个。“许只”的合音。本书里写作“许”）

ø ［44］曰 ‖ □（～是：如果，～讲：如果） ［211］椰耶（～稣） ［223］也夜（查～）

ua

p [335]簸(动词) ‖[55]斧(～头)

p^h [335]破₁(形容词;～柴:劈柴)

m [211]磨(动词)麻₁(草名,油～:芝麻)痲(出～:出麻疹)

t [223]大₁(形容词)

t^h [44]拖

l [211]箩 [335]濑(水流较急、较浅的地方)

s [44]沙 [41]所(派出～)

k [44]过古禾切(吃还没熟透的菜时的口感)[①]瓜□(顺路走) [211]桦₁(～柴:一种树,木质很硬) [41]寡(守～) [335]挂卦(做～) ‖[55]芥₁(～菜)疥(～橱:碗橱)□(～刀:菜刀,～筅:筅帚)

k^h [44]夸

ŋ [41]我 [223]夥(□$tsuŋ^{335}$～:这么多,□$xuŋ^{335}$～:那么多,若～:多少。不能单独用)瓦(𩏶～:盖瓦)话

x [44]花 [211]华(中～)桦₂划(～拳) [335]化 [223]画(名词)

ø [44]鸦(老～:乌鸦)

---

① "菜老"的"老"说"老"[lau^{223}]。

ai

p [41]摆□(～骹：瘸子) [335]拜 [223]败

p^h [335]派 ‖[55]□(～团：不好或有点奇怪的年轻男子)

m [211]埋(～伏)眉$_1$(眉$_2$～：眉毛。读作[mi^{22} mai^{211}]) [335]□(坏)

t [44]‖逮(～捕) [211]台(天～)台$_2$(戏～)□(埋，埋葬)□(～官：公公，～□xia^{44}：婆婆)□(鸡～：鸡虱) [335]带$_1$(皮～；～□$tyø^{223}$：带路)戴$_2$(姓)碓(水～) [223]大$_2$(～暑，～寒)待

t^h [44]胎苔$_2$(舌～)梯(～团：梯子)箬(筛子)痴$_1$(风～：台风) [211]豺$_1$(～犬：一种狼，较小)治直之切(杀) [41]腿(骹～：大腿) [335]态太泰

n [41]乃 [335]奶$_2$(阿～：伯母，姑～：父亲的姐姐，姨～：母亲的姐姐) [223]耐奈

l [44]□(□□$aʔ^5$ ka^{44}～：一种类似高粱的杂粮) [211]来$_2$(将～)雷$_1$(拍～：打雷) [41]□(鱼～：鱼篓) [335]□(～痒：牛蹭痒) [223]赖(～伏鸡母：抱窝母鸡；姓)事$_1$(无～：不要紧)□(尾～：最小的孩子，尾～猪：最小的小猪)

ts [44]灾栽(菜～：菜苗，～柴：栽树)斋(食～：吃素)‖罪$_1$(～过：可怜) [211]才(奴～)材财裁

豺$_2$脐(腹～：肚脐) [41]指$_2$(第二～：食指) [335]再载(～重)债 [223]在寨 ‖[55]宰(～相)

ts^h [44]差(钦～)钗(读字) [41]彩采踩 [335]菜蔡□(拍～：打喷嚏)

s [44]狮(猪～：配种用的公猪) [41]屎使(解～得：可以,𬪩～得：不可以,解～得𬪩：是否可以)驶$_1$(～车) [335]赛$_1$婿(儿～：女婿,妹～：妹夫)

k [44]该皆□$_1$(嗉子) [41]改 [335]概$_1$(大～)溉盖(～印)界届戒(～薰：戒烟;猪八～) ‖[55]解$_2$(～放)

k^h [44]开$_2$(～始) [41]凯楷(大～) [335]概$_2$(大～)慨

ŋ [335]艾$_2$(姓)介(～绍) [223]碍

x [211]□(陶瓷器) [41]海 [223]亥害(～农：害人)械

ø [44]‖埃(～及) [335]爱$_3$(～国)

uai

s [335]帅(元～)

k [44]乖 [41]拐 [335]怪(责怪;奇～)

k^h [335]快$_2$(爽～：舒服、愉快)

ŋ [223]外$_4$(～孙,～国) [55]□(咱们。“我

□[ni^{55}]”的合音）

x [211]怀槐淮 [223]坏

Ø [44]歪（读字）

au

p [44]芭$_1$（～蕉）包（包子，骹肚～：腿肚子；～起） [211]胞（同～） [335]豹 ‖[55]龅（～牙）

p^h [44]抛（～粪斗：翻跟头） [335]炮（棋子之一；放～：放鞭炮）泡$_2$（～茶） [223]泡皮教切（鱼～：鱼鳔，老～：柚子）

m [211]矛（～盾） [41]卯 [335]□（□sia^{211}～花：杜鹃花） [223]貌

t [44]蔸（棵）根$_3$（江～：地名）□（潘～：猪食槽）□（一种表示场所的词，如，近～：附近，暗舷～：傍晚，合～：合拢，三千身～：三千左右。本书里写作“兜”）‖逗（～号）脰（～领：脖子，牛～架：牛轭） [211]投 [41]斗（鸡□sɔʔ^5～：鸡槽；容量单位） [335]昼（食～：吃午饭）□（阿～：爷爷，舅～：舅舅） [223]豆

t^h [44]偷 [211]头$_1$ [41]敨（展开） [335]透□（用毒药毒害致死）

n [44]脑$_1$（柴～：树墩） [41]恼$_1$（生气） [223]闹

l [211]头$_2$(匏～：水瓢)楼$_1$(～下)流$_1$刘留$_1$□(～时：时候) [335]□(腹肚～：拉肚子) [223]老$_1$(形容词)漏陋

ts [44]糟 [211]巢(黄～)剿(～匪) [41]蚤(犬～：跳蚤)爪(鸡～)走$_1$(走，如，～□tyø^{223}：走路，先～，①随伊～：跟着他走，行～：离开，帮伊□tsieŋ^{41}～：把他撵走) [335]灶抓(～痒，猫□mi^{335}～农：猫抓人)罩

tsʰ [44]操$_2$(体～)抄钞 [41]草$_1$吵$_2$ [335]臭

s [44]筲(饭～：装饭用的小草袋子) [335]扫(动词)嗽(□kʰɔŋ^{55}～：咳嗽)

k [44]交(～乞汝：交给你)勾(拍～：打勾)钩沟□(好～许个：比那个好，悬～我：比我高) [211]猴□(～子：骰子)□(～□kʰɔŋ^{41}：蚯蚓)□(～□ku^{55}虫：生活在泥土里的虫子的统称) [41]垢(污垢)九 [335]教$_2$(～育)较窖□(到)□(牙～：牙杯，药～：药罐)□(做霜～：下霜) [223]厚 ‖[55]狗$_1$(～腿：走狗，指黑社会的)

kʰ [44]箍空胡切□(阄) [211]□(刮，如，～猪毛) [41]口$_1$(社～：地名)

---

① 也可以说“先行”[sɛŋ^{44}kiaŋ^{211}]。

ŋ [211]□(歪)

x [44]薅(～塍：田里除草)‖後₂(～生：年轻) [41]吼(动物叫) [335]酵孝₂(～顺) [223]校(～长)效

ø [211]号胡刀切(哭，鸟鸣) [223]後₁(～爿：后边)

iɐu

p [44]标彪 [41]表(～兄，～弟)錶婊(做～：偷汉子)

pʰ [44]飘 [211]薸(浮萍)嫖 [335]票 ‖[55]漂(～白)

m [211]苗描 [41]秒牡(～丹) [223]庙妙

t [44]刁貂 [211]朝(唐～；～鲜)潮调(～羹，空～)跳徒聊切(□tʰa⁵⁵～：玩儿) [41]抖(颠簸) [335]钓□(～被：绗被子) [223]赵召(～坑底：地名)兆调(～动)纣

tʰ [335]跳(跳跃；跑)

n [335]皱₁(衣服皱纹，眉眉～起：皱眉头) [223]尿

l [211]燎疗聊辽 [41]瞭了₃(助词，如，坐～蜀□lɔʔ⁵团：坐了一会儿。有时读得接近[lɛu⁴¹]) [223]□(搅拌)

ts [44]焦蕉椒招‖沼(～气)□(～料：佐料)□

(□$saŋ^{44}$～毛：猪鬃) [41]少(数量小) [335]醮(做～)照

ts^h [44]锹(铁～)‖超(～度) [335]笑

s [44]消宵霄硝销$_2$烧(～柴)萧箫 [211]韶(～山)绍(介～)邵 [41]小(～气：吝啬，～肠气：疝气) [335]鞘(鎟～：柴刀鞘)肖(～兔：属兔) ‖[55]少(～年)

k [44]骄娇(作～：撒娇)‖蕌(～头) [211]乔侨桥 [41]缴饺 [335]叫 [223]轿鹞$_1$(老～：老鹰)

k^h [44]跷(骹～起：二郎腿) [211]瘸$_1$(～骹：瘸子) [41]巧撬(以棍撬物) [335]翘窍

ŋ [211]饶(宽恕；上～：地名)尧

x [41]晓(～得：知道)

ø [44]妖邀腰要(～求)□(帅，棋子之一) [211]摇谣窑姚(姓) [41]舀(～汤) [335]要(重～) [223]鹞$_2$(放纸～：放风筝)耀

ε

p [44]□(□tsi^{44}～：女阴；老～：老人，骂人话，乡下～：乡巴佬) [211]排牌簰(竹～：筏子) [41]□(～□$lɛŋ^{51}$：翻动。"反$_1$"的分音词)

p^h [41]□(面～：脸颊，拍喙～：打耳光，翼～：翅膀)

　　[335]稗

m　[41]买　[223]卖□(不会。本书里写作"𣍐")□(蕃柿～：莴苣)

t　[44]低　[211]题蹄$_1$(猪～)　[41]底$_2$(鞋～，被～：被里)抵　[335]帝　[223]弟$_2$(徒～)第

t^h　[41]体(身～)　[335]替(～我去)

n　[211]泥(做～师父：泥水匠)尼(～姑)　[41]奶$_1$(娘～：母亲)　[335]腻$_1$(～农：油腻)

l　[44]了$_2$(助词，如，碗拍～蜀个：打破了一个碗，乞犬咬～：被狗咬了)　[211]蹄$_2$(曲～：渔民)犁(一种农具；～塍：耕田)厘　[41]底$_3$(底$_1$～：里面。读作[tie^{55} lε^{51}])礼(送～)　[223]厉励丽

ts　[211]齐(齐全)　[335]济(～公)<u>𫊻</u>(苎丝)

ts^h　[44]妻凄栖

s　[44]西□(蕨～：可以吃嫩芽的蕨)□(牛柴～：赶牛用的竹鞭)‖犀(～溪：地名)师$_1$(～父：匠人)[211]□(长骹～：一种黄色大蜂。蜂窝做在地底下)　[41]洗玺(玉～)　[335]细(跟"粗"相对；小)□(秒)　[223]□(多)

k　[44]个$_3$(的。又读)阶街　[41]解$_1$(～得：解开)[335]个$_2$(的)疥(生～)解(～送)

k^h　[44]溪□(衣裳～：下摆)　[41]□(啃)　[335]

快₁(速度快;～活①：高兴)

ŋ [211]倪(姓)

x [41]□(横～：瞪眼) [223]蟹(螃蟹)

ø [211]鞋 [41]矮 [223]解胡买切(会) [0]个₄(的。又读)

ie

p [223]蔽敝币鐾(捺)避(～难)

pʰ [44]批(蜀～;～评)披飞₂(～机) [335]毙(枪～)废(残～)费

t [211]池(水～：池塘) [41]底₁(～爿：里面,城～：城里,～去：进去) [223]弟₁(阿～：弟弟)

tʰ [44]□(剔除,如,帮骨～得：剔除鱼刺)‖□(～套：竹笋外壳) [335]剃(～头) ‖[55]□(～□kʰieŋ211裤：开裆裤)

n [211]廿(～一：二十一)②

l [211]离(～婚)篱(□pia55～：篱笆,笊～)璃(玻～) [223]滤(过滤,如,～豆腐。阳去)例离力智切(～蜀下,距～)

① "快活"[kʰε55 uaʔ2]有时读得接近[kʰεu55 uaʔ2]。

② "二十"说"二十"[ni223 sεʔ2]。

ts [44]支(～持)枝$_2$(荔～)脂(胭～) [335]祭(～灶：谢年)际制製

ts^h [335]刺(植物的刺)

s [44]施(姓) [211]匙(饭～：饭勺,锁～：钥匙) [335]世(蜀生～：一辈子)势逝 [223]誓(～愿：发誓)

k [44]鸡圭 [335]计继桂(～花,肉～)季

k^h [41]启 [335]契(塍～：田契)

ŋ [223]艺义(～郎爸：干爹)议易(容～)毅

x [335]肺戏 [223]系係惠慧

ø [211]宜$_1$(便～)移 [41]椅(椅子) [335]□(花～得：花谢了)

εu

p^h [41]否

m [211]谋 [41]某亩 [223]茂贸

t [44]雕 [211]条愁 [335]吊(～死)斗(～争)

t^h [44]馊

l [44]□(掏,扣) [211]寮(灰～：放肥料的茅棚)楼$_2$ [41]篓 [223]料廖力吊切(姓)

ts [44]邹(姓) [41]鸟 [335]奏宙皱$_2$(～纹：额头皱纹)咒$_1$(诅咒) ‖[55]走$_2$(～狗)

ts^h [335]凑(坐蜀下～：再坐一下)

s [44]销$_1$(门～：较小的门闩)搜(～身) [211]□(均匀;～～：常常)

k [44]胶$_2$(阿～) [41]狗$_2$(走～)□(醜) [335]够构购 ‖[55]枸(～杞)

k^h [41]口$_2$(户～) [335]铐(手～)叩(～首)扣寇

ŋ [41]藕偶

x [211]侯(姓)喉$_2$(错～得：呛)□(～婆：不正派的女人) [223]后(皇～)後$_3$(落～)候

ø [44]欧瓯(建～：地名)

ɔ

p [44]菠(读字)玻(～璃)褒(～赏) [211]婆$_1$(翁～：夫妻)葡(～萄) [41]保堡宝 [335]婆$_2$(阿～：奶奶,外～家：娘家)播(广～)报澳$_2$(南～：地名。又读) [223]暴(粗～)爆

p^h [44]波坡(上～)□(米～：炒米,一种点心) [211]袍(长～) [335]粕(油～渣：熬猪油后剩下来的渣滓) [223]抱 ‖[55]破$_2$(～相：残废,对脸部而言)

m [211]摩毛$_1$(□k^hu^{55}～：汗毛,猪～)□(无,没有。本书里写作"无")□(～□$pie\eta^{335}$：非常) [41]母$_2$

(鸡～：母鸡，虱～：虱子)拇(指头～：大拇指)□(大～：大概) [335]澳$_1$(南～：地名)□(打，程度很严重) [223]磨(名词)冒帽(帽子。单说)

t [44]多刀 [211]驼驮(拿)陶 [41]岛倒(跋～：摔倒；躺)捣 [335]到(～来：回来，～家去：回家，迟～)桌 [223]道(～士，味～)盗导

t^h [44]涛 [211]桃 [41]妥讨(～农：雇人；～账：讨债；～柴：砍柴) [335]套(□t^hie^{44}～：竹笋外壳；次，趟)

n [44]做$_2$(喊～：叫作) [211]挪□(～螺蛳：拧螺蛳) [41]脑$_2$(后～：后脑勺子；秆～：稻茬，柴～：树节疤)恼$_2$ [335]□(东西。本书里写作“乇”) [223]糯(～米) ‖[55]□(～个：谁。本书里写作“乇”)

l [44]啰(～嗦)做$_3$(喊～：叫作) [211]罗锣逻萝$_2$(包～：玉米)劳牢痨(肺～病)|萄(葡～) [41]朵(耳～)栳(线～：针线篓，秧～：秧桶) [223]□(寻找) [0]了$_1$(助词，如，有够～，病～。有时读得接近[$lɑɔ^0$]) ‖[55]老$_2$(～师，～花)□(～□$sɔʔ^5$：垃圾)

ts [211]曹 [41]左佐枣 [335]做$_1$造(假～：伪造) [223]座$_1$(蜀～戍：一所房子；肥～：完全没有瘦肉

的肥肉)皂

ts^h [44]搓臊(食～：吃荤) [41]草₂(洋～：发酵粉，～头：草字头) [335]措错(算～；～筋：手扭伤)操₁(曹～)躁糙

s [44]梭嗦(啰～)‖□(～心：线轴) [211]槽□(鸭子啄物) [41]锁琐嫂 [335]燥先到切(干～：干。用于物品、地板等)索(绳子)欶(吮吸) ‖[55]哨(～子)□(～□na^{211}：喇叭)

k [44]歌哥高(姓)膏羔糕镐(洋～)‖胳(～□$lɔʔ^{5}$下：腋下) [211]□(红～去：非常红)□(～臀：屁股) [41]稿搞 [335]告(～状)管₃(竹～垄：地名)角₂(牛～，菱～) ‖[55]□(～□$lɔi^{51}$：小孩儿)

k^h [211]□(～糜粥：煮稀饭)□(解～：打鼾) [41]可考□(轻～：工作轻松、病情不严重) [335]烤靠

ŋ [211]蛾俄熬(～油)鳌(～阳：地名)□(生～：患白喉) [223]饿傲

x [211]呵(～□□ku^{55} $tsiʔ^{5}$：胳肢)何荷(～花)哈(张口呼气)豪(～猪)壕毫□(腹脊～去：腰弯了，～□pu^{55}驼：驼子) [41]好(形容词) [335]藠(虾～：虾米。声母读[x])□(～饼：煎饼，～卵：煎蛋) [223]贺浩号(几～)耗

ø [44]阿$_2$(～胶)篙(竹～：竹竿) [211]河禾$_2$(～洋：地名) [41]袄 [335]奥澳$_3$(三都～：地名)□(乖)

uo

p [211]□(蜀～花：一朵花，蜀～灯：一盏灯) [41]补 [335]布(铰～：剪布)佈剥 [223]部簿(笔记本)步

p^h [44]窠$_2$(被～：被窝)铺(～席)麸(麦～)潽(溢出) [211]扶$_1$(推;～戍：盖房子) [41]蒲(菖～)谱(家～)普浦(～城：地名)捕甫 [335]铺(十里) ‖ [55]朴(～素)

m [44]摸‖夫$_1$(丈～农：男人)茉(～莉花) [211]模(劳～) [335]墓 [223]暮慕募误(耽～)悟$_1$(觉～)务雾(做～：下雾)戊 ‖[55]母$_1$(做～农：女人)

k [44]锅$_1$(火～)‖晡(冥～头：晚上) [41]果(～子：水果) [335]过(～来，火～得：油灯的火灭了)句$_1$(量词)

k^h [44]锅$_2$(铅～：钢精锅)靴科窠$_1$(鸟～：鸟窝) [211]瘸$_2$(～手：手有残废) [335]课曲$_1$(弯曲，～尺)□(蜀～棺材：一副棺材)

ŋ　[223]悟$_2$(觉～)

x　[211]和$_1$(～平,～棋)　[335]货　[223]祸　‖　[55]霍(～童:地名)

Ø　[44]窝(燕～:一种补品)　[335]沃(～雨:淋雨,～澹得:淋湿了,～□maŋ^{335}:泡饭)　[223]互(～相)芋(大～卵:芋头①)

ɔi

t　[44]堆□(水～:水里)　[41]短　[335]对□(蜀～钱:一块钱)□(犬～:狗洞。不送气音)　[223]贷(～款)代(第几～;～表)袋

tʰ　[44]推　[41]□(一种皮肤病,全身发痒)②　[335]退□(～缝:裂缝隙)

n　[223]内

l　[211]螺腡台$_1$(烛～)雷$_2$(姓)擂(～钵)□(柴～:柴堆,涂～:土堆,蜀～草:一丛草)□(蛤蟆～:蝌蚪)　[41]瘤(□xiŋ^{55}～:粉刺)□(□kɔ^{55}～:小孩儿)　[223]□(～窟窿:钻孔)

ts　[41]□(搬、移动)　[335]晬(做～:做一周岁)

---

① 也可以说"塍芋卵"[tsʰɛŋ^{211} uo^{44} lɔŋ^{223}]。

② 发音人认为这个病不是麻风病。

□(这里) [223]罪$_{2}$(得～)

ts^{h} [44]催崔 [335]莝(砍)碎

s [44]衰(瘦) [223]坐座$_{2}$(～位)

k [335]个$_{1}$(通用量词)

k^{h} [44]魁(三～：地名)奎□(谜语)

ŋ [335]爱$_{2}$(唔～：不要)

ø [335]爱$_{1}$(要)

uoi

p [44]杯$_{1}$(牙～)悲飞$_{1}$(鸟～) [211]培陪赔 [335]贝辈背(～褡)褙(～壁：裱糊)□(水～：沟渠) [223]倍背(～书)焙□(□laʔ^{4}～：放屁虫)

p^{h} [44]杯$_{2}$(珓～：一种问卜用的东西)胚坯(砖～：未烧的砖) [211]皮(削～) [335]沛配佩柿(柴～：砍下来的木片，柴～花：刨花) [223]被(被子)

m [211]梅枚(蜀～针：一根针)媒煤莓霉糜(～粥：稀饭) [41]每尾(～□niu^{335}：尾巴) [335]妹(阿～) [223]未$_{1}$(没有，如，～听清楚) ‖[55]□(□naŋ^{211}～□ki^{211}：萤火虫)

s [335]岁$_{2}$(万～)税赛$_{2}$(～岐：地名)

k [41]裹(～粽：包粽子)

k^{h} [44]盔 [41]跪去委切

x　[44]恢灰(～粉：灰尘，积～：积肥)　[211]回茴(大～)蛔　[41]火　[335]悔荒内切(后～，～气)岁$_1$(几～)秽□(那里)□(底～个：哪个。常读作[uoi^{335}])　[223]汇会(开～)

ø　[44]□(～起：掩盖①)　[211]禾$_1$(稻子，～米：粳米)

œ

t　[223]苎

tʰ　[335]□(搓着洗，如，～裤)

l　[44]□(肥～：猪肉或鸡肉的肥肉多)‖勒(弥～佛)　[335]鑢(锉)□(菜瓜～：油条)

tsʰ　[211]□(～得：倒掉)

kʰ　[211]□(傻)□(～水：倒水，～得：倒掉)　[0]窟$_2$(□lɔi^{44}～窿：钻孔)

x　[223]□(～起：起哄)

yø

t　[211]厨(读字)橱$_2$(疥～：碗橱)　[41]贮(装，～□maŋ^{335}：盛饭)　[223]□(路)

---

①　也可以说“遮起”[tsia^{44} kʰi^{41}]。

t^h　[44]□(滑)　[41]□(鼎～：锅铲)

n　[211]□(踩)□(～面粉：和面)

ts　[44]蛛(蜘～)株朱硃珠$_2$(蜀粒～)‖□(□k^ha^{44}～虫：孑孓)　[41]主(成～：房东)　[335]註注蛀铸借资昔切烛(蜡烛)□(那)

ts^h　[44]吹(～火;蒸,～包：蒸包子)炊　[335]戍(房子)尺粟(稻谷)□(猪的脾脏)

s　[44]输(～赢)　[41]黍(高粱)髓(骨～)　[335]惜$_1$(好～：讨人喜欢;亲嘴)

k　[211]茄(读字)　[335]□(老～：老人)

k^h　[335]去$_1$□(的,如,汝～戍：你的房子,我□ka^{223}～数学：我们的数学,青～：生的)

ø　[223]锐悦

ui

p　[211]肥(人胖;动物肥)　[335]痱(热～：痱子,生～：长痱子)沸(水～了：水开了,～汤：开水)　[223]吠

p^h　[335]屁□(从嘴里往外吐)

t　[223]队(排～)

l　[41]累(积～)

ts　[335]最

ts^h [41]□(入～：姑娘招男子来家结婚落户) [335]脆翠

s [211]随₂(～便) ‖[55]隧(～道)

k [44]闺饑₁(饿)规龟₁(乌～)归(当～)□₂(□kaŋ[44]～：塞住嗓子) [211]逵(李～) [41]几(～个)诡鬼 [335]桧(秦～)癸贵 [223]柜 ‖[55]髻(～□niu[51]：髻)会(～计)轨(～道)

k^h [44]开₁(～门)亏(吃～：难受、家里穷，食～：吃亏)‖溃(～疡) [335]愧□(～头：纽扣)

ŋ [211]危违₁ [223]魏

x [44]挥辉徽 [41]贿(行～)毁 [335]讳

ø [44]衣₁(团～：胎盘)威 [211]为(行～)为(介词)违₂围 [41]委伟 [335]畏慰 [223]卫位胃谓

iu

m [223]谬缪(姓)□(野生的草莓)

t [44]鬚₃(喙～：胡子) [211]橱₁(鸡～：鸡住的地方) [41]拄 [223]□(稻子。本书里写作"籼")

t^h [44]鳅(涂～：泥鳅)抽(～筋；发抖) [211]绸酬筹 [41]丑(地支之一) [223]柱(柱子)

n [41]纽扭₂(读字)□(髻～：髻) [335]扭₁(掐)

□(尾～：尾巴)

l [44]鬚$_4$(喙～：胡子)溜 [211]流$_2$(寒～)留$_2$(拘～所)榴硫琉瘤 [41]柳□(～烟通：透烟囱) ‖ [55]□(～团：扒手)

ts [44]鬚$_2$(喙～：胡子)珠$_1$(目～：眼睛)周(姓)舟州洲 [41]酒 [335]咒$_2$(念～) [223]就

tsʰ [44]鬚$_1$(虾类和天牛等昆虫的头上触须)秋 [41]手首$_1$(蜀～墓：一个坟墓) [335]树$_1$(柴～：树)

s [44]修收 [211]泅(～潭：游泳)仇(～敌)售 [41]首$_2$(～都)守(～寡) [335]秀绣兽(山～：野兽) [223]受寿授

k [211]求球□(蜷曲；蹲；住；～倒底[①]：缩进去) [41]久韭$_2$ [335]灸(针～)救究 ‖ [55]纠(～正)

kʰ [44]邱(姓)

ŋ [211]牛$_2$(代表“丑”)

x [41]朽 [335]嗅许救切(闻) ‖ [55]韭$_1$(～团：韭菜)

ø [44]优犹(～太农：犹太人)幽 [211]尤邮由油游 [41]有$_2$(岂～此理)友酉诱 [335]幼 [223]又右佑釉

---

① 此处“底”读作[tie^{335}]。应该是“底去”的合音。

iŋ

p [44]彬宾槟斌冰(做油～：结冰)兵‖乒(～乓：乒乓球。不送气音) [211]便(～宜)贫频凭平$_2$(和～)瓶(瓶子)屏(～南：地名)苹□(～□pɔŋ^{211}：蝙蝠) [41]丙秉(～性)炳□(蕃藠～：晒白薯用的竹帘) [335]並

p^h [41]品 [335]聘 ‖[55]拼(～命)姘(～头)

m [211]闽民明$_3$(清～)铭 [41]敏皿 [335]面(脸；楼～：楼上)

t [44]珍征(～求)贞侦丁钉(铁～)疔‖□(莫～动：别动) [211]陈(～皮；姓)尘$_2$藤惩亭停廷庭 [41]等顶$_1$(轿～)鼎$_2$(福～：地名) [335]镇凳叮顶$_2$(最，如，～悬：最高)钉(动词)订 [223]□(□□t^hiŋ^{55}kɔŋ^{55}～：朋友)

t^h [44]‖□(～光：上午) [211]□(～酒：倒酒) [41]艇挺 [335]趁(～钱：赚钱) ‖[55]□(～□kɔŋ^{335}：一起；～□□kɔŋ^{55}tiŋ^{223}：朋友)

n [44]‖若$_2$(～夥：多少，若～远：多远) [211]凝宁(寿～：地名) [223]认

l [44]拎 [211]阎$_1$(～王)林$_2$(姓)淋(做秋～：秋天接连多日阴雨)临邻鳞磷陵(赤～洋：地名)凌菱灵零铃龄 [335]□(橘子的瓣，如，蜀～橘；蜀～豆

腐：一块豆腐） [223]令（司～）另 ‖[55]□（□ki^{55}～□tsyŋ^{44}：抖一下子）

ts [44]真蒸升（容量单位）精晶睛征（长～） [211]秦情$_2$（～况） [41]枕（落～）①诊振震整 [335]浸进晋证症政 [223]尽（～力，～□ieʔ^{2}：到处）静靖

ts^h [44]侵深亲（～情：亲戚）称（用秤称；名～）清（跟"浊"相对，稀，～楚；福～：地名）青$_2$（～年）‖□（～□ka^{44}：蜻蜓） [41]寝 [335]衬（～衣）称（对～）秤清（凉，～水：凉水）

s [44]心辛新薪身申娠（带～：怀孕）昇星□（生～：生锈）‖先$_2$（～生） [211]寻$_2$（～龙：看风水）蟳（一种海里的螃蟹）神辰臣乘（加减～除）塍（塍～：田塍。读作[ts^{h}ɛŋ^{22} siŋ^{211}]）承丞（～相）蝇（□pu^{22}～：苍蝇）成$_3$（赞～）城$_2$（～隍庙）诚 [41]沈审婶 [335]信（相信。单说；写～）胜（～利）性$_2$（秉～）圣（～旨） [223]甚肾慎 ‖[55]□$_2$（～式：怎么）

k [44]今$_1$（～年冥：今年）金襟间$_2$（～底：房间）京荆鲸经$_2$（念～）‖近$_2$（～视）惊$_2$（～蛰）□（～喙：忌口） [211]今$_2$（～旦：今天）□（～起：盖上，桌～：一种用来罩在菜碗上面的罩子，鸡～：一种用来罩

---

① "枕头"说"床头"[ts^{h}ɔŋ^{22} t^{h}au^{211}]。

在鸡上面的罩子）［41］锦紧仅谨景警　［335］禁（～止）劲境敬竟竞径　［223］妗□（鸡～：鸡胃）

k^h　［44］钦卿倾　［211］琴禽琼　［41］肯$_{1}$　［335］庆

ŋ　［211］迎$_{2}$（～接）　［223］任（责～）

x　［44］兴（～旺）　［211］形型刑邢　［335］兴（高～）　‖［55］□（～瘤：粉刺）

∅　［44］音阴$_{2}$烟於真切（烟气，～通：烟囱）因鹰（读字）莺鹦樱英　［211］淫人（～中，举～）仁（桃～）寅仍　［41］饮$_{2}$（～料）引隐影$_{3}$（电～）　［335］印应（～该）应（应答）映

uŋ

p　［44］崩$_{1}$（坍塌）枋（厚木板）　［211］房（同～姨：连襟，厨～）蓬（莲～）　［335］粪（猪栏～：厩肥）放$_{1}$（～息：放债，～假）　［223］笨□（蜀～白菜：一棵白菜）

p^h　［44］蜂‖潘孚袁切（～水：泔水）　［211］篷（帆）蓬冯（姓）逢缝（裁～。读字）　［41］捧　［335］喷（～漆）□（灰粉园□xuoi^{335}～：灰尘飞扬）

m　［211］芒$_{2}$（□xu^{22}～：芦苇花）萌蒙　［41］□$_{1}$（～行～远：越走越远）　［335］问$_{1}$（动词）梦（做～）　［223］闷焖（～猪骹：微火久煮猪脚）问$_{2}$（～题）网$_{1}$

(鱼～) ‖[55]懵(～懂)蠓(～囝：蠓子，～帐：蚊帐)

t [44]东$_2$(鳌～：地名)中$_3$(～国)忠 [211]同瞳(～孔)重(～阳，～皮：双眼皮，～人爿：双人旁) [41]盾(矛～)董懂 [335]吨栋中(～意：喜欢，～毒，～状元)□(石～：一种山坑里的蛙)□(驮马～：把小孩骑在脖子上) [223]动$_2$(调～)重$_2$(～要，载～)仲(杜～) ‖[55]□(～中：中间)

t^h [44]窗$_1$(～门：窗户)通$_2$(～书，烟～：烟囱)‖杖$_2$(～囝：帮助挑担用的棍子) [41]统

n [211]农$_2$(～业)浓 [335]脓奴宋切(发～：化脓) [223]□(烟园□$xuoi^{335}$～：冒烟)

l [211]郎$_2$(～爸：父亲)隆龙陇 ‖[55]□(□ku^{55}～客：货郎)

ts [44]宗终鐘锺(姓)盅(茶～：茶杯，酒～：酒杯)舂 [211]从(介词；～教：信基督教) [41]总种(粟～：谷种)肿 [335]众种(～麻：患麻疹，～菜；芒～)□(这么，如，～贵；～式：这么，如，～式做，～□$lɔʔ^2$：现在)

ts^h [44]聪匆充衝 [335]铳

s [44]鬆(松脆)双 [211]崇(～安：地名)松(～柴：松树)屣(傻，蠢) [335]送$_2$(赠～)宋诵颂讼

[223]□(穿) ‖[55]□$_1$(～式：怎么)

k [44]君军公工$_2$(～作)功攻□(踢～：跳房子) [211]拳(手胁～：胳膊肘，～头)群(蜀～鸭：一群鸭子)裙 [335]棍(柴～：木棍)贡□(～爿：硬币没有阿拉伯数字的面)□(～□$t^h u^{51}$：噘嘴) [223]郡 ‖[55]拱(～桥)

k^h [44]空$_2$(～气)□(猪用嘴拱)‖□(～柴：乌桕树) [41]孔(瞳～；姓)恐 [335]困睏(睡)控

x [44]分$_2$(春～)芬纷轰风枫疯(病～：患关节炎)讽(～刺)丰(咸～)封峰$_1$锋‖吩(～咐)凤(～凰；～阳：地名) [211]坟焚雲洪鸿 [41]粉 [335]奋□(半斤)□(那么，如，～夥：那么多；～式：那么，如，～式做) [223]混份(蜀～；生～：陌生；共～悬：一样高)奉缝(名词)

Ø [44]温翁$_2$(姓) [211]文纹闻□(扔) [41]稳□(～柿：漤生柿) [335]揾(蘸) ‖[55]蕹(～菜：空心菜)

yŋ

n [41]忍 [335]润$_1$(花生～得：花生潮了) [223]韧

l [211]崙伦沦轮蓉(芙～)

ts　[44]津（天～）□（□□ki^{55} liŋ^{55}～：抖一下子）[41]準准　[335]俊

ts^{h}　[44]春　[41]□（打盹儿）

s　[211]船旬循巡唇（猪喙～：猪的嘴唇）纯　[41]笋　[335]讯迅舜　[223]顺　‖[55]榫（～头）

k　[44]根$_{1}$（柴～：树根）巾斤筋（抽～，骹静～：跟腱）均钧弓躬宫恭供$_{2}$（～电）供（口～，～品①）　[211]穷　[41]龚（姓）②　[223]近$_{1}$共$_{2}$（～产党）

k^{h}　[211]勤芹（～菜）　[41]菌

ŋ　[211]银龈③

x　[44]欣勋薰$_{2}$胸凶兇　[211]熊雄$_{2}$（做英～：逞英雄）　[335]训熏吁运切（～竹管：拔火罐）

ø　[44]雍（～正）　[211]云荣$_{1}$绒融茸容（～易）□（宠）　[41]允永（～泰：地名）拥勇涌　[223]润$_{2}$闰（～月）韵运（～气）晕（～车）用

aŋ

p　[44]班颁乓（乒～：乒乓球。不送气音）　[211]棚（冬瓜～）平$_{1}$坪（溪～：河滩，墓～：坟墓前面的空

---

① “供品”口语说“斋菜”[tsai^{44} ts^{h}ai^{335}]。

② 南阳的大姓之一。其他大姓还有“张”。

③ “齿龈”口语说“牙肉”[ŋa^{211} nuʔ^{2}]。

地，楼～：地板）评$_2$（批～）　[335]柄　[223]病

p^h　[44]甏（一种瓮）□（牛屎～：蚌）　[211]彭（姓）膨评$_1$（～理）　[335]□（鬆，～粟：秕谷，～讲：谈天儿）　‖[55]叛（～徒）

m　[211]瞒馒（～头）蛮芒$_1$（麦～）盲$_1$（青～：瞎子，～肠）虻（牛～）明$_1$（～年）冥（半～：半夜，前～：昨日，食～：吃晚饭）　[41]蜢（□ts^hia^{55}～：蚱蜢）　[335]□（饭）　[223]漫幔

t　[44]耽担（动词）担$_2$（扁～）丹单胗（后～：脚后跟，手～拳：胳膊肘）　[211]谈痰澹（湿）弹（～琴）　[41]胆疸　[335]担$_1$（担子）旦$_1$（元～）蛋（捣～：捣乱）□（～去：泅）　[223]淡但弹（炸～）郑（姓）

t^h　[44]贪（～便宜：占便宜）坍（□nyø^{211}～：踩塌）滩摊撑（～船，～伞，～席：铺席子）　[211]潭谭坛（酒～）檀　[41]毯　[335]探炭叹撑他孟切（支撑，托腮）

n　[211]南楠男难（形容词）□（～蝉：知了，～□□muoi^{55}ki^{211}：萤火虫）□$_1$（背～地：晒不到太阳的地方）□（～□ka^0：顶住）　[335]旦$_2$（今～：今日）□（～起：起来、起床）　[223]难（避～）

l　[211]蓝篮林$_1$（柴～：树林）兰拦栏□（麦～豆：豌豆）□$_2$（背～地：晒不到太阳的地方）　[41]览揽（拥

抱)榄(橄～)灡(唾液)　[223]滥烂两(～个)　‖[55]□(□ka^{55}～侧睏：侧身而睡)

ts　[44]簪脏(肮～)争$_1$　[211]惭蟾$_1$(～蜍□ku^{41}：蟾蜍)残(～废)　[41]斩盏井　[335]赞　[223]暂錾站(车～)

ts^h　[44]参(～加)掺青$_1$(～菜，～布：黑布；煮得不够熟，～□$k^hyø^{335}$：生的)　[41]惨醒　[335]灿

s　[44]三杉衫(衣裳～：上衣和裤子的统称)山删疝生$_1$(～疥，～卵：下蛋)牲$_1$(头～：畜牲)甥(外～孙：外孙，外～孙女：外孙女，外～，外～女)‖珊(～瑚)□(～胡：满脸的胡子)□(～□$tsieu^{44}$毛：猪鬃)　[211]晴　[41]伞产省(～长)省(～钱)□(被～蜀下：把被子抖一下)□(茶～：茶叶)□(菜～：用芥菜做的咸菜)　[335]散(解～，食～筵饭：吃丧宴)性$_1$(～紧：性急)姓□(鸡～：未下过蛋的小母鸡，羊～：小母羊)　‖[55]煞$_2$(～尾：最后)

k　[44]甘$_1$(～蔗)柑干(天～)肝干(干燥)干(若～)杆(电～柱：电线杆)艰间$_3$(冥～头：晚上，时～)奸(汉～)更(三～)经$_1$(～布：手工织布)‖泔(米～水：洗过米的水)监(～房：监狱①，～督)菅(～笋：

① 也可以说“监牢”[$kaŋ^{44}$ $lɔ^{211}$]。

茭白)□(～□kui44：塞住嗓子) [211]含1(在嘴里含)衔1(鸟～来)寒1(冷) [41]感<u>匴</u>(盖子,鼎～：锅盖;盖上,如,～瓦)敢秆(稻草,麦～：麦秸)赶简柬 [335]鉴(～别)监(太～)干(事～：事情,～部) [223]汗□(禾～：稻子和稻子之间的空间)

k^h [44]堪龛(神～)勘刊坑 [41]舰 [335]嵌<u>磡</u>(塍～：田埂,溪～：堤防)

ŋ [211]癌阎2(姓)颜(～色;姓) [223]岸2雁 ‖ [55]眼(～镜)

x [211]含2(～义)咸(～丰)衔2(军～)寒2(大～)韩 [41]喊 [335]汉 [223]陷

ø [44]庵安鞍肮(～脏) [211]含3(～溪：地名)<u>桁</u>(～条：檩子)□(～年冥：往年) [41]饮1(米汤) [335]暗案晏(晚) [223]馅旱焊(电～) ‖ [55]□(～后：背地里)

iaŋ

p [41]饼 [335]<u>摒</u>(把不需要的脏水等液体倒掉) ‖ [55]□(～鱼：蜥蜴)

p^h [335]片1

m [44]‖茗(～溪：地名) [211]明2(松～)名 [223]岸1(南～：地名)命

t [211]呈程(姓。不送气音)埕(横～：地名) [41]点$_{2}$(～火)鼎$_{1}$(锅) [223]懒定(～下来，一～)

t^{h} [44]听厅汀(长～：地名) [41]铲$_{1}$(～塍磡：铲田埂)□(～头：点头) [335]□(疼) ‖[55]□(鱼～子：鱼产卵)

l [41]领(脰～：脖子，□ka^{55}～：领子)岭(～级：台阶)

ts [44]煎(～药)正(～月) [41]䜣(淡) [335]溅正(戴～，反～；才、刚，副词) [223]净(～食□$maŋ^{335}$：净吃米)

ts^{h} [211]成$_{1}$(做～得：做完了) [41]铲$_{2}$(火～)癣(生～)请 [335]□(箩～：箩的框架) [223]鳝(老～：黄鳝)

s [44]声 [211]情$_{1}$(亲～：亲戚)成$_{2}$(八～，～十个：十来个，～痧：中暑，～功)城$_{1}$(～底：城里)□(～鸡：呼鸡) [335]线

k [44]惊$_{1}$(害怕) [211]行$_{1}$(走) [41]仔(山头～：地名)囝(儿子) [335]镜

k^{h} [44]轻

ŋ [211]岩$_{1}$(～头：石头①)迎$_{1}$(～神)□(焦)②

① 也可以说"岩头母"[$ŋiaŋ^{22}$ $t^{h}au^{211}$ $mɔ^{41}$]。

② 本字有可能是"燃"。

x [44]兄(表～,堂～弟) [41]□(掀)

ø [211]赢营(军队的编制单位;国～) [41]影$_2$(有～:药有疗效) [223]艳焰

uaŋ

p [44]般搬$_1$(～铁枝:抬游行的演戏的台子) [211]搬$_2$(～家)盘(盘子;～钱:路费;遍,动量词)盆 [335]伴(读字)半绊

p^h [44]潘(姓) [335]判

m [211]鳗(～鱼) [41]满

t^h [211]团

l [211]鸾

ts [41]纂

ts^h [335]篡

k [44]甘$_2$(～棠:地名)官(做～:当官)棺观(参～,～音)冠(鸡～)关$_2$(～键,～公)□(桌椅的横条,如,凳骹～;窗门～:窗格)‖冠(～军) [41]管$_2$(～账,～理)馆梗$_1$(菜～) [335]贯灌(强制灌注,～溉)罐惯$_2$(习～) [223]□$_1$(～起:提起来,～水:在水井打水,胳膊弯起来挂着东西;用背驮)

k^h [44]宽(～心:放心;闲)筐 [211]环(门～)狂 [41]款 [223]□$_2$(篮子的提梁,秤～:秤纽,蜀～

葡萄：一串葡萄）

ŋ [211]顽

x [44]欢翻番‖蕃（～藷：白薯） [211]凡桓烦矾繁横 [41]反₂（～对） [335]泛缓（～刑）贩□（工作轻松） [223]範（模～）犯患

ø [44]弯湾（～中：山坳） [211]玩（开～笑） [41]皖碗挽阮（姓） [223]换（～衣裳）万（十～） ‖[55]□（～□ŋieʔ^{5}：顽皮）

εŋ

p [44]斑（～面：麻脸）崩₂（坍塌） [211]爿（外～：外面）朋 [41]板（木板）版反₁（翻动）□（～毛：卷发，～得：脚扭伤） [223]办 ‖[55]片₂（骹～条：裹脚布。不送气音）

pʰ [44]□（～□maŋ^{335}：拨饭，鸡～食：鸡用爪子掘地）

m [211]眠（读字） [41]猛 [223]慢

t [44]□（～农：触着凸起的东西觉得不舒服） [211]填□（猜） [41]点₁（几～）典 [335]店 [223]簟殿奠佃垫模（紧）□（□tu^{44}～：蜥蜴） ‖[55]带₂（咸～鱼）

tʰ [44]蛏 [211]沉

n [44]□（趼子） [211]□（□tu^{22}～：橡皮） [335]

□(骹～起：踮脚)□(乳房,乳汁) [223]念(～经,纪～)

l [41]□(□pɛ[55]～：翻动。“反₁”的分音词) [223]□(赶,～鸭：赶鸭)

ts [44]针臻筝(风～。读字) [211]□(茶油树) [41]剪 [335]荐₁(用稻草编起来的床垫) [223]□(门～：门坎儿) ‖[55]指₁(～头团：指头,骹～甲：脚趾甲)

tsʰ [44]千呻(呻吟) [211]□(田。本书里写作“塍”) [41]筅(□kua[55]～：筅帚)

s [44]森参(人～)先₁(副词) [211]前₁ [41]瘤(～肉：瘦肉)

k [211]鹹悬₁(高) [41]减拣(挑选) [223]县 ‖[55]惯₁(～骨：习惯)

kʰ [44]牵 [41]犬(狗)

x [211]还(动词) [41]很 ‖[55]苋(～菜)□(～心：勤快)

ø [44]阴₁(～天)□(～□maŋ[335]：上一顿剩下的饭) [211]闲

ieŋ

p [44]鞭编篇边‖辫(～团：辫子) [41]贬扁(形容

词)匾 [335]变□(□$mɔ^{211}$～：非常) [223]辨辩便(方～)

p^h [44]偏 [335]骗片₃(铜～：铜板,一种硬币,竹～)

m [211]绵棉 [41]免勉娩缅 [223]麵

t [44]颠癫(～农：疯子,～犬：疯狗)□(甜) [211]缠(～骹：缠足,～线：绕线)田(象,棋子之一)□(～瓜：丝瓜) [41]展 [335]□(～菜：撒菜籽) [223]电甸(缅～) ‖[55]点₄(～心)

t^h [44]添天(天空) [335]□(～衣裳：缝衣服)

n [44]拈 [211]儿(～婿：女婿,囝～：子女)黏鲶(～鱼)年 [41]染 [223]□(绞,～鼻：擤鼻涕)

l [211]廉臁(骹～杠：胫骨)帘连联怜(可～)莲(～花,～子)□(畦) [41]□(～下来：滚下来) [223]练炼楝(苦～)链(项～)

ts [44]尖櫼(楔子)詹□(挤) [211]蟾₃(～溪：地名。又读)钱蝉(□$naŋ^{22}$～：知了)前₂(～途)□(□$tsia^{55}$～菜：蒲公英) [41]践(实～)□(追,撵)□(人不成熟,经历和经验不够) [335]占(～领)战箭荐₂(～戍：屋斜使正;推～) [223]贱(下～)

ts^h [44]签(～字)签(抽～)迁鲜₁(新鲜) [211]寻₁(庹) [41]浅

s [44]仙鲜₂(～艳)膻(臭～：腥)扇式连切(米～：扇

车)先$_3$(～进) [211]蟾$_2$(～溪：地名)盐(名词)檐(成～：屋檐) [41]鲜(朝～) [335]盐以赡切(腌制)扇(扇子) [223]善膳 ‖[55]陕(～西)

k [44]碱兼间$_1$(屎楻～：厕所)肩坚 [211]乾(～隆)舷(桌～：桌边,～头：旁边,暗～兜：傍晚) [41]检 [335]剑毽见

k^h [44]谦铅(～锅：钢精锅) [211]钳擒□(□$t^h ie^{55}$～裤：开裆裤) [335]欠歉

ŋ [211]岩$_2$(～头：岩石)严(～格;姓) [41]碾(～断：压断)研(～药) [335]瘾 [223]验

x [211]嫌贤 [41]险显 [223]现

ø [44]烟(读字)胭(～脂)姻 [211]然(不～)燃延筵 [41]靥(螺蛳头上的圆盖)魇(～去：魇住了)演 [335]厌砚(～瓦：砚台)燕(～囝：燕子)宴 [223]炎(发～)

ɔŋ

p [44]帮(～农：帮人;替,介词;做～：合伙)邦 [211]傍□(□$piŋ^{22}$～：蝙蝠) [41]榜绑 [335]谤

p^h [335]□(凸) [223]碰(～着：遇见,～电：触电)磅(八～锤：修路用的大锤子)

m　[44]网$_3$(蜘蛛～：较小的蜘蛛网)□(□sa^{55}～：当柴火用的蕨)　[211]忙芒$_3$(～种)茫亡盲$_2$(文～)氓(流～)　[41]莽网$_2$(蜘蛛～：较大的蜘蛛网)□$_2$(～行～远：越走越远)　[223]望$_1$(希望)　‖[55]膀(肩～头：肩膀,指离脖子较近的部位)

t　[44]端(～正)敦当(相～;～归)庄$_1$(村～)桩中$_1$(□tuŋ^{55}～：中间,街～：街上,洋～：山区的平原,月～：月半)垱(冈坪～：地名)　[211]豚$_2$(裤～：短裤)堂棠唐塘长$_1$(形容词)肠□(～鱼：鳖)□(发□ti^{44}～疾：癫痫)　[41]墩$_1$(桥～,肉～：菜墩子)党挡涨(水～起)□(交配,专指兔子)　[335]顿当(～店;妥～)□(～蜀踏：跺脚)　[223]断(拗～)锻段(蜀～;姓)缎墩$_2$(后～：地名)丈$_1$(长度单位)撞

t^h　[44]吞汤　[211]豚$_1$(猪～：半大小的猪,鸡～：还不会叫的小公鸡,鸭～：半大小的鸭子)尘$_1$(扫～：掸尘)糖　[41]□(～蚊虫：熏蚊子)　[335]褪(脱)□(～团：刨刀,单手～：礤床)

n　[211]囊狼$_2$(鼠～：黄鼠狼)瓤□(捻)　[41]暖
[223]嫩(跟"老"相对)酿(～酒)

l　[211]臀(□kɔ^{22}～：屁股)郎$_1$(新～)廊狼$_1$莨(～萁：当柴火用的蕨)榔(槟～芋：一种芋头,较大)

［41］朗 ［335］眼（晾，动词）□（～凉：乘凉，～清：乘凉） ［223］卵（蛋）乱（～来）论浪

ts ［44］尊遵赃庄$_2$（姓）装妆（～身：打扮）□（～□maŋ^{335}：做饭）□（这～农：这些人） ［211］存床$_2$（吹～：蒸笼） ［335］钻（钻孔用的工具）葬壮（牢固） ［223］藏（西～）臓状（～元，告～） ‖［55］做$_4$（～艺农：匠人）□（～命：拼命）

ts^h ［44］餐（快～）川$_2$（四～）村仓苍（～南：地名）舱疮（生～）窗$_2$（～帘） ［211］床$_1$（床铺） ［335］串寸闯创

s ［44］酸孙（孙子；姓）桑丧（婚～喜庆）霜 ［211］□（～孙：孙子的儿子。读作［sɔŋ^{211} sɔŋ^{335}］） ［41］损磉（～石） ［335］算蒜涮（～碗，～喙：漱口） ‖［55］丧（～失）爽（～快：舒服、愉快）

k ［44］根$_2$（～据）纲缸江$_1$（姓；浙～）扛（～轿：抬轿）豇 ［211］□（火笼～：螳螂） ［41］讲 ［335］冈岗（山～顶：山顶）钢杠（门～：门闩，骹臁～杠：胫骨，鼻头～：鼻梁，蜀～轿：一顶轿子）降（～神：跳神，霜～）□（□t^{h}iŋ^{55}～：一起；□t^{h}iŋ^{55}～□tiŋ^{223}：朋友） ‖［55］江$_2$（～根：地名。读作［kɔŋ^{55} tau^{44}］）①

① 单字调当为上声或阴去。

k^h [44]昆(～明)崑坤康糠 [41]恳垦□(□kau^{211}～：蚯蚓) [335]抗囥(放)矿 ‖[55]慷(～慨)□(～嗽：咳嗽)

ŋ [211]昂$_2$(读字) [335]昂$_1$(头～起：抬头) [223]□(傻)

x [44]熏(～火：烘火)薰$_1$(食～：抽烟) [211]痕行$_2$(油～：油坊)航杭妨防纺降(投～)□(～疑：怀疑) [223]限项(羊～：羊的脖子,牛脰～：牛背上像驼峰那样的部位;姓)

ø [44]恩秧 [211]浑(浊)行$_1$(蜀～字) [41]影$_1$(影子) [335]映(看,如,～书;看守;～牛：放牛,～羊：放羊)

iɔŋ

t [44]张$_2$(姓)中$_2$(椅～：椅子上) [211]传(动词)长$_2$(～乐：地名)场丈$_2$(～农：岳父,～母：岳母)□(□muʔ^5～：不知道) [41]转(～身：翻身)长(～辈,县～) [335]仗(拍～：打仗)帐账胀(腹肚～农：不消化) [223]篆传(自～)丈$_3$(姑～：姑夫,姊～：姐夫)长直亮切(剩) ‖[55]□(□suŋ^{223}反～爿得：穿反)

t^h [44]张$_1$(量词) [211]椽 [223]杖$_1$(戳～：拐杖)

n [211]娘₁ [41]软 [335]让

l [211]良凉量(～布)梁粱 [41]两(几～) [223]恋亮谅量(大～：慷慨)

ts [44]专砖将(～来)浆(豆～)章樟漳峰₂(甲～：地名) [211]全(～年：整年，～工：整天)泉 [41]蒋奖桨掌(手～) [335]酱将(棋子之一)障(白日～：白内障)瘴(发～：发生瘟疫)

ts^h [44]穿(～针)川₁(四～)伸(～得：伸懒腰)枪昌菖(～蒲)‖橡(～皮) [211]墙 [41]抢厂 [335]畅唱倡 [223]象像绱(～鞋)

s [44]宣相(～信)箱厢湘襄商伤□(这～：这些，许～：那些) [211]缘₁(老蛇～去：蛇爬行)详祥常尝裳偿 [41]选想鲞赏 [335]相(映～：看相，照～；宰～) [223]旋(发旋)上(动词)痒尚(和～)上(～爿：上头)

k [44]捐鹃绢疆僵薑(～母：生姜)姜(姓) [211]权强(形容词) [335]建健(～康)眷卷(考～)券(国库～) [223]件键

k^h [44]圈羌匡眶腔 [41]强(勉～)

ŋ [211]言缘₂(有～)元(～宵，状～)原源 [223]愿

x [44]香乡 [211]弦(读字)玄(～孙：孙子的孙子)悬₂(～空) [41]享响 [335]宪献楦(鞋～)向(大

门～东开）

Ø [44]冤渊央殃□（豆～：豆腐乳） [211]圆$_1$（形容词）员袁（～世凯）园$_2$（公～）援羊洋（大平原）烊杨（姓；～梅）阳扬疡荣$_2$（柘～：地名。旧时写作"柘洋"） [41]仰（信～）养 [335]怨 [223]院$_1$（医～）样 ‖[55]远$_2$（望～镜）

uoŋ

p [44]分$_1$（～开）‖□（～热食：趁热吃） [41]本（折～：亏本；蜀～书） [223]范（姓）饭（食～：吃早饭）

m [211]门蚊（～虫：蚊子）□（～槌：棒槌）

k [44]关$_1$（～门）光 [41]管$_1$（火～：吹火用的器具，手～：袖子，毛～空：汗毛孔）捲（～起）广 [335]桊（～牛鼻头：穿牛鼻）

k^h [41]圹（生～：生前所修的坟墓）□（毛～：汗毛） [335]劝旷（～课）

x [44]婚昏（读字）荒慌方（～便；姓）肪芳 [211]园$_1$（菜～）魂黄$_2$（姓）皇$_2$（～后）凰楻（大木桶） [41]晃仿访 [335]放$_2$（解～）况 [223]远$_1$（～近，长～：长久）

Ø [44]瘟汪（姓） [211]完丸（药～）圆$_2$（宝～：龙眼）黄$_1$（颜色）皇$_1$（～天：老天爷，～头：帅，棋子之

一，～帝）隍（城～庙）王□（头～：头晕）□（～洋毛：绕毛线） [41]枉往 [223]望$_2$（希～）旺（茂盛）

œŋ

p [44]奔 [211]鹏

m [211]盟 [41]孟（姓）

t [44]登灯澄（读字）东$_1$（～爿：东边）冬 [211]腾誊铜桐（～山：福鼎的旧称）筒童$_1$（霍～：地名） [335]邓（姓）冻 [223]动$_1$（莫□tiŋ^{44}～：别动，地牛转～：地震）桶徒揔切（饭～：甑子，饭～窠：太阳穴）洞重$_1$（形容词） ‖[55]点$_3$（～心）戥（～秤）

t^h [44]通$_1$（～气：使空气流通） [211]桐（～籽，～油，～籽树：桐树）童$_2$（～洋：地名）虫 [41]桶（潘水～：泔水桶，尿～：便桶，面～：脸盆，马～）□（推）

n [211]能农$_1$（人） [41]□（～后：什么时候） [51]□（谁。"乇农"的合音）

l [44]窿（□lɔi^{44}窟～：钻孔）‖□（～□tœʔ^2：捣乱） [211]笼聋（～耳）砻咙（喉～）垅（两山之间低洼的地方，如，蜀～塍：两山之间的田）垄（竹管～：地名） [223]弄（动词）弄（胡同） ‖[55]翁$_3$（～山：地名）□（戍～角：防火墙的头）

ts [44]曾（姓）增憎僧（唐～）赠争$_2$（斗～）棕 [211]

曾(～经)层橙 [335]粽

ts^h [44]葱

s [44]生₂(～活)牲₂(牺～)笙 [41]挖(推) [335]送₁(～礼)

k [44]跟庚羹(调～)工₁(蜀～：一天,半～：半天,有～：有空,无～：忙)蚣(蜈～)供₁(～郎爸娘奶：供养父母) [41]港梗₂(桔～)耿□(水～：水笕) [335]更(副词) [223]共₁(一样)

k^h [44]空₁(悬～；～手；□$lɔi^{44}$～：钻孔,鼻头～：鼻孔)□(搦青冥～：捉迷藏) ‖[55]肯₂(～定)

ŋ [223]硬

x [44]亨 [211]恒行₂(～贿)衡宏雄₁(鸭～：公鸭)□(扔) [41]恨 [335]巷(胡同)杏 [223]行(品～)幸□(虹)

ø [44]翁₁(～婆：夫妻,太～：曾祖父) [211]红 [335]瓮(炭～)□(～水：浇水)

iʔ

p [5]笔滗(去滓)毕必弼逼煏(～油：熬油时用力压油)碧璧□(～裂：开裂) [2]□(～农：气味熏人)

p^h [5]匹(蜀～布)僻(偏～)

m [2]泌(分～)蜜目₁(～珠：眼睛)

t [5]得$_3$(助词,如,缚～樸：绑得紧。常读作[liʔ^5])的(目～)滴(～水)嫡□$_2$(相当于“掉”的补语。又读。本书里写作“得”) [2]侄(读字)直值$_2$(～班)殖植逐力切敌狄□(特～：故意)□(趟,如,蜀～)

t^h [5]踢 [2]值$_1$(～钱)

n [5]式$_2$(□tsuŋ^{335}～讲：这么说,□siŋ^{55}～：怎么)□(～团：一点儿,～～：一点儿) [2]笠(～斗：斗笠)蛰(惊～)入(～被：往被套里装棉絮)日(～头：太阳)

l [5]□$_1$(相当于“掉”的补语,如,拭～：擦掉。本书里写作“得”)□(跳,单骹～：单脚跳)□(□p^hi^{55}～柴：榕树) [2]立(～夏)栗$_2$(水～：荸荠)力(有～：有力气)痧

ts [5]执质即鲫(～鱼)织职积绩□(呵□ku^{55}～：胳肢) [2]辑集习疾$_2$(发□□ti^{44} tɔŋ^{211}～：癫痫)寂(～冰去：安静)

ts^h [5]七漆拭(擦)戚

s [5]湿(风～膏：膏药)屑(发～：头垢)悉(熟～)蟋(～蟀)失室息(放～：放债)熄穑(做～：干活儿)食$_3$(月～)识式$_1$(□suŋ^{55}～：怎么)饰惜$_2$(可～)昔适释锡析□$_2$(～团：一点儿。本书里写作“蜀”)□(～外来：渗出来) [2]疾$_1$(发□□ti^{44} tɔŋ^{211}～：癫痫)实食$_2$(扁～：馄饨)席(主～)□$_1$(一。本书

里写作“蜀”）□（作①～：中老人健康）

k [5]急级$_1$（岭～：台阶）桔（～梗）橘（橘子）吉击激 [2]及（～格）极

k^h [5]乞$_2$（给；被）吃（～亏：难受、家里穷） [2]□（摇～□$k^hɔʔ^2$：桌子等不稳）

ŋ [5]级$_2$（无产阶～）

x [5]吸（～鼻：吸流鼻涕）熻（～□$maŋ^{335}$：焖饭）

ø [5]揖（作～）乙一益□（刺，动词） [2]肄（～业）逸亦译易（～经）役（兵～）

uʔ

p [5]發$_2$（～瘴：发生瘟疫，～□□$ti^{44}\ tɔŋ^{211}$疾：癫痫）不$_1$（～然）腹（～肚：肚子） [2]卜（萝～）匐（趴）

p^h [5]卜（～卦）撲

m [5]□（～□$tiɔŋ^{211}$：不知道） [2]没（～收）木（～虱：臭虫，做～师父：木匠）目$_2$（～珠：眼睛，～珠汁：眼泪，～的）穆（～阳：地名）牧

t [5]督笃竹筑（～墙） [2]着$_2$（在，如，～家）独毒逐$_2$（追赶，解～得着：赶得上）轴（车轮～）

t^h [5]突戳$_1$（～杖：拐杖）

① 此字有可能是“做”。

n [2]肉

l [5]□(～水：涉水)□(□ku^{55}～：打嗝儿) [2]鹿陆录

ts [5]祝粥叔(阿～：叔叔)足 [2]族(～长)

ts^h [5]促

s [5]速肃(甘～)宿(～舍)缩$_1$(～水)淑束熟$_1$(水果成熟) [2]熟$_2$(□maŋ^{335}～：饭熟，煮～；～悉)塾俗赎(～到来：赎回来，～魂：为受惊吓的小孩招魂)蜀(大～：地名)属

k [5]榖(～雨)谷(姓) [2]掘衢物切(挖，～笋，～塍：锄田)

k^h [5]酷□(手管～起：卷袖子)

x [5]福幅複(～杂)复(～习)□(～涂：培土) [2]佛服伏(埋～)袱(包～)

Ø [5]熨纡物切(～斗)握 [2]物

yʔ

t^h [5]□(蘸)□(堵塞；藏放)

l [2]律率(比～)

ts [5]卒(棋子之一)欶(吮吸)

ts^h [5]出□(蜀～：一下子，蜀～风：一阵风，蜀～蜀～雨：阵雨)□(乌～□yʔ^{0}：非常黑，暗～□yʔ^{0}：非

常暗。连读调特殊）

s　[5]戌　[2]术（白～）術述续（继～）

k　[5]菊鞠□（～针：别针）

k^h　[5]乞$_1$（～食：乞丐）屈（委～）麯曲$_2$（歌～；～阜）

ŋ　[2]玉（～镯）

x　[5]蓄畜（～牧）旭

ø　[5]郁　[2]恤（抚～金）域育辱褥（～团：褥子）浴
[0]□（乌□$ts^hyʔ^5$～：非常黑，暗□$ts^hyʔ^5$～：非常暗）

aʔ

p　[5]伯（阿～：伯伯）　[2]白□（鲤鱼□□$pɛ^{55}$ $lɛŋ^{55}$～：翻绳变花样）

m　[2]麦脉（捏～：号脉；手～：手腕）

t　[5]答搭褡（背～）□（两齿～：一种锄头）　[2]踏达

t^h　[5]塔塌（坍塌）忒（太）□（笔～：笔帽）　[2]宅（成～：住宅，官～：地名）

n　[2]纳衲（～团：尿布）搦（抓）

l　[5]瘌（～头：秃头）□（～街：逛街）□（□$k^haʔ^5$～：收拾，兼指"做道场"）　[2]拉（～开）腊（～肉）蜡猎（拍～：打猎）粒（量词，蜀～珠：一颗珠，蜀～豆腐：一块豆腐，蜀～板：一块木板）捋□（～□$puoi^{223}$：

放屁虫)

ts [5]扎(～实)紮(帮手管～起：把袖子往上卷) [2]杂闸铡

ts^h [5]插擦(读字)察□(理睬,管)□(～袋：裤子的口袋)

s [5]萨(菩～)杀煞$_1$(雨～了：雨停了) [2]煠(水煮)□(蟑螂)

k [5]珓(～杯：一种问卜用的东西)合 1 古沓切(～起：合起来)蛤鸽(白～：鸽子)夹$_3$(簟～：簟两头的竹竿)裌(～袄)甲(萝卜～：萝卜缨;天干之一)胛割葛(～藤)格$_1$(～子,及～)隔$_2$(～间)□(喙～：鸟的嘴) [2]□(在,介词,如,～城底工作：在城里工作)□(仓～：粮柜)

k^h [5]渴□(拾,捡,～日子：择日,～钱：积攒钱)□(～□laʔ^5：收拾,兼指"做道场") [2]□(～乞汝：给你)

x [5]喝(～糜粥：大口地喝稀饭)□(病～声：嗓子哑) [2]合(～作,～骹：鞋合适)盒(骨灰～)辖(管～)

Ø [5]鸭押压$_2$□(～鹊：喜鹊)□(～□□ka^{44} lai^{44}：一种类似高粱的杂粮) [2]□(作揖)

iaʔ

p^h [2]□(蜀～草：一丛草)

m [5]□(赤骹～：赤脚)

t [2]籴

t^h [5]獭拆$_1$

n [5]□(白酒～：江米酒)

l [5]□(柴～：木屐，鞋～：拖鞋) [2]辣曆(日～)
<u>攊</u>(在锅里用的一种箅子)

ts [2]籍(户～)

ts^h [5]鹊(□a$ʔ^5$～：喜鹊) [2]勺(～囝：汤勺，尿～)
□(踩)

s [2]食$_1$(吃)翼$_1$(鱼～：鱼鳃)

k [5]夹$_1$(动词) [2]夹$_2$(头发～；～胳□l$ɔʔ^5$下：夹在腋下)峡$_2$(三～)<u>搹</u>(用肩扛)

k^h [5]缺$_1$(塍～：田埂上通水的口子)□(～板：快板)
[2]峡$_1$(指头囝～：指缝，门～：门缝)

ŋ [5]镊(～囝：镊子；用筷子夹)□(目珠～～：眨巴) [2]额(～头门：额头)

x [5]胁(威～) [2]页□(～农：气味熏人)

Ø [2]疫(鼠～)□(招手；扇，动词；飞～：蝴蝶)

uaʔ

p [5]钵拨□(～豆：刀豆) [2]钹<u>跋</u>(～倒：摔倒)

p^h [5]泼

m [5]抹 [2]末袜(鞋～：袜子)

k [5]括刮□(青～：青蛙)

k^h [5]阔$_1$(宽)

x [5]法(无～：没办法)發$_3$(～财)□(骂) [2]乏活$_2$(繪～：笨)罚□(跨)

ø [2]活$_1$(～个：活的,繪～：笨,生～)划(计～;笔～)<u>画</u>胡麦切(动词)

ɛʔ

p [5]八北 [2]拔别$_1$(～农：别人,～个乇：别的东西,～个□ieʔ^2：别的地方)

p^h [2]或惑获

m [2]密(跟"疏"相对)墨默

t^h [5]帖(请～;蜀～药：一剂药)贴

n [5]□(凹;酒～：酒窝) [2]捏

l [5]□(舔) [2]裂

ts [5]汁(目珠～：眼泪)节(蜀～甘蔗,手～：指关节;冬～：冬至,过～：过端午节) [2]截$_2$(用锯子切成两段,～断)

ts^h [2]贼

s [5]涩虱(～母：虱子)塞(堵塞)□(菜肴;菜～□maŋ^{335}：用菜下饭) [2]十截$_1$(切,如,～肉)

k　[5]洁₁(□t^ha^{55}～：干净)鏍(柴～：柴刀，禾～：镰刀)□(目珠～起：闭眼)

k^h　[5]掐

x　[5]血

ø　[5]压₁(揿，摁)　[2]狭(窄)

ieʔ

p　[2]别₂(特～)

p^h　[5]潎撇

m　[2]灭篾

t　[5]跌(～鼓：倒霉)哲(～学)得₂(～农□nu^{41}：讨厌)　[2]碟牒蝶谍秩(～序)

t^h　[5]铁　[2]叠

n　[5]聂(姓)摄(～影)孽

l　[2]荔(～枝)列烈栗₁(～子)歷(～史)

ts　[5]接折(折叠，如，～被)浙疖　[2]舌(喙～：舌头)

ts^h　[5]妾彻切(一～)　[2]𧍯(梭子蟹，是一种海里的螃蟹)

s　[5]闪(雷～：闪电)薛设　[2]涉(干～)折(～本：亏本)

k　[5]荚(豆～)劫(拍～贼：强盗)结洁₂　[2]挟胡颊切(～尿：把尿，～屎：把屎)杰

k^h [5]缺₂(～喙：豁嘴)

ŋ [5]□(□uaŋ[55]～：顽皮) [2]业

x [5]□(～骨：肋骨①) [2]协穴(～道，山头～：乡下)

ø [2]叶(姓)热院₂(～洋：地名)翼₂(～□p^hɛ[41]：翅膀)□(地方，山头～：乡下)②

ɔʔ

p [5]博(换；～士)驳 [2]勃渤薄(形容词)箔(锡～)帛

p^h [5]樸

m [5]沫(泡～)膜(竹～)幕□(真～：非常，如，真～重) [2]莫(别，不要)寞

t [5]掇(端，动词)卓啄(～柴鸟：啄木鸟)琢□(剁) [2]夺

t^h [5]脱₂(解～)託托□(烫)□₁(肥～□t^hɔʔ[2]：胖乎乎) [2]脱₁(～臼)□(拖拉)□(剁尾～：最小的孩子)□₂(肥□t^hɔʔ[5]～：胖乎乎)

n [2]诺

l [5]□(～起：套上；蜀～：一套；信～：信封)□(胳～下：腋下) [2]落₂(～后，日头～山)洛络酪乐

① 也可以说“六条骨”[lœʔ[4] tɛu[211] kɔʔ[5]]。
② 这个字有可能是“穴”。

(长～：地名)□(蜀～：一会儿，□tsuŋ^{335}～：现在)

ts [5]作(～恶，工～)

tsʰ [5]撮戳$_2$(刺，捅)

s [5]刷(刷子；～衣裳)蟀(蟋～)缩$_2$□(～蜀巴掌：打一巴掌)□(□lɔ^{55}～：垃圾)□(鸡～斗：鸡槽) [2]镯□(衣服紧，～死：勒死)□(～边：缲边)

k [5]骨(～头)各(～乇：别的东西)阁搁郭廓觉(～悟) [2]滑(形容词)猾(狡～)

kʰ [5]阔$_2$(～丘：地名)窟$_1$(水～：水洼，墓～：墓穴，心肝～：胸口)确搉(～门：敲门)曲$_3$(武～：地名) [2]□(圆目～：圆圆的眼睛)□(摇□kʰiʔ^2～：桌子等不稳)

ŋ [2]粤嶽岳(～飞)乐(～队)狱(监～。书面语)□(发愣)

x [2]核户骨切(桃囝～：桃核)鹤学$_2$(～堂：学校)核(～对)

ø [5]恶(～霸，作～) [2]学$_1$(～讲话：学说话，～样：模仿)

uoʔ

p [5]髮(头～)發$_1$(～芽，～泡：起泡) [2]缚(系，拴，捆)

p^h [2]雹(龙～：冰雹)曝(晒；旱)□(泡沫；犁～：土块，专指耕田后的)

k [5]蕨(蕨的嫩芽)国

k^h [5]扩(～大)

œʔ

p^h [5]迫

t [5]得$_1$(～罪)德□(～农：牛角撞人，～着：遇见) [2]特(～别)逐$_1$(～个：个个，～工：每天)□(□lœŋ^{44}～：捣乱)

t^h [5]□(剔，牙～：牙签) [2]读

l [5]落$_1$(掉落，丢，鞋带～得：鞋带散了)簏(盒子，洋火～：火柴盒，桌～：抽屉，～团：装童尸的棺材) [2]骆(～驼)六

ts [5]则侧$_1$(□□ka^{55} laŋ^{55}～睏：侧身而睡)责 [2]泽

ts^h [5]撤侧$_2$测拆$_2$策 [2]凿昨木切

s [5]色

k [5]角$_1$(鸡～：公鸡，羊～：公羊；桌～；四～：方形；蜀～钱)格$_2$(严～)革

k^h [5]壳刻克剋□(～得：丢弃)

ŋ [2]逆

x　[5]黑(～板)赫　[2]□(疲劳)□(～气：揣气)

ø　[2]哕

yøʔ

t　[2]着₁(□lɔ²²³～：找着，映～：看见；算～：算对；火～起了：着火了；去～蜀套：去过一次)

n　[2]箬(叶子)虐疟

l　[2]略绿

ts　[5]酌　[2]绝(～种：一种骂人话，～对)

tsʰ　[5]啜(～糜粥：啜稀饭)雀(拍麻～：打麻将)芍(白～)　[2]蓆

s　[5]雪说(小～)　[2]趉(野猫等动物向前方跳、窜)石(鹅卵～，磉～，磁～：磁铁，～榴)

k　[5]揭(阉)决诀脚(～踏车：自行车)□(臁手～：左撇子)　[2]局(～长)

kʰ　[5]怯缺₃(～点)却　[2]剧(闽～)

ŋ　[2]月(月亮；二～)弱

x　[5]歇(休息)

ø　[5]阅约跃　[2]越(～南)药若₃(～干)

ŋ

ø　[223]□(不。本书里写作"唔")

2.1.2 福安方音

2.1.2.1 声韵调

2.1.2.1.1 声母

声母 19 个，包括零声母在内。

p 帮盘簿步白缚	p^h 派鼻纺	m 门网	
t 刀同道大夺肠	t^h 太虫	n 脑年染	l 来
ts 早曹争$_1$	ts^h 仓插床$_1$		θ 消烧三生坐船
tʃ 增酒真书	tʃ^h 凑秋贼昌树$_1$		
k 加基锯汗$_1$	k^h 坑欠臼齿$_1$	ŋ 硬义	h 好贺虎府园休汗$_2$现
ø 爱因温鞋	j 腰约人夜	w 文换瓦位怨芋袜	

说明：

（1）单说时[m n ŋ]的实际音值是[mb nd ŋg]或[b d g]。在紧接着前一个字时，则一般读为[m n ŋ]。比如"茶米茶叶"[ta$^{221-22}$ mi^{42}]里"米"的声母一般读作[m]，不读作[mb]或[b]。

（2）[ts ts^h]声母和[tʃ tʃ^h]声母构成互补，前者出现于[a ɔ]之前，后者则出现于其他元音的前面。有时在[a ɔ]的前面也出现[tʃ tʃ^h]声母。比如"井"[tsaŋ^{42}]有时还读作[tʃaŋ^{42}]，"床"[ts^{h}ɔuŋ^{221}]有时还读作[tʃ^{h}ɔuŋ^{221}]。不过这种读法不涉及音位的区别。

(3) [tʃ^{h}]声母的塞音成分较弱,常读作[ʃ^{h}]。比如“手”[tʃ^{h}iu^{42}]常读作[ʃ^{h}iu^{42}],“席”[tʃ^{h}iʔ^{2}]常读作[ʃ^{h}iʔ^{2}],“七”[tʃ^{h}eiʔ^{5}]常读作[ʃ^{h}eiʔ^{5}],“婥好”[tʃ^{h}øoʔ^{5}]常读作[ʃ^{h}øoʔ^{5}]。

(4) [h]声母逢细音时读作[ç],有时读得接近[ɕ]。逢洪音时陈祥谦常读作[χ]。

(5) 单独念时,零声母的实际音值为较为明显的[ʔ]。在紧接着前一个字时,一般不出现这种喉塞音,而以元音开头。

(6) [j]声母在[u ɵ ø]的前面读作[ɥ]。

(7) 在[i]的前面,零声母和[j]声母会构成对立。例如：椅 i^{42}(实际音值为[ʔi^{42}])≠与 ji^{42} | 引 iŋ^{42}(实际音值为[ʔiŋ^{42}])≠忍 jiŋ^{42} | 热 iʔ^{2}(实际音值为[ʔiʔ^{2}])≠药 jiʔ^{2}。但这种对立很少见。

(8) 在[u]的前面,零声母和[w]声母不对立。

(9) 在连续的语流中,后字的声母(除[m n ŋ]以外)往往受到前字韵母的影响而发生有规律的变化,即“声母类化”。在此简单描写大概的情况：

(a) [p p^{h}]声母

(a-1) [p p^{h}]声母在阴声韵的后面变为[β]。例如：手表 tʃ^{h}iu$^{42-35}$ piu-βiu$^{42-53}$ | 挂瓶点滴 ko$^{335-55}$ peiŋ-βeiŋ^{221} | 遗腹遗腹子 mi$^{221-22}$ poʔ-βoʔ^{5} | 土匪 t^{h}u$^{42-35}$ p^{h}i-βi$^{42-53}$ | 鱼泡鱼鳔 ŋɵi-ŋi$^{221-22}$ p^{h}au-βau^{223} | 牛鼻牛鼻桊 ŋou-ŋu$^{221-22}$ p^{h}ei-βei^{335}。在入声韵的后面也有变为[β]的例子：这□这朵 tʃeiʔ^{5} pu-βu^{221} |

许本那本 heiʔ^{5} puŋ-ßuŋ^{42}。[β]有时读得接近[w]。比如"外爿外边"[ŋe^{223} pɛiŋ-ßɛiŋ$^{221-0}$]常读得接近[ŋe^{223} pɛiŋ-wɛiŋ$^{221-0}$]。有时就是[w]。比如"头发"[tʰau-tʰa$^{221-22}$ puʔ-wuʔ^{5}]。

（a－2）在阳声韵的后面变为[m]。例如：平平一样 paŋ$^{221-22}$ paŋ-maŋ^{221}｜算盘 θɔuŋ$^{335-55}$ puaŋ-muaŋ^{221}｜金匏南瓜 keiŋ-kiŋ$^{443-34}$ pou-mou$^{221-443}$｜龙雹冰雹 louŋ-luŋ$^{221-22}$ pʰɔʔ-mɔʔ^{2}。

（b）[t tʰ θ]声母

（b－1）在阴声韵的后面变为[l]。例如：鞋带 ɛ$^{221-22}$ tai-lai^{335}｜腐箬豆腐皮 hou-hu$^{223-44}$ tɵi-lɵi^{223}｜泅潭游泳 θeu$^{221-22}$ tʰaŋ-laŋ^{221}｜□桶马桶 ŋe^{-34} tʰɵŋ-lɵŋ$^{42-443}$｜家属 ka$^{443-35}$ θoʔ-loʔ$^{2-54}$｜扒痒抓痒 pa$^{221-22}$ θøoŋ-løoŋ^{223}｜头牲家畜 tʰau$^{221-22}$ θaŋ-laŋ^{443}。在入声韵的后面也有变为[l]的例子：一直 eiʔ-iʔ^{5} teiʔ^{2}～eiʔ-iʔ^{5} teiʔ-leiʔ^{2}｜葛藤 kaʔ^{5} teiŋ^{221}～kaʔ^{5} teiŋ-leiŋ^{221}｜学堂学校 hɔʔ$^{2-4}$ tɔuŋ-lɔuŋ^{221}｜铁锤 tʰiʔ^{5} tʰɵi-lɵi^{221}｜拍算打算 pʰaʔ^{5} θɔuŋ-lɔuŋ^{335}｜乞食乞丐 kʰɵʔ-kʰiʔ^{5} θeiʔ-leiʔ^{2}。还有少数变为零声母或[j w]的例子。例如：日头太阳 neiʔ-niʔ$^{2-4}$ tʰau-au^{221}｜灶前厨房 tsau$^{335-55}$ θɛiŋ-ɛiŋ^{221}｜老蛇 lau$^{223-44}$ θe-e^{221}；衣裳 ei-i$^{443-34}$ θøoŋ-jøoŋ$^{221-443}$；楼梯房子里的楼梯 lau$^{221-22}$ tʰai-wai^{443}。

（b－2）在阳声韵的后面变为[n]。例如：上堂上课 θøoŋ$^{223-44}$ tɔuŋ-nɔuŋ^{221}｜门□门坎儿 muŋ$^{221-22}$ tɛiŋ-nɛiŋ^{223}｜定帖定婚 tiɐŋ$^{223-44}$ tʰɛʔ-nɛʔ^{5}｜放心 pouŋ-puŋ$^{335-55}$ θeiŋ-neiŋ^{335}｜外甥外甥、外孙 ŋe$^{223-44}$ θaŋ-laŋ^{443}｜钱息利息 tʃiŋ$^{221-22}$ θeiʔ-neiʔ^{5}｜

捲身旧式内衣 kuŋ$^{42-55}$θeiŋ-neiŋ^{443}。还有[θ]声母变为[ŋ]声母的少数例子。例如：饭匙饭勺 puŋ$^{223-44}$θi-ŋi^{221}｜点心 teiŋ-tiŋ$^{42-55}$θeiŋ-ŋeiŋ^{443}｜先生 θiŋ$^{443-34}$θaŋ-ŋaŋ^{443}。

(c) [l]声母

[l]声母在阳声韵的后面变为[n]。例如：秧栳秧桶 ɔuŋ$^{443-34}$lɔ-nɔ$^{42-443}$｜塍螺田螺 tʃʰɛiŋ$^{221-22}$lɔi-nɔi^{221}｜两粒 laŋ^{223}laʔ-naʔ^{2}。

(d) [ts tsʰ tʃ tʃʰ]声母

(d－1) 在阴声韵的后面变为[j]。例如：告状 kɔ$^{335-55}$tsɔuŋ-jɔuŋ^{223}｜白菜 paʔ-pai$^{2-44}$tsʰai-jai^{335}｜粗纸手指 tʃʰou-tʃʰu$^{443-34}$tʃe-je$^{42-443}$｜讨钱 tʰɔ$^{42-35}$tʃiŋ-jiŋ$^{221-53}$｜做节过端午节 tsɔ$^{335-55}$tʃɛʔ-jɛʔ^{5}｜杉柴刺杉树的叶子 θaŋ$^{443-22}$tsʰa-ma$^{221-44}$tʃʰi-ji^{335}｜大秤 to$^{223-44}$tʃʰeiŋ-jeiŋ^{335}｜薅草除草 hau$^{443-34}$tʃʰo-jo$^{42-443}$。在入声韵的后面也有变为[j]的例子：□鸟阴茎 neiʔ$^{2-4}$tʃeu^{42}～neiʔ$^{2-4}$tʃeu-jeu^{42}｜白酒用白曲酿的糯米酒 paʔ-pa$^{2-44}$tʃiu^{42}～paʔ-pa$^{2-44}$tʃiu-jiu^{42}｜曲尺 kʰuʔ-kʰu$^{5-55}$tʃʰiʔ-jiʔ^{5}。还有少数变为[l]声母的例子。例如：手指戒指 tʃʰiu$^{42-35}$tʃi-li$^{42-53}$｜花椒 ho$^{443-34}$tʃiu-liu^{443}｜老鼠 lau$^{223-44}$tʃʰi-li^{42}｜□穿屁股 kuʔ^{5}tʃʰuŋ-luŋ^{443}。"紫菜茄子"读作[tʃi$^{42-55}$tsʰai-ai^{335}]。此例后字声母不读[j]声母而为零声母。这是产生声母类化后，前字[i]和后字*j声母之间还发生异化的例子。

（d－2）在阳声韵的后面变为[n]、[ɲ]或[ŋ]，[ɲ]是超出单字音声母系统的声母。① 例如：潘水泔水 pʰuŋ$^{-34}$ tʃi-ni$^{42-443}$｜菅手芦苇做的笤帚 kaŋ$^{-34}$ tʃʰiu-niu$^{42-443}$（以上变为[n]）；鼎灶灶 tiɐŋ$^{42-55}$ tsau-ɲau^{335}｜咸菜 kɛiŋ$^{221-22}$ tsʰai-ɲai^{335}｜苋菜 hɛiŋ$^{335-55}$ tsʰai-ɲai^{335}｜戥秤 tiŋ$^{42-55}$ tʃʰeiŋ-ɲeiŋ^{335}｜卷尺 kuŋ$^{42-55}$ tʃʰiʔ-ɲiʔ^{5}｜涮喙漱口 θɔuŋ$^{335-55}$ tʃʰɵi-ɲɵi^{335}｜清楚 tʃʰeiŋ-tʃʰiŋ$^{443-34}$ tʃʰu-ɲu$^{42-443}$（以上变为[ɲ]）；鼎灶灶 tiɐŋ$^{42-55}$ tsau-ŋau^{335}又读｜松柴树松树 θouŋ$^{221-22}$ tsʰa-ŋa$^{221-22}$ tʃʰeu-jeu^{335}｜洋剪理发用的推子 jøoŋ$^{221-22}$ tʃeiŋ-ŋeiŋ^{42}｜芒种 mouŋ-muŋ$^{221-22}$ tʃouŋ-ŋouŋ^{335}｜两只 laŋ^{223} tʃeiʔ-ŋeiʔ^{5}｜鼎筅筅帚 tiɐŋ$^{42-35}$ tʃʰeiŋ-ŋeiŋ$^{42-53}$｜清楚 tʃʰeiŋ-tʃʰiŋ$^{443-34}$ tʃʰu-ŋu$^{42-443}$又读（以上变为[ŋ]）。

还有少数变为[j]声母的例子。例如：冬节冬至 tœuŋ$^{443-44}$ tʃɛʔ-jɛʔ^{5}｜两只 laŋ^{223} tʃeiʔ-jeiʔ^{5}又读｜板车 peiŋ$^{42-55}$ tʃʰe-je^{443}。

（e）[k kʰ h]声母

（e－1）在阴声韵的后面变为[j]、[w]或零声母。例如：刺瓜黄瓜 tʃʰi$^{335-55}$ ko-o^{443}｜起价涨价 kʰi$^{42-55}$ ka-a^{335}｜米糕年糕 mi$^{42-55}$ kɔ-ɔ^{443}｜豺犬一种像狼的野兽 tʰai$^{221-22}$ kʰeiŋ-eiŋ^{42}｜锯粉锯屑 kɵi-ki$^{335-55}$ huŋ-uŋ^{42}（以上变为零声母）；豆荚

① 缪嫩春以[ɲ]为主，陈祥谦则以[ŋ]为主。

tau$^{223-44}$ kiʔ-jiʔ^{5}｜□肩换肩 pʰa$^{443-34}$ kiŋ-jiŋ^{443}（以上变为[j]）；蜀句一句 θiʔ$^{2-4}$ ku-wu^{335}｜做雨下雨 tsɔ$^{335-55}$ hu-wu^{223}｜快活舒服 kʰau^{-55} huaʔ-waʔ^{2}（以上变为[w]）。在入声韵的后面也有发生类化的例子：竹柜抽屉 tɵʔ^{5} kɵi-ɵi^{223}｜雀囝鸟儿 tʃiʔ^{5} kiɐŋ-jiɐŋ^{42}｜铁钳火钳 tʰiʔ^{5} kʰiŋ-jiŋ^{221}｜裂痕裂缝 lɛʔ$^{2-4}$ hɔuŋ-ɔuŋ^{221}。还有后字声母受到前字[i u]尾的同化而变为[j]或[w]的例子。例如：赛岐地名 θɔi$^{335-55}$ ke-je^{221}｜□骹瘸子 pai^{-55} kʰa-ja^{443}｜罪过可怜 tsai^{-44} ku-ju^{335}｜内行 nɔi$^{223-44}$ ɔuŋ-jɔuŋ^{221}（以上变为[j]）；□□鹧鸪 ku$^{443-34}$ ku-wu^{443}｜手巾手绢 tʃʰiu$^{42-55}$ kɵŋ-wɵŋ^{443}｜老犬一种骂人话 lau$^{223-44}$ kʰeiŋ-weiŋ^{42}｜豆腐 tau$^{223-44}$ hou-wou^{223}｜老公丈夫 lau$^{223-44}$ kouŋ-wouŋ^{443}｜喉核喉结 hɛu$^{221-22}$ hɔʔ-wɔʔ^{2}（以上变为[w]）。“虾米”说“鲑䕩”[kei-ki$^{221-22}$ kʰɔ-ɔ^{335}]，不符合这一规律。还有少数变为[l]的例子。例如：水鸡田鸡 tʃi$^{42-55}$ ki-li^{443}｜灶鸡灶蟋蟀 tsau$^{335-55}$ ki-li^{443}｜喙齿 tʃʰɵi-tʃʰi$^{335-55}$ kʰi-li$^{42-53}$①。“包裹”读作[pau$^{443-34}$-lu^{-443}]，大概也是同一种类化的例子。

（e－2）在阳声韵的后面变为[ŋ]。例如：孙囝孙子 θɔuŋ$^{443-34}$ kiɐŋ-ŋiɐŋ$^{42-443}$｜冬瓜 tœuŋ$^{443-34}$ ko-ŋo^{443}｜空气 kʰouŋ-kʰuŋ$^{443-44}$ kʰei-ŋei^{335}｜褪壳蜕皮 tʰɔuŋ$^{335-55}$ kʰœʔ-ŋœʔ^{5}｜生分陌生 θaŋ$^{443-44}$ houŋ-ŋouŋ^{223}｜享福 høɔŋ$^{42-55}$ hoʔ-ŋoʔ^{5}｜办

① 也可以读作[tʃʰɵi-tʃʰi$^{335-55}$ kʰi-ji$^{42-53}$]。参[词]509。

法 pɛiŋ$^{223-44}$ huaʔ-ŋuaʔ^{5}。

(f) [j w]声母和零声母

这三个声母在阳声韵的后面变为[ŋ]。例如：棕衣蓑衣 tʃœuŋ$^{443-34}$ ei-ŋei^{443}｜洋油煤油 jøoŋ$^{221-22}$ jeu-ŋeu^{221}｜洋芋马铃薯 jøoŋ$^{22-22}$ wu-ŋu^{-44} lɔuŋ^{223}｜讲话说话 kuŋ$^{42-55}$ wo-ŋuo^{223}｜姓王 θaŋ$^{335-55}$ wuŋ-ŋuŋ^{221}。"讲话"的"话"读作[ŋuo^{223}]，这是超出单字音系统的音节结构。

以上所归纳出来的规律并不一定适用在全部词语。有一些词语不发生声母类化。其中动宾结构的例子占多数。例如：生疮 θaŋ$^{443-34}$ tsʰɔuŋ^{443}｜生痔 θaŋ$^{443-44}$ tei^{223}｜行棋下棋 kiɐŋ$^{221-22}$ kei^{221}｜饲猪养猪 tʃʰei-tʃʰi$^{335-55}$ tɵi^{443}｜中毒 touŋ-tuŋ$^{335-55}$ toʔ^{2}。还有可变也可不变的情况。例如：骨头 kɔʔ^{5} tʰau-lau^{221}～kɔʔ^{5} tʰau^{221}。

(10) 一部分声母类化不合乎以上归纳出来的规律。这是后字的类化声母保存了早期辅音韵尾的结果。

(a) 前字的早期*m 尾保存在后字[m]声母的例子：篮团菜篮 laŋ$^{221-22}$ kiɐŋ-miɐŋ^{42}｜三只 θaŋ$^{443-44}$ tʃeiʔ-meiʔ^{5} 又读｜年□三十日阴历除夕 niŋ$^{221-22}$ tau-nau^{443} θaŋ$^{443-22}$ θɛʔ-mɛʔ$^{2-4}$ neiʔ^{2}（比较，三十 θaŋ$^{443-44}$ θɛʔ-lɛʔ^{2}）｜甘蔗 kaŋ$^{443-44}$-me^{335}｜杉柴杉树 θaŋ$^{443-34}$ tsʰa-ma$^{221-443}$｜咸丰 haŋ$^{221-22}$ houŋ-mouŋ^{443}｜咸村地名 a^{0} tsʰɔuŋ-mɔuŋ^{443}｜廉村地名 liŋ$^{221-22}$ tsʰɔuŋ-mɔuŋ^{443}｜签诗签 tʃiŋ$^{443-34}$ θi-mi^{443}｜镰鍥镰刀 liŋ$^{221-22}$-mɛʔ^{5}｜心肝 θeiŋ-θiŋ$^{443-34}$ kaŋ-maŋ^{443} | 针椎栗子 tʃɛiŋ$^{443-34}$ tʃɵi-mɵi^{443} ～ tʃɛiŋ$^{443-34}$ tʃɵi-ɲɵi^{443} | 金橘 keiŋ-kiŋ$^{443-44}$ keiʔ-meiʔ^{5} | □骨肋骨 hɛiŋ$^{335-55}$ kɔʔ-mɔʔ^{5}。

（b）前字的早期*p 尾保存在后字[p ß w]声母的例子：蛤囝蛤蜊 kaʔ^{5} kiɐŋ-ßiɐŋ^{42} | 袂袄 kaʔ^{5} ɔ-ßɔ^{42} | 鸭囝小鸭子 aʔ^{5} kiɐŋ-ßiɐŋ^{42} | 鸭雄公鸭 aʔ^{5} hœuŋ-wœuŋ^{221} | 十只 θɛʔ^{2} tʃeiʔ-peiʔ^{5}。

（c）前字的早期*n 尾保存在后字[n]声母的例子：面布毛巾 meiŋ-miŋ$^{335-55}$ pu-nu^{335} | 观音 kuaŋ$^{443-34}$ eiŋ-neiŋ^{443} | 塍舷田埂 tʃʰɛiŋ$^{221-22}$ kiŋ-niŋ^{221} | 面粉 miŋ$^{223-44}$ huŋ-nuŋ$^{42-443}$ | 前后时候 θɛiŋ$^{221-22}$ au-nau^{223} | 算学数学 θɔuŋ$^{335-55}$ hɔʔ-nɔʔ^{2} | 秦桧 tʃeiŋ$^{221-22}$ kui-nui^{335} | 吩咐 houŋ-huŋ$^{443-44}$-nou^{335}。

从现有的材料来看，保存*m 尾和*p 尾的例子比较多。在共时形态音位（morphophoneme）的层面上，福安方言有必要设立 m 尾和 p 尾。

福安方言的声母类化是一个极其复杂的现象。以上 9 和 10 所介绍的只不过是其概要而已，为了全面的描写需要搜集大量的语料。

2.1.2.1.2　韵母

韵母 47 个，包括自成音节[ŋ]在内，舒声各韵例字“//”后为上声字，前为非上声字。

i 祭鸡桂池义//米李起鼠取	u 课布铸雨$_1$//果补主$_1$此

a 架教$_1$//把饱早		
ai 菜盖派界师$_1$治杀腿$_1$歪//海屎		uai 怪怀//拐
au 老$_1$糟包头厚臭//吵$_2$	iau//了读字	
ε 排街蹄溪快$_1$//买体		
εu 条料凑构//		
ɔ 多刀//锁嫂		
ɔi 袋赛对推罪$_2$坐//		
œ 驴苎梳犁//楚$_1$		
e 蔗夜寄外$_1$//写纸		
ei 气$_2$知丝记骑鼻字味来$_1$//野		
eu 秋抽$_1$受油珠$_1$柱//口$_2$偶		
o 破瓜挂//我寡草爪走九		
oi 卫//委		
ou 浮租度故吴胡思自事舅//		
ɵ 去盂//		
ɵi 猪锯区衣$_1$锤柜肥醉归//腿$_2$短		
ui 配回税皮$_1$//火轨尾		
iu 庙赵骄腰//表舀丑久		
	iŋ 盐添仙边缘$_2$//审浅紧景	uŋ 砖权饭荒//本准纺统肿
aŋ 贪杉单班万坑病//胆伞井	ieŋ 严线岸$_1$行$_1$名兄//请饼	uaŋ 盘棺凡横//满馆梗$_1$

ɛiŋ 蚕鹹店森针慢$_1$闲莲千县//		
ɔuŋ 算乱$_1$嫩酸孙帮堂肠床项//		
œuŋ 东$_1$葱虫雄$_1$网$_1$双增朋硬//		
eiŋ 心宾冰身贫凳星镇藤瓶//减点$_1$板犬		
ouŋ 昏春文船公舂蜂放$_1$篷用//选党影$_1$		
ɵŋ 根$_1$巾银近穷弓凶//等$_2$桶耿		
øoŋ 帐良羊//想仰养		
	iʔ 接蝶灭热歇决石尺药	uʔ 雪绝月国绿烛局
aʔ 答蜡插甲粒割铡杀百宅客	iɐʔ 夹獭揭用肩扛翼	uaʔ 钵阔法
ɛʔ 狭贴涩十八节$_1$虱贼		
ɔʔ 撮刷骨博作阁薄形索桌镯		
œʔ 北墨色革鹿六浊壳		
eiʔ 集习笔失式直役益踢额隻籴食吃		
oʔ 出不佛督福服毒足划$_1$		
ɵʔ 竹粥麯乞		
øoʔ 脚约育		
ŋ 唔不		

说明：

(1) 只有开口呼、齐齿呼和合口呼，缺乏撮口呼。

(2) 单独念时，[u]韵的实际音值为[ʊ]或[ʊ˞u]。因此与[o]韵很难听辨。

(3) [ɛu ɔi ɵ ɛiŋ ɔuŋ œuŋ]韵没有上声的字。[ei au]韵的上声字也极少。

(4) [ɔ]韵的实际音值为[ɔ̝]，有时读得接近[ɒ]。

(5) 在缪嫩春的口音中[ou]韵的实际音值为[oŭ]，逢 p 组声母时[u]读得最弱。

(6) [iau]韵只有一个“了”字，而且属于文读层。不过，口语中确实存在像“了解”[liau$^{42-35}$ kai$^{42-53}$]那样包含“了”[liau^{42}]字的常用词。

(7) [œ œuŋ œʔ]韵里[œ]的舌位较后。缪嫩春的口音中这三个韵母嘴唇较展。

(8) [oi]韵只拼[w]声母，[ui]韵不拼这个声母，因此[oi ui]二韵构成互补。

(9) [ui]韵有时读作[uŏi]，但这种读音里的[ŏ]读得十分轻微。

(10) [uŋ uʔ]韵的实际音值为[ʊŋ ʊʔ]。因此与[ouŋ oʔ]韵很难听辨。

(11) [aŋ]韵拼[j]声母时，缪嫩春读得接近[jɐŋ]，陈祥谦则为[jaŋ]，本书一律处理为[jaŋ]。

(12) [iɐŋ iɐʔ]韵常读作[iəŋ iəʔ],尤其是在缪嫩春的口音当中。

(13) [ɛiŋ]韵的[i]读得较弱,有时读为[ɛŋ]。

(14) [øoŋ]韵还常读作[yoŋ],尤其是在陈祥谦的口音当中。

(15) [eiʔ]韵的[i]读得较弱,尤其是逢阴入时。

(16) [ɵŋ ɵʔ]韵的实际音值分别为[ɵŭŋ ɵŭʔ]。[ŭ]都读得很轻微。

(17) "唔不"[ŋ^{223}]的实际读音向后字的声母同化而变。例如:唔买 ŋ-m$^{223-44}$ mɛ^{42} | 唔是 ŋ-n$^{223-44}$ θei-nei^{223}。在后字的单字音声母为零声母的"唔爱不要"[ŋ$^{223-44}$ ɵi-ŋɵi^{335}]当中"爱"的声母读作[ŋ],由此本书认为"唔不"的基本形式是[ŋ^{223}]。本书里"唔不"一律处理为[ŋ]。

(18) 在连续的语流中,非末位位置韵母的舌位往往高化。

(a) e 变为 i。例如:饲猪养猪 tʃʰei-tʃʰi$^{335-55}$ tɵi^{443};寿坟生前所修的坟墓 θeu-θiu$^{223-44}$-ßouŋ^{221} | 油粕熬猪油后剩下来的渣滓 jeu-jiu$^{221-22}$ pʰɔʔ-ßɔʔ^{5};屏南地名 peiŋ-piŋ$^{221-22}$ naŋ^{221} | □草煎药 teiŋ-tiŋ$^{223-44}$ tʃʰo^{42} | 凳团一个人坐的矮凳 teiŋ-tiŋ$^{335-55}$ kiɐŋ-ŋiɐŋ^{42} | 金匏南瓜 keiŋ-kiŋ$^{443-34}$ pou-mou$^{221-443}$ | 烟雾灰尘 eiŋ-iŋ$^{443-44}$ mou^{223} | 信壳信封 θeiŋ-θiŋ$^{335-55}$ kʰœʔ-ŋœʔ^{5};值班 teiʔ-ti$^{2-44}$ paŋ-ßaŋ^{443}。

例外有：值钱 teiʔ$^{2-4}$ tʃiŋ^{221}。

有一个与“e 变为 i”的规律相反的情况。[i]韵在二字组后字的位置往往变为[e]，在此产生的是舌位的低化。例如：蕉籽香蕉 tʃiu^{-34} tʃi-e$^{42-443}$ | 会计 ko^{-55} ki-e^{335} | 枸杞 keu^{-35} ki-e$^{42-53}$ | 结起系起来 kɛʔ^{5} kʰi-e^{42} | 谷雨 koʔ-ku$^{5-55}$ i-e^{42}。

（b）o 变为 u。例如：渡头地名 tou-tu$^{223-44}$ tʰau-lau^{221} | 磁铁 tʃou-tʃu$^{221-22}$ tʰiʔ-liʔ^{5} | 牛鼻牛鼻桊 ŋou-ŋu$^{221-22}$ pʰei-ßei^{335} | 蝴蝶 hou-hu$^{221-22}$ tiʔ-liʔ^{2} | 胡□满脸的胡子 hou-hu$^{221-22}$-jɵi^{335}；空气 kʰouŋ-kʰuŋ$^{443-44}$ kʰei-ŋei^{335} | 蜂□蜂窝 pʰouŋ-pʰuŋ$^{443-44}$ θeu-neu^{335} | 芒种 mouŋ-muŋ$^{221-22}$ tʃouŋ-ŋouŋ^{335} | 龙雹冰雹 louŋ-luŋ$^{221-22}$ pʰɔʔ-mɔʔ^{2}；腹肚肚子 poʔ-puʔ^{5}-lu^{42} | 穆阳地名 moʔ-muʔ$^{2-4}$ jøoŋ^{221}。

例外有：有影药有疗效 ou$^{223-44}$ jaŋ^{42} | 胡□满脸的胡子 hou$^{221-22}$-jɵi^{335}又读；焖□焖饭 mouŋ$^{223-44}$ maŋ^{335} | 中秋 touŋ$^{443-34}$ tʃʰeu-ɲeu^{443}。

（c）ɵ 变为 i。例如：锯粉锯屑 kɵi-ki$^{335-55}$ huŋ-uŋ^{42} | 鱼塘养鱼的池塘 ŋɵi-ŋi$^{221-22}$ tɔuŋ-lɔuŋ^{221} | 猪屎猪粪 tɵi-ti$^{443-34}$ θai-lai$^{42-443}$ | 箸筒放筷子的器具 tɵi-ti$^{223-44}$ tœuŋ-lœuŋ^{221} | 处暑 tʃʰɵi-tʃʰi$^{335-55}$ θɵi-lɵi^{335} | 锄头 tʰɵi-tʰi$^{221-22}$ tʰau-lau^{221}；银河 ŋɵŋ-ŋiŋ$^{221-22}$ ɔ-ŋɔ^{221}：乞食乞丐 kʰɵʔ-kʰiʔ^{5} θeiʔ-leiʔ^{2} | 肉桂 nɵʔ-niʔ$^{2-4}$ ki^{335} | 叔伯间妯娌 tʃɵʔ-tʃi$^{5-22}$ paʔ-ßaʔ^{5} kaŋ-aŋ^{443}。

（19）前后字之间还常发生同化。例如：许愿 hi-

hiŋ$^{42-55}$ ŋuŋ^{223}｜鸡母母鸡 ki-kiŋ$^{443-34}$ mɔ$^{42-443}$｜截肉切肉 θɛʔ-θɛŋ$^{2-44}$ nøʔ^{2}｜□牛放牛 ɛ-ɛŋ$^{335-55}$ ŋou^{221}｜避难 pi-piŋ$^{223-44}$ naŋ^{223}｜怀疑 huai-huaiŋ$^{221-22}$ ŋei^{221}｜鱿鱼 jeu-jøoŋ$^{221-22}$ ŋøi^{221}｜木耳 moʔ-muŋ$^{2-44}$ mi^{42}。[ɛŋ]韵和[uaiŋ]韵均为超出单字音韵母系统的韵母。

有时声母类化和前后字之间的同化同时适用而引起很复杂的音变过程。此举三例：

“□暮早昨日”[θaŋ$^{221-22}$ mu-mui$^{223-34}$ tsa-a$^{42-443}$]，首先“早”[tsa]随着声母类化成为[ja]，然后“暮”[mu]受到“早”[ja]的声母同化变成[mui]，最后“暮”[mui]的[i]和“早”[ja]的[j]之间产生了异化，“早”[ja]成为[a]；

“解做能干”[ɛ-ɛi$^{223-44}$ tsɔ-ɔ^{335}]，首先“做”[tsɔ]随着声母类化成为[jɔ]，然后“解”[ɛ]受到“做”[jɔ]的声母同化变成[ɛi]，最后“解”[ɛi]的[i] 和“做”[jɔ]的[j]之间产生了异化，“做”[jɔ]成为[ɔ]，[ɛi]韵是超出单字音韵母系统的韵母；

“瘸骹瘸子”[k^{h}iu-k^{h}i$^{221-22}$ k^{h}a-wa^{443}]，首先“骹”[k^{h}a]随着声母类化成为[a]，然后受到“瘸”[k^{h}iu]的韵尾同化变成[wa]，最后“瘸”[k^{h}iu]的[u]和“骹”[wa]的[w]之间产生了异化，“瘸”[k^{h}iu]成为[k^{h}i]。

2.1.2.1.3　单字调

单字调 7 个。

阴平 ［443］ 东添山西工秧

阳平 ［221］ 头肠房名南浓

上声 ［42］ 等九口滚，米仰领尾

阴去 ［335］ 对菜四见唱送，鼻妹

阳去 ［223］ 厚近舅重形，五₁老₁网₁，步洞害，二麵硬

阴入 ［5］ 笔雪菊出拆剥，抹

阳入 ［2］ 十夺局末六热

2.1.2.2 与中古音比较

2.1.2.2.1 声母

2.1.2.2.1.1 少数古全清声母读送气音：波帮 $p^hɔ^{443}$ |玻～璃。帮 $p^hɔ^{-34}$ |谱帮 p^hu^{42} |杯帮 p^hui^{443} |鄙帮 p^hi^{42} |迫帮 $p^hœʔ^5$ |碧帮 $p^heiʔ^5$；否非 p^heu^{42}；堤端 t^hei^{221}；雀牌～。精 $tʃ^høoʔ^5$；张量词。知 $t^høoŋ^{443}$；概溉见 k^hai^{335} |稽见 k^hi^{443} |兼见 $k^hiŋ^{443}$ |昆崑见 $k^houŋ^{443}$ |脚见 $k^høoʔ^5$ |矿见 $k^huŋ^{335}$。

2.1.2.2.1.2 古全浊声母大致上都读清音。而且今读塞音或塞擦音时，大多数是不送气音。例如：

古平声 爬 pa^{221} |题 $tɛ^{221}$ |财 $tsai^{221}$ |晴 $θaŋ^{221}$ |池 ti^{221} |肠 $tɔuŋ^{221}$ |穷 $kɵŋ^{221}$；

古上声 断 $tɔuŋ^{223}$ |坐 $θɔi^{223}$ |罪 $tsɔi^{223}$ |重形容词 $tœuŋ^{223}$ |是 $θei^{223}$ |舅 kou^{223}；

古去声 病 $paŋ^{223}$ |大 to^{223} |寺 $θei^{223}$ |箸 $tɵi^{223}$ |

状 tsɔuŋ²²³ | 顺 θouŋ²²³ | 汗 kaŋ²²³；

古入声　白 paʔ² | 缚 puʔ² | 罚 huaʔ² | 毒 toʔ² | 直 teiʔ² | 铡 tsaʔ² | 食 θeiʔ² | 掘 kuʔ²。

部分匣母字读作[w]声母。参看下文 2.1.2.2.1.20。

另外，还有少数古全浊声母读作送气清音。下面列举所有的例字：

古平声　皮支並 pʰui²²¹ | 瓢薸浮萍。宵並 pʰiu²²¹ | 彭膨庚二並 pʰaŋ²²¹ | 篷蓬东一並 pʰouŋ²²¹ | 扶虞奉 pʰu²²¹ | 浮尤奉 pʰou²²¹ | 房阳奉 pʰouŋ²²¹又读 | 逢缝动词。锺奉 pʰouŋ²²¹ | 涂泥土。模定 tʰou²²¹ | 苔咍定 tʰei²²¹青～、tʰai⁴⁴³舌苔 | 抬咍定 tʰai⁴⁴³ | 提齐开定 tʰei²²¹ | 啼齐开定 tʰi²²¹ | 桃豪定 tʰɔ²²¹ | 涛豪定 tʰɔ⁴⁴³ | 调～整。萧定 tʰiu²²¹ | 头侯定 tʰau²²¹ | 潭谭覃定 tʰaŋ²²¹ | 团桓定 tʰuaŋ²²¹ | 糖唐开定 tʰɔuŋ²²¹ | 桐东一定 tʰœuŋ²²¹ | 蚕覃从 tʃʰɛiŋ²²¹ | 墙阳开从 tʃʰøoŋ²²¹ | 丛东一从 tʃʰouŋ²²¹ | 寻庹。侵邪 tʃʰiŋ²²¹ | 持之澄 tʰei²²¹ | 治杀。之澄 tʰai²²¹ | 槌锤脂合澄 tʰɵi²²¹ |

绸筹尤澄 tʰeu^{221} | 沉侵澄 tʰɛiŋ^{221} |
椽仙合澄 tʰuŋ^{221} | 呈程清开澄 tʰiɐŋ^{221} |
虫东三澄 tʰœuŋ^{221} | 锄鱼崇 tʰɵi^{221} |
豺～犬。皆开崇 tʰai^{221} |
床床铺。阳开崇 tsʰɔuŋ^{221} |
崇东三崇 tʃʰouŋ^{221} | 垂耳朵～。支合禅 tʰɵi^{221} |
蝉仙开禅 tʃʰiŋ^{221} | 成做～。清开禅 tʃʰiɐŋ^{221} |
瘸～骹。戈三群 kʰiu^{221} | 骑支开群 kʰei^{221} |
蟣微开群 kʰei^{221} | 钳盐群 kʰiŋ^{221} |
琴禽擒侵群 kʰeiŋ^{221} | 勤殷群 kʰɵŋ^{221} |
芹殷群 kʰeiŋ^{221} | 环删合匣 kʰuaŋ^{221}；

古上声　被支並 pʰui^{223} | 伴拌桓並 pʰuaŋ^{223} |
蚌江並 pʰɔuŋ^{223} | 艇挺青定 tʰiŋ^{42} |
践仙开从 tʃʰiŋ^{42} | 象像橡阳开邪 tʃʰøoŋ^{223} |
柱虞澄 tʰeu^{223} | 篆仙合澄 tʰouŋ^{335} |
仗杖阳开澄 tʰøoŋ^{223} | 柿之崇 kʰei^{223} |
市之禅 tʃʰei^{223} | 鳝仙开禅 tʃʰiɐŋ^{223} |
徛支开群 kʰe^{223}站立、kʰe^{335}陡 |
臼尤群 kʰou^{223} | 菌谆群 kʰouŋ^{42} |
舰衔匣 kʰaŋ^{42} | 混魂匣 kʰouŋ^{443}；

古去声　捕模並 pʰu^{42} | 稗佳並 pʰɛ^{335} |
鼻鼻子。脂並 pʰei^{335} | 泡鱼～。肴並 pʰau^{223} |

叛桓並 p^{h}uaŋ^{335} | 匠阳开从 tʃ^{h}øoŋ^{223} |
饲之邪 tʃ^{h}ei^{335} | 蛇海蜇。麻开二澄 t^{h}a^{335} |
树虞禅 tʃ^{h}eu^{335} | 柩尤群 k^{h}eu^{223} |
溃～疡。灰匣 k^{h}ɵi^{-34}；

古入声　雹觉並 p^{h}ɔʔ^{2} | 辟昔开並 p^{h}eiʔ^{5} |
曝屋一並 p^{h}uʔ^{2} | 叠帖定 t^{h}ɛʔ^{2} |
读屋一定 t^{h}œʔ^{2} | 簟屑开从 tʃ^{h}iʔ^{2} |
贼德开从 tʃ^{h}ɛʔ^{2} | 凿屋一从 tʃ^{h}œʔ^{2} |
席昔开邪 tʃ^{h}iʔ^{2} | 芍药合禅 tʃ^{h}øoʔ^{5} |
石昔开禅 tʃ^{h}iʔ^{2}又读 | 戳觉澄 ts^{h}ɔʔ^{2} |
宅陌开二澄 t^{h}aʔ^{2} |
剧～烈剧～团。陌开三群 k^{h}øoʔ^{2} |
峡门～。洽匣 k^{h}iɐʔ^{2}；

其他　嫖 p^{h}iu^{221} | 绱 tʃ^{h}øoŋ^{223}。

2.1.2.2.1.3　一部分非、敷、奉母读作塞音[p p^{h}]声母。例如：

非母　斧～头 po^{-35} | 飞 pui^{334} | 痱沸 pɵi^{335} |
富 pou^{335} | 反 peiŋ^{42} | 發 puʔ^{5} | 分 puŋ^{443} |
粪 pouŋ^{335} | 枋 pouŋ^{443} | 放 pouŋ^{335} |
幅腹 poʔ^{5}；匪土～p^{h}i^{42} | 否 p^{h}eu^{42}；

敷母　殕～生得 p^{h}u^{42} | 潘～水。孚袁切 p^{h}uŋ$^{-34}$ |
纺 p^{h}uŋ^{42} | 覆趴 p^{h}oʔ^{5} | 蜂 p^{h}ouŋ^{443} |

捧 $p^{h}uŋ^{42}$；

奉母　　腐 pou^{223}｜吠 $pɵi^{223}$｜肥 $pɵi^{221}$｜
伏孵。扶富切 pou^{223}｜饭 $puŋ^{223}$｜
房 $pouŋ^{221}$｜缚 $puʔ^{2}$｜匐趴 $poʔ^{2}$。

奉母字读作[pʰ]声母的例字，请看上文 2.1.2.2.1.2。

2.1.2.2.1.4　微母读作[m]声母或[w]声母，前者为白读，后者则为文读。例如：

[m]声母　　雾 mou^{223}｜微 mei^{221}｜尾 mui^{42}｜
未副词 mui^{223}｜蚊 $muŋ^{221}$｜
问动词 $muŋ^{335}$｜网 $mœuŋ^{223}$｜
望往远处看 $mɔuŋ^{223}$；

[w]声母　　无 wou^{221}｜武侮 wu^{42}｜务 wou^{223}｜
味 wei^{223}｜万 $waŋ^{223}$｜袜 $waʔ^{2}$｜
文纹闻 $wouŋ^{221}$｜物 $wuʔ^{2}$｜亡 $wuŋ^{221}$。

2.1.2.2.1.5　来母有两个字读作[t]声母：蛎 te^{223}｜懒 $tiɐŋ^{223}$。

2.1.2.2.1.6　少数从母字读作擦音[θ]声母：坐 $θɔi^{223}$｜糍 $θei^{221}$｜槽 $θɔ^{221}$｜前 $θɛiŋ^{221}$｜截 $θɛʔ^{2}$｜泉 $θiɐŋ^{221}$｜晴 $θaŋ^{221}$。

2.1.2.2.1.7　少数古清擦音声母字今读塞擦音或塞音。除了书母"少数量少、升容量单位、叔、春"以外，其余均为送气音：

心母　　鳃 $tʃ^{h}ei^{443}$｜粞～粉：大米磨的粉 $tʃ^{h}œ^{335}$｜

碎 ts^{h}ɔi^{335} | 髓 tʃ^{h}ɵi^{42} | 臊 ts^{h}ɔ^{443} |
笑 tʃ^{h}iu^{335} | 鲜新鲜 tʃ^{h}iŋ^{443} | 癣 tʃ^{h}iɐŋ^{42} |
筅 tʃ^{h}eiŋ^{42} | 膝 tʃ^{h}eiʔ^{5} | 醒 ts^{h}aŋ^{42} |
粟稻谷 tʃ^{h}uʔ^{5}；

生母　　缩 t^{h}ɵʔ^{5}；

书母　　奢 tʃ^{h}e^{443} | 舒 tʃ^{h}ɵi^{443} | 鼠 tʃ^{h}i^{42} |
戍房子 tʃ^{h}u^{335} | 手 tʃ^{h}iu^{42} | 深 tʃ^{h}eiŋ^{443} |
伸～长 tʃ^{h}uŋ^{443} | 呻 tʃ^{h}ɛiŋ^{443} | 拭 tʃ^{h}eiʔ^{5}；
少 tʃiu^{42} | 升容量单位 tʃeiŋ^{443} | 叔 tʃɵʔ^{5} |
舂 tʃouŋ^{443}；

晓母　　靴 k^{h}u^{443} | 呼～鸡 k^{h}ou^{443}。

2.1.2.2.1.8　少数邪母字读作塞擦音[tʃ^{h}]声母。举例请看上文 2.1.2.2.1.2。

2.1.2.2.1.9　大多数知、彻、澄母字读作塞音[t t^{h}]声母。例如：

知母　　猪 tɵi^{443} | 智 tei^{335} | 昼 tau^{335} |
镇 teiŋ^{335} | 帐 tøoŋ^{335} | 桌 tɔʔ^{5} | 摘 teiʔ^{5}；

彻母　　抽 t^{h}eu^{443} | 丑地支 t^{h}iu^{42} | 趁赚 t^{h}eiŋ^{335} |
撑 t^{h}aŋ^{443} | 拆 t^{h}iʔ^{5} | 蛏 t^{h}ɛiŋ^{443}；

澄母　　茶 ta^{221} | 苎 tœ^{223} | 厨 tou^{221} | 痔 tei^{223} |
赵 tiu^{223} | 陈 teiŋ^{221} | 丈 tɔuŋ^{223}。

澄母字读作[t^{h}]声母的例字，请看上文 2.1.2.2.1.2。

2.1.2.2.1.10　少数庄组字读作塞音[t tʰ n]声母：

庄母　　　　睁骹～卵：脚后跟。庄 naŋ^{443}；

初母　　　　铲初 tʰiɐŋ^{42}｜窗初 tʰɔuŋ^{443}；

崇母　　　　愁崇 tɛu^{221}；锄崇 tʰɵi^{221}｜豺～犬。tʰai^{221}；

生母　　　　缩 tʰɵʔ^{5}。

2.1.2.2.1.11　崇母有少数字读作擦音[θ]声母：士仕 θou^{223}｜事 θou^{223}｜煠水煮 θaʔ^{2}｜镯 θɔʔ^{2}。

2.1.2.2.1.12　止摄开口的庄章组有四个字读作[k kʰ]声母：枝树～栀黄～。章 kei^{443}｜柿崇 kʰei^{223}｜齿昌 kʰi^{42}。

2.1.2.2.1.13　章组和同摄三四等的精组都读作[tʃ tʃʰ θ]声母。例如：谢麻邪＝社麻禅 θe^{223}｜祭祭精＝制祭章 tʃi^{335}｜姊脂精＝旨脂章 tʃi^{42}｜死脂心＝始之书 θi^{42}｜焦宵精＝招宵章 tʃiu^{443}｜箭仙精＝战仙章 tʃiŋ^{335}｜津真精＝真真章 tʃeiŋ^{443}｜浆阳精＝掌阳章 tʃøoŋ^{42}｜枪阳清＝昌阳昌 tʃʰøoŋ^{443}｜抢阳清＝厂阳昌 tʃʰøoŋ^{42}｜刺昔清＝赤昔昌 tʃʰeiʔ^{5}｜锡锡心＝释昔书 θeiʔ^{5}｜足烛精＝祝屋章 tʃoʔ^{5}｜俗烛邪＝赎烛船 θoʔ^{2}。

2.1.2.2.1.14　船禅母，除了少数字读作送气塞擦音以外，都读作擦音[θ]声母。例如：

船母　　　　蛇 θe^{221}｜舌 θiʔ^{2}｜顺 θouŋ^{223}｜食吃 θeiʔ^{2}｜赎 θoʔ^{2}；

禅母　　　　社 θe^{223}｜匙 θi^{221}｜是 θei^{223}｜受 θeu^{223}｜十 θɛʔ^{2}｜肾 θeiŋ^{223}｜上动词 θøoŋ^{223}｜

成八～θieŋ^{221}。

送气塞擦音的例字，请看上文 2.1.2.2.1.2。

2.1.2.2.1.15 日母字读作[n]声母或[j]声母，前者为白读，后者则为文读。例如：

[n]声母 汝 ni^{42} | 二 nei^{223} | 饵 nei^{335} | 染 nieŋ^{42} | 软 nuŋ^{42} | 仁目珠～neiŋ^{221} | 认 neiŋ^{223} | 日 neiʔ^{2} | 闰 nouŋ^{223} | 壤 nøoŋ^{223} | 让 nøoŋ^{335} | 箬 niʔ^{2} | 肉 nɵʔ^{2}；

[j]声母 如 jɵi^{221} | 柔 jeu^{221} | 任 jeiŋ^{223} | 入 jeiʔ^{2} | 人 jeiŋ^{221} | 忍 jiŋ^{42} | 然 jiŋ^{221} | 绒 jouŋ^{221} | 辱 jøoʔ^{2}。

2.1.2.2.1.16 日母有两个字读作[ŋ]声母：耳 ŋe^{223} | 饶姓 ŋiu^{221}。

2.1.2.2.1.17 日母还有两个字读作零声母：乳豆～i^{42} | 热 iʔ^{2}。

2.1.2.2.1.18 见组和晓母一律读作 k 组声母，今逢细音字时也与精组和泥娘母有区别。例如：麂 ki^{42}≠姊 tʃi^{42} | 骄 kiu^{443}≠椒 tʃiu^{443} | 劫 kiʔ^{5}≠接 tʃiʔ^{5}；谦 k^{h}iŋ^{443}≠签～字 tʃ^{h}iŋ^{443}；乾～坤 kiŋ^{221}≠钱 tʃiŋ^{221}；语 ŋi^{42}≠女 ni^{42}；晓 hiu^{42}≠小 θiu^{42}。

2.1.2.2.1.19 多数匣母字读作[h]声母。例如：荷～花 hɔ^{221} | 贺 hɔ^{223} | 霞 ha^{221} | 夏～至 ha^{223} | 华中～ho^{221} | 湖

hou^{221} | 户 hou^{223} | 护 hou^{223} | 系 hi^{223} | 惠 hi^{223} | 亥 hai^{223} | 回 hui^{221} | 怀 huai^{221} | 号儿～hɔ^{223} | 效 hau^{223} | 候 hɛu^{223} | 函 haŋ^{221} | 嫌 hiŋ^{221} | 贤弦 hiŋ^{221} | 现 hiŋ^{223} | 活 huaʔ^{2} | 还动词 hɛiŋ^{221} | 痕 hɔuŋ^{221} | 恨 hɔuŋ^{223} | 魂 hɔuŋ^{221} | 杭 hɔuŋ^{221} | 黄姓皇 huŋ^{221} | 幸 hœuŋ^{223} | 形型刑邢 heiŋ^{221} | 横 huaŋ^{221} | 宏 hœuŋ^{221} | 获 hœʔ^{2}。

2.1.2.2.1.20　除了[h]声母以外，部分匣母字还读作[k]声母、[kʰ]声母、零声母或[w]声母。零声母和[w]声母当为同一类表现。例如：

[k]声母　　狐～狸糊 kou^{221} | 咬下巧切 ka^{223} | 猴 kau^{221} | 厚 kau^{223} | 含 kaŋ^{221} | 鹹 kɛiŋ^{221} | 衔 kaŋ^{221} | 寒 kaŋ^{221} | 汗 kaŋ^{223} | 舷边缘 kiŋ^{221} | 滑 kɔʔ^{2} | 悬高 kɛiŋ^{221} | 县 kɛiŋ^{223} | 行走 kiɐŋ^{221}；

[kʰ]声母　　溃～疡 kʰɵi^{-34} | 舰 kʰaŋ^{42} | 环 kʰuaŋ^{221} | 混 kʰouŋ^{443}；

零声母　　河 ɔ^{221} | 夥若～：多少 o^{223} | 鞋 ɛ^{221} | 盒 aʔ^{2} | 狭 ɛʔ^{2} | 旱 aŋ^{223} | 闲 ɛiŋ^{221} | 限 ɛiŋ^{223} | 学动词 ɔʔ^{2} | 桁 aŋ^{221} | 红 œuŋ^{221}；

[w]声母　　话 wo^{223} | 画 wo^{223} | 换 waŋ^{223} | 劃～火□loʔ^{5}：划火柴 woʔ^{2}。

2.1.2.2.1.21　少数云母字读作[h]声母：雨 hu^{223} | 园 huŋ^{221} | 远 huŋ^{223} | 雲 houŋ^{221}。

2.1.2.2.1.22 少数以母字读作[θ]声母：缘苍蝇等栖止 θouŋ^{221}｜盐名词檐 θiŋ^{221}｜盐腌制 θiŋ^{335}｜痒 θøoŋ^{223}｜翼 θiɐʔ^{2}。

2.1.2.2.1.23 少数云以母字还读作[p]声母或[m]声母：

云母 域 peiʔ^{2}；荣光～meiŋ^{221}｜永 miŋ^{42}｜泳咏 miŋ^{42}；

以母 疫役 peiʔ^{2}；维惟遗 mei^{221}｜唯 mei^{221}。

2.1.2.2.1.24 其他：鸟□neiʔ^{4}～：阴茎。端 tʃeu^{42}；郎～爸。来 nouŋ^{221}；岁心 hui^{335}；习邪 tʃeiʔ^{2}；垂耳朵～。禅 t^{h}ɵi^{221}；儿孤～。日 hi^{221}｜耳木～。日 mi^{42}；介～绍。见 ŋai^{335}｜级给见 ŋeiʔ^{5}；看～见。溪 aŋ^{335}；吸晓 ŋeiʔ^{5}｜朽晓 k^{h}iu^{42}｜况晓 k^{h}uŋ^{335}；瘾影 ŋiŋ^{335}；鹞纸～。以 miu^{223}、liu^{223}｜阎姓。以 ŋiɐŋ^{221}｜捐以 kiŋ^{443}。

2.1.2.2.2 韵母

2.1.2.2.2.1 果摄

2.1.2.2.2.1.1 果摄开口一等歌韵主要读作[ɔ]韵或[o]韵。例如：

[ɔ]韵 多 tɔ^{443}｜驼驮拿 tɔ^{221}｜罗锣 lɔ^{221}｜搓 ts^{h}ɔ^{443}｜歌 kɔ^{443}｜河 ɔ^{221}｜贺 hɔ^{223}；

[o]韵 拖 t^{h}o^{443}｜大形容词 to^{223}｜箩 lo^{221}｜我 ŋo^{42}。

2.1.2.2.2.1.2 果摄合口一等戈韵的帮组读作[ɔ]韵或[o]韵。例如：

[ɔ]韵　　波 p^{h}ɔ^{443} | 播 pɔ^{335} | 坡 p^{h}ɔ^{443} | 婆 pɔ^{221} | 磨名词 mɔ^{223}；

[o]韵　　簸 po^{335} | 破 p^{h}o^{335} | 磨动词 mo^{221}。

2.1.2.2.2.1.3　果摄合口一等戈韵的端精组读作[ɔ]韵或[ɔi]韵。例如：

[ɔ]韵　　糯 nɔ^{223} | 座 tsɔ^{223} | 梭 θɔ^{443} | 锁琐 θɔ^{42}；

[ɔi]韵　　螺腡 lɔi^{221} | 莝砍 ts^{h}ɔi^{335} | 坐 θɔi^{223}。

2.1.2.2.2.1.4　果摄合口一等戈韵的见晓组读作[u]韵、[o]韵或[ui]韵。例如：

[u]韵　　果 ku^{42} | 过~来 ku^{335} | 窠 k^{h}u^{443} | 课 k^{h}u^{335} | 货 hu^{335} | 和~平 hu^{221} | 祸 hu^{223}；

[o]韵　　过菜老 ko^{443} | 夥若~o^{223}；

[ui]韵　　裹~粽 kui^{42} | 火 hui^{42}。

2.1.2.2.2.1.5　果摄三等见晓组读作[i]韵、[u]韵和[iu]韵：茄歌三 ki^{221}；靴戈三 k^{h}u^{443}；瘸~骹。戈三 k^{h}iu^{221}。

2.1.2.2.2.1.6　果摄里比较特殊的读音：他歌一透 t^{h}a^{443} | 做~母农。歌一精 tʃuŋ$^{-22}$ | 个的。歌一见 kɛ^{335} | 鹅歌一疑 ŋe^{221}；妥戈一透 t^{h}o^{42}。

2.1.2.2.2.2　假摄

2.1.2.2.2.2.1　假摄开口二等麻韵主要读作[a]韵，开口三等麻韵读作[ɛ]韵或[e]韵，以后者为主，合口二等麻韵读作[o]韵。例如：

二等开　　马 ma^{42}｜茶 ta^{221}｜家加 ka^{443}｜牙 ŋa^{221}｜鸦 a^{443}｜哑病～ŋa^{-42}｜下楼～a^{223}｜夏～至 ha^{223}；

三等　　爹阿～tɛ^{443}｜遮 tʃɛ^{443}；写 θe^{42}｜斜 tʃʰe^{221}｜车坐～tʃʰe^{443}｜蛇 θe^{221}｜也 je^{223}；

二等合　　瓜 ko^{443}｜瓦 wo^{223}｜花 ho^{443}｜化 ho^{335}。

2.1.2.2.2.2.2　假摄开口二等麻韵还有[o]韵的读法：麻草名 mo^{221}｜沙鲨 θo^{443}。

2.1.2.2.2.2.3　假摄里比较特殊的读音：家□ti^{-22}～：婆婆。麻开二见 e^{-443}｜枷麻开二见 kei^{221}｜哈张口呼气。麻开二晓 hœ^{221}；野麻开三以 jei^{42}。

2.1.2.2.2.3　遇摄

2.1.2.2.2.3.1　遇摄一等模韵帮组与其他的表现不相同，帮组一律读作[u]韵，其余则读[ou//u]韵①。例如：

帮组　　布 pu^{335}｜浦 pʰu^{42}｜簿 pu^{223}｜步 pu^{223}｜模 mu^{221}｜墓 mu^{335}；

其他　　赌 tu^{42}｜度 tou^{223}｜露 lou^{335}｜租 tʃou^{443}｜

① “//”的后面是逢上声时的读音，“//”的前面则是逢其他舒声调类时的读音。

顾 kou^{335} | 苦 $k^{h}u^{42}$ | 吴 $ŋou^{221}$ 。

2.1.2.2.2.3.2 遇摄一等模韵还有两个字读作[ɔ]韵：错措 $ts^{h}ɔ^{335}$ 。

2.1.2.2.2.3.3 遇摄三等鱼韵除见晓组以外的部分字读作[œ]韵，庄组字最多：驴 $lœ^{221}$ | 鑢锉 $lœ^{335}$ | 苎 $tœ^{223}$ | 初 $tʃ^{h}œ^{443}$ | 楚国名础 $tʃ^{h}œ^{42}$ | 助 $tʃœ^{223}$ | 梳疏蔬 $θœ^{443}$ 。

2.1.2.2.2.3.4 遇摄三等虞韵非组的部分字读作[u]韵：夫丈～mu^{-443} | 殕生～$p^{h}u^{42}$ | 扶推 $p^{h}u^{221}$ 。非母"斧～头"读作[po^{-35}]，微母"雾"读作[mou^{223}]，均为例外。

2.1.2.2.2.3.5 遇摄三等虞韵章组的多数字读作[u]韵。例如：朱 $tʃu^{443}$ | 主 $tʃu^{42}$ | 铸 $tʃu^{335}$ | 输 $θu^{443}$ | 戍房子 $tʃ^{h}u^{335}$ 。

2.1.2.2.2.3.6 遇摄三等虞韵精知章组的部分字读作[eu//]韵：鬚喙～leu^{-443} | 橱 teu^{221} | 柱 $t^{h}eu^{223}$ | 住 teu^{223} | 珠目～$tʃeu^{443}$ | 蛀 $tʃeu^{335}$ | 树 $tʃ^{h}eu^{335}$ 。

2.1.2.2.2.3.7 遇摄虞韵见晓组有三个字读作[u]韵：句 ku^{335} | 雨 hu^{223} | 芋～卵 wu^{-44} 。

2.1.2.2.2.3.8 遇摄里比较特殊的读音：葡～萄。模並 $puŋ^{221}$ | 募模明 $mɔʔ^{5}$ | 蜈～蚣。模疑 $ŋi^{221}$；所鱼生 $θɛ^{42}$ | 去来～；～年。鱼溪 $k^{h}ɵ^{335}$；厨虞澄 tou^{221} 。

2.1.2.2.2.4 蟹摄

2.1.2.2.2.4.1 蟹摄开口一等咍泰韵(除泰韵帮组以

外）主要读作[ai]韵、[ɔi]韵、[ei//]韵或[ɵi//]韵。例如：

[ai]韵 财 $tsai^{221}$ | 菜 $ts^{h}ai^{335}$ | 改 kai^{42} |
海 hai^{42} | 亥 hai^{223}（以上咍韵）；
带 tai^{335} | 太泰 $t^{h}ai^{335}$ | 赖 lai^{223} |
蔡 $ts^{h}ai^{335}$ | 害 hai^{223}（以上泰韵）；

[ɔi]韵 台烛～$lɔi^{-221}$ | 代第几～袋 $tɔi^{223}$ |
赛 $θɔi^{335}$（以上咍韵）；

[ei//]韵 戴动词 tei^{335} | 苔青～$t^{h}ei^{221}$ | 来 lei^{221} |
鳃 $tʃ^{h}ei^{443}$（以上咍韵）；

[ɵi//]韵 开～门 $k^{h}ɵi^{443}$ | 爱要 $ɵi^{335}$。

2.1.2.2.2.4.2 蟹摄开口二等皆佳夬韵主要读作[ai]韵或[ɛ]韵。例如：

[ai]韵 拜 pai^{335} | 斋 $tsai^{443}$ | 豺 $t^{h}ai^{221}$ |
阶 kai^{443} | 戒～薰 kai^{335}（以上皆韵）；
派 $p^{h}ai^{335}$ | 债 $tsai^{335}$（以上佳韵）；
败 pai^{223} | 寨 $tsai^{223}$（以上夬韵）；

[ɛ]韵 排 $pɛ^{221}$ | 疥 $kɛ^{335}$（以上皆韵）；
牌 $pɛ^{221}$ | 稗 $p^{h}ɛ^{335}$ | 买 $mɛ^{42}$ | 街 $kɛ^{443}$ |
解～开 $kɛ^{42}$ | 鞋 $ɛ^{221}$ | 蟹 $hɛ^{223}$
（以上佳韵）。

2.1.2.2.2.4.3 蟹摄开口三等祭韵读作[i]韵或[e]韵。例如：

[i]韵　　例 li^{223}｜祭际 tʃi^{335}｜制製 tʃi^{335}｜世势 θi^{335}｜誓 θi^{223}｜艺 ŋi^{223}；

[e]韵　　蛎牡蛎 te^{223}｜漈小瀑布 tʃe^{335}。

2.1.2.2.2.4.4　蟹摄开口四等齐韵的读音较为复杂，读作[i]韵、[ai]韵、[ɛ]韵或[œ]韵。例如：

[i]韵　　闭 pi^{335}｜批 p^{h}i^{443}｜米 mi^{42}｜剃 t^{h}i^{335}｜弟阿～ti^{223}｜鸡 ki^{443}｜计继 ki^{335} 契 k^{h}i^{335}｜系 hi^{223}；

[ai]韵　　梯 t^{h}ai^{443}｜脐 tsai^{221}｜婿 θai^{335}；

[ɛ]韵　　剕削 p^{h}ɛ^{443}｜底鞋～tɛ^{42}｜体 t^{h}ɛ^{42}｜替 t^{h}ɛ^{335}｜蹄 tɛ^{221}｜弟徒～lɛ$^{-223}$｜泥 nɛ^{221}｜齐 tʃɛ^{221}｜西 θɛ^{443}｜溪 k^{h}ɛ^{443}｜倪 ŋɛ^{221}；

[œ]韵　　犁 lœ^{221}｜妻 tʃ^{h}œ^{443}｜粞～粉 tʃ^{h}œ^{335}。

2.1.2.2.2.4.5　蟹摄开口韵里比较特殊的读音：濑水流较急、较浅的地方。泰来 lo^{335}｜艾泰疑 ŋe^{335}；芥～菜。皆见 ko^{-55}；佳佳见 ka^{443}｜鲑～蕹。佳匣 kei^{221}；砌齐清 tʃ^{h}iʔ^{5}｜髻鸡～。齐见 kui^{335}。

2.1.2.2.2.4.6　蟹摄合口一等灰泰韵的帮组读作[ui]韵、灰韵端精组读作[ai]韵或[ɔi//ɵi]韵、见晓组读作[ɔi]韵或[ui]韵。例如：

灰韵帮组　　杯 p^{h}ui^{443}｜辈 pui^{335}｜胚 p^{h}ui^{443}｜配 p^{h}ui^{335}｜赔 pui^{221}｜焙～笼 pui^{-44}｜

煤 mui^{221}|每 mui^{42}|妹 mui^{335}；

灰韵端精组　碓～寮 tai^{-55}|腿大～t^{h}ai^{42}|雷～瞋 lai^{221}|罪～过 tsai^{-44}；堆 tɔi^{443}|对 tɔi^{335}|推 t^{h}ɔi^{443}|腿骹～戏 t^{h}ɵi^{42}|退 t^{h}ɔi^{335}|内 nɔi^{223}|雷姓 lɔi^{221}|催 ts^{h}ɔi^{443}|罪有～tsɔi^{223}|碎 ts^{h}ɔi^{335}；

灰韵见晓组　盔魁 k^{h}ɔi^{443}；灰石灰 hui^{443}|悔 hui^{335}|回 hui^{221}；

泰韵　贝 pui^{335}|外～国 ŋui^{223}|会开～hui^{223}。

2.1.2.2.2.4.7　蟹摄合口三等祭韵有三个字读作[ui]韵：脆 tʃ^{h}ui^{335}|岁 hui^{335}|税 θui^{335}。

2.1.2.2.2.4.8　蟹摄合口三等废韵非组和合口四等齐韵见晓组的部分字读作[i]韵：

废韵非组　废 hi^{335}|肺 hi^{335}；

齐韵见晓组　桂 ki^{335}|惠慧 hi^{223}。

2.1.2.2.2.4.9　蟹摄合口韵里比较特殊的读音：队灰定 tɵi^{223}；外～爿。泰合疑 ŋe^{223}；快夬合溪 k^{h}ɛ^{335}形容词、k^{h}au^{-55}～活；锐祭合以 jui^{223}；柿柴～。废合敷 ßui^{-335}|吠废合奉 pɵi^{223}。

2.1.2.2.2.5　止摄

2.1.2.2.2.5.1　止摄开口支脂之韵精庄组的部分字读作[ou//u]韵，这些字以书面语为主。例如：

支韵　刺讽～tʃ^{h}ou^{335}|此 tʃ^{h}u^{42}|斯 θou^{443}|

赐 θou^{335}；

脂韵　　资姿 tʃou^{443} | 次 tʃ^{h}ou^{335} | 瓷 tʃou^{221} |
师 θou^{443}又读；

之韵　　子地支之一 tʃu^{42} | 慈磁 tʃou^{221} |
思 θou^{443} | 词祠 θou^{221} | 似巳 θou^{223} |
仕 θou^{223} | 史 θu^{42} | 事 θou^{223}。

2.1.2.2.2.5.2　止摄支韵开口的多数字读作[i]韵或[ei]韵。例如：

[i]韵　　疕痂 p^{h}i^{42} | 避 pi^{223} | 篱 li^{221} | 离 li^{223} |
紫 tʃi^{42} | 刺 tʃ^{h}i^{335} | 池 ti^{221} |
枝荔～li^{-443} | 施 θi^{443} | 匙 θi^{221} | 义 ŋi^{223} |
戏 hi^{335} | 椅 i^{42}；

[ei]韵　　脾 pei^{221} | 知 tei^{443} | 智 tei^{335} |
枝树～kei^{443} | 是 θei^{223} | 骑 k^{h}ei^{221} |
移 ei^{221} | 易容～ei^{223}。

这两个韵母的分布如下(引号内是例字)：

	阴平	阳平	上声	阴去	阳去
[i]韵	＋"施"	＋"池"	＋"椅"	＋"戏"	＋"义"
[ei]韵	＋"知"	＋"骑"	－	＋"智"	＋"是"

2.1.2.2.2.5.3　止摄支韵帮组有三个字读作[ui]韵，均为重纽三等字：皮 p^{h}ui^{221} | 被被子 p^{h}ui^{223} | 糜～粥 mui^{221}。

2.1.2.2.2.5.4　止摄支韵开口见晓组有三个字读作

[e]韵，均为重组三等字：寄 ke^{335} | 徛站立 $k^{h}e^{223}$ | 蚁 $ŋe^{223}$。

2.1.2.2.2.5.5　止摄支韵开口字里比较特殊的读音：儿～婿。日 $niŋ^{221}$。

2.1.2.2.2.5.6　止摄开口脂之韵知庄章组的少数字读作[ai]韵：

脂韵　　筛筛子 $t^{h}ai^{443}$ | 师～父 $θai^{-44}$ | 狮 $θai^{443}$ | 指十～～ $tsai^{42}$ | 屎 $θai^{42}$；

之韵　　痴风～ nai^{-443} | 治杀 $t^{h}ai^{221}$ | 使解～得驶 $θai^{42}$ | 使大～ $θai^{335}$。

2.1.2.2.2.5.7　止摄脂之韵开口字（包括帮组字）里比较特殊的读音：

脂韵　　屁滂 $p^{h}ɵi^{335}$ | 尼娘 $nɛ^{221}$ | 私～家钱。心 $θai^{-22}$ | 脂章 $tʃi^{443}$ | 指～甲 $tʃiŋ^{-55}$；

之韵　　厘来 $lɛ^{221}$ | 之芝章 $tʃi^{443}$。

2.1.2.2.2.5.8　止摄开口微韵见晓组的部分字读作[ɵi//ui]韵：机□ ka^{-34}～：织布机 $ɵi^{-443}$ | 饑饿 $kɵi^{443}$ | 几～只虮蚜虫 kui^{42} | 气断～ $jɵi^{-335}$ | 衣胎盘 $ɵi^{443}$。

2.1.2.2.2.5.9　止摄微韵非组字的读音较为复杂，读作[ei//]韵、[ɵi//]韵或[ui//]韵。例如：

[ei//]韵　　非 hei^{443} | 未地支之一 mei^{223} | 味 wei^{223}；

[ɵi//]韵　　痱沸 $pɵi^{335}$ | 肥 $pɵi^{221}$；

[ui//]韵 飞 pui^{443} | 尾 mui^{42} | 未副词 mui^{223}。

2.1.2.2.2.5.10 止摄合口脂韵的以母字读作[ei//]韵：维惟遗 mei^{221} | 唯 mei^{221}。

2.1.2.2.2.5.11 止摄合口脂韵生母读作[ɔi//]韵：衰 $θɔi^{443}$ | 帅 $θɔi^{335}$。

2.1.2.2.2.5.12 止摄合口支脂韵里比较特殊的读音：髓支心 $tʃ^{h}ɵi^{42}$ | 吹炊支昌 $tʃ^{h}ui^{443}$；季脂见 ki^{335}。

2.1.2.2.2.6 效摄

2.1.2.2.2.6.1 效摄一等豪韵主要读作[au//o]韵或[ɔ]韵。例如：

[au//o]韵 老形容词 lau^{223} | 糟 $tsau^{443}$ | 蚤 $tʃo^{42}$ | 灶 $tsau^{335}$ | 草 $tʃ^{h}o^{42}$ | 扫 $θau^{335}$ | 薅～草 hau^{443} | 号哭 au^{221}；

[ɔ]韵 报 $pɔ^{335}$ | 帽 $mɔ^{223}$ | 刀 $tɔ^{443}$ | 捣 $tɔ^{42}$ | 讨 $t^{h}ɔ^{42}$ | 桃 $t^{h}ɔ^{221}$ | 牢 $lɔ^{221}$ | 枣 $tsɔ^{42}$ | 槽 $θɔ^{221}$ | 高 $kɔ^{443}$ | 熬 $ŋɔ^{221}$ | 好形容词 $hɔ^{42}$ | 号几～$hɔ^{223}$。

2.1.2.2.2.6.2 效摄二等肴韵读作[a]韵或[au//o]韵。例如：

[a]韵 饱 pa^{42} | 炒吵～农 $ts^{h}a^{42}$ | 胶～水 ka^{443} | 教～书 ka^{335} | 骹脚 $k^{h}a^{443}$ | 孝 ha^{335} | 咬 ka^{223}；

[au//o]韵　　包 pau^{443} | 炮 p^{h}au^{335} | 卯 mo^{42} |
闹 nau^{223} | 罩 tau^{335} | 爪 tʃo^{42}。

2.1.2.2.2.6.3　效摄二等肴韵並母还有两个字读作[ou]韵：匏朣～炮煨 pou^{221}。

2.1.2.2.2.6.4　效摄三等宵韵和四等萧韵都读作[iu]韵。例如：

宵韵　　薸浮萍 p^{h}iu^{221} | 表 piu^{42} | 笑 tʃ^{h}iu^{335} |
赵 tiu^{223} | 照 tʃiu^{335} | 烧 θiu^{443} | 桥 kiu^{221} |
腰 jiu^{443} | 鹞 liu^{223}；

萧韵　　钓 tiu^{335} | 跳 t^{h}iu^{335} | 辽 liu^{221} | 萧 θiu^{443} |
缴 kiu^{42} | 叫 kiu^{335}。

2.1.2.2.2.6.5　效摄四等萧韵端组的部分字读作[ɛu//eu]韵：雕 tɛu^{443} | 鸟□neiʔ^{4}～：阴茎 tʃeu^{42} | 吊 tɛu^{335} | 条 tɛu^{221} | 寮 lɛu^{221} | 料 lɛu^{223}。

2.1.2.2.2.6.6　效摄里比较特殊的读音：早豪精 tsa^{42} | 靠豪溪 k^{h}o^{335}；猫肴明 maŋ^{221} | 笊～篱。肴庄 tʃɛ^{335} | 吵肴初 ts^{h}au^{42}又读 | 巧肴溪 k^{h}iu^{42}；了助词。萧来 lo^{0}。

2.1.2.2.2.7　流摄

2.1.2.2.2.7.1 流摄一等侯韵主要读作[au//o]韵或[ɛu//eu]韵。例如：

[au//o]韵　　偷 t^{h}au^{443} | 头 t^{h}au^{221} | 楼～下 lau^{221} |
漏陋 lau^{223} | 走 tʃo^{42} | 嗽 θau^{335} |

钩沟 kau^{443}|藕 ŋau^{223}|厚 kau^{223}|
後 au^{223}；

[ɛu//eu]韵　亩 meu^{42}|奏 tʃɛu^{335}|凑 tʃʰɛu^{335}|
狗 keu^{42}|构 kɛu^{335}|候 hɛu^{223}|
欧 ɛu^{443}。

2.1.2.2.2.7.2　流摄一等侯韵明母还有[u]韵的读音：某牡母 mu^{42}|戊 mu^{223}。

2.1.2.2.2.7.3　流摄三等尤幽韵（除非组、庄组和来母以外）主要读作[eu//iu]韵。例如：

尤韵　酒 tʃiu^{42}|秋 tʃʰeu^{443}|就 tʃeu^{223}|
修 θeu^{443}|秀 θeu^{335}|丑地支之一 tʰiu^{42}|
绸 tʰeu^{221}|周 tʃeu^{443}|手 tʃʰiu^{42}|
受 θeu^{223}|韭 kiu^{42}|求 keu^{221}|油 jeu^{221}；

幽韵　幽 eu^{443}|幼 eu^{335}。

2.1.2.2.2.7.4　流摄三等尤韵来母字主要读作[iu]韵。例如：榴硫瘤 liu^{221}|柳 liu^{42}。

2.1.2.2.2.7.5　流摄三等尤韵非组字和一部分见晓组字读作[ou]韵：

非组　富 pou^{335}|浮 pʰou^{221}|妇新～mou^{-223}|
伏孵 pou^{223}；

见晓组　丘 kʰou^{443}|舅 kou^{223}|臼 kʰou^{223}|
旧 kou^{223}|烌火～hou^{443}|有 ou^{223}。

2.1.2.2.2.7.6 流摄三等尤韵庄组字读作[ɛu]韵：邹 tʃɛu^{443} | 皱 tʃɛu^{335} | 愁 tɛu^{221} | 馊臭～lɛu^{-443} | 搜 θɛu^{443}。

2.1.2.2.2.7.7 流摄三等尤韵的部分字还有[au//o]韵的读音出现：流刘留 lau^{221} | 昼 tau^{335} | 臭 ts^{h}au^{335} | 九 ko^{42}。

2.1.2.2.2.7.8 流摄里比较特殊的读音：喉～咙。侯匣 hɔ^{221}；抽～出 t^{h}iu^{443} | 咒～衣。尤章 tʃɛu^{335}。

2.1.2.2.2.8 咸摄

2.1.2.2.2.8.1 咸摄一等覃谈合盍韵字和多数二等咸衔洽狎韵字读作[aŋ aʔ]韵。例如：

覃韵	耽 taŋ^{443} | 贪 t^{h}aŋ^{443} | 探 t^{h}aŋ^{335} | 潭 t^{h}aŋ^{221} | 南男 naŋ^{221} | 簪 tsaŋ^{443} | 惨 ts^{h}aŋ^{42} | 感䃭 kaŋ^{42} | 堪 k^{h}aŋ^{443} | 磡 k^{h}aŋ^{335} | 含 kaŋ^{221} | 函 haŋ^{221}；
谈韵	胆 taŋ^{42} | 担名词 taŋ^{335} | 篮 laŋ^{221} | 錾 tsaŋ^{223} | 三 θaŋ^{443} | 甘柑 kaŋ^{443} | 敢 kaŋ^{42} | 庵 aŋ^{443} | 暗 aŋ^{335}；
合韵	答 taʔ^{5} | 踏 taʔ^{2} | 纳 naʔ^{2} | 杂 tsaʔ^{2} | 蛤 kaʔ^{5} | 合～作 haʔ^{2}；
盍韵	塔 t^{h}aʔ^{5} | 蜡 laʔ^{2}；
咸韵	斩 tsaŋ^{42} | 杉 θaŋ^{443} | 咸～丰 haŋ^{221} | 馅 aŋ^{223}；
衔韵	衫 θaŋ^{443} | 监太～kaŋ^{335} | 衔 kaŋ^{221}；

洽韵　插 $ts^{h}aʔ^{5}$ | 闸 $tsaʔ^{2}$ | 裌 $kaʔ^{5}$；

狎韵　甲 $kaʔ^{5}$ | 鸭 $aʔ^{5}$。

2.1.2.2.2.8.2　咸摄二等咸洽狎韵的部分字读作[iɐʔ]韵或[ɛiŋ//eiŋ ɛʔ]韵：

[iɐʔ]韵　夹 $kiɐʔ^{5}$、$kiɐʔ^{2}$ | 峡 $k^{h}iɐʔ^{3}$、$kiɐʔ^{5}$（以上洽韵）；

[ɛiŋ//eiŋ]韵　减硷 $keiŋ^{42}$ | 鹹 $kɛiŋ^{221}$（以上咸韵）；

[ɛʔ]韵　狭 $ɛʔ^{2}$（洽韵）；压 $ɛʔ^{5}$（狎韵）。

2.1.2.2.2.8.3　咸摄三等盐严叶业韵主要有读作[iŋ iʔ]韵或[iɐŋ iɐʔ]韵。例如：

盐韵　镰 $liŋ^{221}$ | 殓 $liŋ^{223}$ | 尖 $tʃiŋ^{443}$ | 渐 $tʃiŋ^{223}$ | 詹 $tʃiŋ^{443}$ | 占～领 $tʃiŋ^{335}$ | 钳 $k^{h}iŋ^{221}$ | 险 $hiŋ^{42}$ | 厌 $jiŋ^{335}$ | 炎 $jiŋ^{221}$ | 盐名词 $θiŋ^{221}$ | 盐腌制 $θiŋ^{335}$；染 $niɐŋ^{42}$ | 验 $ŋiɐŋ^{223}$ | 阎 $ŋiɐŋ^{221}$；

严韵　剑 $kiŋ^{335}$ | 欠 $k^{h}iŋ^{335}$；严 $ŋiɐŋ^{221}$；

叶韵　接 $tʃiʔ^{5}$ | 妾 $tʃ^{h}iʔ^{5}$ | 涉 $θiʔ^{2}$ | 叶 $jiʔ^{2}$；聂镊 $niɐʔ^{5}$；

业韵　劫 $kiʔ^{5}$ | 业 $ŋiʔ^{2}$ | 胁 $hiʔ^{2}$。

盐韵的"艳、焰"读作[$jaŋ^{223}$]，是与[iɐŋ]韵同一类的读音。

2.1.2.2.2.8.4　咸摄四等添帖韵除了[iŋ iʔ]韵或

[iɐʔ]韵以外还读作[ɛiŋ//eiŋ ɛʔ]韵。例如：

添韵　　添 tʰiŋ^{443} | 谦 kʰiŋ^{443} | 嫌 hiŋ^{221}；
点 teiŋ^{42} | 店 tɛiŋ^{335} | 簟 tɛiŋ^{223} |
念~经 nɛiŋ^{223}；

帖韵　　碟蝶 tiʔ^{2} | 荚 kiʔ^{5} | 协 hiʔ^{2}；
挟用筷子夹 kiɐʔ^{5}；帖贴 tʰɛʔ^{5} | 叠 tʰɛʔ^{2}。

2.1.2.2.2.8.5　咸摄三等凡乏韵读作[uaŋ uaʔ]韵：泛 huaŋ^{223} | 凡 huaŋ^{221} | 犯 huaŋ^{223}；法 huaʔ^{5} | 乏 huaʔ^{2}。

2.1.2.2.2.8.6　咸摄里比较特殊的读音：蚕覃从 tʃʰɛiŋ^{221}；拉合来 la^{443}；橄~榄。谈见 ka^{-35}；岩衔疑 ŋiɐŋ^{221}；饕淡。盐精 tʃiɐŋ^{42} | 闪盐书 θiʔ^{5}、θiɐʔ^{5}；猎业来 laʔ^{2}。

2.1.2.2.2.9　深摄

2.1.2.2.2.9.1　深摄三等侵缉韵的多数字读作[ɛiŋ//ɛʔ]韵或[eiŋ//iŋ eiʔ]韵。例如：

侵韵　　沉 tʰɛiŋ^{221} | 森参洋~θɛiŋ^{443} | 针 tʃɛiŋ^{443} |
阴 ɛiŋ^{443}；品 pʰiŋ^{42} | 浸 tʃeiŋ^{335} |
心 θeiŋ^{443} | 深 tʃʰeiŋ^{443} | 审 θiŋ^{42} |
壬 jeiŋ^{223} | 任 eiŋ^{223} | 今金 keiŋ^{443} |
锦 kiŋ^{42} | 琴擒 kʰeiŋ^{221} | 妗 keiŋ^{223} |
音 eiŋ^{443}；

缉韵　　涩 θɛʔ^{5} | 汁 tʃɛʔ^{5} | 十 θɛʔ^{2}；集 tʃeiʔ^{2} |
习 tʃeiʔ^{2} | 立笠 leiʔ^{2} | 执 tʃeiʔ^{5} | 入 jeiʔ^{2} |

急 keiʔ^{5} | 揖 eiʔ^{5}。

2.1.2.2.2.9.2　深摄三等侵缉韵的少数非上声字读作[iŋ]韵：林姓淋临～时 liŋ^{221} | 寻度 tʃʰiŋ^{221} | 淫 jiŋ^{221}。

2.1.2.2.2.9.3　深摄三等侵缉韵还有四个字读作[am aʔ]韵：林树～laŋ^{221} | 饮米汤 aŋ^{42} | 今～早 kaŋ$^{-55}$；粒 laʔ^{2}。

2.1.2.2.2.9.4　深摄里比较特殊的读音：湿缉书 θiɐʔ^{5}。

2.1.2.2.2.10　山摄

2.1.2.2.2.10.1　山摄开口一等寒曷韵字和多数开口二等山删黠韵字读作[aŋ aʔ]韵：

寒韵	旦 taŋ^{335}	滩 tʰaŋ^{443}	栏 laŋ^{221}	伞 θaŋ^{42}	肝 kaŋ^{443}	寒 kaŋ^{221}	安 aŋ^{443}；
曷韵	达 taʔ^{2}	辣 laʔ^{2}	擦 tsʰaʔ^{5}	萨菩～laʔ$^{-5}$	割葛 kaʔ^{5}；
山韵	盏 tsaŋ^{42}	山 θaŋ^{443}	产 θaŋ^{42}	艰 kaŋ^{443}	眼单爿～ŋaŋ^{42}；
删韵	班 paŋ^{443}	蛮 maŋ^{221}	删 θaŋ^{443}	奸 kaŋ^{443}	雁 ŋaŋ^{223}	晏 aŋ^{335}；
黠韵	扎 tsaʔ^{5}	杀 θaʔ^{5}。

2.1.2.2.2.10.2　山摄开口一等寒曷韵有三个字读作[iɐŋ iɐʔ]韵：懒来 tiɐŋ^{223} | 岸疑 ŋiɐŋ^{223}；獭透 tʰiɐʔ^{5}。

2.1.2.2.2.10.3　山摄开口二等山删黠韵的少数字读作[ɛiŋ//eiŋ ɛʔ]韵：

山韵　　瓣办 pɛiŋ^{223} | 眼~镜 ŋɛiŋ$^{-55}$ | 闲 ɛiŋ^{221} |
限 ɛiŋ^{223} | 苋 hɛiŋ^{335}；

删韵　　斑 pɛiŋ^{443} | 板版 peiŋ^{42} | 爿 pɛiŋ^{221} |
慢 mɛiŋ^{223}；

黠韵　　八 pɛʔ^{5} | 拔 pɛʔ^{2}。

2.1.2.2.2.10.4　山摄开口二等山韵还有两个字读作[iɐŋ]韵：铲 t^{h}iɐŋ^{42} | 眼龙~ŋiɐŋ^{42}。

2.1.2.2.2.10.5　山摄开口三等仙韵读作[iŋ]韵和[iɐŋ]韵。例如：

[iŋ]韵　　鞭 piŋ^{443} | 变 piŋ^{335} | 辨 piŋ^{223} |
棉 miŋ^{221} | 缠 tiŋ^{221} | 箭 tʃiŋ^{335} |
浅 tʃ^{h}iŋ^{42} | 扇扇子 θiŋ^{335} | 善 θiŋ^{223} |
遣 k^{h}iŋ^{42} | 件 kiŋ^{223}；

[iɐŋ]韵　　煎~药 tʃiɐŋ^{443} | 癣 tʃ^{h}iɐŋ^{42} | 线 θiɐŋ^{335} |
鳝 tʃ^{h}iɐŋ^{223} | 囝儿子 kiɐŋ^{42}。

2.1.2.2.2.10.6　山摄开口三等薛韵读作[iʔ]韵。例如：鳖 piʔ^{5} | 灭 miʔ^{2} | 列 liʔ^{2} | 薛 θiʔ^{5} | 哲 tiʔ^{5} | 舌 θiʔ^{2} | 设 θiʔ^{5} | 杰 kiʔ^{2} | 热 iʔ^{2}。

2.1.2.2.2.10.7　山摄开口三等元韵读作[iŋ]韵。例如：建 kiŋ^{335} | 健 kiŋ^{223} | 言 ŋiŋ^{221} | 轩 hiŋ^{443} | 宪 hiŋ^{335}。

2.1.2.2.2.10.8　山摄开口三等月韵读作[iʔ]韵或[iɐʔ]韵：羯阉 kiʔ^{5} | 歇 hiʔ^{5}；揭用肩扛 kiɐʔ^{2}。

2.1.2.2.2.10.9　山摄开口四等先韵读作[iŋ]韵或[ɛiŋ//eiŋ]韵。例如：

[iŋ]韵　　边 piŋ^{443} | 辫 piŋ^{223} | 麵 miŋ^{223} | 年 niŋ^{221} | 肩 kiŋ^{443} | 见 kiŋ^{335} | 砚 ŋiŋ^{335} | 贤 hiŋ^{221} | 现 hiŋ^{223} | 燕 jiŋ^{335}；

[ɛiŋ//eiŋ]韵　　扁～担 pɛiŋ$^{-55}$ | 填 tɛiŋ^{221} | 殿 tɛiŋ^{223} | 莲 lɛiŋ^{221} | 千 tʃ^{h}ɛiŋ^{443} | 筅 tʃ^{h}eiŋ^{42} | 笕 keiŋ^{42} | 牵 k^{h}ɛiŋ^{443}。

2.1.2.2.2.10.10　山摄开口四等屑韵读作[iʔ]韵或[ɛʔ]韵。例如：

[iʔ]韵　　撇 p^{h}iʔ^{5} | 篾 miʔ^{2} | 铁 t^{h}iʔ^{5} | 洁 kiʔ^{5}；

[ɛʔ]韵　　鐅镰～ mɛʔ$^{-5}$ | 节 tʃɛʔ^{5} | 截切 θɛʔ^{2} | 结系 kɛʔ^{5}。

2.1.2.2.2.10.11　山摄开口韵里比较特殊的读音：餐寒清 ts^{h}uaŋ^{443}又读；间～底。山见 kiŋ^{443}；面脸。仙明 meiŋ^{335} | 剪仙精 tʃeiŋ^{42}；裂薛来 lɛʔ^{2}；眠先明 meiŋ^{221}；屑屑心 θeiʔ^{5}。

2.1.2.2.2.10.12　山摄合口一等桓末韵帮组字主要读作[uaŋ uaʔ]韵。例如：

桓韵帮组　　般 puaŋ^{443} | 半 puaŋ^{335} | 潘 p^{h}uaŋ^{443} | 判 p^{h}uaŋ^{335} | 盘 puaŋ^{221} | 伴 p^{h}uaŋ^{223} | 瞒馒鳗 muaŋ^{221} | 满 muaŋ^{42}；

末韵帮组　　钵拨 puaʔ^{5} | 钹跋 puaʔ^{2} | 抹 muaʔ^{5} |

末沫 muaʔ^{2}。

2.1.2.2.2.10.13　山摄合口一等桓韵端精组字主要读作[uaŋ]韵或[ɔuŋ//ouŋ]韵。例如：

[uaŋ]韵　　端 tuaŋ^{443} | 团 t^{h}uaŋ^{221} | 鸾 luaŋ^{221} |
窜 ts^{h}uaŋ^{335}；

[ɔuŋ//ouŋ]韵　断拗～tɔuŋ^{223} | 段 tɔuŋ^{223} | 暖 nouŋ^{42} |
卵 lɔuŋ^{223} | 乱 lɔuŋ^{223} | 钻 tsɔuŋ^{335} |
酸 θɔuŋ^{443} | 算蒜 θɔuŋ^{335}。

2.1.2.2.2.10.14　山摄合口一等末韵端精组字主要读作[aʔ]韵或[ɔʔ]韵：捋 laʔ^{2}；脱 t^{h}ɔʔ^{5}、t^{h}ɔʔ^{2} | 夺 tɔʔ^{2} | 撮 ts^{h}ɔʔ^{5}。

2.1.2.2.2.10.15　山摄合口一二等桓山删韵的见晓组字主要读作[uaŋ aŋ]韵，后者只拼[w]声母，前者则拼其他声母。例如：

桓韵　　官 kuaŋ^{443} | 馆 kuaŋ^{42} |
灌强制灌注 kuaŋ^{335} | 宽 k^{h}uaŋ^{443} |
欢 huaŋ^{443} | 换 waŋ^{223} | 碗 waŋ^{42}；

山韵　　顽 waŋ^{221} | 幻 huaŋ^{223}；

删韵　　环 k^{h}uaŋ^{221} | 弯湾 waŋ^{443}。

2.1.2.2.2.10.16　山摄合口一等末韵见晓组字读作[uaʔ]韵：括 kuaʔ^{5} | 阔 k^{h}uaʔ^{5} | 活 huaʔ^{2}。

2.1.2.2.2.10.17　山摄合口二等删韵见晓组有两个

字读作[ɛiŋ]韵：惯 kɛiŋ³³⁵ | 还 hɛiŋ²²¹。

2.1.2.2.2.10.18 山摄合口二等黠鎋韵读作[uaʔ]韵或[ɔʔ]韵：

鎋韵 刮 kuaʔ⁵；刷 θɔʔ⁵；

黠韵 滑猾 kɔʔ²。

2.1.2.2.2.10.19 山摄合口三等仙薛韵以及元月韵的见晓组字主要读作[uŋ uʔ]韵。例如：

仙韵 全 tʃuŋ²²¹ | 转～势 tuŋ⁴² | 椽 tʰuŋ²²¹ | 传自～tuŋ²²³ | 专砖 tʃuŋ⁴⁴³ | 穿 tʃʰuŋ⁴⁴³ | 串 tʃʰuŋ³³⁵ | 软 nuŋ⁴² | 捲 kuŋ⁴² | 卷考～kuŋ³³⁵ | 权拳 kuŋ²²¹ | 员 wuŋ²²¹；

薛韵 劣 luʔ⁵ | 绝 tʃuʔ² | 雪 θuʔ⁵ | 啜 tʃʰuʔ⁵ | 说 θuʔ⁵；

元韵 劝 kʰuŋ³³⁵ | 元源 ŋuŋ²²¹ | 愿 ŋuŋ²²³ | 楦 huŋ³³⁵ | 园 huŋ²²¹ | 远 huŋ²²³ | 冤 wuŋ⁴⁴³ | 怨 wuŋ³³⁵；

月韵 蕨 kuʔ⁵ | 月 ŋuʔ² | 越 wuʔ²。

2.1.2.2.2.10.20 山摄合口三等仙韵心母字读作[ɔuŋ//ouŋ]韵：宣 θɔuŋ⁴⁴³ | 选 θouŋ⁴²。

2.1.2.2.2.10.21 山摄合口三等仙韵的少数非上声字读作[ouŋ]韵：恋来 louŋ²²³ | 旋邪 θouŋ²²¹ | 篆澄 tʰouŋ³³⁵ | 船船 θouŋ²²¹ | 缘苍蝇等栖止。以 θouŋ²²¹。

2.1.2.2.2.10.22　山摄合口三等仙韵云以母的部分字读作[iŋ]韵：圆形容词。云 jiŋ^{221}｜缘有～沿铅以 jiŋ^{221}｜院云 jiŋ^{223}。

2.1.2.2.2.10.23　山摄合口三等薛韵以母字读作[øoʔ]韵：悦阅 jøoʔ^{5}。

2.1.2.2.2.10.24　山摄合口三等元月韵非组字的读音较复杂，读作[uŋ uʔ]韵、[aŋ aʔ]韵、[uaŋ uaʔ]韵或[//eiŋ]韵，[aŋ aʔ]韵只拼[w]声母，[uaŋ uaʔ]韵则拼其他声母：

[uŋ]韵　　潘～水。孚袁切 p^{h}uŋ$^{-34}$｜饭 puŋ^{223}；

[uaŋ aŋ]韵　　翻 huaŋ^{443}｜贩 huaŋ^{335}｜烦矾 huaŋ^{221}｜万 waŋ^{223}；

[eiŋ]韵　　反翻动 peiŋ^{42}；

[uʔ]韵　　发～屑 puʔ^{5}｜发～芽 puʔ^{5}；

[uaʔ aʔ]韵　　发～展 huaʔ^{5}｜伐罚 huaʔ^{2}｜袜 waʔ^{2}。

2.1.2.2.2.10.25 山摄合口四等先屑韵读作[iʔ]韵或[ɛiŋ//eiŋ ɛʔ]韵：

[iʔ]韵　　决诀 kiʔ^{5}｜缺 k^{h}iʔ^{5}｜穴 hiʔ^{2}；

[ɛiŋ//eiŋ]韵　　犬 k^{h}eiŋ^{42}｜悬高 kɛiŋ^{221}｜县 kɛiŋ^{223}；

[ɛʔ]韵　　血 hɛʔ^{5}。

2.1.2.2.2.10.26　山摄合口韵里比较特殊的读音：短桓端 tøi^{42}｜管火～。桓见 kuŋ^{42}｜款桓溪 k^{h}ouŋ^{42}；关～门。删见 kuŋ^{443}；泉仙从 θiɐŋ^{221}；曰月云 wa^{443}。

2.1.2.2.2.11　臻摄

2.1.2.2.2.11.1　臻摄开口一等痕韵主要读作[//uŋ]韵或[ɔuŋ//]韵：

[ɔuŋ//]韵　吞 t^{h}ɔuŋ^{443} | 根～本跟 kɔuŋ^{443} |
痕 hɔuŋ^{221} | 恨 hɔuŋ^{223} | 恩 ɔuŋ^{443}；

[//uŋ]韵　恳垦 k^{h}uŋ^{42}。

2.1.2.2.2.11.2　臻摄开口三等臻韵(除庄组和见晓组以外)读作[eiŋ//iŋ eiʔ]韵。例如：

[eiŋ//iŋ]韵　宾 peiŋ^{443} | 贫 peiŋ^{221} | 民 meiŋ^{221} |
敏 miŋ^{42} | 邻鳞 leiŋ^{221} | 进 tʃeiŋ^{335} |
亲 tʃ^{h}eiŋ^{443} | 秦 tʃeiŋ^{221} | 尽 tʃeiŋ^{223} |
新 θeiŋ^{443} | 信 θeiŋ^{335} | 珍 teiŋ^{443} |
镇 teiŋ^{335} | 趁 t^{h}eiŋ^{335} | 陈 teiŋ^{221} |
阵 teiŋ^{223} | 真 tʃeiŋ^{443} | 诊 tʃiŋ^{42} |
神 θeiŋ^{221} | 身 θeiŋ^{443} | 肾 θeiŋ^{223} |
慎 θeiŋ^{223} | 人 jeiŋ^{221} | 仁桃～neiŋ^{221} |
忍 jiŋ^{42} | 认 neiŋ^{223}；

[eiʔ]韵　笔 peiʔ^{5} | 匹 p^{h}eiʔ^{5} | 弼 peiʔ^{2} | 蜜 meiʔ^{2} |
七漆 tʃ^{h}eiʔ^{5} | 疾 tʃeiʔ^{2} | 悉 θeiʔ^{5} |
侄秩 teiʔ^{2} | 质 tʃeiʔ^{5} | 实 θeiʔ^{2} | 失 θeiʔ^{5} |
日 neiʔ^{2}。

2.1.2.2.2.11.3　臻摄开口三等真质韵还有[ɛiŋ ɛʔ]韵

的读音出现：呻 tʃ^{h}ɛiŋ^{443}；密 mɛʔ^{2}。

2.1.2.2.2.11.4　臻摄开口三等臻栉韵庄组字也读作[ɛiŋ ɛʔ]韵：臻 tʃɛiŋ^{443}；虱 θɛʔ^{5}。

2.1.2.2.2.11.5　臻摄开口三等真韵见晓组字读作[eiŋ//iŋ]韵或[øŋ//iŋ]韵，读[øŋ//iŋ]韵的字都是重纽三等字：

[eiŋ//iŋ]韵　因姻烟於真切 eiŋ^{443}｜紧 kiŋ^{42}｜仅 kiŋ^{42}｜印 eiŋ^{335}｜寅 eiŋ^{221}；

[øŋ//iŋ]韵　巾 køŋ^{443}｜银 ŋøŋ^{221}｜衅 høŋ^{335}｜引 iŋ^{42}。

从宁德市蕉城区九都方言等邻近方言中“引”字的撮口呼读音来看(秋谷裕幸 2018：311)，“引”[iŋ^{42}]的[iŋ]韵是与[øŋ]韵相配的上声韵。

2.1.2.2.2.11.6　臻摄开口三等质韵见晓组字读作[eiʔ]韵：吉 keiʔ^{5}｜乙 eiʔ^{5}｜一 eiʔ^{5}｜逸 eiʔ^{2}。

2.1.2.2.2.11.7　臻摄开口三等殷韵见晓组字读作[eiŋ//iŋ]韵和[øŋ//iŋ]韵，以后者为主：

[eiŋ//iŋ]韵　谨 kiŋ^{42}｜劲 keiŋ^{335}｜芹 k^{h}eiŋ^{221}；

[øŋ//iŋ]韵　斤筋 køŋ^{443}｜勤 k^{h}øŋ^{221}｜近 køŋ^{223}｜欣 høŋ^{443}｜殷 øŋ^{443}｜隐 iŋ^{42}。

从宁德市蕉城区九都方言等邻近方言中“隐”字的撮口呼读音来看(秋谷裕幸 2018：312)，“隐”[iŋ^{42}]的[iŋ]韵是与[øŋ]韵相配的上声韵。

2.1.2.2.2.11.8 臻摄开口三等迄韵溪母"乞"读作［k^hɵʔ^{5}］。

2.1.2.2.2.11.9 臻摄开口韵里比较特殊的读音：根树～。痕见 kɵŋ^{443}｜很痕匣 hɵŋ^{42}；闽真明 maŋ^{221}｜尘扫烟～。真澄 nɔuŋ$^{-221}$｜伸真书 $tʃ^h$uŋ^{443}。

2.1.2.2.2.11.10 臻摄合口一等魂韵的读音很复杂。例如：

帮组	本 puŋ^{42}｜喷 p^houŋ^{335}｜嗌吹 pouŋ^{221}｜ 门 muŋ^{221}｜闷 mouŋ^{223}；
端精组	顿 tɔuŋ^{335}｜墩桥～touŋ^{42}｜豚 tɔuŋ^{221}｜ 嫩 nɔuŋ^{223}｜论 lɔuŋ^{223}｜尊 tsɔuŋ^{443}； 村 ts^hɔuŋ^{443}｜忖想 ts^hɔuŋ^{221}｜ 寸 ts^hɔuŋ^{335}｜孙 θɔuŋ^{443}｜损 θouŋ^{42}；
见晓组	昆 k^houŋ^{443}｜滚 kuŋ^{42}｜坤 k^hɔuŋ^{443}｜ 困 k^houŋ^{335}｜睏睡 ŋɔuŋ^{335}｜ 昏婚 houŋ^{443}｜魂 hɔuŋ^{221}｜温 ouŋ^{443}｜ 稳 wuŋ^{42}。

以上可以概括如下：

	阴平	阳平	上声	阴去	阳去
帮组	——	uŋ、ouŋ	uŋ	ouŋ	ouŋ
端精组	ɔuŋ	ɔuŋ	ouŋ	ɔuŋ	ɔuŋ
见晓组	ɔuŋ、ouŋ	ɔuŋ	uŋ	ɔuŋ、ouŋ	——

除了“门”以外，帮组的表现是[ouŋ//uŋ]韵。端精组的表现则为[ɔuŋ//ouŋ]韵。

2.1.2.2.2.11.11　臻摄合口一等没韵见晓组主要读作[ɔʔ]韵：骨 kɔʔ^{5} | 窟~□lɔʔ^{5}：窟窿 k^{h}ɔʔ^{5} | 核桃核 hɔʔ^{2}。

2.1.2.2.2.11.12　臻摄合口三等谆韵和文韵见晓组都读作[ouŋ//uŋ]韵。例如：

谆韵　　轮 louŋ^{221} | 俊 tʃouŋ^{335} | 笋 θuŋ^{42} |
巡 θouŋ^{221} | 準 tʃuŋ^{42} | 春 tʃ^{h}ouŋ^{443} |
顺 θouŋ^{223} | 舜 θouŋ^{335} | 闰 nouŋ^{223} |
润 nouŋ^{335} | 匀 jouŋ^{221}；

文韵　　军 kouŋ^{443} | 裙 kouŋ^{221} | 郡 kouŋ^{223} |
训 houŋ^{335} | 雲 houŋ^{221} | 运 wouŋ^{223}。

2.1.2.2.2.11.13　臻摄合口三等術韵读作[oʔ]韵。例如：律 loʔ^{2} | 戌 θoʔ^{5} | 术白~θoʔ^{2} | 出 tʃ^{h}oʔ^{5} | 術 θoʔ^{2}。

2.1.2.2.2.11.14　臻摄合口三等物韵除了[oʔ]韵以外，还有[uʔ]韵的读音：佛 hoʔ^{2} | 熨纡物切 oʔ^{5}；物勿 wuʔ^{2} | 掘衢物切 kuʔ^{2}。

2.1.2.2.2.11.15　臻摄三等文韵非组读作[uŋ]韵和[ouŋ//uŋ]韵。例如：

[uŋ]韵　　分~开 puŋ^{443} | 蚊~□no^{-221}：蚊帐 muŋ^{221} |
问动词 muŋ^{335}；

[ouŋ//uŋ]韵　分春~houŋ^{443} | 粉 huŋ^{42} | 粪 pouŋ^{335} |

坟寿～ßouŋ⁻²²¹｜份 houŋ²²³｜
文 wouŋ²²¹。

2.1.2.2.2.11.16 臻摄合口韵里比较特殊的读音：

魂没韵　盆並 puaŋ²²¹；窟～窿。溪 kʰœ⁰；

谆術韵　遵精 tsɔuŋ⁴⁴³｜均平～。见 ŋeiŋ⁻⁴⁴³｜
允以 jiŋ⁴²；蟀生 θɔʔ⁵｜橘见 keiʔ⁵；

文物韵　蚊～虫。微 mui²²¹｜熏薰食～。晓 hɔuŋ⁴⁴³｜
运云 wuŋ²²³又读；屈溪 kʰɵʔ⁵。

2.1.2.2.2.12 宕摄

2.1.2.2.2.12.1 宕摄开口一等唐韵读作[ɔuŋ//ouŋ]韵。例如：帮 pɔuŋ⁴⁴³｜榜 pouŋ⁴²｜党 touŋ⁴²｜汤 tʰɔuŋ⁴⁴³｜糖 tʰɔuŋ²²¹｜浪 lɔuŋ²²³｜葬 tsɔuŋ³³⁵｜仓 tsʰɔuŋ⁴⁴³｜缸 kɔuŋ⁴⁴³｜糠 kʰɔuŋ⁴⁴³｜园藏放 kʰɔuŋ³³⁵｜杭 hɔuŋ²²¹。

2.1.2.2.2.12.2 宕摄开口一等铎韵读作[ɔʔ]韵。例如：博换 pɔʔ⁵｜薄形容词 pɔʔ²｜膜 mɔʔ⁵｜托 tʰɔʔ⁵｜落 lɔʔ²日头～山｜作 tsɔʔ⁵｜索 θɔʔ⁵｜阁 kɔʔ⁵｜鹤 hɔʔ²｜恶形容词 ɔʔ⁵。

2.1.2.2.2.12.3 宕摄开口三等阳韵(除庄组以外)主要读作[øoŋ]韵。例如：良 løoŋ²²¹｜两斤～løoŋ⁴²｜浆 tʃøoŋ⁴⁴³｜蒋 tʃøoŋ⁴²｜酱 tʃøoŋ³³⁵｜墙 tʃʰøoŋ²²¹｜想 θøoŋ⁴²｜章 tʃøoŋ⁴⁴³｜掌 tʃøoŋ⁴²｜唱 tʃʰøoŋ³³⁵｜上 θøoŋ²²³｜让 nøoŋ³³⁵｜张量词 tʰøoŋ⁴⁴³｜长县～tøoŋ⁴²｜帐 tøoŋ³³⁵｜畅 tʰøoŋ³³⁵｜场 tøoŋ²²¹｜杖 tʰøoŋ²²³｜娘 nøoŋ²²¹｜薑 køoŋ⁴⁴³｜强～弱 køoŋ²²¹｜

强勉～kʰøoŋ^{42}｜仰 ŋøoŋ^{42}｜香 høoŋ^{443}｜享 høoŋ^{42}｜向 høoŋ^{335}｜殃 jøoŋ^{443}｜羊 jøoŋ^{221}｜养 jøoŋ^{42}｜痒 θøoŋ^{223}｜样 jøoŋ^{223}。

2.1.2.2.2.12.4　宕摄开口三等阳韵的庄组字以及少数知组、影母字读作[ɔuŋ//ouŋ]韵。例如：

庄组　　装 tsɔuŋ^{443}｜壮 tsɔuŋ^{335}｜创 tsʰɔuŋ^{335}｜床床铺 tsʰɔuŋ^{221}｜状告～tsɔuŋ^{223}｜霜 θɔuŋ^{443}｜爽 θouŋ^{42}；

知组　　涨 touŋ^{42}｜长形容词肠 tɔuŋ^{221}｜丈长度单位 tɔuŋ^{223}｜酿娘母 nɔuŋ^{223}；

影母　　秧 ɔuŋ^{443}。

2.1.2.2.2.12.5　宕摄开口三等药韵读作[iʔ]韵或[øoʔ]韵。例如：

[iʔ]韵　　雀～囝 tʃiʔ^{5}｜着直略切 tiʔ^{2}｜若～夥箬 niʔ^{2}｜药 jiʔ^{2}；

[øoʔ]韵　　略 løoʔ^{2}｜鹊 tʃʰøoʔ^{5}｜弱 jøoʔ^{2}｜虐 ŋøoʔ^{2}｜约 jøoʔ^{5}。

2.1.2.2.2.12.6　宕摄开口韵里比较特殊的读音：落掉落。铎来 lœʔ^{5}｜各铎见 kuʔ^{5}～个、kœʔ^{5}～农；两数词。阳来 laŋ^{223}｜丈～夫。阳澄 taŋ$^{-22}$｜状～元。阳崇 tʃøoŋ$^{-55}$；削鱼鳞～得。药心 θeiʔ^{5}。

2.1.2.2.2.12.7　宕摄合口一等唐韵和合口三等阳韵见晓组一律读作[uŋ]韵。例如：

唐韵　　光 $kuŋ^{443}$ | 广 $kuŋ^{42}$ | 荒 $huŋ^{443}$ |
皇 $huŋ^{221}$ | 黄颜色 $wuŋ^{221}$；

阳韵　　狂 $kuŋ^{221}$ | 况 $k^{h}uŋ^{335}$ | 枉 $wuŋ^{221}$ |
王 $wuŋ^{221}$ | 往 $wuŋ^{42}$ | 旺 $wuŋ^{223}$。

2.1.2.2.2.12.8　宕摄三等阳韵非组的读音较为复杂，读作[uŋ]韵、[ɔuŋ]韵、[œuŋ]韵、或[ouŋ//uŋ]韵。例如：

[uŋ]韵　　方 $huŋ^{443}$ | 放解～$huŋ^{335}$ | 芳 $huŋ^{443}$ |
访 $huŋ^{42}$ | 亡 $wuŋ^{221}$；

[ɔuŋ]韵　　望往远处看 $mɔuŋ^{223}$；

[œuŋ]韵　　网渔网 $mœuŋ^{223}$；

[ouŋ//uŋ]韵　　枋 $pouŋ^{443}$ | 放～假 $pouŋ^{335}$ | 房 $pouŋ^{221}$ |
纺 $p^{h}uŋ^{42}$ | 芒麦芒 $mouŋ^{221}$。

从保存双唇音的声母读音来看，"纺"字的[uŋ]韵应当是与[ouŋ]韵相配的上声韵。

2.1.2.2.2.12.9　宕摄三等药韵奉母的"缚"、江摄二等觉韵帮母的"剥"和通摄一屋韵並母的"曝"都读作[uʔ]韵：缚 $puʔ^{2}$；剥 $puʔ^{5}$；曝 $p^{h}uʔ^{2}$。

2.1.2.2.2.12.10　宕摄合口韵里比较特殊的读音：网蜘蛛～。阳微 $maŋ^{-443}$ | 匡阳溪 $k^{h}uaŋ^{443}$。

2.1.2.2.2.13　江摄

2.1.2.2.2.13.1　江摄开口二等江韵读作[ɔuŋ//]韵

或[œuŋ//eŋ]韵：

[ɔuŋ//]韵　邦 pɔuŋ^{443}｜蚌 p^{h}ɔuŋ^{223}｜窗 t^{h}ɔuŋ^{443}｜豇扛江闽～kɔuŋ^{443}｜降霜～kɔuŋ^{335}｜降投～hɔuŋ^{221}｜项 hɔuŋ^{223}；

[œuŋ//eŋ]韵 双 θœuŋ^{443}｜港 keŋ^{42}。

2.1.2.2.2.13.2　江摄开口二等觉韵读作[ɔʔ]韵、[œʔ]韵或[oʔ]韵。例如：

[ɔʔ]韵　驳 pɔʔ^{5}｜桌 tɔʔ^{5}｜戳～印 ts^{h}ɔʔ^{2}｜镯 θɔʔ^{2}｜觉感～kɔʔ^{5}｜嶽 ŋɔʔ^{2}｜学 ɔʔ^{2}；

[œʔ]韵　戳捅 t^{h}œʔ^{5}｜浊 tœʔ^{2}｜角 kœʔ^{5}｜壳 k^{h}œʔ^{5}；

[oʔ]韵　朴 p^{h}oʔ^{5}｜握 oʔ^{5}。

关于“剥”字读音，参看上文 2.1.2.2.2.12.9。

2.1.2.2.2.13.3　江摄里比较特殊的读音：讲江见 kuŋ^{42}｜腔江溪 k^{h}øoŋ^{443}。

2.1.2.2.2.14　曾摄

2.1.2.2.2.14.1　曾摄开口一等登韵读作[œuŋ//eŋ]韵或[eiŋ//iŋ]韵。例如：

[œuŋ//eŋ]韵 朋 pœuŋ^{221}｜灯 tœuŋ^{443}｜等平～teŋ^{42}｜邓 tœuŋ^{223}｜能 nœuŋ^{221}｜增 tʃœuŋ^{443}｜曾～经 tʃœuŋ^{221}｜赠 tʃœuŋ^{223}｜恒 hœuŋ^{221}；

［eiŋ//iŋ］韵　戥 $tiŋ^{42}$｜凳 $teiŋ^{335}$｜藤 $teiŋ^{221}$｜层 $tʃeiŋ^{221}$｜肯 $k^{h}iŋ^{42}$。

2.1.2.2.2.14.2　曾摄开口一等德韵读作［ɛʔ］韵或［œʔ］韵。例如：

［ɛʔ］韵　贼 $tʃ^{h}ɛʔ^{2}$｜塞 $θɛʔ^{5}$；

［œʔ］韵　北 $pœʔ^{5}$｜墨默 $mœʔ^{2}$｜德 $tœʔ^{5}$｜特 $tœʔ^{2}$｜则 $tʃœʔ^{5}$｜刻 $k^{h}œʔ^{5}$｜黑 $hœʔ^{5}$。

2.1.2.2.2.14.3　曾摄开口三等蒸韵读作［eiŋ//］韵。例如：冰 $peiŋ^{443}$｜凭 $peiŋ^{221}$｜菱 $leiŋ^{221}$｜蒸 $tʃeiŋ^{443}$｜症 $tʃeiŋ^{335}$｜称名～$tʃ^{h}eiŋ^{443}$｜称对～秤 $tʃ^{h}eiŋ^{335}$｜乘加减～除 $θeiŋ^{221}$｜升容量单位 $tʃeiŋ^{443}$｜胜～利 $θeiŋ^{335}$｜承 $θeiŋ^{221}$｜兴败～$heiŋ^{335}$｜鹰 $eiŋ^{443}$｜应应答 $eiŋ^{335}$｜蝇 $θeiŋ^{221}$｜孕 $eiŋ^{223}$。

2.1.2.2.2.14.4　曾摄开口三等职韵（除精母和庄组以外）读作［eiʔ］韵。例如：逼 $peiʔ^{5}$｜力 $leiʔ^{2}$｜息 $θeiʔ^{5}$｜直值 $teiʔ^{2}$｜职 $tʃeiʔ^{5}$｜食吃 $θeiʔ^{2}$｜识式饰 $θeiʔ^{5}$｜殖 $teiʔ^{2}$｜极 $keiʔ^{2}$｜抑 $eiʔ^{5}$。

2.1.2.2.2.14.5　曾摄开口三等职韵庄组读作［œʔ］韵：侧 $tʃ^{h}œʔ^{5}$｜测 $tʃ^{h}œʔ^{5}$｜色 $θœʔ^{5}$。

2.1.2.2.2.14.6　曾摄开口三等职韵精母读作［iʔ］韵：即鲫～鱼 $tʃiʔ^{5}$。

2.1.2.2.2.14.7　曾摄开口三等职韵影母有两个字读作［ei//］韵：忆亿 ei^{335}。

2.1.2.2.2.14.8　曾摄开口韵里比较特殊的读音：崩登帮 pouŋ^{443}｜等动词。登端 tøoŋ^{42}；卜萝～。德並 poʔ^{2}｜得助词。德端 tiʔ^{5}；翼职以 θieʔ^{2}。

2.1.2.2.2.15　梗摄

2.1.2.2.2.15.1　梗摄开口二等庚耕韵读作[aŋ]韵、[ieŋ]韵或[œuŋ//əŋ]韵。例如：

[aŋ]韵　　彭 p^{h}aŋ^{221}｜盲 maŋ^{221}｜撑 t^{h}aŋ^{443}｜生 θaŋ^{443}｜省～钱 θaŋ^{42}｜更拍～kaŋ^{443}｜坑 k^{h}aŋ^{443}（以上庚韵）；争 tsaŋ^{443}（耕韵）；

[ieŋ]韵　　行走 kieŋ^{221}（庚韵）；

[œuŋ//əŋ]韵　　猛 məŋ^{42}｜孟 mœuŋ^{223}｜冷 ləŋ^{42}｜庚 kœuŋ^{443}｜硬 ŋœuŋ^{223}｜亨 hœuŋ^{443}｜衡 hœuŋ^{221}｜杏 hœuŋ^{223}（以上庚韵）；萌 mœuŋ^{221}｜耕 kœuŋ^{443}｜耿 kəŋ^{42}｜幸 hœuŋ^{223}（以上耕韵）。

2.1.2.2.2.15.2　梗摄开口二等陌麦韵读作[aʔ]韵、[œʔ]韵或[eiʔ]韵。例如：

[aʔ]韵　　百 paʔ^{5}｜拍 p^{h}aʔ^{5}｜白 paʔ^{2}｜宅 t^{h}aʔ^{2}｜格 kaʔ^{5}｜客 k^{h}aʔ^{5}（以上陌韵）；掰 paʔ^{5}｜麦 maʔ^{2}｜册 ts^{h}aʔ^{5}｜隔 kaʔ^{5}（以上麦韵）。

[œʔ]韵　　迫 p^{h}œʔ^{5}｜魄 p^{h}œʔ^{5}｜泽 tœʔ^{2}（以上陌韵）；

责 tʃœʔ^{5}｜策 tʃʰœʔ^{5}｜革 kœʔ^{5}｜
扼 œʔ^{5}（以上麦韵）；

[eiʔ]韵 额 ŋeiʔ^{2}（陌韵）；摘 teiʔ^{5}（麦韵）。

2.1.2.2.2.15.3 梗摄开口三等庚清韵和四等青韵读作[aŋ]韵、[iɐŋ]韵或[eiŋ//iŋ]韵。例如：

[aŋ]韵 柄 paŋ^{335}｜平 paŋ^{221}｜病 paŋ^{223}｜
明～年 maŋ^{221}（以上庚三韵）；
井 tsaŋ^{42}｜晴 θaŋ^{221}｜姓 θaŋ^{335}｜
郑 taŋ^{223}（以上清韵）；青 tsʰaŋ^{443}｜
醒 tsʰaŋ^{42}（以上青韵）。

[iɐŋ]韵 命 miɐŋ^{223}｜惊 kiɐŋ^{443}｜镜 kiɐŋ^{335}｜
迎 ŋiɐŋ^{221}（以上庚三韵）；饼 piɐŋ^{42}｜
名 miɐŋ^{221}｜领 liɐŋ^{42}｜请 tʃʰiɐŋ^{42}｜
情亲～niɐŋ$^{-221}$｜程 tʰiɐŋ^{221}｜
正～月 tʃiɐŋ$^{-35}$｜正形容词 tʃiɐŋ^{335}｜
声 θiɐŋ^{443}｜圣 θiɐŋ^{335}｜城 θiɐŋ^{221}
（以上清韵）；鼎锅 tiɐŋ^{42}｜听 tʰiɐŋ^{443}｜
定 tiɐŋ^{223}（以上青韵）；

[eiŋ//iŋ]韵 兵 peiŋ^{443}｜丙 piŋ^{42}｜鸣 meiŋ^{221}｜
皿 miŋ^{42}｜京 keiŋ^{443}｜敬 keiŋ^{335}｜
庆 kʰeiŋ^{335}｜英 eiŋ^{443}（以上庚三韵）；
聘 pʰeiŋ^{335}｜令 leiŋ^{223}｜精 tʃeiŋ^{443}｜

清 tʃʰeiŋ443｜静 tʃeiŋ223｜整 tʃiŋ42｜
政 tʃeiŋ335｜轻 kʰeiŋ443｜婴 eiŋ443
（以上清韵）；瓶 peiŋ221｜钉铁～teiŋ443｜
顶 tiŋ42｜钉动词 teiŋ335｜亭 teiŋ221｜
灵 leiŋ221｜星 θeiŋ443｜磬 kʰeiŋ335｜
形 heiŋ221（以上青韵）。

三等庚韵"影有～"[jaŋ42]和清韵"赢"[jaŋ221]都是与[iɐŋ]韵同一类的读音。

2.1.2.2.2.15.4　庚韵三等影母还有两个字读作[ɔuŋ//ouŋ]韵：影影子 ouŋ42｜映盼望 ɔuŋ335。

2.1.2.2.2.15.5　清韵开口还有两个字读作[ɛiŋ//eiŋ]韵：瘤～肉：瘦肉 θeiŋ42｜蛏 tʰɛiŋ443。

2.1.2.2.2.15.6　梗摄开口三等昔韵读作[iʔ]韵或[eiʔ]韵。例如：

[iʔ]韵　　借资昔切 tʃiʔ5｜惜疼爱 θiʔ5｜蓆 tʃʰiʔ2｜
尺 tʃʰiʔ5｜石 tʃʰiʔ2；
[eiʔ]韵　　僻 pʰeiʔ5｜积迹 tʃeiʔ5｜刺七迹切 tʃʰeiʔ5｜
籍 tʃeiʔ2｜昔 θeiʔ5｜席主～θeiʔ2｜
只 tʃeiʔ5｜赤 tʃʰeiʔ5｜释 θeiʔ5｜益 eiʔ5｜
译液 eiʔ2。

"炙～火"读作[tʃi-55]，单字音应该是*tʃiʔ5。

2.1.2.2.2.15.7　梗摄开口四等锡韵读作[eiʔ]韵。例

如：壁 peiʔ^{5}|滴 teiʔ^{5}|踢 tʰeiʔ^{5}|敌籴 teiʔ^{2}|䇲一种竹器 leiʔ^{2}|绩 tʃeiʔ^{5}|戚 tʃʰeiʔ^{5}|锡 θeiʔ^{5}|激 keiʔ^{5}。

2.1.2.2.2.15.8　梗摄开口韵里比较特殊的读音：打庚二端 ta^{42}；拆～戍。陌二彻 tʰiʔ^{5}|赫陌二晓 hiɐʔ^{5}；莺耕影 eiŋ^{443}；核～对。麦匣 hɔʔ^{2}；盟庚三明 mœuŋ^{221}|映庚三影 jøoŋ^{335}；逆陌疑 ŋœʔ^{2}；厅～堂。青透 tʰɔuŋ^{443}；歷曆锡来 liʔ^{2}。

2.1.2.2.2.15.9　梗摄合口二等的读音较为复杂：横 huaŋ^{221}|矿 kʰuŋ^{335}（以上庚韵）；宏 hœuŋ^{221}（耕韵）；划 woʔ^{2}～火□loʔ^{5}：划火柴、划笔～hœʔ^{2}|获 hœʔ^{2}（以上麦韵）。

2.1.2.2.2.15.10　梗摄合口三等庚清韵和昔韵都读作开口韵：

庚韵	兄 hiɐŋ^{443}；荣 meiŋ^{221}|永 miŋ^{42}|泳咏 miŋ^{42}；
清韵	营军队的编制单位 jaŋ^{221}；倾 kʰiŋ^{443}|颖 iŋ^{42}；
昔韵	疫役 peiʔ^{2}。

2.1.2.2.2.16　通摄

2.1.2.2.2.16.1　通摄一等东冬韵读作[ouŋ//uŋ]韵或[œuŋ//ɵŋ]韵。例如：

[uŋ//ouŋ]韵　篷 pʰouŋ^{221}|蒙 mouŋ^{221}|董懂 tuŋ^{42}|痛 tʰouŋ^{335}|同 touŋ^{221}|动 touŋ^{223}|总 tʃuŋ^{42}|聪 tʃʰouŋ^{443}|从 tʃʰouŋ^{221}|

功 kouŋ^{443}｜贡 kouŋ^{335}｜控 kʰouŋ^{335}｜洪 houŋ^{221}（以上东韵）；统 tʰuŋ^{42}｜宗 tʃouŋ^{443}｜鬆 θouŋ^{443}｜宋 θouŋ^{335}（以上冬韵）；

[œuŋ//ɵŋ]韵 蠓 mɵŋ^{42}｜东 tœuŋ^{443}｜冻栋 tœuŋ^{335}｜通 tʰœuŋ^{443}｜桶 tʰɵŋ^{42}｜铜筒 tœuŋ^{221}｜桐～柴树 tʰœuŋ^{221}｜洞 tœuŋ^{223}｜笼聋 lœuŋ^{221}｜弄 lœuŋ^{223}｜棕 tʃœuŋ^{443}｜粽 tʃœuŋ^{335}｜葱 tʃʰœuŋ^{443}｜送 θœuŋ^{335}｜工 kœuŋ^{443}｜空 kʰœuŋ^{443}｜翁 œuŋ^{443}｜瓮 œuŋ^{335}｜红 œuŋ^{221}（以上东韵）；冬 tœuŋ^{443}｜农人脓 nœuŋ^{221}（以上冬韵）。

2.1.2.2.2.16.2　通摄一等屋韵读作[œʔ]韵或[oʔ]韵。例如：

[œʔ]韵　　读 tʰœʔ^{2}｜鹿簏 lœʔ^{2}｜凿昨木切 tʃʰœʔ^{2}；

[oʔ]韵　　木 moʔ^{2}｜秃 tʰoʔ^{5}｜独 toʔ^{2}｜族 tʃoʔ^{2}｜速 θoʔ^{5}｜縠谷 koʔ^{5}｜哭 kʰoʔ^{5}｜屋 oʔ^{5}。

关于"曝"字读音，参看上文 2.1.2.2.2.12.9。

2.1.2.2.2.16.3　通摄一等沃韵读作[oʔ]韵：笃督 toʔ^{5}｜毒 toʔ^{2}｜酷 koʔ^{5}。

2.1.2.2.2.16.4　通摄一等沃韵里比较特殊的读音：

沃影 wuʔ^{5}。

2.1.2.2.2.16.5 通摄三等东锺韵(除非组、见晓组字以外)主要读作[ouŋ//uŋ]韵。例如:

东韵 隆 louŋ^{221}|中~国忠 touŋ^{443}|
中~毒 touŋ^{335}|仲 touŋ^{223}|
崇 tʃʰouŋ^{221}|终 tʃouŋ^{443}|众 tʃouŋ^{335}|
充 tʃʰouŋ^{443}|铳 tʃʰouŋ^{335}|绒 jouŋ^{221};

锺韵 浓 nouŋ^{221}|龙 louŋ^{221}|从介词 tʃouŋ^{221}|
松~柴树 θouŋ^{221}|诵讼 θouŋ^{223}|
重~阳 touŋ^{221}|鐘锺盅 tʃouŋ^{443}|
肿 tʃuŋ^{42}|衝 tʃʰouŋ^{443}|舂 tʃouŋ^{443}|
茸 jouŋ^{221}。

2.1.2.2.2.16.6 通摄三等东锺韵的见群晓匣母读作[əŋ//]韵,影以母则读[ouŋ//uŋ]韵。例如:

见群晓匣母 弓宫 kəŋ^{443}|穷 kəŋ^{221}|雄英~həŋ^{221}
(以上东韵);恭供~应 kəŋ^{443}|
胸凶兇 həŋ^{443}(以上锺韵);

影以母 融 jouŋ^{221}(东韵);雍 ouŋ^{443}|拥 wuŋ^{42}|
甬勇涌 juŋ^{42}|庸 jouŋ^{221}|用 jouŋ^{223}
(以上锺韵)。

锺韵溪母"恐"读作[kʰuŋ^{42}],为[uŋ]韵。

2.1.2.2.2.16.7 通摄三等东锺韵和屋韵的非组分别

主要读作[ouŋ//uŋ]韵和[oʔ]韵。例如：

东韵　　风枫 houŋ^{443}｜丰 houŋ^{443}｜冯 houŋ^{221}｜凤 houŋ^{223}；

锺韵　　封 houŋ^{443}｜峰蜂 p^{h}ouŋ^{443}｜捧 p^{h}uŋ^{42}｜逢 p^{h}ouŋ^{221}｜奉 houŋ^{223}；

屋韵　　福 hoʔ^{5}｜腹~肚 poʔ^{5}｜覆趴 p^{h}oʔ^{5}｜服 hoʔ^{2}｜匐趴 poʔ^{2}｜目~的牧 moʔ^{2}。

2.1.2.2.2.16.8　通摄三等东锺韵(除非组字以外)还有少数字读作[œuŋ//]韵：虫 t^{h}œuŋ^{221}｜雄鸭~hœuŋ^{221}(以上东韵)；重形容词 tœuŋ^{223}｜共一样 kœuŋ^{223}(以上锺韵)。

2.1.2.2.2.16.9　通摄三等屋韵读作[œʔ]韵、[oʔ]韵或[ɵʔ]韵。例如：

[œʔ]韵　　六 lœʔ^{2}；

[oʔ]韵　　陆 loʔ^{2}｜肃宿~舍 θoʔ^{5}｜祝 tʃoʔ^{5}；

[ɵʔ]韵　　竹筑 tɵʔ^{5}｜逐 tɵʔ^{2}｜缩 t^{h}ɵʔ^{5}｜粥 tʃɵʔ^{5}｜叔 tʃɵʔ^{5}｜熟煮~θɵʔ^{2}｜肉 nɵʔ^{2}｜菊 kɵʔ^{5}｜麴 k^{h}ɵʔ^{5}｜蓄旭 hɵʔ^{5}｜郁 ɵʔ^{5}。

2.1.2.2.2.16.10　通摄三等东屋韵明母的"梦"和"目~屎"读作[œuŋ œʔ]韵：梦 mœuŋ^{335}；目白~mœʔ^{2}。

2.1.2.2.2.16.11　通摄三等烛韵读作[uʔ]韵或[oʔ]韵。例如：

[uʔ]韵　　绿 luʔ^{2}｜粟 tʃ^{h}uʔ^{5}｜烛 tʃuʔ^{5}｜曲弯 k^{h}uʔ^{5}｜

局 kuʔ^{2} | 玉～镯狱 ŋuʔ^{2}；

[oʔ]韵　录 loʔ^{2} | 足 tʃoʔ^{5} | 促 tʃ^{h}oʔ^{5} | 俗 θoʔ^{2} | 嘱 tʃoʔ^{5} | 触 tʃ^{h}oʔ^{5} | 赎 θoʔ^{2} | 束 θoʔ^{5} | 属 θoʔ^{2}。

2.1.2.2.2.16.12　通摄三等屋烛韵还有两个字读作[øoʔ]韵：育 jøoʔ^{2}（屋韵）；辱 jøoʔ^{2}（烛韵）。

2.1.2.2.2.16.13　通摄三等韵里比较特殊的读音：熊东三匣 heiŋ^{221}；目～珠。屋三明 mi^{-44} ～ mui^{-44} | 缩～水。屋三生 θɔʔ^{5}；龙～眼。锺来 lɛiŋ^{221} | 共和，跟。锺群 kɛʔ^{2}；玉烛疑 ŋɵʔ^{2} 又读。

2.1.2.2.3　声调

2.1.2.2.3.1　古平上去入四个声调基本上按古声母的清浊各分阴阳两类。古全浊上声字归阳去，古次浊上声字大部分归上声，小部分归阳去（参 2.1.2.2.3.2），所以实际上只有七个调类。例如：

古清平　帮帮 pɔuŋ^{443} | 批滂 p^{h}i^{443} | 单端 taŋ^{443} | 汤透 t^{h}ɔuŋ^{443} | 基见 kei^{443}；

古浊平　磨动词。明 mo^{221} | 堂定 tɔuŋ^{221} | 来来 lei^{221} | 沉澄 t^{h}ɛiŋ^{221} | 寒匣 kaŋ^{221}；

古清上　本帮 puŋ^{42} | 抢清 tʃ^{h}øoŋ^{42} | 写心 θe^{42} | 洗心 θɛ^{42} | 煮章 tʃi^{42} | 简见 kaŋ^{42}；

古次浊上　马明 ma^{42} | 卯明 mo^{42} | 脑泥 nɔ^{42} | 岭来 lieŋ^{42} | 染日 nieŋ^{42} | 酉以 jiu^{42}；

古全浊上　　被被子。並 p^{h}ui^{223} | 抱並 pɔ^{223} |
淡定 taŋ^{223} | 市禅 tʃ^{h}ei^{223} | 近群 kɵŋ^{223}；

古清去　　破滂 p^{h}o^{335} | 对端 tɔi^{335} | 四心 θei^{335} |
壮庄 tsɔuŋ^{335} | 臭昌 ts^{h}au^{335} |
庆溪 k^{h}eiŋ^{335}；

古浊去　　命明 mieŋ^{223} | 务微 wou^{223} | 度定 tou^{223} |
袋定 tɔi^{223} | 箸澄 tɵi^{223} | 念泥 nɛiŋ^{223}；

古清入　　八帮 pɛʔ^{5} | 答端 taʔ^{5} | 七清 tʃ^{h}eiʔ^{5} |
拆彻 t^{h}iʔ^{5} | 割见 kaʔ^{5} | 鸭影 aʔ^{5}；

古浊入　　拔並 pɛʔ^{2} | 墨明 mœʔ^{2} | 敌定 teiʔ^{2} |
绿来 luʔ^{2} | 贼从 tʃ^{h}ɛʔ^{2} | 药以 jiʔ^{2}。

2.1.2.2.3.2　除了大多数次浊上声字归上声以外，还有一部分口语字归阳去：瓦疑 wo^{223} | 五～张。疑 ŋou^{223} | 雨云 hu^{223} | 蚁疑 ŋe^{223} | 耳～朵。日 ŋe^{223} | 老形容词。来 lau^{223} | 藕疑 ŋau^{223} | 有云 ou^{223} | 懒 tieŋ^{223} | 卵来 lɔuŋ^{223} | 远云 huŋ^{223} | 两数词。来 laŋ^{223} | 痒以 θøoŋ^{223} | 网微 mœuŋ^{223}。

2.1.2.2.3.3　除了大多数次浊去声字归阳去以外，还有一部分口语字归阴去：骂明 ma^{335} | 墓明 mu^{335} | 露来 lou^{335} | 鑢锉。来 lœ^{335} | 妹明 mui^{335} | 利～益。来 lei^{335} | 晾晾。来 lɔuŋ^{335} | 饵日 nei^{335} | 盐腌制。以 θiŋ^{335} | 面脸。明 meiŋ^{335} | 砚疑 ŋiŋ^{335} | 问动词。微 muŋ^{335} | 让日 nøoŋ^{335} | 梦明 mœuŋ^{335}。

2.1.2.2.3.4　大多数全浊去声字归阳去。此外，有五个口语字归阴去，而且这些字的声母均为清送气音：蛇海蜇。澄 t^{h}a^{335}｜树禅 tʃ^{h}eu^{335}｜稗並 p^{h}ɛ^{335}｜鼻並 p^{h}ei^{335}｜饲邪 tʃ^{h}ei^{335}。

2.1.2.2.3.5 次浊入声，除了大多数字归阳入以外，还有少数字归阴入：抹明 muaʔ^{5}｜膜幕明 mɔʔ^{5}｜瘌来 laʔ^{5}｜劣来 luʔ^{5}｜落掉落。来 lœʔ^{5}｜聂镊娘 nieʔ^{5}｜悦阅以 jøoʔ^{5}。

2.1.2.3 连读调

福安方言两字组的连调规律见表 2。

表 2 福安方言两字组连调表

2 1	阴平 443	阳平 221	上声 42	阴去 335	阳去 223	阴入 5	阳入 2
阴平 443	443 443 34	443 221 34 443	443 42 34 443	443 335 44	443 223 44	443 5 44	443 2 35 54
阳平 221	221 443 22	221 221 22	221 42 22	221 335 22	221 223 22	221 5 22	221 2 22
上声 42	42 443 55	42 221 35 53	42 42 35 53	42 335 55	42 223 55	42 5 55	42 2 35 54
阴去 335	335 443 55	335 221 55	335 42 55	335 335 55	335 223 55	335 5 55	335 2 55
阳去 223	223 443 44	223 221 44	223 42 44	223 335 44	223 223 44	223 5 44	223 2 44
阴入 5	5 443	5 221	5 42	5 335	5 223	5 5	5 2
	5 443 55	5 221 55	5 42 55	5 335 55	5 223 55	5 5 55	（缺例）

续 表

2 1	阴平 443	阳平 221	上声 42	阴去 335	阳去 223	阴入 5	阳入 2
阳入 2	2 443 4	2 221 4	2 42 4	2 335 4	2 223 4	2 5 4	2 2 4
	2 443 44	2 221 44	2 42 44	2 335 44	2 223 44	2 5 44	2 2 44

福安方言两字组的连读调有以下几个特点：

1. 重音一般落在后字上。

2. 一般是前字变，后字不变。但阳平、上声和阳入作后字时，后字也会变调。

3. 前字[44 335]的前字实际调值是[33]。本书里处理成[44]。

4. 后字[54]是短调。

5. 作后字的[335]和[223]调值十分接近，常读为同一个[335]调，但注意说话时还听得出区别来。

6. 上声做后字时，还有[55 53]出现：今早今日 keiŋ-kiŋ$^{443-55}$ tsa-na$^{42-53}$ | 明早明日 maŋ$^{221-55}$ tsa-na$^{42-53}$ | 喙齿牙齿 tʃʰøi-tʃʰi$^{335-55}$ kʰi-ji$^{42-53}$。

7. 前字阴入[5]和阳入[2]有时读作长调[55]和[44]。例如：发癫发神经病 puʔ-pu$^{5-55}$ tiŋ-liŋ^{443} | 铁钉 tʰiʔ-tʰi$^{5-55}$ teiŋ^{443} | 烛台 tʃuʔ-tʃu$^{5-55}$-lɔi^{221} | 谷雨 koʔ-ku$^{5-55}$ i-e^{42} | 熨斗 oʔ^{5} to^{42} ～ oʔ-o$^{5-55}$ to-lo^{42} | 缺喙豁嘴 kʰiʔ-kʰi$^{5-55}$ tʃʰøi-

ɵi^{335}｜织布 tʃeiʔ-tʃi$^{5-55}$ pu-ßu^{335}｜拍算打算 pʰaʔ^{5} θɔuŋ-lɔuŋ^{335} ～ pʰaʔ-pʰa$^{5-55}$ θɔuŋ-lɔuŋ^{335}｜竹笎 tɵʔ-tiʔ^{5}-ɔuŋ^{223} ～ tɵʔ-ti$^{5-55}$-ɔuŋ^{223}｜失败 θeiʔ-θi$^{5-55}$ pai^{223}（以上前字阴入）；值班 teiʔ-ti$^{2-44}$ paŋ^{443}｜食茶喝茶 θeiʔ$^{2-4}$ ta^{221} ～θeiʔ-θei$^{2-44}$ ta^{221}｜箔囝锡箔 pɔʔ-pɔ$^{2-44}$ kiɐŋ-jiɐŋ^{42}｜白菜 paʔ-pa$^{2-44}$ tsʰai-jai^{335}｜绿豆 luʔ-lu$^{2-44}$ tau-lau^{223}｜白鸽鸽子 paʔ-pa$^{2-44}$-aʔ^{5}｜蜡烛 laʔ-la$^{2-44}$ tʃuʔ^{5}｜白目瞎子 paʔ-pa$^{2-44}$ mœʔ^{2}（以上前字阳入）。

8. "动词＋结果补语、助词（不读轻声的）"结构均不变调。例如：衰得瘦了 θɔi^{443} tiʔ-liʔ^{5}｜听着听见 tʰiɐŋ^{443} tiʔ^{2}｜解开 kɛ^{42} kʰɵi^{443}｜讲好说完 kuŋ^{42} hɔ^{42}｜挺倒推倒 θɵŋ^{42} tɔ^{42}｜拗断 a^{42} tɔuŋ^{223}｜吊死 tɛu^{335} θi^{42}｜算错 θɔuŋ^{335} tsʰɔ^{335}｜□过看过 ɛ^{335} ku^{335}｜寄去寄走 ke^{335} kʰɵ^{335}｜浸死溺死 tʃeiŋ^{335} θi^{42}｜做完 tsɔ^{335} wuŋ^{221}｜囥好放好 kʰɔuŋ^{335} hɔ^{42}｜离开 li^{223} kʰɵi^{443}｜咬嫩嚼 ka^{223} nɔuŋ^{223}｜□起提起 kuaŋ^{223} kʰi-e^{42}｜碰着遇见 pʰɔuŋ^{223} tiʔ^{2}｜曝乌晒黑 pʰuʔ^{2} ou^{443}。也有些动补结构的调值合乎表 2。例如：□着猜到 tɛiŋ$^{221-22}$ tiʔ^{2}｜□起捡起来 kʰaʔ^{5} kʰi-e^{42}｜结起系起来 kɛʔ^{5} kʰi-e^{42}｜拍得打破 pʰaʔ^{5} tiʔ-liʔ^{5}。由于在这一结构中重音落在前字，所以这四例的调值与表 2 的[22 2]和[5 42]之间存在着较为明显的听觉区别。"见到"说"看见"[aŋ$^{335-55}$ kiŋ-ŋiŋ^{335}]。这才是真正的例外。

9. "几＋X"结构不变调。例如：几双 kui^{42} θœuŋ^{443}｜几头 kui^{42} tʰau^{221}｜几把 kui^{42} pa^{42} ～kui^{42} pa-ßa^{42}｜几□几块

kui^{42} tɔi^{335} | 几丈 kui^{42} tɔuŋ^{223} | 几只几个 kui^{42} tʃeiʔ^{5} ～kui^{42} tʃeiʔ-eiʔ^{5} | 几粒 kui^{42} laʔ^{2} 。

10. 复数人称代词“我、汝、伊＋齐”结构不变调：我齐我们 ŋo^{42} tʃɛ-ɛ^{221} | 汝齐你们 ni^{42} tʃɛ-ɛ^{221} | 伊齐他们 ei-i^{443} tʃɛ-ɛ^{221} 。

11. “X＋农”结构常读作“单字调＋轻声”。寒农冷 kaŋ^{221} nœuŋ$^{221-0}$ | 例如：吵农吵 tsʰ a^{42} nœuŋ$^{221-0}$ | 咒农骂人 tʃɛu^{335} nœuŋ$^{221-0}$ | □农烟熏得眼睛痛 tʃʰ ouŋ^{335} nœuŋ$^{221-0}$ | 害农 hai^{223} nœuŋ$^{221-0}$ 。

12. 表示位置的“X＋爿边”结构。前字为阴平时变为[44 0]，其余则变为“单字调＋轻声”。例如：东爿 tœuŋ$^{443-44}$ pɛiŋ-mɛiŋ$^{221-0}$ | 西爿 θɛ$^{443-44}$ pɛiŋ-ßɛiŋ$^{221-0}$ | 南爿 naŋ^{221} pɛiŋ-wɛiŋ$^{221-0}$ | 上爿 θøoŋ^{223} pɛiŋ-mɛiŋ$^{221-0}$ | 外爿 ŋe^{223} pɛiŋ-ßɛiŋ$^{221-0}$ | 北爿 pœʔ^{5} pɛiŋ-wɛiŋ$^{221-0}$ 。表示“边上”的“边头”读作[piŋ$^{443-44}$ tʰ au-nau^{0}]，属于同一类变调。表示“里面”的“底爿”读作[ti^{-53} pɛiŋ-ßɛiŋ$^{221-0}$]或[tɛ$^{42-53}$ pɛiŋ-mɛiŋ$^{221-0}$]，都特殊。

13. “指代词、疑问代词＋X”结构有时不变调。例如：□□这么久 tʃo^{335} ɔuŋ^{221} | □位哪里 tɔi^{335} wɵi^{223} | □□这些 tʃo^{335} nɔʔ^{5} | □□那些 ho^{335} nɔʔ^{5} 。

14. “蜀一＋X”结构的连读调与表 2 相同，重音落在后字。其他“数词＋X”结构除了“三＋X”变为“44＋单字调”以外都不变调。这个结构里重音落在前字，后字读得很轻。下面举一些“数词＋X”结构的例子：

蜀＋X： 蜀张 θiʔ$^{2-4}$ t^{h}øoŋ-løoŋ^{443} |

蜀头 θiʔ$^{2-4}$ t^{h}au-lau^{221} | 蜀把 θiʔ$^{2-4}$ pa-βa^{42} |

蜀□一块 θiʔ$^{2-4}$ tɔi-lɔi^{335} |

蜀座 θiʔ$^{2-4}$ tsɔ-jɔ^{223} | 蜀件 θiʔ$^{2-4}$ kiŋ^{223} |

蜀万 θiʔ$^{2-4}$ uaŋ^{223} | 蜀只 θiʔ$^{2-4}$ tʃeiʔ-jeiʔ^{5} |

蜀百 θiʔ$^{2-4}$ paʔ-βaʔ^{5} | 蜀粒 θiʔ$^{2-4}$ laʔ^{2}；

两＋X： 两张 laŋ^{223} t^{h}øoŋ-løoŋ^{443} |

两头 laŋ^{223} t^{h}au-au^{221} | 两把 laŋ^{223} pa-ma^{42} |

两□两块 laŋ^{223} tɔi-nɔi^{335} | 两件 laŋ^{223} kiŋ^{223} |

两万 laŋ^{223} waŋ^{223} | 两只 laŋ^{223} tʃeiʔ^{5}～laŋ^{223} tʃeiʔ-jeiʔ^{5}～laŋ^{223} tʃeiʔ-ŋeiʔ^{5} |

两百 laŋ^{223} paʔ-maʔ^{5} | 两粒 laŋ^{223} laʔ-naʔ^{2}；

二＋X： 二十 nei^{223} θɛʔ-lɛʔ^{2} | 二月 nei^{223} ŋuʔ^{2}；

三＋X： 三张 θaŋ$^{443-44}$ t^{h}øoŋ-løoŋ^{443} |

三头 θaŋ$^{443-44}$ t^{h}au-nau^{221} | 三把 θaŋ$^{443-44}$ pa^{42} |

三□三块 θaŋ$^{443-44}$ tɔi-nɔi^{335} |

三件 θaŋ$^{443-44}$ kiŋ^{223} | 三万 θaŋ$^{443-44}$ waŋ^{223} |

三只 θaŋ$^{443-44}$ tʃeiʔ^{5}～θaŋ$^{443-44}$ tʃeiʔ-meiʔ^{5} |

三百 θaŋ$^{443-44}$ paʔ-maʔ^{5} |

三十 θaŋ$^{443-44}$ θɛʔ-lɛʔ^{2} |

三粒 θaŋ$^{443-44}$ laʔ-naʔ^{2} | 三月 θaŋ$^{443-44}$ ŋuʔ^{2}；

四＋X：　四张 θei^{335} t^{h}øoŋ-løoŋ^{443} |

四头 θei^{335} t^{h}au-lau^{221} | 四把 θei^{335} pa-ßa^{42} |

四□四块 θei^{335} tɔi-lɔi^{335} | 四件 θei^{335} kiŋ^{223} |

四万 θei^{335} waŋ^{223} | 四只 θei^{335} tʃeiʔ^{5} |

四百 θei^{335} paʔ-ßaʔ^{5} | 四十 θei^{335} θɛʔ-lɛʔ^{2} |

四粒 θei^{335} laʔ^{2} | 四月 θei^{335} ŋuʔ^{2}；

五＋X：　五张 ŋou^{223} t^{h}øoŋ-løoŋ^{443} |

五头 ŋou^{223} t^{h}au-lau^{221} | 五把 ŋou^{223} pa-ßa^{42} |

五□五块 ŋou^{223} tɔi-lɔi^{335} |

五件 ŋou^{223} kiŋ^{223} | 五万 ŋou^{223} waŋ^{223} |

五只 ŋou^{223} tʃeiʔ^{5} | 五百 ŋou^{223} paʔ-ßaʔ^{5} |

五十 ŋou^{223} θɛʔ-lɛʔ^{2} | 五粒 ŋou^{223} laʔ^{2} |

五月 ŋou^{223} ŋuʔ^{2}；

六＋X：　六张 lœʔ^{2} t^{h}øoŋ-løoŋ^{443} |

六头 lœʔ^{2} t^{h}au-lau^{221} | 六把 lœʔ^{2} pa-ßa^{42} |

六□六块 lœʔ^{2} tɔi-lɔi^{335} | 六座 lœʔ^{2} tsɔ-jɔ^{223} |

六件 lœʔ^{2} kiŋ^{223} | 六万 lœʔ^{2} waŋ^{223} |

六只 lœʔ^{2} tʃeiʔ^{5} | 六百 lœʔ^{2} paʔ-ßaʔ^{5} |

六十 lœʔ^{2} θɛʔ-lɛʔ^{2} | 六粒 lœʔ^{2} laʔ^{2} |

六月 lœʔ^{2} ŋuʔ^{2}；

七＋X：　七张 tʃ^{h}eiʔ^{5} t^{h}øoŋ-løoŋ^{443} |

七头 tʃʰeiʔ^{5} tʰau-lau^{221} | 七把 tʃʰeiʔ^{5} pa-ßa^{42} |
七□七块 tʃʰeiʔ^{5} tɔi-lɔi^{335} |
七件 tʃʰeiʔ^{5} kiŋ^{223} | 七万 tʃʰeiʔ^{5} waŋ^{223} |
七只 tʃʰeiʔ^{5} tʃeiʔ-jeiʔ^{5} |
七百 tʃʰeiʔ^{5} paʔ-ßaʔ^{5} | 七十 tʃʰeiʔ^{5} θɛʔ-lɛʔ^{2} |
七粒 tʃʰeiʔ^{5} laʔ^{2} | 七月 tʃʰeiʔ^{5} ŋuʔ^{2}；

八+X： 八张 pɛʔ^{5} tʰøoŋ-løoŋ^{443} |
八头 pɛʔ^{5} tʰau-lau^{221} | 八把 pɛʔ^{5} pa-ßa^{42} |
八□八块 pɛʔ^{5} tɔi-lɔi^{335} | 八件 pɛʔ^{5} kiŋ^{223} |
八万 pɛʔ^{5} waŋ^{223} | 八只 pɛʔ^{5} tʃeiʔ^{5} |
八百 pɛʔ^{5} paʔ-ßaʔ^{5} | 八十 pɛʔ^{5} θɛʔ-lɛʔ^{2} |
八粒 pɛʔ^{5} laʔ^{2} | 八月 pɛʔ^{5} ŋuʔ^{2}；

九+X： 九张 ko^{42} tʰøoŋ-løoŋ^{443} |
九头 ko^{42} tʰau-lau^{221} | 九把 ko^{42} pa-ßa^{42} |
九□九块 ko^{42} tɔi-lɔi^{335} | 九件 ko^{42} kiŋ^{223} |
九万 ko^{42} waŋ^{223} | 九只 ko^{42} tʃeiʔ^{5} |
九百 ko^{42} paʔ-ßaʔ^{5} | 九十 ko^{42} θɛʔ-lɛʔ^{2} |
九粒 ko^{42} laʔ^{2} | 九月 ko^{42} ŋuʔ^{2}；

十+X： 十张 θɛʔ^{2} tʰøoŋ-løoŋ^{443} |
十头 θɛʔ^{2} tʰau-lau^{221} | 十把 θɛʔ^{2} pa-ßa^{42} |
十□十块 θɛʔ^{2} tɔi-lɔi^{335} | 十件 θɛʔ^{2} kiŋ^{223} |
十万 θɛʔ^{2} waŋ^{223} |

十只 θɛʔ² tʃeiʔ⁵～θɛʔ² tʃeiʔ-peiʔ⁵ |

十粒 θɛʔ² laʔ² | 十月 θɛʔ² ŋuʔ² ①。

“蜀下一下”读作[θiʔ² a²²³]，为例外。

15. “十＋数词”结构读作“3＋单字调”，“十”的调值比单字调稍微高一点：十一 θɛʔ²⁻³ eiʔ⁵ | 十二 θɛʔ²⁻³ nei²²³ | 十三 θɛʔ²⁻³ θaŋ⁴⁴³ | 十四 θɛʔ²⁻³ θei³³⁵ | 十五 θɛʔ²⁻³ ŋou²²³ | 十六 θɛʔ²⁻³ lœʔ² | 十七 θɛʔ²⁻³ tʃʰeiʔ⁵ | 十八 θɛʔ²⁻³ pɛʔ⁵ | 十九 θɛʔ²⁻³ ko⁴²。

不符合表 2 连调规律的个别例外词有：

阳平＋上声：□子骰子 kau²²¹⁻³⁴ tʃi-e⁴²⁻⁴⁴³；

上声＋阴平：姊哥姐姐 tʃi⁴²⁻³⁴ kɔ-ɔ⁴⁴³；

上声＋阳入：扁食 piŋ⁴²⁻⁵⁵ θeiʔ-neiʔ²⁻⁵；

阴去＋阴平：刺□野生的草莓 tʃʰi³³⁵⁻⁵³ mɔ⁴⁴³；

阴去＋阳平：去年 kʰɵ³³⁵ niŋ²²¹⁻⁰；

阴去＋上声：晾□晒衣架 lɔuŋ³³⁵⁻²² -ŋeiŋ⁴²；

阳去＋阳入：后日 au²²³ neiʔ²（不变调）；

阳入＋阴平：日中 neiʔ² tɔuŋ-lɔuŋ⁴⁴³（不变调）。

2.1.2.4 小称音

福安方言缺乏小称音，而多用“囝”[kieŋ⁴²]尾来表示小称的功能。例如：刺囝小刺 tʃʰi³³⁵⁻⁵⁵ kieŋ-jieŋ⁴² | 鸡囝小鸡

---

① “正月”读作[tʃieŋ⁻³⁵ ŋuʔ²⁻⁵⁴]（后字读得较轻），“十一月”读作[θɛʔ² eiʔ⁵ ŋuʔ²]，“十二月”读作[θɛʔ² nei²²³ ŋuʔ²]。

ki$^{443-34}$ kiɐŋ-jiɐŋ$^{42-443}$ | 牛囝牛犊 ŋu$^{221-22}$ kiɐŋ-jiɐŋ^{42} | 刀囝小刀 tɔ$^{443-34}$ kiɐŋ-jiɐŋ$^{42-443}$ | 猪囝小猪 tɵi-ti$^{443-34}$ kiɐŋ-jiɐŋ$^{42-443}$ | 犬囝小狗 kʰeiŋ$^{42-35}$ kiɐŋ-jiɐŋ$^{42-53}$ | 羊囝羊羔 jøoŋ^{22} kiɐŋ-jiɐŋ^{42} | 船囝小船 θouŋ-θuŋ$^{221-22}$ kiɐŋ-ŋiɐŋ^{42} | 菜囝菜苗 tsʰai$^{335-55}$ kiɐŋ-jiɐŋ^{42} | 凳囝一个人坐的矮凳 teiŋ-tiŋ$^{335-55}$ kiɐŋ-ŋiɐŋ^{42} | 妹囝丫头 mui$^{335-55}$ kiɐŋ-jiɐŋ^{42} | 腐囝豆腐脑 hou-hu$^{223-44}$ kiɐŋ-jiɐŋ^{42} | 糖囝麦芽糖 tʰouŋ$^{221-22}$ kiɐŋ-ŋiɐŋ^{42} | 石□囝石头子 tʃʰiʔ$^{2-4}$ laŋ$^{221-22}$ kiɐŋ-ŋiɐŋ^{42} | 碎钱囝零钱 tsʰɔi-tsʰɔ$^{335-55}$ tʃiŋ-jiŋ$^{221-22}$ kiɐŋ-ŋiɐŋ^{42} | 芋卵囝小芋头 wu^{-44} lɔuŋ$^{223-44}$ kiɐŋ-ŋiɐŋ^{42} | 新妇囝童养媳 θiŋ$^{443-22}$-mu$^{223-34}$ kiɐŋ-jiɐŋ$^{42-443}$（比较，新妇媳妇 θiŋ$^{443-34}$-mou^{223}）。

2.1.2.5 同音字汇

i

p [221]琵枇啤（～酒）□（～□□ßɔ^{22} ßeiʔ^{5}：蝙蝠） [42]比□（用手指指） [335]闭（～气）秘 [223]避（～难） ‖ [44]篦（～梳：篦子） [34]蓖（～麻） [22]□（～□li^{55}树：榕树）

pʰ [443]批（蜀～；～评） [42]疕（痂，□maŋ^{55}～：锅巴）鄙匪（土～）□（小气）

m [42]米（大米）美耳$_2$（木～） ‖ [55]□（～乇：什么。本书里写作“么”）□$_1$（～□□nøoŋ^{22} neiŋ^{335}：不知道） [44]目$_2$（～珠：眼睛，～汁：眼泪） [34]□$_2$（□niŋ^{22}～□ei^{443}：萤火虫）

t [443]□(～～：山鸡) [221]池(池塘)□(～官：公公，～□aŋ^{55}奶：岳母)丨储(～蓄) [42]底$_2$(城～：城里；～只：哪个) [223]弟$_1$(阿～：弟弟，堂～) ‖ [35]□(～～：刚。读作[ti^{35}li^{53}]) [34]蜘(～蛛)

t^h [221]啼(读字) [42]耻 [335]剃

n [42]女(外甥～。兼指"外孙女")汝(你) [0]呢 ‖ [55]□(秆～头：稻茬)□(檐～下：屋檐下) [53]儿$_2$(囝～：子女)

l [443]丨枝$_2$(荔～) [221]篱(笊～) [42]吕铝李(□p^{h}u^{35}～：李子；姓)里(距离单位)理鲤(～鱼)履□(垒)□(□lɛ^{22}～：穿山甲) [335]漉(过滤，如，～豆浆。阴去) [223]厉例离力智切(～开)丨豉(豆～) ‖ [55]□(□pi^{22}～树：榕树) [35]□(骹～底：脚底) [34]□(□k^{h}a^{22}～虫：孑孓)

θ [443]施 [221]匙(饭～：饭勺，锁～：钥匙) [42]黍(高粱)暑$_1$(大～)署死始 [335]世(蜀～农：一辈子)势 [223]誓

tʃ [443]支脂(胭～)芝之 [42]煮主$_2$(～意，天～)紫姊(～哥：姐姐)旨(圣～)指$_3$(□pui^{34}～：顶针，手～：戒指，①～出)子$_1$(果～：水果；鱼□t^{h}iɐŋ^{55}～：

① 读作[tʃ^{h}iu^{35}li^{53}]。

鱼产卵,算盘～：算盘的珠子,日～)籽止址沝(水。本书里主要写作“水”)□(柱～：柱子底下的石礅) [335]祭(～灶：谢年)际制製□(～雪：下雪) ‖[55]炙(～火：烘火)

tʃʰ [42]鼠取娶齿$_2$(□□ŋɔ^{22} lɔ^{22}～：槽牙)□(□haʔ^{5}～：喷嚏) [335]刺$_1$(植物的刺)

k [443]鸡 [221]茄(辣～：辣椒) [42]举矩麂己(天干之一)纪杞(枸～) [335]计继桂(～花,肉～)季 ‖[35]肌(～肉) [34]饑$_2$(～荒) [22]□(～□□liŋ^{55} ŋouŋ^{443}：抖一下子)

kʰ [443]稽 [42]启企齿$_1$(喙～：牙齿)起(～雾)岂 [335]契(塍～：田契)

ŋ [221]蜈(～蚣)胰$_2$(～皂：肥皂) [42]语义$_1$(～郎爸：干爹)拟 [223]艺谊义$_2$议毅 ‖[44]外$_2$(～□ɛiŋ^{221}：外面；～□ɛiŋ^{335}：出去)

h [221]儿$_3$(孤～) [42]许$_3$(～愿,～配；姓)喜 [335]废肺戏费 [223]系係惠慧 ‖[34]牺(～牲)

ø [443]丨得$_3$(一种助词,如,𣍐爬～上来：爬不上来) [221]胰$_1$(～皂：肥皂) [42]乳(豆～：豆腐乳)雨$_2$(～鞋,谷～)宇禹羽椅已以 ‖[55]□$_2$(～□eiŋ^{42}：起床)

j [42]与 [335]□(萎,花～了：花谢了)

u

p [42]补 [221]□(量词,朵)|蒲(～扇)菩(～萨)□(～蝇:苍蝇) [335]布佈怖 [223]部簿(笔记～)步

p^h [443]潽(溢出) [221]扶$_1$(推) [42]谱(家～)普浦捕甫殕(～生得:发霉;冬瓜表皮上的白霜)□(米□lieŋ^{55}～:炒米) [335]铺(十里) ‖ [35]□(～李:李子) [44]□(～炭:一种炭,较松)

m [443]摸|夫$_1$(丈～:男人) [221]模(～范)[42]某牡母$_2$拇$_2$姆(保～) [335]墓 [223]暮(□θaŋ^{22}～:昨日)慕戊 ‖ [55]□$_2$(～□□nøoŋ^{22} neiŋ^{335}:不知道)

t [42]堵赌拄 [223]□(路;～下:地面,如,扫～下:扫地)

t^h [42]土(～地,～匪)

n [221]奴(～才)

l [443]|裹$_2$(包～) [42]鲁橹卤|肚(腹～:肚子) [335]□$_2$(犬～～:狗尾草)

θ [443]输(～赢) [42]使$_2$(～用)史

tʃ [443]朱硃珠$_2$(蜀粒～) [42]祖组阻主$_1$(戍～:房主)子$_2$(地支之一) [335]註注铸

$tʃ^h$ [42]楚$_2$(清～)此 [335]厝(康～:地名)戍(房子)

k [443]□(～～：鹧鸪) [42]果(～子：水果)古股鼓牯(犬～：公狗) [335]过(～来)句 ‖[55]□(～□luʔ⁵：呃逆)□(猫□nei⁵⁵头～□wouŋ²²¹：猫头鹰) [35]□(～□luŋ⁵³：捲。"捲"的分音词。常读得接近[ku⁰luŋ⁴²])

kʰ [443]靴科窠(脱～：脱臼) [42]苦 [335]课

ŋ [443]丨晡(冥～：晚上) [42]伍(队～)午 [223]误悟 ‖[55]五₂(～香粉。当字调当为上声)

h [221]和(～平) [42]虎浒府腑斧₂ [335]货 [223]祸雨₁(做～：下雨) ‖[55]霍₁(～童：地名)

w [443]丨锅(铝～) [42]武舞侮鹉□(～蚊虫：熏蚊子) ‖[44]芋(～卵：芋头)□(～□jiɐŋ³³⁵：非常) [22]□(～□eiʔ⁵：麻雀)□(□tsʰa⁵⁵～□lœ³³⁵：油条)

a

p [443]巴笆(簝～。读字)疤粑(糍～)□(□□ka²² laŋ³⁴～：捣乱) [221]爬琶杷扒(掏,抓,～痒：抓痒,□maŋ³³⁵～喙：向嘴里扒饭)□(～□ßa³³⁵：八哥) [42]把(量词)靶饱 [335]霸坝(溪～：堤防,水～)□(□pa²²～：八哥) ‖[55]罢(～工)

pʰ [443]□(～肩：换肩)□(～□wuŋ⁵⁵斗：翻跟头)

[335]怕帕泡$_1$(起～)

m [443]妈$_2$(～～)□(五指抓)□(手～：手套①)□(～骰子：掷骰子)｜脬(屦～：阴囊) [221]麻$_2$(斑面～：麻脸) [42]妈$_1$(老～：妻子，守□hou^{55}～：寡妇)马码 [335]骂 [223]爸 ‖[22]□(～□□neiŋ^{55} ŋe^{221}：蟢子)

t [443]□(干燥) [221]茶 [42]打 ‖[44]脰$_2$(～□waŋ^{221}：脖子)

tʰ [443]他 [335]蛇(海蜇) ‖[55]□(～跳：玩儿)

n [443]□(疤) [221]□(拃)□(解大小便) [223]□(如果) ‖[53]□(灡～：围嘴儿)

l [443]拉｜□(□kʰøi^{22}～：等一会儿) [335]｜□(□lau^{44}～：船老大) [0]□(一下)

ts [443]渣(腐～：豆腐渣)楂(山～)查(动词) [42]早 [335]炸 ‖[55]榨(～菜)

tsʰ [443]叉差(～别) [221]□(柴，树，木头。本书里写作"柴") [42]炒吵$_1$(～农：吵) ‖[55]□(～□□wu^{22} lœ^{335}：油条)

θ [443]纱痧(发～：中暑) [42]洒 [223]□(厢房)

k [443]家$_1$加嘉佳交$_1$(～椅：椅子)胶(鳔，～水)铰

① 也可以说"手□"[tʃʰiu^{55} lɔʔ^{5}]。

（剪，裁） [42]假（真～） [335]贾（姓）假（放～）架驾嫁稼价教$_1$（～书） [223]咬下巧切（咬，～嫩：嚼） [0]□（～□laŋ^{55}孙：孙子的儿子） ‖ [55]□（～鞘：柴刀鞘） [35]绞（～米：碾米）橄（～榄）□（～蚤：跳蚤） [34]珓（～杯：一种问卜用的东西）□（～□wuŋ^{443}：蚯蚓）□（～机：织布机） [22]□（～□lau^{221}大：抚养孩子①）□（～□□laŋ^{34}ma^{443}：捣乱）

kʰ [443]骹（脚） ‖ [22]□（～□li^{34}虫：孑孓）

ŋ [443]□（树～：树杈）‖□（□tʃʰiŋ^{34}～：蜻蜓） [221]牙芽衙蚜（～虫：小尺蠖）□（～农：经纪人） [42]雅丨哑（病～：哑巴） ‖ [53]□（□naŋ^{55}～：一点儿，一会儿。连读调特殊）

h [221]虾何加切霞 [335]孝$_1$（做～：戴孝） [223]厦（～门）夏（姓）夏（～至）

ø [443]鸦 [42]拗（～断） [335]亚 [223]下（楼～）下（动词）下（动量词） [0]阿$_1$（～爹：父亲）啊咸$_2$（～村：地名） ‖ [34]丫（～头）

w [443]曰 [221]划（～船）

---

① 也可以说“饲大”[tʃʰei^{335} to^{223}]。

ai

p　[221]诽(～谤)　[42]摆$_2$　[335]拜　[223]败　‖[55]□(～骹：瘸子)

p^h　[335]派

m　[221]埋(～伏)　[335]□(坏,破)　[223]迈

t　[443]呆　[221]台$_2$(戏～)□(埋)□(鸡虱)　[335]带$_1$(鞋～,皮～;～□tu^{223}：带路)戴$_2$(姓)□(最。"第一"的合音)　[223]大$_2$(～学,～暑,～寒)待怠贷代$_2$(～表)　‖[55]碓(～寮：水碓)

t^h　[443]胎苔$_2$(舌苔)抬(读字)梯(手～：梯子)筡(筛子)　[221]豺$_1$(～犬：一种像狼的野兽)治直之切(杀)□(～□lɛʔ^5：鲶鱼)　[42]腿$_1$(大～)　[335]态太泰

n　[443]|痴$_1$(风～：台风)　[42]乃　[223]耐奈|□(惊～：吃惊)□(□maŋ^{22}～：可以)

l　[443]|□(□□aŋ^{55}mɔ^{22}～：一种杂粮,像小米)　[221]来$_2$(将～)雷$_1$(～瑱：打雷)□(～蚌：蚌)　[42]□(篓)　[223]赖(死～：耍赖,～伏鸡母：抱窝母鸡;姓)

ts　[443]灾$_2$栽(菜～：菜苗,～柴：栽树)斋①□(用肘

---

① "吃素"说"食菜"[θeiʔ^{4}ts^{h}ai^{335}]。

撞人） [221]才（奴～）材财裁豺$_2$脐（腹～：肚脐） [42]宰指$_2$（十一～：有六指的人） [335]再载（读字）债 [223]在寨 ‖[44]罪$_1$（～过：可怜）

tsʰ [443]差（出～） [42]彩采踩 [335]菜蔡

θ [443]腮狮（猪～：配种用的公猪） [42]屎使$_1$（解～得：可以，赡～得：不可以；～钱：花钱）驶 [335]婿（儿～：女婿，妹～：妹夫）使（大～） ‖[44]师$_1$（～父：匠人） [22]私$_1$（～家钱：私房钱）

k [443]该皆阶□$_1$（嗉子） [42]改解$_2$（了～） [335]盖丐界届戒$_2$（～薰：戒烟）□$_1$（再）

kʰ [443]开$_2$（～始） [42]凯楷（大～） [335]概溉慨

ŋ [335]艾$_2$（姓）介（～绍） [223]碍

h [221]孩骸□（陶瓷器） [42]海 [335]□（闵门） [223]亥害（～农：害人）械

ø [443]哀埃（～及）| □（□iʔ^5～：相当于"起来"的补语） [221]| □（目～：眉毛） [42]蠓（一种海里的螃蟹，较小）倚（靠；托腮） [335]爱$_2$（～国）□$_2$（再）

w [443]歪

uai

k [443]乖 [42]拐 [335]怪（责怪）

k^h [335]快$_3$(爽～：舒服，～餐)

h [221]怀淮 [223]坏

au

p [443]包(包子；～□□$iʔ^5$ ai^{443}：包起来)□(老～：柚子) [221]胞跑 [335]豹龅(～牙) ‖[55]□(做～戏：变魔术)

p^h [443]抛 [335]炮(棋子之一；放～：放鞭炮)泡$_2$(～茶) [223]泡皮教切(鱼～：鱼鳔)

ß ‖[55]□(□$θe^{22}$～花：杜鹃花)

m [221]矛 [223]貌

t [443]兜蔸(棵)□(年～：年底，解逐汝～：能赶上你，身～：上下，左右。本书里写作"兜") [221]投 [335]罩昼(食～：吃午饭) [223]豆逗痘 ‖[44]脰$_1$(～领：领子)

t^h [443]偷 [221]头 [335]透□(用毒药毒害致死)

n [223]闹

l [443]□(老虎。"老虎"的合音) [221]萝(～卜)楼$_1$(～下)流$_1$ 刘 留$_1$ □(～□$lɛ^{223}$：肮脏)|□(□ka^{22}～大：抚养孩子) [335]□(腹肚～：拉肚子)□(一种助词，如，覆～：趴着) [223]老$_1$(形容词)漏陋 ‖[44]□(～□la^{335}：船老大)

[35]老$_2$(～实。单字调当为上声)

ts [443]糟 [221]巢(黄～) [335]灶

ts^h [443]操$_2$(做～：做体操)抄钞□(～龙：舞龙灯)□(～水泥：拌水泥) [42]吵$_2$ [335]臭□(～多：差不多。"差不"的合音)

θ [335]哨(口～，横～：横笛)扫(动词)嗽(咳嗽)

k [443]交$_2$郊勾钩沟 [221]猴□(～子：骰子) [335]教$_2$(～育)较够□(到)□(牙～：牙杯，药～：药罐)□(蜀～日：一个月)□(霜～～得：冻冰) [223]厚 ‖[55]□(～□lœʔ^5：非常) [35]狡(～猾)

k^h [443]□(阄)□(搅拌) [221]□(～猪毛：刮猪毛，～芋卵：削芋头皮) ‖[55]快$_2$(～活：舒服、高兴) [35]□(～头：膝盖。"骹窟"的合音字)

ŋ [221]□(～头：歪脖子，头～过去：回头)□(～逆：顽皮) [223]藕

h [443]薅(～草：田里除草) [335]酵孝$_2$鲎 [223]校(学～)效 ‖[22]後$_2$(～生囝：年轻人)

ø [221]号胡刀切(哭) [223]後$_1$ ‖[55]澳(～门)

iau

l [42]了$_2$(～解)

ε

p [443]□(女阴) [221]排牌箄(竹～：筏子) [42]摆₁ [335]□(伯母)

pʰ [443]剻(削) [335]稗□(～得：落枕)

ß [42]|□(喙～：脸颊)

m [221]|□(□jøoŋ²² ～：青蛙) [42]买 [223]卖 □(不会。本书里写作“𫡏”)

t [443]爹(阿～：父亲)低 [221]题蹄(猪个～：猪蹄) [42]底₃(水～，鞋～，碗～)抵 [335]帝 [223]第递

tʰ [42]体(身～，～格) [335]替(～喙齿：换乳牙)

n [221]泥(做～个师父：泥水匠)尼(～姑) [42]奶(母亲) [0]□(一种助词，如，□□□tεiŋ²²¹ na⁰ ε³³⁵ ～：猜猜看)

l [443]‖璃(玻～) [221]黎厘□(蹭痒)□(～□li⁴²：穿山甲)|堤(苏～：地名)□(□tʃʰiʔ⁴ ～：赶牛用的竹鞭) [42]礼 [223]励丽隶|弟₂(徒～，表～)□(□lau²² ～：肮脏) ‖[44]荔(～枝)

θ [443]西犀 [42]所(拘留～)洗 [335]细(跟“粗”相对) [223]□(多)

tʃ [443]遮 [221]齐(齐全) [335]济(～公)㰃(苎丝)笊(～篱)

k [443]街□(一种海鱼,白色,较小,有毒) [42]解$_1$(～开,～放) [335]个$_1$(的。常读作轻声)疥(生～)戒$_1$(猪母～：猪八戒)解(～去：押解)

kʰ [443]溪 [42]□(啃) [335]快$_1$

ŋ [221]倪(姓)|□(□huŋ^{55}～：怎么) ‖[53]□(□liŋ^{35}～：老鹰)

h [221]□(□tɔ^{55}～：斜视眼) [223]蟹(坑～：淡水里的螃蟹)□(～农：油腻)

ø [221]个$_2$(的。常读作轻声)鞋 [42]矮 [335]□(看,如,～书;看守;～牛：放牛) [223]解胡买切(会)

εu

m [221]谋 [223]茂贸

t [443]雕 [221]条骰(～子)愁□(搅拌)□(～皮：削皮) [335]吊(～死)斗(～争)

l [443]|馊(臭～：馊) [221]寮(茅棚)楼$_2$ [223]料廖力吊切(姓)□(无伊～：不如他)

θ [443]搜(～□muŋ^{22}身：搜身) [221]□(～～：常常;～□lɔuŋ^{223}：均匀)

tʃ [443]邹(姓) [335]奏皱(～纹,～目□ai^{221}：皱眉头)咒$_1$(～农：骂人)

$t\int^h$ [443]□(～鳖：性交) [335]凑

k [335]构购□(挂)□(霜～：冰；结冰)

k^h [335]叩扣寇鈤(扣上纽扣)

ŋ [335]丨后(皇～)

h [221]侯(姓)喉$_2$(～核：喉结)□(女子不正经)□(～疥：粉刺) [223]後$_3$(落～)候 ‖[35]晓$_2$(～阳：地名)

ø [443]欧瓯

ɔ

p [443]□(～□□$kø^{35}$ $løi^{53}$：哄小孩) [221]婆袍□(□pi^{22}～□$ßeiʔ^5$：蝙蝠) [42]保堡宝 [335]播报□(透～：大风加细雨) [223]抱暴爆 ‖[34]□(～□$lɔuŋ^{443}$：背脊。常读得接近轻声)

p^h [443]波颇坡 ‖[34]玻(～璃)

m [443]□(蚊子咬成的疙瘩)□(刺～：野生的草莓[①]) [221]魔摩毛□(无，没有。本书里写作"无")□(□$θeiŋ^{22}$～锤：蝌蚪)丨□(□$aŋ^{55}$～□lai^{443}：一种杂粮，像小米) [42]母$_1$(鸡～：母鸡，虱～：虱子)拇$_1$(指头～：大拇指)□(大～：大

① 读作[$t\int^h i^{53}$ $mɔ^{443}$]。连读调特殊。本字大概是"藨"。

概） [335]□（用锤子打） [223]磨（舂～）冒帽（帽子。单说）

t [443]多刀 [221]驼驮（拿，～手：举手）逃掏淘陶 [42]祷岛倒（搡～：推倒）捣 [335]到（～戌：回家①）□（趟，遍） [223]道盗导 ‖[55]□（～□ε^{221}：斜视眼）

t^{h} [443]滔涛 [221]桃 [42]讨（寻找，～农：雇人，～钱：讨债） [335]套（～上；蜀～）

n [221]□（拧）|萄（葡～）□（栏～：篱笆②） [42]脑（后～：后脑勺子）恼|斗$_{2}$（粪～：簸箕） [335]|□（粪～：垃圾） [223]糯□（～草：牛倒嚼草）

l [443]‖□（沟～：阴沟） [221]罗锣逻劳牢痨□（□ŋɔ^{22}～齿：槽牙） [42]佬栳（鞋～：针线篓，秧～：秧桶）|朵（耳～） ‖[55]老$_{3}$（～鸦：乌鸦） [34]啰（～嗦）

ts [443]遭 [221]曹 [42]左佐枣澡 [335]做$_{1}$燥（干～） [223]座（蜀～戌：一所房子；喙齿～：齿龈）造

ts^{h} [443]搓臊（食～：吃荤） [42]草$_{2}$（～头：草字头）

---

① 也可以说"□戌"[kau^{55} tʃ^{h}u^{335}]。

② 也可以说"栏杆"[laŋ^{22} ŋaŋ^{42}]。

[335]措错(错误,算～)糙

θ [443]梭嗦(啰～)骚 [221]槽□(鸭子啄物) [42]锁琐嫂 [355]燥先到切(□ta[33]～：天气干燥,雨～了：雨停了)

k [443]歌哥高(好～：骄傲;姓)膏糕 [221]□(～头：一种捕鱼器) [42]稿搞□(魔芋) [335]个$_3$告 [0]□(～□lɔuŋ[22]工：整天,～□lɔuŋ[22]村：全村)

kʰ [42]可考 [335]烤铐靠$_2$薧(鲑～：虾米)

ŋ [221]蛾俄熬□(～□lɔ[221]：槽牙)□(生～：患白喉) [223]饿傲

h [221]何荷(～花)豪壕毫喉$_1$(～咙) [42]好(形容词) [335]耗 [223]贺浩号(几～) ‖[55]好(～高：骄傲)

Ø [443]阿$_2$(～胶) [221]河 [42]袄 [335]奥 [223]|皂(胰～：肥皂)

j [335]|操$_1$(曹～)

ɔi

m [223]□(遗失,没有)

t [443]堆 [335]对□(哪里)□(量词,块、件,蜀～豆腐：一块豆腐,蜀～衣裳,蜀～钱：一块钱：一件衣服)□(～钱：换钱) [223]代$_1$(第几～)袋

t^h [443]推 [335]退□(洞,如,犬～：狗洞)

n [335]□(□tɛiŋ[22]～：地方,尽～：到处) [223]内

l [221]螺脶雷$_2$(姓)□(用手钻)□(柴～：柴堆,涂～：土堆,节～：指关节①)|台$_1$(烛～)□(这～：这里)

ts [443]灾$_1$(发～：发生瘟疫) [335]晬(做～：做一周岁)最 [223]罪$_2$(有～)

ts^h [443]猜(～□mui[443]：划拳)催崔 [335]莝(砍)碎

θ [443]衰(瘦)摔 [335]赛帅(棋子之一) [223]坐

k^h [443]盔魁奎□(谜语)□(□k^haʔ[5]～：拾子儿)

œ

p [0]□(～□lœ[44]钻：钻,一种工具)

p^h [0]□(蜀～□lœuŋ[223]草：一丛草)

m [443]□(～～：糊涂)

t [223]苎

t^h [335]□(滑)

n [335]|□(秆～：稻草做的抹布) ‖[53]|□(鼎～：锅铲)

l [221]驴犁(一种农具;～塍：耕田)|□(鼻～：鼻涕) [335]鑢(锉)|□(□□ts^ha[55]wu[22]～：油条)

---

① 也可以说"手节"[$t\int^h$iu[55]jɛʔ[5]]。

[223]□(火～：火铲，铁～：铁锹) ‖[44]□(□pœ⁰～钻：钻，一种工具)

θ [443]梳疏蔬 [335]□(耖，～塍：耖田)

tʃ [223]助

tʃʰ [443]初(～一)妻凄 [221]□(～水：倒水) [42]楚₁(国名)础 [335]栖(～粉：大米磨的粉)□(□nɛiŋ²²～：橡皮)

kʰ [221]□(笨) [0]窟₂(～窿)

h [221]哈(张口呼气) [223]□(～起：起哄)

ø [221]□(～□lœʔ²：嗳气)

e

m [335]丨蔗(甘～)

t [223]蛎(牡蛎)

θ [443]赊 [221]邪蛇畲(～客：畲族)□(～□ßau⁵⁵花：杜鹃花) [42]写 [335]捨(四～五入)泻卸赦舍(宿～) [223]社谢(姓)射(读字)麝寺

tʃ [221]□(～□nei²²³：自己) [42]姐(姑～：姑)者纸 [335]漈(小瀑布) [223]□(用背驮) ‖[55]柘(～荣：地名)□(～只：这个。本书里写作“这”)

tʃʰ [443]车(坐～)奢 [221]斜 [42]且 [335]□(～农：传染)

k [221]岐(赛～：地名) [335]寄

k^h [335]徛$_1$(陡) [223]徛$_2$(站立；～戍：盖房子)

ŋ [221]鹅□(□□ma^{22} neiŋ^{55}～：蟢子) [335]艾$_1$(草名) [223]外$_1$(～爿：外面，～娘：外祖母)蚁(蚂蚁)耳$_1$(～朵) ‖[44]□(～壶：夜壶) [34]□$_1$(～桶：马桶)①

h ‖[55]许$_2$(～只：那个)

ø [443]|家$_2$(□ti^{22}～：婆婆) [0]底$_4$(交椅～：椅子上)

j [221]耶(～稣) [223]也夜□(撒，～粟种：撒谷种)

ei

p [443]碑卑悲 [221]皮$_2$(调～)脾(内脏之一) [335]痹 [223]弊币毙备

p^h [335]鼻

m [221]迷谜弥眉(齐～：刘海)楣维惟遗(～腹：遗腹子)唯微 [335]|□(□haŋ^{55}～：打哈欠) [223]未$_2$(地支之一)□(潜水)

---

① 这个字与前面"□壶夜壶"[ŋe^{-44} hou-ou^{221}]的"□"[ŋe^{-44}]有可能是同一个字。但声调对不上。

t [443]知 [221]迟 [335]戴$_1$(～帽)蒂(金匏～:南瓜蒂)智致置 [223]地(～主)痔(生～)治(政～)□(𫍋～得:舍不得)

t^h [443]黐(鱼的黏液) [221]苔$_1$(青～)堤提持 [335]□(～伊行:跟着他走)

n [443]丨□(卵～:蛋胚) [335]饵□(猫～:猫) [223]腻(细～)二□(□tʃe^{22}～:自己)

l [221]来$_1$梨狸(狐～)丨鹚(鸬～)□(□kei^{22}～:披) [335]利$_1$(～益,胜～) [223]利$_2$(锋利)吏丨□(做月～:坐月子)

θ [443]蛳尸司(～令)丝诗 [221]糍(馃,～粑)时 [335]四试 [223]是氏示视寺

tʃ [335]至(夏～)志誌痣□(这里) [223]字

tʃ^h [443]鰓雌痴$_2$(傻) [335]饲(喂养,～猪:养猪) [223]市

k [443]肢枝$_1$(树～)栀(黄～)技(科～)基(戍庭～:地基)箕(粪～:簸箕)几(～乎)机$_2$(～械)讥 [221]枷(月驮～:月晕)①鲑(～蓋:虾米)奇(～特:奇怪)歧其棋期旗祈□(～□lei^{221}:披) [335]记(～住)既 [223]忌

① 《班华字典》所记的音是 kie^2(第 246 页)。

k^h [443]攲(桌面等倾斜)欺 [221]骑蟣渠希切(蚂蟥) [335]器弃气$_2$(气味,断～,空～)汽 [223]柿(柿子)

ŋ [221]宜仪疑 [42]|□(凳～:凳子腿部的横木)

h [443]嬉熙(康～)希稀非飞$_2$(岳～)妃□(一种竹制的捕鱼器具,在河里用) [335]□(那里)

ø [443]伊(他。在语流中常读作[i^{443}]或[i^{44}])医衣$_2$(～裳,棕～:蓑衣)依|□(□□$niŋ^{22}$ mui^{34}～:萤火虫) [221]移夷姨 [335]意忆亿|□(□keu^{22}～:在) [223]易(容～)异

j [221]而 [42]野①

w [223]味

eu

p^h [42]否

m [42]亩 [223]谬缪(姓)

t [443]丢(扔) [221]橱(鸡～:鸡住的地方,□$tiŋ^{35}$～:碗橱) [335]宙 [223]住$_1$□(稻子。本书里写作"䊭")

① 《班华字典》所记的音是 yie^3,如"野猪"yie^3 $tuei^1$(第 613 页)。

t^h [443]抽$_1$(发抖) [221]绸筹 [335]□(交换) [223]柱(栋～：柱子)

n [335]扭$_1$(掐)

l [443]丨鬚(喙～：胡子)鳅(涂～：泥鳅) [221]□(□keu^{22}～：蜷曲) [42]篓

θ [443]修羞收 [221]囚泅(～潭：游泳)仇(～恨)酬售 [335]秀绣锈兽□(窝) [223]受袖寿授

tʃ [443]珠$_1$(目～：眼睛)周(姓)舟州洲 [42]鸟$_1$(□$nei?^4$～：阴茎)走$_2$(～狗) [335]蛀(～牙)咒$_2$ [223]就(在语流当中做副词时,常读作[$tʃiu^{223}$])

$tʃ^h$ [443]揪秋(春夏～冬)秋(～千)□(～井：挖井) [335]树$_1$

k [221]求球裘□(在)□(～□leu^{221}：蜷曲。常读得接近[ke^0]) [42]狗 [335]救究纠(～正) [223]旧$_2$咎 ‖[35]枸(～杞)

k^h [443]丘$_2$邱(姓) [42]口$_2$ [335]□(饭煮得硬) [223]柩

ŋ [42]偶

h [443]休 [335]嗅许救切(闻)

ø [443]忧优幽 [335]幼(嫩)

j [221]柔尤邮由油游犹鱿(～鱼)姚(姓) [223]又右佑釉

o

p　[335]簸(动词)　‖[35]斧$_1$(～头)

p^h　[335]破(～柴：劈柴)

m　[221]磨(动词)麻$_1$(草名，油～：芝麻)痲(出～：出麻疹)摹　[42]卯　‖[55]□(解～手：右手)

t　[42]斗$_1$(鸡～：鸡槽；容量单位)□(喙～：猪用嘴拱)　[223]大$_1$(形容词)

t^h　[443]拖　[42]妥敨(擤)

n　[221]挪(移动)|□(蚊～：蚊帐)　[42]努□(没有牙齿的人嚼东西)

l　[221]箩隆$_2$(～坪：地名)　[335]濑(水流较急的地方)　[0]了$_1$(助词)

θ　[443]沙鲨

tʃ　[443]抓　[42]蚤(□ka^{35}～：跳蚤)爪(鸡～)走$_1$(跑)　[335]□(这么)

$tʃ^h$　[42]草$_1$

k　[443]过古禾切(菜老)瓜　[42]寡垢(污垢)九　[335]挂卦　‖[55]芥(～菜)会(～计)　[22]□(～□lou^{223}：蹲)□(～柴：一种树，老～柴：老头子)

k^h　[443]夸垮　[42]口$_1$(社～：地名)　[335]靠$_1$

ŋ　[42]我

h　[443]花　[221]华(中～)　[42]吼(叫)　[335]化

□(那么)

ø　[223]夥(若～：多少，若～悬：多高，若～重：多重①)

w　[443]窝　[223]瓦(□keiŋ^{22}～：盖瓦)画(名词；动词)话

oi

w　[42]委伟　[335]畏(～寒：发冷)　[223]卫

ou

p　[221]匏(塍～：瓠子，～头：水瓢)炰薄交切(煨)□(～包：装饭用的小草袋子)□(驼～：驼子)　[335]富$_1$(富裕)□(刀～：刀背)　[223]腐$_1$(腐朽)伏扶富切(孵)

p^h　[221]浮□(用油炸)

m　[223]雾(起～)｜妇$_1$(新～：儿媳妇)

t　[443]都(八～：地名)都(副词)　[221]徒(～弟)涂$_2$(～油漆，～墙，～涂)屠途图厨　[223]杜(～仲)肚(腹～：胃，猪～)度渡镀

t^h　[221]涂$_1$(泥土)　[335]吐(呕吐)兔(家～：家里

---

① “若夥”[niʔ^4 o^{223}]有时融合成[nio^{44}]。比如“若夥远多远”有时读作[nio^{44} huŋ^{223}]。

养的兔子，山～：野生的兔子）

n [335]丨咐（吩～） [223]怒

l [221]卢炉鸬（～鹚）庐 [335]露鹭（白～） [223]路赂丨□（□ko[22]～：蹲）

θ [443]苏酥（吃饼干的口感）斯私$_2$师$_2$思 [221]辞词祠（～堂）嗣 [335]素诉（行～：发誓）塑数（动词）数（算～：算账，记～：记账）赐 [223]似巳士仕事

tʃ [443]租资姿兹滋 [221]瓷慈磁 [223]自

tʃʰ [443]粗 [335]醋刺$_2$（讽～）次

k [443]姑孤菇（野生的蘑菇）估 [221]狐$_1$（～狸）糊（糨糊） [335]故固雇顾□（还，副词。本书里写作"固"） [223]舅旧$_1$

kʰ [443]枯（茶～：油茶树的种子榨油后的渣子压成的饼）箍空胡切呼$_1$（～鸡）丘$_1$（量词，用于田） [335]库裤 [223]臼（舂～）

ŋ [221]吴牛 [223]五$_1$

h [443]夫$_2$肤烌（火～：草木灰） [221]呼$_2$胡（姓）湖狐$_2$（～臭）壶乎鬍（～□jɵi[335]：满脸的胡子）蝴（～蝶）符（画～）芙（～蓉） [335]戽（～水）付赋傅赴（赡～：来不及）副富$_2$□（守～妈：寡妇） [223]户沪互护敷扶$_2$（搀）父腐$_2$（豆～）辅附负妇$_2$（寡～）阜

ø [443]乌（黑）污丨蛄（虾～）麸（麦～） [335]坞（湾

～：地名）恶（可～）□（躲） [223]有₁
w [221]无巫诬 [223]务 ‖[44]□（～匏：一种南瓜，又小又长）

ɵ

p ‖[35]□（～□lɵŋ⁵³：颠簸）
l [335]□₁（犬～～：狗尾草）
tʃ [335]□（～～：一种钹，较小。读作[tʃɵ⁴⁴ lɵ³³⁵]）
k ‖[35]□（～□lɵi⁵³：小孩儿）
kʰ [335]去
ŋ ‖[34]□₂（～桶：马桶）
∅ [443]於于 [221]盂

ɵi

p [221]肥（人胖；动物肥） [335]痱（生～：长痱子）沸（茶～了：水开了） [223]吠
pʰ [335]屁□（从嘴里往外吐）
m [223]□（□tεiŋ²²～：地方）
t [443]猪蛛追 [221]除捶传追切（～门：敲门，～腰） [42]短 [335]著 [223]箸（筷子）队（排～）坠（冰～：冰柱，耳～：耳环）
tʰ [221]锄（～头）垂（耳朵～）锤（铁～，□□θεiŋ²²

mɔ^{22}～：蚪蚪)槌(洗衣裳～：棒槌) [42]腿$_{2}$(骹～戏：傀儡戏，狗～：走狗)□(病～：患麻风病)

n [221]□(踩，跺) [335]□(传递)

l [335]□(～琴：拉二胡) [223]虑类泪 ‖[53]□(□kɵ^{35}～：小孩儿)

θ [443]舒$_{2}$须(必～)需输(运～) [221]徐(姓)藷(山药，蕃～：白薯)殊随隋谁□(～尿：把尿，～屎：把屎) [335]暑$_{2}$(处～)絮庶恕穗(粙～：稻穗) [223]序叙绪(光～)树$_{2}$(读字)瑞

tʃ [443]诸书椎(针～：栗子) [335]醉 [223]聚住$_{2}$(对不～)

tʃ^{h} [443]舒$_{1}$(铺，动词)趋 [42]髓(脑～)□(蜀～葡萄：一串葡萄) [335]处(～暑，相～)趣处(～长)翠□(嘴。本书里写作"喙")

ɲ [221]‖□(孱～：阴茎)

k [443]居车(棋子之一)拘饑$_{1}$(饿)规龟(乌～)归(当～)□$_{2}$(□kaŋ^{34}～：塞住嗓子) [221]渠衢逵葵 [335]据锯贵 [223]巨拒距俱具跪(～下，～垫：蒲团)柜

k^{h} [443]区驱开$_{1}$(～门)亏 [221]□(～□la^{443}：等一会儿) [335]愧 ‖[55]□(～头：纽扣) [34]溃(～疡)

ŋ　［221］鱼渔愚虞娱危　［223］御遇寓魏

h　［443］墟(赶～：赶集)虚挥辉徽　［335］纬

ø　［443］衣$_{1}$(胎盘)威｜机$_{1}$(□ka^{34}～：织布机)　［335］爱$_{1}$(要)喂慰

j　［221］如余(姓)餘儒愉榆逾俞(姓)　［223］誉预豫裕　［335］｜气$_{1}$(断～：断气)□(胡～：满脸的胡子)

w　［221］为$_{2}$(行～)为(介词)违围　［223］位胃谓

ui

p　［443］飞$_{1}$(雀囝～：鸟飞,～船：飞机)　［221］培陪赔　［335］贝沛辈褙(裱糊)　［223］倍佩　‖［55］背(～褡)□(～头：水沟)　［44］焙(～笼)被(～告)　［34］□(～指：顶针)

pʰ　［443］杯(珓～：一种问卜用的东西。送气音)胚坯(砖～：未烧的砖)　［221］皮$_{1}$(剥～)　［335］配　［223］被(被子)

ß　［335］｜杮(柴～：砍下来的木片)

m　［221］梅枚媒煤莓糜(～粥：稀饭)为$_{1}$(难～汝：谢谢你)蚊$_{1}$(～虫：蚊子)目$_{3}$(～□ai^{221}：眉毛)[①]□(猜～：划拳)　［42］每尾(尾巴。单说)　［335］妹

① 从声调来看,这个字也许是“眉”。

[223]末$_1$(没有,副词) ‖[44]目$_1$(～珠：眼睛,～汁：眼泪) [34]□$_1$(□niŋ^{22}～□ei^{443}：萤火虫)

l [42]蕊垒 [223]累(疲劳,读字) ‖[55]累(～计)

θ [443]虽 [335]岁$_2$(万～,□taʔ^{5}～钱：压岁钱)税

tʃ [335]赘

tʃʰ [443]吹(～风：刮风;～馒头：蒸馒头)炊 [335]脆□(寻找)

k [42]裹$_1$(～粽：包粽子)几(～只)虮(蚜虫)诡轨鬼 [335]髻(鸡～：鸡冠)桧(秦～)癸□(火～得：火灭了)

kʰ [42]跪去委切(求签时的动作)

ŋ [223]外$_3$(～国)

h [443]恢灰(石灰) [221]回茴蛔 [42]火毁 [335]悔荒内切(～气：后悔)岁$_1$(几～) [223]汇会(做～：人去世时道士做醮,开～)

j [223]锐

w [443]□(～起：掩盖)

iu

p [443]标彪 [42]表(～兄,～弟)錶

pʰ [443]飘 [221]瓢藻(浮萍)嫖 [335]漂票 ‖[44]漂(～白)

m [221]苗描 [42]藐渺秒杳 [223]庙妙鹞$_2$（纸～：风筝）

t [443]刁□（老人硬朗） [221]朝（唐～）潮调$_1$（～羹） [335]钓□（～被：绗被子） [223]赵召兆调（～动） ‖[44]□（～下：地面）

t^h [443]抽$_2$（～出）挑（～战）超（～度） [221]调$_2$（～整） [42]丑（地支之一） [335]跳（跳跃）

n [42]鸟$_2$（啄木～）纽扭$_2$（扭伤） [223]尿

l [221]燎疗聊辽流$_2$（～行）留$_2$（～学）榴硫琉瘤□（～头：梳头）| 跳徒聊切（□$t^h a^{55}$～：玩儿） [42]柳 [223]鹞$_1$（纸～：风筝）□（搅拌）□（～～：蓝头） ‖[55]□（～囝：扒手）

θ [443]消宵硝销烧（～柴，～煤）萧箫 [221]韶（～山）绍（介～）邵 [42]小（～满，～暑）首守 [335]笑$_2$（～话）鞘（□ka^{55}～：柴刀鞘）肖（～兔：属兔） [223]□（羡慕）

tʃ [443]焦椒昭招 [221]樵 [42]少（副词，～食酒：少喝酒；数量小①）酒 [335]醮（做～）照 ‖[44]□（～料：佐料） [34]蕉（～籽：香蕉）

$tʃ^h$ [42]手 [335]笑$_1$

---

① 一般说"无□"[$mɔ^{22} lɛ^{223}$]。

k [443]骄娇 [221]乔侨桥 [42]缴久韭(～菜)饺 [335]叫(鸟鸣) [223]轿

k^h [221]瘸(～骹：瘸子) [42]巧朽 [335]窍翘

ŋ [221]饶(姓)尧

h [42]晓₁

j [443]妖邀腰 [221]摇谣窑 [42]舀有₂友酉 [335]要(～求)要(重～) [223]耀跃

iŋ

p [443]鞭编边 [221]便(～宜) [42]扁₂(形容词)匾丙炳□(晒粉干用的竹帘) [335]变 [223]辨辩便(方～)辫(～头发：梳辫子) ‖[34]□(～柴：枫树)

p^h [443]篇偏 [42]品 [335]骗片₂(竹～，铜～：铜板，一种硬币) ‖[55]□(～镊：镊子[①])

m [221]绵棉 [42]免勉娩缅悯敏皿永泳咏 [223]麵 ‖[55]□(～后：什么时候)

t [443]颠癫(发～：发神经病，～农：疯子，～犬：疯狗)□(甜) [221]缠(～骹：缠足)田(象，棋子之一)□(～□muaŋ[223]：拖拉) [42]点₂(～火)典展

① 也可以说"□夹"[$p^h iŋ^{55} ŋie ʔ^5$]。

戥(～秤)顶(山～,轿个～：轿顶;蜀～墓：一座坟墓)鼎$_2$(福～：地名)□(～橱：碗橱)　[223]电奠□(满)　‖[44]佃(～户)□(～动：动)

t^h　[443]添天$_1$(天空)　[42]艇挺□(～英雄：逞英雄)　[335]□(缝,动词)

n　[443]拈　[221]儿$_1$(～婿：女婿)黏年□(～□□mui^{34}ei^{443}：萤火虫)　[42]染$_2$ | □(□tɔuŋ^{44}～：皲裂)　[335]天$_2$(阴～)　[223]念$_2$(纪～)□(绞,拧)　‖[55]跣(裍～骹：赤脚)　[44]孱(～□ɲøi^{221}：阴茎)

l　[221]廉镰臁(骹～：胫骨)帘林$_2$(姓)淋临连联　[42]脸　[223]殓练炼链(项～)　‖[55]□(□ki^{22}～□ŋouŋ^{443}：抖一下子)　[35]□(～□ŋɛ^{53}：老鹰)

θ　[443]仙鲜$_2$(新～。读字)膻(臭～：腥)扇式连切(风～：扇车)先$_2$(～进,～生：老师)　[221]盐(名词)檐(～□ni^{55}下：屋檐下)禅(坐～)　[42]沈审婶陕省(反～)　[335]盐以赡切(腌制)扇(扇子)　[223]善膳

tʃ　[443]尖櫼(楔子)籖(抽～诗：抽签。不送气音)瞻詹毡　[221]潜钱前$_2$□(～□nouŋ^{223}：蜥蜴)　[42]枕①诊疹振震整　[335]占(～领)战颤箭荐$_2$

① 口语里“枕头”说“床头”[ts^hɔuŋ^{22}nau^{221}]。

（屋斜使正） ［223］渐贱（便宜） ‖［55］指$_1$（～甲） ［34］□（～娘：女人）

tʃʰ ［443］签（～字）迁鲜$_1$（新鲜） ［221］寻$_1$（庹）蝉 ［42］浅践 ［335］□（再加热） ［223］□（用手掐脖子） ‖［55］茜（～洋：地名） ［34］□（～□ŋa^{443}：蜻蜓）

k ［443］间$_1$（～底：房间）肩坚绢鹃捐 ［221］乾（～坤）舷（边缘） ［42］锦茧紧仅谨境景警竟 ［335］剑键建毽见 ［223］俭件健□（～喙：忌口） ‖［55］□（～模：牢固） ［35］惊$_2$（～蛰）

kʰ ［443］兼谦倾□（门～：门环子） ［221］钳 ［42］遣肯$_1$顷 ［335］欠歉

ŋ ［221］言 ［42］碾（～断：压断，～面：擀面）研（～药） ［335］砚（墨～：砚台）瘾（酒～）

h ［443］轩掀 ［221］嫌贤弦（～线）悬$_2$ ［42］险显 ［335］宪献 ［223］现

ø ［42］饮$_2$（～料）引隐影$_3$（电～）颖

j ［443］掩（捂）胭渊 ［221］炎淫然燃延圆（形容词）缘$_2$（有～）沿铅□（麦～豆：豌豆） ［42］忍允 ［335］厌燕（燕子）咽宴 ［223］演院

uŋ

p ［443］分$_1$（～开） ［221］葡（～萄）□（丸，如，药～：

药丸）［42］本（折～：亏本；许～书：那本书）［223］饭（食～：吃早饭）

p^h ［42］纺（～纱，～车）捧 ‖［34］潘孚袁切（～水：泔水）

m ［221］门蚊$_2$（～□no^{221}：蚊帐）□（～身：躯干）［42］□（～行～远：越走越远；～行蜀下：随便走一走）［335］问$_1$（动词） ‖［44］问$_2$（～题。单字调当为阳去）

t ［221］传（～达） ［42］转（～势：翻身）董懂 ［223］传（自～）

t^h ［221］椽 ［42］捅统

n ［42］软 ‖［55］□$_3$（～□$ŋε^{221}$：怎么）

l ‖［53］□（□ku^{35}～：捲。"捲"的分音词。常读得接近［$ku^0luŋ^{42}$］）

θ ［42］笋 ［223］吮 ‖［55］□$_2$（～□$ŋε^{221}$：怎么）

tʃ ［443］专砖 ［221］全泉$_2$（～州：地名）鹑（鹌～卵：鹌鹑蛋）［42］準准总种（粟～：谷种）肿 ‖［44］□（～病：残废）□（～囝：女儿，～孙：孙女、侄女）［22］做$_2$（～母农：女人）

$tʃ^h$ ［443］穿（～针；□$kuʔ^5$～：屁股）川伸$_1$（～长：伸懒腰）［42］蠢□（打盹儿）□（发～：发芽）［335］串

k ［443］关$_1$（～门）光 ［221］权拳（～头）狂（～眠：梦中惊叫）［42］管$_1$（火～：吹火用的工具，手～：

袖子)捲(～身：旧式内衣，～尺)滚讲广 [335]卷(考～)券(国库～) [223]倦 ‖[55]□(～后：后边) [35]拱(～桥)

k^{h} [42]恳垦捆圹(墓～：墓穴)孔(毛～空：汗毛孔[①])恐 [335]劝况矿

ŋ [221]元(～宵，状～)原源袁(～世凯) [223]愿

h [443]荒慌谎方(～便；跳～：跳房子；姓)肪坊芳 [221]园(菜～)黄$_{2}$(姓)簧皇蝗隍楻(大木桶)□(～师：道士)□(做～：为受惊吓的小孩招魂) [42]粉仿访 [335]楦(鞋～)放$_{2}$(解～) [223]远$_{1}$(形容词) ‖[55]□$_{1}$(～□ŋɛ^{221}：怎么)

j [42]甬勇涌

w [443]冤 [221]完丸员援黄$_{1}$(颜色)亡忘妄枉王□(头～农：头晕) [42]远$_{2}$稳吻往拥 | □(□ka^{34}～：蚯蚓)[②] [335]怨 [223]运$_{2}$(～气)旺(茂盛) ‖[55]蕹(～菜：空心菜)□(□p^{h}a^{22}～斗：翻跟头)

aŋ

p [443]班斑$_{2}$颁□(迈，跨) [221]平$_{1}$坪(沙～：河

① “汗毛”说“毛孔”[mɔ^{22} wuŋ^{42}]。
② 本字有可能就是“蚓”。

滩,墓～: 坟墓前面的空地)评(评理,批～) [335]柄 [223]病

p^h [443]甏(一种瓮,装水用)□(～□maŋ³³⁵: 拨饭) [221]彭(姓)膨□(拂) [335]□(鬆,～粟: 秕谷,～讲: 谈天儿)

m [443]□(□aŋ³⁴～: 肮脏)‖网₂(蜘蛛～) [221]猫(～□nei³³⁵: 猫)蛮馒₂(～头)闽庞盲虻(牛～)氓明₁(～年)冥(食～: 吃晚饭)□(～□nai²²³: 可以) [42]蜢(草～: 蚱蜢) [335]□(饭) [223]漫幔慢₂(读字)□(大～: 骄傲) ‖[55]□(□haŋ²²～舷: 傍晚) [35]□(～囝: 蠓虫)

t [443]耽担(动词)担₂(枪～: 柴担,扁～)丹单 [221]谈痰檀坛弹(～琴)丈₂(～夫: 男人)□(量词,用于墨和头发)□(～农: 耀眼;透过光看) [42]胆疸 [335]担₁(担子)旦(蜀～□neiʔ⁵: 半天) [223]淡诞但弹(炸～)郑(姓)

t^h [443]贪滩摊撑(～伞) [221]潭₁谭 [42]毯坦 [335]探炭叹撑他孟切 2(～起: 支撑)

n [443]脬(骹～卵: 脚后跟,手～: 胳膊肘) [221]南楠男难(形容词)□(顶住,腹肚～: 腆肚子,目珠～仁起: 瞪眼) [223]难(避～) ‖[55]□(～□ŋa⁵³: 一点儿,一会儿。连读调特殊)

l　[443]丨牲$_1$(头～：畜牲)　[221]蓝篮林$_1$(柴～：树林,树～)兰拦栏□(石～：石头)　[42]览揽(拥抱,～釉：抱稻)榄灡$_1$(唾液,～□na^{53}：围嘴儿)　[223]滥烂两(数词)灡$_2$(湿)　‖[55]□(□ka^{0}～孙：孙子的儿子)　[34]□(□ka^{22}～□ma^{443}：捣乱)

ts　[443]簪争$_1$(争辩)　[221]惭馋残　[42]斩盏井　[335]赞　[223]暂錾站(车～)栈

ts^h　[443]参(～加)掺青$_1$(～布：黑布;煮得不够)餐$_2$(快～)　[42]惨醒　[335]灿

θ　[443]三杉衫珊山删疝生$_1$(～疥,～卵：下蛋)甥(外～：外甥、外孙)　[221]晴□(～暮早：昨日)　[42]伞产省(福建～)省(～钱)□(抖被子)　[335]散(鞋带～)性$_1$(～□mai^{335}：性情暴躁)姓$_1$宋$_2$(～家：地名)　‖[22]舢(～舨囝)□(～□□huŋ^{55}ŋɛ^{221}：怎么样)

k　[443]甘$_1$(～蔗)柑泔(米～：洗过米的水)监$_1$(坐～：坐牢)干(天～)肝竿干(～燥)艰间$_2$(时～,□ɛ^{55}～：查夜,叔伯～：妯娌)奸更(拍～：打更)□(～□ŋɵi^{443}：塞住嗓子)　[221]含$_1$(在嘴里含)衔$_1$(雀囝～乇：鸟衔东西)寒$_1$(冷)　[42]感䕢(盖子,鼎～：锅盖)敢秆(稻草,麦～：麦秸)赶简柬　[335]监(太～)干(～部)　[223]汗$_1$　‖[55]监$_2$

（～督）今$_2$（～早：今日）□（～□miʔ[2]：吵嘴）[34]菅（～笋：茭白，～手：芦苇做的笤帚）[44]鉴（～定）

kʰ [443]堪龛勘刊坑 [42]砍舰 [335]磡（台阶）看$_2$（～命：算命先生）

ŋ [221]癌颜（～色；姓）谚 [42]眼$_3$（单爿～：独眼龙）| 杆（栏～：篱笆）[223]岸$_2$雁

h [443]蚶 [221]含$_2$（～义）函咸$_1$（～丰）衔$_2$（军～）鼾寒$_2$（～露，大～）韩□（～□maŋ[55]舷：傍晚）[42]喊[335]汉 [223]翰 ‖ [55]□（～□mei[335]：打哈欠）[44]汗$_2$（～衫）[34]蕃$_2$（～藷：白薯）

ø [443]庵安鞍鹌（～鹑卵：鹌鹑蛋）□（放；装）[221]桁（檩子）[42]饮$_1$（米汤）[335]暗看$_1$（～见：见到）按案晏（晚）□（□ti[22]～奶：岳母）[223]陷馅旱焊 ‖ [55]□（～□naʔ[5]：安慰）□（～□□mɔ[22]lai[443]：一种杂粮，像小米）□（□ma[22]～□ŋe[221]：蟢子）[34]□（～□maŋ[443]：肮脏）

j [221]赢营（军队的编制单位；国～）□（泅）[42]影$_2$（有～：药有疗效）[223]艳焰

w [443]弯湾 [221]顽□（遍，动量词）| □（脰～：脖子）[42]皖碗晚挽阮（姓）[223]换万

iɐŋ

p [42]饼 [335]并(合～)

m [221]明$_2$(松～)名铭$_2$(西～：地名) [223]命$_1$

t [221]庭$_1$(成～基：地基，曝粟～：晒谷场) [42]鼎$_1$(锅) [223]懒定$_1$(～下来，一～)

t^h [443]听厅$_2$(农客～：客厅) [221]呈程(姓) [42]铲(～塍舷：铲田埂)□(～头：点头) [335]□(疼)□(鱼～子：鱼产卵)

n [221]□(焦)[①] | 情$_1$(亲～：亲戚) [42]染$_1$

l [42]领(脰～：领子)岭(坡) ‖[53]□(米～：炒米)

θ [443]声 [221]泉$_1$(～头水：泉水)成$_2$(八～)城 [335]线腺圣$_1$(灵验)

tʃ [443]煎(～药) [42]灒(淡) [335]正$_1$(戴～，反～；才、刚，副词) [223]净 ‖[35]正(～月)

$tʃ^h$ [221]成$_1$(做～：做完) [42]癣(生～)请 [223]鳝(老～：黄鳝)

k [443]惊$_1$(害怕) [221]行$_1$(走) [42]囝(儿子) [335]镜

k^h [42]□(啃)

ŋ [221]岩阎(姓)严(～格)迎$_1$(～神，～接) [42]

---

① 本字有可能是“燃”。

眼$_2$(龙～)　[223]验岸$_1$

h　[443]兄(表～)　[42]□(掀)

j　[335]|□(□wu^{44}～：非常①)

uaŋ

p　[443]般搬(移动)　[221]盘盆□(～水：舀水，～汤：舀汤)　[42]□(水中陆地)　[335]半　[223]□(～粙：在稻桶上打稻子)□(～热食：趁热吃)

p^h　[443]潘(姓)攀　[335]判叛　[223]伴拌

m　[221]瞒馒$_1$(～头)鳗　[42]满　[223]|□(□tiŋ^{22}～：拖拉)

t　[443]端

t^h　[221]团

l　[221]鸾　[223]乱$_2$(霍～)

ts^h　[443]餐$_1$　[335]窜篡

k　[443]官棺观(～看；～音)关$_2$(～系)□(桌～：桌子腿部的横木，算盘～：算盘框内的小棍儿)　[42]管$_2$(～理)馆梗$_1$(菜～)　[335]贯灌(强制灌注)罐(茶～：暖水瓶)观(道教的庙宇)冠(～军)

---

① 单独念这个词时读作[wu^{44} jieŋ^{42}]。但在语流当中总读作[wu^{44} jieŋ^{335}]。

惯$_2$ [223]□(拎,提) ‖[34]甘$_2$(～棠：地名)

k^h [443]宽(～心：放心)匡 [221]环(圈;绕,逛,溜达,～蜀～：绕一圈)

h [443]欢翻番 [221]凡烦矾繁横 [42]反$_2$(～对) [335]缓唤贩 [223]范(姓)範犯泛幻患宦□(提梁) ‖[34]蕃$_1$(～葱：洋葱)

εiŋ

p [443]斑$_1$ [221]爿(外～：外面) [223]瓣(花～)办 ‖[55]坂(～中：地名)扁$_1$(～担)

p^h [443]□(鸡用爪子掘地)

ß [335]丨片$_1$(骹～：缠足布。有时读得接近[$wεiŋ^{335}$])

m [223]慢$_1$

t [443]□(～农：触着凸起的东西觉得不舒服) [221]潭$_2$(溪～：地名)填瞋(雷～：打雷)□(猜)□(～□$məi^{223}$：地方)□(～片：螺蛳头上的圆盖) [335]店 [223]簟殿垫靛模(饱满,紧)□(门～：门坎儿) ‖[55]带$_2$(咸～鱼)□(～中：中间) [53]底$_1$(～爿：里面,戍～：家里,～来：进来)

t^h [443]蛏 [221]沉

n [443]□(趼子) [221]□(树～：树液,松柴～：松香) [335]□(踮)□(乳房,乳汁) [223]念$_1$

(～经)□(□k^hεiŋ^{55}～：木屐)ǀ□(大～：蜥蜴)

l [221]莲龙$_2$(～眼) [223]□(赶，～鸭：赶鸭)

θ [443]森参(洋～)先$_1$(副词) [221]前$_1$□(～籽：茶油树，～油：茶油)□(～□mɔ^{22}锤：蝌蚪)

tʃ [443]针臻 [335]荐$_1$(用稻草编起来的床垫)

$tʃ^h$ [443]千呻(呻吟) [221]蚕□(田。本书里写作"塍")

k [221]鹹悬$_1$(高) [335]惯$_1$(习惯，动词) [223]县

k^h [443]牵 ‖[55]□(～嗽：呛)□(～□nεiŋ^{223}：木屐)

ŋ ‖[55]眼$_1$(～镜)

h [221]还(动词) [335]苋□(～骨：肋骨，软～：侧腹)

ø [443]阴$_1$(～天，晒不到太阳的地方) [221]闲ǀ□$_1$(外～：外面) [335]ǀ□$_2$(外～：出去) [223]限

ɔuŋ

p [443]帮邦 [221]旁螃 [335]谤(诽～)

p^h [335]□(凸) [223]蚌□(碰。本书里写作"碰")

m [443]□(□θεʔ^5～：蕨) [221]忙 [223]望(往远处看)

t [443]墩$_{1}$(土堆)当(～兵)桩中$_{1}$(～指头：中指，街～：街上) [221]屯豚(猪～：半大小的猪)堂棠唐塘(鱼～：养鱼的池塘)长$_{1}$(形容词)肠□(～鱼：鳖) [335]顿当(～店)□(鸡啄物)□(～底去：钻进去) [223]断(拗～)锻段(蜀～；姓)缎丈$_{1}$(长度单位)撞□(裤～：短裤) ‖[44]□(～□niŋ^{42}：皲裂)

t^{h} [443]吞汤窗厅$_{1}$(～堂：堂屋) [221]糖 [335]褪(脱)撑他孟切1(～船：撑船)

n [221]囊瓤□(捻)｜尘$_{1}$(扫烟～：掸尘) [335]□(石～：一种蛙。黑色，较大) [223]嫩(小①；～沙：细沙)酿

l [443]｜□(□pɔ^{34}～：背脊) [221]郎$_{1}$(新～)廊狼螂(～～：螳螂)□(缲边)□(毛虫、蛇等爬行)□(□kɔ^{0}～工：整天)｜□(喙～：下巴。读作[$t\int^{h}i^{55}$ $lɔuŋ^{221}$]) [335]眼(晾，动词)□(～清：乘凉) [223]卵(蛋)乱$_{1}$(～猴来：乱来，～猴讲：胡说)论浪｜□(□θɛu^{22}～：均匀)

ts [443]尊遵赃庄(村～；姓)装妆(～身：打扮)□(～□maŋ^{335}：做饭)□(这～做：这么做) [221]存藏(动词)床$_{2}$(馒头～：蒸笼) [335]钻(□□pœ^{0}

① "嫩"说"幼"[eu^{335}]。

lœ^{44}～：钻，一种工具）葬（进～：出殡）壮（有～：牢固） [223]藏（西～）臟（～头：肛门）状$_2$（告～）

tsʰ [443]村仓苍（～南：地名）舱疮（生～） [221]忖（想。阳平）床$_1$（床铺）□（踩，跺） [335]寸闯创□（门～：门闩）

θ [443]酸栓（读字）宣孙（～囝：孙子、侄子；姓）桑霜栓 [335]算蒜涮（～碗，～喙：漱口） ‖[55]丧（～失） [44]丧（食～昼：吃丧宴） [35]磉（～盘：柱子底下的石礅）

k [443]根$_2$（～本）跟冈刚纲缸江（姓；闽～）扛（～轿：抬轿）豇 [221]□（烫） [335]钢杠（鼻空～：鼻梁，粗～：木制嫁妆的统称）降（～□nœuŋ^{221}：跳神，霜～）

kʰ [443]坤康糠 [335]抗囥（藏放） ‖[55]慷（～慨）

ŋ [221]昂 [335]睏（睡。声母特殊）① [223]□（傻）

h [443]熏（焙，烘）薰（食～：抽烟） [221]痕（裂～：裂缝）魂（～魄）浑航杭绗妨防降（投～） [335]□（冬瓜～：冬瓜棚） [223]恨项（羊～：羊的脖子，～链；姓） ‖[55]□（～□naʔ^{5}：勤快，用功）

① 《班华字典》所记的音是 k'on^{5}（第 427 页）。

[44]蕃₃(～豆：玉米)

ø [443]恩秧 [221]行(量词;银～,油～：油坊) □(久) [335]映(盼望,希望) [223]|笐(竹～：晒衣服用的竹竿)

œuŋ

p [443]崩₂ [221]朋鹏

pʰ [443]烹

m [443]□(头～：头晕) [221]萌盟 [335]梦 [223]网₁(鱼网)孟

t [443]登灯澄(读字)东₁(～爿：东边)冬 [221]腾誊同₁(～门：连襟)铜桐₂(～山：福鼎的旧称)筒 [42]□(谁。"底农"的合音) [335]冻栋 [223]邓洞重₁(形容词)

tʰ [443]通₁(疏通) [221]桐₁(～柴树：桐树,～子)虫 [335]□(疏通)

n [221]能农₁(人)脓(□tɔʔ⁵～：化脓)|□(降～：跳神) [335]□(软;不脆) [223]|动₁(□tiŋ⁴⁴～：动)桶徒揔切(饭～：太阳穴)

l [443]窿(窟～) [221]笼聋砻咙(喉～)垅(两山之间低洼的地方)|童₁(霍～：地名) [223]弄(动词)弄(□tu⁴⁴～：胡同)□(蜀□pʰœ⁰～草：一

从草）

θ [443]生$_2$（花～，～活，学～）牲$_2$（牺～）双 [335]送

tʃ [443]曾（姓）增憎僧争$_2$棕 [221]曾（～经）□（用水冲） [335]粽 [223]赠

tʃʰ [443]葱

k [443]庚耕工（帮～；蜀～：一天） [223]共$_1$（一样，～姓：同姓，～□ho^{335}悬：一样高；和，跟）

kʰ [443]空$_1$（～手，～戍：空房；□lɔi^{22}～：钻孔，毛孔～：毛孔）

ŋ [223]硬

h [443]亨□（魟鱼） [221]恒行$_2$（流～，～李）衡宏雄$_1$（鸭～：公鸭）□（扔）□（摆动） [335]巷（胡同） [223]杏行（品～）幸

ø [443]翁$_1$（祖～：祖父）| 羹（调～）[①]蚣（蜈～） [221]红 [335]瓮

eiŋ

p [443]彬宾槟斌冰兵 [221]贫频凭平$_2$（和～）瓶（瓶子）屏（～南：地名）苹 [42]板版反$_1$（翻动）

① 也可以读作[tiu^{22} wœuŋ^{443}]。

[335]併並

p^h [335]聘姘(～头)拼

m [221]眠(狂～：梦中惊叫)民鸣明₃(～白,清～)铭₁荣₁(光～) [42]|舨(舢～囝) [335]面(脸;楼～：楼上) [223]命₂(～令)

t [443]珍徵惩贞侦丁钉(铁～)疔汀 [221]陈(姓)尘₂藤亭停廷庭₂ [42]点₁(几～) [335]镇凳叮钉(动词)订碇(锚) [223]阵定₂(鉴～)□(人)□(沉淀)□(～草：煎药,～卵：煎鸡蛋)

t^h [335]趁(赚)

n [221]仁₁(桃～,花生～,目珠～：眼珠儿)宁(～德：地名) [335]|甑(饭～)□(□□peiʔ⁵ tøoŋ²² ～：知道) [223]认 ‖[55]□(□ma²² ～□ŋe²²¹：蟢子)

l [221]怜邻鳞磷陵凌菱灵零铃 [335]□(橘子的瓣,如,蜀～橘;蜀～板：一块木板)□(～汤：煮汤) [223]令另

θ [443]心芯辛新薪身申伸₂娠(带～：怀孕)昇星□(生～：生锈) [221]寻₂(～龙：看风水)蟳(一种海里的螃蟹)神辰晨臣乘(加减～除)绳承丞蝇(□pu²² ～：苍蝇)成₃诚 [42]瘖(～肉：瘦肉) [335]信(相信。单说;写～)讯迅胜(～利)性₂姓₂圣₂(～旨) [223]甚肾慎剩盛(茂～)

tʃ [443]斟津真蒸升(容量单位)精晶睛征□(稀) [221]秦层情$_2$ [42]剪(洋～：理发用的推子) [335]浸进晋证症正$_2$(雍～)政 [223]尽静靖

tʃ^h [443]侵深亲(～戚)称(用秤称;名～)清(跟"浊"相对,～楚)青$_2$ [42]筅(鼎～：筅帚) [335]称(对～)秤清(凉)

k [443]今$_1$(～年)金襟京荆鲸经(念～) [221]□(盖上,～瓦：盖瓦,饭～：一种用来罩在菜碗上面的罩子,鸡～：一种用来罩在鸡上面的罩子) [42]减碱笕 [335]禁(～止)劲颈敬 [223]妗竞□(鸡～：鸡胃)

k^h [443]钦卿轻 [221]琴禽擒芹□(斟,倒,滗,～酒：倒酒) [42]犬(狗) [335]庆磬

ŋ [443]丨均(平～) [221]迎$_2$(欢～) [42]‖□(晾～：晒衣架)

h [443]兴(～旺,绍～：地名)馨 [221]形型刑邢熊□(头晕,～车：晕车) [335]兴(败～：不喜欢,不高兴)

Ø [443]音阴$_2$烟於真切(冒烟,～囱,腊～肉：腊肉)因姻鹰莺鹦樱婴英 [221]寅仍盈 [42]丨□(□i^{55}～：起床) [335]印应(～该)应(应答) [223]孕

j [221]人(举～)仁$_2$ [223]壬任

ouŋ

p [443]枋(厚木板)崩$_1$ [221]嗌(吹火)房$_2$ [42]榜绑 [335]粪(□wuŋ^{55}～：浇粪)放$_1$(～假)□(蜀～尿：一泡尿)

p^h [443]峰蜂锋 [221]房$_1$篷(帆)蓬逢缝(动词) [335]喷(～漆)□(雨毛～：毛毛雨)

ß [221]丨坟$_1$(寿～：生前所修的坟墓)

m [221]芒(麦芒；芦苇花；～种)蒙 [223]闷焖(～□maŋ^{335}：焖饭)

t [443]敦东$_2$中$_2$(～国)忠 [221]同$_2$童$_2$瞳重(～阳，双～皮：双眼皮) [42]墩$_2$(桥～，横～：砧板)党涨(水～) [335]吨中(～意：喜欢，～毒) [223]动$_2$重$_2$(尊～)仲(杜～)

t^h [443]通$_2$(～书，交～) [335]篆痛

n [221]郎$_2$(～爸：父亲)娘$_2$(～奶：母亲)农$_2$浓 [42]暖 [335]润(□tʃ^{h}iʔ^5～：潮湿)丨□(□tʃiŋ^{22}～：蜥蜴) [223]闰(～月)

l [221]崙伦轮隆$_1$龙$_1$ [42]朗□(洋毛～：毛衣) [223]恋

θ [443]鬆(轻～) [221]旋船缘$_1$(苍蝇等栖止)荀旬循巡唇纯醇殉松(～柴树：松树) [42]选损爽□(不新鲜) [335]舜宋$_1$ [223]顺诵颂讼□

（穿）　‖[35]榫（～头）

tʃ　[443]宗终鐘锺（姓）盅（茶～：茶杯，酒～：酒杯）春　[221]从（介词；～教：信天主教）　[335]俊众纵种（动词）

$tʃ^h$　[443]春聪匆充衝　[221]从崇　[335]铳□（～农：烟熏得眼睛痛）

k　[443]君军公功攻　[221]群（蜀～鸭：一伙鸭子）裙　[335]棍汞贡赣古送切　[223]郡

k^h　[443]昆崑（～崙）混空$_2$（～气）　[42]款菌　[335]困旷控　[223]□（虹）　‖[44]□（～柴：乌柏树）

ŋ　[443]丨□（□□$ki^{22}liŋ^{55}$～：抖一下子）

h　[443]昏婚分$_2$（春～）吩（～咐）芬纷风枫疯丰（咸～）封　[221]浑坟$_2$焚雲洪鸿冯　[335]奋训□（一种量米用的器具，半升）　[223]分（生～：陌生）份（蜀～）凤奉俸　‖[55]讽（～刺）

ø　[443]温瘟（避～丹：樟脑丸）翁$_2$（～洋：地名）雍（～正）　[42]影$_1$（影子）　[335]揾（蘸）□（浇，～菜：浇菜）

j　[221]匀绒融茸容蓉庸　[223]用

w　[221]文纹闻□（猫□nei^{55}头□ku^{55}～：猫头鹰）[42]网$_3$　[223]韵运$_1$

ɵŋ

m [42]猛蠓(一种细小的飞虫,绿色)

t [42]等$_2$(平～)

t^h [42]桶(水～)

l [42]冷 ‖[53]□(□pɵ^{35}～:颠簸)

θ [42]㨃(推)

k [443]根$_1$(树～)巾斤筋(骹胫～:跟腱)弓躬宫恭供(～应)供(口～) [221]穷 [42]港梗$_2$(桔～)耿巩 [223]近共$_3$(～产党) ‖[55]供(～品)

k^h [221]勤 [42]肯$_2$

ŋ [221]银

h [443]欣胸凶兇 [221]雄$_2$(英～) [42]很狠 [335]衅

ø [443]殷

øoŋ

t [443]张$_2$(姓) [221]长$_2$(～乐:地名)场丈$_4$(～农:岳父)□(□peiʔ^5～□neiŋ^{335}:知道) [42]等$_1$长(县～) [335]帐账胀(腹肚～农:不消化) [223]丈$_3$(姑～:姑父,姊～:姐夫)长直亮切(剩)

t^h [443]张$_1$(量词) [335]畅 [223]仗杖

n [221]娘$_1$(酒～:江米酒) [335]让 [223]壤

l [221]良凉量(～米)粮梁粱 [42]两(斤～)□(蜀～席：一张席) [335]|仗(拍～：打仗) [223]亮谅辆量(大～：慷慨)

θ [443]相(～信)箱厢湘襄镶商伤 [221]详祥常尝裳偿 [42]想鲞赏 [335]相(画儿,画～：画画儿,照～) [223]上(动词)痒尚(和～)上(楼～)

tʃ [443]将(～来)浆章樟漳 [42]蒋奖桨掌□(现在) [335]酱将(棋子之一)障(白日～：白内障) ‖ [55]状$_1$(～元)

tʃʰ [443]枪昌菖(～蒲)□(畦) [221]墙 [42]抢厂 [335]唱倡 [223]象像橡匠绱(～鞋)

k [443]疆僵薑(生姜。单说)姜(姓)羌 [221]强(～弱) [42]强(勉～)

kʰ [443]腔

ŋ [42]仰

h [443]香乡 [42]享响 [335]向

j [443]央殃 [221]羊洋(大平原)烊杨(姓;～梅)阳扬疡荣$_2$(柘～：地名。旧时写作"柘洋")□(～□mɛ^{221}：青蛙) [42]养 [335]映 [223]样

iʔ

p [5]鳖(女阴) [2]别(差～)

p^h　[5]撇劈

m　[2]灭篾丨□(□kaŋ^{55}～：吵嘴)

t　[5]哲着张略切(装,盛)得$_2$(一种助词,如，衰～：瘦了、解食～：吃得)　[2]碟牒蝶谍着直略切$_1$(□tʃʰui^{335}～：找着,听～：听见;火～了：着火了;有去～：去过)

t^h　[5]铁彻撤拆$_1$(～戍：拆房子)

n　[2]若$_1$(～夥：多少)箬(叶子)

l　[5]□(□θiʔ^4～：荸荠)　[2]列烈歷曆

θ　[5]闪$_1$(雷～：闪电)薛设蟋(～蟀)惜$_1$(疼爱;好～：可爱;接吻)　[2]涉舌折(～本：亏本)射食亦切(～箭)石$_2$(磨～：磨刀石)□(一。本书里写作"蜀")□(～□liʔ^5：荸荠)

tʃ　[5]接捷折(折叠,～被)浙节$_2$(～约)疖雀$_1$(～囝：鸟儿)即鲫(～鱼。常读作[tʃiŋ^{55}])借资昔切

tʃʰ　[5]砌(～墙)妾切尺□(～润：潮湿)　[2]⿱竹盏(梭子蟹,是一种海里的螃蟹)蓆石$_1$(～□laŋ^{221}：石头)□(～□lɛ^{221}：赶牛用的竹鞭)

k　[5]荚(豆～)劫揭羯(阉)结$_2$(～冰,～合)洁决诀□(～□laʔ^5：非常,程度较深)　[2]杰

k^h　[5]缺(～喙：豁嘴,塍～：田埂上通水的口子)

ŋ　[2]业

h [5]歇(休息) [2]胁协穴

ø [5]□(刺,动词) [2]热①

j [2]叶(姓)药

uʔ

p [5]髮(～屑：头垢)發₁(～芽)剥□₂(～□□løoŋ²² neiŋ³³⁵：知道) [2]勃渤缚(系,捆,牛～□□iʔ⁵ ai⁴⁴³：拴牛)

pʰ [2]曝(晒)□(泡沫)

t [5]□(拿,抓)

l [5]劣□(□ku⁵⁵～：呃逆) [2]绿

θ [5]雪说粟₂(～囝：小米儿)

tʃ [5]烛 [2]绝(～种：一种骂人话)

tʃʰ [5]啜粟₁(稻谷)

k [5]蕨各₂(～个：别的,～个农：别人,～个乇：别的东西,～个□nɔi³³⁵：别的地方)郭廓国□(～穿：屁股) [2]掘衢物切(挖,～涂：锄地)局

kʰ [5]曲(弯,腰～得：腰弯曲了;～蹄：渔民;唱～)

ŋ [2]月玉₁(～镯)狱

---

① 《班华字典》所记的音是 yit⁸,*jit⁸,为 y,*j 声母(第 206 页)。根据吴姗姗(2012：218),除《班华字典》以外福安方言历史文献所记的都是零声母。

h　［5］忽

j　［2］褥

w　［5］沃（雨～得了：淋雨了，～瀰得了：淋湿了）
　［2］越（～南）粤物勿

aʔ

p　［5］百伯掰（撕，掰，揭下）□（喙～起：张嘴，目珠～起：睁眼）［2］白$_1$□（～薰筒：吸烟斗①）

p^h　［5］拍（打；从，介词）

m　［2］麦脉（□tuʔ^5～：号脉；手～：手腕）

t　［5］答搭褡（背～）□（压）［2］踏达

t^h　［5］塔榻塌□（干净）□（笔～：笔帽，牛～：牛笼嘴）［2］宅

n　［5］｜□（□aŋ^{55}～：安慰）□（□hɔuŋ^{55}～：勤快）
　［2］纳搦（抓）□（一点儿；这～：这些）

l　［5］瘌（～头：秃头）□（刺毛～：毛虫）｜萨（菩～）□（□k^haʔ^5～：收殓）［2］腊（～烟肉：腊肉）蜡猎（拍～：打猎）粒（蜀～珠：一颗珠）辣捋

ts　［5］扎（～实）紮（捆，束；～索：搓绳子）［2］杂闸铡

① 也可以说“欶薰筒”［θɔʔ^5 hɔuŋ^{34} nœuŋ^{443}］。

tsʰ [5]插擦察册□(理睬,管)

θ [5]撒杀煞(做嬒～：做不完,～尾囝：最小的儿子)□(□kiʔ⁵～：非常,程度较深) [2]煤(水煮)□(蟑螂)□(寂～：安静)

k [5]合古沓切(容量单位;～得好：要好)蛤(～囝：蛤蜊)裌(～袄)甲胛割葛(～藤)格隔□(篚～：装小孩的棺材)□(萝卜～：萝卜缨) [2]合₂(～壳：通奸)

kʰ [5]渴客□(太)□(拾,捡,～柴：砍柴;收拾,～□laʔ⁵：收殓) [2]□(～糜粥：煮稀饭)

h [5]喝□(声～得：嗓子哑)□(～□tʃʰi⁴²：喷嚏) [2]合₁(～作,～算)

ø [5]鸭押压₂ | 鸽(白～：鸽子) [2]盒匣

j [2]页□(招手;～扇：扇扇子;飞～：蝴蝶)

w [5]挖(用一个手指挑药膏) [2]袜

iɐʔ

tʰ [5]獭

n [5]聂镊□(眨巴)

l [5]□(鞋～：拖鞋)

θ [5]闪₂湿(风～膏：膏药)□(把水甩去) [2]翼(翅膀)

tʃ [5]□(～水：溅水)

tʃ^h　[5]拆$_2$(～信)

k　[5]夹$_1$(头发～)峡$_2$挟(用筷子夹)□(～板：一种响板)　[2]夹$_2$(夹在腋下)搿(用肩扛)

k^h　[5]摄□(挤)□(目珠～起：闭眼)　[2]峡$_1$(指头～：指缝,门～：门缝)

h　[5]赫

ua?

p　[5]钵拨　[2]钹跋(～蜀倒：摔倒)□(～水：在水井打水。不送气音)

p^h　[5]泼

m　[5]抹　[2]末沫

k　[5]括刮

k^h　[5]阔(宽)

h　[5]法發$_2$(～展)　[2]乏活伐罚

ɛ?

p　[5]八　[2]拔□(拖,揪)

m　[5]丨鏍(镰～：镰刀)　[2]密$_1$

t　[2]□(滗)

t^h　[5]帖贴　[2]叠

n　[5]□(凹;酒～：酒窝)　[2]捏

l [5]□(舔)丨□(□tʰai²²～：鲶鱼) [2]裂

θ [5]涩虱(～母：虱子)塞□(菜肴；～□maŋ³³⁵：下饭)□(～□mɔuŋ⁴⁴³：蕨) [2]十截₁(切)

tʃ [5]汁节₁(蜀～蔗：一节甘蔗,手～：指关节;冬～：冬至,做～：过端午节)□(尿～：尿布) [2]截₂(～断)

tʃʰ [5]□(生气) [2]贼

k [5]结₁(系,～鞋带) [2]共₂(和,跟)

kʰ [2]□(拿)

h [5]血

ø [5]压₁(揿,摁) [2]狭(窄)

ɔʔ

p [5]博(换;～士)驳□(丢弃) [2]薄(形容词)泊箔(～囝：锡箔)□(～戍：典房子)□(～□lɔʔ²：抚摸)

pʰ [5]粕(渣子,酒～：酒糟,蔗～：甘蔗的渣子)□(腰～得：腰弯曲了) [2]雹□(树个～：树结疤)

m [5]募膜(竹～)幕 [2]莫(别,不要)寞

t [5]桌卓啄琢□(剁,～肉：砍肉)□(～脓：化脓) [2]夺□(争)□(挑选,～菜：择菜。本书里写作"择")

tʰ [5]脱₂(～帽)托□(烫) [2]脱₁(～窠：脱臼,山～下来：山洪暴发)

n [5]□(东西。本书里写作“乇”)□(□tʃo^{335}～：这些，□ho^{335}～：那些) [2]诺□(塞子)

l [5]□(～□□iʔ^{5} ai^{443}：套上)□(窟～：窟窿、水坑儿)‖□(胳～下：腋下)|□(柴～：刨花) [2]落$_{2}$(日头～山)烙洛络乐(长～：地名)乐(～队)□(□pɔʔ^{4}～：抚摸)□(做蜀～雨：下一阵雨，蜀～风：一阵风)

ts [5]作(工～) [2]昨□(掉下)

ts^{h} [5]撮□(～毛：拔毛，菜～得：间苗)□(～筋：抽筋) [2]<u>戳</u>直角切(～印：盖章)

θ [5]刷(刷子；～衣裳)蟀(蟋～)索(绳子)朔<u>欶</u>(吮吸)缩$_{2}$(～水)□(鞭打) [2]镯□(～得：用脚磨碎)

k [5]骨(～头)各$_{3}$(～□nɔi^{335}：别的地方)阁搁胳觉(感～)□(烙) [2]滑猾

k^{h} [5]窟$_{1}$(～□lɔʔ^{5}：窟窿、水坑儿)霍$_{2}$(～乱)确 [2]□(～印：盖章)

ŋ [2]鄂鳄嶽岳(～飞)

h [5]□(～被：抖被子) [2]<u>核</u>户骨切(桃核，～桃)鹤学$_{2}$(～堂：学校)核(～对)

ø [5]恶(形容词)□(乖) [2]学$_{1}$(～讲话：学说话，～样：模仿)

œʔ

p [5]北柏(～柴：柏树) [2]白$_2$(～芍,明～)

p^h [5]迫魄(魂～)

m [2]墨默目$_4$(～膏：眼眵,白～：瞎子)

t [5]得$_1$(～罪,～奖)德□(牛相斗)□(～钱：找钱) [2]浊(浑浊)特泽

t^h [5]戳(捅,刺,喙齿～：牙签) [2]读

l [5]落$_1$(掉落)□(□kœʔ^4～□ei^{335}睏：侧身而睡) [2]骆肋勒(弥～佛)鹿漉(捞)簏(镜台～：梳妆台,～□kaʔ^5：装童尸的棺材)六□(～麻：做麻袋的麻)□(□œ^{22}～：嗳气)

θ [5]瑟色□(～喙□βε^{42}：打耳光,～桌：拍桌子)□(□kau^{55}～：非常)

tʃ [5]则责

$tʃ^h$ [5]厕侧测策 [2]凿昨木切

k [5]各$_1$(～农：别人)角(动物的角;～头：角落;四～：方形;蜀～钱)革 [2]□(～□□lœʔ^5 ei^{335}睏：侧身而睡)

k^h [5]壳刻克剋

ŋ [2]逆

h [5]黑(～板) [2]或惑获划$_2$(计～;笔～)□(疲劳)□(～气：哮喘)□(屎～：粪池)

ø　[5]扼

ei?

p　[5]笔毕必逼煏(～油：熬油时用力压油)璧壁□(开裂)□$_{1}$(～□□tøoŋ^{22} neiŋ^{335}：知道)□(□□pi^{22} ßɔ^{22}～：蝙蝠)　[2]弼域疫役

p^{h}　[5]匹(蜀～布)碧僻辟

m　[2]密$_{2}$(秘～)蜜

t　[5]摘(采下)适的(目～)滴嫡□(这～：这个。本书里写作“只”)　[2]侄秩着直略切 2(在)直值(～钱，～班)殖植逐力切笛敌狄籴□(要)□(～～：故意)

t^{h}　[5]踢剔

n　[5]丨□(蜀旦～：半天)　[2]入$_{1}$(～被：往被套里装棉絮，～戍：搬到新房住)日□(～鸟：阴茎)丨蛰(惊～)

l　[2]立(～春，～夏)笠(～斗：斗笠，草～：草帽)力(有～：有力气)疬<u>𫄍</u>(一种晒东西用的圆形大竹器)

θ　[5]屑(发～：头垢)悉失室削(鱼鳞～得：刮去鱼鳞)息(钱～：利息)熄媳穑(做～：干活儿)食$_{2}$(月～)识式饰惜$_{2}$(可～)昔释锡析　[2]实食$_{1}$(吃)蚀席(主～)夕

tʃ　[5]执质织(～布)职积(～肥)迹(骹～：脚印)隻绩

□(～只：这个。本书里写作“这”) [2]辑集习袭疾籍寂(～□θaʔ²：安静)

tʃʰ [5]七漆膝拭(擦)赤(～豆：小红豆;病～痢)刺七迹切(编织)戚

k [5]急及₂(埃～)桔(～梗)橘(橘子)吉击激 [2]及₁极□(撬开)□(尿～：尿勺,一种农具)

kʰ [5]泣

ŋ [5]级给吸(～收) [2]孽额(～头舷：额头)

h [5]许₁(～只：那个)熻(焖,如,～菜)

ø [5]揖乙一抑益丨□(□wu²²～：麻雀) [2]逸亦译易(交～)液

j [2]入₂(四舍五～)

oʔ

p [5]不幅腹(～肚：肚子,遗～：遗腹子) [2]卜(萝～)匐(趴)

pʰ [5]朴(～素)擈仆覆₁(趴)

m [5]□(硬币没有阿拉伯数字的面) [2]没(～收)木(～虱：臭虫)目₅(～的)穆(～阳：地名)牧

t [5]督笃 [2]突陀骨切独毒

tʰ [5]秃□(哽,塞,鼻空～：鼻子堵住)

l [5]□(～水：涉水)□(火～：火柴) [2]律率(效

～)禄陆录

θ [5]戍恤速肃宿(～舍)淑束 [2]术(白～)術述秫(～米：糯米)熟$_3$塾俗续赎属

tʃ [5]卒(棋子之一)祝足嘱(吩咐) [2]族蜀

tʃʰ [5]出触促

k [5]瀫(开裂)彀(～雨)谷(姓)酷

kʰ [5]哭

h [5]福複覆$_2$复(～习) [2]佛服伏(埋～)袱(包～)□(盖泥土)

ø [5]熨纡物切(～斗)握屋

w [2]划$_1$(～火□loʔ⁵：划火柴)

ɵʔ

t [5]竹筑□(～爿裤：开裆裤) [2]逐(追)

tʰ [5]缩$_1$

n [2]肉

θ [5]熟$_1$(水果成熟) [2]熟$_2$(□maŋ³³⁵～：饭熟，煮～)

tʃ [5]粥叔

tʃʰ [2]□(揉)

k [5]菊 [2]□(稠)

kʰ [5]乞(给；被；～食：乞丐)讫屈(委～)麯

ŋ [2]玉$_2$(～镯)

h　　[5]蓄旭

ø　　[5]郁□₁(～起：站起来，～□eiŋ⁴²：起床①，～□ai⁴⁴³：相当于"起来"的补语②)

øoʔ

l　　[2]略

tʃ　　[5]爵酌捉

tʃʰ　　[5]雀₂(牌～：麻将)鹊婥(漂亮，好)芍(白～)

kʰ　　[5]脚却　[2]剧(～烈)剧(～团)

ŋ　　[2]虐

j　　[5]悦阅约　[2]若₂弱育辱

ŋ

ø　　[223]□(不，如，～是。本书里写作"唔")

2.1.3　屏南方音

2.1.3.1　声韵调

2.1.3.1.1　声母

声母15个，包括零声母在内。

---

① 此时读作[iʔ⁵]。

② 此时读作[iʔ⁵]。

p 帮盘簿步白缚	p^{h} 派鼻名词蜂	m 门尾	
t 刀铜断大夺肠	t^{h} 讨虫	n 脑年染	l 来
ts 糟座争酒真书	ts^{h} 仓插贼秋唱树		s 消烧心三生坐船痒
k 家基锯汗$_1$	k^{h} 坑欠臼齿	ŋ 硬鱼	x 好和虎府戏汗$_2$园
∅ 爱音温芋鞋约然换万围我$_1$			

说明：

1. [ts ts^{h}]声母位于[i y e]之前时带有舌面音的色彩。比如“酒”[tsiu^{41}]、“煮”[tsy^{41}]、“照”[tseu^{335}]的实际音值是[tśiu^{41}]、[tśy^{41}]、[tśeu^{335}]。[s]声母没有这种现象。

2. [x]常读作[h]。此外，[x]拼细音时舌位明显靠前，读作[ç]。比如“喜”[xi^{41}]的实际音值是[çi^{41}]。拼[iaŋ iak]韵时进一步前化，读作[ɕ]。比如“兄”[xiaŋ^{443}]读作[ɕiaŋ^{443}]。

3. 零声母的实际音值是[ʔ]。比如“安”[aŋ^{443}]、“医”[i^{443}]、“武”[u^{41}]、“雨”[y^{41}]的实际音值分别是[ʔaŋ^{443}]、[ʔi^{443}]、[ʔu^{41}]、[ʔy^{41}]。

4. 在连续的语流中，后字的声母(除[m n ŋ]以外)往往受到前字韵母的影响而发生有规律的变化，即“声母类化”。在此简单描写大概的情况：

(a) [p pʰ]声母

(a-1) [p pʰ]声母在阴声韵的后面变为[ß]。例如：拍靶打靶 pʰa$^{335-55}$ pa-ßa^{443} | 擂钵团擂钵 lɔi$^{221-11}$ puak-ßuak$^{5-4}$ kiaŋ$^{41-51}$ | 隔壁成邻居 ka$^{335-11}$ peɐ-ßeɐ$^{335-33}$ tsʰo-yo^{335} | 白饭大米饭 pa$^{443-11}$ pouŋ-ßouŋ^{224} | 扒饭 pa$^{221-11}$ pouŋ-ßouŋ^{224} | 霞浦地名 xa$^{221-11}$ pʰo-ßo^{41} | 喙皮嘴唇 tsʰui$^{335-55}$ pʰoi-ßoi^{221} | 雨披门楼 y$^{41-55}$ pʰe-ße^{443}。

(a-2) 在阳声韵的后面变为[m]。例如：□病残废 tsøŋ$^{-13}$ paŋ-maŋ$^{224-412}$ | 看病 kʰaŋ$^{335-55}$ paŋ-maŋ^{224} | 面布毛巾 miŋ$^{335-33}$ po-mo^{335} | 鼎片糊用米磨成的粉做的糊状食品 tiaŋ$^{41-11}$ pʰeiŋ-meiŋ$^{335-55}$ kɔ̱-ŋɔ̱^{221} | 相拍打架 sɔ̱uŋ$^{-33}$ pʰa-ma^{335} | 棉被 meiŋ$^{221-11}$ pʰoi-moi^{224} | 双重皮双眼皮 sœ̱ŋ$^{443-11}$ tʰœ̱ŋ-nœ̱ŋ$^{221-44}$ pʰoi-moi^{221}。

(b) [t tʰ]声母

(b-1) 在阴声韵的后面变为[l]。例如：客店客栈 kʰa$^{443-33}$ tɛiŋ-lɛiŋ^{335} | 画图画画 ɔʌ$^{224-44}$ tɔ̱-lɔ̱^{221} | 草茶草药 tsʰau$^{41-11}$ ta-la$^{221-51}$ | 梳头 sœ$^{443-11}$ tʰau-lau$^{221-41}$ | 早起头清晨 tsa$^{41-11}$ kʰi-i$^{41-11}$ tʰau-lau$^{221-51}$ | 双重皮双眼皮 sœ̱ŋ$^{443-11}$ tʰœŋ-nœŋ$^{221-44}$ pʰoi-moi^{221}。

(b-2) 在阳声韵的后面则变为[n]。例如：蠓帐蚊帐 mœ̱ŋ$^{41-33}$ tøŋ-nøŋ^{335} | 慢釉晚稻 mɛiŋ$^{224-44}$ tɛu-nɛu^{224} | 床头枕头 tsʰɔuŋ$^{221-11}$ tʰau-nau^{221} | 风痴台风 xuŋ$^{443-44}$ tʰai-nai^{443} | 暖暖

汤温水 nouŋ$^{41-44}$ nouŋ$^{41-44}$ tʰɔ̱uŋ-nɔ̱uŋ^{443}。

(c) [s]声母

(c-1) 在阴声韵的后面变为[l]或[z]。例如：扒痒 pa$^{221-11}$ søŋ-løŋ^{224} | 喙齿屎牙垢 tsʰu$^{335-11}$ kʰi-i$^{41-11}$ sai-lai$^{41-51}$ | 獪□兴不高兴 mɛ^{224} sau-lau^{-33} xiŋ-iŋ^{335}；和尚 xo$^{221-11}$ søŋ-zøŋ^{224} | 灶前厨房 tsau$^{335-55}$ sɛiŋ-zɛiŋ^{221} | 起霜下霜 kʰi$^{41-55}$ sɔ̱uŋ-zɔ̱uŋ^{443}。其他：面头前前边 miŋ$^{335-55}$ tʰau-nau$^{221-11}$ sɛiŋ-ɛiŋ^{221}。

(c-2) 在阳声韵的后面则变为[n]或[nz]。例如：坑司厕所 kʰaŋ$^{443-44}$ si-ni^{443} | 双生囝双胞胎 sœ̱ŋ$^{443-11}$ saŋ-naŋ$^{443-11}$ kiaŋ-ŋiaŋ^{41} | 天星星星 tʰeiŋ$^{443-44}$ siŋ-niŋ^{443} | 完身身体 ouŋ$^{221-44}$ siŋ-niŋ^{443} | 潘槽猪食槽 pʰuŋ$^{443-11}$ sɔ-nɔ$^{221-41}$；本事 pouŋ$^{41-13}$ sœ̱-nzœ̱$^{224-412}$ | 相信 søŋ$^{443-33}$ siŋ-nziŋ^{335} | 门闩 mouŋ$^{221-44}$ sɔ̱uŋ-nzɔ̱uŋ^{443} | 转身翻身 touŋ$^{41-55}$ siŋ-nziŋ^{443}。

(d) [l]声母

从至今所调查到的材料来看，除了助词"了"[lɔ^{0}]和表示"一下"的"□'蜀下'的和音"[la^{0}]以外，[l]声母在阳声韵的后面不变为[n]。例如：监牢 kaŋ$^{-11}$ lɔ$^{221-41}$ | 尽力 tsᴇiŋ$^{224-13}$ lik^{43} | 新郎 siŋ$^{443-11}$ lɔuŋ$^{221-41}$ | 命令 mᴇiŋ$^{224-44}$ lᴇiŋ^{224} | 勤劳 kʰœ̱ŋ$^{221-11}$ lɔ^{221} | 炭篓盛炭的器具 tʰaŋ^{335} lᴇu$^{41-51}$ | 送礼 sœ̱ŋ^{335} lɛ$^{41-51}$ | 放利放债 puŋ$^{335-33}$ li^{335} | 塍螺田螺 tsʰɛiŋ$^{221-11}$ lɔi^{221}。"了"[lɔ^{0}]和"□一下"[la^{0}]则在阳声韵的后面变为[n]。例如：暗了天黑了 aŋ^{335} lɔ-nɔ^{0} | 好□了好一点了 xɔ^{41}

niaŋ^{51} lɔ-nɔ^{0} | 解□□了懂了 ɛ^{224} pᴇik^{5} tøŋ^{221} lɔ-nɔ^{0} | 等□等一下 tyŋ^{41} la-na^{0} | 忖□想一下 tsɔuŋ^{221} la-na^{0} | 想□想一下 søŋ^{41} la-na^{0}。此外，[l]声母在[k]尾入声韵的后面变为[t]。例如：三□日了三个月了 saŋ^{443} tsiau^{-55} nik^{43} lɔ-tɔ^{0} | 抹□抹一下 muak^{5} la-ta^{-0} | 歇□休息一下 xøk^{5} la-ta^{0}。

（e）[ts tsʰ]声母

（e－1）在阴声韵的后面变为[z]或脱落。例如：我齐我们 uai$^{41-11}$ tsɛ-zɛ^{221}～uai$^{41-11}$ tsɛ-ɛ^{221} | 骹头节膝盖 kʰa$^{443-11}$ tʰau-lau$^{221-11}$ tsᴇik-zᴇik^{5} | 食粟鸟麻雀 seɐ$^{443-11}$ tsʰo-zo^{335} tsᴇu-zᴇu$^{41-51}$ | 掰喙张嘴 pa$^{335-33}$ tsʰui-zui^{335} | 骹车自行车 kʰa$^{443-44}$ tsʰeɐ-zeɐ^{443}；夏至 xa$^{224-33}$ tsi-i^{335} | 汽车 kʰi$^{335-55}$ tsʰeɐ-eɐ^{443} | 喙鬚胡子 tsʰu$^{335-55}$ tsʰiu-iu^{443}。声母脱落时，如果前字以[i]收尾，就滋生出[i]介音。例如：肥座未熬过的猪油 pɔ̱i$^{221-11}$ tsɔ-iɔ^{224}。其他：锯柴锯木头 ky$^{335-55}$ tsʰa-ia^{221} | 隔壁成邻居 ka$^{335-11}$ peɐ-ßeɐ$^{335-33}$ tsʰo-yo^{335} | 芥菜 koʌ$^{335-33}$ tsʰai-zai^{335}～koʌ$^{335-33}$ tsʰai-iai^{335}。

（e－2）在阳声韵的后面变为[nz n ɲ]。例如：工作 kœ̱ŋ$^{443-11}$ tsɔk-nzɔk^{5} | 冬节冬至 tœ̱ŋ$^{443-11}$ tsᴇik-nzᴇik^{5} | □早清晨 tʰuŋ$^{-11}$ tsa-nza^{41} | 纺鱭纺苎丝 pʰuŋ$^{41-33}$ tsɛ-nzɛ^{335} | 风箱 xuŋ$^{443-44}$ søŋ-nzøŋ^{443} | 松柴松树的柴火 sœ̱ŋ$^{221-11}$ tsʰa-nza^{221} | 清水凉水、泉水 tsʰiŋ^{335} tsui-nzui$^{41-51}$ | 红酒黄酒 œŋ$^{221-11}$ tsiu-nziu^{41} | □喙不言语 aŋ$^{-33}$ tsʰui-nzui^{335} | 清楚 tsʰiŋ$^{443-11}$ tsʰu-nzu^{41}｜空手 kʰœ̱ŋ$^{443-11}$ tsʰiu-nziu^{41}；薰酒□烟油子 xɔ̱uŋ$^{443-11}$ tsiu-niu$^{41-55}$ lɛik^{43}｜亲戚 tsʰiŋ$^{443-11}$ tsʰik-nik^{5}｜芒手芦苇做的笤帚 mœŋ$^{-11}$ tsʰiu-niu^{41} 又读；纺车 pʰuŋ$^{41-55}$ tsʰeɐ-ɲeɐ^{443}｜天津 tʰeiŋ$^{443-44}$ tsiŋ-ɲiŋ^{443}。

(f) [k kʰ x]声母和零声母

(f－1) [k kʰ x]声母在阴声韵的后面脱落。例如：手巾毛巾 tsʰiu$^{41-55}$ kyŋ-yŋ^{443}｜耳团耳朵 ŋᴇ$^{224-33}$ kiaŋ-iaŋ^{41}｜头□发旋 tʰau$^{221-11}$ keiŋ-eiŋ^{221}｜裤骹裤腿 kʰu$^{335-55}$ kʰa-a^{443}｜早起清晨 tsa$^{41-11}$ kʰi-i$^{41-51}$｜鼻空鼻孔 pʰi$^{335-55}$ kʰœ̱ŋ-œ̱ŋ^{443}｜姐夫 tseɐ$^{41-55}$ xu-u^{433}｜老蟹螃蟹 lau$^{224-44}$ xɛ-ɛ^{224}。有时变为[ɣ]。例如：骹趾甲脚趾甲 kʰa$^{443-11}$ tsai-zai^{11} kak-ɣak^{5}。声母脱落时，如果前字以[u]收尾，有时就滋生出[u]介音。例如：后头家娘家 au$^{224-44}$ tʰau-lau$^{221-44}$ ka-ua^{443}｜调羹 teu$^{221-44}$ kᴇiŋ-uᴇiŋ^{443}｜要紧 eu^{335} kiŋ-uiŋ$^{41-51}$｜土匪 tʰu$^{41-11}$ xi-ui$^{41-51}$｜吼魂招魂 xau$^{41-11}$ xɔuŋ-uɔuŋ$^{221-51}$｜籼棞稻桶 tᴇu$^{224-44}$ xouŋ-uouŋ^{221}｜表兄 peu$^{41-55}$ xiŋ-uiŋ^{443}。其他：比较 pi$^{41-33}$ kau-iau^{335}｜自家自己 tsᴇ$^{224-44}$ ka-ia^{443}。

(f－2) 这三个声母和零声母在阳声韵的后面变为[ŋ]。例如：鼎片糊用米磨成的粉做的糊状食品 tiaŋ$^{41-11}$ pʰeiŋ-meiŋ$^{335-55}$ kɔ-ŋɔ^{221}｜汗巾毛巾 kaŋ$^{224-44}$ kyŋ-ŋyŋ^{443}｜箱团箱子 søŋ$^{443-11}$ kiaŋ-ŋiaŋ^{41}｜阴间 iŋ$^{443-44}$ kaŋ-ŋaŋ^{443}｜生圹生前所修的坟墓 saŋ$^{443-11}$ kʰouŋ-ŋouŋ^{41}｜农客客人 nœŋ$^{221-33}$ kʰa-ŋa^{335}｜袄

裳裤上衣和裤子的统称 ɔ$^{41-55}$-zøŋ$^{-33}$ k^{h} u-ŋu^{335}｜欢喜喜欢 xuaŋ$^{443-11}$ xi-ŋi^{41}｜面粉 meiŋ$^{224-33}$ xuŋ-ŋuŋ^{41}｜喉咙核喉结 xœ$^{221-11}$ lœŋ$^{221-11}$ xɔk-ŋɔk^{43}｜原因 ŋouŋ$^{221-44}$ iŋ-ŋiŋ^{443}｜兵役 piŋ$^{443-13}$ ik-ŋik^{43}｜□袄穿衣服 sœ̱ŋ$^{224-33}$ ɔ-ŋɔ^{41}。

其实，在屏南方言中，不发生类化的例子也很多。例如：剥皮 po$^{335-55}$ p^{h}oi^{221}｜反对 xuaŋ$^{41-33}$ tɔ̱i^{335}｜穿针 ts^{h}ouŋ$^{443-44}$ tsᴇiŋ^{443}｜□喙接吻 tsiŋ$^{443-33}$ ts^{h} ui^{335}｜鸡□鸡的胃 ke$^{443-13}$ kᴇiŋ$^{224-412}$｜春分 ts^{h}uŋ$^{443-44}$ xuŋ^{443}｜褪鞋脱鞋 t^{h}ɔ̱uŋ$^{335-55}$ ɛ^{221}。

屏南方言的声母类化是一个十分复杂的现象。以上所介绍的只不过是其概要而已，为了全面的描写需要搜集大量的语料。

2.1.3.1.2　韵母

韵母 60 个，音标下加单线的表示介乎半高和半低之间的舌位①。

	i$_{\alpha}$米丝鼻非鳃	u$_{\alpha}$富租裤府丘	y$_{\alpha}$猪锯区雨资
	ᴇ$_{\beta}$字时旗来$_1$	ɔ̱$_{\beta}$浮图度有$_1$	œ̱$_{\beta}$锄具祠士$_2$
a 架教$_1$把饱早客白	eɐ 遮写野寄勺摘	oʌ 瓜芥$_1$挂拖	
ai 菜海害屎治杀士$_1$沙		uai 我$_1$破$_1$配岁$_1$怪歪	
au 糟扫包抄透厚九$_1$	iau□蜀～日		

---

① 即与[ᴇ]相同的舌位。

ɛ 排街快$_1$溪犁	e 祭鸡肺桂池移纸蛇		
ᴇu$_{\alpha}$ 凑馊狗	eu 赵腰照尿		
ɛu$_{\beta}$ 条料候			
ɔ 多刀歌高婆索薄形	iɔ 皂肥～	o 补朱芋货缚局	
ɔi$_{\alpha}$ 爱$_1$对推髓短$_1$		oi 火杯回皮尾	
ɔi$_{\beta}$ 螺袋罪坐			
œ 苎梳去$_1$□叫			ø 去$_2$贮盛桥药尺
ui$_{\alpha}$ 水龟开$_1$气$_1$	iu$_{\alpha}$ 抽秋手树		
ɔi$_{\beta}$ 锤柜肥	ᴇu$_{\beta}$ 球柱		
	iŋ$_{\alpha}$ 心婶身星肯$_1$	uŋ$_{\alpha}$ 春军放$_1$统蜂	yŋ$_{\alpha}$ 根斤中$_4$肿等
	ᴇiŋ$_{\beta}$ 寻$_2$神静钳	ɔuŋ$_{\beta}$ 轮顺文同船	œŋ$_{\beta}$ 近穷用
aŋ 潭胆衫伞颜病经$_1$	iaŋ 行走饼声兄$_1$线	uaŋ 盘满官範万横	
ᴇiŋ$_{\alpha}$ 针店板$_1$犬	eiŋ 严尖厌钱战扁		
ɛiŋ$_{\beta}$ 鹹闲县硬			
ɔuŋ$_{\alpha}$ 酸选孙帮党壮		ouŋ 饭本黄砖园	
ɔuŋ$_{\beta}$ 断嫩肠床			
œŋ$_{\alpha}$ 葱冬梦双			øŋ 建想伤响
œŋ$_{\beta}$ 铜虫共朋网			
	ik 习急笔失直踢	uk 卒出佛福毒$_2$	yk 竹祝麯育玉$_2$
ak 答插甲粒铡辣割	iak 獭揭用肩扛缺$_1$	uak 钵阔法袜	
ᴇik 贴十拔节虱德	eik 接碟篾热铁		

ɔ̱k 夺刷骨作　　　　ok 雪蕨月郭国

œ̱k 壳北读六　　　　øk 歇决略约

说明：

（1）有一部分舒声韵母分紧音和松音，以上韵母表里小写的“α”表示紧音，“β”则表示松音。前者分布在阴平[443]、上声[41]和阴去[335]，后者则分布在阳平[221]和阴去[224]。例如：

i$_{α}$/ᴇ$_{β}$韵　　基 ki^{443} | 旗 kᴇ^{221} | 麂 ki^{41} | 记 ki^{335} | 技 kᴇ^{224}；

iŋ$_{α}$/ᴇiŋ$_{β}$韵　　金 kiŋ^{443} | 琴 k^{h}ᴇiŋ^{221} | 紧 kiŋ^{41} | 劲 kiŋ^{335} | 妗 kᴇiŋ^{224}；

u$_{α}$/ɔ̱$_{β}$韵　　菇 ku^{443} | 糊 kɔ̱^{221} | 古 ku^{41} | 故 ku^{335} | 舅 kɔ̱^{224}；

uŋ$_{α}$/ɔ̱uŋ$_{β}$韵　　风 xuŋ^{443} | 鸿 xɔ̱uŋ^{221} | 粉 xuŋ^{41} | 训 xuŋ^{335} | 愤 xɔ̱uŋ^{224}；

y$_{α}$/œ̱$_{β}$韵　　斯 sy^{443} | 徐 sœ̱^{221} | 始 sy^{41} | 庶 sy^{335} | 序 sœ̱^{224}；

yŋ$_{α}$/œ̱ŋ$_{β}$韵　　根 kyŋ^{443} | 穷 kœ̱ŋ^{221} | 龚 kyŋ^{41} | 供 kyŋ^{335} | 近 kœ̱ŋ^{224}。

紧音和松音基本上构成互补，但也有少数构成音位对立的例子。例如：旨 tsi^{41} ≠ 这 tsᴇ^{41}；什为～乇：为什么 si^{-33} ≠ □～势：熟练 sᴇ$^{-33}$；□～□luk^{5}：蜷曲 ku^{-11} ≠ □～□lɔ̱i^{-11}团：

小孩 kɔ̱$^{-11}$。因此，在 2.1.3.6 同音字汇里把紧音和松音分开来处理。①

请注意，[ᴇu$_{\alpha}$/ɛu$_{\beta}$]韵的紧音[ᴇu]和[iu$_{\alpha}$/ᴇu$_{\beta}$]韵的松音[ᴇu]音值相同；[ɔ̱i$_{\alpha}$/ɔi$_{\beta}$]韵的紧音[ɔ̱i]和[ui$_{\alpha}$/ɔ̱i$_{\beta}$]韵的松音[ɔ̱i]音值相同；[ᴇiŋ$_{\alpha}$/ɛiŋ$_{\beta}$]韵的紧音[ᴇiŋ]和[iŋ$_{\alpha}$/ᴇiŋ$_{\beta}$]韵的松音[ᴇiŋ]音值相同；[ɔ̱uŋ$_{\alpha}$/ɔuŋ$_{\beta}$]韵的紧音[ɔ̱uŋ]和[uŋ$_{\alpha}$/ɔ̱uŋ$_{\beta}$]韵的松音[ɔ̱uŋ]音值相同；[œ̱ŋ$_{\alpha}$/œŋ$_{\beta}$]韵的紧音[œ̱ŋ]和[yŋ$_{\alpha}$/œ̱ŋ$_{\beta}$]韵的松音[œ̱ŋ]音值相同。比如“搜身”[sᴇu$^{443-44}$ siŋ^{443}]和“寿宁地名”[sᴇu$^{224-44}$ nᴇiŋ^{221}]的前字同音；“桑箬桑叶”[sɔ̱uŋ$^{443-44}$ nø^{443}]和“顺利”[sɔ̱uŋ$^{224-44}$ lᴇ^{224}]的前字同音；“送货”[sœ̱ŋ$^{335-33}$ xo^{335}]和“松树”[sœ̱ŋ$^{221-33}$ tsʰiu^{335}]的前字同音。

入声韵母不分紧音和松音。

(2) 半高、半低元音要分三个舌位。比如：

潮 teu^{221}	≠	绸 tᴇu^{221}	≠	条 tɛu^{221}；
缠 teiŋ^{221}	≠	陈 tᴇiŋ^{221}	≠	填 tɛiŋ^{221}；
赔 poi^{221}	≠	肥 pɔ̱i^{221}；		
		队 tɔ̱i^{224}	≠	袋 tɔi^{224}；
权 kouŋ^{221}	≠	裙 kɔ̱uŋ^{221}	≠	□烙 kɔuŋ^{221}；

① 同样的情况也见于古田杉洋方言。参看秋谷裕幸、陈泽平（2012：71—72）。

场 tøŋ^{221} ≠ 重~阳 tœ̱ŋ^{221} ≠ 铜 tœŋ^{221}。

所以，屏南方言音系里共有 13 个构成音位对立的元音：i、u、y、e、ᴇ、ɛ、o、ɔ̱、ɔ、ø、œ̱、œ、a。

（3）[ᴇ]韵和[e]韵的[ᴇ]和[e]舌位都偏高。比如“二十”[nᴇ$^{224-13}$ sᴇik^{43}]。[nᴇ$^{224-13}$]里[ᴇ]的舌位高于[sᴇik^{43}]里的[ᴇ]。

（4）[eɐ]韵的实际音值是[e˕ɐ]。

（5）[iaŋ]韵的实际音值逢阴平、阳平、阴去和阳去时为[e˕ɐŋ]，逢上声时则为[iaŋ]。例如：听 t^{h}e˕ɐŋ^{443} | 声 se˕ɐŋ^{443} | 名 me˕ɐŋ^{221} | 程 t^{h}e˕ɐŋ^{221} | □疼 t^{h}e˕ɐŋ^{335} | 线 se˕ɐŋ^{335} | 命 me˕ɐŋ^{224} | 定 te˕ɐŋ^{224}；饼 piaŋ^{41} | 岭 liaŋ^{41}。由于在语流当中[e˕ɐŋ]的读法较少出现，往往读成[iaŋ]。① 比如，单独念时“正”读作[tse˕ɐŋ^{335}]，但在“反正”这一词里却读成[ɲiaŋ^{335}]。所以，在本书里把这个韵母一律记成[iaŋ]。这是特别需要说明的。

（6）[oʌ]韵的实际音值是[o˕ʌ]。

（7）除逢上声和阴去时以外，[uai uaŋ]韵的实际音值是[ʊ˕ᴀi ʊ˕ᴀŋ]。

（8）元音[ø œ̱ œ]的舌位偏后。

（9）拼 p 组声母时，[ɔ̱]韵和[o]韵之间的区别往往

---

① [eɐ]韵没有这个特点。

混乱。比如，发音人有时认为“炮煨”[pɔ̱^{221}]和“葡”[po^{221}]同音。

(10) [uŋ]韵的实际音值是[ŏuŋ]，所以与[ouŋ]韵较难听辨。比如“风”[xuŋ^{443}]的实际音值是[xŏuŋ^{443}]，与“方”[xouŋ^{443}]很接近。

(11) [eiŋ ᴇiŋ ɛiŋ]韵里的[i]和[ouŋ ɔ̱uŋ ɔuŋ]韵里的[u]都比较弱，尤其是逢阳平时[ɔuŋ]韵里的[u]。

(12) 入声韵的韵尾[k]比较弱，尤其是在语流当中。

(13) [i$_{α}$/ᴇ$_{β}$ u$_{α}$/ɔ̱$_{β}$ y$_{α}$/œ̱$_{β}$ ui$_{α}$/ɔ̱i$_{β}$ iu$_{α}$/ᴇu$_{β}$ iŋ$_{α}$/ᴇiŋ$_{β}$ uŋ$_{α}$/ɔ̱uŋ$_{β}$ yŋ$_{α}$/œ̱ŋ$_{β}$]韵的松音在非末位位置保持松音的音值。例如：地主 tᴇ$^{224-33}$ tso-zo^{41} | 迷信 mᴇ$^{221-33}$ siŋ-ziŋ^{335}（以上[ᴇ$_{β}$]韵）；有影有疗效 ɔ̱$^{224-33}$ iaŋ^{41} | 狐狸精 xɔ̱$^{221-44}$ lᴇ$^{221-44}$ tsiaŋ-ziaŋ^{443}（以上[ɔ̱$_{β}$]韵）；锄头 tʰœ̱$^{221-11}$ tʰau-lau^{221} | 鱼鳃 ŋœ̱$^{221-44}$ tsʰi-zi^{443} | 木鱼鼓木鱼 muk$^{43-1}$ ŋœ̱$^{221-11}$ ku-u^{41}（以上[œ̱$_{β}$]韵）；队伍 tɔ̱i$^{224-33}$ ŋu^{41} | 锤团锤子 tʰɔ̱i$^{221-11}$ kiaŋ-iaŋ^{41}（以上[ɔ̱i$_{β}$]韵）；釉穗稻穗 tᴇu$^{224-33}$ sui-zui^{335} | 油行油坊 ᴇu$^{221-11}$-uɔuŋ^{221}（以上[ᴇu$_{β}$]韵）；尽力 tsᴇiŋ$^{224-13}$ lik^{43} | 闽江 mᴇiŋ$^{221-44}$ kœ̱ŋ^{443} | 命令 mᴇiŋ$^{224-44}$ lᴇiŋ^{224} | 亭团凉亭 tᴇiŋ$^{221-11}$ kiaŋ-ŋiaŋ^{41} | □喙忌口 kᴇiŋ$^{224-33}$ tsʰui^{335}（以上[ᴇiŋ$_{β}$]韵）；闰月 nɔ̱uŋ$^{224-13}$ ŋok^{43} | 运气 ɔ̱uŋ$^{224-33}$ kʰi^{335}（以上[ɔ̱uŋ$_{β}$]韵）；勤劳 kʰœ̱ŋ$^{221-11}$ lɔ^{221} | □柴乌桕树 kʰœ̱ŋ$^{224-44}$ tsʰa-nza^{221}（以上[œ̱ŋ$_{β}$]韵）。例

外：妇女农女人 xɔ̱-xu$^{224-11}$ ny$^{41-11}$ nœŋ$^{221-51}$。

（14）[ᴇu$_\alpha$/ɛu$_\beta$ ɔ̱i$_\alpha$/ɔi$_\beta$ ᴇiŋ$_\alpha$/ɛiŋ$_\beta$ ɔ̱uŋ$_\alpha$/ɔuŋ$_\beta$ œ̱ŋ$_\alpha$/œŋ]韵的松音慢读时一般也保持松音的音值，不替换为紧音。例如：寮囝茅棚 lɛu$^{221-11}$ kiaŋ-iaŋ^{41}｜□□常常 sɛu$^{221-11}$ sɛu^{221}（以上[ɛu$_\beta$]韵）；袋囝较小的袋子 tɔi$^{224-33}$ kiaŋ-iaŋ^{41}｜□鸟阴茎 nɔi$^{221-11}$ tsᴇu^{41}（以上[ɔi$_\beta$]韵）；前后时候 sɛiŋ$^{221-11}$ au-ŋau^{224}｜县长 kɛiŋ$^{224-33}$ tøŋ^{41}（以上[ɛiŋ$_\beta$]韵）；唐僧 tɔuŋ$^{221-44}$ tsᴇiŋ^{443}｜□雪下雪 tɔuŋ$^{224-11}$ sok^{5}（以上[ɔuŋ$_\beta$]韵）；农客客人 nœŋ$^{221-33}$ k^{h}a-ŋa^{335}（[œŋ$_\beta$]韵）。但是，这 5 组韵母的松紧区别远不如以上[i$_\alpha$/ᴇ$_\beta$]韵等 8 组韵母那么明显，有时也有松音替换成紧音的情况出现。例如：□钻钻孔用的工具 lɔi-lɔ̱i$^{221-33}$ tsɔ̱uŋ^{335}｜桐籽 t^{h}œŋ-t^{h}œ̱ŋ$^{221-11}$ tsi-nzi^{41}｜共姓同性 kœŋ-kœ̱ŋ$^{224-33}$ saŋ^{335}。发音人认为“桐籽”的前字与“桶囝较小的水桶”[t^{h}œ̱ŋ$^{443-11}$ kiaŋ-ŋiaŋ$^{41-51}$]的前字同音。本书里这 5 组韵母连读松音的音值采用了慢读时的音值。这是特别需要说明的。

2.1.3.1.3　单字调

单字调 7 个。

阴平　[443]　　东天山西工恩，药镯食吃白玉$_{1}$

阳平　[221]　　头肠房名南龙

上声　[41]　　等九口滚，米尾李领

阴去 [335] 对菜四$_1$见唱送,鼻名词妹,桌百壁剥烛

阳去 [224] 厚近舅重形容词,五$_1$蚁老$_1$,步洞害二麵硬

阴入 [5] 雪笔出约踢竹

阳入 [43] 十夺直六热玉$_2$

说明:

(1) 阴去和阳去往往带有降势,分别读成[354]和[243],调值与[335]和[224]明显不一样。[354]和[243]主要出现在停顿之前。本书里阴去和阳去的单字调一律记作[354]和[243]。这是特别需要说明的。

(2) 阳去[224]有时读得接近[214]或[2143]。

(3) 阳入[43]是短促调。其降势不很明显,所以与阴入[5]很难听辨。

(4) 除了以上七个单字调以外,还有[51]、[412]、[453]和轻声。[51]和[412]都源于合音。比如"□一点儿"[niaŋ^{51}]来自"□团"[nik^{4} kiaŋ^{51}]的合音;"□谁"[nœŋ^{51}]来自"乇农"的合音。迄今[412]调和[453]调都只记到一个字。"□多少"[nuai^{412}]是"若夥"的合音。"□现在"[tsɔuŋ^{453}],有可能也源于合音。

2.1.3.2 与中古音比较

2.1.3.2.1 声母

2.1.3.2.1.1 少数古全清声母读送气音:波帮 pʰɔ^{443} |

谱帮 p^{h}o^{41} | 迫帮 p^{h}ᴇik^5 | 碧帮 p^{h}ik^5；否非 p^{h}ᴇu^{41}；雀精 ts^{h}øk^5；张量词。知 t^{h}øŋ^{443}；枷见 k^{h}eɐ^{221} | 概见 k^{h}ai^{335} | 昆见 k^{h}uŋ^{443} | 矿见 k^{h}ouŋ^{41}。其他：膀 p^{h}ɔ̲uŋ^{41}。

2.1.3.2.1.2 古全浊声母读清音，而且今读塞音或塞擦音时，大多数是不送气音。例如：

古平声　爬 pa^{221} | 题 tɛ^{221} | 脐 sai^{221} | 晴 saŋ^{221} |
池 te^{221} | 肠 tɔuŋ^{221} | 穷 kœ̲ŋ^{221}；

古上声　断拗～tɔuŋ^{224} | 坐 sɔi^{224} | 罪 tsɔi^{224} |
重形容词 tœŋ^{224} | 是 sᴇ^{224} | 近 kœ̲ŋ^{224}；

古去声　病 paŋ^{224} | 大 tuai^{224} | 寺 sᴇ^{224} | 箸 tœ̲^{224} |
状 tsɔuŋ^{224} | 顺 sɔ̲uŋ^{224} | 汗 kaŋ^{224}；

古入声　白 pa^{443} | 缚 po^{443} | 罚 xuak^{43} |
毒 tœk^{43} | 直 tik^{43} | 铡 tsak^{43} | 石 sø^{443}。

另外，还有少数古全浊声母读作送气清音。下面列举所有的例字：

古平声　皮支並 p^{h}oi^{221} | 脾～气。支並 p^{h}ik^5 |
瀌浮萍。宵並 p^{h}eu^{221} |
彭膨庚二並 p^{h}aŋ^{221} | 评庚三並 p^{h}ᴇiŋ^{221} |
扶虞奉 p^{h}o^{221} | 浮尤奉 p^{h}ɔ̲^{221} |
徒～弟。模定 t^{h}u^{-11} | 涂泥土。模定 t^{h}ɔ̲^{221} |
苔舌～。咍定 t^{h}ai^{443} | 提齐开定 t^{h}ᴇ^{221} |
啼齐开定 t^{h}e^{221} | 桃豪定 t^{h}ɔ^{221} |

涛豪定 tʰɔ^{443} | 调～皮。萧定 tʰeu^{335} |
头侯定 tʰau^{221}脑袋、tʰaŋ^{221}～发 |
潭谭坛覃定 tʰaŋ^{221} | 团桓定 tʰuaŋ^{221} |
糖唐开定 tʰɔuŋ^{221} | 桐东一定 tʰœŋ^{221} |
墙阳开从 tsʰøŋ^{221} | 层登开从 tsʰɛiŋ^{221} |
寻庹。侵邪 tsʰeiŋ^{221} | 持之澄 tʰᴇ^{221} |
治杀。之澄 tʰai^{221} | 槌锤脂合澄 tʰɔ̱i^{221} |
筹尤澄 tʰᴇu^{221} | 沉侵澄 tʰɛiŋ^{221} |
椽仙合澄 tʰouŋ^{221} | 呈程清开澄 tʰiaŋ^{221} |
虫东三澄 tʰœŋ^{221} | 重叠起来。锺澄 tʰœ̱ŋ^{221} |
锄鱼崇 tʰœ̱^{221} | 豺～犬。皆崇 tʰai^{221} |
床阳开崇 tsʰɔuŋ^{221} | 殊虞禅 tʰy^{443} |
垂支合禅 tʰɔ̱i^{221} | 箠牛～。支合禅 tsʰoi^{221} |
骑支开群 kʰe^{221} | 期之群 kʰi^{443} |
蟣微开群 kʰᴇ^{221} | 钳盐群 kʰᴇiŋ^{221} |
琴禽侵群 kʰᴇiŋ^{221} | 勤殷群 kʰœ̱ŋ^{221} |
芹～菜。殷群 kʰœ̱ŋ$^{-33}$ | 群文群 kʰɔ̱uŋ^{221} |
环删合匣 kʰuaŋ^{221} | 琼清合群 kʰᴇiŋ^{221} |
衡庚开二匣 pʰᴇiŋ^{221}；

古上声　被支並 pʰoi^{224} | 挺青开定 tʰiŋ^{41} |
践仙开从 tsʰeiŋ^{41} | 象像橡养开邪 tsʰøŋ^{224} |
柱虞澄 tʰᴇu^{224} | 杖阳开澄 tʰøŋ^{224} |

柹之崇 k^{h}ᴇ^{224} | 市之禅 ts^{h}ᴇ^{224} |
鳝仙开禅 ts^{h}iaŋ^{224} |
徛支开群 k^{h}e^{224}站立、k^{h}e^{335}陡 |
臼尤群 k^{h}ɔ^{224} | 菌谆群 k^{h}œŋ^{221}；

古去声　　稗佳並 p^{h}ɛ^{335} | 佩灰並 p^{h}uai^{335} |
鼻脂並 p^{h}i^{335} | 泡鱼～。皮教切 p^{h}a^{224} |
叛～徒。桓並 p^{h}aŋ$^{-55}$ |
缝有～。锺奉 p^{h}œŋ^{335} | 匠阳开从 ts^{h}øŋ^{335} |
饲之邪 ts^{h}i^{335} | 蛇海蜇。麻开二澄 t^{h}a^{335} |
树虞禅 ts^{h}iu^{335}；

古入声　　雹觉並 p^{h}œk^{43} | 曝屋一並 p^{h}o^{443} |
叠帖定 t^{h}ak^{43}蜀～纸、t^{h}ᴇik^{43}摞 |
突凸没定 t^{h}uk^{43} | 读屋一定 t^{h}œk^{43} |
籖屑开从 ts^{h}eik^{43} | 贼德开从 ts^{h}ᴇik^{43} |
凿屋一从 ts^{h}œk^{43} | 席昔开邪 ts^{h}ø^{443} |
实～在。质船 ts^{h}ik^{43} | 勺药合禅 ts^{h}eɐ^{443} |
芍药合禅 ts^{h}øk^{5} | 剧闽～。陌开三群 k^{h}øk^{43} |
猾狡～。黠合匣 p^{h}ok^{43} | 获麦合匣 p^{h}ᴇik^{43}；

其他　　嫖 p^{h}eu^{221} | 绱 ts^{h}øŋ^{224}。

2.1.3.2.1.3　一部分非、敷、奉母字读作塞音[p p^{h}]声母。例如：

非母　　斧～头 po^{41} | 飞动词 poi^{443} | 痱 poi^{335} |

反 pᴇiŋ^{41}｜发～芽 pok^{5}｜分 pouŋ^{443}｜
粪 puŋ^{335}｜枋 puŋ^{443}｜放 puŋ^{335}｜
腹 puk^{5}；否 pʰᴇu^{41}；

敷母 殕生～pʰu^{41}｜柿柴～pʰoi^{335}｜
潘～水。孚袁切 pʰuŋ^{443}｜纺 pʰuŋ^{41}｜
蜂 pʰuŋ^{443}｜覆趴 pʰuk^{5}｜捧 pʰuŋ^{41}；

奉母 腐 pɔ̱^{224}｜吠 poi^{224}｜肥 pɔ̱i^{221}｜
伏孵。扶富切 pɔ̱^{224}｜饭 pouŋ^{224}｜
房 pɔ̱uŋ^{221}｜缚 po^{443}｜伏埋～puk^{43}；
扶 pʰo^{221}｜浮 pʰɔ̱^{224}｜缝有～pʰœ̱ŋ^{335}。

奉母"妇新～"读作［mɔ̱$^{-224}$］。这是连读音，当来自*pɔ̱阳去。

2.1.3.2.1.4　多数微母字读作［m］声母。例如：雾 mo^{224}｜尾 moi^{41}｜未副词 moi^{224}｜味～道 mᴇ^{224}｜问动词 mouŋ^{335}｜网 mœŋ^{224}。

2.1.3.2.1.5　来母有两个字读作［t］声母：蛎 te^{224}｜懒 tiaŋ^{224}。

2.1.3.2.1.6　少数从母字读作擦音［s］声母：坐 sɔi^{224}｜脐 sai^{221}｜糍 sᴇ^{221}｜槽 sɔ^{221}｜前 sɛiŋ^{221}｜藏～卵 sɔuŋ^{221}｜晴 saŋ^{221}。

2.1.3.2.1.7　一部分古清擦音声母今读塞擦音或塞音。除了书母"书、少数量少、守、升、叔、春"以外，其余均为送气音：

心母　　鬚虾～tsʰiu^{443} | 鳃 tsʰi^{443} | 髓 tsʰɔ̱i^{41} |
糍大米或糯米磨成的粉 tsʰɛ^{335} | 碎 tsʰɔ̱i^{335} |
臊 tsʰɔ^{443} | 笑 tsʰeu^{335} | 鲜新鲜 tsʰeiŋ^{443} |
癣 tsʰiaŋ^{41} | 筅 tsʰᴇiŋ^{41} | 醒 tsʰaŋ^{41} |
粟稻谷 tsʰø^{335}；

生母　　缩 tʰyk^{5}；

书母　　舒 tsʰy^{443} | 鼠 tsʰy^{41} | 戍房子 tsʰo^{335} |
尸 tsʰi^{443} | 手 tsʰiu^{41} | 深 tsʰiŋ^{443} |
伸～腰 tsʰouŋ^{443} | 呻呻吟 tsʰᴇiŋ^{443} |
拭 tsʰik^{5}；书 tsy^{433} | 少数量少 tseu^{41} |
守～寡 tsiu^{-11} | 升容量单位 tsiŋ^{443} |
叔 tsyk^{5} | 春 tsyŋ^{443}；

晓母　　靴 kʰo^{443} | 呼～鸡 kʰo^{443}。

2.1.3.2.1.8　大多数知、彻、澄母字读作塞音[t tʰ]声母。例如：

知母　　猪 ty^{443} | 智 ti^{335} | 镇 tiŋ^{335} | 帐 tøŋ^{335} |
桩 tɔ̱uŋ^{443} | 桌 tɔ^{335} | 摘 teɐ^{335} | 竹 tyk^{5}；

彻母　　抽 tʰiu^{443} | 丑地支 tʰiu^{41} | 趁赚 tʰiŋ^{335} |
撑 tʰaŋ^{443} | 拆 tʰeɐ^{335} | 蛏 tʰᴇiŋ^{443}；

澄母　　茶 ta^{221} | 苎 tœ^{224} | 橱鸡～tᴇu^{221} |
痔 tᴇ^{224} | 赵 teu^{224} | 陈 tᴇiŋ^{221} |
丈 tɔuŋ^{224}；槌 tʰɔ̱i^{221} | 沉 tʰɛiŋ^{221} |

虫 t^{h}œŋ^{221}｜柱 t^{h}ɛu^{224}｜杖 t^{h}øŋ^{224}｜
蛇 t^{h}a^{335}。

2.1.3.2.1.9 少数庄组字读作塞音[t t^{h} n]声母：

庄母 皱 nɛu^{335}｜胗手～naŋ^{443}；
初母 铲～墓 t^{h}iaŋ^{41}；
崇母 事 tai^{224}｜愁 tɛu^{221}；锄 t^{h}œ^{221}｜
豺～犬 t^{h}ai^{221}；
生母 缩 t^{h}yk^{35}；馊 nɛu^{443}。

2.1.3.2.1.10 崇母有少数字读作擦音[s]声母：士仕 sœ^{224}｜事本～sœ^{224}｜煠水煮 sak^{43}｜镯 sɔ^{443}。

2.1.3.2.1.11 章组和同摄三四等的精组都读作[ts ts^{h} s]声母。例如：谢麻邪＝社麻禅 seɐ^{224}｜祭祭精＝制祭章 tse^{335}｜姊脂精＝至脂章 tsi^{335}｜四脂心＝试之书 si^{335}｜蕉宵精＝招宵章 tseu^{443}｜侵侵清＝深侵书 ts^{h}iŋ^{443}｜箭仙精＝战仙章 tseiŋ^{335}｜新真心＝身真书 siŋ^{443}｜奖阳精＝掌阳章 tsøŋ^{41}｜枪阳清＝昌阳昌 ts^{h}øŋ^{443}｜借昔精＝炙昔章 tsø^{335}｜刺昔清＝赤昔昌 ts^{h}eɐ^{335}｜锡锡心＝释昔书 sik^{5}｜足烛精＝粥屋章 tsyk^{5}｜俗烛邪＝赎烛船 syk^{43}。

2.1.3.2.1.12 船禅母，除了少数字读作送气塞擦音[ts^{h}]声母以外，基本上都读作擦音[s]声母。例如：

船母 蛇 se^{221}｜舌 seik^{43}｜船 sɔuŋ^{221}｜
顺 sɔuŋ^{224}｜食 seɐ^{443}｜赎 syk^{43}；

禅母　　社 seɐ^{224}｜是 sᴇ^{224}｜豉 se^{224}｜视 sᴇ^{224}｜受 sᴇu^{224}｜十 sᴇik^{43}｜肾 sᴇiŋ^{224}｜上动词 søŋ^{224}｜成八～siaŋ^{221}｜石 sø^{443}；市 tsʰᴇ^{224}｜树 tsʰiu^{335}｜鳝 tsʰiaŋ^{224}。

2.1.3.2.1.13　章组有三个字读作[k]组声母，均为止摄开口字：枝树～栀黄～。支章 ki^{443}｜齿之昌 kʰi^{41}。

2.1.3.2.1.14　多数日母字读作[n]声母。例如：汝 ny^{41}｜二 nᴇ^{224}｜染 neiŋ^{41}｜软 nouŋ^{41}｜仁白～nᴇiŋ^{221}｜认 nᴇiŋ^{224}｜润 nuŋ^{335}｜日 nik^{43}｜闰 no̠uŋ^{224}｜让 nøŋ^{224}｜箬 nø^{443}｜肉 nyk^{43}。

2.1.3.2.1.15　日母还有少数字读作[ŋ]声母。例如：儒 ŋœ̠^{221}｜耳～囝 ŋᴇ^{224}。

2.1.3.2.1.16　见组一般读作 k 组声母，今逢细音时也与精组和泥娘母有区别。例如：计见 ke^{335}≠祭精 tse^{335}｜结见 keik^{5}≠疖精 tseik^{5}｜京见 kiŋ^{443}≠精精 tsiŋ^{443}；邱溪 kʰiu^{443}≠秋清 tsʰiu^{443}；乾～隆。群 keiŋ^{221}≠钱从 tseiŋ^{221}；语疑 ŋy^{41}≠女娘 ny^{41}。

2.1.3.2.1.17　多数匣母字读作[x]声母。例如：荷～花 xɔ^{221}｜贺 xɔ^{224}｜霞 xa^{221}｜夏立～xa^{224}｜华中～xoʌ^{221}｜湖 xɔ̠^{221}｜户 xɔ̠^{224}｜护 xɔ̠^{224}｜亥 xai^{224}｜回 xoi^{221}｜怀 xuai^{221}｜号儿～xɔ^{224}｜效 xau^{224}｜候 xɛu^{224}｜函 xaŋ^{221}｜还动词 xɛiŋ^{221}｜痕 xɔuŋ^{221}｜魂 xɔuŋ^{221}｜杭 xɔuŋ^{221}｜皇 xouŋ^{221}｜幸 xɛiŋ^{224}｜形型刑邢 xᴇiŋ^{221}｜横 xuaŋ^{221}。

2.1.3.2.1.18 除了[x]声母以外，部分匣母字还读作[k kʰ pʰ]声母或零声母。例如：

[k]声母 糊 kɔ̱^{221} | 槐~树 kuai^{221} | 咬下巧切 ka^{224} | 猴 kau^{221} | 厚 kau^{224} | 含 kaŋ^{221} | 合~起 kak^{43} | 鹹 kɛiŋ^{221} | 衔 kaŋ^{221} | 寒 kaŋ^{221} | 汗 kaŋ^{224} | 舷桌~keiŋ^{221} | 滑 kɔ̱k^{43} | 悬高 kɛiŋ^{221} | 县 kɛiŋ^{224} | 行走 kiaŋ^{221}；

零声母 河 ɔ^{221} | 鞋 ɛ^{221} | 画 oʌ^{224} | 话 oʌ^{224} | 盒 ak^{43} | 馅 aŋ^{224} | 旱 aŋ^{224} | 闲 ɛiŋ^{221} | 限 ɛiŋ^{224} | 换 uaŋ^{224} | 活 uak^{43} | 黄 ouŋ^{221} | 学 ɔ^{443} | 桁 aŋ^{221} | 红 œŋ^{221}；

[kʰ]声母 环 kʰuaŋ^{221}；

[pʰ]声母① 猾狡~pʰok^{43} | 衡 pʰᴇiŋ^{221} | 获 pʰᴇik^{43}。

“划计~”读作[pᴇik^{43}]，不送气的[p]可能是一定程度上受到声母类化规律影响的音值。

2.1.3.2.1.19 少数云母字读作[x]声母：园 xouŋ^{221} | 远 xouŋ^{224} | 雲 xɔ̱uŋ^{21}。

2.1.3.2.1.20 少数以母字读作[s]声母：盐名词 seiŋ^{221} | 缘爬行 souŋ^{221} | 痒 søŋ^{224} | 蝇 sᴇiŋ^{221} | 翼鱼~siak^{43}。

---

① 关于[pʰ]声母的读音，参看《福建省志·方言志》(第 71 页)。

2.1.3.2.1.21 止摄合口三等脂韵的以母字读作[m]声母：维遗 mᴇ^{221}｜唯 mᴇ^{221}。

2.1.3.2.1.22 影云以母有少数字读作[ŋ]声母：亚～洲。影 ŋa^{-44}｜瘾影 ŋeiŋ^{335}；袁云 ŋouŋ^{221}；夷以 ŋᴇ^{221}｜阎～罗王。以 ŋeiŋ^{221}｜缘有～。以 ŋøŋ^{221}。

2.1.3.2.1.23 其他：发头～。非 mok^{5}；鸟端 tsᴇu^{41}；笠～斗。来 nik^{43}｜郎～爸。来 nɔ̱uŋ^{221}；岁心 xuai^{335}；翠清 tsui^{335}；中□tai^{-55}～：中间。知 nɔ̱uŋ^{443}；著无～：不在。澄 nœ̱^{224}；柿崇 k^{h}ᴇ^{224}；殊特～。禅 t^{h}y^{433}｜垂禅 t^{h}ɔ̱i^{221}；耳木～。日 mi^{41}；级见 ŋik^{5}；我疑 uai^{41}｜岸溪～。疑 aŋ^{224}；吸晓 ŋik^{5}；页以 xeik^{43}｜捐以 køŋ^{443}。

2.1.3.2.2 韵母

2.1.3.2.2.1 果摄

2.1.3.2.2.1.1 果摄开口一等歌韵主要读作[a ai uai ɔ]韵。例如：

[a]韵　萝～卜 la^{-13}｜可～恶 k^{h}a^{-33}；

[ai]韵　大～家 tai^{224}｜箩 lai^{221}；

[uai]韵　大形容词 tuai^{224}｜我 uai^{41}；

[ɔ]韵　多 tɔ^{433}｜驼驮拿 tɔ^{221}｜罗锣 lɔ^{221}｜搓 ts^{h}ɔ^{433}｜歌 kɔ^{433}｜河 ɔ^{221}｜贺 xɔ^{224}。

2.1.3.2.2.1.2 果摄合口一等戈韵帮组读作[uai ɔ]韵。例如：

[uai]韵　　　簸 puai^{335} | 破 p^{h}uai^{335} | 磨动词 muai^{221}；

[ɔ]韵　　　波 p^{h}ɔ^{433} | 播 pɔ^{335} | 坡 p^{h}ɔ^{433} | 婆 pɔ^{221} | 磨名词 mɔ^{224}。

2.1.3.2.2.1.3　果摄合口一等戈韵端精组读作[ɔ]韵或[ɔ̱i$_{\alpha}$ ɔi$_{\beta}$]韵：

[ɔ]韵　　　座 tsɔ^{224} | 梭 sɔ^{433} | 锁 sɔ^{41}；

[ɔ̱i$_{\alpha}$ ɔi$_{\beta}$]韵　螺脶 lɔi^{221} | 莝砍 ts^{h}ɔ̱i^{335} | 坐 sɔi^{224}。

2.1.3.2.2.1.4　果摄合口一等戈韵见晓组读作[uai o oi]韵。例如：

[uai]韵　　　过菜老 kuai^{433} | 夥许～uai^{-335}；

[o]韵　　　锅 ko^{443} | 过动词 ko^{335} | 科 k^{h}o^{433} | 课 k^{h}o^{335} | 货 xo^{335} | 和～平 xo^{221}；

[oi]韵　　　果～子裹～粽馃 koi^{41} | 火伙合～xoi^{41}。

2.1.3.2.2.1.5　果摄合口三等戈韵"靴"读作[k^{h}o^{433}]。

2.1.3.2.2.1.6　果摄里比较特殊的读音：拖歌一透 t^{h}oʌ^{433} | 个两～；的。歌一见 kᴇ^{221} | 鹅歌一疑 ŋe^{221} | 荷芋～箬。歌一匣 uaŋ$^{-44}$；朵这～花。戈一端 tu^{41} | 妥戈一透 t^{h}o^{41} | 蓑棕～。戈一心 nzai^{-433}。

2.1.3.2.2.2　假摄

2.1.3.2.2.2.1　假摄开口二等麻韵主要读作[a]韵，开口三等麻韵读作[eɐ]韵，合口二等麻韵读作[oʌ]韵。[eɐ]韵来自*ia，[oʌ]韵则来自*ua。例如：

二等开　　马 ma^{41}｜茶 ta^{221}｜家加 ka^{443}｜牙 $ŋa^{221}$｜
哑病～$ŋa^{-41}$｜下楼～a^{224}；
三等　　写 $seɐ^{41}$｜斜 $seɐ^{221}$｜爹～官 $teɐ^{443}$｜
遮 $tseɐ^{443}$｜车拖～$ts^{h}eɐ^{443}$｜也 $eɐ^{224}$；
二等合　　瓜 $koʌ^{443}$｜瓦名词 $ŋoʌ^{224}$｜花 $xoʌ^{443}$。

2.1.3.2.2.2.2　假摄开口二等麻韵有两个字读作[uai]韵：麻痳 $muai^{221}$。

2.1.3.2.2.2.3　假摄里比较特殊的读音：沙麻开二生 sai^{443}｜枷麻开二见 $k^{h}eɐ^{221}$｜哈张口呼气。麻开二晓 $xœ^{221}$｜鸦老～。麻开二影 $oʌ^{443}$；蛇麻开三船 se^{221}。

2.1.3.2.2.3　遇摄

2.1.3.2.2.3.1　遇摄一等模韵帮组的读音与其他不相同，主要读作[o]韵，其他则读[u_{α} $ɔ̠_{\beta}$]韵。例如：

帮组　　布 po^{335}｜铺距离单位 $p^{h}o^{335}$｜浦 $p^{h}o^{41}$｜
簿 po^{224}｜步 po^{224}｜墓 mo^{335}；
其他　　赌 tu^{41}｜度 $tɔ̠^{224}$｜露 lu^{335}｜租 tsu^{443}｜
素 su^{335}｜顾 ku^{335}｜苦 $k^{h}u^{41}$｜吴 $ŋɔ̠^{221}$。

2.1.3.2.2.3.2　遇摄三等鱼韵的部分字读作[œ ø]韵：

[œ]韵　　驴 $lœ^{221}$｜苎 $tœ^{224}$｜初 $ts^{h}œ^{443}$｜
助 $tsœ^{224}$｜梳疏 $sœ^{443}$｜去动词 $k^{h}œ^{335}$；
[ø]韵　　贮～饭 $tø^{41}$｜去～年 $k^{h}ø^{335}$。

虞韵日母的“乳”读作[$ø^{41}$]，亦为[ø]韵。

2.1.3.2.2.3.3 遇摄三等虞韵非组读作[u_{α} $\underline{ɔ}_{\beta}$]韵或[o]韵：

[u_{α} $\underline{ɔ}_{\beta}$]韵 殕生～$p^{h}u^{41}$|腐腐朽 $p\underline{ɔ}^{224}$；

[o]韵 夫丈～农 mo^{-443}|脯菜～斧～头 po^{41}|扶 $p^{h}o^{221}$|雾 mo^{224}。

2.1.3.2.2.3.4 遇摄三等虞韵知章组的多数字读作[o]韵。例如：厨～师父 to^{221}|朱 tso^{443}|主 tso^{41}|铸 tso^{335}|输 so^{443}|戍房子 $ts^{h}o^{335}$。

2.1.3.2.2.3.5 遇摄三等虞韵精知章组的部分字读作[iu_{α} $ᴇu_{\beta}$]韵：取～香火 $ts^{h}iu^{41}$|鬚虾～$ts^{h}iu^{443}$|橱鸡～$tᴇu^{221}$|柱 $t^{h}ᴇu^{224}$|珠目～$tsiu^{443}$|树 $ts^{h}iu^{335}$。

2.1.3.2.2.3.6 遇摄虞韵见晓组有两个字读作[o]韵：句 ko^{335}|芋～卵 o^{224}。

2.1.3.2.2.3.7 遇摄里比较特殊的读音：错模清 $ts^{h}ɔ^{335}$|措模清 $ts^{h}\underline{ɔ}k^{5}$|箍空胡切 $k^{h}au^{443}$；所鱼生 su^{41}；拄～杖。虞知 tu^{41}。

2.1.3.2.2.4 蟹摄

2.1.3.2.2.4.1 蟹摄开口一等咍泰韵(除泰韵帮组以外)主要读作[i_{α} $ᴇ_{\beta}$]韵、[ai]韵或[$\underline{ɔ}i_{\alpha}$ $ɔi_{\beta}$]韵。例如：

[i_{α} $ᴇ_{\beta}$]韵 来 $lᴇ^{221}$|鳃 $ts^{h}i^{443}$(以上咍韵)；

[ai]韵 戴 tai^{335}|财 $tsai^{221}$|菜 $ts^{h}ai^{335}$|

改 kai^{41} | 海 xai^{41} | 亥 xai^{224}（以上咍韵）；
带 tai^{335} | 太泰 t^{h}ai^{335} | 濑 lai^{335} |
蔡 ts^{h}ai^{335} | 害 xai^{224}（以上泰韵）；

[ɔ̱i$_{\alpha}$ ɔi$_{\beta}$]韵　胎 t^{h}ɔ̱i^{443} | 台烛～tɔi^{221} | 代第几～袋 tɔi^{224} |
爱要 ɔ̱i^{335}（以上咍韵）。

2.1.3.2.2.4.2　蟹摄开口二等皆佳夬韵主要读作[a ai ɛ]韵。例如：

[a]韵　罢 pa^{335} | 佳 ka^{443}（以上佳韵）；

[ai]韵　拜 pai^{335} | 豺 t^{h}ai^{221} | 阶 kai^{335} |
芥～兰包 kai^{-55} | 戒～薰 kai^{335}
（以上皆韵）；债 tsai^{335} | 钗 ts^{h}ai^{443}
（以上佳韵）；败 pai^{224} | 寨 tsai^{224}
（以上夬韵）；

[ɛ]韵　排 pɛ^{221} | 斋 tsɛ^{443} | 戒猪八～疥 kɛ^{335}
（以上皆韵）；摆 pɛ^{221} | 牌 pɛ^{221} |
稗 p^{h}ɛ^{335} | 买 mɛ^{41} | 街 kɛ^{443} |
解～开 kɛ^{41} | 鞋 ɛ^{221} | 蟹 xɛ^{224}
（以上佳韵）。

2.1.3.2.2.4.3　蟹摄开口三等祭韵读作[e]韵。例如：例 le^{224} | 蛎牡蛎 te^{224} | 祭际漈小瀑布 tse^{335} | 制製 tse^{335} | 世势 se^{335} | 誓咒～le^{-224} | 艺 ŋe^{224}。

2.1.3.2.2.4.4　蟹摄开口四等齐韵的读音较复杂，读作[i ai ɛ e]韵。例如：

[i]韵　　米 mi^{41} | 蒂 ti^{335}；

[ai]韵　　梯 t^{h}ai^{443} | 脐 sai^{221} | 婿儿～nai^{-335}；

[ɛ]韵　　底鞋～tɛ^{41} | 体 t^{h}ɛ^{41} | 替 t^{h}ɛ^{335} | 蹄 tɛ^{221} | 弟徒～tɛ^{224} | 泥 nɛ^{221} | 犁 lɛ^{221} | 齐 tsɛ^{221} | 妻 ts^{h}ɛ^{443} | 西 sɛ^{443} | 溪 k^{h}ɛ^{443} | 倪 ŋɛ^{221}；

[e]韵　　批 p^{h}e^{443} | 底～个 te^{-44} | 剃 t^{h}e^{335} | 啼 t^{h}e^{221} | 弟阿～te^{224} | 鸡 ke^{443} | 计继 ke^{335} | 启 k^{h}e^{41} | 契 k^{h}e^{335} | 系 xe^{224}。

2.1.3.2.2.4.5　蟹摄开口韵里比较特殊的读音：开咍溪 k^{h}ui^{443}；艾泰疑 ŋe^{335}；芥～菜。皆见 koʌ^{335}；派佳滂 p^{h}uai^{335} | 鲑～团：小鱼干。佳匣 ke^{-11}；髻头～。齐见 koi^{335}。

2.1.3.2.2.4.6　蟹摄合口一等灰泰韵帮组、见晓组以及泰韵读作[oi]韵，灰泰韵端精组则读[ai]韵或[ɔ̲i$_{\alpha}$ ɔi$_{\beta}$]韵。例如：

灰韵帮组　　杯 poi^{443} | 辈 poi^{335} | 坯 p^{h}oi^{443} | 赔 poi^{221} | 倍 poi^{224} | 煤 moi^{221} | 每 moi^{41}；

灰韵端精组　　碓 tai^{335} | 雷～公 lai^{221}；堆 tɔ̲i^{443} | 对 tɔ̲i^{335} | 推 t^{h}ɔ̲i^{443} | 腿 t^{h}ɔ̲i^{41} | 退 t^{h}ɔ̲i^{335} | 内 nɔi^{224} | 雷姓 lɔi^{221} | 催 ts^{h}ɔ̲i^{443} | 罪 tsɔi^{224} | 碎 ts^{h}ɔ̲i^{335}；

泰韵端精组　兑 tɔi^{224}|最 tsɔ̱i^{335}；

灰韵见晓组　灰洋～xoi^{443}|悔 xoi^{335}|回 xoi^{211}；

泰韵　　　　贝 poi^{335}|外 ŋoi^{224}|会开～xoi^{224}。

灰韵帮组还有两个字读作[uai]韵，调类都是阴去：配 p^{h}uai^{335}|妹 muai^{335}。

2.1.3.2.2.4.7　蟹摄合口三等祭韵有两个字读作[oi]韵：脆 ts^{h}oi^{335}|税 soi^{335}。

2.1.3.2.2.4.8　蟹摄合口三等废韵非组读作[e oi]韵：

[e]韵　　　　废 xe^{335}|肺 xe^{335}；

[oi]韵　　　　柿 p^{h}oi^{335}|吠 poi^{224}。

2.1.3.2.2.4.9　蟹摄合口四等齐韵见晓组读作[e]韵：桂 ke^{335}|惠慧 xe^{224}。

2.1.3.2.2.4.10　蟹摄合口韵里比较特殊的读音：队灰定 tɔ̱i^{224}|蕾灰来 lui^{41}；快夬溪 k^{h}ɛ^{335}形容词、k^{h}ᴇu^{-55}～活；岁祭心 xuai^{335}。

2.1.3.2.2.5　止摄

2.1.3.2.2.5.1　止摄开口支脂之韵精庄组的部分字读作[y$_{α}$ œ̱$_{β}$]韵，这些字以书面语为主。例如：

支韵　　　　此 ts^{h}y^{41}|斯 sy^{443}|赐 sy^{335}；

脂韵　　　　资姿 tsy^{443}|次 ts^{h}y^{335}|自 tsœ̱^{224}|
　　　　　　四～川 sy^{335}|师 sy^{443}；

之韵　　　　子地支之一 tsy^{41}|磁慈 tsy^{221}|思 sy^{443}|

词祠 s$\underline{œ}^{221}$ | 士仕 s$\underline{œ}^{224}$ | 史 sy^{41} |
事本～s$\underline{œ}^{224}$。

2.1.3.2.2.5.2 止摄支韵开口的读音比较复杂，读作[$i_α$ $E_β$]韵或[eɐ e oi]韵。[oi]韵只有帮组字(重纽三等)。例如：

[$i_α$ $E_β$]韵　脾内脏之一 pE^{221} | 疕痂 p^hi^{41} | 知 ti^{443} | 智 ti^{335} | 荔～枝 lE^{-44} | 是 sE^{224}；

[eɐ]韵　岐赛～：地名 $eɐ^{-221}$ | 寄 $keɐ^{335}$；

[e]韵　避 pe^{224} | 披 p^he^{443} | 篱笊～le^{221} | 离 le^{224} | 紫 tse^{41} | 刺 ts^he^{335} | 池 te^{221} | 支枝荔～tse^{443} | 纸 tse^{41} | 施 se^{443} | 匙锁～se^{221} | 豉豆～se^{224} | 儿囝～ne^{221} | 骑 k^he^{221} | 徛站立 k^he^{224} | 蚁 $ŋe^{224}$ | 义议 $ŋe^{224}$ | 戏 xe^{335} | 椅 e^{41} | 移 e^{221}；

[oi]韵　皮 p^hoi^{221} | 被被子 p^hoi^{224} | 糜～粥 moi^{221}。

2.1.3.2.2.5.3 止摄支韵开口字里比较特殊的读音：脾～气。並 p^hik^5 | 璃玻～。来 $lɛ^{41}$ | 玺玉～。心 $sœ^{41}$ | 儿～婿。日 $neiŋ^{221}$。

2.1.3.2.2.5.4 止摄开口脂之韵精知庄章组的部分字读作[ai]韵：

脂韵　私沉～家：私房钱 sai^{-44} | 筛筛子 t^hai^{443} |

狮 sai^{443} | 指鸡角～$tsai^{41}$ | 屎 sai^{41}；

之韵　痴风～$t^{h}ai^{443}$ | 治杀 $t^{h}ai^{221}$ |

事～□e^{-335}：事情 tai^{224} | 使驶驾～sai^{41}。

2.1.3.2.2.5.5　止摄脂之韵开口字(包括帮组)里比较特殊的读音：

脂韵　屁滂 $p^{h}ui^{335}$ | 尼娘 $n\varepsilon^{221}$ |

师～父。生 sa^{-13} | 脂章 tse^{443} |

指～指：手指,读作[$tsei\eta^{11}nzai^{51}$]。章 $tsei\eta^{-11}$；

之韵　厘来 $l\varepsilon^{221}$。

2.1.3.2.2.5.6　止摄开口微韵见晓组的部分字读作[ui]韵：饑饿 kui^{443} | 几～个虮 kui^{41} | 气～力 $k^{h}ui^{335}$ | 衣胎盘 ui^{443}。

2.1.3.2.2.5.7　止摄微韵开口字里比较特殊的读音：毅疑 ηe^{224}。

2.1.3.2.2.5.8　止摄微韵非组的读音较复杂，读作[i_{α} E_{β}]韵或[oi $\underline{ɔ}i_{\beta}$]韵：

[i_{α} E_{β}]韵　非 xi^{443} | 未地支之一 E^{224} | 味 mE^{224}；

[oi]韵　飞 poi^{443} | 痱 poi^{335} | 尾 moi^{41} |

未副词 moi^{224}；

[$\underline{ɔ}i_{\beta}$]韵　肥 $p\underline{ɔ}i^{221}$。

2.1.3.2.2.5.9　止摄合口支脂韵的来母和精知章组的多数字读作[ui_{α} $\underline{ɔ}i_{\beta}$]韵。例如：

支韵　　　　累连～lɔ̱i^{224}｜随 sɔ̱i^{221}｜瑞 sɔ̱i^{224}；

脂韵　　　　类 lɔ̱i^{224}｜醉 tsui^{335}｜穗 sui^{335}｜锤 t^{h}ɔ̱i^{221}｜
　　　　　　栿水 tsui^{41}。

2.1.3.2.2.5.10　止摄合口支韵还有三个字读作[oi]韵：吹炊 ts^{h}oi^{443}｜箠牛～：赶牛用的竹鞭 ts^{h}oi^{221}。

2.1.3.2.2.5.11　止摄合口支脂韵见组有部分字读作[ᴇ e]韵：规 ke^{443}；季 ke^{335}｜逵 kᴇ^{221}｜葵 kᴇ^{221}｜癸 kᴇ^{221}。除了"逵"以外都是重纽四等字。

2.1.3.2.2.5.12　止摄合口韵里比较特殊的读音：髓支心 ts^{h}ɔ̱i^{41}；衰脂生 sɔ̱i^{443}｜帅脂生 soi^{335}。

2.1.3.2.2.6　效摄

2.1.3.2.2.6.1　效摄一等豪韵主要读作[au ɔ]韵。例如：

[au]韵　　　　老形容词 lau^{224}｜糟 tsau^{443}｜蚤 tsau^{41}｜
　　　　　　灶 tsau^{335}｜草 ts^{h}au^{41}｜扫 sau^{335}｜
　　　　　　薅～塍 xau^{443}；

[ɔ]韵　　　　报 pɔ^{335}｜帽 mɔ^{224}｜刀 tɔ^{443}｜岛 tɔ^{41}｜
　　　　　　讨 t^{h}ɔ^{41}｜桃 t^{h}ɔ^{221}｜牢 lɔ^{221}｜枣 tsɔ^{41}｜
　　　　　　槽 sɔ^{221}｜高 kɔ^{443}｜熬 ŋɔ^{221}｜
　　　　　　好形容词 xɔ^{41}｜号儿～xɔ^{224}。

2.1.3.2.2.6.2　效摄二等肴韵主要读作[a au]韵。例如：

[a]韵　饱 pa^{41} | 猫～□ni^{335}：猫 ma^{-33} | 炒吵 $ts^{h}a^{41}$ | 胶～水铰 ka^{443} | 教～书 ka^{335} | 骹脚 $k^{h}a^{443}$ | 孝□$tɔ^{-33}$～：戴孝 a^{-335} | 咬 ka^{224}；

[au]韵　包 pau^{443} | 炮 $p^{h}au^{335}$ | 卯 mau^{41} | 闹 nau^{224} | 罩 tau^{335} | 爪 $tsau^{41}$ | 交 kau^{443}。

2.1.3.2.2.6.3　效摄二等肴韵並母还有两个字读作[$ɔ̱_β$]韵：匏炮煨 $pɔ̱^{221}$。

2.1.3.2.2.6.4　效摄三等宵韵和四等萧韵主要读作[eu]韵。例如：

宵韵　瓢浮萍 $p^{h}eu^{221}$ | 庙 meu^{224} | 燎 leu^{221} | 椒 $tseu^{443}$ | 笑 $ts^{h}eu^{335}$ | 赵 teu^{224} | 照 $tseu^{335}$ | 烧 seu^{443} | 少数量小 $tseu^{41}$ | 骄 keu^{443} | 侨 keu^{221} | 轿 keu^{224} | 摇 eu^{221} | 舀 eu^{41}；

萧韵　刁 teu^{443} | 钓 teu^{335} | 跳 $t^{h}eu^{335}$ | 尿 neu^{224} | 辽 leu^{221} | 了～解 leu^{41} | 萧 seu^{443} | 缴 keu^{41} | 叫 keu^{335}。

2.1.3.2.2.6.5　效摄四等萧韵端组的部分字还读作[$ᴇu_α$ $ɛu_β$]韵：雕 $tᴇu^{443}$ | 鸟 $tsᴇu^{41}$ | 吊 $tᴇu^{335}$ | 条 $tɛu^{221}$ | 寮～囝 $lɛu^{221}$ | 料 $lɛu^{224}$。

2.1.3.2.2.6.6 效摄里比较特殊的读音：早豪精 tsa^{41}；笊～篱。肴庄 tseɐ^{335}｜巧肴溪 k^{h}eu^{41}；桥宵群 kø^{221}；了助词。萧来 lɔ^{0}。

2.1.3.2.2.7 流摄

2.1.3.2.2.7.1 流摄一等侯韵主要读作[au]韵或[ᴇu$_{α}$ ɛu$_{β}$]韵。例如：

[au]韵　偷 t^{h}au^{443}｜头 t^{h}au^{221}｜楼 lau^{221}｜
漏 lau^{224}｜走 tsau^{41}｜嗽 sau^{335}｜
钩沟 kau^{443}｜垢 kau^{41}｜藕 ŋau^{224}｜
厚 kau^{224}｜後 au^{224}｜瓯杯子 au^{443}；

[ᴇu$_{α}$ ɛu$_{β}$]韵　谋 mɛu^{221}｜亩 mᴇu^{41}｜奏 tsᴇu^{335}｜
凑 ts^{h}ᴇu^{335}｜狗走～kᴇu^{41}｜构 kᴇu^{335}｜
候 xɛu^{224}｜瓯建～ᴇu^{443}。

2.1.3.2.2.7.2 流摄一等侯韵明母还有[u ɔ o]韵的读音：母阿～mu^{41}；母牛～拇 mɔ^{41}；牡～丹 mo^{-55}｜戊 mo^{224}。

2.1.3.2.2.7.3 流摄三等尤幽韵（除非组和庄组以外）主要读作[iu$_{α}$ ᴇu$_{β}$]韵。例如：

尤韵　榴 lᴇu^{221}｜柳 liu^{41}｜酒 tsiu^{41}｜秋 ts^{h}iu^{443}｜
修 siu^{443}｜秀 siu^{335}｜丑地支之一 t^{h}iu^{41}｜
绸 tᴇu^{221}｜周 tsiu^{443}｜手 ts^{h}iu^{41}｜
守～寡 tsiu^{-11}｜受 sᴇu^{224}｜韭～菜 kiu^{41}｜
救 kiu^{335}｜邱 k^{h}iu^{443}｜求 kᴇu^{221}｜

油 ᴇu^{221}；

幽韵　　幽 iu^{443} | 幼 iu^{335}。

2.1.3.2.2.7.4　流摄三等尤韵非组和多数见晓组字读作[u$_{\alpha}$ ɔ̠$_{\beta}$]韵：

非组　　富 pu^{335} | 浮 p^{h}ɔ̠^{221} | 妇新～mɔ̠$^{-224}$ | 伏孵 pɔ̠^{224}；

见晓组　　丘 k^{h}u^{443} | 臼 k^{h}ɔ̠^{224} | 舅 kɔ̠^{224} | 旧 kɔ̠^{224} | 有 ɔ̠^{224}。

2.1.3.2.2.7.5　流摄三等尤韵庄组读作[ᴇu$_{\alpha}$ ɛu$_{\beta}$]韵：皱 nᴇu^{335} | 愁 tɛu^{221} | 馊 nᴇu^{443} | 搜 sᴇu^{443}。非母"否"读作[p^{h}ᴇu^{41}]，亦为[ᴇu]韵。

2.1.3.2.2.7.6　流摄三等尤韵的部分字还有[au eu]韵的读音出现：流刘留 lau^{221} | 昼 tau^{335} | 臭 ts^{h}au^{335} | 九 kau^{41}；就 tseu^{224} | 纣 teu^{224}。

2.1.3.2.2.7.7　流摄里比较特殊的读音：头～发。侯定 t^{h}aŋ^{221} | 敨～开。侯透 t^{h}iu^{41}又读 | 楼～梯。侯来 lɔ$^{-44}$ | 喉～咙。侯匣 xœ^{221}；咒诅咒。尤章 tso^{335}。

2.1.3.2.2.8　咸摄

2.1.3.2.2.8.1　咸摄一等覃谈合盍韵和多数二等咸衔洽狎韵字读作[aŋ ak]韵，与山摄开口一等寒曷韵和多数开口二等山删黠鎋韵字相同。例如：

覃韵　　贪 t^{h}aŋ^{443} | 潭 t^{h}aŋ^{221} | 南 naŋ^{221} |

鐕 tsaŋ^{443}|惨 ts^{h}aŋ^{41}|⿷匚贛 kaŋ^{41}|含 kaŋ^{221}；

谈韵 担动词 taŋ^{443}|篮 laŋ^{221}|錾 tsaŋ^{224}|三 saŋ^{443}|敢 kaŋ^{41}|庵 aŋ^{443}|暗 aŋ^{335}；

寒韵 旦 taŋ^{335}|摊 t^{h}aŋ^{443}|拦 laŋ^{221}|伞 saŋ^{41}|肝 kaŋ^{443}|寒 kaŋ^{221}|安 aŋ^{443}；

咸韵 斩 tsaŋ^{41}|杉 saŋ^{443}|馅 aŋ^{224}；

衔韵 衫 saŋ^{443}|监～督 kaŋ$^{-11}$|鉴监太～kaŋ^{335}|衔 kaŋ^{221}；

山韵 盏 tsaŋ^{41}|山 saŋ^{443}|产 saŋ^{41}|艰 kaŋ^{443}|眼 ŋaŋ^{41}；

删韵 班 paŋ^{443}|奸 kaŋ^{443}|菅芦苇 kaŋ^{443}|雁 ŋaŋ^{224}；

合韵 答 tak^{5}|踏 tak^{43}|纳 nak^{43}|拉～开 lak^{43}|杂 tsak^{43}|蛤 k^{h}ak^{5}|合～伙 xak^{43}；

盍韵 塔 t^{h}ak^{5}|蜡 lak^{43}；

曷韵 达 tak^{43}|捺 nak^{43}|萨 sak^{5}|割葛 kak^{5}；

洽韵 插 ts^{h}ak^{5}|闸 tsak^{43}|夹柴～kak^{5}；

狎韵 甲 kak^{5}|鸭 ak^{5}；

黠韵 扎 tsak^{5}|杀 sak^{5}；

鎋韵 铡 tsak^{43}。

2.1.3.2.2.8.2 咸摄二等咸洽狎韵和四等添帖韵的

部分字读作[ᴇiŋ$_{\alpha}$ εiŋ$_{\beta}$]韵和[ᴇik]韵，与山摄开口二等山删黠韵和开口四等先屑韵部分字的读音相同。例如：

咸韵　　减 kᴇiŋ^{41} | 鹹 kεiŋ^{221}；

添韵　　点几～tᴇiŋ^{41} | 店 tᴇiŋ^{335} | 念～经 nεiŋ^{224}；

山韵　　办 pεiŋ^{224} | 拣 kᴇiŋ^{41} | 苋～菜 xᴇiŋ^{335} |
闲 εiŋ^{221} | 限 εiŋ^{224}；

删韵　　板版 pᴇiŋ^{41} | 爿 pεiŋ^{221} | 慢 mεiŋ^{224}；

先韵　　填 tεiŋ^{221} | 殿垫 tεiŋ^{224} | 荐床垫 tsᴇiŋ^{335} |
千 ts^{h}ᴇiŋ^{443} | 筅 ts^{h}ᴇiŋ^{41} | 前 sεiŋ^{221} |
先副词 sᴇiŋ^{443} | 笕 kᴇiŋ^{41} | 牵 k^{h}ᴇiŋ^{443}；

洽韵　　夹发～kᴇik^{43}；

狎韵　　压 ᴇik^{5}；

帖韵　　帖贴 t^{h}ᴇik^{5} | 叠摞 t^{h}ᴇik^{43}；

黠韵　　八 pᴇik^{5} | 拔 pᴇik^{43}；

屑韵　　节 tsᴇik^{5} | 截 tsᴇik^{43} | 结 kᴇik^{5}。

2.1.3.2.2.8.3　咸摄三等盐严叶业韵和四等添帖韵主要读作[eiŋ eik]韵，与山摄开口三等仙薛韵和开口四等先屑韵的多数字相同。例如：

盐韵　　尖櫼楔子 tseiŋ^{443} | 签 ts^{h}eiŋ^{443} |
染 neiŋ^{41} | 占～领 tseiŋ^{335} | 验 ŋeiŋ^{224} |
厌 eiŋ^{335} | 炎 eiŋ^{221} | 盐名词 seiŋ^{221} |
阎 ŋeiŋ^{221} | 艳 eiŋ^{224}；

严韵　剑 keiŋ^{335} | 欠 k^{h}eiŋ^{335} | 严 ŋeiŋ^{221}；

添韵　添 t^{h}eiŋ^{443} | 嫌 xeiŋ^{221}；

仙韵　鞭 peiŋ^{443} | 变 peiŋ^{335} | 辨 peiŋ^{224} |
棉 meiŋ^{221} | 免 meiŋ^{41} | 缠 teiŋ^{221} |
煎 tseiŋ^{443} | 箭 tseiŋ^{335} | 浅 ts^{h}eiŋ^{41} |
钱 tseiŋ^{221} | 扇扇子 seiŋ^{335}；

先韵　边 peiŋ^{443} | 扁 peiŋ^{41} | 片 p^{h}eiŋ^{335} |
辫～头发 peiŋ^{224} | 麵 meiŋ^{224} | 年 neiŋ^{221} |
先～生 seiŋ^{443} | 肩 keiŋ^{443} | 见 keiŋ^{335} |
显 xeiŋ^{41} | 贤 xeiŋ^{221} | 现 xeiŋ^{224} |
燕 eiŋ^{335}；

叶韵　聂镊 neik^{5} | 接 tseik^{5} | 叶 eik^{43} |
页 xeik^{43}；

业韵　涉 seik^{43} | 劫 keik^{5} | 业 ŋeik^{43} |
胁 xeik^{43}；

帖韵　碟 teik^{43} | 荚 keik^{5} | 协 xeik^{43}；

薛韵　灭 meik^{43} | 列 leik^{5} | 裂 leik^{43} | 薛 seik^{5} |
舌 seik^{43} | 设 seik^{5} | 杰 keik^{43} | 热 eik^{43}；

屑韵　撇 p^{h}eik^{5} | 篾 meik^{43} | 铁 t^{h}eik^{5}。

2.1.3.2.2.8.4　咸摄三等凡乏韵主要读作[uaŋ uak]韵。例如：凡 xuaŋ^{221} | 犯范姓 xuaŋ^{224}；法 xuak^{5} | 乏 xuak^{43}。

2.1.3.2.2.8.5　咸摄里比较特殊的读音：糁饭～。覃心

sᴇiŋ^{41}；橄～榄。谈见 ka^{-11}；碱咸见 keiŋ^{41}；岩～头。衔疑 ŋiaŋ^{221}；饏淡。盐精 tsiaŋ^{41}｜闪雷～。盐书 siak^{5}｜钳盐群 kʰᴇiŋ^{221}；猎业来 lak^{43}；点～心。添端 tyŋ$^{-55}$；叠蜀～纸。帖定 tʰak^{43}。

2.1.3.2.2.9 深摄

2.1.3.2.2.9.1 深摄三等侵缉韵读作[iŋ$_{\alpha}$ ᴇiŋ$_{\beta}$]韵、[aŋ]韵、[ᴇiŋ$_{\alpha}$ ɛiŋ$_{\beta}$]韵和相应的[ik ak ᴇik]韵，以[iŋ$_{\alpha}$ ᴇiŋ$_{\beta}$]韵和[ik]韵为主，与臻摄开口三等真质韵和曾摄开口三等蒸职韵相同(参 2.1.3.2.2.11.2、2.1.3.2.2.14.4)。例如：

[iŋ$_{\alpha}$ ᴇiŋ$_{\beta}$]韵 品 pʰiŋ^{41}｜临 lᴇiŋ^{221}｜浸 tsiŋ^{335}｜心 siŋ^{443}｜枕 tsiŋ^{41}｜深 tsʰiŋ^{443}｜审 siŋ^{41}｜任 ᴇiŋ^{224}｜今～年金 kiŋ^{443}｜锦 kiŋ^{41}｜琴禽 kʰᴇiŋ^{221}｜妗 kᴇiŋ^{224}｜音 iŋ^{44}；

[ik]韵 集 tsik^{43}｜习 sik^{43}｜立 lik^{43}｜笠 nik^{43}｜蛰惊～lik^{-43}｜执 tsik^{5}｜湿 sik^{5}｜急 kik^{5}｜及 kik^{43}｜吸 ŋik^{5}；

[aŋ]韵 林柴～laŋ^{221}｜今～早 kaŋ^{335}｜饮米汤 aŋ^{41}；

[ak]韵 粒 lak^{43}；

[ᴇiŋ$_{\alpha}$ ɛiŋ$_{\beta}$]韵 沉 tʰɛiŋ^{221}｜森参人～sᴇiŋ^{443}｜渗 sᴇiŋ^{335}｜针 tsᴇiŋ^{443}｜阴～天 ᴇiŋ^{443}；

[ᴇik]韵 涩 sᴇik^{5}｜汁 tsᴇik^{5}｜十 sᴇik^{43}。

2.1.3.2.2.9.2 深摄三等侵韵还有两个字读作[eiŋ]韵：林姓 leiŋ^{221}｜寻庹 tsʰeiŋ^{221}。

2.1.3.2.2.10　山摄①

2.1.3.2.2.10.1　山摄开口一等寒曷韵有两个字读作[iaŋ iak]韵：懒 tiaŋ^{224}；獭 t^{h}iak^{5}。

2.1.3.2.2.10.2　山摄开口三等仙韵的少数字读作[iaŋ]韵：线 siaŋ^{335}|鳝 ts^{h}iaŋ^{224}|癣 ts^{h}iaŋ^{41}|囝儿子 kiaŋ^{41}。

2.1.3.2.2.10.3　山摄开口三等仙薛韵有三个字读作[ᴇiŋ$_{\alpha}$ ɛiŋ$_{\beta}$]韵和[ᴇik]韵：鲢～鱼 lɛiŋ^{221}|剪 tsᴇiŋ^{41}；别～衣 pᴇik^{43}。

2.1.3.2.2.10.4　山摄开口三等元月韵主要读作[øŋ øk]韵：建 køŋ^{335}|键 køŋ^{224}|健 køŋ^{224}|言 ŋøŋ^{221}|宪献 xøŋ^{335}；羯阉 køk^{5}|歇 xøk^{5}。

2.1.3.2.2.10.5　山摄开口三四等仙先屑韵有四个字读作[iŋ$_{\alpha}$ ᴇiŋ$_{\beta}$]韵和[ik]韵：便～宜。仙 pᴇiŋ^{221}|面脸。仙 miŋ^{335}；眠先 mᴇiŋ^{221}；屑头～。屑 sik^{5}。

2.1.3.2.2.10.6　山摄开口韵里比较特殊的读音：餐寒清 ts^{h}uaŋ^{443}；铲山初 t^{h}iaŋ^{41}～草、ts^{h}iaŋ^{41}洋～|间～底。山见 keiŋ^{443}；扳删帮 puaŋ^{443}；件仙群 køŋ^{224}；揭用肩扛。月群 kiak^{43}。

2.1.3.2.2.10.7　山摄合口一等桓末韵的帮组和见晓组主要读作[uaŋ uak]韵。例如：

桓韵　　般 puaŋ^{443}|半 puaŋ^{335}|潘姓 p^{h}uaŋ^{443}|判 p^{h}uaŋ^{335}|盘 puaŋ^{221}|鳗 muaŋ^{221}|

① 也参看 2.1.3.2.2.8。

满 muaŋ^{41}；官 kuaŋ^{443} | 馆 kuaŋ^{41} | 灌强制灌注 kuaŋ^{335} | 宽 k^{h}uaŋ^{443} | 款 k^{h}uaŋ^{41} | 欢 xuaŋ^{443} | 换 uaŋ^{224} | 碗 uaŋ^{41}；

末韵　　钵拨 puak^{5} | 泼 p^{h}uak^{5} | 钹跋 puak^{43} | 抹 muak^{5}；括 kuak^{5} | 阔 k^{h}uak^{5} | 活 uak^{43}。

此外，末韵明母"末、沫"读作[mok^{43}]，为[ok]韵。

2.1.3.2.2.10.8　山摄合口一等桓末韵的端精组主要读作[ɔ̱uŋ$_{\alpha}$ ɔuŋ$_{\beta}$]韵和[ɔ̱k]韵。例如：

桓韵　　断拗～tɔuŋ^{224} | 缎 tɔuŋ^{224} | 卵 lɔuŋ^{224} | 乱 lɔuŋ^{224} | 钻 tsɔ̱uŋ^{335} | 酸 sɔ̱uŋ^{443} | 算蒜 sɔ̱uŋ^{335}；

末韵　　脱～囊 t^{h}ɔ̱k^{43} | 夺 tɔ̱k^{43} | 撮～药 ts^{h}ɔ̱k^{5}。

2.1.3.2.2.10.9　山摄合口二等删黠鎋韵的读音较为复杂，读作[uaŋ ɛiŋ ɔ̱uŋ ouŋ]韵和[uak ɔ̱k]韵。例如：

[uaŋ]韵　　关～公 kuaŋ^{443} | 惯 kuaŋ^{335} | 环 k^{h}uaŋ^{221} | 弯湾 uaŋ^{443}（以上删韵）；

[uak]韵　　刮 kuak^{5}（鎋韵）；

[ɛiŋ]韵　　还动词 xɛiŋ^{221}（删韵）；

[ɔ̱uŋ]韵　　闩 sɔ̱uŋ^{443}（删韵）；

[ɔ̱k]韵　　滑 kɔ̱k^{43}（黠韵）；刷 sɔ̱k^{5}（鎋韵）；

[ouŋ]韵　　关～门 kouŋ^{443}（删韵）。

2.1.3.2.2.10.10　山摄合口三等仙薛韵以及元月韵见晓组主要读作[ouŋ ok]韵。例如：

仙韵　　全泉 tsouŋ^{221} | 转 touŋ^{41} | 椽 t^{h}ouŋ^{221} | 专砖 tsouŋ^{443} | 穿 ts^{h}ouŋ^{443} | 串 ts^{h}ouŋ^{335} | 软 nouŋ^{41} | 卷 kouŋ^{335} | 权 kouŋ^{221} | 圆宝～ouŋ$^{-51}$ | 员 ouŋ^{221} | 缘爬行 souŋ^{221}；

元韵　　劝 k^{h}ouŋ^{335} | 元源 ŋouŋ^{221} | 愿 ŋouŋ^{224} | 楦 xouŋ^{335} | 袁 ŋouŋ^{221} | 援 ouŋ^{224} | 怨 ouŋ^{335} | 园 xouŋ^{221} | 远 xouŋ^{224}；

薛韵　　绝 tsok^{43} | 雪 sok^{5} | 踅 sok^{43} | 说 sok^{5}；

月韵　　蕨 kok^{5} | 月 ŋok^{43} | 越 ok^{43}。

2.1.3.2.2.10.11　山摄合口三等仙韵还有[ɔ̱uŋ$_{\beta}$]韵、[eiŋ]韵、[ɔ̱uŋ$_{\alpha}$ ɔuŋ$_{\beta}$]韵和[øŋ]韵的读音出现：

[ɔ̱uŋ$_{\beta}$]韵　　船 sɔ̱uŋ^{221} | 拳 kɔ̱uŋ^{221}；

[eiŋ]韵　　圆形容词 eiŋ^{221} | 院 eiŋ^{224}；

[ɔ̱uŋ$_{\alpha}$ ɔuŋ$_{\beta}$]韵　恋 lɔuŋ^{221} | 宣 sɔ̱uŋ^{443} | 选 sɔ̱uŋ^{41}；

[øŋ]韵　　沿铅～笔 øŋ^{221} | 捐 køŋ^{443}。

[eiŋ]韵都是云母字。元韵合口影母“冤～家”读作[ɔ̱uŋ^{443}]，亦为[ɔ̱uŋ$_{\alpha}$]韵。

2.1.3.2.2.10.12　山摄合口三等元月韵非组的读音

较为复杂，读作[uŋ uaŋ ᴇiŋ ouŋ]韵和[uak ok]韵。例如：

[uŋ]韵　　潘～水。孚袁切 $p^h uŋ^{443}$；

[uaŋ]韵　　反～对 $xuaŋ^{41}$｜贩 $xuaŋ^{335}$｜翻 $xuaŋ^{443}$｜烦 $xuaŋ^{221}$｜万 $uaŋ^{224}$；

[uak]韵　　发～烧 $xuak^{5}$｜罚 $xuak^{43}$｜袜 uak^{43}；

[ᴇiŋ]韵　　反翻动 $pᴇiŋ^{41}$；

[ouŋ]韵　　饭 $pouŋ^{224}$；

[ok]韵　　发头～mok^{5}｜发～芽 pok^{5}。

2.1.3.2.2.10.13　山摄合口四等先屑韵读作[ᴇiŋ$_α$ ɛiŋ$_β$]韵和[iak ᴇik eik øk]韵，除了[øk]韵以外均为开口呼和齐齿呼：

[iak]韵　　缺田埂上通水的口子 $k^h iak^{5}$；

[ᴇiŋ$_α$ ɛiŋ$_β$]韵　　悬 $kɛiŋ^{221}$高、$xɛiŋ^{221}$秤许～：秤尾低｜犬 $k^h ᴇiŋ^{41}$｜县 $kɛiŋ^{224}$；

[ᴇik]韵　　血 $xᴇik^{5}$；

[eik]韵　　缺～喙 $k^h eik^{5}$｜穴 $xeik^{43}$｜抉 eik^{5}；

[øk]韵　　决诀 $køk^{5}$。

2.1.3.2.2.10.14　山摄合口韵里比较特殊的读音：短桓端 $tɔ̱i^{41}$｜管桓见 $kouŋ^{41}$竹～、$uŋ^{-41}$脰～；捋末来 lak^{43}；铅～锅团。仙以 $k^h iŋ^{443}$；啜薛昌 $ts^h uk^{5}$；曰月云 uak^{43}。

2.1.3.2.2.11　臻摄

2.1.3.2.2.11.1　臻摄开口一等痕韵读作[yŋ]韵、

[ᴇiŋ]韵或[ɔ̱uŋ$_{\alpha}$ ɔuŋ$_{\beta}$]韵，以[ɔ̱uŋ$_{\alpha}$ ɔuŋ$_{\beta}$]韵为主：

[yŋ]韵　　根跟 kyŋ^{443}；

[ᴇiŋ]韵　　恳垦 k^{h}ᴇiŋ^{41}｜很 xᴇiŋ^{41}；

[ɔ̱uŋ$_{\alpha}$ ɔuŋ$_{\beta}$]韵　吞 t^{h}ɔ̱uŋ^{443}｜痕 xɔuŋ^{221}｜恨 xɔuŋ^{224}｜恩 ɔ̱uŋ^{443}。

2.1.3.2.2.11.2　臻摄开口三等真质韵(除见晓组以外)读作[iŋ$_{\alpha}$ ᴇiŋ$_{\beta}$]韵和[ik]韵，与深摄三等侵缉韵和曾摄开口三等蒸职韵的多数字相同(参 2.1.3.2.2.9.1、2.1.3.2.2.14.4)。例如：

真韵　　宾 piŋ^{443}｜贫 pᴇiŋ^{221}｜民 mᴇiŋ^{221}｜邻鳞 lᴇiŋ^{221}｜津 tsiŋ^{443}｜亲 ts^{h}iŋ^{443}｜尽 tsᴇiŋ^{224}｜新 siŋ^{443}｜镇 tiŋ^{335}｜趁 t^{h}iŋ^{335}｜真 tsiŋ^{443}｜身 siŋ^{443}｜肾 sᴇiŋ^{224}｜认 nᴇiŋ^{224}；

质韵　　笔 pik^{5}｜匹 p^{h}ik^{5}｜蜜 mik^{43}｜七漆 ts^{h}ik^{5}｜质 tsik^{5}｜实 sik^{43}｜失 sik^{5}｜日 nik^{43}。

2.1.3.2.2.11.3　臻摄开口三等真韵有两个字读作[ouŋ]韵：伸 ts^{h}ouŋ^{443}｜韧 nouŋ^{224}。

2.1.3.2.2.11.4　臻摄开口三等真质韵还有[ᴇiŋ$_{\alpha}$ ᴇik]韵的读音出现：呻 ts^{h}ᴇiŋ^{443}；密 mᴇik^{43}。

2.1.3.2.2.11.5　臻摄开口三等臻栉韵庄组读作[ᴇiŋ$_{\alpha}$

ᴇik]韵：榛 tsᴇiŋ^{443}；虱 sᴇik^{5}。

2.1.3.2.2.11.6　臻摄开口三等真韵见晓组读作[iŋ$_{α}$ ᴇiŋ$_{β}$]韵或[yŋ$_{α}$ œŋ$_{β}$]韵，读[yŋ$_{α}$ œŋ$_{β}$]韵的两个字都是重纽三等字。例如：

[iŋ$_{α}$ ᴇiŋ$_{β}$]韵　紧 kiŋ^{41} | 因 iŋ^{443} | 印 iŋ^{335} | 引 iŋ^{41} |
寅 ᴇiŋ^{221}；

[yŋ$_{α}$ œŋ$_{β}$]韵　巾 kyŋ^{443} | 银 ŋœŋ^{221}。

2.1.3.2.2.11.7　臻摄开口三等质韵见晓组读作[ik]韵：吉 kik^{5} | 乙 ik^{5} | 一 ik^{5} | 逸 ik^{5}。

2.1.3.2.2.11.8　臻摄开口三等殷韵见晓组读作[iŋ$_{α}$]韵或[yŋ$_{α}$ œŋ$_{β}$]韵，以后者为主：

[iŋ$_{α}$]韵　谨 kiŋ^{41} | 劲 kiŋ^{335} | 隐 iŋ^{41}；

[yŋ$_{α}$ œŋ$_{β}$]韵　斤筋 kyŋ^{443} | 勤 k^{h}œŋ^{221} |
芹～菜 k^{h}œŋ$^{-33}$ | 近 kœŋ^{224} |
龈 ŋœŋ^{221} | 欣 xyŋ^{443}。

2.1.3.2.2.11.9　臻摄开口三等迄韵溪母“乞”读作[k^{h}i^{335}给；被]、[k^{h}ik^{5}给；被]和[k^{h}yk^{5}～食]。[k^{h}i^{335}]当为[k^{h}ik^{5}]的变体。

2.1.3.2.2.11.10　臻摄开口韵里比较特殊的读音：尘扫～。真澄 tɔuŋ^{221} | 忍真日 yŋ^{41}；滗去滓。质帮 pi^{335} | 秩质澄 teik^{43} | 日向～葵。质日 nyk^{-5}；瘾殷影 ŋeiŋ^{335}。

2.1.3.2.2.11.11　臻摄合口一等魂韵的读音较为复

杂，帮组读作[uŋ$_{\alpha}$ ɔ̱uŋ$_{\beta}$]韵或[ouŋ]韵，端精组一律读作[ɔ̱uŋ$_{\alpha}$ ɔuŋ$_{\beta}$]韵，见晓组读作[uŋ$_{\alpha}$]韵或[ɔ̱uŋ$_{\alpha}$ ɔuŋ$_{\beta}$]韵。例如：

帮组　　喷 p^{h}uŋ^{335} | 盆噔～火 pɔ̱uŋ^{221} |
闷 mɔ̱uŋ^{224}；本 pouŋ^{41} | 门 mouŋ^{221}；

端精组　　顿 tɔ̱uŋ^{335} | 墩桥～tɔ̱uŋ^{41} | 嫩 nɔuŋ^{224} |
论 lɔuŋ^{224} | 尊 tsɔ̱uŋ^{443} | 村 ts^{h}ɔ̱uŋ^{443} |
寸 ts^{h}ɔ̱uŋ^{335} | 孙 sɔ̱uŋ^{443} | 损 sɔ̱uŋ^{41}；

见晓组　　昆 k^{h}uŋ^{443} | 婚 xuŋ^{443} | 温瘟 uŋ^{443} |
稳 uŋ^{41} | 揾蘸 uŋ^{335}；坤 k^{h}ɔ̱uŋ^{443} |
魂 xɔuŋ^{221} | 浑 ɔuŋ^{221}。

2.1.3.2.2.11.12　臻摄合口一等没韵明母和见晓组读作[uk]韵和[ɔk]韵：

[uk]韵　　没～收 muk^{43} | 忽 xuk^{5}；

[ɔ̱k]韵　　骨 kɔ̱k^{5} | 窟水～k^{h}ɔ̱k^{5} |
核桃～。户骨切 xɔ̱k^{43}。

2.1.3.2.2.11.13　臻摄合口三等谆韵端精章组读作[uŋ$_{\alpha}$ ɔ̱uŋ$_{\beta}$]韵。例如：伦 lɔ̱uŋ^{221} | 俊 tsuŋ^{335} | 笋 suŋ^{41} | 巡 sɔ̱uŋ^{221} | 準 tsuŋ^{41} | 春 ts^{h}uŋ^{443} | 顺 sɔ̱uŋ^{224} | 闰 nɔ̱uŋ^{224}。

2.1.3.2.2.11.14　臻摄合口三等文韵非组读作[uŋ$_{\alpha}$ ɔ̱uŋ$_{\beta}$]韵或[ouŋ]韵。例如：

[uŋ$_{\alpha}$ ɔ̱uŋ$_{\beta}$]韵　分春～xuŋ^{443} | 粉 xuŋ^{41} | 粪 puŋ^{335} |

　　　　份 xɔ̱uŋ^{224} | 文 ɔ̱uŋ^{221}；

[ouŋ]韵　　分～开 pouŋ^{443} | 闻听～mouŋ^{221} | 问动词 mouŋ^{335}。

2.1.3.2.2.11.15　臻摄合口三等文韵见组和云母读作[uŋ$_{\alpha}$ ɔ̱uŋ$_{\beta}$]韵，晓母读作[yŋ ɔ̱uŋ$_{\alpha}$]韵。例如：

见组、云母　　君军 kuŋ^{443} | 群 k^{h}ɔ̱uŋ^{221} | 裙 kɔ̱uŋ^{221} | 训 xuŋ^{335} | 雲 xɔ̱uŋ^{221} | 运 ɔ̱uŋ^{224}；

晓母　　勋 xyŋ^{443}；熏薰食～xɔ̱uŋ^{443}。

2.1.3.2.2.11.16　臻摄合口三等術韵读作[uk yk ok]韵。例如：术白～suk^{43} | 出 ts^{h}uk^{5} | 術 suk^{43}；律 lyk^{43}；戌 sok^{5}。

2.1.3.2.2.11.17　臻摄合口三等物韵读作[uk]韵。例如：不 puk^{5} | 佛 xuk^{43} | 物 uk^{43} | 屈 k^{h}uk^{5} | 掘衢物切 kuk^{43} | 熨纡物切 uk^{5}。

2.1.3.2.2.11.18　臻摄合口韵里比较特殊的读音：奔魂帮 pᴇiŋ^{443} | 困～难。魂溪 k^{h}ɔ̱k^{5}；遵谆精 tsɔ̱uŋ^{443} | 吮谆船 souŋ^{224}；橘術见 kik^{5}。

2.1.3.2.2.12　宕摄

2.1.3.2.2.12.1　宕摄开口一等唐韵帮组读作[uaŋ]韵或[ɔ̱uŋ$_{\alpha}$ ɔ̱uŋ$_{\beta}$]韵，其余则都读[ɔ̱uŋ$_{\alpha}$ ouŋ$_{\beta}$]韵。例如：

帮组　　塝坎子 puaŋ^{224} | 忙 muaŋ^{221}；帮 pɔ̱uŋ^{443} | 旁 pɔ̱uŋ^{221}；

其他　　汤 tʰɔ̱uŋ^{443}｜糖 tʰɔuŋ^{221}｜浪 lɔuŋ^{224}｜
葬 tsɔ̱uŋ^{335}｜仓 tsʰɔ̱uŋ^{443}｜缸 kɔ̱uŋ^{443}｜
糠 kʰɔ̱uŋ^{443}｜囥藏放 kʰɔ̱uŋ^{335}｜
杭 xɔuŋ^{221}。

2.1.3.2.2.12.2　宕摄开口一等铎韵读作[ɔ ɔ̱k ok]韵。[ok]韵只拼帮组，[ɔ̱k]韵则拼其他声母。例如：

[ɔ]韵　　薄形容词 pɔ^{443}｜粕 pʰɔ^{335}｜莫 mɔ^{221}｜
落日头～山 lɔ^{443}｜索 sɔ^{335}｜各～个 kɔ^{335}；

[ok]韵　　博 pok^{5}｜膜 mok^{43}；

[ɔ̱k]韵　　託 tʰɔ̱k^{5}｜骆～驼 lɔ̱k^{43}｜作 tsɔ̱k^{5}｜
鹤 xɔ̱k^{43}｜恶 ɔ̱k^{5}。

2.1.3.2.2.12.3　宕摄开口三等阳韵的庄组读作[ɔ̱uŋ$_{\alpha}$ ɔuŋ$_{\beta}$]韵，其余则读[øŋ]韵或[ɔ̱uŋ$_{\alpha}$ ɔuŋ$_{\beta}$]韵（以知组为主）。例如：

庄组　　装 tsɔ̱uŋ^{443}｜壮 tsɔ̱uŋ^{335}｜创 tsʰɔ̱uŋ^{335}｜
床 tsʰɔuŋ^{221}｜状 tsɔuŋ^{224}｜霜 sɔ̱uŋ^{443}；

其他　　凉 løŋ^{221}｜酱 tsøŋ^{335}｜帐 tøŋ^{335}｜
伤 søŋ^{443}｜让 nøŋ^{224}｜香 xøŋ^{443}｜
痒 søŋ^{224}；涨 tɔ̱uŋ^{41}｜长形容词肠 tɔuŋ^{221}｜
丈长度单位 tɔuŋ^{224}｜酿娘母 nɔuŋ^{224}｜
秧 ɔ̱uŋ^{443}。

2.1.3.2.2.12.4　宕摄开口三等药韵主要读作[ø øk]

韵。例如：

[ø]韵　　　鹊 tsʰø^{335} | 着碰～tø^{443} | 箬 nø^{443} | 药 ø^{443}；

[øk]韵　　　雀 tsʰøk^{5} | 弱 øk^{43} | 虐 ŋøk^{43} | 约 øk^{5}。

2.1.3.2.2.12.5　宕摄开口韵里比较特殊的读音：郎～爸。唐来 nɔ̱uŋ^{221}；落掉落。铎来 lœk^{5}；两数词。阳来 laŋ^{224} | 相阳心 sɔ̱uŋ$^{-33}$～拍、sœ̱ŋ^{443}～□kʰoi^{443}：性交 | 娘～奶。阳娘 nɔ̱uŋ^{221}；削药心 so^{335} | 勺药禅 tsʰeɐ^{443} | 跃大～进。药以 eu^{224}。

2.1.3.2.2.12.6　宕摄合口一等唐韵和合口三等阳韵的见晓组都读作[ouŋ]韵。例如：

唐韵　　　光 kouŋ^{443} | 广 kouŋ^{41} | 圹 kʰouŋ^{41} |
荒 xouŋ^{443} | 黄 ouŋ^{221} | 皇～帝 xouŋ^{221}；

阳韵　　　况 kʰouŋ^{41} | 狂 kouŋ^{221} | 王 ouŋ^{221} |
往 ouŋ^{41} | 旺 ouŋ^{224}。

2.1.3.2.2.12.7　宕摄合口一等铎韵读作[o uak ok]韵：霍～童：地名 xo^{-55}；扩 kʰuak^{5}；郭 kok^{5}。

2.1.3.2.2.12.8　宕摄三等阳韵非组的读音较为复杂，读作[uŋ$_{α}$ ɔ̱uŋ$_{β}$ ouŋ œŋ$_{β}$]韵。例如：

[uŋ$_{α}$]韵　　　枋 puŋ^{443} | 放～假 puŋ^{335}；

[ɔ̱uŋ$_{β}$]韵　　　房 pɔ̱uŋ^{221}；

[ouŋ]韵　　　方 xouŋ^{443} | 放解～xouŋ^{335} | 芳 xouŋ^{443} |
望希～ouŋ^{224}。

[œŋ$_{β}$]韵　　　芒菅～：芦苇花 mœŋ$^{-41}$ | 网 mœŋ^{224}。

2.1.3.2.2.12.9　宕摄三等药韵奉母“缚”、江摄二等觉韵帮母“剥”和通摄一屋韵並母“曝”读作[o]韵：缚 po^{443}；剥 po^{335}；曝 p^{h}o^{443}。

2.1.3.2.2.13　江摄

2.1.3.2.2.13.1　江摄开口二等江韵主要读作[ɔ̱uŋ$_{α}$ ɔuŋ$_{β}$]韵或[œ̱ŋ$_{α}$]韵。例如：

[ɔ̱uŋ$_{α}$ ɔuŋ$_{β}$]韵　桩 tɔ̱uŋ^{443}｜窗～帘 ts^{h}ɔ̱uŋ^{443}｜
江浙～kɔ̱uŋ^{443}｜讲 kɔ̱uŋ^{41}｜项 xɔuŋ^{224}；

[œ̱ŋ$_{α}$]韵　双 sœ̱ŋ^{443}｜江闽～kœ̱ŋ^{443}｜港 kœ̱ŋ^{41}｜
腔 k^{h}œ̱ŋ^{443}｜巷 xœ̱ŋ^{335}。

此外，帮母“邦”读作[paŋ^{443}]，並母“蚌”读作[puaŋ^{224}]韵，与众不同。

2.1.3.2.2.13.2　江摄开口二等觉韵读作[ɔ ɔ̱k ok œ̱k]韵。[ok]韵只拼帮组，[ɔk]韵则拼其他声母。例如：

[ɔ]韵　桌 tɔ^{335}｜欶吮吸 sɔ^{335}｜镯 sɔ^{443}｜
学动词 ɔ^{443}；

[ɔ̱k]韵　啄 tɔ̱k^{5}｜确 k^{h}ɔ̱k^{5}｜嶽 ŋɔ̱k^{43}｜
学～校 xɔ̱k^{43}；

[ok]韵　驳 pok^{5}｜朴～素 p^{h}ok^{43}；

[œ̱k]韵　雹 p^{h}œ̱k^{43}｜戳捅 t^{h}œ̱k^{5}｜
角牛～觉见～kœ̱k^{5}｜壳 k^{h}œ̱k^{5}。

关于“剥”字的读音，请看 2.1.3.2.2.12.9。

2.1.3.2.2.13.3 江摄里比较特殊的读音：饺觉见 keu^{41} | 握觉影 uk^{5}。

2.1.3.2.2.14 曾摄

2.1.3.2.2.14.1 曾摄开口一等登韵(除帮组以外)读作[iŋ$_{α}$ ᴇiŋ$_{β}$]韵或[ᴇiŋ$_{α}$ ɛiŋ$_{β}$]韵。例如：

[iŋ$_{α}$ ᴇiŋ$_{β}$]韵 藤 tᴇiŋ^{221} | 肯 k^{h}iŋ^{41}；

[ᴇiŋ$_{α}$ ɛiŋ$_{β}$]韵 灯 tᴇiŋ^{443} | 能 nɛiŋ^{221} | 增 tsᴇiŋ^{443} | 层 ts^{h}ɛiŋ^{221} | 赠 tsɛiŋ^{224}。

2.1.3.2.2.14.2 曾摄开口一等德韵(除帮组以外)读作[ᴇik]韵。例如：得~罪德 tᴇik^{5} | 特 tᴇik^{43} | 贼 ts^{h}ᴇik^{43} | 塞 sᴇik^{5} | 刻 k^{h}ᴇik^{5} | 黑 xᴇik^{5}。

2.1.3.2.2.14.3 曾摄开口一等登德韵帮组读作[uŋ$_{α}$ œŋ$_{β}$]韵和[uk œk]韵：

[uŋ$_{α}$ œŋ$_{β}$]韵 崩 puŋ^{443}；朋鹏 pœŋ^{221}；

[uk œk]韵 卜萝~puk^{43}；北 pœk^{5} | 墨默 mœk^{43}。

2.1.3.2.2.14.4 曾摄开口三等蒸职韵(除职韵庄组以外)主要读作[iŋ$_{α}$ ᴇiŋ$_{β}$]韵和[ik]韵，与深摄三等侵缉韵和臻摄开口三等真质韵的多数字相同(参 2.1.3.2.2.9.1、2.1.3.2.2.11.2)。例如：

[iŋ$_{α}$ ᴇiŋ$_{β}$]韵 冰 piŋ^{443} | 蒸 tsiŋ^{443} | 秤 ts^{h}iŋ^{335} | 升容量单位 tsiŋ^{443} | 承 sᴇiŋ^{221} |

兴～旺 xiŋ^{443} | 应～答 iŋ^{335}；

[ik]韵　　逼 pik^{5} | 力 lik^{43} | 息 sik^{5} | 直 tik^{43} |
织职 tsik^{5} | 食～堂 sik^{43} | 式 sik^{5} | 极 kik^{43}。

2.1.3.2.2.14.5　曾摄开口三等职韵庄组读作[ᴇik]韵：侧 tsᴇik^{5} | 测 tsʰᴇik^{5} | 色 sᴇik^{5}。职韵澄母"值～钱"读作[tᴇik^{43}]，亦为[ᴇik]韵。

2.1.3.2.2.14.6　曾摄开口三等职韵影母有两个字读作[i]韵：忆亿 i^{335}。

2.1.3.2.2.14.7　曾摄开口韵里比较特殊的读音：等登端 tyŋ^{41} | 恒登匣 xuaŋ^{221}；菱～角。蒸来 lɛiŋ^{221}；得德端 tik^{5} 生～□tɛ^{443}：醜、i^{0} 解使～ | 忒德透 tʰak^{5}；食吃。职船 seɐ^{443} | 翼鱼～。职以 siak^{43}。

2.1.3.2.2.14.8　曾摄合口一等德韵匣母读作[œk]韵：或惑 xœk^{43}。

2.1.3.2.2.15　梗摄

2.1.3.2.2.15.1　梗摄开口二等庚耕韵主要读作[aŋ iaŋ]韵或[ᴇiŋ$_{\alpha}$ ɛiŋ$_{\beta}$]韵。例如：

[aŋ]韵　　彭 pʰaŋ^{221} | 盲青～maŋ^{221} | 蜢 maŋ^{41} |
撑 tʰaŋ^{443} | 生～卵 saŋ^{443} | 省～钱 saŋ^{41} |
更三～kaŋ^{443} | 坑 kʰaŋ^{443}（以上庚韵）；
棚 paŋ^{221} | 争 tsaŋ^{443}（以上耕韵）；

[iaŋ]韵　　行走 kiaŋ^{221}（庚韵）；

[ᴇiŋ$_{\alpha}$ ɛiŋ$_{\beta}$]韵　猛 mᴇiŋ^{41} | 孟 mɛiŋ^{224} | 瘠～肉 sᴇiŋ^{41} |

庚 kɛiŋ^{443} | 硬 ŋɛiŋ^{224}（以上庚韵）；

幸 xɛiŋ^{224}（耕韵）。

2.1.3.2.2.15.2 梗摄开口二等陌麦韵主要读作[a eɐ ᴇik]韵。例如：

[a]韵　　百 pa^{335} | 拍 pʰa^{335} | 白 pa^{443} | 窄 tsa^{335} | 格 ka^{335} | 客 kʰa^{335}（以上陌韵）；掰 pa^{335} | 麦 ma^{443} | 册 tsʰa^{335} | 隔~壁 ka^{335}（以上麦韵）；

[eɐ]韵　　拆 tʰeɐ^{335} | 搦抓 neɐ^{443} | 额 ŋeɐ^{443}（以上陌韵）；摘 teɐ^{335}（麦韵）；

[ᴇik]韵　　迫 pʰᴇik^{5} | 泽 tᴇik^{43}（以上陌韵）；责 tsᴇik^{5} | 策 tsʰᴇik^{5} | 革 kᴇik^{5}（以上麦韵）。

2.1.3.2.2.15.3 梗摄开口三等庚清韵和四等青韵主要读作[iŋ$_{\alpha}$ ᴇiŋ$_{\beta}$]韵或[aŋ iaŋ]韵。例如：

[iŋ$_{\alpha}$ ᴇiŋ$_{\beta}$]韵　　兵 piŋ^{443} | 丙 piŋ^{41} | 京 kiŋ^{443} | 敬 kiŋ^{335} | 庆 kʰiŋ^{335} | 英 iŋ^{443}（以上庚三韵）；聘 pʰiŋ^{335} | 令 lᴇiŋ^{224} | 清~楚 tsʰiŋ^{443} | 情 tsᴇiŋ^{221} | 静 tsᴇiŋ^{224} | 整 tsiŋ^{41} | 政 tsiŋ^{335} | 圣 siŋ^{335} | 轻 kʰiŋ^{443}（以上清韵）；瓶 pᴇiŋ^{221} | 钉铁~ tiŋ^{443} | 顶 tiŋ^{41} | 钉动词 tiŋ^{335} | 亭 tᴇiŋ^{221} |

灵 lᴇiŋ^{221} | 星 siŋ^{443} | 形 xᴇiŋ^{221}
（以上青韵）；

[aŋ]韵　柄 paŋ^{335} | 平坪 paŋ^{221} | 病 paŋ^{224}
（以上庚三韵）；井 tsaŋ^{41} | 晴 saŋ^{221} |
姓 saŋ^{335} | 郑 taŋ^{224}（以上清韵）；
青 ts^{h}aŋ^{443} | 醒 ts^{h}aŋ^{41} | 经～布 kaŋ^{443}
（以上青韵）；

[iaŋ]韵　明松～miaŋ^{221} | 命 miaŋ^{224} | 惊害怕 kiaŋ^{443} |
镜 kiaŋ^{335} | 迎～龙 ŋiaŋ^{221} | 影有～iaŋ^{41}
（以上庚三韵）；饼 piaŋ^{41} | 名 miaŋ^{221} |
领岭 liaŋ^{41} | 精狐狸～tsiaŋ^{443} |
请 ts^{h}iaŋ^{41} | 程 t^{h}iaŋ^{221} | 声 siaŋ^{443} |
正～月 tsiaŋ^{443} | 城 siaŋ^{221} | 赢 iaŋ^{221}
（以上清韵）；鼎锅 tiaŋ^{41} | 听厅 t^{h}iaŋ^{443} |
定 tiaŋ^{224}（以上青韵）。

2.1.3.2.2.15.4　梗摄开口三等庚韵影母有两个字读作[ɔ̱uŋ$_{\alpha}$]韵：影影子 ɔ̱uŋ^{41} | 映盼望 ɔ̱uŋ^{335}。

2.1.3.2.2.15.5　梗摄开口三等昔韵读作[eɐ ø ik]韵。例如：

[eɐ]韵　僻偏～peɐ^{335} | 迹脊 tseɐ^{335} |
刺七迹切 ts^{h}eɐ^{335} | 赤 ts^{h}eɐ^{335}；

[ø]韵　借资昔切 tsø^{335} | 惜保～身体 sø^{335} |

蓆 $ts^hø^{443}$｜炙 $tsø^{335}$｜尺 $ts^hø^{335}$｜石 $sø^{443}$；

[ik]韵　　积 $tsik^5$｜释 sik^5｜益 ik^5｜译易交～ik^{43}。

2.1.3.2.2.15.6　梗摄开口四等锡韵读作[eɐ ik]韵。例如：

[eɐ]韵　　壁 $peɐ^{335}$｜

臞～栳：一种晒东西用的圆形大竹器 $leɐ^{443}$；

[ik]韵　　滴 tik^5｜踢 t^hik^5｜敌 tik^{43}｜历 lik^{43}｜

绩 $tsik^5$｜戚 ts^hik^5｜锡 sik^5｜击 kik^5。

2.1.3.2.2.15.7　梗摄开口韵里比较特殊的读音：打庚二端 ta^{41}｜梗庚二见 $kuaŋ^{41}$｜衡庚二匣 $p^hɛiŋ^{221}$；魄陌滂 $p^h\underline{œ}k^5$；核～对。麦匣 $x\underline{ɔ}k^{43}$；明～年。庚三明 ma^{-11}；剧闽～。陌三群 $k^høk^{43}$；蛏清彻 $t^hɛiŋ^{443}$。

2.1.2.2.15.8　梗摄合口二等庚麦韵有两个字读作[uaŋ uak]韵：横 $xuaŋ^{221}$；划笔～$xuak^{43}$。

2.1.2.2.15.9　梗摄合口二等麦韵还有两个字读作[ɛik]韵：获 $p^hɛik^{43}$｜划计～$pɛik^{43}$。

2.1.2.2.15.10　梗摄合口三等庚清韵和昔韵的多数字读开口呼或齐齿呼：

庚韵　　兄 $xiaŋ^{443}$；

清韵　　营 $iaŋ^{221}$；琼 $k^hɛiŋ^{221}$；

昔韵　　役 ik^{43}。

2.1.2.2.15.11　梗摄合口韵里比较特殊的读音：矿庚

二见 k^{h}ouŋ^{41}。

2.1.3.2.2.16 通摄

2.1.3.2.2.16.1 通摄一等东冬韵读作[uŋ$_{\alpha}$ ɔ̲uŋ$_{\beta}$]韵或[œ̲ŋ$_{\alpha}$ œŋ$_{\beta}$]韵。例如：

[uŋ$_{\alpha}$ ɔ̲uŋ$_{\beta}$]韵 蒙 mɔ̲uŋ^{221} | 董懂 tuŋ^{41} | 总 tsuŋ^{41} |
聪 ts^{h}uŋ^{443} | 功成～kuŋ^{443} | 贡 kuŋ^{335} |
控 k^{h}uŋ^{335} | 洪 xɔ̲uŋ^{221}(以上东韵)；
统 t^{h}uŋ^{41} | 宗 tsuŋ^{443}(以上冬韵)；

[œ̲ŋ$_{\alpha}$ œŋ$_{\beta}$]韵 蠓 mœ̲ŋ^{41} | 东 tœ̲ŋ^{443} | 冻 tœ̲ŋ^{335} |
通 t^{h}œ̲ŋ^{443} | 桶 t^{h}œ̲ŋ^{41} | 铜筒 tœŋ^{221} |
桐 t^{h}œŋ^{221} | 洞 tœŋ^{224} | 笼聋 lœŋ^{221} |
棕 tsœ̲ŋ^{443} | 粽 tsœ̲ŋ^{335} | 葱 ts^{h}œ̲ŋ^{443} |
送 sœ̲ŋ^{335} | 工 kœ̲ŋ^{443} | 空 k^{h}œ̲ŋ^{443} |
瓮 œ̲ŋ^{335} | 红 œŋ^{221}(以上东韵)；
冬 tœ̲ŋ^{443} | 农人脓 nœŋ^{221} | 鬆 sœ̲ŋ^{443} |
宋 sœ̲ŋ^{335}(以上冬韵)。

2.1.3.2.2.16.2 通摄一等屋沃韵读作[uk œ̲k]韵。例如：

[uk]韵 木 muk^{43} | 独 tuk^{43} | 簏 luk^{5} | 族 tsuk^{43} |
縠 kuk^{5}(以上屋韵)；督 tuk^{5}(沃韵)；

[œ̲k]韵 读 t^{h}œ̲k^{43} | 鹿 lœ̲k^{43} | 凿昨木切 ts^{h}œ̲k^{43}
(以上屋韵)；毒 tœ̲k^{43}(沃韵)。

关于“曝”字的读音，请看 2.1.3.2.2.12.9。

2.1.3.2.2.16.3 通摄一等韵里比较特殊的读音：沃沃影 o^{335}。

2.1.3.2.2.16.4 通摄三等东锺韵读作[uŋ$_{\alpha}$ ɔ̲uŋ$_{\beta}$]韵、[yŋ$_{\alpha}$ œ̲ɛŋ$_{\beta}$]韵或[œ̲ɛŋ$_{\alpha}$ œɛŋ$_{\beta}$]韵。[uŋ$_{\alpha}$ ɔ̲uŋ$_{\beta}$]韵只拼非组，[yŋ$_{\alpha}$ œ̲ɛŋ$_{\beta}$]韵则拼其他声母。例如：

[uŋ$_{\alpha}$ ɔ̲uŋ$_{\beta}$]韵 风 xuŋ^{443} | 丰 xuŋ^{443} | 冯 xɔ̲uŋ^{221} | 凤～凰 xɔ̲uŋ^{224}（以上东韵）；封 xuŋ^{443} | 峰 xuŋ^{443} | 蜂 p^{h}uŋ^{443} | 捧 p^{h}uŋ^{41}（以上锺韵）；

[yŋ$_{\alpha}$ œ̲ɛŋ$_{\beta}$]韵 隆 lœ̲ɛŋ^{221} | 中～国忠 tyŋ^{443} | 中～毒 tyŋ^{335} | 仲 tœ̲ɛŋ^{224} | 终 tyŋ^{443} | 众 tsyŋ^{335} | 充 ts^{h}yŋ^{443} | 铳 ts^{h}yŋ^{335} | 绒 œ̲ɛŋ^{221} | 弓宫 kyŋ^{443} | 穷 kœ̲ɛŋ^{231} | 熊雄英～xœ̲ɛŋ^{221}（以上东韵）；龙 lœ̲ɛŋ^{221} | 从介词 tœ̲ɛŋ^{221} | 松～柴 sœ̲ɛŋ^{221} | 重～阳 tœ̲ɛŋ^{221} | 钟锺 tsyŋ^{443} | 肿 tsyŋ^{41} | 冲 ts^{h}yŋ^{443} | 舂 tsyŋ^{443} | 茸 œ̲ɛŋ^{221} | 恭 kyŋ^{443} | 胸 xyŋ^{443} | 勇 yŋ^{41} | 用 œ̲ɛŋ^{224}（以上锺韵）；

[œ̲ɛŋ$_{\alpha}$ œɛŋ$_{\beta}$]韵 中～秋 tœ̲ɛŋ$^{-44}$ | 梦 mœ̲ɛŋ^{335} | 虫 t^{h}œɛŋ^{221}（以上东韵）；缝名词 p^{h}œ̲ɛŋ^{335} |

重形容词 tœŋ^{224}｜共一样 kœŋ^{224}

（以上锺韵）。

2.1.3.2.2.16.5　通摄三等屋韵读作[uk yk œ̠k]韵。[uk]韵只拼非组，[yk]韵则拼其他声母。例如：

[uk]韵　　福 xuk^{5}｜腹 puk^{5}｜服 xuk^{43}｜伏 puk^{43}｜目～珠牧 muk^{43}；

[yk]韵　　陆 lyk^{43}｜宿～舍 syk^{5}｜竹筑 tyk^{5}｜逐追赶 tyk^{43}｜缩头～起 t^{h}yk^{5}｜祝粥 tsyk^{5}｜叔 tsyk^{5}｜熟煮～syk^{43}｜肉 nyk^{43}｜菊 kyk^{5}｜麯 k^{h}yk^{5}｜育 yk^{43}；

[œ̠k]韵　　目～屎 mœ̠k^{43}｜六 lœ̠k^{43}。

2.1.3.2.2.16.6　通摄三等烛韵读作[o yk]韵。例如：

[o]韵　　绿录 lo^{443}｜粟 ts^{h}o^{335}｜烛 tso^{335}｜曲弯曲 k^{h}o^{335}｜局 ko^{443}｜玉～玺 ŋo^{443}；

[yk]韵　　足 tsyk^{5}｜俗 syk^{43}｜赎 syk^{43}｜属 syk^{43}｜玉～石 ŋyk^{43}。

2.1.3.2.2.16.7　通摄三等韵里比较特殊的读音：中街～。东知 tɔ̠uŋ^{443}｜雄鸭～。东云 xɔ̠uŋ^{221}；缩文读。屋生 sɔ̠k^{5}；拱～桥。锺见 kouŋ^{41}｜容～易。锺以 œ̠^{221}。

2.1.3.2.3　声调

2.1.3.2.3.1　古平上去入四个声调基本上按古声母的清浊各分阴阳两类。古全浊上声字归阳去，古次浊上声字大部分归阴上，小部分归阳去（参 2.1.3.2.3.2），所以实际上只有七个调类。例如：

古清平　帮帮 pɔ̲uŋ^{443} | 潘姓。滂 p^{h}uaŋ^{443} |
单端 taŋ^{443} | 汤透 t^{h}ɔ̲uŋ^{443} | 基见 ki^{443}；

古浊平　磨动词。明 muai^{221} | 堂定 tɔuŋ^{221} |
来来 lᴇ^{221} | 沉澄 t^{h}ɛiŋ^{221} | 寒匣 kaŋ^{221}；

古清上　本帮 pouŋ^{41} | 抢清 ts^{h}øŋ^{41} | 写心 seɐ^{41} |
洗心 sɛ^{41} | 煮章 tsy^{41} | 简见 kaŋ^{41}；

古次浊上　马明 ma^{41} | 卯明 mau^{41} | 脑泥 nɔ^{41} |
岭来 liaŋ^{41} | 染日 neiŋ^{41} | 酉以 iu^{41}；

古全浊上　被被子。並 p^{h}oi^{224} | 抱並 pɔ^{224} |
淡定 taŋ^{224} | 市禅 ts^{h}ᴇ^{224} | 近群 kœ̲ŋ^{224}；

古清去　破滂 p^{h}uai^{335} | 对端 tɔ̲i^{335} | 四心 si^{335} |
壮庄 tsɔ̲uŋ^{335} | 臭昌 ts^{h}au^{335} | 庆溪 k^{h}iŋ^{335}；

古浊去　命明 miaŋ^{224} | 务微 ɔ̲^{224} | 度定 tɔ̲^{224} |
袋定 tɔi^{224} | 箸澄 tœ̲^{224} | 念泥 nɛiŋ^{224}；

古清入　八帮 pᴇik^{5} | 答端 tak^{5} | 七清 ts^{h}ik^{5} |
獭透 t^{h}iak^{5} | 割见 kak^{5} | 鸭影 ak^{5}；

古浊入　拔並 pᴇik^{43} | 墨明 mœ̲k^{43} | 敌定 tik^{43} |
律来 lyk^{43} | 贼从 ts^{h}ᴇik^{43} | 弱日 øk^{43}。

2.1.3.2.3.2　次浊上声，除了大多数字归上声以外，还有一部分口语字归阳去：网微 mœŋ^{224} | 老形容词。来

lau^{224}｜懒来 tiaŋ^{224}｜卵来 lɔuŋ^{224}｜两数词。来 laŋ^{224}｜耳～团。日 ŋᴇ^{224}｜瓦疑 ŋoʌ^{224}｜五疑 ŋɔ̲^{224}｜蚁疑 ŋe^{224}｜藕疑 ŋau^{224}｜有云 ɔ̲^{224}｜远云 xouŋ^{224}｜也以 eɐ^{224}｜痒以 søŋ^{224}。

2.1.3.2.3.3 次浊去声，除了大多数字归阳去以外，还有一部分口语字归阴去：骂明 ma^{335}｜墓明 mo^{335}｜妹明 muai^{335}｜面脸。明 miŋ^{335}｜梦明 mœ̲ŋ^{335}｜问微 mouŋ^{335}｜露来 lu^{335}｜鑢～刀。来 ly^{335}｜濑来 lai^{335}｜利放～。来 li^{335}｜润潮湿。日 nuŋ^{335}｜艾草名。疑 ŋe^{335}｜砚疑 ŋeiŋ^{335}。

2.1.3.2.3.4 全浊去声有少数字今读送气音声母（参 2.1.3.2.1.2）。这些字一般归入阴去：佩並 p^{h}uai^{335}｜稗並 p^{h}ɛ^{335}｜鼻並 p^{h}i^{335}｜缝有～。奉 p^{h}œ̲ŋ^{335}｜匠从 ts^{h}øŋ^{335}｜饲邪 ts^{h}i^{335}｜蛇海蜇。澄 t^{h}a^{335}｜树禅 ts^{h}iu^{335}。此外匣母"巷"读作［xœ̲ŋ^{335}］，也是阴去。

2.1.3.2.3.5 大多数清入声字归阴入，浊入声字归阳入。此外，还有一部分铎药觉职陌麦昔锡屋沃烛韵的口语字不归阴阳入而归阴去清入和阴平浊入：薄形容词。並 pɔ^{443}｜粕滂 p^{h}ɔ^{335}｜落日头～山。来 lɔ^{443}｜索心 sɔ^{335}｜各～个。见 kɔ^{335}（以上铎韵）；鹊清 ts^{h}ø^{335}｜削心 so^{335}｜着碰～。澄 tø^{443}｜勺禅 ts^{h}eɐ^{443}｜箬日 nø^{443}｜药以 ø^{443}｜缚奉 po^{443}（以上药韵）；剥帮 po^{335}｜桌知 tɔ^{335}｜欶吮吸。生 sɔ^{335}｜镯崇 sɔ^{443}｜学动词。匣 ɔ^{443}（以上觉韵）；食吃。船 seɐ^{443}（职韵）；百帮 pa^{335}｜拍滂 p^{h}a^{335}｜白並 pa^{443}｜拆彻 t^{h}eɐ^{335}｜搦抓。娘 neɐ^{443}｜窄庄 tsa^{335}｜

格见 ka^{335}｜客溪 k^{h}a^{335}｜额疑 ŋeɐ^{443}（以上陌韵）；掰帮 pa^{335}｜麦明 ma^{443}｜册初 ts^{h}a^{335}｜摘知 teɐ^{335}｜隔～壁。见 ka^{335}（以上麦韵）；僻偏～。滂 peɐ^{335}｜迹脊精 tseɐ^{335}｜借资昔切 tsø^{335}｜刺七迹切 ts^{h}eɐ^{335}｜惜保～身体。心 sø^{335}｜蓆邪 ts^{h}ø^{443}｜炙章 tsø^{335}｜赤昌 ts^{h}eɐ^{335}｜尺昌 ts^{h}ø^{335}｜石禅 sø^{443}（以上昔韵）；壁帮 peɐ^{335}｜牑～栳：一种晒东西用的圆形大竹器。来 leɐ^{443}（以上锡韵）；曝並 p^{h}o^{443}（屋韵）；沃影 o^{335}（沃韵）；绿录来 lo^{443}｜粟心 ts^{h}o^{335}｜烛章 tso^{335}｜曲弯曲。溪 k^{h}o^{335}｜局群 ko^{443}｜玉～玺。疑 ŋo^{443}（以上烛韵）。铎韵明母“莫别”读作[mɔ^{221}阳平]，为例外。[①]

2.1.3.2.3.6 次浊入声，除了大多数字归阳入以外，还有一部分字归阴入：抹明 muak^{5}｜瘌来 lak^{5}｜列烈来 leik^{5}｜落掉落。来 lœk^{5}｜簏来 luk^{5}｜镊聂娘 neik^{5}｜逸以 ik^{5}。

2.1.3.3 连读调

屏南方言两字组的连调规律见表 3。

表 3 屏南方言两字组连调表

<table>
<tr><th>2
1</th><th>阴平
443</th><th>阳平
221</th><th>上声
41</th><th>阴去
335</th><th>阳去
224</th><th>阴入
5</th><th>阳入
43</th></tr>
<tr><td>阴平 α
443</td><td rowspan="2">443 443
44</td><td>443 221
11 41</td><td rowspan="2">443 41
11</td><td rowspan="2">443 335
33</td><td>443 224
13 412</td><td rowspan="2">443 5
11</td><td rowspan="2">443 43
13</td></tr>
<tr><td>阴平 β
443</td><td>443 221
11</td><td>443 224
11</td></tr>
</table>

① 这大概是一种弱化调值。

续 表

1 \ 2	阴平 443	阳平 221	上声 41	阴去 335	阳去 224	阴入 5	阳入 43
阳平 221	221 443 44	221 221 11	221 41 11	221 335 33	221 224 11	221 5 11	221 43 13
上声 41	41 443 55	41 221 11 51	41 41 11 51	41 335 33	41 224 13 412	41 5 11	41 43 55
阴去 335	335 443 55	335 221 55	335 41 51	335 335 33	335 224 55	335 5 11	335 43 55
阳去 224	224 443 44	224 221 44	224 41 33	224 335 33	224 224 44	224 5 11	224 43 13
阴入 5	5 443	5 221	5 41 4 51	5 335 3	5 224	5 5 1	5 43
阳入 43	43 443 4	43 221 1	43 41 1	43 335 3	43 224 1	43 5 1	43 43 1

屏南方言两字组的连读调有以下几个特点：

(1) 重音落在后字。

(2) “阴去＋上声”[335 51]的实际调值接近[445 51]。

(3) “阴入＋阳平”[5 221]的前字[5]调值略低。

(4) “阴入＋上声”[4 51]的实际调值接近[45 51]。

(5) 来自古浊入的阴平(表 3 里标作阴平 β)作前字时的连读调与来自古清平的阴平(表 3 里标作阴平 α)作前字时的连读调不尽相同。例如：

阴平 α＋阳平　开门 $k^{h}ui^{443-11}$ $mouŋ^{221-41}$ |

猪毛 ty^{443-11} $mɔ^{221-41}$ |

清明 tsʰiŋ$^{443-11}$ mᴇiŋ$^{221-41}$；

阴平 β＋阳平　麦皮麦麸 ma$^{443-11}$ pʰoi^{221} |

搦鱼抓鱼 neɐ$^{443-11}$ ŋœ̠^{221} |

石榴 sø$^{443-11}$ lᴇu^{221}；

阴平 α＋阳去　欺负 kʰi$^{443-13}$ xɔ̠$^{224-412}$ |

生卵下蛋 saŋ$^{443-13}$ lɔuŋ$^{224-412}$ |

希望 xi$^{443-13}$ ouŋ$^{224-412}$；

阴平 β＋阳去　白饭大米饭 pa$^{443-11}$ pouŋ-ßouŋ^{224} |

麦豆豌豆 ma$^{443-11}$ tau-lau^{224}。

“收”[siu^{443}]和“都副词”[tu^{443}]应该都是阴平 α。但“收□收拾”读作[siu$^{443-11}$-lɔ^{221}]，“都是”读作[tu$^{443-11}$ sᴇ-zᴇ^{224}]，均为前字阴平 β 的连读调。

(6)“阴平＋阴去”“阳平＋阴去”“上声＋阴去”“阴去＋阴去”和“阳去＋阴去”的后字有时也读作[354]。比如“鸡□鸡窝”[ke$^{443-33}$ siu-ziu^{335}]有时也读作[ke$^{443-33}$ siu-ziu$^{335-354}$]；“染布”[neiŋ$^{41-33}$ po^{335}]有时也读作[neiŋ$^{41-33}$ po$^{335-354}$]；“妹婿妹夫”[muai$^{335-33}$-lai^{335}]有时也读作[muai$^{335-33}$-lai$^{335-354}$]。本书里一律记作[335]。这是特别需要说明的。

(7)“阴平 β＋阳去”和“阳平＋阳去”的后字有时也读作[243]。比如“麦豆豌豆”[ma$^{443-11}$ tau-lau^{224}]有时也读作[ma$^{443-11}$ tau-lau$^{224-243}$]；“走□走路”[kiaŋ$^{221-11}$ to-lo^{224}]

有时也读作[kiaŋ$^{221-11}$ to-lo$^{224-243}$]。本书里一律记作[243]。这是特别需要说明的。

(8)“食吃＋宾语”结构的连读调一般不合乎表3的规律，而与前字阳入的连读调相同，变为短促调。例如：食亏吃亏 seɐ-seɐʔ$^{443-4}$ k^{h}ui^{443}｜食荤吃荤 seɐ-seɐʔ$^{443-4}$ xuŋ^{443}｜食药吃药 seɐ-seɐʔ$^{443-4}$ ø^{443}｜食茶喝茶 seɐ-seɐʔ$^{443-1}$ ta^{221}｜食酒喝酒 seɐ-seɐʔ$^{443-1}$ tsiu^{41}｜食水喝水 seɐ-seɐʔ$^{443-1}$ tsui^{41}｜食昼吃午饭 seɐ-seɐʔ$^{443-3}$ tau^{335}｜食□吃奶 seɐ-seɐʔ$^{443-3}$ nᴇiŋ^{335}｜食饭吃早饭 seɐ-seɐʔ$^{443-1}$ pouŋ^{224}。“做＋宾语”结构的连读调也有同样的情况出现，往往与前字阴入的连读调相同，但不如“食吃＋宾语”结构那么彻底。例如：做工 tsɔ-tsɔʔ$^{335-5}$ ko̱eŋ^{443}｜做婊偷汉子 tsɔ-tsɔʔ$^{335-4}$ peu$^{41-51}$｜做袄缝衣服 tsɔ-tsɔʔ$^{335-4}$ ɔ$^{41-51}$｜做戏演戏 tsɔ-tsɔʔ$^{335-3}$ xe^{335}｜做□做什么 tsɔ-tsɔʔ$^{335-5}$ nai^{224}。以下是合乎“阴去＋X”的例子：做塍种田 tsɔ$^{335-55}$ ts^{h}ɛiŋ^{221}｜做节过节 tsɔ$^{335-11}$ tsᴇik^{5}｜做□做什么 tsɔ$^{335-55}$ nai^{224}又读。

(9)“动词＋补语”结构大多数不变调，不符合表3的规律。例如：分开 pouŋ^{433} k^{h}ui^{433}｜曝□晒干 p^{h}o^{443} ta^{443}｜□开(两腿)分开 paŋ^{443} k^{h}ui^{443}｜猜倒猜中 ts^{h}ai^{443} tɔ^{41}｜搦倒抓住 neɐ^{443} tɔ^{41}｜填平 tɛiŋ^{221} paŋ^{221}｜拦倒拦住 laŋ^{221} tɔ^{41}｜寻倒找到 sᴇiŋ^{221} tɔ^{41}｜解开 kɛ^{41} k^{h}ui^{433}｜讲成说成 ko̱uŋ^{41} siaŋ^{221}｜转来回来 touŋ^{41} lᴇ^{221}｜起来起床 k^{h}i^{41} lᴇ^{221}｜拗断 a^{41} touŋ^{224}｜煮熟 tsy^{41} syk^{43}｜戴歪 tai^{335} uai^{443}｜算错 so̱uŋ^{335} ts^{h}ɔ^{335}｜戴正 tai^{335}

tsiaŋ^{335} | 记定记住 ki^{335} tiaŋ^{224} | 套上 tʰɔ^{335} søŋ^{224} | 弄□弄坏 lœŋ^{224} tɛ^{443} | 离开 le^{224} kʰui^{443} | 碰着遇见 pʰuaŋ^{224} tø^{443} | 垫悬垫高 tɛiŋ^{224} kɛiŋ^{221} | 画斜 oʌ^{224} seɐ^{221} | □死掐死 tsʰaŋ^{224} si^{41} | □倒找到 lɔ^{224} tɔ^{41} | □倒躺倒 ɔuŋ^{224} tɔ-lɔ^{41} | □透找遍 lɔ^{224} tʰau^{335} | 拉开 lak^{43} kʰui^{443} | 拔长拉长 pᴇik^{43} tɔuŋ^{221} | 跋倒摔倒 puak^{43} tɔ^{41}。在这一结构中重音一般落在前字，后字读得很轻，而且它的声母一般不发生类化。“看见见到”读作[aŋ$^{-33}$ keiŋ-ŋeiŋ^{335}]，既发生连读变调也发生声母类化，为例外。其他例外：来慢来晚 lᴇ$^{221-11}$ mɛiŋ^{224} | 底来进来 ti$^{41-11}$ lᴇ$^{221-51}$ | 底去进去 ti$^{41-33}$ kʰœ-œ^{335}。也有读作“单字调＋轻声”的例子。例如：□起盖上 kᴇiŋ^{221} kʰi-ŋi$^{41-0}$ | □去焦了 niaŋ^{221} kʰœ-ŋœ$^{335-0}$ | □去掀开 xuaŋ^{41} kʰœ-ŋœ$^{335-0}$ | 摒去倒掉 piaŋ^{335} kʰœ-ŋœ$^{335-0}$ | 拭去擦掉 tsʰik^{5} kʰœ$^{335-0}$ | 合起挨着 kak^{43} kʰi$^{41-0}$ | 截去截住 tsᴇik^{43} kʰœ$^{335-0}$。

（10）“无没有＋X”结构的连读调特殊，“无没有”一律变成[11]或短促的[1]。后者[mɔʔ^{1}]当为前者[mɔ^{11}]的变体。例如：无鸡 mɔ$^{221-11}$ ke^{443} | 无钱 mɔ-mɔʔ$^{221-1}$ tseiŋ^{221} | 无囝没有孩子 mɔ$^{221-11}$ kiaŋ^{41} ～ mɔ-mɔʔ$^{221-1}$ kiaŋ^{41} | 无戍没有房子 mɔ$^{221-11}$ tsʰo^{335} | 无□没用 mɔ-mɔʔ$^{221-1}$ kaŋ^{335} | 无味丢脸 mɔ-mɔʔ$^{221-1}$ mᴇ^{224} | 无箸没有筷子 mɔ$^{221-11}$ tœ̲-lœ̲^{224} | 无箾没有簟 mɔ$^{221-11}$ tseik^{5} | 无肉 mɔ$^{221-11}$ nyk^{43}。

（11）“未没有、未＋X”结构的连读调与表 3 相同。例如：未听 moi$^{224-44}$ t^{h}iaŋ^{443}｜未来 moi$^{224-44}$ lᴇ^{221}｜未讲没有说 moi$^{224-33}$ kɔ̱uŋ^{41}｜未去 moi$^{224-33}$ k^{h}œ^{335}｜未□没有揹 moi$^{224-44}$ mai^{224}｜未折 moi$^{224-11}$ tseik^{5}｜未拔 moi$^{224-13}$ pᴇik^{43}。

（12）“莫别、不要＋X”结构的连读调特殊，往往变成短促的[1]。例如：莫走别跑 mɔ-mɔʔ$^{221-1}$ tsau^{41}｜莫急 mɔ-mɔʔ$^{221-1}$ kik^{5}。

（13）使动式“形容词＋农人”结构读作“单字调＋轻声”。例如：□农触着凸起的东西觉得不舒服 tᴇiŋ^{433} nœŋ$^{221-0}$｜□农东西热、烫 kɔuŋ^{221} nœŋ$^{221-0}$｜愁农发愁 tɛu^{221} nœŋ$^{221-0}$｜寒农冷 kaŋ^{221} nœŋ$^{221-0}$｜□农耀眼 taŋ^{221} nœŋ$^{221-0}$｜吵农吵死 ts^{h}a^{41} nœŋ$^{221-0}$｜气农生气 k^{h}i^{335} nœŋ$^{221-0}$｜□农传染 ts^{h}e^{335} nœŋ$^{221-0}$｜□农熏人 ts^{h}yŋ^{335} nœŋ$^{221-0}$｜闷农憋气 mɔ̱uŋ^{224} nœŋ$^{221-0}$（比较：害农 xai$^{224-44}$ nœŋ^{221}）｜热农热 eik^{43} nœŋ$^{221-0}$。一部分“动词＋农人”结构也读作“单字调＋轻声”。例如：搦农抓人 neɐ^{443} nœŋ$^{221-0}$（比较：搦鱼抓鱼 neɐ$^{443-11}$ ŋœ̱^{221}）｜讨农雇人 t^{h}ɔ^{41} nœŋ$^{221-0}$｜助农帮人 tsœ^{224} nœŋ$^{221-0}$。

（14）“几＋X”结构的连读调与表 3 相同。例如：几张 kui$^{41-55}$ t^{h}øŋ^{443}｜几双 kui$^{41-55}$ sœ̱ŋ^{433}｜几个 kui$^{41-11}$ kᴇ$^{221-51}$｜几头 kui$^{41-11}$ t^{h}au$^{221-51}$｜几把 kui$^{41-11}$ pa$^{41-51}$｜几领几件（衣服）kui$^{41-11}$ liaŋ$^{41-51}$｜几只几个 kui$^{41-33}$ tseɐ^{335}｜几岁 kui$^{41-33}$ xuai^{335}｜几□几块 kui$^{41-33}$ tɔ̱i^{335}｜几件几件（事情）kui$^{41-13}$ køŋ$^{224-412}$｜几匹几匹（布）kui$^{41-11}$ p^{h}ik^{5}｜几粒 kui$^{41-55}$ lak^{43}。

(15)"这、许那＋量词"结构的连读调特殊，既有与表 3 相同的，也有不合乎表 3 的。例如(加浪线表示不合乎规律)：这张 tsᴇ$^{41-44}$ tʰøŋ^{443}｜许张 xa$^{41-44}$ tʰøŋ^{443}｜这条 tsᴇ$^{41-11}$ tɛu-lɛu$^{221-51}$ ～ tsᴇ$^{41-11}$ tɛu^{221}｜许条 xa$^{41-11}$ tɛu-lɛu$^{221-51}$ ～ xa$^{41-11}$ tɛu-lɛu^{221}｜这头 tsᴇ$^{41-11}$ tʰau-lau^{221}｜许头 xa$^{41-11}$ tʰau-lau^{221}｜这个 tsᴇ$^{41-11}$ kᴇ$^{221-51}$｜许个 xa$^{41-11}$ kᴇ$^{221-51}$｜这款这么 tsᴇ$^{41-11}$ kʰuaŋ-uaŋ$^{41-51}$｜许款那么 xa$^{41-11}$ kʰuaŋ-uaŋ$^{41-51}$｜这领 tsᴇ$^{41-11}$ liaŋ^{41}｜许领 xa$^{41-11}$ liaŋ^{41}｜这朵 tsᴇ$^{41-11}$ tu^{41}｜那朵 xa$^{41-11}$ tu^{41}｜这□这块 tsᴇ$^{41-33}$ tɔ̱i^{335}｜许□那块 xa$^{41-33}$ tɔ̱i^{335}｜这只这个 tsᴇ$^{41-33}$ tseɐ^{335}｜许只这个 xa$^{41-33}$ tseɐ^{335}｜这件 tsᴇ$^{41-13}$ køŋ$^{224-412}$～tsᴇ^{41} køŋ^{224}｜许件 xa$^{41-13}$ køŋ$^{224-412}$～xa^{41} køŋ^{224}｜这匹 tsᴇ$^{41-11}$ pʰik^{5}｜许匹 xa$^{41-11}$ pʰik^{5}｜这粒 tsᴇ$^{41-13}$ lak^{43}｜许粒 xa$^{41-13}$ lak^{43}。

(16)"解会＋X"结构均不变调，重音落在前字，"𫧃不会＋X"结构的连读调则与表 3 相同。例如：解鲜新鲜 ɛ^{224} tsʰeiŋ^{443}｜解香 ɛ^{224} xøŋ^{443}｜解来 ɛ^{224} lᴇ^{221}｜解饱 ɛ^{224} pa^{41}｜解逮来得及 ɛ^{224} tai^{224}｜解认认识 ɛ^{224} nᴇiŋ^{224}｜解□知道 ɛ^{224} pᴇik^{5}；𫧃鲜不新鲜 mɛ$^{224-44}$ tsʰeiŋ^{443}｜𫧃香 mɛ$^{224-44}$ xøŋ^{443}｜𫧃来 mɛ$^{224-44}$ lᴇ^{221}｜𫧃饱 mɛ$^{224-33}$ pa-βa^{41}｜𫧃好 mɛ$^{224-33}$ xɔ-ɔ^{41}｜𫧃快不早 mɛ$^{224-33}$ kʰɛ^{335}｜𫧃逮来不及 mɛ$^{224-44}$ tai^{224}｜𫧃认不认识 mɛ$^{112-44}$ nᴇiŋ^{224}。例外：解做能干 ɛ$^{224-33}$ tsɔ-zɔ^{335}。

(17)"东、南、西、北＋边"结构均不变调，重音落在

前字：东边 tœ̲ŋ^{433} peiŋ^{443} | 南边 naŋ^{221} peiŋ^{443} | 西边 sɛ^{433} peiŋ^{443} | 北边 pœ̲k^{5} peiŋ^{443}。

（18）“动词＋人称代词”结构均不变调，重音落在前字。例如：见伊 keiŋ^{335} i^{443} | 怪我 kuai^{335} uai^{41} | 恨汝 xɔuŋ^{224} ny^{41}。

（19）复数人称代词“X＋齐”结构都读作［11 221］，不合乎表 3 的规律：我齐我们 uai$^{41-11}$ tsɛ-zɛ^{221} ～uai$^{41-11}$ tsɛ-ɛ^{221} | 汝齐你们 ny$^{41-11}$ tsɛ-zɛ^{221} ～ ny$^{41-11}$ tsɛ-ɛ^{221} | 伊齐他们 i$^{443-11}$ tsɛ-zɛ^{221} ～i$^{443-11}$ tsɛ-ɛ^{221}。

（20）“蜀一＋X”结构的连读调与表 3 相同。“两、二、三＋X”结构有时变调有时不变调。“四、五、六＋X”结构一般不变调，但偶尔变调。“七、八、九、十＋X”结构不变调。“数词＋X”结构不变调时后字读得较轻。下面举一些“数词＋X”结构的例子，加浪线的是发生变调的例子：

蜀＋X：　蜀千 søk$^{43-4}$ tsʰᴇiŋ^{443} | 蜀张 søk$^{43-4}$ tʰøŋ^{443} |
蜀个 søk$^{43-1}$ kᴇ^{221} | 蜀头 søk$^{43-1}$ tʰau^{221} |
蜀本 søk$^{43-1}$ pouŋ^{41} | 蜀□一块 søk$^{43-3}$ tɔ̲i^{335} |
蜀件 søk$^{43-1}$ køŋ^{224} | 蜀万 søk$^{43-1}$ uaŋ^{224} |
蜀丈 søk$^{43-1}$ tɔuŋ^{224} | 蜀百 søk$^{43-3}$ pa^{335} |
蜀只一个 søk$^{43-3}$ tseɐ^{335} | 蜀帖 søk$^{43-1}$ tʰᴇik^{5} |
蜀粒 søk$^{43-1}$ lak^{5}；

两＋X：　两千 laŋ^{224} tsʰᴇiŋ^{443} | 两张 laŋ^{224} tʰøŋ^{443} |
两个 laŋ$^{224-44}$ kᴇ^{221} ～laŋ$^{224-44}$ kᴇ-ŋᴇ^{221} |

两头 laŋ$^{224-44}$ t^{h}au^{221} | 两本 laŋ$^{224-33}$ pouŋ^{41} |

两□两块 laŋ^{224} tɔi^{335} |

两件 laŋ$^{224-44}$ køŋ-ŋøŋ^{224} |

两万 laŋ$^{224-44}$ uaŋ^{224} | 两丈 laŋ$^{224-44}$ touŋ^{224} |

两百 laŋ^{224} pa^{335} | 两只 laŋ^{224} tseɐ^{335} |

两帖 laŋ^{224} t^{h}ᴇik^{5} | 两粒 laŋ^{224} lak^{43}；

二＋X： 二月 nᴇ^{224} ŋok^{43} | 二十 nᴇ$^{224-13}$ sᴇik^{43}；

三＋X： 三千 saŋ^{443} ts^{h}ᴇiŋ^{443} | 三张 saŋ^{443} t^{h}øŋ^{443} |

三个 saŋ$^{443-11}$ kᴇ$^{221-41}$ |

三头 saŋ$^{443-11}$ t^{h}au$^{221-41}$～saŋ^{443} t^{h}au^{221} |

三本 saŋ$^{443-11}$ pouŋ^{41} | 三□三块 saŋ^{443} tɔi^{335} |

三件 saŋ$^{443-13}$ køŋ-ŋøŋ$^{224-412}$ |

三万 saŋ$^{443-13}$ uaŋ$^{224-412}$ |

三丈 saŋ$^{443-13}$ touŋ$^{224-412}$ | 三百 saŋ^{443} pa^{335} |

三只 saŋ^{443} tseɐ^{335} | 三帖 saŋ^{443} t^{h}ᴇik^{5} |

三粒 saŋ^{443} lak^{43} | 三月 saŋ^{443} ŋok^{43} |

三十 saŋ$^{443-13}$ sᴇik^{43}；

四＋X： 四千 si^{335} ts^{h}ᴇiŋ^{443} | 四张 si^{335} t^{h}øŋ^{443} |

四个 si$^{335-55}$ kᴇ^{221} | 四头 si^{335} t^{h}au^{221} |

四本 si^{335} pouŋ^{41} | 四□四块 si^{335} tɔi^{335} |

四件 si^{335} køŋ^{224} | 四万 si^{335} uaŋ^{224} |

四丈 si$^{335-55}$ touŋ^{224} | 四百 si^{335} pa^{335} |

四只 si^{335}tseɐ^{335}｜四帖 si^{335}tʰᴇik^{5}｜

四粒 si^{335}lak^{43}｜四月 si^{335}ŋok^{43}｜

四十 si$^{335-55}$sᴇik^{43}；

五＋X： 五千 ŋɔ̠^{224}tsʰᴇiŋ^{443}｜五张 ŋɔ̠^{224}tʰøŋ^{443}｜

五个 ŋɔ̠$^{224-44}$kᴇ^{221}｜五头 ŋɔ̠^{224}tʰau^{221}｜

五本 ŋɔ̠^{224}pouŋ^{41}｜五□五块 ŋɔ̠^{224}tɔ̠i^{335}｜

五件 ŋɔ̠^{224}køŋ^{224}｜五万 ŋɔ̠^{224}uaŋ^{224}｜

五丈 ŋɔ̠$^{224-44}$tɔuŋ^{224}｜五百 ŋɔ̠^{224}pa^{335}｜

五只 ŋɔ̠^{224}tseɐ^{335}｜五帖 ŋɔ̠^{224}tʰᴇik^{5}｜

五粒 ŋɔ̠^{224}lak^{43}｜五月 ŋɔ̠^{224}ŋok^{43}｜

五十 ŋɔ̠^{224}sᴇik^{43}；

六＋X： 六千 lœ̠k^{43}tsʰᴇiŋ^{443}｜六张 lœ̠k^{43}tʰøŋ^{443}｜

六个 lœ̠k$^{43-1}$kᴇ^{221}｜六头 lœ̠k^{43}tʰau^{221}｜

六本 lœ̠k^{43}pouŋ^{41}｜六□六块 lœ̠k^{43}tɔ̠i^{335}｜

六件 lœ̠k^{43}køŋ^{224}｜六万 lœ̠k^{43}uaŋ^{224}｜

六丈 lœ̠k$^{43-1}$tɔuŋ^{224}｜六百 lœ̠k^{43}pa^{335}｜

六只 lœ̠k^{43}tseɐ^{335}｜六帖 lœ̠k^{43}tʰᴇik^{5}｜

六粒 lœ̠k^{43}lak^{43}｜六月 lœ̠k^{43}ŋok^{43}｜

六十 lœ̠k^{43}sᴇik^{43}；

七＋X： 七千 tsʰik^{5}tsʰᴇiŋ^{443}｜七张 tsʰik^{5}tʰøŋ^{443}｜

七个 tsʰik^{5}kᴇ^{221}｜七头 tsʰik^{5}tʰau^{221}｜

七本 tsʰik^{5}pouŋ^{41}｜七□七块 tsʰik^{5}tɔ̠i^{335}｜

七件 ts^{h}ik^{5} køŋ^{224} | 七万 ts^{h}ik^{5} uaŋ^{224} |
七丈 ts^{h}ik^{5} tɔuŋ^{224} | 七百 ts^{h}ik^{5} pa^{335} |
七只 ts^{h}ik^{5} tseɐ^{335} | 七帖 ts^{h}ik^{5} t^{h}ᴇik^{5} |
七粒 ts^{h}ik^{5} lak^{43} | 七月 ts^{h}ik^{5} ŋok^{43} |
七十 ts^{h}ik^{5} sᴇik^{43}；

八+X： 八千 pᴇik^{5} ts^{h}ᴇiŋ^{443} | 八张 pᴇik^{5} t^{h}øŋ^{443} |
八个 pᴇik^{5} kᴇ^{221} | 八头 pᴇik^{5} t^{h}au^{221} |
八本 pᴇik^{5} pouŋ^{41} | 八□八块 pᴇik^{5} tɔ̱i^{335} |
八件 pᴇik^{5} køŋ^{224} | 八万 pᴇik^{5} uaŋ^{224} |
八丈 pᴇik^{5} tɔuŋ^{224} | 八百 pᴇik^{5} pa^{335} |
八只 pᴇik^{5} tseɐ^{335} | 八帖 pᴇik^{5} t^{h}ᴇik^{5} |
八粒 pᴇik^{5} lak^{43} | 八月 pᴇik^{5} ŋok^{43} |
八十 pᴇik^{5} sᴇik^{43}；

九+X： 九千 kau^{41} ts^{h}ᴇiŋ^{443} | 九张 kau^{41} t^{h}øŋ^{443} |
九个 kau^{41} kᴇ^{221} | 九头 kau^{41} t^{h}au^{221} |
九本 kau^{41} pouŋ^{41} | 九□九块 kau^{41} tɔ̱i^{335} |
九件 kau^{41} køŋ^{224} | 九万 kau^{41} uaŋ^{224} |
九丈 kau^{41} tɔuŋ^{224} | 九百 kau^{41} pa^{335} |
九只 kau^{41} tseɐ^{335} | 九帖 kau^{41} t^{h}ᴇik^{5} |
九粒 kau^{41} lak^{43} | 九月 kau^{41} ŋok^{43} |
九十 kau^{41} sᴇik^{43}；

十+X： 十张 sᴇik^{43} t^{h}øŋ^{443} | 十个 sᴇik^{43} kᴇ^{221} |

十头 $\text{sɛik}^{43}\text{t}^{h}\text{au}^{221}$｜十本 $\text{sɛik}^{43}\text{pouŋ}^{41}$｜

十□十块 $\text{sɛik}^{43}\text{tɔ̠i}^{335}$｜十件 $\text{sɛik}^{43}\text{køŋ}^{224}$｜

十丈 $\text{sɛik}^{43}\text{tɔuŋ}^{224}$｜十只 $\text{sɛik}^{43}\text{tseɐ}^{335}$｜

十帖 $\text{sɛik}^{43}\text{t}^{h}\text{ɛik}^{5}$｜十粒 $\text{sɛik}^{43}\text{lak}^{43}$｜

十月 $\text{sɛik}^{43}\text{ŋok}^{43}$。

"正月"读作[$\text{tsiaŋ}^{443-13}\text{ŋok}^{43}$]，"十一月"读作[$\text{sɛik}^{43-1}\text{ik}^{5}\text{ŋok}^{43}$]，"十二月"读作[$\text{sɛik}^{43-1}\text{nɛ}^{224}\text{ŋok}^{43}$]。

不符合表 3 连调规律的个别例外词有：

阳平＋阳平　前年 $\text{sɛiŋ}^{221}\text{neiŋ}^{221-0}$；

阳平＋阳入　前日 $\text{sɛiŋ}^{221}\text{nik}^{43}$（不变调）；

阴去＋阳平　去年 $\text{k}^{h}\text{ø}^{335}\text{neiŋ}^{221-0}$；

阳去＋阳入　后日 $\text{au}^{224}\text{nik}^{43}$（不变调）；

阴入＋阴去　□嗽咳嗽 $\text{xak}^{5}\text{sau}^{335}$（不变调）；

阴入＋阳去　□□喷嚏 $\text{xak}^{5}\text{ts}^{h}\text{i}^{224}$（不变调）。

2.1.3.4 小称音

屏南方言缺乏小称音，而多用"囝"[kiaŋ^{41}]尾来表示小称的功能。例如：雨囝小雨 $\text{y}^{41-11}\text{kiaŋ-iaŋ}^{41-51}$｜□母囝石头子 $\text{naŋ}^{-11}\text{mɔ}^{41-11}\text{kiaŋ-iaŋ}^{41-51}$｜犬囝小狗 $\text{k}^{h}\text{ɛiŋ}^{41-11}\text{kiaŋ-ŋiaŋ}^{41-51}$｜猪囝小猪 $\text{ty}^{443-11}\text{kiaŋ-iaŋ}^{41}$｜牛囝牛犊 $\text{ŋɔ̠}^{221-11}\text{kiaŋ-iaŋ}^{41}$｜羊囝羊羔 $\text{øŋ}^{221-11}\text{kiaŋ-ŋiaŋ}^{41}$｜鸡囝小鸡 $\text{ke}^{443-11}\text{kiaŋ-iaŋ}^{41}$｜鸭囝小鸭子 $\text{ak}^{5-4}\text{kiaŋ}^{41-51}$｜袋囝较小的袋子 $\text{tɔi}^{224-33}\text{kiaŋ-iaŋ}^{41}$｜桌囝较小的桌子 $\text{tɔ}^{335}\text{kiaŋ-iaŋ}^{41-51}$｜锯囝较小的锯子 ky^{335}

kiaŋ-iaŋ$^{41-51}$｜刀囝较小的刀子 tɔ$^{443-11}$ kiaŋ-iaŋ^{41}｜鼎囝小锅 tiaŋ$^{41-11}$ kiaŋ-ŋiaŋ$^{41-51}$｜索囝较小的绳子 sɔ^{335} kiaŋ-iaŋ$^{41-51}$｜船囝小船 sɔ̱uŋ$^{221-11}$ kiaŋ-ŋiaŋ^{41}｜新妇囝童养媳 siŋ$^{443-11}$-mɔ̱$^{224-33}$ kiaŋ-iaŋ^{41}（比较，新妇媳妇 siŋ$^{443-13}$-mɔ̱$^{224-412}$）。

2.1.3.5　否定式

屏南方言当中否定意义可以用否定词“无”或“𣍐”来表示。例如：无关 mɔ$^{221-11}$ kouŋ^{443}｜无试 mɔ$^{221-11}$ si^{335}｜无讲不说 mɔ-mɔʔ$^{221-1}$ kɔ̱uŋ^{41}｜无买 mɔ$^{221-11}$ mɛ^{41}｜无定 mɔ$^{221-11}$ tiaŋ-liaŋ^{224}｜无乞不给 mɔ$^{221-11}$ k^{h}ik^{5}｜无掘不挖 mɔ$^{221-11}$ kuk^{43}；𣍐□兴不高兴 mɛ^{224} sau-lau^{-33} xiŋ-iŋ^{335}｜𣍐□□不知道 mɛ$^{224-11}$ pᴇik^{5} tøŋ^{221}。

除此以外，屏南方言还可以通过词干声母的鼻音化（除鼻音声母和[l]声母以外）和声调的交替来表示否定意义。而且这是更主要的否定式。

声母的交替规律与阳声韵后面的声母类化基本上相同。参看上文 2.1.3.1.1 的说明 4。声调的交替规律如下：

阴平变为[553]　担 taŋ^{443}＞不担 naŋ^{553}｜
听 t^{h}iaŋ^{443}＞不听 niaŋ^{553}｜
惊怕 kiaŋ^{443}＞不惊不怕 ŋiaŋ^{553}｜
煎 tseiŋ^{443}＞不煎 neiŋ^{553}｜
食吃 seɐ^{443}＞不食不吃 neɐ^{553}；

阳平变为[453] 爬 pa^{221}＞不爬 ma^{453}｜

来 lᴇ^{221}＞不来 lᴇ^{453}声母不变｜

存 tsɔuŋ^{221}＞不存 ɲɔuŋ^{453}｜

行走 kiaŋ^{221}＞不行不走 ŋiaŋ^{453}｜

回头 xoi$^{221-11}$ tʰau-lau^{221}＞不回头 ŋoi^{453} tʰau-lau^{221}。

“□希望得到”[tᴇ^{221}]的否定式是[nᴇ^{51}]，不合乎阳平变为[453]的规律。

上声变为[51] 转去回去 touŋ^{41} kʰœ-ŋœ$^{335-0}$＞不转去不回去 nouŋ^{51} kʰœ-ŋœ$^{335-0}$｜

走跑 tsau^{41}＞不走不跑 ɲau^{51}～nau^{51}｜

写 seɐ^{41}＞不写 neɐ^{51}｜

买 mɛ^{41}＞不买 mɛ^{51}声母不变｜

使 sai^{41}＞不使不用；别、不要 nai^{51}｜

洗 sɛ^{41}＞不洗 nɛ^{51}｜

讲 ko̱uŋ^{41}＞不说 ŋo̱uŋ^{51}｜

肯 kʰiŋ^{41}＞不肯 ŋiŋ^{51}；

“反身翻身”[pᴇiŋ$^{41-55}$ siŋ-nziŋ^{443}]的否定式是[mᴇiŋ$^{41-55}$ siŋ-nziŋ^{443}]，不合乎上声变为[51]的规律。

阴去变为[512] 骂 ma^{335}＞不骂 ma^{512}声母不变｜

做 tsɔ^{335}＞不做 nɔ^{512}｜

去 kʰœ^{335}＞不去 ŋœ^{512}｜

拍打 p^{h}a^{335}＞不拍不打 ma^{512}
（与“不骂”[ma^{512}]同音）|
看 k^{h}aŋ^{335}＞不看 ŋaŋ^{512} |
囥藏 k^{h}ɔ̱uŋ^{335}＞不囥不藏 ŋɔ̱uŋ^{512}；

阳去变为[512]　□找 lɔ^{224}＞不□不找 lɔ^{512}声母不变 |
是 sᴇ^{224}＞不是 nᴇ^{512} |
坐 sɔi^{224}＞不坐 nɔi^{512} |
上 søŋ^{224}＞不上 nøŋ^{512} |
扶 xɔ̱^{224}＞不扶 ŋɔ̱^{512}
□穿 sœ̱ŋ^{224}＞不□不穿 nœ̱ŋ^{512} |
换 uaŋ^{224}＞不换 ŋuaŋ^{512}；

阴入不变　解□□知道 ɛ^{224} pᴇik^{5} tøŋ^{221}＞
□□不知道 mᴇik^{5} tøŋ^{221} |
踢 t^{h}ik^{5}＞不踢 nik^{5} |
脱 t^{h}ɔ̱k^{5}＞不脱 nɔ̱k^{5} |
歇休息 xøk^{5}＞不歇不休息 ŋøk^{5}；

阳入变为[5]　拔 pᴇik^{43}＞不拔 mᴇik^{5}
（与“□□不知道”[mᴇik^{5} tøŋ^{221}]的
[mᴇik^{5}]同音）|
读 t^{h}œ̱k^{43}＞不读 nœ̱k^{5}。

从历史演变的角度来说，这个交替是否定词“伓”和动词合音的结果。

2.1.3.6 同音字汇

i_{α}

p [443]蓖(～麻)碑(墓～)熙$_2$(～岭：地名) [41]比□(用手指指) [335]秘(～书)痹(麻～)滗(去滓) ‖[11]琵(～琶)枇(～杷)□(～□ßɔ^{221}：蝙蝠)

pʰ [41]疕(痂，饭～：锅巴) [335]鼻(～□u^{51}；鼻子，流～：流鼻涕)

ß [443]|屄(吹牛～：吹牛皮)

m [443]□(□ka^{44}～：一种牛身上的虫子，比虱子更大) [41]米(大米)美耳$_2$(木～) [335]□(～□ɔ̠uŋ^{51}：蚯蚓) ‖[55]□(骹～核：踝子骨)

t [443]知 [41]底$_4$(～去：进去，～来：进来) [335]蒂(金瓜～：南瓜蒂，薰～：烟蒂)智雉(～鸟：山鸡)致置□(～水：潜水)□(～□liŋ^{11}团：小舌)□(秆～头：稻茬) ‖[55]□(～□ta^{221}：喇叭) [11]□(～～好：刚好；～～著食饭：在吃早饭。读作[ti^{11}li^{51}])

n [335]□(猫～：猫)

l [41]李(～团：李子；姓)里(距离单位)理鲤(～鱼)|□(□la^{11}～：穿山甲)□(□ta^{335}～：故意) [335]利$_1$(放～：放债)

ts [443]□(老～：女阴) [41]旨(圣～)指$_3$(手～：

戒指)子$_1$(果～：花生、葵花籽、糖果等食品的统称,□kau^{11}～：骰子)籽止址杞(枸～)□$_1$(这么,如,～贵。本书里写作“这”) [335]姊(阿～：姐姐)至(夏～)志誌痣□(～神：用功)

ts^h [443]鳃(鱼～)尸 [335]饲$_1$(喂养,～猪：养猪,～鱼：养鱼;～牛：放牛,～羊：放羊,～囝：生小孩儿、抚养孩子、动物产子) [224]□(□xak^5～：喷嚏)

s [443]私$_2$(家～：家具)司(坑～：厕所,公～)丝诗 [41]死 [335]四$_1$(～个)试 ‖[33]□(为～乇：为什么。本书里写作“什”)

k [443]枝$_1$(树～)栀(黄～：栀子)飢肌基(座～：地基)箕(粪～：簸箕)机饑$_2$(～荒) [41]麂儿(茶～)己(天干之一)纪$_1$(年～) [335]纪$_2$(～念)记(～定：记住,𫧮～：忘记了)既 ‖[11]□(～□liu^{55}乇：刨花)□(头发～□□liŋ^{55}ŋeu^{221}：头发卷曲)

k^h [443]欺期 [41]企齿(齿轮、锯子上的齿,喙～：牙齿)起(起床,～风痴：刮台风) [335]器弃气$_2$(～农：生气,脾～)汽(～车)乞$_3$(给;被)

x [443]牺(～牲)嬉熙$_1$(康～)希稀非飞$_2$(～机)妃 [41]喜(欢～：喜欢)匪(土～) ‖[11]蟢(～□zɔ^{51}：蜘蛛)

ø [443]伊(他)医依 [41]已(～经)以 [335]意忆亿 [0]得₃(解使～：可以，𫢨舍～：舍不得)□(锁～：锁着)□(桌～：桌上，床～：床上，水～：水里，这～：这里，许～：那里①)□(直直～写：竖着写，蜀喙蜀喙～食：一口一口地吃)

Eβ

p [221]脾₁(内脏之一)啤(～酒) [224]弊币弊备篦(～梳) ‖ [11]□(～□lɛiŋ⁴¹：翻动。“反”[pɛiŋ⁴¹]的分音词)

ß [0]|呗

m [221]迷弥(～补)眉(～毛)楣(门～)维遗唯微 [224]味(～道，无～：害羞、丢脸)□(啜)

t [221]迟□(爱～：希望得到) [224]地(锄～，～主)痔(生～)治(政～)

tʰ [221]提(～手爿：提手旁)持(支～)

n [224]腻(细～：小心)二(～十，～月) [51]□(不要)

l [221]来₁黎(姓)梨狸(狐～)□(□moi¹¹～：荸荠)

---

① 实际音值分别是[tsɛ⁴¹iʔ⁴]和[xa⁴¹iʔ⁴]。发音人认为与“入”[ik⁴³]较为相似。

[224]厉(严～)利$_2$(锋利)痢(赤～) [0]呢 ‖[44]荔(～枝)莉(茉～花)

ts [41]□$_2$(这。本书里写作"这") [224]自$_1$(～家:自己)字

ts^h [221]□(雨□mok^5～:毛毛雨) [224]市

s [221]糍(糍粑)时□(～寒:传染病、瘟疫)□(□□aŋ^{11} nai^{55}～:到处) [224]是氏示视似寺 ‖[33]□(～势:熟练)

k [221]个$_1$(两～,～把;的)奇(～怪)祁其棋旗逵(李～)葵(向日～)癸 [224]技妓忌 ‖[11]□(～□□lɛiŋ^{55} nzuŋ^{443}:抖一下子)

k^h [221]蟣渠希切(蚂蟥) [224]柿(柿子)

ŋ [221]仪宜谊夷(武～山:地名)疑|□(青～:青苔)□(□□naŋ^{11} naŋ^{11}～～:知了) [224]耳$_1$(～团:耳朵)|易(容～)□(骹静～:跟腱)

ø [221]儿$_3$姨(阿～)胰(～皂:肥皂)而 [224]未$_2$(地支之一)

$u_α$

p [335]富$_1$(富裕)

p^h [443]潽(～去:溢出) [41]殕(生～:发霉)

m [41]母$_2$(阿～:伯母,大～叔婶:妯娌)

t [443]都(首～)都(副词)□(蹲) [41]朵(这～花)堵赌肚(腹～：肚子,猪～,蜀～尿：一次小便)拄(～杖：帮助挑担用的棍子)□(□po^{11}～：衣服上的口袋)

t^h [41]土(～改) [335]吐(呕吐)兔(～团：野生的兔子) ‖[11]徒(～弟)□(～□□ziu^{13} $lɛiŋ^{412}$：朋友)

n [41]努(～力)

l [41]鲁(～班)卤 [335]露

ts [443]租 [41]祖组阻

ts^h [443]粗初$_2$(～中) [41]楚(清～;国名)础 [335]醋□$_2$(～齿：牙齿。本书中写作“喙”)

s [443]苏酥(饼干的口感) [41]所 [335]素诉塑数(双～) ‖[11]□(～想：羡慕)

k [443]姑(阿～)孤菇(野生的蘑菇)蛄(虾～) [41]古$_1$估(～计)牯(牛～：公牛,羊～：公羊)股鼓久$_1$(长～)□(鼻～：鼻子)□(茶～：水壶,烧开水用具) [335]故固雇顾□(还,副词。本书里写作“固”) ‖[11]□(～□luk^5：蜷曲)

k^h [443]丘(量词,用于田) [41]苦 [335]库裤 ‖[55]□(～□lai^{443}：乌鳢) [11]古$_2$(～田：地名)

ŋ [443]|枯(□$tsɛiŋ^{44}$～：榨完油之后的渣子压成的饼) [41]五$_2$(～香：茴香,～岳)伍(队～)午

x [443]肤烌(火～：草木灰) [41]虎府 [335]戽(～水)付咐(吩～)富$_{2}$(～农)副□(刀～：刀背)

Ø [443]乌(黑)污 | 夫$_{2}$(姐～,姨～) [41]武舞 [335]恶(可～) | □(□tso^{33}～：看守) ‖[44]□①(我～农：我们)

ɔ̠β

p [221]匏(～囝：瓠子)炮薄交切(煨) [224]腐$_{1}$(腐朽)伏扶富切(孵) ‖[13]□(～□lɔ̠k^{43}：捋、摩挲)

p^{h} [221]浮□(用油炸)

ß [0] | 吧②

m [224] | 妇$_{1}$(新～：儿媳妇)

t [221]涂$_{2}$(～墙,～胭脂)屠途图(画儿) [224]杜(～仲)度渡镀(～金)□(～□lœŋ^{221}：跳神) ‖[44]□(～□lɛiŋ^{224}：蜥蜴)

t^{h} [221]涂$_{1}$(泥土)

n [221]奴(～才) [224]怒

l [221]卢炉芦(葫～丘：地名)庐

s [224]侍(服～)

---

① 本字有可能是“各”。
② [ɔ̠]的圆唇特征较弱。

k [221]糊(糨糊;敷,～倒:粘住) [224]舅$_1$旧(跟“新”相对,～底:以前) ‖[11]□(～□lə̠i[11]囝:小孩儿)□(～□lə̠k[5]鱼鳞:刮鱼鳞,～□lə̠k[5]猪毛:刮猪毛。“刮”的分音词)

kʰ [224]臼

ŋ [221]梧(～桐柴:梧桐树)吴牛 [224]五$_1$(～个)

x [221]胡(姓)湖狐(～狸)壶(尿～:夜壶)鬍(满～:满脸的胡子,～根:白薯的须)符(画～)芙(～蓉) [224]户互护扶$_2$(搀)父腐$_2$(豆～)辅负(欺～)附(～近)妇$_2$(～女农:女人①) ‖[44]葫(～芦丘:地名)

ø [221]无(～产阶级) [224]务有$_1$

yɑ

t [443]猪

tʰ [443]诛殊(特～) ‖[11]储(～蓄)

n [41]女(妻孙～:妻子的兄弟的女儿)汝(你)

l [41]吕旅铝屡 [335]鑢(～刀:锉刀)

ts [443]诸书资咨姿 [221]磁慈② [41]煮子$_2$(地

① 这个词读作[xu[11] ny[11] nœŋ[51]]。
② 这两个字都读作[tsy[221]]。

支之一；骗～）梓□（□tøŋ^{11}～：筑墙时所用的木棍） [335]註注（～意）

tsʰ [443]舒（～床：铺床） [41]鼠取$_2$娶此 [335]覰（看）处（～长）趣次

s [443]须（必～）鬚$_2$需输（运～）斯厮私$_3$师$_2$思 [41]暑（大～）始使$_2$史 [335]庶赐四$_2$（～川）□（卵～：蛋胚）

k [443]居车（棋子之一）驹 [41]举（～手）矩 [335]巨据锯（锯子；～柴：锯木头）

kʰ [443]区驱

ŋ [41]语

x [443]墟（赶～：赶集）虚 [41]浒（水～）许$_1$（～愿；秤～悬：秤尾低；那么，如，～贵；姓）

ø [41]与雨（□tɔuŋ^{33}～：下雨，谷～）宇羽

œ$_{\beta}$

m ‖[11]□$_2$（～著：不在。本书里写作“无”）

t [221]除 [224]箸（筷子）著$_1$（在；从，介词）

tʰ [221]锄（～头；～塍：锄田，～地）

n [224]著$_2$（无～：不在）

l [224]虑

ts [224]聚驻住（～着屏南：住在屏南）自$_2$

s [221]徐(姓)蘦(蕃～:白薯,～团:山药)辞词祠(～堂)嗣饲$_2$(～料) [224]序(秩～)绪(光～)祀巳士$_2$(棋子之一)仕事$_2$(有本～)

k [224]距俱具

ŋ [221]鱼渔儒愚虞娱 [224]|誉(名～)

ø [221]如於余(姓)餘与于(姓)愉俞(姓)容(～易) [224]预裕

a

p [443]巴(～掌)芭(～蕉)靶白(颜色) [221]爬琶杷耙(～团:耙子,四齿～;～耳屎:掏耳朵)扒(～痒:搔痒,～饭) [41]把(量词;十～个:十来个)饱 [335]霸坝罢(～工)百伯(阿～)掰(撕、拆、掰,喙～开:张嘴,目珠～起:睁开眼睛) [224]耙(一种农具) ‖[44]□(～头蜂:蚂蜂) [11]八$_2$(～～团:八哥)

p^h [443]脬(屚～:阴囊)□(～鱼□lɔuŋ^{221}:鸬鹚) [335]泡$_1$(发～:起泡)拍(打) [224]泡皮教切(鱼～:鱼鳔)

m [443]麦脉□(五指抓,～拳头母:攥起拳头)□(□seɐ^{44}～:囟门) [221]蟆(蛤～:青蛙。口语里不用) [41]妈(老～:妻子,阿～:祖母,爹～:

婆婆，皇帝～：皇后）马码□（～团：稻梯，置于稻桶内的木栅格，状如梯子）| □（□tsɔ̱uŋ^{335}～：一起）　[335]骂　[224]|爸（郎～：父亲）　‖[33]麻$_2$（～面：麻脸，～痹）猫（～□ni^{335}：猫）　[11]明$_2$（～年）

t　[443]□（干燥）　[221]茶□（□ti^{55}～：喇叭）　[41]打（读字）　[335]□（压住，～岁钱：压岁钱）□（～汤：烧开水）□（～□li^{51}：故意）　[0]□$_2$（一下。"蜀下"的合音。位于入声字后面时的读音，如，歇～：休息一下）　‖[44]豆$_2$（～腐）　[33]脰$_2$（～管：脖子）

t^h　[443]他□（用手指挑）　[335]蛇（海蜇）□（干净）　‖[55]□（～跳：玩儿）

n　[443]□（疤）　[221]□（拃）□（解大小便）　[224]□（如果）□（净、只，就～蜀角钱：只有一毛钱，就～是：只好）　[0]□（才、刚，如，伊～□kau^{335}：他才到）

l　[443]拉$_2$（拖～）　[0]□$_1$（一下。"蜀下"的合音）□（一种连词。参[句]27、53）　‖[13]萝$_1$（～卜）[11]□（～□li^{41}：穿山甲）□（爬～起：站起来）□（□ka^{11}～侧睏眠：侧身而睡）

ts　[443]渣（渣子）楂（山～）查（～字典）　[41]早（～

起：清晨）　[335]炸$_2$(～弹)榨(～油,～菜)诈窄

ts^h　[443]叉杈差(～别,不好)岔　[221]□(柴,树,木头。本书里写作"柴")　[41]炒吵　[335]册

s　[443]纱(洋毛～：毛线)痧(发～：中暑)　[335]□(乞猫□ni^{335}～去：被猫抓了)□(汝奶乞我～：相当于"他妈的"的口头禅)　‖[55]□(～□mɔ̱uŋ^{443}：当柴火用的蕨)　[13]师$_1$(～父：匠人)

nz　‖[51]｜□(灡～：围嘴儿)

k　[443]家(搬～,阿～：父亲)加嘉佳(作～：好看)胶$_1$(～水)铰(剪,～布,～刀：剪刀)　[41]假(真～)假(放～)绞(用绳子把人勒死)　[335]架驾嫁稼价教$_1$(～书)格$_1$(严～)隔$_1$(～壁：邻居、附近,～冥饭：隔夜饭)　[224]咬下巧切　‖[44]□(～□mi^{443}：一种牛身上的虫子,比虱子更大)　[11]交$_1$(～椅：椅子)橄(～榄)□(～蚤：跳蚤。读作[ka^{11}zau^{51}])□(～□la^{11}侧睏眠：侧身而睡)

k^h　[443]骹(脚,猪～：猪蹄)　[335]客(农～：客人)　‖[55]□(～转客：货郎儿)　[33]可$_1$(～恶)□(～鹊：喜鹊)

ŋ　[443]桠(树～：树杈)｜□(□ts^{h}iŋ^{44}～：蜻蜓)　[221]牙(～科)芽衙　[41]雅｜哑(病～：哑巴)　‖[44]亚(～洲)□(□eiŋ^{11}～年：往年,□eiŋ^{11}～

□lɔ412：以前，读作[ŋa13])

x [221]虾何加切霞蛤(～蟆：青蛙。口语里不用)
[41]许2(～乇：那个东西) [224]厦2(～门)下2(～雾，～棋)下(动量词)夏(立～) ‖[44]□(～□eiŋ224：开玩笑)

ø [41]拗(～断) [335]□(作揖)|孝1①(□tɔ33～：戴孝) [224]下(楼～)厦1(～地：地名，古～：地名)下1(～堂：下课) [0]阿2(～哥) ‖[44]阿1(～翁：外祖父) [11]丫(～头)

eɐ

p [335]僻(偏～。不送气音)壁(隔～：邻居、附近)

t [443]爹(～官：公公，～妈：婆婆，老～：干爹)
[335]摘(～桃囝)

tʰ [335]拆1(～□nɛiŋ335：断奶)

n [443]搦(抓，揪) [41]惹 [51]□(不吃)

l [443]攊(～栳：一种晒东西用的圆形大竹器)

ts [443]遮 [41]姐(～夫)者 [335]笊(～篱)迹(痕迹，骹～：脚印)脊(腹～头：背脊)只(通用量词)
[0]□(助词，着。坐～食：坐着吃，徛～讲话：站

---

① 发音人认为单字音是[ka335]。

着说话。一般读作[eɐ⁰]) ‖[11]□(～手□sok⁴³：左撇子)

tsʰ [443]车(拖～;～下去：滚下去)勺(尿～) [41]且 [335]刺七迹切(～洋毛□lo̰uŋ⁴¹：打毛衣)赤(～骹□ßak⁵：赤脚;～痢)□(～□lœ²²¹：丝瓜)

s [443]食₁(吃) [221]邪斜 [41]写舍(艙～得：舍不得) [335]卸泻赦舍(宿～) [224]社谢(感～;花～;姓)射(～箭)榭(□pʰeik⁵～：厢房) ‖[44]□(～□ma⁴⁴³：囟门)

k [221]□(披) [335]寄

kʰ [221]枷

ŋ [443]额(～头)

x [443]□(油腻)

ø [221]|岐(赛～：地名) [41]野 [224]也夜

oʌ

tʰ [443]拖(～车)

ts [443]抓(读字)

s [41]耍

k [443]瓜 [41]寡(守～) [335]芥₁(～菜)挂卦(做～)

kʰ [443]夸垮

ŋ [224]瓦(𩰵~：盖瓦)

x [443]花 [221]华(中~) [335]化

ø [443]鸦(老~：乌鸦) [224]画(动词,~图：画画)话

ai

p [41]□(遍、趟)□(~骹：瘸子) [335]拜 [224]败

pʰ ‖[11]□(~囝：扒手、骗子之类的人。读作[$p^hai^{11}ian^{51}$])

m [221]埋 [224]迈□(用背驮)

t [221]台₂(戏~)□(~涂：活埋)□(米糠里的小虫子) [335]戴(帽~起来：戴帽;姓)带(皮~;~□to^{224}：带路)碓(水~;~米：用碓舂米) [224]大₂(~家,~学)待怠贷(~款)代₂(~表)逮(解~：来得及,𣍐~：来不及;~捕)黛(~溪：地名)事₁(~□e^{335}：事情) ‖[55]□(~中：中间)

tʰ [443]苔(舌~)梯(~囝：梯子)篩(米~：米筛)痴(起风~：刮台风) [221]豺₁(~犬：狼)治直之切(杀,~猪肉：买猪肉) [335]态太泰

n [41]乃 [335]|婿(儿~：女婿,妹~：妹夫,此时读作[lai^{335}]) [224]耐奈□(做~：做什么。

“乇事”的合音）　[51]□（别，不要；不必。“怀使”的合音）　‖[55] | □（□$aŋ^{11}$～□$zᴇ^{221}$：到处）

l　[443] | □（□k^hu^{55}～：乌鳢）　[221]箩来$_2$（将～）雷$_1$（～公响：打雷）　[41]□（鱼～：鱼篓）□（蚕～：蚕茧）□（撑船～：船老大）　[335]濑（～团：水流较急、较浅的地方）　[224]赖（～债，～伏鸡母：抱窝母鸡）□（蜀～草：一丛草） | 士$_1$（道～先生）□（快～：快要，如，快～过年了）

ts　[443]灾栽（菜～：菜苗，～树，～菜：种菜）[221]才（奴～）财（发～）豺$_2$　[41]宰指$_2$（鸡角～：食指）趾（骹～：脚趾）　[335]再载（～货）债[224]在寨

ts^h　[443]猜差（钦～）钗（金～，插～：定婚）　[41]彩采睬踩　[335]菜蔡

s　[443]沙狮（狮子）　[221]脐（腹～：肚脐）　[41]屎使$_1$（用；解～得：可以，𬶶～得：不可以）驶（驾～）　‖[44]私$_1$（沉～家：私房钱）

nz　[443] | 蓑（棕～：蓑衣）

k　[443]该（～死）□（嗉子）　[41]改解$_2$（～放）[335]溉慨盖（～章，宝～头）丐（读字）阶（无产～级）介界届戒$_1$（～薰：戒烟）□（再）　‖[55]芥$_2$（～兰包：洋白菜）

k^h [443]开$_2$(～水) [41]凯楷(大～) [335]概

ŋ [221]□(坏) [335]丨尬(尴～) [224]碍

x [221]□(陶瓷器) [41]海 [224]亥害(～农：害人)械

ø [443]哀埃(～及) [41]倚(靠，～南：晒不到太阳的地方) [335]爱$_2$(～国) ‖[33]骸(～瓮：装骨殖的瓮) [11]螠(～团：一种海里的螃蟹，较小。读作[ai^{11} iaŋ^{51}])

uai

p [335]簸(～米)

p^h [335]破$_1$(形容词；剖)沛配佩派

m [221]磨(动词)麻$_1$(草名，油～：芝麻)痲(出～：出麻疹) [335]妹(阿～)

t [224]大$_1$(形容词)

n [412]□(多少。"若夥"的合音)

k [443]过古禾切(菜老)乖 [221]槐(～树) [41]拐 [335]怪(责怪；奇～)

k^h [335]快$_3$(愉～) [51]□(给我。"乞我"的合音)

x [221]怀(～疑)淮 [335]岁$_1$(几～)

ø [443]歪 [41]我$_1$ [335]丨夥(许～：那些。阴去)□(这～墙：这段墙，这～□to^{224}：这段路)

au

p [443]包(包子;～起来) [221]胞 [335]豹龅(～牙)

p^h [443]□(柚子) [335]炮(棋子之一;放火～：放鞭炮)泡$_2$(～茶)

m [221]矛(～盾) [41]卯 [224]貌

t [443]兜蔸(棵)□(一种表示场所的词,如,近～：附近,边～：旁边,身～：身上。本书里写作"兜") [221]投 [41]斗(容量单位) [335]罩(蠓帐驮～起来：蚊帐罩起来;灯～)昼(食～：吃午饭) [224]豆$_1$(～团;豆子)痘(发～：出天花) ‖[44]逗(～号) [33]脰$_1$(～领：领子)

t^h [443]偷 [221]头$_1$(脑袋) [41]敨$_1$(～开;展开线团) [335]透□(用毒药毒害致死)

n [224]闹纽(秤～：秤纽)

l [443]丨□(布～：稻子) [221]楼$_1$(～下)流$_1$刘留$_1$ [224]老$_1$(形容词)漏 ‖[55]老$_3$(～鸦：乌鸦。单字调当为上声或阴去)

ts [443]糟 [221]巢(黄～) [41]蚤(□ka^{11}～：跳蚤)爪(骹～：禽兽的脚)找(～碎钱：找零钱)走$_1$(跑;逃跑)□(猪～：猪的口部) [335]灶

ts^h [443]操$_2$(体～)抄(～麻雀：打麻将,～水泥：搅拌

水泥)钞　[41]草$_1$　[335]臭

s　[443]稍　[335]扫(动词)嗽(□xak^5～：咳嗽)哨(～子,吹口～)　‖[33]□(～兴：高兴、喜欢)

k　[443]交$_2$(～乞汝：交给你)郊胶$_2$(阿～)勾(拍～：打勾)钩沟　[221]猴(～囝：猴子)□(～子：骰子)　[41]垢九$_1$(～个)　[335]教$_2$(～育)较够(秤～□niaŋ^{51}：秤尾高,无～秤：秤尾低)□(到)　[224]厚(跟"薄"相对;跟"疏"相对)　‖[55]狡(～猾)珓(～杯：一种问卜用的东西)

k^h　[443]箍空胡切□(阄)　[41]口$_1$(蜀～井,蜀～棺材;棠～：地名)　[335]□(够)

ŋ　[443]丨□(□p^{h}ɛiŋ^{44}～：搪瓷制牙杯)　[224]藕　‖[11]□(～头：歪脖子)

x　[443]薅(～塍：田里除草)　[41]吼(～魂：招魂)　[335]酵(发～粉)孝$_2$(～顺)　[224]校(～长)效　‖[44]後$_2$(～生：五十岁以下的人)　[33]许$_3$(～夥：那些)

ø　[443]欧瓯$_1$(杯子,酒～：舀酒用的器具)　[224]後$_1$(□kouŋ^{44}～：后边;～门墩：地名)

iau

ts　‖[55]□(蜀～日：一个月,几～日：几个月)

ε

p [221]排牌簰(筏子)摆

p^h [41]□(面～：脸颊，□ko^{55}穿～：屁股蛋)

[335]稗

m [221]|□(□$øŋ^{11}$～团：一种较小的青蛙，□$øŋ^{11}$～锤：蝌蚪) [41]买 [224]卖□(不会。本书里写作“𠊎”)

t [443]□(破、坏；生得～：醜) [221]题蹄(马蹄) [41]底$_5$(碗～，鞋～；上～：上头)抵□(□$so\underline{e}k^5$两巴～：打耳光) [335]帝(上～) [224]弟$_2$(表～，徒～)第

t^h [41]体(身～) [335]替(～齿：换牙)

n [221]泥(～匙：抹子，水～)尼(～姑) [41]奶(娘～：母亲)

l [221]犁(一种农具；～塍：耕田)厘$_1$ [41]礼(送～)璃(玻～) [224]励(鼓～)丽|隶(奴～)

ts [443]斋(食～：吃素) [221]齐(齐全；我～：我们；和，跟，如，纸～笔；把，如，～伊逐去：把他撵走) [335]蔗(～团：甘蔗)柘(～荣：地名)济(～公)䏁(苎丝，～布：苎麻布) [224]□(蜀～：一段，如，蜀～蔗团：一段甘蔗，蜀～柴：一段木头)

ts^h [443]妻(～舅：内兄弟，～孙：妻子的兄弟之子)凄 [335]粞(大米或糯米磨成的粉)

s [443]西(～边；～瓜)犀 [41]洗 [335]细(跟“粗”相对；小) [224]□(多)

k [443]街 [41]解₁(～开；了～) [335]疥(生～)戒₂(猪八～)解(押解)

k^h [443]溪□(袄～：下摆) [41]□(啃) [335]快₁(速度快；时间早，～釉：早稻)

ŋ [221]倪(姓)

x [41]□(～农：瞪眼) [224]蟹(老～：淡水里的螃蟹)

ø [221]鞋 [41]矮 [224]解胡买切(会)

e

p [224]避(～难)

p^h [443]批(蜀～；写～：写信，～袋：信封)披(雨～：门楼) [335]𠜱(～皮：削皮。阴去)

t [221]池(池塘) [41]底₁(城～：城里) [224]蛎(牡蛎)弟₁(阿～：弟弟) ‖ [44]底₂(～个：哪个)

t^h [221]啼(哭) [335]剃(～头)

n [221]儿₂(囝～：子女) [41]底₃(□$nɔ^{33}$～：里面) [224]□(□tse^{44}～：怎么)

l [221]篱(笊～)厘$_2$ [224]潻(过滤，如，～豆渣。阳去)例离力智切(～开)|誓(咒～：发誓)

ts [443]支(～持)枝$_2$(荔～)脂(～肪，胭～)之芝 [41]紫(～菜：茄子，一种颜色)纸 [335]祭(～墓)际漈(小瀑布，～下：地名)磜(百丈～：地名)制(～度)製 ‖[44]□(～□ne^{224}：怎么)

tsʰ [335]刺(植物的刺；动词)□(～农：传染)

s [443]施(措～；姓) [221]蛇匙(饭～：饭勺，锁～：钥匙) [335]世(蜀～农：一辈子)势□(索团～起来：把绳子接起来) [224]豉(豆～)□(～尿：尿床)

k [443]鸡规(～矩)□(～牛：拴牛) [335]计继桂(～花，肉～)季 ‖[11]鲑(～团：小鱼干①)

kʰ [221]骑(～车) [41]启 [335]契(塍～：田契)徛$_1$(陡) [224]徛$_2$(站立；～戍：盖房子)

ŋ [221]鹅宜(便～)□(～毛管□tɔuŋ^{221}起：起鸡皮疙瘩)|□(火□naŋ^{44}～：萤火虫) [335]艾(草名) [224]艺(手艺)蚁(黄～：蚂蚁)义议毅

x [335]废肺戏费 [224]系係惠慧

ø [443]|樨(匏～：瓢) [221]移 [41]椅(椅子)

---

① 与“鸡团小鸡”[ke^{11} iaŋ^{41}]同音。

[335]丨□(事～：事情) [224]□(～粟种：撒谷种)

εuα

pʰ [41]否

m [41]亩

t [443]雕□(～农：绊脚) [335]吊(～脰：上吊)斗(～争)

n [443]馊(臭～：馊) [335]皱₁(额头皱纹,额头～起：皱眉)丨峭(南～：地名)

l [41]篓(炭～：盛炭的器具)

ts [41]鸟走₂(～狗,～马□to⁴¹²：走之儿) [335]奏皱₂(读字)

tsʰ [335]凑

s [443]搜(搜索)

z ‖[11]□(猪～囝：半大小的猪)

k [41]狗(走～) [335]构购 ‖[11]枸(～杞)

kʰ [41]口₂(人～) [335]叩(～首)扣鈕(～头：纽扣)寇 ‖[55]快₂(～活：舒服)

ø [443]瓯₂(建～：地名)□(腹肚～：馋嘴)

εuβ

m [221]谋 [41]亩 [224]茂贸

t [221]条愁（～农：发愁）

l [221]寮（～囝：茅棚）楼$_3$（读字）□（无～：寂寞）
[224]料□（～柴：劈柴）

ts^h [221]□（～栋：补房顶）

s [221]□（均匀；～～：常常）

x [221]侯（姓；闽～：地名）喉$_2$（白～） [224]后（皇～）後$_3$（～尾：后来，落～）候

eu

p [443]标彪 [41]表（～兄，～弟；代～）錶婊（做～：偷汉子）

p^h [443]飘 [221]薸（浮萍）嫖 [335]票

m [221]苗描 [41]秒 [224]庙妙

t [443]刁□（解～：活的） [221]朝（唐～）潮调$_2$（空～） [335]钓□（～被：绗被子） [224]赵召兆调（～动）纣

t^h [443]挑□（～下：地上，扫～下：扫地） [335]调$_1$（～皮）跳（跳跃）粜

n [224]尿

l [221]燎疗聊辽｜跳徒聊切（□t^ha^{55}～：玩儿） [41]了$_2$（～解；为～） [224]□（～糜粥：搅拌稀饭） ‖ [44]□（～蒀：蒀头）

ts　[443]焦蕉椒招　[41]少(数量小)　[335]照　[224]就(副词)

ts^h　[335]笑

s　[443]消宵霄硝销烧(～柴)萧箫(笛子)　[41]小(～肠气：疝气,～寒)　[335]鞘(刀～)肖(～龙：属龙)　[224]绍邵(～武：地名)　‖[44]韶(～山)

k　[443]骄　[221]乔侨　[41]缴(～税)饺　[335]叫(鸟鸣)　[224]藠(□leu44 ～：藠头)轿(轿子)□(以棍撬物)　‖[11]□(～角：防火墙的头。不送气音)

k^h　[443]跷(骹～起：二郎腿)　[41]巧　[335]窍□(躺)

ŋ　[221]饶(上～：地名)姚(姓)｜□(头发□□ki11 liŋ55～：头发卷曲)　[335]要(重～)　[224]耀

x　[41]晓

ø　[443]妖邀腰(腰部,伸～：伸懒腰)要(～求)　[221]摇谣窑　[41]舀(～汤)□(很)　[335]要(～紧)　[224]又跃(大～进)

ɔ

p　[443]薄(形容词)泊(苍蝇等栖止)　[221]婆(阿～：外祖母)　[41]保堡宝　[335]播(广～)报

［224］抱暴 ‖［11］玻（～璃）

p^h ［443］波坡（上～）藨（蚕～：桑椹）□（米～：炒米）［335］破₂（～土：假墓）粕（油～：熬猪油后剩下来的渣滓，蔗团～：甘蔗的渣子）

ß ［221］|□（□pi^{11}～：蝙蝠）

m ［443］□（蚊子咬成的疙瘩） ［221］魔摩毛莫（别，不要）□₁（无，没有。本书里写作“无”） ［41］母₁（牛～：母牛，虱～：虱子，□$naŋ^{11}$～：石头，砖头～：大砖头）拇（指₁指₂～：大拇指。读作［$tseiŋ^{11}$ $nzai^{11}$ $mɔ^{51}$］）□（大～：大概） ［224］磨（名词）冒帽（～囝：帽子①） ‖［33］□（手～面：手背，骹～面：脚背）

t ［443］多刀 ［221］驼驮（拿，～伞：撑伞）舵掏逃陶［41］岛倒（跋～：摔倒；寻～了：找着了）捣（～乱）［335］到倒（～水，～酒）桌卓 ［224］道（～士先生）盗导 ‖［33］□（～孝：戴孝）②

t^h ［443］滔涛□（扇坠儿） ［221］桃（～囝：桃子）［41］讨（～农做：雇人；～柴：砍柴） ［335］套（蜀～；～上）

---

① 也可以单说“帽”。

② 本字可能是“带”。

n　[41]脑恼□(解～：家具等不稳)　[335]□(东西。本书里写作“乇”)□(～乇：什么。本书里写作“乇”)　‖[33]□(～底：里面)①

l　[443]落₂(日头～山，□kuaŋ²²⁴～柴：大殓，～后)乐₁(长～：地名)｜□(□□tuk⁵ xɔ⁵⁵～：家具等放稳)　[221]罗(阎～王；姓)锣逻劳牢痨(肺～病)｜萄(葡～)□(呵～：胳肢)□(收～：收拾)　[41]老₂(～鼠)佬(乡下～：乡巴佬)栳(鞋～：针线篓，臁～：一种晒东西用的圆形大竹器)‖萝₂(包～：玉米)　[224]□(寻找)　[0]了₁(助词)　‖[55]□(胳～下：腋下)　[44]啰(～嗦)楼₂(～梯)　[412]｜□(□□eiŋ¹¹ ŋa¹³～：以前)

ts　[221]曹剿(～匪)　[41]左枣　[335]做　[224]座造(制～)

tsʰ　[443]搓(～索：搓绳子)臊(臭～：鱼的气味)　[41]草₂(粮～)　[335]错(算～了；～枕：落枕)操₁(曹～)糙(～米)

s　[443]梭嗦(啰～)骚镯(手～)　[221]槽　[41]锁嫂　[335]索(绳子)欶(吮吸)

z　[41]｜□(嬉～：蜘蛛)

---

① 本字有可能是“内”。

k [443]歌哥高(姓)膏篙(竹～)糕镐(洋～)□(牙～：牙杯) [41]稿(菜～：菜梗)搞 [335]个₂(～体户)告(～状)薧(虾米～：一种虾米，里面也有干的小螃蟹。不送气音)各₁(～个：别的，～农：别人) ‖[11]胳(～□lɔ⁵⁵下：腋下)□(～□lɔuŋ¹¹个：整个，～□lɔuŋ¹¹年：整年，～□lɔuŋ¹¹工：整天)

kʰ [443]□(煮，～猪骹：煮猪脚) [41]可₂(～以)考 [335]烤靠铐(手～，骹～：脚镣) ‖[11]柯(～坪厂：地名)

ŋ [221]蛾俄熬(～油) [41]我₂ [335]□(头～起：抬头) [224]饿傲(骄～) ‖[55]|□(□□sœ̱ŋ²²⁴tɔuŋ²²¹～爿：穿反) [51]□(～□tʰiaŋ³³⁵：讨人嫌) [0]|啊(□nœŋ⁵¹～：谁呀)

x [221]呵(～□lɔ²²¹：胳肢)荷₂(～花)荷(薄～)豪(～猪)壕毫 [41]好(形容词) [335]耗□(油～：熬猪油后剩下来的渣滓) [224]贺(～寿：祝寿；姓)号(几～) ‖[55]□(□tuk⁵～□lɔ⁴⁴³：家具等放稳)

ø [443]学₁(～讲：学说话) [221]河(园□leiŋ¹¹～：畦沟) [41]袄(～裳：衣服)懊 [335]奥□(乖，聪明)

iɔ

ø [224] | 皂(胰～：肥皂)

o

p [443]缚(捆,绑) [221]菩葡(～萄)莆(～田：地名)□(～蝇：苍蝇)□(～□lu[41]：衣服上的口袋)□(蜀～花：一束花) [41]补脯(菜～：干菜,笋～：笋干)斧(～头) [335]布(染～；～塍：插秧,～□lau[443]：稻子)佈怖剥(～皮) [224]部簿(字～：笔记本)步

p^h [443]曝(晒) [221]扶$_1$(～起来：竖起来) [41]谱(家～)普浦(霞～：地名)甫[335]铺(距离单位。发音人认为"蜀铺"约2—3公里)

ß [443] | 捕(逮～)

m [443]摸 | 晡(冥～：晚上)夫$_1$(丈～农：男人)□(暗～～：黢黑) [221]模 [41]某 | 蒲(菖～) [335]墓 [224]雾(下～；模糊)戊 ‖ [55]牡(～丹) [44]茉(～莉花)

t [221]厨(～墩：菜墩子,～师父：厨师) [335]□(～脉：号脉) [224]□(路)

t^h [41]妥

l [443]绿录

ts [443]朱硃珠$_2$(蜀粒～) [41]主(地～) [335]铸咒(诅咒,～誓:发誓)烛(蜡～) ‖[33]□(～□u^{335}:看守)

ts^h [335]厝(蔡～:地名)戍(房子)粟(稻谷)

s [443]输(～赢) [335]削(～肉:切肉,～菜:切菜)

k [443]锅(铅～团:钢精锅)局(～长) [41]果$_2$(水～)裹$_2$(包～)□(魔芋) [335]过(～来)句(量词) ‖[55]□(～穿:屁股) [11]□(～□louŋ^{41}:捲。"捲"的分音词)

k^h [443]靴科呼(～鸭:赶鸭)窠(脱～:脱臼) [335]课(～本)曲$_1$(弯曲,～刀:柴刀) ‖[11]□(～骹□zik^5:用一条腿跳)

ŋ [443]玉$_1$(～玺) [224]卧误

x [221]和(～平,～棋) [335]货 [224]祸 ‖[55]霍(～童:地名)

ø [443]窝(燕～:一种补品)蜗 [335]沃(～雨:淋雨,～水:浇水、灌水,～园:灌溉) [224]芋(～卵:芋头)

ɔ̱i$_α$

t [443]堆 [41]短$_1$ [335]对(～面)□(蜀～钱:一块钱,蜀～板:一块木板)

t^h [443]胎推(～刀：刨刀) [41]腿(大～,狗～：走狗)□(病～：患麻风病) [335]退蜕(蝉～)□(光～：较小的窗户)

n [41]□(嚼)

l [41]□(□$k\underline{ɔ}^{11}$～囝：小孩儿)

ts [335]最晬(做一周岁)

ts^h [443]催 [41]髓(骨～) [335]<u>堲</u>(～树：砍树)碎

s [443]衰(瘦,运～：倒霉) [335]赛

Ø [335]爱$_1$(要,助动词,～□$tᴇ^{221}$：要,动词)

ɔi$_β$

t [221]台$_1$(烛～) [41]□(哪里) [224]代$_1$(第几～)袋(布～：麻袋)兑(交换)

t^h [221]□(溪～：水中陆地)

n [221]□(～鸟：阴茎) [224]内

l [221]螺腡雷$_2$(姓)擂(～药：捣药,～钵囝：擂钵)□(单眼～：独眼龙)‖[33]□(～钻：钻孔用的工具) [224]□(撞)

ts [224]罪(得～)

s [224]坐

oi

p [443]杯(杯子,酒～)悲飞$_1$(鸟～) [221]培陪赔 [335]辈贝被(～告)痱(热～:痱子,生～)溴(虎～:地名)□(水～:沟渠) [224]倍背(～书)吠

p^h [443]坯(砖～:未烧的砖) [221]皮(剥～) [335]柿(柴～:砍下来的木片) [224]被(被子)

m [221]梅(～花)媒煤莓糜(～粥:稀饭) [41]每尾(尾巴)□(～□lᴇ^{51}:荸荠) [224]未$_1$(没有,如,固～□kau^{335}:还没到)

n [221]□(踩)

ts^h [443]吹(风～;蒸)炊 [221]箠(牛～:赶牛用的竹鞭) [335]脆

s [335]岁$_2$(万～)税帅(元～) [224]□(车～:车辙)

k [41]果$_1$(～子:花生、葵花籽、糖果等食品的统称)裹$_1$(～粽:包粽子)馃 [335]髻(鸡冠,头～:发结)桧(秦～)

k^h [443]□(相～:性交)

ŋ [224]外(～国)

x [443]恢灰(洋～:水泥) [221]回(～头)蛔□(花生～去了:花生潮了) [41]火伙(合～) [335]悔荒内切(解～:后悔) [224]汇会(开～)

œ

t　[224]苎

n　[221]□(用拇指和食指来回捻碎)

l　[221]驴□(鱼的黏液，鼻～：较浓的鼻涕)｜□(□tsʰeɐ55～：丝瓜)　[335]｜□(冬瓜～：冬瓜棚)

ts　[224]助(～农：帮人)

tsʰ　[443]初1(～一，指日子)　[335]□(抚摸；洋笔～：橡皮)□(□tsʰik3～：一种铜钹)

s　[443]梳疏(跟“密”相对)　[41]玺(玉～)

kʰ　[221]□(傻)　[335]去1

x　[221]哈(张口呼气)喉1(～咙)　‖[44]□(～名：绰号)

Ø　[221]□(□yk5～：干哕、恶心)　[335]□(叫)

ø

t　[443]着(碰～：碰上，𫢶看得～：看不懂，住～屏南：住在屏南，解认伊～：认识他。常读作轻声；必须，～去：要去)　[41]贮(～饭：盛饭)

tʰ　[41]□(鼎～：锅铲)

n　[443]箬(叶子)□(～□aŋ221：案板)

ts　[335]借资昔切炙(～火：烘火)　‖[44]□(～娘孙：孙女、侄女)

ts^h [443]蓆(席子) [335]鹊(□k^ha^{33}～：喜鹊)尺

s [443]石(～灰,玉～,鹅卵～) [335]惜$_1$(保～身体：保重身体)

k [221]桥

k^h [335]去$_2$(～年)

ø [443]药 [41]乳(豆腐～)

ui_α

p^h [335]屁□(从嘴里往外吐)

t [443]追

l [41]蕾(花～)

ts [41]嘴(喙～：猪的嘴唇,喙～长起：撅嘴)沝(水。本书中一般写作“水”) [335]醉(食～去了：喝醉了,～车：晕车)翠(不送气音) ‖[11]□(尾～骨：尾骨)

ts^h [335]□$_1$(嘴;蜀～水：一口水。本书中写作“喙”)□(骹～底：脚底)

s [443]虽 [335]穗(籼～：稻穗)

k [443]饑$_1$(饿)龟(黄～：乌龟)归(当～) [41]几(～个)虮(蚜虫)诡鬼 [335]癸贵 ‖[33]会(～计。不送气音)

k^h [443]开$_1$(～门)盔魁亏(食～：吃亏) [335]气$_1$

（～力：力气，断～）

x [443]挥辉 [41]毁 [335]讳

Ø [443]衣（胎盘）威 [41]委伟 [335]畏（惊～：恐怕）慰

ɔi$_{\beta}$

p [221]肥（人胖；动物肥，～肉）

t [221]捶传追切（～腹脊：捶背） [224]队（排～）

t^h [221]垂$_1$（耳～）锤（～团：锤子）槌（臼～：杵，袄～：棒槌）

l [224]累（疲劳，读字）累（积～）累（连～）垒类泪□（铅～：坠子）□（□tɛiŋ[11]～：猜谜）

s [221]随（～汝去：跟你去，～便）隋垂$_2$ [224]瑞

k [224]跪（～下去）柜□（臭～：放屁虫）

ŋ [221]危（～险） [224]魏

Ø [221]为（行～）为（介词）违围 [224]卫位胃谓

iu$_{\alpha}$

p^h [335]漂（～白）

t [443]丢

t^h [443]抽（～筋；发抖） [41]敨$_2$（～开；展开线团）丑（地支之一）

n [41]扭

l [443]丨鳅（涂～；泥鳅） [41]柳（～树）□（蜀～歌：一首歌） ‖[55]□（□ki^{11}～毛：刨花）

ts [443]珠$_1$（目～：眼睛）周（姓）舟州洲 [41]酒（食～：喝酒；薰～：烟丝） ‖[13]□（□t^{h}u^{11}～□lɛiŋ^{412}：朋友） [11]守$_1$（～寡）

ts^h [443]鬚$_1$（喙～：胡子，虾～：虾的触须）秋 [41]取$_1$（～香火：迎神）手 [335]树

s [443]修羞收休 [41]首（～都）守$_2$（遵～） [335]秀绣兽□（鸟～：鸟窝，蜂～：蜂窝，鸡～：鸡住的地方）

k [443]□（缩起来，□nɛiŋ^{44}～：橡皮圈） [41]纠（～正）九$_2$（读字）久$_2$韭（～菜） [335]灸（做针～）救究（研～）

k^h [443]邱（姓）

x [335]<u>嗅</u>许救切（闻）

ø [443]忧优幽 [41]有$_2$（～缘）友酉 [335]幼（嫩）

ɛu$_β$

t [221]橱（菜～：碗橱，鸡～：鸡住的地方）绸 [224]□（稻子。本书里写作“籼”）

t^h [221]筹□（肉～：粉刺） [224]柱（柱子）

l　[221]流$_2$(寒～)留$_2$(拘～所)榴(石～)硫琉瘤

ts　‖[33]□$_3$(～夥：这些。读作[tsᴇu^{33}]。本书里写作“这”)

s　[221]泅(～潭：游泳)仇(～农：仇人)　[224]受寿授售

k　[221]求球　[224]舅$_2$

ø　[221]尤邮由油游(姓)犹　[224]右釉

iŋ$_α$

p　[443]彬宾槟斌冰(□ŋeiŋ^{11}霜～：结冰)兵　[41]丙秉炳□(釉～：架在稻桶上防止稻谷外扬的小竹席，粉干～：晒粉条用的竹帘)　[335]並　‖[11]乒(～乓球)

p^h　[41]品　[335]聘

m　[41]敏　[335]面$_1$(脸)

t　[443]珍征(～求)惩贞侦丁钉(铁～)疔(生～)　[41]戥(厘～：戥子)顶(轿～，楼～：楼上)鼎$_2$(福～：地名)　[335]镇叮(蜂～农：蜂蠚人)钉(动词)订　‖[55]□(莫～动：别动)

t^h　[41]挺　[335]趁(～钱：赚钱)

l　[335]□(块，量词，如，蜀～碗，蜀～豆腐，蜀～板：一块木板)　‖[55]□(头发□ki^{11}～□ŋeu^{221}：头

发卷曲） [44]<u>羼</u>（～脬：阴囊） [11] | □（□ti[55] ～团：小舌）

ts [443]津（天～）真蒸升（容量单位）精$_2$晶征（红军长～）□（跟“浊”相对）□（～喙：接吻） [41]枕（～头①，后～：后脑勺子）诊疹振震整 [335]浸（泡）进晋甑（饭～）证症政

tsʰ [443]侵深亲（～戚）称（用秤称；名～）清$_2$（～楚；～朝）青$_2$□（～□ŋa[443]：蜻蜓） [335]称（对～）秤<u>清</u>（东西凉，～水：凉水、泉水） ‖ [11]□（～鸟花：杜鹃花）

s [443]心辛新薪（～水）身（～体）申伸$_2$星□（生～：生锈） [41]沈审婶 [335]信（相～；写～）讯性$_2$圣（～旨）□（窥视） ‖ [55]胜（～利）

k [443]今$_1$（～年）金京经$_2$（念～；已～） [41]锦紧谨境景警 [335]禁（～止）劲（有～头）敬竞径 ‖ [13]惊$_2$（～蛰）

kʰ [443]钦（～差）铅$_2$（～锅团：钢精锅）卿轻 [41]肯$_1$ [335]庆

ŋ [443] | 均（平～）

x [443]兴（～旺）兄$_2$（表～） [335]兴（□sau[33]～：

---

① 过去“枕头”说“床头”[tsʰɔ̱uŋ[11] nau[221]]。

高兴、喜欢）

ø [443]音阴$_2$（问～农：问巫婆）烟於真切（～筒：烟囱）因姻樱英婴 [41]饮$_2$（～料）隐引（～水）影$_3$（电～）永（～泰：地名） [335]印应（～该）应（应答） ‖[11]鹰（～潭：地名）

eiŋ$_β$

p [221]便（～宜）贫频凭（文～，～伊去吧：由他去吧）平$_2$（～本，和～）瓶（瓶子，酒～：酒壶）屏（～南：地名）苹

p^h [221]衡评□（～盆：搪瓷制的脸盆）

m [221]眠（睏～：睡觉，无～：熬夜，鼾～：打鼾）闽民缗（～钱：铜钱）明$_4$（清～；昆～）铭 [224]命$_2$（革～）咏

t [221]陈（姓）藤亭停廷庭 [224]阵□（人，姨姑～：连襟，□□$t^hu^{11}ziu^{13}$～：朋友）

n [221]仁$_1$（桃仁，白～：瞳孔，目珠～：眼珠）宁（～德：地名） [224]认

l [221]淋临邻鳞磷陵凌灵零铃龄 [224]令（命～）

ts [221]秦情晴$_2$ [224]尽（～力；非常）静（安～）

s [221]蟳（一种海里的螃蟹）寻$_2$（寻找）神辰晨臣乘（加减～除）承丞蝇（□po^{11}～：苍蝇）诚 [224]甚

肾慎

k [221]□(～起：盖上,菜～：一种用来罩在菜碗上面的罩子,鸡～：一种用来罩在鸡上面的罩子)
[224]妗□(～喙：忌口)□(鸡～：鸡胃)

k^h [221]钳(～团：钳子)琴禽荆(～州)琼

ŋ [221]迎$_2$(～接)

x [221]形型刑邢□(发～：癫痫)

ø [221]壬人(～口,举～)仁$_2$寅盈荣 [224]任(责～)孕

uŋ$_\alpha$

p [443]崩(坍塌)枋(厚木板) [335]粪放$_1$(～利：放债,～假)

p^h [443]潘孚袁切(～水：泔水,～槽：猪食槽)蜂 [41]纺(～车,～帻：纺苎丝)捧(～水) [335]喷(～漆)

t [443]东$_2$(成～家：房东) [41]遁盾(矛～)董(姓)懂 [335]吨

t^h [443]通$_2$(～烟筒：透烟囱,～南京行：从南京走,～书：皇历) [41]统 ‖[11]□(～早：清晨。"天光"的合音)

n [335]润(潮湿)|□(□uŋ^{33}～：耍赖)

ts [443]宗□(□□kᴇ^{11} lᴇiŋ^{55}～：抖一下子) [41]準

准总　[335]俊(漂亮)圳(～团：沟渠)

ts^h　[443]春聪　[41]蠢□(～眠：打盹儿)

s　[41]笋榫(～头)

k　[443]君军公(阿～：爷爷,大～：曾祖父)功$_{2}$(成～)攻　[41]滚　[335]棍贡

k^h　[443]昆(～明)空$_{2}$(悬～)□(猪用嘴拱)□(□pik^5～：皲裂)　[41]捆孔(姓)　[335]控

x　[443]昏婚分$_{2}$(春～)芬纷荤(食～：吃荤)风枫丰封峰　[41]粉　[335]奋训　‖[44]汾(前～溪：地名)　[33]吩(～咐)

Ø　[443]温瘟(老鼠～：鼠疫)翁$_{2}$(姓)塕(～尘粉：灰尘,风□eu^{41}～农：灰尘飞扬)□(盖泥土)　[41]稳|管$_{1}$(胆～：脖子)　[335]揾(蘸)　‖[33]□(～□$nuŋ^{335}$：耍赖)

ɔ̱uŋ$_{\beta}$

p　[221]盆嗌(火～去：把火吹灭,～火：吹火)旁房(车间,填～)　[224]笨

m　[221]蒙　[224]闷

t　[221]同童$_{2}$　[224]动$_{2}$(调～)

n　[221]郎$_{2}$(～爸：父亲)娘$_{3}$(～奶：母亲)农$_{2}$(富～)　[224]闰(～月)

l [221]伦轮(量词,趟;目珠反～:眼斜)郎$_3$(后～爸:继父)娘$_4$(后～奶:后娘)

ts [221]崇(～安:地名)

s [221]船旬循巡纯□(～冥:昨日) [224]顺

k [221]拳(～头母:拳头)裙

k^h [221]群(蜀～鸭:一群鸭子) [224]□(田里稻子和稻子之间的空间)

ŋ [221]|凰(凤～)

x [221]雲宏洪鸿冯(姓)雄$_1$(鸭～:公鸭)□(头～:头晕) [224]愤份(蜀～;生～:陌生,辈～)凤(～凰;上～溪:地名)奉俸

ø [221]坟文纹闻$_2$(新～)云 [224]问$_2$(～题)运(～衰:倒霉)

yŋ$_\alpha$

t [443]中$_4$(～国)忠终 [41]等(等待) [335]中(～毒,～状元) ‖[55]点$_2$(～心)

ts [443]鐘锺(姓)盅舂(～米) [41]种(粟～:谷种,菜～)肿种$_2$(芒～) [335]众种$_1$(～痘) ‖[33]□(～囝:女孩儿)

ts^h [443]充衝 [335]铳(鸟～)□(～蠓囝:熏蚊子,～农:熏人)

k　[443]根(树～)跟巾斤筋(抽～)弓躬宫恭供(～郎爸娘奶：供养父母)　[41]龚(姓)　[335]供(～电,做～：上供)

x　[443]欣勋胸凶兇

ø　[41]忍允拥勇涌

œ̲ŋ$_{\beta}$

t　[221]从$_1$(介词)重$_2$(～阳)　[224]仲(杜～)

t^h　[221]重$_1$(叠起来;目珠双～皮：双眼皮)

n　[221]浓(～茶)

l　[221]隆龙

ts　[221]丛从$_2$(～教：信教)

s　[221]松(～树)　[224]诵颂□(穿)

k　[221]穷　[224]近

k^h　[221]勤(～劳)菌　[224]□(虹)□(～柴：乌桕树)　‖[33]芹(～菜)

ŋ　[221]银龈(喙齿～：齿龈)

x　[221]熊雄$_2$(英～)

ø　[221]绒茸(鹿～)□(宠)　[224]用

aŋ

p　[443]班斑邦(刘～)□(骹～开：两腿分开,～裤

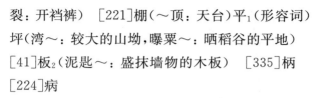

裂：开裆裤） [221]棚（～顶：天台）平$_{1}$（形容词）坪（湾～：较大的山坳，曝粟～：晒稻谷的平地） [41]板$_{2}$（泥匙～：盛抹墙物的木板） [335]柄 [224]病

p^{h} [443]攀甏（一种瓮，较大。阴平） [221]彭（姓）膨 [335]□（～粟□mak^{5}：秕谷，～讲：谈天儿，缚□eu^{41}～：绑得很松） ‖[55]叛（～徒）

m [443] | □（□tøŋ^{44}～：地方） [221]瞒蛮（凶）盲（青～：瞎子，文～）冥（～晡：晚上；晚饭） [41]蜢（青～：蚱蜢） [335]明$_{1}$（～早：明日） ‖[44]馒（～头）

t [443]耽担（～担：挑担）担$_{2}$（柴～）丹（牡～）单 [221]谈痰澹（湿）弹（～琴）檀（～香）□（～农：耀眼） [41]胆疸 [335]担$_{1}$（担子）旦（～□nɛiŋ^{221}：上午）但□（泅） [224]淡弹（炸～）郑（姓）

t^{h} [443]贪坍滩摊撑（～船） [221]头$_{2}$（～发）潭谭坛（蜀～酒） [41]毯 [335]探炭叹 [224]□$_{1}$（～死去：掐死了） ‖[33]瘫（～痪）

n [443]胼（骹～：脚后跟，手～：胳膊肘） | □（冻～：冻疮） [221]南（～边）楠男难（形容词） [224]难（避～） ‖[44]□（火～□ŋe^{221}：萤火虫） [11]□（～母：石头）□（～～□ŋɛ^{221}：知了）

l [221]蓝篮林$_1$(柴～：树林)兰(～州)拦栏(猪～：猪圈,起～：母猪或母牛发情) [41]览揽(拥抱)榄(橄～)瀾$_1$(唾液、痰) [335]|□(鸡～：未下过蛋的小母鸡) [224]烂瀾$_2$(湿)两(～个)

ts [443]簪争$_1$ [221]蚕残 [41]斩盏(油～：油灯)井 [335]赞 [224]暂錾站(车～)

tsʰ [443]参(～加)掺青$_1$(～菜,～布：黑布;～个：生的,半～熟：半生不熟) [41]惨醒 [335]灿 [224]□$_2$(～死去：掐死了)

s [443]三杉(～柴：杉树)衫(长～：长袍)山生$_1$(～疥,～卵：下蛋) [221]晴$_1$ [41]伞产省(～钱) [335]散(解～,鞋带～去了)性$_1$(～急,使～：发脾气)姓 ‖[11]□(～底：外面,行～去：走出去,读作[kiaŋ^{221} naŋ^{33} ŋœ^{335}])□(做忽～时：忽然间)

z [443]|牲$_1$(头～：畜牲)

k [443]甘$_1$柑泔(米～水：洗过米的水)干(天～地支)肝干(粉～)竿(竹～,钓～)杆$_2$(电～柱：电线杆)艰间$_2$(阴～,时～)奸菅(芦苇)更(三～)经$_1$(～布：织布)□(硬～伊□tᴇ^{221}：强迫给他) [221]含$_1$(在嘴里含)衔寒$_1$(～农：冷) [41]感𥐻(～瓦：盖瓦)敢杆$_1$(算盘～：算盘的档)秆(稻草,麦～：麦秸)赶简哽(～去：哽着了) [335]鉴(～

定)监(太～)今$_2$(～早：今日)干(～部)□(无～：没用) [224]汗$_1$(流～) ‖[33]尴(～尬) [13]干(～涉) [11]监(～督,～牢)

k^h [443]堪勘坑 [41]□(格子,隔～：隔间,蜀～间底：一间房间) [335]看$_1$ ‖[11]床(～门：窗户)

ŋ [221]癌颜(～色) [41]眼(有灵～：菩萨显灵,～镜) [224]岸$_2$雁(大～)

x [221]含$_2$(～义)函鼾(～眠：打鼾)寒$_2$(～露,～流)韩 [41]喊(～口号)罕 [335]汉 [224]汗$_2$(～衫)

Ø [443]庵安鞍 [221]桁(栋～：檩子)｜□(□nø^{11}～：案板,楼～板：地板) [41]饮$_1$(米汤) [335]暗按案 [224]馅旱岸$_1$(溪～：河岸)焊 ‖[33]看$_2$(～见：见到) [11]涵(～筒：阴沟,较小的)□(～□□nai^{55} zᴇ^{221}：到处)

iaŋ

p [41]饼 [335]摒(把不需要的脏水等液体倒掉)

p^h [335]拼(～命) [224]□(仿照)

m [221]明$_3$(松～)名 [224]命$_1$

t [41]鼎$_1$(锅) [224]懒(懒惰)定(记～：记住,喙无～：说谎,一～)

t^h [443]听厅 [221]呈程(姓) [41]铲₁(～草,～塍舷:铲田埂,～墓:扫墓) [335]□(疼)

n [221]□(焦)[①] [51]□(一点儿。"□囝"[nik^4 $kiaŋ^{51}$]的合音)

l [221]□(晾,动词) [41]领(脰～:领子;蜀～袄裳:一件衣服;占～)岭(台阶)

ts [443]精₁(狐狸～)正(～月) [41]饗(淡) [335]正(帽戴～去:把帽子戴正;刚,副词)

ts^h [443]清₁(福～:地名) [41]铲₂(洋～:铁锹)癣(生～)请 [335]倩(引诱)□(犁～:犁箭,犁的零件之一)□(鱼～子:鱼产卵) [224]鳝(老～:黄鳝)

s [443]声(～音) [221]成(八～,～功)城(～底:城里,～隍庙)□(～鸡:呼鸡) [335]线

k [443]惊₁(害怕,食～:吃腻) [221]行₁(走)□(～塍:梯田) [41]囝(儿子) [335]镜

ŋ [221]岩(～头:岩石)迎₁(～龙:舞龙灯)□(悬崖)□(麦～:麦芒)

x [443]兄₁(～弟哥:兄弟)

Ø [221]赢营(军队的编制单位;国～) [41]影₂(有～:药有疗效)

---

① 本字有可能是"燃"。

uaŋ

p [443]扳般搬(～家)□(～热食：趁热吃) [221]盘(盘子；～缠：路费；遍，动量词)□(～盐：买盐巴) [41]□(溪～：河滩；蜀～草：一丛草) [335]半 [224]伴拌塝(坎子，塴)蚌(□kʰɔuŋ13～：蚌)□(～籼：在稻桶上打稻子)

pʰ [443]潘(姓) [335]判 [224]碰(撞，～着：遇见)

m [221]鳗忙芒(～种)蟒(～蛇) [41]满

t [443]端 [41]短₂(秤不够，粮食不够) [335]断(决～) [224]段₁ ‖[55]锻(～炼)

tʰ [221]团

l [224]乱₂(捣～)

tsʰ [443]餐

k [443]甘₂(～棠：地名)官(做～：当官)棺观(参～，～音)冠(～军)关₂(～公)□(桌椅的横条，如，椅～)□(翼～：翅膀) [41]管₃(～辖，～理)馆梗₁(秤～：秤杆) [335]贯灌(强制灌注)罐(痰～：痰盂)惯(习～) [224]□₁(～起来：提起来，～团：怀孕，～落柴：大殓)

kʰ [443]宽(～心：放心) [221]环(耳～，门～，圈儿) [41]款(贷～；这～写：这么写，许～写：那么写)□(作～：撒娇) [224]□₂(篮～：篮子的提梁)

ŋ　[221]顽(～固)　[335]丨痪(瘫～)　[224]阮(姓)

x　[443]欢翻番蕃(～藷：白薯，～钱：银元)　[221]凡(下～)桓烦降(投～)恒横　[41]反$_2$(～对)□(～去：掀开、翻开)　[335]贩　[224]范(姓)範(模～)犯患

ø　[443]弯湾(山坳)　[41]碗晚挽　[224]换(～袄裳：换衣服，～钱)万(蜀～，～岁)　‖[44]荷$_1$(芋～箬：芋头的叶子)

eiŋ$_α$

p　[443]奔　[41]板$_1$(木板)版反$_1$(翻动，～身：翻身，腹～：干哕、恶心)□(～地：挖地)

pʰ　[443]□(鸡用爪子掘地)　[41]□(拂)

m　[41]猛

t　[443]登灯□(～农：触着凸起的东西觉得不舒服)　[41]点$_1$(～火；几～)　[335]店

tʰ　[443]蛏　[41]□(疲劳)

n　[443]□(趼子)　[335]□(骹～起来：踮脚)□$_1$(乳房，乳汁)　‖[33]尘$_2$(埲～粉：灰尘)

l　[41]冷□(□pᴇ^{11}～：翻动。“反”[pᴇiŋ^{41}]的分音词)　‖[55]□(□kᴇ^{11}～□nzuŋ^{443}：抖一下子)

ts　[443]针榛(～子：栗子)曾(～孙：孙子的儿子；

姓)增僧(唐～)争$_2$(斗～)筝(风～) [41]剪(洋～：理发推子) [335]荐$_1$(草～：用稻草编起来的床垫)

ts^h [443]千呻(呻吟) [41]筅(鼎～：筅帚)□(□lɔuŋ^{11}～：支晒衣竿的架子)

s [443]森参(人～)删(间苗)先$_1$(副词)生$_2$(～活,学～)牲$_2$(牺～)甥(外～：外甥、外孙;外～孙：外孙) [41]糁(饭～：饭粒)省(～长)瘖(～肉：瘦肉) [335]渗

k [443]庚羹(调～)耕 [41]减(加～乘除,～：拨饭)拣(挑选)笕(水～)梗$_2$(桔～)

k^h [443]牵(～牛) [41]犬(狗)恳垦肯$_2$(～定) [335]㪁(～囝：盖子,鼎～：锅盖;～好：盖上)

x [41]很 [335]苋(～菜)

Ø [443]阴$_1$(～天) [335]□(火～去：火灭了)

ɛiŋ$_β$

p [221]爿(竹～：竹片;□k^hœ^{11}～手：左手) [224]办

m [224]慢(速度慢;时间晚,～籼：晚稻)孟

t [221]填腾□(猜) [224]殿垫(～悬：垫高)模(～扎：牢固,～粟：饱满的稻谷,缚□eu^{41}～：绑得很

紧）邓

tʰ [221]沉

n [221]能□（树～：橡胶，～□kiu^{443}：橡皮圈）□$_2$（□neiŋ^{44}牛～：挤牛奶）| □（旦～：上午） [224]念（～经，纪～）

l [221]连$_2$（～江：地名）鲢（～鱼）莲（～花，～子）菱（～角） [224] | □（□tə̠^{44}～：蜥蜴）

ts [221]□（～油：茶油） [224]赠□（门～：门坎儿）

tsʰ [221]层（蜀～砖。送气音）□（田。本书里写作“塍”）

s [221]前$_1$（面头～：前边，～去：出去）

k [221]鹹悬$_1$（高） [224]县

ŋ [224]硬 | 行（品～）

x [221]还（动词）悬$_2$（秤许～：秤尾低）行$_2$（～头：家具，～为） [224]幸

ø [221]闲 [224]限

eiŋ

p [443]鞭边（西～） [41]扁（形容词） [335]变 [224]辨辩便$_1$（方～）辫（～头发：梳辫子） ‖ [55]便$_2$（行～□no^{224}：走小路。单字调当为阴去）

pʰ [443]编篇偏 [335]骗片□（鼎～：锅盖）

m [221]绵棉（～花，～袄）□（～头□tə̠uŋ^{41}：牛背上

像驼峰那样的部位） [41]免勉娩 [224]面$_2$（一～行一～讲：边走边说）麵 ‖[55]□（～后：什么时候）

t [443]颠癫（发～：发神经病）□（甜） [221]缠（～骹：缠足；盘～：路费）田（象，棋子之一；莆～：地名） [41]点$_3$（点子）碾（～米）展典（字～）奠 [224]电甸□（～了：满了）

t^h [443]添天（天空） [335]□（～鈕头：钉上纽扣）

n [221]儿$_1$（～婿：女婿）年 [41]染（～布） [224]□（～牙膏：捏牙膏，～牛□nɛiŋ^{221}：挤牛奶）

l [221]廉镰（～囝：镰刀）帘林$_2$（姓）连$_1$（～累）联怜（可～）□（畦） [41]□（轮子） [224]练炼链（项～）另

ts [443]尖櫼（楔子）煎毡 [221]钱前$_2$（～途） [335]占（～领）战箭荐$_2$（～戌：支撑房子；推～） [224]贱（下～） ‖[11]指$_1$（～指$_2$：手指。读作[tseiŋ^{11} nzai^{51}]）

ts^h [443]歼签（～字）签（抽～诗：抽签，牙～）迁鲜（新鲜）鲜（朝～）□（～硬：老人健康） [221]寻$_1$（庹） [41]浅（跟"深"相对；跟"稠"相对）践

s [443]仙膻（臭～：羊肉的气味，老猫～：狐臭）扇式连切（风～：扇车）先$_2$（～生：老师、医生） [221]盐

（名词）蝉（～蜕） [335]扇（扇子） [224]善 ‖ [55]陕（～西）

k [443]兼间$_1$（～底：房间）肩坚 [221]乾（～隆）舷（桌～：桌边，塍～：田埂）□（头～：发旋） [41]碱检 [335]剑见（～觉：觉得，看～）

k^h [443]谦□（做～：罪过） [41]遣 [335]欠歉

ŋ [221]阎（～罗王）严（～格，～厉；姓）□（～霜冰：结冰） [41]研（～药，～面：擀面条，～断：压断，～究） [335]砚（单说）瘾 [224]验

x [221]嫌贤悬$_3$（～空） [41]险显 [335]□（用力扔；丢弃） [224]现

ø [443]淹□（掩，目珠～起：蒙眼，耳囝～起：捂耳朵） [221]炎圆$_1$（形容词，～鱼：鳖） [41]厣（塍螺～：螺蛳头上的圆盖）演 [335]厌燕（～囝：燕子）宴 [224]艳院（～寺：庙）| □（□xa^{44}～：开玩笑） ‖ [44]胭（～脂）延（～安）□（～□k^hœŋ^{443}：蜈蚣） [11]□（～□ŋa^{44}年：往年，～□□ŋa^{13}lɔ^{412}：以前）

ɔuŋ$_α$

p [443]帮 [41]榜 ‖ [11]乓（乒～球）

p^h [443]□（菜肴丰盛） [41]膀

m [443]□(□sa^{55}～：当柴火用的蕨)

t [443]敦钝当$_1$(～官[①];相～)桩(拍～：打桩)中$_1$(街～：街上) [41]墩$_1$(桥～,～头：树墩,厨～：菜墩子;后门～：地名)当$_2$(～归)党涨(水～起来了)□(～肉：砍肉)□(各～：别的地方)□(□meiŋ^{11}头～：牛背上像驼峰那样的部位) [335]顿当(～去：典当了)□(～水：拦水)

t^h [443]吞汤 [335]褪(脱)□(～板：六齿耙)

n [443]中$_2$(□tai^{55}～：中间)

l [41]朗□(洋毛～：毛衣) [335]|□(石～：一种山坑里的蛙,塍～：一种田里的蛙,较大) ‖ [33]|垱(石～墓：地名)[②]

ts [443]尊遵赃庄(村～)装妆(～身：打扮) [335]钻(□lo̱i^{33}～：钻孔用的工具;～空：钻孔)葬壮□(～□ma^{51}：一起)

ts^h [443]村仓(粮柜)舱疮(生～)窗(～帘) [41]喘□(发～：长出嫩芽) [335]窜(～改)寸闯创

s [443]酸闩(门～,牛鼻～：牛鼻桊)宣孙(～囝：孙子、侄子;姓)桑霜 [41]选损丧(婚～)磉(～盘：

① “当官”也可以说“做官”[tsɔ^{55} kuaŋ^{443}]。

② 发音人认为“石垱”实际上是“石□”[sø^{33} lo̱uŋ^{335}],指“一种山坑里的蛙”。

柱子低下的石墩下的基石）丧（～失）爽（～快）
[335]算蒜 ‖[33]相$_2$（～拍：打架，～量：商量）

k [443]纲缸江$_2$（浙～，连～：地名）杠扛（～轿：抬轿）豇（～豆）□（蜀～风：一阵风） [41]讲 [335]岗（山～头：山顶；这～山：这座山）钢降（霜～）

k^h [443]坤康糠□（～蚌：蚌） [335]睏（～眠：睡觉）抗囥（藏，动词；～钱：存钱）

x [443]熏（～□ta^{443}：烘干）薰（食～：抽烟） ‖ [44]□（～磨：石磨）

Ø [443]冤$_1$（～家）恩秧 [41]影$_1$（影子）| □（□mi^{335}～：蚯蚓） [335]映（盼望）

ɔuŋ$_\beta$

t [221]尘$_1$（扫～：房子里掸尘，鼎烟～：锅底灰）堂棠唐塘螳（～螂）长$_1$（形容词）肠丈$_2$（～夫农：男人）□（喙～：下巴）□（□ŋe^{11}毛管～起：起鸡皮疙瘩）□（□sœŋ^{224}～□ŋɔ^{55}爿：穿反） [224]断（～气，拗～）锻段$_2$（大～厂：地名）缎墩$_2$（后～：地名）荡（～喙：漱口，～碗：涮碗）丈$_1$（长度单位）□（～雨：下雨）

t^h [221]糖

n [221]囊瓤 [224]嫩（幼小；～火：微火，～沙：细

沙)酿(～酒)

l [221]恋郎₁(新～)廊(走～)狼螂(螳～)榔(槟～芋:一种芋头,较大)□(□pʰa¹¹ 鱼～:鸬鹚) [224]卵(蛋)乱₁(～来,～讲:胡说)论浪 ‖[11]□(～□nzɛiŋ⁴¹:支晒衣竿的架子)|□(裤～团:短裤)□(□kɔ¹¹～个:整个,□kɔ¹¹～年:整年,□kɔ¹¹～工:整天)

ts [221]存忖(想)藏₂(动词。读字) [224]藏(西～)臟状(～元,告～) [453]□(现在①)

tsʰ [221]床(床铺;吹～:蒸笼)

s [221]藏₁(～菜:腌菜,～卵:咸蛋)

k [221]□(～农:东西热、烫)

x [221]痕魂航杭 [224]恨项(～链;姓)

ø [221]浑(浊)行₁(蜀～字)|行₂(油～:油坊,上～农:长辈) [224]笐(竹～:晒衣服用的竹竿)□(～倒:躺倒)□(～去:化脓了) ‖[11]|□(蜀～团:一会儿)

ouŋ

p [443]分₁(～开)□(竹～:篱笆) [41]本(折～:

① 主要元音的舌位低于"装"[tsɔ̱uŋ⁴⁴³]里的[ɔ̱]。

亏本;蜀～书） [224]饭（食～：吃早饭）

m [221]门闻$_1$（听～：听见） [41]□（～行～远：越走越远） [335]问$_1$（动词）| 坋（长～：地名）

t [221]传（动词） [41]转（～来：回来，～去：回去）

t^h [221]椽（～团：椽子）

n [41]暖软（与“硬”相对，工作轻松） [224]韧

l [41]□（□ko^{11}～：捲。“捲”的分音词）

ts [443]专砖 [221]全泉（～州：地名[①]）

ts^h [443]穿（～针；□ko^{55}～：屁股）川（四～）伸$_1$（～腰：伸懒腰） [335]串 [224]□（绞，拧，～袄：拧衣服）

s [221]缘$_1$（蛇等爬行） [224]吮

k [443]关$_1$（～门）光 [221]权狂（发～犬：疯狗） [41]管$_2$（竹～，水～：舀水用的器具，火～：吹火用的器具，手～：袖子）广拱（～桥） [335]卷（考～）券（国库～） ‖[44]□（～后：后边）

k^h [443]筐□（跳～：跳房子） [41]圹（墓穴，生～：生前所修的坟墓）况矿 [335]劝

ŋ [221]元（～宵，状～）原源袁（～世凯） [224]愿 ‖ [11]| 隍（城～庙）

---

① “泉水”说“清水”[$ts^hiŋ^{335}nzui^{51}$]。

x　[443]荒慌方(～便;姓)肪芳　[221]园(旱地)皇$_2$(～帝)妨防访楻(大木桶)　[335]楦(鞋～)放$_2$(解～)　[224]远

ø　[221]完(～身：身体)丸(药～)员黄(颜色;姓)皇$_1$(～后①)亡(做～冥：道士做法事)王□(～线：绕线)□(□kok^1～团：猫头鹰)　[41]往(来～)　[335]怨　[224]援望(希～)旺　‖[51]圆$_2$(宝～：龙眼)

œ̱ŋ$_α$

pʰ　[335]缝(有～)

m　[41]蠓(蚊子)　[335]梦(做～)

t　[443]东$_1$(～边)冬(～下头：冬天)　[335]冻栋(瓦～下：屋檐;蜀～戍：一所房子)　‖[44]中$_3$(～秋)

tʰ　[443]通$_1$(～气：使空气流通)　[41]桶(面～：脸盆)　[335]□(理睬)

n　[443]□(别,不要,如,～笑。"伓通"的合音)　[335]□(□kʰɔ^{443}艙～：煮不烂)

l　[41]拢(～起)笼力董切$_2$(牛喙～：牛笼嘴)

---

① "皇后"口语说"皇帝妈"[xouŋ^{11} nɛ^{335} ma^{51}]。

ts [443]棕(～树)鬃(脰～：猪鬃) [335]粽

ts^h [443]葱 [335]□(头发～起来：头发竖起来)

s [443]相₁(～□k^hoi^{443}：性交)双(蜀～鞋；～生囝：双胞胎)鬆 [41]搃(推) [335]送(～礼)宋(姓)

k [443]江₁(闽～)工(做～；蜀～：一天，～～：每天)功₁(～夫：本事) [41]港

k^h [443]腔空₁(～手，～地，～间：空房；钻～：钻孔，米箬～：米筛的孔；～欢喜：白高兴)□(□$eiŋ^{44}$～：蜈蚣)

x [443]□(茂盛) [335]巷(胡同)

Ø [443]翁₁(阿～：外祖父，舅～：父亲的舅舅) [335]瓮

$œŋ_β$

p [221]朋鹏

m [41]‖芒(菅～：芦苇花)① [224]网

t [221]铜筒(烟～：烟囱，涵～：阴沟，较小的)童₁(霍～：地名)□(□$tɔ̠^{44}$～：跳神) [224]动₁(莫□$liŋ^{55}$～：别动)桶徒揔切(饭～：太阳穴)洞重(形容词)□(地～：地道) ‖[11]□(牛～囝：小公牛)

---

① 读作[$kaŋ^{11}mœŋ^{41}$]，与“蠓”[$mœ̠ŋ^{41}$]不同音。

t^h [221]桐(～籽,～油)虫

n [221]农$_1$(人)脓 [51]□(谁。"乇农"的合音)①

l [221]笼(鸡～)聋(耳～)砻咙(喉～)垅(两山之间低洼的地方) [224]笼力董切1(箸～:装筷子的器具)弄(胡同)

k [224]共(一样,～产党)

x [224]□(～农:闷热)

ø [221]红

øŋ

t [443]张$_2$(姓) [221]长$_2$(～乐:地名)场□(～□tsy^{41}:筑墙时所用的木棍)□(解□pɛik^5～:知道) [41]长(县～) [335]仗(拍～:打仗)帐(蠓～:蚊帐)账胀(腹肚～:不消化,袋囝～裂去了:袋子迸开了)□(～被:往被套里装棉絮) [224]长直亮切(剩) ‖[44]□(～□maŋ^{443}:地方) [11]丈$_3$(～农:岳父,～奶:岳母)

t^h [443]张$_1$(量词) [221]□(蜀～轿:一顶轿子,蜀～车:一辆车) [224]杖(～囝:拐杖)

n [221]娘$_1$ [224]让

① [œ]的圆唇特征有时较弱。它的舌位低于"桶"[t^hœŋ^{41}]里的[œ]。

l [221]良凉量(～布)粮梁粱 [41]两(两～：二两) [224]谅量(大～：慷慨) ‖[44]娘$_2$(□tsø^{44}～孙：孙女、侄女)

ts [443]将(～来；介词，把)浆(豆～[①]，涂糜～：烂泥[②]；～袄裳：浆衣服)章(盖～，奖～；姓)樟漳(～州) [41]蒋奖桨(船～)掌(手～) [335]酱(～油)将(棋子之一)障(白内～) ‖[13]□(～病：残废)

tsʰ [443]枪昌 [221]墙□(杨梅) [41]抢厂 [335]匠(木～)唱倡 [224]象像橡(～皮)绱(～鞋) ‖[11]菖(～蒲)猖(～狂)

s [443]相$_3$(～信)箱(～囝：箱子)厢湘镶(～喙齿：镶牙)商伤 [221]详祥常尝偿 [41]想赏 [335]相(看～，照～；宰～) [224]上(动词)痒尚(和～)上(～底：上头)

z ‖[51]裳(袄～：衣服)

k [443]捐鹃绢疆僵薑(生姜)姜(姓) [221]强(～弱) [41]强(～勉：勉强) [335]建毽 [224]件(蜀～事)键健

① "豆浆"口语说"豆腐油"[ta^{11} ɔ̠^{44} ɛu^{221}]。
② 早期的说法是"涂糜油"[tʰɔ̠^{11} moi^{11} ɛu^{221}]。

ŋ [221]言缘$_2$(有～) [41]仰

x [443]香乡 [41]享(～福)响 [335]宪献向(～东行：望东走)

ø [443]央 [221]然沿铅$_1$(～笔，～□lɔ̱i^{224}：坠子)羊洋(～灰：水泥；大平原)烊杨(姓)阳(～台)扬疡(～去了：溃疡了)融□(～□mɛ^{11}团：一种较小的青蛙，～□mɛ^{11}锤：蝌蚪) [41]壤养 [335]映[224]样(样子) ‖[11]冤$_2$(～屈)

ik

p [5]笔毕必逼□(～去：开裂了) ‖[4]□(～毒丹：樟脑丸)①

p^h [5]脾$_2$(～气)匹(蜀～布)碧

m [43]密$_2$(～度)蜜

t [5]得$_2$(助词，如，生～□tɛ^{443}：醜)的(目～)滴(蜀～目汁：一滴眼泪；～水)嫡(～亲) [43]直值$_2$(～班)敌狄

t^h [5]踢

n [5]□(～团：一点儿) [43]笠(～斗：斗笠)日$_1$

① 本字有可能是“避”。

(～头：太阳)□(这～写：这么写,许～写：那么写)①

l [43]立(～夏)力(气～：力气,骹手□eu^{41}～：勤快)歷(～史)曆(日～)|蛰(惊～)

ts [5]执质即鲫(～鱼)织职积(～血：淤血)绩□(□k^ho^{11}骹～：用一条腿跳) [43]集

ts^h [5]七漆拭(擦)戚(亲～) [43]实₁(～在：副词,如,～在热农)□(溅) ‖[3]□(～□$ts^hœ^{335}$：一种铜钹)

s [5]湿(伤～膏：膏药)屑(发～：头垢)蟋(～蟀)失室息食₃(月～去)识式惜₂(可～)适释锡析 [43]麝(～香)习袭实₂(老～)食₂(～堂)殖植翼₂(～□$kuaŋ^{443}$：翅膀)席(主～)夕(七～)

k [5]急橘(橘子)吉击激圾(垃～)□(～团：小孩的阴茎或女阴) [43]及极

k^h [5]乞₂(给;被;让)吃(～亏：难受、家里穷)

ŋ [5]级(阶～)吸

x [5]熻(～饭：焖饭) [43]□(水～□ta^{443}：甩去水)

ø [5]乙一逸益 [43]入译易(交～)役(兵～)

---

① 这个字的[k]尾读得很弱。

uk

p [5]不腹(～肚：肚子，～反：干哕、恶心) [43]卜(萝～)伏(埋～)

p^h [5]仆(前～后继)覆(趴)

m [43]没(～收)木(～耳)目$_2$(～珠：眼睛，～的)穆牧

t [5]督□(放置) [43]独毒$_2$

t^h [5]□(～去：堵塞) [43]突陀骨切凸

l [5]簏(桌～：抽屉)□(□ku^{11}～：蜷曲) [43]禄

ts [5]卒(～团：棋子之一，也指“兵”) [43]族

ts^h [5]啜出 ‖[4]黢(～～乌：非常黑)

s [5]速 [43]术(白～)術(魔～)秫(～米：糯米)

k [5]穀(～雨)谷(姓)□(～头：点头) [43]掘衢物切(挖，～笋)

k^h [5]屈(冤～；躲)酷

x [5]忽(做～□$saŋ^{11}$时：忽然间)福幅複(～杂)复(～习) [43]佛服□(～涂：培土)

Ø [5]熨纡物切(～斗)握屋 [43]物

yk

t [5]竹筑(～墙)□(鼻～起：鼻子堵了) [43]逐(追赶，～贼团：追小偷)轴(车轴)

t^h [5]缩$_1$(手～起来：缩回手，头～起：乌龟等把头缩进去)

n [5]‖日$_2$(向～葵) [43]肉

l [43]律率(比～)陆(大～；姓)

ts [5]祝粥(糜～：稀饭)叔(阿～：叔父)足

ts^h [5]促 [43]□(和面)□(腌制，如，～菜)

s [5]肃(甘～)宿(～舍)淑熟$_1$(水果成熟) [43]熟$_2$(煮～；熟悉)俗续(继～)赎(～转来：赎回来)蜀属

k [5]菊(～花)鞠(～躬)□(～气：憋住气) [43]□(稠)

k^h [5]乞$_1$(～食：乞丐)麯曲$_2$(歌～)

ŋ [43]玉$_2$(～石)

x [5]蓄(储～)旭

ø [5]郁□(拍～：呃逆)□(～□$œ^{221}$：干哕、恶心) [43]域育(教～)

ak

p [5]□(拍桌子)□(赤骹～：赤脚)

p^h [43]□(水～去了：水溢出了)

m [5]□(□$p^haŋ^{55}$粟～：秕谷)

t [5]答搭褡(～团：背褡)□(两～：两齿耙)□(桌～起来：拍桌子) [43]踏达

t^h [5]塔塌(坍塌)榻忒(太)□(笔～：笔套) [43]叠$_2$(蜀～纸)

n [5]□(～底去：凹进去,酒～：酒窝) [43]纳捺

l [5]瘌(～头：秃头) [43]拉$_1$(～开)蜡(～烛)猎(打～)粒(蜀～珠：一颗珠)辣捋(～起：挽袖子)□(床～：床两边的木条) ‖[1]垃(～圾)

ts [5]扎(驻扎)紮(缠束,～起：卷袖子) [43]杂闸铡

ts^h [5]插察

s [5]萨(菩～)杀煞 [43]煠(水煮、焯)□(～母：蟑螂)

k [5]合古沓切(～得好：姘头,饭菜～起食：饭菜混合起来吃)夹$_3$(簕～：簟两头的竹竿,柴～：一种挑柴火用的器具)甲(天干之一;萝卜～：萝卜缨,箩～：箩的框架)割葛(～藤)隔$_2$(～□$k^h aŋ^{51}$：隔间)□(竹～：扁担) [43]合$_1$(～起：挨着) ‖[1]□(～□$køk^5$：口吃)

k^h [5]蛤(～囝：淡水里的蛤蜊。送气音)渴(喙～：口渴)□(拾,捡;～茶：摘茶叶)

x [5]□(～嗽：咳嗽) [43]合$_2$(～伙,𫗧～：合不来)辖(管～)

ø [5]鸭押压$_2$□(～跪：跪下)|炸$_1$(油～馃：油条)鸽(白～：鸽子) [43]盒(～囝：盒子,洋火～：火

柴盒)匣

iak

p^h [5]□(洒,拍水～：打水漂儿)

t^h [5]獭(水～)

l [5]□(鞋～：拖鞋)

ts [5]□(溅)

s [5]闪(雷～：闪电) [43]翼1(鱼～：鳍)

k [5]□(眨巴)□(～骹：瘸子) [43]撼(用肩扛)

k^h [5]缺1(田埂上通水的口子)

x [5]□(肋骨)

Ø [43]□(～手：招手;扇,动词;飞～：蝴蝶)

uak

p [5]钵拨 [43]钹跋(～倒：摔倒)

p^h [5]泼 [43]□(～水：在水井打水)

m [5]抹(～釉,～牌：抓牌,掭笔)

k [5]括刮

k^h [5]阔(宽)扩

x [5]法發2(～烧,～展) [43]乏伐罚划2(笔～)□(跨)

Ø [5]挖 [43]活(～个：活的,快～：舒服,生～)袜(袜子)曰

ɛik

p [5]八$_1$(～个)□(解～□tøŋ^{221}：知道)柏 [43]拔(～萝卜;～长：拉长)别$_1$(～农：别人,～个：别的)划$_1$(计～)

p^h [5]迫 [43]获

m [43]密$_1$(形容词)

t [5]得$_1$(～罪)德 [43]特(～殊)值$_1$(～钱)泽

t^h [5]帖(请～;蜀～药：一剂药)贴(～对联) [43]叠$_1$(摞)

n [5]□(凹)|□(塍～：鲶鱼)

l [5]□(舔) [43]□(树液,薰酒～：烟油子)

ts [5]汁(目～：眼泪)节(冬～：冬至;蜀～蔗团：一节甘蔗;骹头～：膝盖)则侧(□□ka^{11}la^{11}～睏眠：侧身而睡)责 [43]截(～去：截住)

ts^h [5]厕测策 [43]贼

s [5]涩虱(～母：虱子)塞(堵塞)色□(无菜～：没菜配,菜驮～：用菜下饭) [43]十(～个) ‖[3]□(□mok^3～菜：香菜)

k [5]结$_1$(～鞋带：系鞋带)格$_2$(严～)革 [43]夹$_1$(头～：发夹)□(窄～：很窄)□(～尿：把尿,～尿：把尿)

k^h [5]刻克剋□(挤;目珠～起来：闭眼)

x　[5]血黑(～板)

ø　[5]压₁(揿,摁)

eik

p　[5]别₂(特～)

p^h　[5]撇□(～榭：厢房)

m　[43]灭篾

t　[43]碟(～囝：碟子)秩(～序)

t^h　[5]彻撤铁拆₂

n　[5]聂镊(～囝：镊子;拈、掐,～□k^hau^{443}：抽阄)

l　[5]列烈　[43]裂

ts　[5]接捷折(～起来)褶浙箈(晒粮食用的大竹席,～囝：架在稻桶上防止稻谷外扬的小竹席)疖□(酒～：酒瓮)

ts^h　[5]妾切(一～)　[43]蠞(梭子蟹,是一种海里的螃蟹)

s　[5]薛设　[43]涉(干～)舌(喙～：舌头)折(～本：亏本)

k　[5]夹₂(动词)荚(豆～)劫挟(用筷子夹)结₂(～合,～冰)洁桔(～梗)□(喙～：鸟的嘴)　[43]杰

k^h　[5]缺₂(～喙：豁嘴,～课：旷课)

ŋ　[43]业

x　[43]页胁协穴(蜀～墓：一座坟墓)

ø　[5]抉(～鼻屎：挖鼻屎)　[43]叶(姓)热(～农：热，～痱：痱子)

ɔ̠k

t　[5]啄(鸟啄物，～柴鸟：啄木鸟)　[43]夺(抢)

tʰ　[5]脱₂(帽～去：脱帽)託托□(烫)　[43]脱₁(～窠：脱臼)

n　[43]□(塞子)

l　[5]□(～溪：涉水，～街：逛街)□(光匏～：光头)□(□kɔ̠^{11}～猪毛：刮猪毛，□kɔ̠^{11}～鱼鳞：刮鱼鳞)　[43]骆(～驼)洛络乐₂(娱～)乐(～队)□(□pɔ̠^{13}～：捋、摩挲)□(病泻～：拉肚子)

ts　[5]作(～佳：好看，～□kʰuaŋ^{51}：撒娇)

tsʰ　[5]措(～施)撮(蜀～米；～药：买药)

s　[5]刷(～囝：刷子；～袄裳：刷衣服)蟀(蟋～)缩₂□(～囝：垃圾)

k　[5]骨(～头)各₂(～农：每个人)　[43]滑

kʰ　[5]磕(～头)困(～难)窟(水～：水洼，脰管～：后脑窝子)确推(～门：敲门，～更：打更①)　[43]□(鞋□liak^{5}～：木屐)

---

① 也可以说“拍更”[pʰa^{55}kaŋ^{443}]。

ŋ [5]丨搁(耽～) [43]嶽岳(～飞)

x [43]<u>核</u>户骨切(桃～,喉咙～：喉结)鹤(～塘：地名)学$_2$(～校)核(～对)

ø [5]恶(形容词)

ok

p [5]發$_1$(～芽,～泡：起泡)博(～士)驳卜(～卦)□(～去：丢弃,～□kau^{11}子：掷骰子) [43]薄(～荷)勃

p^h [43]猾(狡～)朴(～素)□(泡沫;犁塍～：土块,专指耕田后的)

m [5]髮(头～)□(～囝：蠓虫)□(雨～□$ts^hᴇ^{221}$：毛毛雨) [43]末沫膜(竹～) ‖ [3]□(～□$sᴇik^3$菜：香菜)

ts [43]绝(～去：没有后代,一种骂人话,～对)

s [5]雪说(小～)戍 [43]踅(旋转,～螺丝：拧螺丝,车～囝：线轴,□$tseɐ^{11}$手～：左撇子)

k [5]蕨(蕨的嫩芽)郭国□(～□$ouŋ^{13}$囝：猫头鹰) [43]□(蜀～：一段,用于木头、竹竿等)

k^h [5]缺$_3$(～点)

ŋ [43]月(月亮;二～)丨□(山～：老鹰)

ø [43]越(～南)□(～痒：蹭痒)

œk

p [5]北（～边）

p^h [5]魄 [43]雹

m [43]墨默目$_1$（～屎：眼眵）

t [5]□（～虱母：挤虱子）□（牛角～农：牛角撞人） [43]毒$_1$（指不很严重的毒）

t^h [5]戳（捅，～针：扎针）□（～喙齿：剔牙） [43]读（～书）

l [5]落$_1$（掉落，丢） [43]鹿漉（捞）六

ts^h [43]凿昨木切

s [5]□（～粟种：撒谷种，～肥料：撒肥料，～两巴□lɛ⁴¹：打耳光） [43]□（呛；～去：溺死）

k [5]角（牛～，桌～，～团：角落；鸡～：公鸡；蜀～钱）觉（见～：觉得）

k^h [5]壳

x [43]或惑

øk

l [43]略

ts^h [5]雀（抄麻～：打麻将）芍（白～）

s [43]□（一。本书里写作"蜀"）

k [5]羯（阉）决诀□（□kak¹～：口吃）

k^h [43]剧（闽～）

ŋ [43]虐（～待）

x [5]歇（休息，～凉：乘凉）□（距离单位，一公里左右）

∅ [5]约（～好） [43]悦阅弱

2.1.4 福清方音

2.1.4.1 声韵调

2.1.4.1.1 声母

声母 17 个，包括零声母在内。

p 帮盘簿步白缚	p^h 派鼻名词蜂	m 门尾	
t 刀铜断大夺肠	t^h 讨虫	n 脑年染	l 来
ts 糟座争	ts^h 仓插贼		θ 消烧心三生坐船痒
tɕ 酒紫真肿书	$tɕ^h$ 秋唱树鼠		
k 家$_1$基居汗$_1$	k^h 坑欠臼齿	ŋ 硬鱼我	x 好和虎府戏汗$_2$园
∅ 爱音$_1$温芋鞋约然换万围			

说明：

（1）[ts ts^h]声母和[tɕ $tɕ^h$]声母构成互补。前者拼洪音，后者则拼细音。在元音[e]和[ø]的前面，[ts ts^h]声母略带舌面音的色彩。比如“政”[$tseŋ^{211}$]的实际音值接近[$tśeŋ^{211}$]，“趣”[$ts^hø^{211}$]的实际音值则接近[$tś^hø^{211}$]。

但仍然属于[ts]组的范围内。

(2) [θ]的齿间音色彩不如福安方言的[θ]那么突出。

(3) [x]拼细音时舌位明显靠前，读作[ç]或[͡çɕ]。有时还读作[ɕ]。比如“兄”[xiaŋ^{52}]有时读作[ɕiaŋ^{52}]；“戏”[xiᴇ^{211}]有时读作[ɕiᴇ^{211}]。

(4) 零声母的实际音值是[ʔ]。比如“安”[aŋ^{52}]、“医”[i^{52}]、“乌”[u^{52}]、“药”[yo^{52}]的实际音值分别是[ʔaŋ^{52}]、[ʔi^{52}]、[ʔu^{52}]、[ʔyo^{52}]。这个喉塞音在语流当中也很明显。比如“蕃囝火盒火柴盒”[xuaŋ$^{-11}$ kiaŋ-ŋiaŋ$^{322-11}$ xui-ŋui$^{322-11}$ aʔ^{5}]里“盒”的实际音值是[ʔaʔ^{5}]。

(5) 在连续的语流中，后字的声母(除[m n ŋ l]以外)往往受到前字韵母的影响而发生有规律的变化，即“声母类化”。在此简单描写大概的情况：

(a) [p p^{h}]声母

(a-1) [p p^{h}]声母在阴声韵的后面变为[ß]。例如：只半一个半 tɕia$^{211-52}$ puaŋ-ßuaŋ^{211} | 礼拜星期天 lᴇ$^{322-335}$ pai-ßai^{211} | 瓜棚 kua$^{52-44}$ paŋ-ßaŋ^{44} | 柴板木板 ts^{h}a$^{44-33}$ pᴇŋ-ßᴇŋ^{322} | 西边 θᴇ$^{52-44}$ pᴇŋ-ßᴇŋ^{52} | 义爸干爹 ŋiᴇ-ŋie$^{41-44}$ pa-ßa^{41} | 茶杯 ta$^{44-55}$ pui-ßui^{52} | 虎头蜂一种黑色大蜂 xu$^{322-33}$ t^{h}au-lau$^{44-55}$ p^{h}uŋ-ßuŋ^{52} | 霞浦地名 xa$^{44-33}$ p^{h}uo-ßuo^{322} | 喙皮嘴唇 ts^{h}uɔ̱i-ts^{h}ui$^{211-44}$ p^{h}ui-ßui^{44}。其他：后爸后爹 au$^{41-44}$ pa-ua^{41}。

(a-2) 在阳声韵的后面变为[m]。例如：斤半一斤半

kyŋ$^{52-335}$ puaŋ-muaŋ^{211}｜板棚地板 pᴇŋ$^{322-11}$ paŋ-maŋ$^{44-335}$｜清饭上一顿剩下的饭 tsʰeŋ-tɕʰiŋ$^{211-52}$ puoŋ-muoŋ^{41}｜墙壁墙、壁 tɕʰyoŋ$^{44-22}$ pia-mia^{211}｜东边 tœ̱ŋ$^{52-44}$ pᴇŋ-mᴇŋ^{52}｜黄蜂蚂蜂 uoŋ$^{44-55}$ pʰuŋ-muŋ^{52}｜油天炮玉米 iu$^{44-11}$ tʰieŋ-lieŋ$^{52-335}$ pʰau-mau^{211}。

(b)［t tʰ］声母

(b－1) 在阴声韵的后面变为［l］。例如：大骹肚大腿 tua$^{41-11}$ kʰa-a$^{52-11}$ tu-lu$^{322-52}$｜老爹当官的人 lɔ̱$^{322-11}$ tia-lia^{52}｜表弟 piu$^{322-335}$ tɛ-lɛ^{41}｜野□很疼 ia$^{322-335}$ tʰiaŋ-liaŋ^{211}｜椅头凳子 ie$^{322-11}$ tʰau-lau$^{44-335}$｜花厅小客厅 xua$^{52-44}$ tʰiaŋ-liaŋ^{52}｜舒畅舒服 tɕʰy$^{52-335}$ tʰyɔ̱ŋ-lyɔ̱ŋ^{211}。

(b－2) 在阳声韵的后面则变为［n］。例如：晚釉晚稻 uaŋ$^{322-335}$ tiəu-niəu^{41}｜人中 iŋ$^{44-55}$ tyŋ-nyŋ^{52}｜电涂电池 tiᴇŋ-tieŋ$^{41-44}$ tʰu-nu^{44}｜羊肚巾吸水的毛巾 yoŋ$^{44-33}$ tu-nu$^{322-55}$ kyŋ-yŋ^{52}｜蠓帐蚊帐 mœ̱ŋ$^{322-335}$ tyɔ̱ŋ-nyɔ̱ŋ^{211}｜塍涂□土块 tsʰᴇŋ$^{44-33}$ tʰu-nu^{33} pʰuoʔ^{5}。

(c)［ts tsʰ θ］声母

(c－1) 在阴声韵的后面一般变为［z］。例如：菜栽菜苗 tsʰai$^{211-55}$ tsai-zai^{52}｜扯纸 tʰie$^{322-11}$ tsai-zai$^{322-433}$｜起成盖房子 kʰi$^{322-335}$ tsʰuɔ̱-zuɔ̱^{211}｜鑢草耘田 lœ-lœ̱$^{211-52}$ tsʰau-zau^{322}｜犁塍耕田 lᴇ^{44} tsʰᴇŋ-zᴇŋ^{44}｜味素粉味精 e-i$^{41-11}$ θᴏ-zu^{52} xuŋ-uŋ^{322}｜臭烧焦 tsʰau$^{211-55}$ θiu-ziu^{52}｜大暑 tai$^{41-33}$ θy-zy^{322}。也有变成

[l]的例子：高利债高利贷 kɔ̱$^{52-11}$ le-li$^{211-52}$ tsai-lai^{211}｜时辰时候 θi^{44} θiŋ-liŋ^{44}｜食三顿吃饭 θia$^{52-11}$ θaŋ-laŋ^{335} tɔŋ-nɔŋ^{211}。

（c－2）在阳声韵和自成音节[ŋ]韵的后面则变为[nz]或[n]。例如：冬节冬至 tœ̱ŋ$^{52-335}$ tsɛʔ-nzɛʔ^{21}｜工作 kœ̱ŋ$^{52-335}$ tsɔʔ-nzɔʔ^{21}｜清水凉水 tsʰeŋ-tɕʰiŋ$^{211-52}$ tsui-nzui^{322}｜棺材团装童尸的棺材 kuaŋ$^{52-335}$ tsʰai-nzai$^{44-52}$ kiaŋ-iaŋ^{322}｜清楚 tɕʰiŋ$^{52-33}$ tsʰu-nzu$^{322-52}$｜亲戚 tɕʰiŋ$^{52-335}$ tsʰeʔ-nzeʔ^{21}｜点心 tieŋ$^{322-11}$ θiŋ-nziŋ^{52}｜横写横着写 xuaŋ$^{44-33}$ θia-nzia^{322}｜算数算账 θɔŋ-θɔ̱ŋ$^{211-52}$ θo-nzo^{211}｜公司 kuŋ$^{52-44}$ θi-nzi^{52}｜风扇扇车 xuŋ$^{52-44}$ θieŋ-nzieŋ^{52}｜元帅 ŋuoŋ$^{44-22}$ θɔ̱y-nzɔ̱y^{211}；单身哥单身汉 taŋ$^{52-33}$ θiŋ-niŋ$^{52-55}$ kɔ̱-ŋɔ̱^{52}｜唔使不必 ŋ$^{41-33}$ θai-nai^{322}｜唔是不是 ŋ$^{41-44}$ θe-ne^{41}。

（d）[l]声母

从至今所调查到的材料来看，[l]声母在阳声韵的后面不变为[n]。例如：严厉 ŋieŋ^{44} lɛ^{41}｜响雷打雷 xyoŋ$^{322-11}$ lɔ̱y$^{44-335}$｜上岭 θyɔ̱ŋ-θyoŋ$^{41-33}$ liaŋ^{322}｜□□菠萝 uoŋ$^{-11}$ lai$^{44-335}$｜命令 meŋ-miŋ$^{41-44}$ leŋ^{41}｜尽力 tseŋ-tɕiŋ$^{41-33}$ liʔ^{5}｜虫卵 tʰœ̱ŋ^{44} lɔŋ^{41}｜监牢 kaŋ$^{52-44}$ lɔ̱^{44}｜新郎官 θiŋ$^{52-33}$ lɔŋ$^{44-55}$ kuaŋ-ŋuaŋ^{52}｜放利放债 poŋ-puŋ$^{211-52}$ le^{211}｜塍螺田螺 tsʰᴇŋ^{44} lɔ̱y^{44}。例外：模□牢固 tɛŋ-tᴇŋ$^{41-44}$ lɔ-nɔ^{41}。

（e）[tɕ tɕʰ]声母（包括交替形式在内）

（e－1）在阴声韵的后面变为[ʑ]。例如：食酒喝酒

θia$^{52-33}$ tɕiu-ʑiu^{322}｜讨亲娶媳妇 tʰɔ̱$^{322-11}$ tɕʰiŋ-ʑiŋ^{52}｜汽车 kʰe-kʰi$^{211-55}$ tɕʰia-ʑia^{52}。

（e－2）在阳声韵的后面变为[ȵʑ]。例如：髀脊骨脊梁骨 pʰiaŋ$^{52-33}$ tseʔ-ȵʑiʔ$^{21-5}$ kɔʔ^{21}｜中秋 tyŋ$^{52-44}$ tɕʰiu-ȵʑiu^{52}｜纺车 pʰuŋ$^{322-11}$ tɕʰia-ȵʑia^{52}｜□团树桑树 θœ̱ŋ$^{-11}$ kiaŋ-ŋiaŋ$^{322-335}$ tɕʰiəu-ȵʑiəu^{211}｜棕树 tsœ̱ŋ$^{52-335}$ tɕʰiəu-ȵʑiəu^{211}｜空空手空手 kʰœ̱ŋ$^{52-33}$ kʰœ̱ŋ-ŋœ̱ŋ$^{52-55}$ tɕʰiu-ȵʑiu$^{322-52}$。

（f）[k kʰ x]声母和零声母

（f－1）[k kʰ x]声母在阴声韵的后面脱落。例如：守寨 tɕiu$^{322-11}$ kua-ua$^{322-52}$｜寮团茅棚 lᴇu$^{44-33}$ kiaŋ-iaŋ^{322}｜兴化巾不吸水的毛巾 xiŋ$^{52-33}$ xua-ŋua$^{211-55}$ kyŋ-yŋ^{52}｜棺材团装童尸的棺材 kuaŋ$^{52-335}$ tsʰai-nzai$^{44-52}$ kiaŋ-iaŋ^{322}｜大骹肚大腿 tua$^{41-11}$ kʰa-a$^{52-11}$ tu-lu$^{322-52}$｜裤骹裤腿 kʰo-kʰu$^{211-55}$ kʰa-a^{52}｜死去死了 θi^{322} kʰyɔ̱-yɔ̱$^{211-0}$｜起风开始刮风 kʰi$^{322-11}$ xuŋ-uŋ^{52}｜表兄 piu$^{322-11}$ xiŋ-iŋ^{52}｜欺负 kʰi$^{52-335}$ xo-o^{41}｜离婚 liᴇ-lie$^{41-55}$ xuoŋ-uoŋ^{52}。其他：油行油坊 iu^{44} xɔ̱ŋ-uɔ̱ŋ^{44}。

（f－2）这三个声母和零声母在阳声韵的后面变为[ŋ]。例如：新郎官新郎 θiŋ$^{52-33}$ lɔ̱ŋ$^{44-55}$ kuaŋ-ŋuaŋ^{52}｜□团树桑树 θœŋ$^{-11}$ kiaŋ-ŋiaŋ$^{322-335}$ tɕʰiəu-ȵʑiəu^{211}｜金瓜南瓜 kiŋ$^{52-44}$ kua-ŋua^{52}｜煎罐药罐 tɕieŋ$^{52-335}$ kuaŋ-ŋuaŋ^{211}｜悬下高低 kᴇŋ^{44} kia-ŋia^{41}｜农客客人 nœ̱ŋ$^{44-22}$ kʰa-ŋa^{211}｜兴化巾不吸水的毛巾 xiŋ$^{52-33}$ xua-ŋua$^{211-55}$ kyŋ-yŋ^{52}；新人新娘 θiŋ$^{52-44}$ iŋ-ŋiŋ^{44}｜供养

kyŋ$^{-52}$ yoŋ-ŋyoŋ^{322} | 船坞 θuŋ$^{44-22}$ o-ŋo^{211} | 悬矮高矮 kᴇŋ$^{44-33}$ ᴇ-ŋᴇ^{322} | 讲话说话 kɔ̱ŋ$^{322-335}$ ua-ŋua^{41}。

其实，在福清方言中，不发生类化的例子也很多。例如：身体 θiŋ$^{52-33}$ tʰᴇ$^{322-52}$ | 羊□羊角风 yoŋ^{44} xiŋ^{44} | 蔗粕甘蔗的渣子 tɕia$^{211-52}$ pʰɔ^{211} | 山骹山脚 θaŋ$^{52-44}$ kʰa^{52} | 鱼刺 ŋy$^{44-22}$ tɕʰiᴇ^{211} | 耳垂 ŋe-ŋi$^{41-44}$ tʰui^{44} | 惊寒发冷 kiaŋ$^{52-44}$ kaŋ^{44} | 煮汤 tɕy$^{322-11}$ tʰɔ̱ŋ^{52} | 摘桃 tia$^{211-44}$ tʰɔ̱^{44} | 爬树 pa$^{44-22}$ tɕʰiəu^{211}。

福清方言的声母类化是一个十分复杂的现象。以上所介绍的只不过是其概要而已，为了全面的描写需要搜集大量的语料。

2.1.4.1.2　韵母

韵母 43 个，包括自成音节[ŋ]在内，音标下加单线的表示介乎半高和半低之间的舌位①。

	i/e 米丝鼻字起非鳃	u/o 浮租度府丘$_1$有	y/ø 猪锯区雨$_2$祠士$_2$
a 架教$_1$把饱早客白$_1$	ia 遮写野寄纸$_1$摘籴	ua 瓜挂拖破沙$_1$划笔～	
ai 菜海害芥屎治杀士$_1$			
au 糟扫包$_1$抄头厚九			

① 即与[ᴇ]相同的舌位。

ᴇ/ɛ 排街快$_1$溪犁	ie/iᴇ 祭鸡肺桂池移		
ᴇu/ɛu 条料凑馊狗			
o̱/ɔ 多刀歌高婆索薄形		uo/uo̱ 补朱芋货缚局	yo/yo̱ 去$_1$贮桥药尺
o̱y/ɔy 袋爱$_1$对推坐短			
œ̱/œ 鑢锉苎所$_1$			
ui/uo̱i 火$_1$水怪杯尾	iu/iəu 赵腰照抽手柱		
	iŋ/eŋ 心婶镇身等星	uŋ/oŋ 春军房宋蜂	yŋ/øŋ 根斤银穷肿用
aŋ 潭胆衫伞颜病经$_1$	iaŋ 行走饼听兄线懒$_1$	uaŋ 盘满官範万横~写	
ᴇŋ/ɛŋ 鹹店闲县蛏硬	ieŋ/iᴇŋ 严尖厌钱战扁		
o̱ŋ/ɔŋ 酸嫩孙帮党肠床		uoŋ/uo̱ŋ 饭本黄砖园	yoŋ/yo̱ŋ 建想伤响
œ̱ŋ/œŋ 葱冬虫共$_1$网$_1$双			
	iʔ/eʔ 习急笔失直踢	uʔ/oʔ 卒出佛福毒$_2$	yʔ/øʔ 竹麯育玉$_2$
aʔ 答插粒铡辣割瞎	iaʔ 獭揭用肩扛缺$_1$	uaʔ 钵阔法袜	
ᴇʔ/ɛʔ 贴十拔节虱德	ieʔ/iᴇʔ 接蝶篾热铁		

ɔ̠ʔ/ɔʔ 夺刷骨作$_1$	uoʔ/uɔ̠ʔ 雪蕨月$_1$国	yoʔ/yɔ̠ʔ 歇决略约
œ̠ʔ/œʔ 壳北读毒$_1$六		
ŋ 唔不		

说明：

（1）除了以[a]为韵腹的韵母①以及[ŋ]韵以外，韵母都分紧音和松音，以上韵母表在“/”的前面是紧音，后面则是松音。前者分布在阴平[52]、阳平[44]、上声[322]或阳入[5]，后者则分布在阴去[211]、阳去[41]或阳入[21]。例如：

i/e 韵　　基 ki^{52} | 旗 ki^{44} | 麂 ki^{322} | 记 ke^{211} | 技 ke^{41}；

iŋ/eŋ 韵　　金 $kiŋ^{52}$ | 琴 $k^hiŋ^{44}$ | 紧 $kiŋ^{322}$ | 劲 $keŋ^{211}$ | 妗 $keŋ^{41}$；

iʔ/eʔ 韵　　急 $keʔ^{21}$ | 极 $kiʔ^{5}$。

紧音和松音不构成音位对立，所以本书把每组紧松音处理成同一个韵母。

① 根据林文芳、洪英(2016)所做的语音试验，福清市海口镇的方言中单元音韵母/a/也分松紧音；紧音[ɐ]、松音[a]。紧音的舌位比松音稍微高一点。笔者调查时，没能区分这两个元音。根据林文芳、洪英(2016：318)的图 1，单元音的松紧音当中[ɐ]和[a]之间的区别最小。顺便提一下。笔者也不能区分福州方言中单元音韵母/a/的松紧音。这也是福州方言母语者陈泽平教授的语感。

（2）元音[ᴇ ɔ̱ œ̱]（分布在阴平、阳平、上声、阳入）和[ɛ ɔ œ]（分布在阴去、阳去、阴入），在单独作为韵母时（即[ᴇ/ɛ]韵、[ɔ̱/ɔ]韵和[œ̱/œ]韵）舌位最低。

（3）松音[eŋ oŋ øŋ eʔ oʔ øʔ]韵以及紧音[ᴇŋ ɔ̱ŋ œ̱ŋ ᴇʔ ɔ̱ʔ œ̱ʔ]的末尾部分略带提高舌位的动作。其中[øŋ]韵的这个动作不很明显。

（4）[ua au]韵里[a]的实际音值是[ᴀ]。

（5）逢上声时，[a]的实际音值往往接近[ɐ]。比如“九”[kau^{322}]、“饮米汤”[aŋ^{322}]、“囝儿子”[kiaŋ^{322}]、“馆”[kuaŋ^{322}]的实际音值分别接近[kɐu^{322}]、[ʔɐŋ^{322}]、[kiɐŋ^{322}]、[kuɐŋ^{322}]。

（6）[yo/yɔ̱ yoŋ/yɔ̱ŋ yoʔ/yɔ̱ʔ]韵里[y]嘴唇不很圆。

（7）[ɔ̱y 阴平、阳平、上声]韵里的[ɔ̱]舌位偏高偏前。

（8）[ɔy 阴去、阳去]韵里的[y]嘴唇不很圆，但仍然听得出[y]的音色来。

（9）[ɔ̱ʔ 阴入]韵里的[ɔ̱]舌位偏高。

（10）“唔不”[ŋ]（单字调应该是阳去）的实际读音同化于后字的声母而变。例如：唔买 ŋ-m^{-33} mai^{322} | 唔使不用 ŋ-n^{-33} θai-nai^{322} | 唔去 ŋ$^{-22}$ k^{h} yɔ̱-ŋyɔ̱^{211}。在后字的单字音声母为零声母的“唔爱不要”[ŋ$^{-22}$ ɔy-ŋɔy^{211}]当中“爱”的声母读作[ŋ]，由此本书认为“唔不”的基本形式是[ŋ]。本书中“唔不”的读音一律处理为[ŋ]。

（11）句末助词“呢”读作[nə⁰]。[ə]韵未计入音系。

（12）与福州方言等其他多数闽东区方言一样，福清方言中也存在非末位位置的松紧音交替，松音替换为紧音。例如：汽车 $k^he\text{-}k^hi^{211-55}$ $tɕ^hia\text{-}ʑia^{52}$ | 豆腐囝豆腐脑 ta^{-335} $xo\text{-}u^{41-52}$ $kiaŋ\text{-}iaŋ^{322}$ | 裤骹裤腿 $k^ho\text{-}k^hu^{211-55}$ $k^ha\text{-}a^{52}$ | 味素粉味精 $e\text{-}i^{41-11}$ $θo\text{-}zu^{52}$ $xuŋ\text{-}uŋ^{322}$ | 自由 $tsø\text{-}tɕy^{41-44}$ iu^{44} | 锯板 $kø\text{-}ky^{211-52}$ $pɛŋ^{322}$ | 细腻小心 $θɛ\text{-}θɛ^{211-52}$ ne^{41} | 对面 $tɔy\text{-}to̱y^{211-52}$ $meŋ^{211}$ | 姊妹囝姐妹 $tɕi^{322-335}$ $muɔi\text{-}mui^{211-52}$ $kiaŋ\text{-}iaŋ^{322}$ | 位处地方 $uo̱i\text{-}ui^{41-22}$ $ts^hø^{211}$ | 尿□尿布 $niəu\text{-}niu^{41-44}$ $θuo̱\text{-}zuo̱^{41}$ | 妗妈父亲的舅母 $keŋ\text{-}kiŋ^{41-33}$ ma^{322} | 放火 $poŋ\text{-}puŋ^{211-52}$ $xui\text{-}ŋui^{322}$ | 粪池厕所 $poŋ\text{-}puŋ^{211-44}$ $tie\text{-}nie^{44}$ | 面粉 $miɛŋ\text{-}mieŋ^{41-33}$ $xuŋ\text{-}ŋuŋ^{322}$ | 初一早正月初一 $ts^hœ̱^{52-33}$ $eʔ\text{-}iʔ^{21-5}$ tsa^{322} | 髀脊骨脊梁骨 $p^hiaŋ^{52-11}$ $tseʔ\text{-}ȵʑiʔ^{21-5}$ $kɔʔ^{21}$ | 乞食乞丐 $k^høʔ\text{-}k^hyʔ^{21-5}$ $θia^{52}$ | 脰□筋脖子 tau^{41-33} $uo̱ʔ\text{-}uoʔ^{21-5}$ $kyŋ^{52}$。

2.1.4.1.3 单字调

单字调 7 个。

阴平 [52] 东天山西工恩，药镯食吃白₁籴玉₁

阳平 [44] 头肠房名南龙

上声 [322] 等九口滚，米尾李领

阴去 [211] 对菜四₁见唱送，鼻名词妹，桌百壁₁剥₁烛

阳去 [41] 厚近舅₁重形容词，五蚁老₁，步洞害二

麵硬

阴入 [21] 雪笔出约踢竹

阳入 [5] 十夺直六热玉$_{2}$

说明：

(1) 舒声调里阴平[52]长度最短。

(2) 上声[322]和阴去[211]长度都较长。

(3) 阴入[21]是短促调。

(4) 阴去[211]和阴入[21]整个音节都带有很强的紧喉作用。阳去[41]的末尾部分也带有紧喉作用，不过不如阴去和阴入那么明显。

(5) 除了以上七个单字调以外，还有轻声。本书里一律标作[0]。

2.1.4.2 与中古音比较

2.1.4.2.1 声母

2.1.4.2.1.1 少数古全清声母读送气音：波帮 p^{h}ɔ̱^{52} | 谱帮 p^{h}uo^{322} | 悲帮 p^{h}i^{52} | 编帮 p^{h}ieŋ^{52} | 迫帮 p^{h}ɛʔ^{21} | 碧帮 p^{h}eʔ^{21}；否非 p^{h}ᴇu^{322}；都副词。端 t^{h}u^{52} 又读 | 堤端 t^{h}i^{44}；躁精 ts^{h}ɔ^{211} | 雀拍麻～。精 tɕ^{h}yɔ̱ʔ^{21}；株知 t^{h}y^{52} | 张量词。知 t^{h}yoŋ^{52} | 冢知 t^{h}yŋ^{322}；驹见 k^{h}y^{52} | 概溉见 k^{h}ai^{211} | 稽～查。见 k^{h}ie^{-11} | 奇～数。见 k^{h}ia^{52} | 昆见 k^{h}ɔ̱ŋ^{52} | 荆～州。见 k^{h}iŋ$^{-55}$ | 矿见 k^{h}uoŋ^{322}。

2.1.4.2.1.2 古全浊声母读清音，而且今读塞音或塞擦音时，大多数是不送气音。例如：

古平声　　爬 pa^{44}｜题 tᴇ^{44}｜脐 θai^{44}｜晴 θaŋ^{44}｜
迟 ti^{44}｜肠 tɔ̱ŋ^{44}｜穷 kyŋ^{44}；

古上声　　断拗～tɔŋ^{41}｜坐 θɔy^{41}｜罪 tsɔy^{41}｜
重形容词 tœŋ^{41}｜是 θe^{41}｜近 køŋ^{41}；

古去声　　病 paŋ^{41}｜大 tua^{41}｜寺 θe^{41}｜箸 tø^{41}｜
状 tsɔŋ^{41}｜顺 θoŋ^{41}｜汗 kaŋ^{41}；

古入声　　白 pa^{52}｜缚 puo^{52}｜罚 xuaʔ^{5}｜毒 tœ̱ʔ^{5}｜
直 tiʔ^{5}｜铡 tsaʔ^{5}｜石 θyo^{52}。

另外，还有少数古全浊声母读作送气清音。下面列举所有的例字：

古平声　　皮支並 p^{h}ui^{44}、p^{h}i^{44}陈～｜疲支並 p^{h}i^{44}｜
瓢薸浮萍。宵並 p^{h}iu^{44}｜彭膨庚二並 p^{h}aŋ^{44}｜
评～论。庚二並 p^{h}aŋ^{44}｜篷东一並 p^{h}uŋ^{44}｜
扶虞奉 p^{h}uo^{44}｜浮尤奉 p^{h}u^{44}｜
涂泥土。模定 t^{h}u^{44}｜
苔咍定 t^{h}i^{44}青～、t^{h}ai^{52}舌～｜
提齐开定 t^{h}i^{44}｜啼齐开定 t^{h}ie^{44}｜
桃豪定 t^{h}ɔ̱^{44}｜涛豪定 t^{h}ɔ̱^{52}｜头侯定 t^{h}au^{44}｜
潭谭坛酒～。覃定 t^{h}aŋ^{44}｜痰谈定 t^{h}aŋ^{44}｜
檀寒定 t^{h}aŋ^{44}｜团桓定 t^{h}uaŋ^{44}｜
糖唐开定 t^{h}ɔ̱ŋ^{44}｜桐东一定 t^{h}œ̱ŋ^{44}｜
才奴～材棺～。咍从 ts^{h}ai^{44}｜

曹~操。豪从 ts^{h}ɔ̱$^{-11}$ | 蚕覃从 ts^{h}ᴇŋ^{44} |
墙阳开从 tɕ^{h}yoŋ^{44} | 寻庹。侵邪 tɕ^{h}ieŋ^{44} |
储~蓄。鱼澄 t^{h}y^{-335} | 持之澄 t^{h}i^{44} |
治杀。之澄 t^{h}ai^{44} | 槌锤脂合澄 t^{h}ui^{44} |
筹尤澄 t^{h}iu^{44} | 沉侵澄 t^{h}ᴇŋ^{44} |
椽仙合澄 t^{h}uoŋ^{44} | 呈程清开澄 t^{h}iaŋ^{44} |
虫东三澄 t^{h}œ̱ŋ^{44} | 重~阳。锺澄 t^{h}yŋ^{44} |
锄鱼崇 t^{h}y^{44} | 雏虞崇 tɕ^{h}y^{52} | 愁尤崇 ts^{h}ᴇu^{44} |
床眠~。阳开崇 ts^{h}ɔ̱ŋ^{44} | 塍蒸船 tɕ^{h}iŋ^{44} |
箠牛~：赶牛用的竹鞭。支合禅 ts^{h}ɔ̱y^{44} |
垂耳~。支合禅 t^{h}ui^{44} |
瘸~骹。戈三群 k^{h}uo^{44} | 骑支开群 k^{h}ia^{44} |
蟣微开群 k^{h}i^{44} | 钳盐群 k^{h}iŋ^{44} |
琴禽侵群 k^{h}iŋ^{44} | 擒侵群 k^{h}ieŋ^{44} |
勤芹殷群 k^{h}yŋ^{44} | 群文群 k^{h}uŋ^{44} |
琼清合群 k^{h}iŋ^{44} | 环删合匣 k^{h}uaŋ^{44}；

古上声　被支並 p^{h}uɔ̱i^{41} | 艇挺青定 t^{h}iŋ^{322} |
象像橡阳开邪 tɕ^{h}yɔ̱ŋ^{41} | 柱虞澄 t^{h}iəu^{41} |
雉~鸡。脂开澄 t^{h}i^{-55} | 篆仙合澄 t^{h}uɔ̱ŋ^{41} |
杖阳开澄 t^{h}yɔ̱ŋ^{41} | 柿之崇 k^{h}e^{41} |
市之禅 ts^{h}e^{41} | 鳝仙开禅 tɕ^{h}iaŋ^{41} |
徛支开群 k^{h}ia^{41}站立、k^{h}ia^{211}陡 |

臼尤群 kʰo^{41} | 菌谆群 kʰyŋ^{322} |

舰衔匣 kʰaŋ^{322}；

古去声　　稗佳並 pʰɛ^{211} | 避～开。支並 pʰia^{211} |

鼻鼻子。脂並 pʰe^{211} | 阜尤奉 pʰɛu^{41} |

缝～～。锺奉 pʰoŋ^{211} |

字硬币有阿拉伯数字的面。之从 tsʰe^{41} |

匠阳开从 tɕʰyɔ̱ŋ^{41} | 饲之邪 tsʰe^{211} |

蛇海蜇。麻开二澄 tʰa^{211} |

坠鱼～。支合澄 tʰuɔ̱i^{41} | 树虞禅 tɕʰiəu^{211}；

古入声　　钹末並 pʰuaʔ^{5} | 雹觉並 pʰœ̱ʔ^{5} |

辟昔开並 pʰeʔ^{21} | 曝屋一並 pʰuo^{52} |

叠帖定 tʰaʔ^{5} | 读屋一定 tʰœ̱ʔ^{5} |

截屑开从 tɕʰieʔ^{5} | 贼德开从 tsʰᴇʔ^{5} |

凿屋一从 tsʰœ̱ʔ^{5} | 席昔开邪 tɕʰyo^{52} |

勺芍药合禅 tɕʰyɔ̱ʔ^{21} |

轴画～。屋三澄 tsʰœʔ^{21} |

剧～烈剧闽～。陌开三群 kʰyoʔ^{5}；

其他　　莆～田 pʰuo^{44} | 嫖 pʰiu^{44} | 娟 tɕʰyɔ̱ŋ^{41}。

2.1.4.2.1.3　一部分非、敷、奉母字读作塞音[p pʰ]声母。例如：

非母　　斧～头 puo^{322} | 飞动词 pui^{52} | 痱 puɔ̱i^{211} |

富 po^{211} | 发～芽 puɔ̱ʔ^{21} | 分 puoŋ^{52} |

粪 poŋ^{211} | 放 poŋ^{211} | 腹 poʔ^{21}；

否 pʰᴇu^{322}；

敷母 麸 pʰuo^{52} | 殕生～pʰu^{322} | 柿柴～pʰuo̠i^{211} |

潘～水。孚袁切 pʰuŋ^{52} | 纺 pʰuŋ^{322} |

蜂 pʰuŋ^{52} | 覆趴 pʰoʔ^{21} | 捧 pʰuŋ^{322}；

奉母 腐 po^{41} | 吠 puo̠i^{41} | 肥 pui^{44} |

伏孵。扶富切 po^{41} | 饭 puo̠ŋ^{41} | 房 puŋ^{44} |

缚 puo^{52}；扶 pʰuo^{44} | 浮 pʰu^{44} |

缝～～pʰoŋ^{211}。

此外，奉母"妇新～"读作[mo^{-41}]，当来自*po^{41}。

2.1.4.2.1.4 多数微母字读作[m]声母。例如：尾 mui^{322} | 未副词 muo̠i^{41} | 问动词 muo̠ŋ^{211} | 网 mœŋ^{41}。

2.1.4.2.1.5 来母有两个字读作[t]声母：蛎 tia^{41} | 懒～虫 tiaŋ$^{-44}$。

2.1.4.2.1.6 少数从母字读作擦音[θ]声母：坐 θɔy^{41} | 脐 θai^{44} | 糍 θi^{44} | 槽 θɔ̠^{44} | 贱便宜 θiaŋ^{41} | 前 θᴇŋ^{44} | 泉 θiaŋ^{44} | 昨～日：前日 θɔ̠^{52} | 晴 θaŋ^{44} | 静 θaŋ^{41}。

2.1.4.2.1.7 一部分古清擦音声母今读塞擦音或塞音。除了心母"跣"和书母"书、少数量少、守、升、叔、春"以外，其余均为送气音：

心母 鬚喙～：胡子 tɕʰiu^{52} | 鳃 tɕʰi^{52} |

髓 tsʰɔ̠y^{322} | 粞大米或糯米磨成的粉 tsʰɛ^{211} |

碎 tsʰɔy^{211} | 臊 tsʰɔ̱^{52} | 笑 tɕʰiəu^{211} |
鲜新鲜 tɕʰieŋ^{52} | 癣 tɕʰiaŋ^{322} | 筅 tsʰᴇŋ^{322} |
醒 tsʰaŋ^{322} | 粟稻谷 tsʰuɔ̱^{211}；
跣裼～骹：赤脚 tɕieŋ^{322}；

生母 馊 tʰᴇu^{52} | 缩 tʰøʔ^{21}；

书母 奢 tɕʰia^{52} | 舒 tɕʰy^{52} | 鼠 tɕʰy^{322} |
戍房子 tsʰuɔ̱^{211} | 势转～tɕʰiᴇ^{211} |
翅 tɕʰiᴇ^{211} | 试 tsʰe^{211} | 手 tɕʰiu^{322} |
深 tɕʰiŋ^{52} | 伸手～出 tsʰuoŋ^{52} |
呻呻吟 tsʰᴇŋ^{52} | 拭 tsʰeʔ^{21}；书 tɕy^{52} |
少数量少 tɕiu^{322} | 守～寡 tɕiu^{322} |
升容量单位 tɕiŋ^{52} | 叔 tsøʔ^{21} | 春 tɕyŋ^{52}；

晓母 靴 kʰuo^{52} | 呼～鸡 kʰu^{52}。

2.1.4.2.1.8 大多数知、彻、澄母字读作塞音[t tʰ]声母。例如：

知母 猪 ty^{52} | 智 te^{211} | 转 tuoŋ^{322} | 镇 teŋ^{211} |
帐 tyɔ̱ŋ^{211} | 桌 tɔ^{211} | 摘 tia^{211} | 竹 tøʔ^{21}；

彻母 抽 tʰiu^{52} | 丑地支 tʰiu^{322} | 趁赚 tʰeŋ^{211} |
撑 tʰaŋ^{52} | 拆 tʰia^{211} | 蛏 tʰᴇŋ^{52}；

澄母 茶 ta^{44} | 苎 tœ^{41} | 橱配～tiu^{44} | 痔 te^{41} |
赵 tiəu^{41} | 陈 tiŋ^{44} | 丈 tɔŋ^{41}；槌 tʰui^{44} |
沉 tʰᴇŋ^{44} | 虫 tʰœ̱ŋ^{44} | 柱 tʰiəu^{41} |

杖 t^{h}yɔ̱ŋ^{41} | 蛇 t^{h}a^{211}。

2.1.4.2.1.9　少数庄组字读作塞音[t t^{h}]声母：

庄母　　装～尸 tyoŋ^{52} | 静手下～taŋ^{52}；

初母　　铲～塍塍 t^{h}iaŋ^{322} | 窗～门 t^{h}yŋ^{52}；

崇母　　事～□iᴇ$^{-211}$：事情 tai^{41}；锄 t^{h}y^{44}；

生母　　馊 t^{h}ᴇu^{52} | 缩 t^{h}øʔ^{21}。

2.1.4.2.1.10　崇母有少数字读作擦音[θ]声母：士仕 θø^{41} | 事本～θø^{41} | 煠水煮 θaʔ^{5} | 镯 θɔ̱^{52}。

2.1.4.2.1.11　章组和同摄三四等的精组都读作[ts ts^{h} θ]声母或[tɕ tɕ^{h}]声母。例如：谢麻邪＝社麻禅 θia^{41} | 祭祭精＝制祭章 tɕiᴇ^{211} | 姊脂精＝旨脂章 tɕi^{322} | 司之心＝尸脂书 θi^{52} | 字硬币有阿拉伯数字的面。之从＝市之禅 ts^{h}e^{41} | 蕉宵精＝招宵章 tɕiu^{52} | 侵侵清＝深侵书 tɕ^{h}iŋ^{52} | 箭仙精＝战仙章 tɕiᴇŋ^{211} | 新真心＝身真书 θiŋ^{52} | 奖阳精＝掌阳章 tɕyoŋ^{322} | 枪阳清＝昌阳昌 tɕ^{h}yoŋ^{52} | 刺昔清＝赤昔昌 tɕ^{h}ia^{211} | 惜昔心＝释昔书 θeʔ^{21} | 足烛精＝粥屋章 tsøʔ^{21} | 俗烛邪＝赎烛船 θyʔ^{5}。

2.1.4.2.1.12　船禅母，除了少数字读作送气塞擦音[ts^{h} tɕ^{h}]声母以外，基本上都读作擦音[θ]声母。例如：

船母　　蛇 θia^{44} | 舌 θieʔ^{5} | 船 θuŋ^{44} | 顺 θoŋ^{41} | 食 θia^{52} | 赎 θyʔ^{5}；

禅母　　社 θia^{41} | 是 θe^{41} | 豉 θiᴇ^{41} | 视 θe^{41} | 受 θiəu^{41} | 十 θᴇʔ^{5} | 肾 θeŋ^{41} |

上动词 θyɔ̱ŋ^{41}｜成八～θiaŋ^{44}｜石 θyo^{52}；

市 tsʰe^{41}｜树 tɕʰiəu^{211}｜鳝 tɕʰiaŋ^{41}。

禅母"蜍蟾～"读作[tɕy^{44}]，为例外。

2.1.4.2.1.13　多数日母字读作[n]声母。例如：汝 ny^{322}｜二 ne^{41}｜染 nieŋ^{322}｜软 nuoŋ^{322}｜仁桃～niŋ^{44}｜认 neŋ^{41}｜润 noŋ^{211}｜日 niʔ^{5}｜闰 noŋ^{41}｜让 nyɔ̱ŋ^{41}｜箬 nyo^{52}｜肉 nyʔ^{5}。

2.1.4.2.1.14　见组一般读作 k 组声母，今逢细音时也与精组和泥娘母有区别。例如：计见 kiᴇ^{211} ≠ 祭精 tɕiᴇ^{211}｜劫见 kiᴇʔ^{21} ≠ 接精 tɕiᴇʔ^{21}｜京见 kiŋ^{52} ≠ 精精 tɕiŋ^{52}；邱溪 kʰiu^{52} ≠ 秋清 tɕʰiu^{52}；乾～隆。群 kieŋ^{44} ≠ 钱从 tɕieŋ^{44}；语疑 ŋy^{322} ≠ 女娘 ny^{322}。

2.1.4.2.1.15　多数匣母字读作[x]声母。例如：何 xɔ̱^{44}｜贺 xɔ^{41}｜霞 xa^{44}｜夏立～xa^{41}｜华中～xua^{44}｜湖 xu^{44}｜户 xo^{41}｜护 xo^{41}｜亥 xai^{41}｜回 xui^{44}｜怀 xui^{44}｜号几～xɔ^{41}｜效 xau^{41}｜候 xɛu^{41}｜函 xaŋ^{44}｜还动词 xᴇŋ^{44}｜悬 xᴇŋ^{44}～落去：秤尾低｜痕 xɔ̱ŋ^{44}｜魂浑 xuŋ^{44}｜杭 xɔ̱ŋ^{44}｜皇 xuoŋ^{44}｜衡 xᴇŋ^{44}｜幸 xɛŋ^{41}｜形型刑邢 xiŋ^{44}｜横 xuaŋ^{44}｜获 xᴇʔ^{5}。

2.1.4.2.1.16　除了[x]声母以外，部分匣母字还读作[k kʰ]声母或零声母。例如：

[k]声母　　糊 ku^{44}｜咬下巧切 ka^{41}｜猴 kau^{44}｜

厚 kau^{41}｜含 kaŋ^{44}｜鹹 kᴇŋ^{44}｜衔 kaŋ^{44}｜

寒 kaŋ^{44}｜汗 kaŋ^{41}｜舷桌～kieŋ^{44}｜

滑 kɔ̠ʔ^{5} | 悬高 kᴇŋ^{44} | 县 kɛŋ^{41} |
行走 kiaŋ^{44}；

零声母　河荷～花 ɔ̠^{44} | 夥若～ua^{41} | 鞋 ᴇ^{44} |
画名词 ua^{41} | 话 ua^{41} | 盒 aʔ^{5} | 馅 aŋ^{41} |
旱 aŋ^{41} | 闲 ᴇŋ^{44} | 限 ɛŋ^{41} | 换 uaŋ^{41} |
活 uaʔ^{5} | 黄 uoŋ^{44} | 学 ɔ̠^{52} | 桁 aŋ^{44} |
劃笔～画动词 ua^{52} | 红 œ̠ŋ^{44}；

[kʰ]声母　环 kʰuaŋ^{44} | 舰 kʰaŋ^{322}。

2.1.4.2.1.17　少数云母字读作[x]声母：园 xuoŋ^{44} | 远 xuɔ̠ŋ^{41} | 雲 xuŋ^{22}。

2.1.4.2.1.18　少数以母字读作[θ]声母：盐名词檐 θieŋ^{44} | 痒 θyɔ̠ŋ^{41} | 翼 θiʔ^{5}。另外"蝇□pu^{-44}～：苍蝇"读作[ziŋ$^{-44}$]，当来自*θiŋ^{44}。

2.1.4.2.1.19　止摄合口三等脂韵的以母字读作[m]声母：维惟遗 mi^{44} | 唯 mi^{44}。

2.1.4.2.1.20　其他：壁隔～戍。帮 mia^{-52}；爿这～：这里。並 mᴇŋ$^{-335}$；方大～。非 kʰuoŋ^{52}；鸟～囝。端 tsᴇu^{322}；郎～爸。来 nyoŋ^{44}；岁心 xuɔ̠i^{211}；镊娘 ŋiᴇʔ^{21}；柿崇 kʰe^{41}；所□□tsua^{-335} aʔ$^{-5}$～：这里。生 nœ^{322}；扯～纸。昌 tʰie^{322} | 齿昌 kʰi^{322}；垂耳～。禅 tʰui^{44}；耳日 ŋe^{41}～囝、mi^{322}木～；级见 ŋeʔ^{21}；瓦疑 mua^{41}；吸晓 ŋeʔ^{21}；瘾影 ŋiᴇŋ^{211}；阎以 ŋieŋ^{44} | 页以 xieʔ^{5} | 捐以 kyoŋ^{52}。

2.1.4.2.2 韵母

2.1.4.2.2.1 果摄

2.1.4.2.2.1.1 果摄开口一等歌韵主要读作[ua ai]韵或[ɔ̱/ɔ]韵。例如：

[ua]韵　　拖 t^{h}ua^{52} | 舵 tua^{41} | 大形容词 tua^{41} | 挪 nua^{52} | 我 ŋua^{322}；

[ai]韵　　大～寒 tai^{41} | 箩 lai^{44}；

[ɔ̱/ɔ]韵　　多 tɔ̱^{52} | 驼驮拿 tɔ̱^{44} | 罗锣 lɔ̱^{44} | 搓 ts^{h}ɔ̱^{52} | 歌 kɔ̱^{52} | 河 ɔ̱^{44} | 贺 xɔ^{41}。

2.1.4.2.2.1.2 果摄合口一等戈韵帮组读作[ua]韵或[ɔ̱/ɔ]韵。例如：

[ua]韵　　簸 pua^{211} | 破 p^{h}ua^{211} | 磨动词 mua^{44}；

[ɔ̱/ɔ]韵　　波 p^{h}ɔ̱^{52} | 播广～mɔ$^{-211}$ | 坡 p^{h}ɔ̱^{52} | 婆 pɔ̱^{44} | 磨名词 mɔ^{41}。

2.1.4.2.2.1.3 果摄合口一等戈韵端精组读作[ɔ̱/ɔ]韵(精组)、[uo](端组)韵或[ɔ̱y/ɔy]韵：

[ɔ̱/ɔ]韵　　座 tsɔ^{41} | 梭 θɔ̱^{52} | 锁 θɔ̱^{322}；

[uo]韵　　朵 tuo^{322} | 妥 t^{h}uo^{322}；

[ɔ̱y/ɔy]韵　　螺脶 lɔ̱y^{44} | 莝砍 ts^{h}ɔy^{211} | 蓑棕～nɔ̱y^{-52} | 坐 θɔy^{41}。

2.1.4.2.2.1.4 果摄合口一等戈韵见晓组读作[ua]韵、[uɔ̱/uɔ]韵或[ui]韵。例如：

[ua]韵　过菜老 kua^{52} | 夥若~ua^{41}；
[uo/uɔ̱]韵　锅 kuo^{52} | 过动词 kuɔ̱^{211} | 科 kʰuo^{52} | 课 kʰuɔ̱^{211} | 货 xuɔ̱^{211} | 和~平 xuo^{44}；
[ui]韵　果~子 kui^{-11} | 裹~粽馃 kui^{322} | 火 xui^{322}。

2.1.4.2.2.1.5　果摄开口三等戈韵读作[yo]韵：茄读字 kyo^{44}；合口三等戈韵则读[uo]韵：瘸~手 kʰuo^{44} | 靴 kʰuo^{52}。

2.1.4.2.2.1.6　果摄里比较特殊的读音：个的。歌一见 ki^{0}；菠~薐。戈一帮 puo^{-44}。

2.1.4.2.2.2　假摄

2.1.4.2.2.2.1　假摄开口二等麻韵主要读作[a]韵，开口三等麻韵读作[ia]韵，合口二等麻韵读作[ua]韵，均以[a]为主要元音。例如：

二等开　马 ma^{322} | 茶 ta^{44} | 家加 ka^{52} | 牙 ŋa^{44} | 鸦 a^{52} | 哑 a^{322} | 下楼~a^{41} | 夏~至 xa^{41}；
三等　写 θia^{322} | 斜 θia^{44} | 爹老~tia^{52} | 遮 tɕia^{52} | 车坐~tɕʰia^{52} | 蛇 θia^{44} | 也 ia^{41}；
二等合　瓜 kua^{52} | 瓦名词 mua^{41} | 花 xua^{52}。

2.1.4.2.2.2.2　假摄开口二等麻韵还有[ia ua]韵的读法：

[ia]韵　枷 kia^{44} | 下悬~kia^{41}；

［ua］韵　　麻 mua^{44} | 沙 θua^{52} 。

2.1.4.2.2.2.3　假摄里比较特殊的读音：鲨麻开二生 θai^{52} | 哈张口呼气。麻开二晓 xœ̱^{44}；爷爸爸。麻开三以 ie^{44} 。

2.1.4.2.2.3　遇摄

2.1.4.2.2.3.1　遇摄一等模韵帮组的读音与其他不相同，主要读作［uo/uɔ̱］韵，其他则读［u/o］韵。例如：

帮组　　布 puɔ̱^{211} | 铺十里 p^{h}uɔ̱^{211} | 浦 p^{h}uo^{322} |
簿 puɔ̱^{41} | 步 puɔ̱^{41} | 墓 muɔ̱^{211}；

其他　　赌 tu^{322} | 度 to^{41} | 露露水 lo^{211} | 租 tsu^{52} |
素 θo^{211} | 助 tso^{41} | 顾 ko^{211} | 箍 k^{h}u^{52} |
苦 k^{h}u^{322} | 吴 ŋu^{44} 。

除帮组以外也有个别字读作［uo/uɔ̱］韵：屠肉～tuo^{44} | 虏 luo^{322} | 误悟 ŋuɔ̱^{41} 。

2.1.4.2.2.3.2　遇摄一等模韵还有两个字读作［ɔ̱/ɔ］韵：肚腹～lɔ̱$^{-322}$ | 措 ts^{h}ɔ^{211} 。

2.1.4.2.2.3.3　遇摄三等鱼韵的部分字读作［œ̱/œ］韵或［yo/yɔ̱］韵：

［œ̱/œ］韵　　驴 lœ̱^{44} | 苎 tœ^{41} | 初 ts^{h}œ̱^{52} |
梳疏形容词 θœ̱^{52} | 所 nœ̱^{322} |
疏注解 θœ^{211} | 黍 θœ̱^{322}；

［yo/yɔ̱］韵　　贮～饭：盛饭 tyo^{322} | 去 k^{h}yɔ̱^{211} 。

虞韵日母的“乳”读作［yo^{322}］，亦为［yo］韵。

2.1.4.2.2.3.4 遇摄三等虞韵非组读作[u/o]韵或[uo]韵：

[u/o]韵　　殕生～p^{h}u^{322}｜腐腐朽 po^{41}；

[uo]韵　　夫丈～muo^{-52}｜斧～头 puo^{322}｜麸 p^{h}uo^{52}｜扶 p^{h}uo^{44}。

2.1.4.2.2.3.5 遇摄三等虞韵知章组的多数字读作[uo/uɔ̱]韵。例如：厨～师父 tuo^{44}｜朱 tsuo^{52}｜主 tsuo^{322}｜铸 tsuɔ̱^{211}｜输 θuo^{52}｜戍房子 ts^{h}uɔ̱^{211}。

2.1.4.2.2.3.6 遇摄三等虞韵精知章组的部分字读作[iu/iəu]韵：鬚喙～tɕ^{h}iu^{52}｜拄顶住 tiu^{322}｜橱配～tiu^{44}｜柱 t^{h}iəu^{41}｜珠目～tɕiu^{52}｜蛀 tɕiəu^{211}｜树 tɕ^{h}iəu^{211}。

2.1.4.2.2.3.7 遇摄虞韵见晓组有三个字读作[uɔ̱]韵：句 kuɔ̱^{211}｜雨～漏 xuɔ̱^{41}｜芋～头 uɔ̱^{41}。

2.1.4.2.2.3.8 遇摄里比较特殊的读音：蒲～扇。模並 pu^{44}｜蜈～蚣。模疑 ŋa^{-55}；讣～告。虞敷 p^{h}uʔ^{5}。

2.1.4.2.2.4 蟹摄

2.1.4.2.2.4.1 蟹摄开口一等咍泰韵(除泰韵帮组以外)主要读作[i]韵、[ai]韵或[ɔ̱y/ɔy]韵。例如：

[i]韵　　苔青～t^{h}i^{44}｜来 li^{44}｜鳃 tɕ^{h}i^{52}（以上咍韵）；

[ai]韵　　戴 tai^{211}｜台戏～tai^{44}｜财 tsai^{44}｜菜 ts^{h}ai^{211}｜海 xai^{322}｜亥 xai^{41}

（以上咍韵）；带 tai^{211}｜太泰 tʰai^{211}｜赖 lai^{41}｜蔡 tsʰai^{211}｜害 xai^{41}（以上泰韵）；

[ɔ̱y/ɔy]韵　胎 tʰɔ̱y^{52}｜代第几～袋 tɔy^{41}｜灾家畜死 tsɔ̱y^{52}｜猜 tsʰɔ̱y^{52}｜裁制～tsɔ̱y^{44}｜改 kɔ̱y^{322}｜爱喜欢 ɔy^{211}（以上咍韵）。

2.1.4.2.2.4.2　蟹摄开口二等皆佳夬韵主要读作[a]韵、[ai]韵、[ᴇ/ɛ]韵或[ie]韵。例如：

[a]韵　罢 pa^{41}｜奶依～na^{322}｜佳 ka^{52}（以上佳韵）；

[ai]韵　拜 pai^{211}｜豺 tsai^{44}｜芥～蓝届 kai^{211}（以上皆韵）；派 pʰai^{211}｜债 tsai^{211}｜钗 tsʰai^{52}（以上佳韵）；败 pai^{41}｜寨 tsai^{41}（以上夬韵）；

[ᴇ/ɛ]韵　排 pᴇ^{44}｜斋 tsᴇ^{52}｜戒猪八～疥 kɛ^{211}（以上皆韵）；摆 pᴇ^{322}｜牌 pᴇ^{44}｜稗 pʰɛ^{211}｜买 mᴇ^{322}｜街 kᴇ^{52}｜解～起来 kᴇ^{322}｜鞋 ᴇ^{44}｜蟹 xɛ^{41}（以上佳韵）；

[ie]韵　阶～□lɔ̱$^{-44}$层：台阶 kie^{-44}（皆韵）；鲑咸～kie^{44}（佳韵）。

2.1.4.2.2.4.3　蟹摄开口三等祭韵读作[ia]韵或[iᴇ]韵。例如：

[ia]韵　　蛎牡蛎 tia^{41}｜漈小瀑布 tɕia^{211}；

[iᴇ]韵　　例 liᴇ^{41}｜祭际 tɕiᴇ^{211}｜制製 tɕiᴇ^{211}｜世势惯～θiᴇ^{211}｜艺 ŋiᴇ^{41}。

2.1.4.2.2.4.4　蟹摄开口四等齐韵的读音较复杂，读作[i/e]韵、[ai]韵、[ᴇ/ɛ]韵或[ie/iᴇ]韵。例如：

[i/e]韵　　米 mi^{322}｜蒂 te^{211}；

[ai]韵　　脐 θai^{44}｜婿儿～nzai^{-211}；

[ᴇ/ɛ]韵　　底鞋～tᴇ^{322}｜体 tʰᴇ^{322}｜替 tʰɛ^{211}｜题 tᴇ^{44}｜弟徒～tɛ^{41}｜泥 nᴇ^{44}｜犁 lᴇ^{44}｜齐 tsᴇ^{44}｜凄 tsʰᴇ^{52}｜西 θᴇ^{52}｜溪 kʰᴇ^{52}｜倪 ŋᴇ^{44}；

[ie/iᴇ]韵　　批 pʰie^{52}｜底～农 tie^{-44}｜剃 tʰiᴇ^{211}｜啼 tʰie^{44}｜弟弟弟 tiᴇ^{41}｜鸡 kie^{51}｜计继 kiᴇ^{211}｜启 kʰie^{322}｜契 kʰiᴇ^{211}｜系 xiᴇ^{41}。

2.1.4.2.2.4.5　蟹摄开口韵里比较特殊的读音：开咍溪 kʰui^{52}；艾泰疑 ŋia^{211}；梯齐透 tʰɔ̱y^{52}｜髻～团。齐见 kuɔ̱i^{211}。

2.1.4.2.2.4.6　蟹摄合口一等灰韵帮组、见晓组以及泰韵读作[ui/uɔ̱i]韵，灰泰韵端精组则读[ɔ̱y/ɔy]韵。见晓组[ui/uɔ̱i]的读法与止摄合口三等相同（参 2.1.4.2.2.5.7、2.1.4.2.2.5.8）。例如：

灰韵帮组　杯 pui^{52} | 辈 puɔ̱i^{211} | 坯 p^{h}ui^{52} | 配 p^{h}uɔ̱i^{211} | 赔 pui^{44} | 焙 puɔ̱i^{41} | 煤 mui^{44} | 每 mui^{322} | 妹 muɔ̱i^{211}；

灰韵端精组　堆 tɔ̱y^{52} | 对碓 tɔy^{211} | 推 t^{h}ɔ̱y^{52} | 腿 t^{h}ɔ̱y^{322} | 退 t^{h}ɔy^{211} | 内 nɔy^{41} | 雷 lɔ̱y^{44} | 罪 tsɔy^{41} | 碎 ts^{h}ɔy^{211}；

泰韵端精组　蜕蝉～t^{h}ɔy^{211} | 最 tsɔy^{211}；

灰韵见晓组　灰 xui^{52} | 悔 xuɔ̱i^{211} | 回 xui^{44}；

泰韵　贝 puɔ̱i^{211} | 外～国 ŋuɔ̱i^{41} | 会开～xuɔ̱i^{41}。

2.1.4.2.2.4.7　蟹摄合口三等祭韵有三个字读作[uɔ̱i]韵：脆 ts^{h}uɔ̱i^{211} | 岁 xuɔ̱i^{211} | 税 θuɔ̱i^{211}。

2.1.4.2.2.4.8　蟹摄合口三等废韵非组读作[iᴇ uɔ̱i]韵：

[iᴇ]韵　废 xiᴇ^{211} | 肺 xiᴇ^{211}；

[uɔ̱i]韵　柿 p^{h}uɔ̱i^{211} | 吠 puɔ̱i^{41}。

2.1.4.2.2.4.9　蟹摄合口四等齐韵见晓组读作[ie/iᴇ]韵：圭闺 kie^{52} | 桂 kiᴇ^{211} | 惠慧 xiᴇ^{41}。

2.1.4.2.2.4.10　蟹摄合口韵里比较特殊的读音：队灰定 tuɔ̱i^{41}；外～兜。泰疑 ŋia^{41}；快形容词。夬溪 k^{h}ɛ^{211}；锐祭以 yɔ̱^{41}。

2.1.4.2.2.5　止摄

2.1.4.2.2.5.1　止摄开口支脂之韵精庄组的部分字读作[y/ø]韵，这些字以书面语为主。例如：

支韵　此 tɕ^{h}y^{322} | 斯 θy^{52} | 赐 θø^{211}；

脂韵　　资姿 $tɕy^{52}$ | 次 $ts^hø^{211}$ | 自～由 $tsø^{41}$ | 四～川 $θy^{-55}$；

之韵　　子地支之一 $tɕy^{322}$ | 慈磁 $tɕy^{44}$ | 思 $θy^{52}$ | 词祠 $θy^{44}$ | 士棋子之一仕 $θø^{41}$ | 史 $θy^{322}$ | 事本～$θø^{41}$。

2.1.4.2.2.5.2　止摄支韵开口的读音比较复杂，读作[i/e]韵、[ia]韵、[ai]韵、[ᴇ]韵、[ie/iᴇ]韵或[ui/uo̠i]韵。[ui/uo̠i]韵只有帮组字（重纽三等）。例如：

[i/e]韵　　脾内脏之一 pi^{44} | 疕痂 p^hi^{322} | 知 ti^{52} | 智 te^{211} | 是 $θe^{41}$；

[ia]韵　　纸～媒 $tɕia^{322}$ | 寄 kia^{211} | 奇～数 k^hia^{52} | 骑 k^hia^{44} | 岐泽～：地名 ia^{-44} | 徛站立 k^hia^{41} | 蚁 $ŋia^{41}$ | 桸粪～：粪勺 $ŋia^{-52}$；

[ai]韵　　纸纸张 $tsai^{322}$ | 倚用手扶着 ai^{322}；

[ᴇ]韵　　璃玻～$lᴇ^{44}$ | 徙 $θᴇ^{322}$；

[ie/iᴇ]韵　　避～难 $piᴇ^{41}$ | 篱～笆 lie^{-55} | 离 $liᴇ^{41}$ | 荔～枝 lie^{-55} | 紫 $tɕie^{322}$ | 刺 $tɕ^hiᴇ^{211}$ | 池 tie^{44} | 支枝荔～$tɕie^{52}$ | 舐舔 $θiᴇ^{41}$ | 施 $θie^{52}$ | 匙饭～$θie^{44}$ | 豉豆～$θiᴇ^{41}$ | 儿囝～nie^{-335} | 义议 $ŋiᴇ^{41}$ | 戏 $xiᴇ^{211}$ | 椅 ie^{322} | 移 ie^{44}；

[ui/uo̠i]韵　　皮 p^hui^{44} | 被被子 $p^huo̠i^{41}$ | 糜稀饭 mui^{44}。

2.1.4.2.2.5.3　止摄支韵开口字里比较特殊的读音：避～开。並 $p^{h}ia^{211}$ | 玺玉～。心 $\theta\underline{œ}e^{322}$ | 儿～婿。日 $nie\eta^{-22}$。

2.1.4.2.2.5.4　止摄开口脂之韵知庄章组的部分字读作[ai]韵：

脂韵　　箒～～：筛子 $t^{h}ai^{52}$ | 狮 θai^{52} |
　　　　指鸡角～$tsai^{322}$ | 屎 θai^{322}；

之韵　　痴风～nai^{-52} | 治杀 $t^{h}ai^{44}$ |
　　　　事～□$i\text{ᴇ}^{-211}$：事情 tai^{41} | 使驶～船 θai^{322}。

2.1.4.2.2.5.5　止摄脂之韵开口字(包括帮组)里比较特殊的读音：

脂韵　　屁滂 $p^{h}u\underline{ɔ}i^{211}$ | 尼娘 $n\text{ᴇ}^{44}$ |
　　　　腻食～去。娘 $nœ^{211}$ | 师～父。生 θa^{52} |
　　　　脂章 $tɕie^{52}$ | 指手～指：手指，读作
　　　　[$tɕ^{h}iu^{11}ʑie\eta^{11}nzai^{52}$]。章 $ʑie\eta^{-11}$；

之韵　　厘来 lie^{44}。

2.1.4.2.2.5.6　止摄开口微韵见晓组的部分字读作[ui/u$\underline{ɔ}$i]韵：几～只 kui^{322} | 气断～$k^{h}u\underline{ɔ}i^{211}$ | 衣胎盘 ui^{52}。

2.1.4.2.2.5.7　止摄微韵非组读作[i/e]韵或[ui/u$\underline{ɔ}$i]韵：

[i/e]韵　　非 xi^{52} | 未地支之一 me^{41} | 味 e^{41}；

[ui/u$\underline{ɔ}$i]韵　　飞 pui^{52} | 痱 $pu\underline{ɔ}i^{211}$ | 肥 pui^{44} |
　　　　尾 mui^{322} | 未副词 $mu\underline{ɔ}i^{41}$。

2.1.4.2.2.5.8　止摄合口支脂韵来母和精知章组的

多数字读作[ui/uo̠i]韵。例如：

支韵　　累积～lui322｜随 θui44｜瑞 θuo̠i41；

脂韵　　类 luo̠i41｜醉 tsuo̠i211｜穗 θuo̠i211｜锤 tʰui44｜椂水 tsui322。

2.1.4.2.2.5.9　止摄合口支韵还有四个字读作[o̠y/ɔy]韵：髓 tsʰo̠y322｜吹炊 tsʰo̠y52｜箠牛～：赶牛用的竹鞭 tsʰo̠y44。

2.1.4.2.2.5.10　止摄合口支脂韵见组有部分字读作[ie/iᴇ]韵或[i]韵：规 kie52；季 kiᴇ211｜逵 ki44｜葵 ki44｜癸 ki44。除了"逵"以外都是重纽四等字。

2.1.4.2.2.5.11　止摄合口脂韵生母读作[o̠y/ɔy]韵：衰 θo̠y52｜帅 θɔy211。

2.1.4.2.2.6　效摄

2.1.4.2.2.6.1　效摄一等豪韵主要读作[au]韵或[o̠/ɔ]韵。例如：

[au]韵　　老形容词 lau41｜糟 tsau52｜蚤□ka-11～：跳蚤 zau-52｜灶 tsau211｜草 tsʰau322｜扫 θau211｜薅～草 xau52；

[o̠/ɔ]韵　　报 pɔ211｜帽 mɔ41｜刀 to̠52｜岛 to̠322｜讨 tʰo̠322｜桃 tʰo̠44｜牢 lo̠44｜枣 tso̠322｜槽 θo̠44｜高 ko̠52｜熬 ŋo̠44｜好形容词 xo̠322｜号几～xɔ41。

2.1.4.2.2.6.2　效摄二等肴韵主要读作[a au]韵。

例如：

[a]韵　　饱 pa^{322} | 抛停泊 p^{h}a^{52} |
炮棋子之一 p^{h}a^{211} | 猫 ma^{44} |
炒吵 ts^{h}a^{322} | 胶水～铰 ka^{52} |
教～书 ka^{211} | 骹脚 k^{h}a^{52} | 巧细～k^{h}a^{322} |
孝带～xa^{211} | 咬 ka^{41}；

[au]韵　　包～起来 pau^{52} | 卯 mau^{322} | 闹 nau^{41} |
罩 tau^{211} | 交 kau^{52}。

2.1.4.2.2.6.3　效摄二等肴韵並母还有两个字读作[u]韵：匏炮煨 pu^{44}。

2.1.4.2.2.6.4　效摄三等宵韵和四等萧韵主要读作[iu/iəu]韵，与流摄三等相同(参 2.1.4.2.2.7.3)。例如：

宵韵　　瘭浮萍 p^{h}iu^{44} | 庙 miəu^{41} | 燎 liu^{44} |
椒 tɕiu^{52} | 笑 tɕ^{h}iəu^{211} | 赵 tiəu^{41} |
照 tɕiəu^{211} | 烧 θiu^{52} | 少数量小 tɕiu^{322} |
骄 kiu^{52} | 侨 kiu^{44} | 轿 kiəu^{41} | 摇 iu^{44} |
舀 iu^{322}；

萧韵　　刁 tiu^{52} | 钓 tiəu^{211} | 跳 t^{h}iəu^{211} |
尿 niəu^{41} | 辽 liu^{44} | 了～解 liu^{322} |
萧 θiu^{52} | 缴 kiu^{322} | 叫鸟鸣 kiəu^{211}。

2.1.4.2.2.6.5　效摄四等萧韵端组的部分字还读作[ᴇu/ɛu]韵：雕 tᴇu^{52} | 鸟～团 tsᴇu^{322} | 吊～死 tɛu^{211} | 条 tᴇu^{44} |

寮 lᴇu^{44} | 料 lɛu^{41}。

2.1.4.2.2.6.6 效摄里比较特殊的读音：早豪精 tsa^{322}；笊～篱。肴庄 tɕia^{-11} | 巧凑～。肴溪 kʰiu^{322}；桥宵群 kyo^{44}；尿～壶。萧泥 nia^{-44} | 了助词。萧来 lau^{322} | 叫萧见 kœ^{211}。

2.1.4.2.2.7 流摄

2.1.4.2.2.7.1 流摄一等侯韵主要读作[au]韵或[ᴇu/ɛu]韵。例如：

[au]韵　偷 tʰau^{52} | 透 tʰau^{211} | 头 tʰau^{44} | 敨～开 tʰau^{322} | 楼 lau^{44} | 漏 lau^{41} | 走 tsau^{322} | 嗽 θau^{211} | 钩沟 kau^{52} | 垢 kau^{322} | 抠 kʰau^{52} | 藕 ŋau^{41} | 厚 kau^{41} | 後～日 au^{41}；

[ᴇu/ɛu]韵　谋 mᴇu^{44} | 茂贸 mɛu^{41} | 奏 tsɛu^{211} | 凑 tsʰɛu^{211} | 构 kɛu^{211} | 狗走～kᴇu^{322} | 扣 kʰɛu^{211} | 候 xɛu^{41} | 瓯 ᴇu^{52}。

2.1.4.2.2.7.2 流摄一等侯韵明母还有[u o̱ uo̱]韵的读音：某亩牡～丹母阿～mu^{322}；母牛～拇 mo̱^{322}；戊 muo̱^{41}。

2.1.4.2.2.7.3 流摄三等尤幽韵(除非组和庄组以外)主要读作[iu/iəu]韵：

尤韵　榴 liu^{44} | 柳 liu^{322} | 酒 tɕiu^{322} | 秋 tɕʰiu^{52} | 修 θiu^{52} | 秀 θiəu^{211} | 丑地支之一 tʰiu^{322} | 绸 tiu^{44} | 纣 tiəu^{41} |

周 tɕiu^{52}|手 tɕ^{h}iu^{322}|守~寡 tɕiu^{322}|受 θiəu^{41}|韭~菜 kiu^{322}|救 kiəu^{211}|邱 k^{h}iu^{52}|求 kiu^{44}|舅阿~kiəu^{41}|油 iu^{44}；

幽韵　　幽 iu^{52}|幼 iəu^{211}。

2.1.4.2.2.7.4　流摄三等尤韵非组和多数见晓组字读作[u/o]韵：

非组　　富 po^{211}|浮 p^{h}u^{44}|妇新~mo^{-41}|伏孵 po^{41}；

见晓组　　丘 k^{h}u^{52}|臼 k^{h}o^{41}|旧 ko^{41}|有 o^{41}。

2.1.4.2.2.7.5　流摄三等尤韵非组还读作[ᴇu/ɛu]韵，与庄组相同：否 p^{h}ᴇu^{322}|阜 p^{h}ɛu^{41}；邹 tsᴇu^{52}|皱 tsɛu^{211}|愁 ts^{h}ᴇu^{44}|馊 t^{h}ᴇu^{52}|搜 θᴇu^{52}。

2.1.4.2.2.7.6　流摄三等尤韵的部分字还有[au]韵的读音出现：流刘留 lau^{44}|昼 tau^{211}|臭 ts^{h}au^{211}|九 kau^{322}。

2.1.4.2.2.7.7　流摄里比较特殊的读音：喉~咙。侯匣 xœ̲$^{-44}$|後~兜：后边。侯匣 a^{41}；就副词。尤从 tso^{41}|咒诅咒。尤章 tso^{211}|舅~公。尤群 ki^{-55}。

2.1.4.2.2.8　咸摄

2.1.4.2.2.8.1　咸摄一等覃谈合盍韵和多数二等咸衔洽狎韵字读作[aŋ aʔ]韵，与山摄开口一等寒曷韵和多数开口二等山删黠鎋韵字相同。例如：

覃韵　贪 t^{h}aŋ^{52}｜潭 t^{h}aŋ^{44}｜南 naŋ^{44}｜簪 tsaŋ^{52}｜惨 ts^{h}aŋ^{322}｜顄 kaŋ^{322}｜含 kaŋ^{44}；

谈韵　担动词 taŋ^{52}｜篮 laŋ^{44}｜錾 tsaŋ^{41}｜三 θaŋ^{52}｜敢 kaŋ^{322}｜庵 aŋ^{52}｜暗 aŋ^{211}；

寒韵　旦 taŋ^{211}｜摊 t^{h}aŋ^{52}｜拦 laŋ^{44}｜伞 θaŋ^{322}｜肝 kaŋ^{52}｜寒 kaŋ^{44}｜安 aŋ^{52}；

咸韵　赚错 taŋ^{41}｜斩 tsaŋ^{322}｜杉 θaŋ^{52}｜馅 aŋ^{41}；

衔韵　衫 θaŋ^{52}｜监～督 kaŋ^{211}｜鉴监太～kaŋ^{211}｜岩 ŋaŋ^{44}｜衔 kaŋ^{44}；

山韵　盏 tsaŋ^{322}｜山 θaŋ^{52}｜产 θaŋ^{322}｜艰 kaŋ^{52}｜眼 ŋaŋ^{322}；

删韵　班 paŋ^{52}｜奸 kaŋ^{52}｜菅～□ȵʑi^{-52}：茅草 kaŋ$^{-33}$｜雁 ŋaŋ^{41}；

合韵　答 taʔ^{21}｜踏 taʔ^{5}｜纳 naʔ^{5}｜杂 tsaʔ^{5}｜蛤 kaʔ^{21}｜合～众 kaʔ^{21}；

盍韵　塔 t^{h}aʔ^{21}｜蜡 laʔ^{5}；

曷韵　达 taʔ^{5}｜捺 naʔ^{5}｜萨 θaʔ^{21}｜割葛 kaʔ^{21}；

洽韵　插 ts^{h}aʔ^{21}｜闸 tsaʔ^{5}｜裌～袄 kaʔ^{21}；

狎韵　甲 kaʔ^{21}｜鸭 aʔ^{21}；

黠韵　　扎 tsaʔ^{21}｜杀 θaʔ^{21}；

鎋韵　　铡 tsaʔ^{5}。

2.1.4.2.2.8.2　咸摄二等咸洽狎韵和四等添帖韵的部分字读作[ᴇŋ/ɛŋ]韵和[ᴇʔ/ɛʔ]韵，与山摄开口二等山删黠韵和开口四等先屑韵部分字的读音相同。例如：

咸韵　　减 kᴇŋ^{322}｜鹹 kᴇŋ^{44}；

添韵　　点~钱 tᴇŋ^{322}｜店 tɛŋ^{211}｜念~经 nɛŋ^{41}；

山韵　　办 pɛŋ^{41}｜拣 kᴇŋ^{322}｜苋~菜 xᴇŋ^{211}｜闲 ᴇŋ^{44}｜限 ɛŋ^{41}；

删韵　　板版 pᴇŋ^{322}｜爿 pᴇŋ^{44}｜慢 mɛŋ^{41}；

先韵　　边西~pᴇŋ^{52}｜典~戍 tᴇŋ^{322}｜填 tᴇŋ^{44}｜殿垫 tɛŋ^{41}｜莲 lᴇŋ^{44}｜荐草~tsɛŋ^{211}｜筅 tsʰᴇŋ^{322}｜前 θᴇŋ^{44}｜先副词 θᴇŋ^{52}｜牵 kʰᴇŋ^{52}；

洽韵　　夹发~kᴇʔ^{5}；

狎韵　　压 ɛʔ^{21}；

帖韵　　帖贴 tʰɛʔ^{21}；

黠韵　　八 pɛʔ^{21}｜拔 pᴇʔ^{5}；

屑韵　　节 tsɛʔ^{21}｜截 tsᴇʔ^{5}｜结洁 kɛʔ^{21}。

2.1.4.2.2.8.3　咸摄三等盐严叶业韵和四等添帖韵主要读作[ieŋ/iᴇŋ]韵和[iᴇʔ/iɛʔ]韵，与山摄开口三等仙薛韵和开口四等先屑韵的多数字相同。例如：

盐韵　尖櫼楔子 tɕieŋ^{52} | 签 tɕʰieŋ^{52} |
染 nieŋ^{322} | 占～领 tɕiᴇŋ^{211} | 验 ŋiᴇŋ^{41} |
厌 iᴇŋ^{211} | 炎 ieŋ^{44} | 盐名词 θieŋ^{44} |
阎 ŋieŋ^{44} | 艳 iᴇŋ^{211}；

严韵　剑 kiᴇŋ^{211} | 欠 kʰiᴇŋ^{211} | 严 ŋieŋ^{44}；

添韵　添 tʰieŋ^{52} | 嫌 xieŋ^{44}；

仙韵　鞭 pieŋ^{52} | 变 piᴇŋ^{211} | 辨 piᴇŋ^{41} |
棉 mieŋ^{44} | 免 mieŋ^{322} | 缠 tieŋ^{44} |
煎 tɕieŋ^{52} | 箭 tɕiᴇŋ^{211} | 浅 tɕʰieŋ^{322} |
钱 tɕieŋ^{44} | 扇扇子 θiᴇŋ^{211}；

先韵　扁 pieŋ^{322} | 片 pʰiᴇŋ^{211} | 辫 piᴇŋ^{41} |
麺 miᴇŋ^{41} | 年 nieŋ^{44} | 千 tɕʰieŋ^{52} |
肩 kieŋ^{52} | 见 kiᴇŋ^{211} | 显 xieŋ^{322} |
贤 xieŋ^{44} | 现 xiᴇŋ^{41} | 燕 iᴇŋ^{211}；

叶韵　聂 niᴇʔ^{21} | 镊 ŋiᴇʔ^{21} | 接 tɕiᴇʔ^{21} | 叶 ieʔ^{5} |
页 xieʔ^{5}；

业韵　涉 θieʔ^{5} | 劫 kiᴇʔ^{21} | 业 ŋieʔ^{5} | 胁 xieʔ^{5}；

帖韵　碟 tieʔ^{5} | 荚 kiᴇʔ^{21} | 协 xieʔ^{5}；

薛韵　灭 mieʔ^{5} | 列裂 lieʔ^{5} | 薛 θiᴇʔ^{21} |
舌 θieʔ^{5} | 设 θiᴇʔ^{21} | 杰 kieʔ^{5} | 热 ieʔ^{5}；

屑韵　撇 pʰiᴇʔ^{21} | 篾 mieʔ^{5} | 铁 tʰiᴇʔ^{21}。

2.1.4.2.2.8.4　咸摄三等凡乏韵主要读作[uaŋ uaʔ]

韵。例如：凡 $xuaŋ^{44}$｜犯范姓 $xuaŋ^{41}$；法 $xuaʔ^{21}$｜乏 $xuaʔ^{5}$。

2.1.4.2.2.8.5 咸摄里比较特殊的读音：蚕覃从 $ts^{h}ᴇŋ^{44}$；橄～榄。谈见 ka^{-11}；磕～头。盍溪 $k^{h}ɔʔ^{21}$；碱咸见 $kieŋ^{322}$；瀸淡。盐精 $tɕiaŋ^{322}$｜钳盐群 $k^{h}iŋ^{44}$；猎业来 $laʔ^{5}$；叠帖定 $t^{h}aʔ^{5}$。

2.1.4.2.2.9 深摄

2.1.4.2.2.9.1 深摄三等侵缉韵读作[iŋ/eŋ]韵、[aŋ]韵、[ᴇŋ]韵和相应的[iʔ/eʔ]韵、[aʔ]韵、[ᴇʔ/ɛʔ]韵，以[iŋ/eŋ]韵和[iʔ/eʔ]韵为主，与臻摄开口三等真质韵和曾摄开口三等蒸职韵相同(参 2.1.4.2.2.11.2、2.1.4.2.2.14.4)。例如：

[iŋ/eŋ]韵　品 $p^{h}iŋ^{322}$｜林树～临 $liŋ^{44}$｜浸 $tseŋ^{211}$｜心 $θiŋ^{52}$｜深 $tɕ^{h}iŋ^{52}$｜审 $θiŋ^{322}$｜任 $eŋ^{41}$｜今金 $kiŋ^{52}$｜锦 $kiŋ^{322}$｜琴禽 $k^{h}iŋ^{44}$｜妗 $keŋ^{41}$｜音阴 $iŋ^{52}$；

[iʔ/eʔ]韵　集 $tɕiʔ^{5}$｜习 $θiʔ^{5}$｜立笠 $liʔ^{5}$｜蛰惊～ $tiʔ^{5}$｜执 $tseʔ^{21}$｜湿 $θeʔ^{21}$｜廿～一人～被 $niʔ^{5}$｜急 $keʔ^{21}$｜及 $kiʔ^{5}$｜吸 $ŋeʔ^{21}$；

[aŋ]韵　饮米汤 $aŋ^{322}$；

[aʔ]韵　粒 $laʔ^{5}$；

[ᴇŋ]韵　沉 $t^{h}ᴇŋ^{44}$｜森参人～ $θᴇŋ^{52}$｜针 $tsᴇŋ^{52}$；

[ᴇʔ/ɛʔ]韵　涩 $θɛʔ^{21}$｜汁 $tsɛʔ^{21}$｜十 $θᴇʔ^{5}$。

2.1.4.2.2.9.2 深摄三等侵韵还有四个字读作[ieŋ]

韵：林姓 lieŋ^{44}｜枕～头 tɕieŋ^{322}｜寻庹 tɕʰieŋ^{44}｜擒 kʰieŋ^{44}。

2.1.4.2.2.10　山摄[①]

2.1.4.2.2.10.1　山摄开口一等寒曷韵有两个字读作[iaŋ iaʔ]韵：懒～虫 tiaŋ$^{-44}$；獭 tʰiaʔ^{21}。

2.1.4.2.2.10.2　山摄开口三等仙薛韵的少数字读作[iaŋ iaʔ]韵：贱便宜 θiaŋ^{41}｜线 θiaŋ^{211}｜鳝 tɕʰiaŋ^{41}｜癣 tɕʰiaŋ^{322}｜燃 niaŋ^{44}｜囝儿子 kiaŋ^{322}；折簟 tɕiaʔ^{21}。

2.1.4.2.2.10.3　山摄开口三等仙薛韵还有三个字读作[ᴇŋ]韵和[ᴇʔ]韵：便贪～宜 pᴇŋ^{44}｜剪 tsᴇŋ^{322}；别～衣 pᴇʔ^{5}。

2.1.4.2.2.10.4　山摄开口三等元月韵主要读作[yoŋ/yɔ̱ŋ]韵和[yɔ̱ʔ]韵：建 kyɔ̱ŋ^{211}｜键 kyɔ̱ŋ^{41}｜言 ŋyoŋ^{44}｜宪献 xyɔ̱ŋ^{211}；羯阉 kyɔ̱ʔ^{21}｜歇 xyɔ̱ʔ^{21}。

2.1.4.2.2.10.5　山摄开口三等元月韵还有两个字读作[iaŋ]韵和[iaʔ]韵：健康～ŋiaŋ$^{-41}$；揭用肩扛 kiaʔ^{5}。

2.1.4.2.2.10.6　山摄开口三四等仙先韵有三个字读作[iŋ/eŋ]韵：面脸。仙 meŋ^{211}；眠先 miŋ^{44}｜先～生。先 θiŋ$^{-44}$。

2.1.4.2.2.10.7　山摄开口韵里比较特殊的读音：餐寒清 tsʰuaŋ^{52}；铲山初 tʰiaŋ^{322}～膣膣、tɕʰiaŋ^{322}～～：铁锹｜间房～。山见 kieŋ^{52}；菅～□nʑi^{-52}：茅草。删见 kuaŋ$^{-33}$又读；件蜀～衣裳。仙群 yɔ̱ŋ$^{-41}$。

---

① 也参看 2.1.4.2.2.8。

2.1.4.2.2.10.8 山摄合口一等桓末韵的帮组和见晓组主要读作[uaŋ uaʔ]韵。例如：

桓韵　般 puaŋ^{52} | 半 puaŋ^{211} | 潘姓 pʰuaŋ^{52} | 判 pʰuaŋ^{211} | 盘 puaŋ^{44} | 鳗 muaŋ^{44} | 满 muaŋ^{322}；官 kuaŋ^{52} | 馆 kuaŋ^{322} | 灌 kuaŋ^{211} | 宽 kʰuaŋ^{52} | 款 kʰuaŋ^{322} | 欢 xuaŋ^{52} | 换 uaŋ^{41} | 碗 uaŋ^{322}；

末韵　钵拨 puaʔ^{21} | 泼 pʰuaʔ^{21} | 钹 pʰuaʔ^{5} | 跋 puaʔ^{5} | 抹 muaʔ^{21} | 末沫 muaʔ^{5}；括 kuaʔ^{21} | 阔 kʰuaʔ^{21} | 活 uaʔ^{5}。

2.1.4.2.2.10.9 山摄合口一等桓韵见晓组还有两个字读作[uoŋ]韵：管竹～kuoŋ^{322} | 完～税 uoŋ^{44}。

2.1.4.2.2.10.10 山摄合口一等桓末韵的端精组主要读作[ɔ̱ŋ/ɔŋ]韵和[ɔ̱ʔ/ɔʔ]韵。例如：

桓韵　断拗～tɔŋ^{41} | 缎 tɔŋ^{41} | 卵 lɔŋ^{41} | 钻 tsɔŋ^{211} | 酸 θɔ̱ŋ^{52} | 算蒜 θɔŋ^{211}；

末韵　脱～轮 tʰɔʔ^{21} | 夺 tɔ̱ʔ^{5} | 撮～药 tsʰɔʔ^{21}。

2.1.4.2.2.10.11 山摄合口二等删黠鎋韵的读音较为复杂，读作[uaŋ]韵、[ᴇŋ/ɛŋ]韵、[uoŋ]韵和[ɔ̱ʔ/ɔʔ]韵。例如：

[uaŋ]韵　关～公 kuaŋ^{52} | 惯习～kuaŋ^{211} | 环 kʰuaŋ^{44} | 弯湾 uaŋ^{52}（以上删韵）；

[ᴇŋ/ɛŋ]韵　　惯~势 kɛŋ^{211} | 还动词 xᴇŋ^{44}（以上删韵）；

[ɔ̱ʔ/ɔʔ]韵　　滑 kɔ̱ʔ^{5}（黠韵）；刷 θɔʔ^{21} | 刮平斗斛 kɔʔ^{21}（以上鎋韵）；

[uoŋ]韵　　关~门 kuoŋ^{52}（删韵）。

2.1.4.2.2.10.12　山摄合口三等仙薛韵以及元月韵见晓组主要读作[uoŋ/uɔ̱ŋ]韵和[uoʔ/uɔ̱ʔ]韵。例如：

仙韵　　恋 luɔ̱ŋ^{41} | 全 tsuoŋ^{44} | 转 tuoŋ^{322} |
橼 tʰuoŋ^{44} | 砖 tsuoŋ^{52} |
穿~针 tsʰuoŋ^{52} | 串 tsʰuɔ̱ŋ^{211} |
软 nuoŋ^{322} | 卷 kuɔ̱ŋ^{211} | 权 kuoŋ^{44} |
圆宝~员 uoŋ^{44}；

元韵　　劝 kʰuɔ̱ŋ^{211} | 元源 ŋuoŋ^{44} | 愿 ŋuɔ̱ŋ^{41} |
楦 xuɔ̱ŋ^{211} | 冤~枉 uoŋ^{52} | 袁援 uoŋ^{44} |
怨 uɔ̱ŋ^{211} | 园 xuoŋ^{44} | 远 xuɔ̱ŋ^{41}；

薛韵　　啜 tsʰuɔ̱ʔ^{21} | 绝 tsuoʔ^{5} | 雪 θuɔ̱ʔ^{21} |
踅巡视 θuoʔ^{5} | 说 θuɔ̱ʔ^{21}；

月韵　　蕨 kuɔ̱ʔ^{21} | 月月亮 ŋuoʔ^{5} | 越 uoʔ^{5}。

2.1.4.2.2.10.13　山摄合口三等仙韵还有[uŋ/oŋ]韵、[ieŋ/iᴇŋ]韵、[ɔ̱ŋ]韵和[yoŋ]韵的读音出现：

[uŋ/oŋ]韵　　旋发旋 θoŋ^{41} | 船 θuŋ^{44} | 拳 kuŋ^{44}；

[ieŋ/iᴇŋ]韵　　圆形容词 ieŋ^{44} | 院 iᴇŋ^{41}；

[ɔ̱ŋ]韵　　宣 θɔ̱ŋ^{322} | 选 θɔ̱ŋ^{322}；

[yoŋ]韵　　鹃 kyoŋ⁵²|缘沿铅～笔 yoŋ⁴⁴|
　　捐 kyoŋ⁵²。

2.1.4.2.2.10.14　山摄合口三等元月韵非组的读音较为复杂，读作[uŋ uaŋ ᴇŋ uɔ̠ŋ]韵和[uaʔ uɔ̠ʔ]韵。例如：

[uŋ]韵　　潘～水。孚袁切 pʰuŋ⁵²；

[uaŋ]韵　　反～对 xuaŋ³²²|贩 xuaŋ²¹¹|翻 xuaŋ⁵²|
　　烦 xuaŋ⁴⁴|万 uaŋ⁴¹；

[uaʔ]韵　　发～财 xuaʔ²¹|罚 xuaʔ⁵|袜 uaʔ⁵；

[ᴇŋ]韵　　反～□ku⁻⁵²～笊篱：翻绳变花样 pᴇŋ⁻¹¹；

[uɔ̠ŋ]韵　　饭 puɔ̠ŋ⁴¹；

[uɔ̠ʔ]韵　　发～芽 puɔ̠ʔ²¹。

2.1.4.2.2.10.15　山摄合口四等先屑韵读作[ᴇiŋ/ɛiŋ]韵和[iaʔ]韵、[ɛʔ]韵、[ieʔ/iᴇʔ]韵、[yɔ̠ʔ]韵。除了[yɔ̠ʔ]韵以外，均为开口呼和齐齿呼：

[iaʔ]韵　　缺塍～：田埂上通水的口子 kʰiaʔ²¹；

[ᴇŋ/ɛŋ]韵　　悬 kᴇŋ⁴⁴高、xᴇŋ⁴⁴～落去：秤尾低|
　　犬 kʰᴇŋ³²²|县 kɛŋ⁴¹；

[ɛʔ]韵　　血 xɛʔ²¹；

[ieʔ/iᴇʔ]韵　　缺～喙 kʰiᴇʔ²¹|穴 xieʔ⁵；

[yɔ̠ʔ]韵　　决诀 kyɔ̠ʔ²¹。

2.1.4.2.2.10.16　山摄合口韵里比较特殊的读音：短桓端 tɔ̠y³²²；捋末来 laʔ⁵；泉～水。仙从 θiaŋ⁴⁴；穿□ku⁻¹¹～：屁

股。仙昌 yoŋ$^{-52}$；月做五～节。月疑 niʔ$^{-2}$ | 曰月云 uaʔ^{5}。

2.1.4.2.2.11　臻摄

2.1.4.2.2.11.1　臻摄开口一等痕韵读作[yŋ]韵或[ɔ̱ŋ/ɔŋ]韵，以后者为主：

[yŋ]韵　　根跟 kyŋ^{52}；

[ɔ̱ŋ/ɔŋ]韵　　吞 t^{h}ɔ̱ŋ^{52} | 恳垦 k^{h}ɔ̱ŋ^{322} | 痕 xɔ̱ŋ^{44} | 恨 xɔŋ^{41} | 恩 ɔ̱ŋ^{52}。

2.1.4.2.2.11.2　臻摄开口三等真质韵（除见晓组以外）读作[iŋ/eŋ]韵和[iʔ/eʔ]韵，与深摄三等侵缉韵和曾摄开口三等蒸职韵的多数字相同（参 2.1.4.2.2.9.1、2.1.4.2.2.14.4）。例如：

真韵　　宾 piŋ^{52} | 贫 piŋ^{44} | 民 miŋ^{44} | 邻鳞 liŋ^{44} | 津 tɕiŋ^{52} | 亲 tɕ^{h}iŋ^{52} | 尽 tseŋ^{41} | 新 θiŋ^{52} | 镇 teŋ^{211} | 趁赚 t^{h}eŋ^{211} | 真 tɕiŋ^{52} | 身 θiŋ^{52} | 肾 θeŋ^{41} | 认 neŋ^{41}；

质韵　　笔 peʔ^{21} | 匹 p^{h}eʔ^{21} | 蜜 miʔ^{5} | 七漆 ts^{h}eʔ^{21} | 质 tseʔ^{21} | 实 θiʔ^{5} | 失 θeʔ^{21} | 日 niʔ^{5}。

2.1.4.2.2.11.3　臻摄开口三等真质韵还有[ᴇŋ ᴇʔ]韵的读音出现：呻 ts^{h}ᴇŋ^{52}；密 mᴇʔ^{5}。

2.1.4.2.2.11.4　臻摄开口三等臻栉韵庄组读作[ᴇŋ ɛʔ]韵：臻 tsᴇŋ^{52}；瑟虱 θɛʔ^{21}。

2.1.4.2.2.11.5 臻摄开口三等真韵见晓组读作［iŋ/eŋ］韵或［yŋ］韵，读［yŋ］韵的三个字都是重纽三等字。例如：

［iŋ/eŋ］韵　　紧 kiŋ^{322} | 因 iŋ^{52} | 印 eŋ^{211} | 寅 iŋ^{44}；

［yŋ］韵　　巾 kyŋ^{52} | 银 ŋyŋ^{44} | 引 yŋ^{322}。

2.1.4.2.2.11.6 臻摄开口三等质韵见晓组读作［iʔ/eʔ］韵：吉 keʔ^{21} | 乙 eʔ^{21} | 一 eʔ^{21} | 逸 iʔ^{5}。

2.1.4.2.2.11.7 臻摄开口三等殷韵见晓组读作［iŋ］韵或［yŋ/øŋ］韵，以后者为主：

［iŋ］韵　　谨 kiŋ^{322} | 劲 keŋ^{211}；

［yŋ/øŋ］韵　　斤筋 kyŋ^{52} | 勤芹～菜 k^{h}yŋ^{44} | 近 køŋ^{41} | 龈 ŋyŋ^{44} | 欣 xyŋ^{52} | 隐 yŋ^{322}。

2.1.4.2.2.11.8 臻摄开口三等迄韵溪母“乞”读作［k^{h}øʔ^{21} 给；～食：乞丐］和［k^{h} eʔ^{21} □ɛŋ^{52} ～好：放稳，□kaŋ^{322} ～□t^{h}a^{211}：擦干净］。后者当为前者的弱化形式。

2.1.4.2.2.11.9 臻摄开口韵里比较特殊的读音：很痕匣 xɛŋ^{322} | 尘鼎～。真澄 nɔ̠ŋ$^{-335}$ | 伸真书 ts^{h}uoŋ^{52} | 忍真日 yŋ^{322} | 韧真日 noŋ^{41}；滗去滓。质帮 pe^{211} | 秩质澄 tieʔ^{5}；瘾殷影 ŋiɛŋ^{211}。

2.1.4.2.2.11.10 臻摄合口一等魂韵的读音较为复杂，帮组读作［uŋ/oŋ］韵或［uoŋ］韵，端精组一律读作［ɔ̠ŋ/ɔŋ］韵，见晓组读作［uŋ］韵、［ɔ̠ŋ/ɔŋ］韵或［uoŋ］韵。例如：

帮组　　喷 p^{h}oŋ^{211} | 嗌把火吹灭 puŋ^{44} | 笨 poŋ^{41} | 闷 moŋ^{41}；本 puoŋ^{322} | 盆 puoŋ^{44} | 门 muoŋ^{44}；

端精组　　顿 tɔŋ^{211} | 墩桥～tɔ̱ŋ^{322} | 嫩 nɔŋ^{41} | 论 lɔŋ^{41} | 尊 tsɔ̱ŋ^{52} | 村 ts^{h}ɔ̱ŋ^{52} | 寸 ts^{h}ɔŋ^{211} | 孙 θɔ̱ŋ^{52} | 损 θɔ̱ŋ^{322}；

见晓组　　魂浑 xuŋ^{44} | 温瘟 uŋ^{52} | 稳 uŋ^{322}；昆 k^{h}ɔ̱ŋ^{52} | 坤 k^{h}ɔ̱ŋ^{52} | 困 k^{h}ɔŋ^{211} | 揾蘸 ɔŋ^{211}；婚昏 xuoŋ^{52}。

2.1.4.2.2.11.11　臻摄合口一等没韵见晓组读作[ɔ̱ʔ/ɔʔ]韵：骨 kɔʔ^{21} | 窟 k^{h}ɔʔ^{21} | 核～桃。户骨切 xɔ̱ʔ^{5}。

2.1.4.2.2.11.12　臻摄合口三等谆韵端精章组读作[uŋ/oŋ]韵。例如：伦 luŋ^{44} | 俊 tsoŋ^{211} | 笋 θuŋ^{322} | 巡 θuŋ^{44} | 準 tsuŋ^{322} | 春 ts^{h}uŋ^{52} | 顺 θoŋ^{41} | 闰 noŋ^{41}。

2.1.4.2.2.11.13　臻摄合口三等文韵非组读作[uŋ/oŋ]韵或[uoŋ/uɔ̱ŋ]韵。例如：

[uŋ/oŋ]韵　　分春～xuŋ^{52} | 粉 xuŋ^{322} | 粪 poŋ^{211} | 份 xoŋ^{41} | 文 uŋ^{44}；

[uoŋ/uɔ̱ŋ]韵　　分～开 puoŋ^{52} | 问动词 muɔ̱ŋ^{211}。

2.1.4.2.2.11.14　臻摄合口三等文韵见组和云母读作[uŋ/oŋ]韵，晓母读作[yŋ]韵或[ɔ̱ŋ/ɔŋ]韵。例如：

见组、云母　　君军 kuŋ^{52} | 群 k^{h}uŋ^{44} | 裙 kuŋ^{44} |

郡 koŋ^{41}｜训 xoŋ^{211}｜雲 xuŋ^{44}｜运 oŋ^{41}；

晓母 勋 xyŋ^{52}；薰食～xɔ̱ŋ^{52}｜熏～蠓 xɔŋ^{211}。

2.1.4.2.2.11.15 臻摄合口三等術物韵读作[uʔ/oʔ]韵或[yʔ/øʔ]韵，以前者为主。例如：

[uʔ/oʔ]韵 戌 θoʔ^{21}｜术白～θuʔ^{5}｜出 tsʰoʔ^{21}｜術 θuʔ^{5}（以上術韵）；不 poʔ^{21}｜佛 xuʔ^{5}｜物 uʔ^{5}｜掘衢物切 kuʔ^{5}｜熨纡物切 oʔ^{21}（以上物韵）；

[yʔ/øʔ]韵 律 lyʔ^{5}｜橘公孙～køʔ^{21}（以上術韵）；屈 kʰøʔ^{21}（物韵）。

2.1.4.2.2.11.16 臻摄合口韵里比较特殊的读音：遵谆精 tsɔ̱ŋ^{52}｜吮谆船 θuɔ̱ŋ^{41}；橘橘子。術见 keʔ^{21}。

2.1.4.2.2.12 宕摄

2.1.4.2.2.12.1 宕摄开口一等唐韵帮组读作[ɔ̱ŋ/ɔŋ]韵。例如：帮 pɔ̱ŋ^{52}｜榜 pɔ̱ŋ^{322}｜谤 pɔŋ^{211}｜忙 mɔ̱ŋ^{44}｜汤 tʰɔ̱ŋ^{52}｜糖 tʰɔ̱ŋ^{44}｜浪 lɔŋ^{41}｜葬 tsɔŋ^{211}｜仓 tsʰɔ̱ŋ^{52}｜缸 kɔ̱ŋ^{52}｜糠 kʰɔ̱ŋ^{52}｜囥藏放 kʰɔŋ^{211}｜杭 xɔ̱ŋ^{44}。

2.1.4.2.2.12.2 宕摄开口一等铎韵读作[ɔ̱/ɔ]韵或[ɔ̱ʔ/ɔʔ]韵。例如：

[ɔ̱/ɔ]韵 薄形容词箔 pɔ̱^{52}｜粕 pʰɔ^{211}｜落日头～山 lɔ̱^{52}｜索 θɔ^{211}｜各 kɔ^{211}；

[ɔ̱ʔ/ɔʔ]韵 博 pɔʔ^{21}｜莫 mɔ̱ʔ^{5}｜託 tʰɔʔ^{21}｜

骆～驼 lɔ̱ʔ^{5}｜作 tsɔʔ^{21}｜鹤 xɔ̱ʔ^{5}｜恶 ɔʔ^{21}。

2.1.4.2.2.12.3　宕摄开口三等阳韵的庄组读作[ɔ̱ŋ/ɔŋ]韵，其余则读[yoŋ/yɔ̱ŋ]韵或[ɔ̱ŋ/ɔŋ]韵（以知组为主）。例如：

庄组　　庄 tsɔ̱ŋ^{52}｜壮 tsɔŋ^{211}｜创 tsʰɔŋ^{211}｜床眠～tsʰɔ̱ŋ^{44}｜状 tsɔŋ^{41}｜霜 θɔ̱ŋ^{52}；

其他　　凉 lyoŋ^{44}｜酱 tɕyɔ̱ŋ^{211}｜帐 tyɔ̱ŋ^{211}｜伤 θyoŋ^{52}｜让 nyɔ̱ŋ^{41}｜香 xyoŋ^{52}｜痒 θyɔ̱ŋ^{41}；涨 tɔ̱ŋ^{322}｜长形容词肠 tɔ̱ŋ^{44}｜丈长度单位 tɔŋ^{41}｜秧 ɔ̱ŋ^{52}。

2.1.4.2.2.12.4　宕摄开口三等阳韵还有三个字读作[œ̱ŋ]韵：相～□θa^{211}：性交 θœ̱ŋ^{52}｜娘□tɕy^{-44}～农：女人 nœ̱ŋ^{44}｜菖～蒲 tsʰœ̱ŋ^{52}。

2.1.4.2.2.12.5　宕摄开口三等药韵主要读作[yo/yɔ̱]韵或[yoʔ/yɔ̱ʔ]韵。例如：

[yo/yɔ̱]韵　　嚼 tɕyo^{52}｜着碰～tyo^{52}｜箬 nyo^{52}｜脚 kyɔ̱^{211}｜药 yo^{52}；

[yoʔ/yɔ̱ʔ]韵　　略 lyoʔ^{5}｜雀拍麻～tɕʰyɔ̱ʔ^{21}｜弱 yoʔ^{5}｜虐 ŋyoʔ^{5}｜约 yɔ̱ʔ^{21}。

2.1.4.2.2.12.6　宕摄开口韵里比较特殊的读音：郎～爸。唐来 nyoŋ^{44}；落鞋带～去。铎来 lœʔ^{21}；两数词。阳来 laŋ^{41}｜丈～夫农。阳澄 tyŋ$^{-44}$｜装～尸。阳庄 tyoŋ^{52}；雀～团。药精 tɕia^{-52}。

2.1.4.2.2.12.7 宕摄合口一等唐韵和合口三等阳韵的见晓组都读作[uoŋ/uɔ̱ŋ]韵。例如：

唐韵　　光 kuoŋ^{52} | 广 kuoŋ^{322} | 圹 k^{h}uoŋ^{322} | 荒 xuoŋ^{52} | 黄 uoŋ^{44} | 皇 xuoŋ^{44}；

阳韵　　况 xuɔ̱ŋ^{211} | 狂 kuoŋ^{44} | 王 uoŋ^{44} | 往 uoŋ^{322} | 旺 uɔ̱ŋ^{41}。

2.1.4.2.2.12.8 宕摄合口一等铎韵读作[uɔ̱]韵或[uɔ̱ʔ]韵：郭廓 kuɔ̱^{211}；扩 k^{h}uɔ̱ʔ^{21} | 霍 xuɔ̱ʔ^{21}。

2.1.4.2.2.12.9 宕摄三等阳韵非组的读音较为复杂，读作[uŋ/oŋ]韵、[uoŋ/uɔ̱ŋ]韵或[œ̱ŋ/œŋ]韵。例如：

[uŋ/oŋ]韵　　放~假 poŋ^{211} | 纺 p^{h}uŋ^{322} | 房 puŋ^{44}；

[uoŋ/uɔ̱ŋ]韵　　方姓 xuoŋ^{52} | 放解~xuɔ̱ŋ^{211} | 芳 xuoŋ^{52} | 望希~uɔ̱ŋ^{41}；

[œ̱ŋ/œŋ]韵　　芒芦苇 mœ̱ŋ^{44} | 网鱼~mœŋ^{41}。

另外"蜘蛛网"里的"网"读作[maŋ^{52}]。

2.1.4.2.2.12.10 宕摄三等药韵奉母"缚"、江摄二等觉韵帮母"剥"和通摄一屋韵並母"曝"读作[uo/uɔ̱]韵：缚 puo^{52}；剥 puɔ̱^{211}；曝 p^{h}uo^{52}。

2.1.4.2.2.13 江摄

2.1.4.2.2.13.1 江摄开口二等江韵主要读作[ɔ̱ŋ/ɔŋ]韵或[œ̱ŋ/œŋ]韵。例如：

[ɔ̱ŋ/ɔŋ]韵　　棒 pɔŋ^{41}｜桩 tsɔ̱ŋ^{52}｜江姓豇 kɔ̱ŋ^{52}｜讲 kɔ̱ŋ^{322}｜项 xɔŋ^{41}；

[œ̱ŋ/œŋ]韵　　双 θœ̱ŋ^{52}｜江闽～kœ̱ŋ^{52}｜港～头：地名 kœ̱ŋ$^{-44}$｜腔使～k^{h}œ̱ŋ^{52}｜巷 xœŋ^{211}。

2.1.4.2.2.13.2　江摄开口二等觉韵读作[ɔ̱/ɔ]韵、[ɔ̱ʔ/ɔʔ]韵或[œ̱ʔ/œʔ]韵。例如：

[ɔ̱/ɔ]韵　　桌 tɔ^{211}｜軟吮吸 θɔ^{211}｜镯 θɔ̱^{52}｜学动词 ɔ̱^{52}；

[ɔ̱ʔ/ɔʔ]韵　　驳 pɔʔ^{21}｜朴～素 p^{h}ɔʔ^{21}｜啄 tɔʔ^{21}｜确 k^{h}ɔʔ^{21}｜嶽 ŋɔ̱ʔ^{5}｜学～堂 xɔ̱ʔ^{5}｜握 ɔʔ^{21}；

[œ̱ʔ/œʔ]韵　　雹 p^{h}œ̱ʔ^{5}｜戳捅 t^{h}œʔ^{21}｜角牛～kœʔ^{21}｜壳 k^{h}œʔ^{21}。

关于“剥”字的读音，请看 2.1.4.2.2.12.10。

2.1.4.2.2.13.3　江摄里比较特殊的读音：邦江帮 paŋ^{52}｜窗～门。江初 t^{h}yŋ^{52}；饺觉见 kiu^{322}。

2.1.4.2.2.14　曾摄

2.1.4.2.2.14.1　曾摄开口一等登韵（除帮组以外）读作[iŋ]韵或[ᴇŋ/ɛŋ]韵。例如：

[iŋ]韵　　等戥 tiŋ^{322}｜藤 tiŋ^{44}｜肯 k^{h}iŋ^{322}；

[ᴇŋ/ɛŋ]韵　　灯 tᴇŋ^{52}｜能 nᴇŋ^{44}｜增 tsᴇŋ^{52}｜层 tsᴇŋ^{44}｜赠 tsɛŋ^{41}｜恒 xᴇŋ^{44}。

2.1.4.2.2.14.2　曾摄开口一等德韵（除帮组以外）读

作[ᴇʔ/ɛʔ]韵。例如：得~罪德 tɛʔ^{21} | 特 tᴇʔ^{5} | 贼 tsʰᴇʔ^{5} | 塞 θɛʔ^{21} | 刻 kʰɛʔ^{21} | 黑 xɛʔ^{21}。

2.1.4.2.2.14.3　曾摄开口一等登德韵帮组读作[uŋ]韵、[ᴇŋ]韵和[uʔ]韵、[ᴇʔ]韵、[œʔ/œʔ]韵：

登韵帮组　　崩 puŋ^{52}；朋鹏 pᴇŋ^{44}；

德韵帮组　　卜萝~puʔ^{5}；默 mᴇʔ^{5}；北 pœʔ^{21} | 墨 mœʔ^{5}。

2.1.4.2.2.14.4　曾摄开口三等蒸职韵(除职韵庄组以外)主要读作[iŋ/eŋ]韵和[iʔ/eʔ]韵，与深摄三等侵缉韵和臻摄开口三等真质韵的多数字相同(参 2.1.4.2.2.9.1、2.1.4.2.2.11.2)。例如：

[iŋ/eŋ]韵　　冰 piŋ^{52} | 蒸 tɕiŋ^{52} | 秤 tsʰeŋ^{211} | 升容量单位 tɕiŋ^{52} | 承 θiŋ^{44} | 兴~旺 xiŋ^{52} | 应应答 eŋ^{211}；

[iʔ/eʔ]韵　　逼 peʔ^{21} | 力 liʔ^{5} | 息 θeʔ^{21} | 直 tiʔ^{5} | 织职 tseʔ^{21} | 食~堂 θiʔ^{5} | 式 θeʔ^{21} | 极 kiʔ^{5} | 翼 θiʔ^{5}。

2.1.4.2.2.14.5　曾摄开口三等职韵庄组读作[ɛʔ]韵：侧 tsʰɛʔ^{21} | 测 tsʰɛʔ^{21} | 色 θɛʔ^{21}。职韵澄母“值~钱”读作[tᴇʔ^{5}]，为[ᴇʔ]韵。

2.1.4.2.2.14.6　曾摄开口三等职韵还有两个字读作[ia]韵：值无~lia^{-52} | 食吃 θia^{52}。

2.1.4.2.2.14.7 曾摄开口三等职韵影母有两个字读作[e]韵：忆亿 e²¹¹。

2.1.4.2.2.14.8 曾摄开口韵里比较特殊的读音：菱~角。蒸来 lᴇŋ⁴⁴；得生~俊。德端 liʔ⁻⁵。

2.1.4.2.2.14.9 曾摄合口一等德韵匣母读作[ᴇʔ]韵：或惑 xᴇʔ⁵。

2.1.4.2.2.15 梗摄

2.1.4.2.2.15.1 梗摄开口二等庚耕韵主要读作[aŋ iaŋ]韵或[ᴇŋ/ɛŋ]韵。例如：

[aŋ]韵 彭 pʰaŋ⁴⁴ | 盲青~maŋ⁴⁴ | 猛 maŋ³²² | 蜢青~maŋ⁵² | 撑 tʰaŋ⁵² | 生~卵牲头~θaŋ⁵² | 省~钱 θaŋ³²² | 更三~kaŋ⁵² | 坑~□ŋœŋ⁻⁴¹：一种山坑里的蛙 kʰaŋ⁻³³⁵（以上庚韵）；棚 paŋ⁴⁴ | 争 tsaŋ⁵²（以上耕韵）；

[iaŋ]韵 生先~ŋiaŋ⁻⁵² | 行走 kiaŋ⁴⁴（以上庚韵）；

[ᴇŋ/ɛŋ]韵 孟 mɛŋ⁴¹ | 瘖~肉 θᴇŋ³²² | 庚 kᴇŋ⁵² | 硬 ŋɛŋ⁴¹ | 衡 xᴇŋ⁴⁴（以上庚韵）；耕 kᴇŋ⁵² | 幸 xɛŋ⁴¹ | 莺鹦 ᴇŋ⁵²（以上耕韵）。

2.1.4.2.2.15.2 梗摄开口二等陌麦韵主要读作[a

ia]韵或[ᴇʔ/ɛʔ]韵。例如：

[a]韵　　百 pa^{211} | 拍 p^{h}a^{211} | 白 pa^{52} | 窄 tsa^{211} | 格 ka^{211} | 客 k^{h}a^{211}（以上陌韵）；掰 pa^{211} | 麦 ma^{52} | 册 ts^{h}a^{211}（以上麦韵）；

[ia]韵　　拆 t^{h}ia^{211} | 搦抓 nia^{52} | 额 ŋia^{52}（以上陌韵）；摘 tia^{211}（麦韵）；

[ᴇʔ/ɛʔ]韵　　迫魄 p^{h}ɛʔ^{21} | 泽 tsᴇʔ^{5}（以上陌韵）；责 tsɛʔ^{21} | 策 ts^{h}ɛʔ^{21} | 革 kɛʔ^{21} | 扼 ɛʔ^{21}（以上麦韵）。

2.1.4.2.2.15.3　梗摄开口三等庚清韵和四等青韵主要读作[iŋ/eŋ]韵或[aŋ iaŋ]韵。例如：

[iŋ/eŋ]韵　　兵 piŋ^{52} | 丙 piŋ^{322} | 京 kiŋ^{52} | 敬 keŋ^{211} | 庆 k^{h}eŋ^{211} | 英 iŋ^{52}（以上庚三韵）；聘 p^{h}eŋ^{211} | 令 leŋ^{41} | 清~楚 tɕ^{h}iŋ^{52} | 情 tɕiŋ^{44} | 整 tɕiŋ^{322} | 政 tseŋ^{211} | 轻 k^{h}iŋ^{52}（以上清韵）；瓶 piŋ^{44} | 钉铁~ tiŋ^{52} | 顶 tiŋ^{322} | 钉动词 teŋ^{211} | 亭 tiŋ^{44} | 灵 liŋ^{44} | 星 θiŋ^{52} | 形 xiŋ^{44}（以上青韵）；

[aŋ]韵　　柄 paŋ^{211} | 平评批~ paŋ^{44} | 病 paŋ^{41} | 明~年 maŋ^{44}（以上庚三韵）；

井 tsaŋ^{322} | 晴 θaŋ^{44} | 静 θaŋ^{41} |
姓 θaŋ^{211} | 郑 taŋ^{41}（以上清韵）；
青 tsʰaŋ^{52} | 醒 tsʰaŋ^{322} | 经经线 kaŋ^{52}
（以上青韵）；

[iaŋ]韵　　明松～miaŋ^{44} | 命 miaŋ^{41} | 惊害怕 kiaŋ^{52} |
镜 kiaŋ^{211} | 迎～灯 ŋiaŋ^{44} | 影有～iaŋ^{322}
（以上庚三韵）；饼 piaŋ^{322} | 名 miaŋ^{44} |
领岭 liaŋ^{322} | 请 tɕʰiaŋ^{322} | 程 tʰiaŋ^{44} |
正～月 tɕiaŋ$^{-33}$ | 声 θiaŋ^{52} | 圣 θiaŋ^{211} |
城 θiaŋ^{44} | 赢 iaŋ^{44}（以上清韵）；
鼎锅 tiaŋ^{322} | 听厅 tʰiaŋ^{52} | 定 tiaŋ^{41}
（以上青韵）。

2.1.4.2.2.15.4　梗摄开口三等庚韵影母有两个字读作[ɔ̱ŋ/ɔŋ]韵：影～～：影子 ɔ̱ŋ^{322} | 映～门 ɔŋ^{211}。

2.1.4.2.2.15.5　梗摄开口三等昔韵读作[ia]韵、[yo/yɔ̱]韵或[iʔ/eʔ]韵。例如：

[ia]韵　　僻偏～pʰia^{211} | 迹 tɕia^{211} |
刺七迹切 tɕʰia^{211} | 掷 tia^{52} | 赤 tɕʰia^{211} |
益有～ia^{211}；

[yo/yɔ̱]韵　　借资昔切 tɕyɔ̱^{211} | 蓆 tɕʰyo^{52} |
尺 tɕʰyɔ̱^{211} | 石 θyo^{52} | 液手～θyo^{52}；

[iʔ/eʔ]韵　　积脊 tseʔ^{21} | 惜可～θeʔ^{21} | 释 θeʔ^{21} |

译易交～iʔ^{5}。

2.1.4.2.2.15.6 梗摄开口四等锡韵读作[ia]韵、[iʔ/eʔ]韵或[ᴇʔ]韵。[ᴇʔ]韵只有来母字。例如：

[ia]韵　　壁 pia^{211}｜籴 tia^{52}｜锡 θia^{211}；

[iʔ/eʔ]韵　　滴 teʔ^{21}｜踢 tʰeʔ^{21}｜敌 tiʔ^{5}｜绩 tseʔ^{21}｜戚 tsʰeʔ^{21}｜击 keʔ^{21}；

[ᴇʔ]韵　　歷～史曆日～疬生～lᴇʔ^{5}。

2.1.4.2.2.15.7 梗摄开口韵里比较特殊的读音：打庚二端 ta^{322}｜梗庚二见 kuaŋ^{322}；隔～壁戍。麦见 kaʔ^{21}｜核～对。麦匣 xɔ̱ʔ^{5}；剧闽～。陌三群 kʰyoʔ^{5}；蛏清彻 tʰᴇŋ^{52}｜正刚。清章 tɕiaʔ^{21}。

2.1.2.2.15.8 梗摄合口二等庚麦韵有三个字读作[uaŋ ua]韵：横庚合二 xuaŋ^{44}；劃笔～画动词。麦合二 ua^{52}。

2.1.2.2.15.9 梗摄合口二等耕麦韵还有三个字读作[ᴇŋ ᴇʔ]韵：宏 xᴇŋ^{44}；获划计～xᴇʔ^{5}。

2.1.2.2.15.10 梗摄合口三等庚清韵和昔韵的多数字读齐齿呼：

庚韵　　兄 xiaŋ^{52}；荣 iŋ^{44}｜永 iŋ^{322}；

清韵　　营 iaŋ^{44}；顷 kʰiŋ^{322}｜琼 kʰiŋ^{44}；

昔韵　　役 iʔ^{5}。

2.1.2.2.15.11 梗摄合口韵里比较特殊的读音：矿庚二见 kʰuoŋ^{322}。

2.1.4.2.2.16 通摄

2.1.4.2.2.16.1 通摄一等东冬韵读作[uŋ/oŋ]韵或[œ̲ŋ/œŋ]韵。例如：

[uŋ/oŋ]韵 篷 p^{h}uŋ^{44} | 蒙 muŋ^{44} | 董懂 tuŋ^{322} | 总 tsuŋ^{322} | 功 kuŋ^{52} | 贡 koŋ^{211} | 控 k^{h}oŋ^{211} | 洪 xuŋ^{44}（以上东韵）；统 t^{h}uŋ^{322} | 宗 tsuŋ^{52} | 宋 θoŋ^{211}（以上冬韵）；

[œ̲ŋ/œŋ]韵 蠓 mœ̲ŋ^{322} | 东 tœ̲ŋ^{52} | 冻 tœŋ^{211} | 通~气 t^{h}œ̲ŋ^{52} | 桶 t^{h}œ̲ŋ^{322} | 铜筒 tœ̲ŋ^{44} | 桐 t^{h}œ̲ŋ^{44} | 洞 tœŋ^{41} | 笼聋 lœ̲ŋ^{44} | 棕~树 tsœ̲ŋ^{52} | 粽 tsœŋ^{211} | 葱 ts^{h}œ̲ŋ^{52} | 送 θœŋ^{211} | 工 kœ̲ŋ^{52} | 空 k^{h}œ̲ŋ^{52} | 瓮 œŋ^{211} | 红 œ̲ŋ^{44}（以上东韵）；冬 tœ̲ŋ^{52} | 农人脓 nœ̲ŋ^{44} | 鬆 θœ̲ŋ^{52}（以上冬韵）。

2.1.4.2.2.16.2 通摄一等屋沃韵读作[uʔ/oʔ]韵或[œ̲ʔ]韵。例如：

[uʔ/oʔ]韵 独 tuʔ^{5} | 族 tsuʔ^{5} | 速 θoʔ^{21} | 穀 koʔ^{21}（以上屋韵）；督 toʔ^{21}（沃韵）；

[œ̲ʔ]韵 木~虱 mœ̲ʔ^{5} | 读 t^{h}œ̲ʔ^{5} | 鹿 lœ̲ʔ^{5} | 凿昨木切 ts^{h}œ̲ʔ^{5}（以上屋韵）；毒 tœ̲ʔ^{5}（沃韵）。

关于“曝”字的读音，请看 2.1.4.2.2.12.10。

2.1.4.2.2.16.3 通摄一等韵里比较特殊的读音：蚣蜈～。东见 yŋ$^{-52}$；沃沃影 uɔ̱^{211}。

2.1.4.2.2.16.4 通摄三等东锺韵读作[uŋ/oŋ]韵（非组）、[yŋ/øŋ]韵（其他）或[œ̱ŋ/œŋ]韵。除了“梦”以外非组都读作[uŋ/oŋ]韵。例如：

[uŋ/oŋ]韵 风 xuŋ^{52} | 丰 xuŋ^{52} | 冯 xuŋ^{44} | 凤～凰 xuŋ$^{-44}$（以上东韵）；封 xuŋ^{52} | 峰 xuŋ^{52} | 蜂 p^{h}uŋ^{52} | 捧 p^{h}uŋ^{322} | 奉 xoŋ^{41} | 缝名词 p^{h}oŋ^{211}（以上锺韵）；

[yŋ/øŋ]韵 隆 lyŋ^{44} | 中～国忠 tyŋ^{52} | 中～毒 tøŋ^{211} | 众 tsøŋ^{211} | 充 tɕ^{h}yŋ^{52} | 铳 ts^{h}øŋ^{211} | 绒 yŋ^{44} | 弓宫 kyŋ^{52} | 穷 kyŋ^{44} | 熊雄 xyŋ^{44}（以上东韵）；龙 lyŋ^{44} | 从介词 tɕyŋ^{44} | 松～柏 θyŋ^{44} | 重～阳 t^{h}yŋ^{44} | 鐘锺 tɕyŋ^{52} | 肿 tɕyŋ^{322} | 冲 tɕ^{h}yŋ^{52} | 舂 tɕyŋ^{52} | 茸 yŋ^{44} | 恭 kyŋ^{52} | 胸 xyŋ^{52} | 容～易 yŋ^{44} | 勇 yŋ^{322} | 用 øŋ^{41}（以上锺韵）；

[œ̱ŋ/œŋ]韵 梦 mœŋ^{211} | 虫 t^{h}œ̱ŋ^{44}（以上东韵）；重形容词 tœŋ^{41} | 共和、跟 kœŋ^{41}（以上锺韵）。

除非组以外也有少数字读作[uŋ/oŋ]韵：仲杜～luŋ$^{-52}$|崇 tsuŋ^{44}|终 tsuŋ^{52}（以上东韵）；讼 θoŋ^{41}（锺韵）。

2.1.4.2.2.16.5　通摄三等屋韵读作[uʔ/oʔ]韵（非组）、[yʔ/øʔ]韵（其他）或[œ̱ʔ/œʔ]韵。除了"目～膏"以外，非组都读作[uʔ/oʔ]韵。例如：

[uʔ/oʔ]韵　福 xoʔ^{21}|覆 p^{h}oʔ^{21}|腹 poʔ^{21}|服 xuʔ^{5}|目～的牧 muʔ^{5}；

[yʔ/øʔ]韵　宿～舍 θøʔ^{21}|竹筑 tøʔ^{21}|逐追赶轴车轴 tyʔ^{5}|缩手～底来 t^{h}øʔ^{21}|祝粥 tsøʔ^{21}|叔 tsøʔ^{21}|熟煮～θyʔ^{5}|肉 nyʔ^{5}|菊 køʔ^{21}|麯 k^{h}øʔ^{21}|育 yʔ^{5}；

[œ̱ʔ/œʔ]韵　目～膏 mœ̱ʔ^{5}|六 lœ̱ʔ^{5}|逐～日 tœ̱ʔ^{5}|轴画～ts^{h}œʔ^{21}。

来母"陆大～"读作[luʔ^{5}]，以非组相同。

2.1.4.2.2.16.6　通摄三等烛韵读作[uo/uɔ̱]韵或[yʔ/øʔ]韵。例如：

[uo/uɔ̱]韵　绿 luo^{52}|粟 ts^{h}uɔ̱^{211}|烛 tsuɔ̱^{211}|曲～尺 k^{h}uɔ̱^{211}|局 kuo^{52}|玉狱 ŋuo^{52}；

[yʔ/øʔ]韵　足 tsøʔ^{21}|俗 θyʔ^{5}|赎 θyʔ^{5}|属 θyʔ^{5}|浴 yʔ^{5}。

2.1.4.2.2.16.7　通摄三等韵里比较特殊的读音：中□tai^{-11}～：中间。东知 tɔ̱ŋ^{52}；目～珠。屋微 mᴇʔ^{5}；拱～桥。锺

见 kuoŋ322。

2.1.4.2.3 声调

2.1.4.2.3.1 古平上去入四个声调基本上按古声母的清浊各分阴阳两类。古全浊上声字归阳去，古次浊上声字大部分归阴上，小部分归阳去（参 2.1.4.2.3.2），所以实际上只有七个调类。例如：

古清平	帮帮 pɔ̠ŋ52 | 潘姓。滂 pʰuaŋ52 | 单端 taŋ52 | 汤透 tʰɔ̠ŋ52 | 基见 ki52；
古浊平	磨动词。明 mua44 | 堂定 tɔ̠ŋ44 | 来来 li44 | 沉澄 tʰᴇŋ44 | 寒匣 kaŋ44；
古清上	本帮 puoŋ322 | 蒋精 tɕyoŋ322 | 写心 θia322 | 洗心 θᴇ322 | 煮章 tɕy322 | 简见 kaŋ322；
古次浊上	马明 ma322 | 卯明 mau322 | 脑泥 nɔ̠322 | 岭来 liaŋ322 | 染日 nieŋ322 | 酉以 iu322；
古全浊上	被被子。並 pʰuɔ̠i41 | 抱並 pɔ41 | 淡定 taŋ41 | 市禅 tsʰe41 | 近群 køŋ41；
古清去	破滂 pʰua211 | 对端 tɔy211 | 四心 θe211 | 壮庄 tsɔŋ211 | 臭昌 tsʰau211 | 庆溪 kʰeŋ211；
古浊去	命明 miaŋ41 | 务微 o41 | 度定 to41 | 袋定 tɔy41 | 箸澄 tø41 | 念泥 nɛŋ41；
古清入	八帮 pɛʔ21 | 答端 taʔ21 | 七清 tsʰeʔ21 |

獭透 tʰiaʔ^{21} | 割见 kaʔ^{21} | 鸭影 aʔ^{21}；

古浊入 拔並 pᴇʔ^{5} | 墨明 mœ̱ʔ^{5} | 敌定 tiʔ^{5} | 律来 lyʔ^{5} | 贼从 tsʰᴇʔ^{5} | 弱日 yoʔ^{5}。

2.1.4.2.3.2 次浊上声，除了大多数字归上声以外，还有一部分口语字归阳去：网微 mœŋ^{41} | 老形容词。来 lau^{41} | 卵来 lɔŋ^{41} | 两数词。来 laŋ^{41} | 笼箸～。力董切 lœŋ^{41} | 耳～团。日 ŋe^{41} | 瓦疑 mua^{41} | 五疑 ŋo^{41} | 蚁疑 ŋia^{41} | 藕疑 ŋau^{41} | 有云 o^{41} | 远云 xuɔ̱ŋ^{41} | 也以 ia^{41} | 痒以 θyɔ̱ŋ^{41}。

2.1.4.2.3.3 次浊去声，除了大多数字归阳去以外，还有一部分口语字归阴去：骂明 ma^{211} | 墓明 muɔ̱^{211} | 妹明 muɔ̱i^{211} | 面脸。明 meŋ^{211} | 梦明 mœŋ^{211} | 问微 muɔ̱ŋ^{211} | 赂露来 lo^{211} | 鑢锯～。来 lœ^{211} | 利放～。来 le^{211} | 腻食～去。娘 nœ^{211} | 饵鱼～。日 ne^{211} | 润转～。日 noŋ^{211} | 艾草名。疑 ŋia^{211} | 砚疑 ŋiᴇŋ^{211}。

2.1.4.2.3.4 全浊去声有少数字今读送气音声母（参2.1.4.2.1.2）。这些字一般归入阴去：稗並 pʰɛ^{211} | 避～开。並 pʰia^{211} | 鼻鼻子。並 pʰe^{211} | 缝～～。奉 pʰoŋ^{211} | 饲邪 tsʰe^{211} | 蛇海蜇。澄 tʰa^{211} | 树禅 tɕʰiəu^{211}。此外匣母"巷"读作[xœ̱ŋ^{211}]，也是阴去。例外有：字硬币有阿拉伯数字的面。从 tsʰe^{41} | 匠读字。从 tɕʰyɔ̱ŋ^{41} | 坠鱼～。澄 tʰuɔ̱i^{41}。

2.1.4.2.3.5 大多数清入声字归阴入，浊入声字归阳入。此外，还有一部分铎药觉职陌麦昔锡屋沃烛韵的口语字不归阴阳入而归阴去清入和阴平浊入：薄形容词泊箔並

pɔ̱^{52}｜粕滂 pʰɔ^{211}｜膜明 mɔ̱^{52}｜托～碗。心 tʰɔ^{211}｜落日头～山乐长～：地名。来 lɔ̱^{52}｜昨～日：前日。从 θɔ̱^{52}｜索心 θɔ^{211}｜各阁搁见 kɔ^{211}｜郭见 kuɔ̱^{211}｜廓溪 kuɔ̱^{211}（以上铎韵）；雀～团。精 tɕia^{-52}｜嚼从 tɕyo^{52}｜着碰～。澄 tyo^{52}｜若箬日 nyo^{52}｜脚见 kyɔ̱^{211}｜药以 yo^{52}｜缚奉 puo^{52}（以上药韵）；剥帮 puɔ̱^{211}｜桌知 tɔ^{211}｜欶吮吸。生 θɔ^{211}｜镯崇 θɔ̱^{52}｜学动词。匣 ɔ̱^{52}（以上觉韵）；值无～。澄 lia^{-52}｜食吃。船 θia^{52}（以上职韵）；百柏伯帮 pa^{211}｜拍滂 pʰa^{211}｜白並 pa^{52}｜拆彻 tʰia^{211}｜搦抓。娘 nia^{52}｜窄庄 tsa^{211}｜格见 ka^{211}｜客溪 kʰa^{211}｜额疑 ŋia^{52}（以上陌韵）；掰帮 pa^{211}｜麦脉明 ma^{52}｜册初 tsʰa^{211}｜摘知 tia^{211}｜劃笔～画动词。匣 ua^{52}（以上麦韵）；僻偏～。滂 pʰia^{211}｜迹精 tɕia^{211}｜借资昔切 tɕyɔ̱^{211}｜刺七迹切 tɕʰia^{211}｜蓆邪 tɕʰyo^{52}｜掷澄 tia^{52}｜隻通用量词。章 tɕia^{211}｜赤昌 tɕʰia^{211}｜尺昌 tɕʰyɔ̱^{211}｜石禅 θyo^{52}｜益有～。影 ia^{211}｜液手～。以 θyo^{52}（以上昔韵）；壁帮 pia^{211}｜籴定 tia^{52}｜锡心 θia^{211}（以上锡韵）；曝並 pʰuo^{52}（屋韵）；沃影 uɔ̱^{211}（沃韵）；绿来 luo^{52}｜粟心 tsʰuɔ̱^{211}｜烛章 tsuɔ̱^{211}｜曲～尺。溪 kʰuɔ̱^{211}｜局群 kuo^{52}｜玉狱疑 ŋuo^{52}（以上烛韵）。

2.1.4.2.3.6　次浊入声，除了大多数字归阳入以外，还有少数字归阴入：抹明 muaʔ^{21}｜幕明 mɔʔ^{21}｜瘌来 laʔ^{21}｜落掉落。来 lœʔ^{21}｜镊娘 ŋiᴇʔ^{21}｜聂娘 niᴇʔ^{21}｜亦以 eʔ^{21}。

2.1.4.3 连读调

福清方言两字组的连调规律见表 4。

表 4 福清方言两字组连调表

<table>
<tr><th>2
1</th><th>阴平 α
52</th><th>阴平 β
52</th><th>阳平
44</th><th>上声
322</th><th>阴去
211</th><th>阳去
41</th><th>阴入
21</th><th>阳入
5</th></tr>
<tr><td>阴平 α
52</td><td colspan="2">52 52
44</td><td rowspan="2">52 44
44</td><td>52 322
33 52</td><td>52 211
335</td><td>52 41
335</td><td>52 21
335</td><td rowspan="2">52 5
33</td></tr>
<tr><td>阴平 β
52</td><td>52 52
55</td><td>52 52
44</td><td>52 322
33</td><td>52 211
22</td><td>52 41
44</td><td>52 21
22</td></tr>
<tr><td>阳平
44</td><td>44 52
55</td><td>44 52</td><td>44 44</td><td>44 322
33</td><td>44 211
22</td><td>44 41</td><td>44 21
22</td><td>44 5
33</td></tr>
<tr><td rowspan="2">上声
322</td><td colspan="2" rowspan="2">322 52
11</td><td rowspan="2">322 44
11 335</td><td>322 322
11 433</td><td rowspan="2">322 211
335</td><td rowspan="2">322 41
335</td><td rowspan="2">322 21
335</td><td rowspan="2">322 5
11</td></tr>
<tr><td>322 322
11 52</td></tr>
<tr><td>阴去 α
211</td><td rowspan="2">211 52
55</td><td>(缺例)</td><td rowspan="2">211 44
44</td><td rowspan="2">211 322
52</td><td rowspan="2">211 211
52</td><td rowspan="2">211 41
52</td><td rowspan="2">211 21
52</td><td rowspan="2">211 5
33</td></tr>
<tr><td>阴去 β
211</td><td>211 52
44</td></tr>
<tr><td>阳去
41</td><td>41 52
55</td><td>41 52
44</td><td>41 44
44</td><td>41 322
33</td><td>41 211
22</td><td>41 41
44</td><td>41 21
22</td><td>41 5
33</td></tr>
<tr><td>阴入
21</td><td>21 52
5</td><td>21 52
4</td><td>21 44
4</td><td>21 322
5</td><td>21 211
5</td><td>21 41
5</td><td>21 21
5</td><td>21 5
3</td></tr>
<tr><td>阳入
5</td><td>5 52</td><td>(缺例)</td><td>5 44
4</td><td>5 322
3</td><td>5 211
2</td><td>5 41
4</td><td>5 21
2</td><td>5 5
3</td></tr>
</table>

福清方言两字组的连读调有以下几个特点：

(1) 重音落在后字。

(2) 来自古浊入的阴平(表 4 里标作阴平 β)作前后字时的连读调与来自古清平的阴平(表 4 里标作阴平 α)

作前后字时的连读调不尽相同。例如：

阴平 α＋阴平 α	西瓜 θᴇ$^{52-44}$ kua-ua^{52} |
	春分 ts^{h}uŋ$^{52-44}$ xuŋ^{52} |
	推刀刨刀 t^{h}ɔ̱y$^{52-44}$ tɔ̱-lɔ̱^{52}；
阴平 α＋阴平 β	煎药 tɕieŋ$^{52-44}$ yo^{52} |
	刀石磨刀石 tɔ̱$^{52-44}$ θyo^{52} |
	膏药 kɔ̱$^{52-44}$ yo^{52}；
阴平 β＋阴平 α	麦麸 ma$^{52-55}$ p^{h}uo^{52} |
	蜀张一张 θyo$^{52-55}$ t^{h}yoŋ-lyoŋ^{52} |
	落山 lɔ̱$^{52-55}$ θaŋ-zaŋ^{52}；
阴平 β＋阴平 β	玉镯 ŋuo$^{52-44}$ θɔ̱-zɔ̱^{52}（只有一例）；
阴平 α＋上声	青果水果 ts^{h}aŋ$^{52-33}$ kuo-ŋuo$^{322-52}$ |
	宗谱 tsuŋ$^{52-33}$ p^{h}uo$^{322-52}$；
阴平 β＋上声	白酒 pa$^{52-33}$ tɕiu-ʑiu^{322} |
	局长 kuo$^{52-33}$ tyoŋ-lyoŋ^{322}；
阴平 α＋阴去	青菜 ts^{h}aŋ$^{52-335}$ ts^{h}ai-nzai^{211} |
	担担挑担 taŋ$^{52-335}$ taŋ-naŋ^{211}；
阴平 β＋阴去	食昼吃午饭 θia$^{52-22}$ tau-lau^{211} |
	蜀□一块 θyo$^{52-22}$ tɔy-lɔy^{211}；
阴平 α＋阳去	猪肚 ty$^{52-335}$ to^{41} |
	扛轿抬轿 kɔ̱ŋ$^{52-335}$ kiəu^{41} |
	生卵下蛋 θaŋ$^{52-335}$ lɔŋ^{41}；

阴平β+阳去	石料石材 θyo$^{52-44}$ lɛu^{41} |
	落号签字 lɔ̱$^{52-44}$ xɔ^{41} |
	绿豆 luo$^{52-44}$ tau-lau^{41}；
阴平α+阴入	亲戚 tɕʰiŋ$^{52-335}$ tsʰeʔ-nzeʔ^{21} |
	工作 kœ̱ŋ$^{52-335}$ tsʰɔʔ-nzɔʔ^{21}；
阴平β+阴入	白鸽鸽子 pa$^{52-22}$ kaʔ-aʔ^{21} |
	落雪下雪 lɔ̱$^{52-22}$ θuɔ̱ʔ^{21}；
阳平+阴平α	尼姑 nᴇ$^{44-55}$ ku-u^{52} |
	莲花 lᴇŋ$^{44-55}$ xua-ŋua^{52} |
	元宵 ŋuoŋ$^{44-55}$ θiu-nziu^{52}；
阳平+阴平β	熬药 ŋɔ̱^{44} yo^{52} |
	投泊投靠 tau^{44} pɔ̱-βɔ̱^{52} |
	长乐地名 tyoŋ^{44} lɔ̱^{52}；
阴去α+阴平α	妹夫 muɔ̱i-mui$^{211-55}$ xu-u^{52} |
	教书 ka$^{211-55}$ tɕy-ʑy^{52}；
阴去β+阴平α	桌□桌腿中间的横木 tɔ-tɔ̱$^{211-55}$ kuaŋ^{52} |
	拍赊赊购 pʰa$^{211-55}$ θia-zia^{52}；
阴去β+阴平β	锡箔 θia$^{211-44}$ pɔ̱^{52}（只有一例）；
阳去+阴平α	念经 nɛŋ-nᴇŋ$^{41-55}$ kiŋ^{52} |
	外公 ŋia$^{41-55}$ kuŋ-uŋ^{52} |
	镀金 to-tu$^{41-55}$ kiŋ^{52}；
阳去+阴平β	芋箬芋头的叶子 uɔ̱-uo$^{41-44}$ nyo^{52} |

大麦 tua$^{41-44}$ ma^{52}；

阴入＋阴平 α　必须 peʔ-piʔ$^{21-5}$ θy^{52} |

铁钉 tʰiᴇʔ-tʰieʔ$^{21-5}$ tiŋ^{52} |

结冰 kiᴇʔ-kieʔ$^{21-5}$ piŋ^{52}；

阴入＋阴平 β　乞食乞丐 kʰøʔ-kʰyʔ$^{21-4}$ θia^{52} |

竹膜 tøʔ-tyʔ$^{21-4}$ mɔ̠^{52} |

笔画 peʔ-piʔ$^{21-4}$ ua^{52}。

“□脉号脉”[tuɔ̠-tuo$^{211-44}$ ma^{52}]大概也是“阴去 β＋阴平 β”的例子。

(3)“阴平＋上声”[33 52]的后字[52]往往读作[522]。比如“春米”[tɕyŋ$^{52-33}$ mi$^{322-52}$]的后字实际调值往往接近[mi^{522}]。而且它的开头部分调值往往也不如阴平单字调的开头部分那么高。

(4)重叠式的连读调：

阴平 α	52＋52	→	55＋52	杯杯杯子 pui$^{52-55}$ pui^{52} |
				箱箱箱子 θyoŋ$^{52-55}$ θyoŋ^{52} |
				黐黐鱼的黏液 tʰi$^{52-55}$ tʰi^{52} |
				章章徽章 tɕyoŋ$^{52-55}$ tɕyoŋ^{52}；
阴平 β	52＋52	→	44＋52	箬箬叶子 nyo$^{52-44}$ nyo^{52}；
阳平	44＋44	→	44＋44	轮轮轮子 luŋ^{44} luŋ^{44} |
				瓶瓶瓶子 piŋ^{44} piŋ^{44} |
				瓢瓢勺子 pʰiu^{44} pʰiu^{44} |

上声	322＋322→	33＋322	盘盘盘子 puaŋ^{44} puaŋ^{44}； 板板木板 pɛŋ$^{322-33}$ pɛŋ^{322}｜ 影影影子 ɔ̱ŋ$^{322-33}$ ɔ̱ŋ^{322}｜ 疕疕螺蛳头上的圆盖 pʰi̤$^{322-33}$ pʰi̤^{322}；
阴去α	211＋211→	11＋211	棍棍棍子 koŋ-kuŋ$^{211-11}$ koŋ^{211}｜ 柄柄把柄 paŋ$^{211-11}$ paŋ^{211}｜ 蒂蒂瓜蒂 te-ti$^{211-11}$ te^{211}；
阳去	41 ＋41 →	44＋41	簿簿笔记本 puɔ̱-puo$^{41-44}$ puɔ̱^{41}｜ 柱柱柱子 tʰiəu-tʰiu$^{41-44}$ tʰiəu^{41}｜ 袋袋袋子 tɔy-tɔ̱y$^{41-44}$ tɔ̱y^{41}｜ □□树枝 ŋɛ-ŋᴇ$^{41-44}$ ŋɛ^{41}；
阴入	21 ＋21 →	1 ＋21	刷刷刷子 θɔʔ-θɔ̱ʔ$^{21-1}$ θɔʔ^{21}｜ □□塞子 tʰeʔ-tʰiʔ$^{21-1}$ tʰeʔ^{21}；
阳入	5 ＋5 →	3 ＋5	翼翼翅膀 θiʔ$^{5-3}$ θiʔ^{5}｜ 匣匣盒子 aʔ$^{5-3}$ aʔ^{5}。

阴去β缺例。例外有：边边旁边 pieŋ$^{52-44}$ pieŋ-mieŋ^{52}｜□□乳房 nɛŋ$^{44-11}$ nɛŋ$^{44-335}$。

阴平α、阴平β、阴去α、阳去和阴入重叠式的连读调不合乎表4的规律。另外，重叠式的后字一般不发生声母类化，前字则发生松紧音的交替，如“棍棍”或“柱柱”。

（5）“食吃。阴平β＋宾语”结构的连读调往往不合表4的规律，而与前字阳入的连读调相同，变为短促调。例

如：食朘吃荤 θia-θiaʔ$^{52-5}$ tsʰɔ̲^{52} | 食薰抽烟 θia-θiaʔ$^{52-5}$ xɔ̲ŋ^{52} | 食药吃药 θia-θiaʔ$^{52-5}$ yo^{52} | 食茶喝茶 θia-θiaʔ$^{52-4}$ ta^{44} | 食□吃奶 θia-θiaʔ$^{52-4}$ nᴇŋ^{44} | 食水喝水 θia-θiaʔ$^{52-3}$ tsui^{322} | 食酒喝酒 θia-θiaʔ$^{52-3}$ tɕiu^{322} | 食菜吃素 θia-θiaʔ$^{52-2}$ tsʰai^{211} | 食饭吃早饭 θia-θiaʔ$^{52-4}$ puɔ̲ŋ^{41}。以下是合乎"阴平 β＋X"的部分例子：食薰抽烟 θia$^{52-55}$ xɔ̲ŋ-ɔ̲ŋ^{52} 又读 | 食酒喝酒 θia$^{52-33}$ tɕiu-ʑiu^{322} 又读 | 食昼吃午饭 θia$^{52-22}$ tau-lau^{211} | 食饭吃早饭 θia$^{52-44}$ puɔ̲ŋ-βuɔ̲ŋ^{41} 又读 | 食力疲劳 θia$^{52-33}$ liʔ^{5}。"做阴去 α＋宾语"结构的连读调也有同样的情况出现，往往与前字阴入的连读调相同。例如：做官当官 tsɔ-tsɔ̲ʔ$^{211-5}$ kuaŋ^{52} | 做操 tsɔ-tsɔ̲ʔ$^{211-5}$ tsʰau^{52} | 做晬做一周岁 tsɔ-tsɔ̲ʔ$^{211-5}$ tsɔy^{211}。以下是合乎"阴去 α＋X"的例子：做塍种田 tsɔ-tsɔ̲$^{211-44}$ tsʰᴇŋ^{44} | 做戏演戏 tsɔ-tsɔ̲$^{211-52}$ xiᴇ^{211} | 做梦 tsɔ-tsɔ̲$^{211-52}$ mœŋ^{211} | 做痢患赤痢 tsɔ-tsɔ̲$^{211-52}$ le^{41} | 做节过节 tsɔ-tsɔ̲$^{211-52}$ tsɛʔ-zɛʔ^{21}。

（6）"动词＋补语"结构大多数不变调，不符合表 4 的规律。例如：□着踏上 nai^{52} tyo^{52} | 分开 puoŋ^{52} kʰui^{52} | 翻起掀开 xuaŋ^{52} kʰi^{322} | 食饱吃饱 θia^{52} pa^{322} | 食腻吃腻 θia^{52} nœ^{211} | 曝□晒裂 pʰuo^{52} peʔ^{21} | 爬起 pa^{44} kʰi^{322} | 来晏来晚 li^{44} aŋ^{211} | 行出出去 kiaŋ^{44} tsʰoʔ^{21} | 讨着找着 tʰɔ̲^{322} tyo^{52} | 敨开解开 tʰau^{322} kʰui^{52} | 讲着说过 kɔ̲ŋ^{322} tyo^{52} | 讲了说完 kɔ̲ŋ^{322} lau^{322} | 讲赚说错 kɔ̲ŋ^{322} taŋ^{41} | 煮□煮烂 tɕy^{322} mɔʔ^{21} | 煮熟 tɕy^{322} θyʔ^{5} | 掰开 pa^{211} kʰui^{52} | 浸死淹死 tseŋ$^{211-22}$ θi^{322} | 吊死 tɛu$^{211-22}$ θi^{322} | 掰起

睁开 pa$^{211-22}$ kʰi^{322} | 戴正 tai^{211} tɕiaŋ^{211} | 当做 tɔŋ^{211} tsɔ^{211} | 做破打破 tsɔ^{211} pʰua^{211} | 沃灡淋湿 uɔ̱$^{211-22}$ laŋ^{41} | □好切好 θuɔ̱$^{211-22}$ xɔ^{322} | 园好藏好 kʰɔŋ$^{211-22}$ xɔ^{322} | 算赚算错 θɔŋ$^{211-22}$ taŋ^{41} | 寄出 kia^{211} tsʰoʔ^{21} | 钉□钉住 teŋ^{211} kaʔ^{5} | 离开 liᴇ^{41} kʰui^{52} | 跪落跪下 kuɔ̱i^{41} lɔ̱^{52} | 碰着遇见 pʰɔŋ^{41} tyo^{52} | □落掉下 tɔŋ^{41} lɔ̱^{52} | 垫悬垫高 tɛŋ^{41} kᴇŋ^{44} | 徛起站起来 kʰia^{41} kʰi^{322} | □起提起 kuaŋ^{41} kʰi^{322} | □着塞住 tʰeʔ^{21} tyo^{52} | □走溜走 lɔʔ^{21} tsau^{322} | □起拾起 kʰaʔ^{21} kʰi^{322} | 拔长拉长 pᴇʔ^{5} tɔ̱ŋ^{44} | 逐行撵走 tyʔ^{5} kiaŋ^{44} | 跋倒摔倒 puaʔ^{5} tɔ̱^{322} | 勒死 lᴇʔ^{5} θi^{322}。

在这一结构中重音一般落在前字，后字读得很轻，而且它的声母一般不发生类化。“看见见到”读作[kʰaŋ$^{211-52}$ kiᴇŋ-ŋiᴇŋ^{211}]，既发生连读变调也发生声母类化，为例外。也有读作“单字调＋轻声”的例子。例如：底来进来 tᴇ^{322} li-le$^{44-0}$韵母的交替特殊 | 转来回来 tuoŋ^{322} li-ne$^{44-0}$韵母的交替特殊 | 死去死了 θi^{322} kʰyɔ̱-yɔ̱$^{211-0}$。

（7）“无没有＋X”和“有＋X”结构的连读调特殊，前字往往变成短促调。例如：无鸡 mɔ̱-mɔ̱ʔ$^{44-5}$ kie^{52} | 无猪 mɔ̱-mɔ̱ʔ$^{44-5}$ ty^{52} | 无药 mɔ̱-mɔ̱ʔ$^{44-4}$ yo^{52} | 无闲忙 mɔ̱-mɔ̱ʔ$^{44-4}$ ᴇŋ^{44} | 无钱 mɔ̱-mɔ̱ʔ$^{44-4}$ tɕieŋ^{44} | 无酒 mɔ̱-mɔ̱ʔ$^{44-3}$ tɕiu^{322} | 无厝没有房子 mɔ̱-mɔ̱ʔ$^{44-2}$ tsʰuɔ̱^{211} | 无箸没有筷子 mɔ̱-mɔ̱ʔ$^{44-4}$ tø^{41} | 无笔 mɔ̱-mɔ̱ʔ$^{44-2}$ peʔ^{21} | 无肉 mɔ̱-mɔ̱ʔ$^{44-3}$ nyʔ^{5}；有鸡 o-uʔ$^{41-5}$ kie^{52} | 有猪 o-uʔ$^{41-5}$ ty^{52} | 有药 o-uʔ$^{41-4}$ yo^{52} | 有闲闲 o-uʔ$^{41-4}$ ᴇŋ^{44} | 有

钱 o-uʔ$^{41-4}$ tɕieŋ^{44}｜有酒 o-uʔ$^{41-3}$ tɕiu^{322}｜有成有房子 o-uʔ$^{41-2}$ tsʰuɔ̲^{211}｜有益有好处 o-uʔ$^{41-2}$ ia^{211}｜有够足够 o-uʔ$^{41-2}$ kau^{211}｜有长剩 o-uʔ$^{41-4}$ tyɔ̲ŋ^{41}｜有箸有筷子 o-uʔ$^{41-4}$ tø^{41}｜有笔 o-uʔ$^{41-2}$ peʔ^{21}｜有毒 o-uʔ$^{41-3}$ tuʔ^{5}｜有肉 o-uʔ$^{41-3}$ nyʔ^{5}。以下是读作舒声调的例子：无书 mɔ̲$^{44-55}$ tɕy^{52}｜无赚没错 mɔ̲^{44} taŋ-laŋ^{41}。

(8)“未没有＋X”结构的连读调与表 4 的规律相同。但是后字一般不发生声母类化。例如：未听 muɔ̲i-mui$^{41-55}$ tʰiaŋ^{52}｜未来 muɔ̲i-mui$^{41-44}$ li^{44}｜未讲 muɔ̲i-mui$^{41-33}$ kɔ̲ŋ^{322}｜未去 muɔ̲i-mui$^{41-22}$ kʰyɔ̲^{211}｜未坐 muɔ̲i-mui$^{41-44}$ θɔy^{41}｜未踢 muɔ̲i-mui$^{41-22}$ tʰeʔ^{21}｜未拔 muɔ̲i-mui$^{41-33}$ pᴇʔ^{5}。

(9)“解会＋X”结构一般不变调，重音落在前字，“𫙳不会＋X”结构的连读调一般与表 4 相同。例如：解使可以 ɛ^{41} θai^{322}｜解舍舍得 ɛ^{41} θia^{322}｜解晓知道 ɛ^{41} xiu^{322}｜解记记住 ɛ^{41} ke^{211}｜解赴来得及 ɛ^{41} xo^{211}｜解□认识 ɛ^{41} pɛʔ^{21}；𫙳食吃不得 mɛ-mᴇ$^{41-44}$ θia-zia^{52}｜𫙳使不行 mɛ-mᴇ$^{41-33}$ θai-zai^{322}｜𫙳舍舍不得 mɛ-mᴇ$^{41-33}$ θia-zia^{322}｜𫙳晓不知道 mɛ-mᴇ$^{41-33}$ xiu-iu^{322}｜𫙳好不好 mɛ-mᴇ$^{41-33}$ xɔ̲-ɔ̲^{322}｜𫙳赴来不及 mɛ-mᴇ$^{41-22}$ xo^{211}｜𫙳□不认识 mɛ-mᴇ$^{41-22}$ pɛʔ-βɛʔ^{21}。“解会”和“𫙳不会”有时变为短促调。例如：解食 ɛ-ᴇʔ$^{41-4}$ θia^{52}｜解□触着凸起的东西觉得不舒服 ɛ-ᴇʔ$^{41-5}$ tᴇŋ^{52}；𫙳记忘记 mɛ-mᴇʔ$^{41-2}$ ke^{211}｜𫙳□顽皮 mɛ-mᴇʔ$^{41-2}$ ɔ^{211}。

(10)“动词＋人称代词”结构均不变调，重音落在前字。例如：请我 tɕʰiaŋ^{322} ŋua^{322}｜替我 tʰɛ^{211} ŋua^{322}｜乞我给

我 $k^hø?^{21}$ $ŋua^{322}$ | 叫汝你 $kœ^{211}$ ny^{322} | 见伊 $kiɛŋ^{211}$ i^{52} | 拍伊打他 p^ha^{211} i^{52} | 恨汝 $xɔŋ^{41}$ ny^{322} | 赢伊他 $iaŋ^{44}$ i^{52}。

（11）亲属称谓"阿阳入＋X"结构的连读调与表 4 的规律不尽相同。例如：阿姑 $a?^{5-3}$ ku^{52} | 阿婶 $a?^{5-3}$ $θiŋ^{322}$ | 阿伯 $a?^{5-3}$ pa^{211} | 阿妗 $a?^{5-4}$ $keŋ^{41}$ | 阿叔 $a?^{5-2}$ $tsø?^{21}$。"阿姑"和"阿伯"的连读调不合乎表 4 的规律。

（12）"几＋X"结构的连读调符合表 4 的规律。例如：几张 kui^{322-11} $t^hyoŋ$-$lyoŋ^{52}$ | 几头 kui^{322-11} t^hau-lau^{44-335} | 几本 kui^{322-11} $puoŋ$-$βuoŋ^{322-433}$ | 几□几块 $kui^{322-335}$ $tɔy$-$lɔy^{211}$ | 几只几个 $kui^{322-335}$ $tɕia$-$ʑia^{211}$ | 几件 $kui^{322-335}$-$y\underline{ɔ}ŋ^{41}$ | 几节 $kui^{322-335}$ $tsɛ?$-$zɛ?^{21}$ | 几粒 kui^{322-11} $la?^{5}$。

（13）除了"蜀一"往往变成短促调以外，"数词＋X"结构的连读调与表 4 相同。下面举一些"数词＋X"结构的例子：

蜀＋X： 蜀千 $θyo$-$θyo?^{52-5}$ $tɕ^hieŋ^{52}$ |
蜀张 $θyo^{52-55}$ $t^hyoŋ$-$lyoŋ^{52}$ |
蜀头 $θyo^{52-44}$ t^hau-lau^{44} |
蜀本 $θyo^{52-33}$ $puoŋ$-$βuoŋ^{322}$ |
蜀百 $θyo^{52-22}$ pa-$βa^{211}$ |
蜀只一个 $θyo^{52-22}$ $tɕia$-$ʑia^{211}$ |
蜀□一块 $θyo^{52-22}$ $tɔy$-$lɔy^{211}$ |
蜀件 $θyo^{52-44}$-$y\underline{ɔ}ŋ^{41}$ |

蜀万 θyo-θyoʔ$^{52-4}$ uaŋ^{41} |

蜀帖 θyo-θyoʔ$^{52-2}$ t^{h}ɛʔ^{21} | 蜀粒 θyo$^{52-33}$ laʔ^{5}；

两＋X： 两千 laŋ$^{41-55}$ tɕ^{h}ieŋ^{52} |

两张 laŋ$^{41-55}$ t^{h}yoŋ-nyoŋ^{52} |

两头 laŋ$^{41-44}$ t^{h}au-nau^{44} |

两本 laŋ$^{41-33}$ puoŋ-muoŋ^{322} |

两百 laŋ$^{41-22}$ pa-ma^{211} |

两只 laŋ$^{41-22}$ tɕia-ȵʑia^{211} |

两□两块 laŋ$^{41-22}$ tɔy-nɔy^{211} |

两件 laŋ^{44}-ŋyɔ̱ŋ^{41} | 两万 laŋ$^{41-44}$ uaŋ^{41} |

两帖 laŋ$^{41-22}$ t^{h}ɛʔ^{21} | 两粒 laŋ$^{41-33}$ laʔ^{5}；

二＋X： 二月 ne-ni$^{41-33}$ ŋuoʔ^{5} | 二十 ne-ni$^{41-33}$ θᴇʔ-zᴇʔ^{5}；

三＋X： 三千 θaŋ$^{52-44}$ tɕ^{h}ieŋ^{52} |

三张 θaŋ$^{52-44}$ t^{h}yoŋ-nyoŋ^{52} |

三头 θaŋ$^{52-44}$ t^{h}au-nau^{44} |

三本 θaŋ$^{52-33}$ puoŋ-muoŋ$^{322-52}$ |

三百 θaŋ$^{52-335}$ pa-ma^{211} |

三只 θaŋ$^{52-335}$ tɕia-ȵʑia^{211} |

三□三块 θaŋ$^{52-335}$ tɔy-nɔy^{211} |

三件 θaŋ$^{52-335}$-ŋyɔ̱ŋ^{41} | 三万 saŋ$^{52-335}$ uaŋ^{41} |

三帖 θaŋ$^{52-335}$ t^{h}ɛʔ^{21} | 三粒 θaŋ$^{52-33}$ laʔ^{5} |

三月 θaŋ$^{52-33}$ ŋuoʔ^{5} | 三十 θaŋ$^{52-33}$ θᴇʔ-nzᴇʔ^{5}；

四＋X：　四千 θe-θi$^{211-55}$ tɕ^{h}ieŋ^{52} |

四张 θe-θi$^{211-55}$ t^{h}yoŋ-lyoŋ^{52} |

四头 θe-θi$^{211-44}$ t^{h}au-lau^{44} |

四本 θe-θi$^{211-52}$ puoŋ-ßuoŋ^{322} |

四百 θe-θi$^{211-52}$ pa-ßa^{211} |

四只 θe-θi$^{211-52}$ tɕia-ʑia^{211} |

四□四块 θe-θi$^{211-52}$ tɔy-lɔy^{211} |

四件 θe-θi$^{211-52}$-yɔ̱ŋ^{41} | 四万 θe-θi$^{211-52}$ uaŋ^{41} |

四帖 θe-θi$^{211-52}$ t^{h}ɛʔ^{21} | 四粒 θe-θi$^{211-33}$ laʔ^{5} |

四月 θe-θi$^{211-33}$ ŋuoʔ^{5} |

四十 θe-θi$^{211-33}$ θᴇʔ-ᴇʔ^{5} 声母类化特殊；

五＋X：　五千 ŋo-ŋu$^{41-55}$ tɕ^{h}ieŋ^{52} |

五张 ŋo-ŋu$^{41-55}$ t^{h}yoŋ-lyoŋ^{52} |

五头 ŋo-ŋu$^{41-44}$ t^{h}au-lau^{44} |

五本 ŋo-ŋu$^{41-33}$ puoŋ-ßuoŋ^{322} |

五百 ŋo-ŋu$^{41-22}$ pa-ßa^{211} |

五只 ŋo-ŋu$^{41-22}$ tɕia-ʑia^{211} |

五□五块 ŋo-ŋu$^{41-22}$ tɔy-lɔy^{211} |

五件 ŋo-ŋu$^{41-44}$-yɔ̱ŋ^{41} | 五万 ŋo-ŋu$^{41-44}$ uaŋ^{41} |

五帖 ŋo-ŋu$^{41-22}$ t^{h}ɛʔ^{21} | 五粒 ŋo-ŋu$^{41-33}$ laʔ^{5} |

五月 ŋo-ŋu$^{41-33}$ ŋuoʔ^{5} |

五十 ŋo-ŋu$^{41-33}$ θᴇʔ-nzᴇʔ^{5}；

六＋X：　六千 lœ̲ʔ^{5} tɕ^{h}ieŋ^{52} | 六张 lœ̲ʔ^{5} t^{h}yoŋ^{52} |

六头 lœ̲ʔ$^{5-4}$ t^{h}au^{44} | 六本 lœ̲ʔ$^{5-3}$ puoŋ^{322} |

六百 lœ̲ʔ$^{5-2}$ pa^{211} | 六只 lœ̲ʔ$^{5-2}$ tɕia^{211} |

六□六块 lœ̲ʔ$^{5-2}$ tɔy^{211} | 六件 lœ̲ʔ$^{5-4}$ -yɔ̲ŋ^{41} |

六万 lœ̲ʔ$^{5-4}$ uaŋ^{41} | 六帖 lœ̲ʔ$^{5-2}$ t^{h}ɛʔ^{21} |

六粒 lœ̲ʔ$^{5-3}$ laʔ^{5} | 六月 lœ̲ʔ$^{5-3}$ ŋuoʔ^{5} |

六十 lœ̲ʔ$^{5-3}$ θᴇʔ^{5}；

七＋X：　七千 ts^{h}eʔ-tɕ^{h}iʔ$^{21-5}$ tɕ^{h}ieŋ^{52} |

七张 ts^{h}eʔ-tɕ^{h}iʔ$^{21-5}$ t^{h}yoŋ^{52} |

七头 ts^{h}eʔ-tɕ^{h}iʔ$^{21-4}$ t^{h}au^{44} |

七本 ts^{h}eʔ-tɕ^{h}iʔ$^{21-5}$ puoŋ^{322} |

七百 ts^{h}eʔ-tɕ^{h}iʔ$^{21-5}$ pa^{211} |

七只 ts^{h}eʔ-tɕ^{h}iʔ$^{21-5}$ tɕia^{211} |

七□七块 ts^{h}eʔ-tɕ^{h}iʔ$^{21-5}$ tɔy^{211} |

七件 ts^{h}eʔ-tɕ^{h}iʔ$^{21-5}$ -yɔ̲ŋ^{41} |

七万 ts^{h}eʔ-tɕ^{h}iʔ$^{21-5}$ uaŋ^{41} |

七帖 ts^{h}eʔ-tɕ^{h}iʔ$^{21-5}$ t^{h}ɛʔ^{21} |

七粒 ts^{h}eʔ-tɕ^{h}iʔ$^{21-3}$ laʔ^{5} |

七月 ts^{h}eʔ-tɕ^{h}iʔ$^{21-3}$ ŋuoʔ^{5} |

七十 ts^{h}eʔ-tɕ^{h}iʔ$^{21-3}$ θᴇʔ^{5}；

八＋X：　八千 pɛʔ-pᴇʔ$^{21-5}$ tɕ^{h}ieŋ^{52} |

八张 pɛʔ-pᴇʔ$^{21-5}$ t^{h}yoŋ^{52} |

八头 pɛʔ-pᴇʔ$^{21-4}$ tʰau^{44} |

八本 pɛʔ-pᴇʔ$^{21-5}$ puoŋ^{322} |

八百 pɛʔ-pᴇʔ$^{21-5}$ pa^{211} |

八只 pɛʔ-pᴇʔ$^{21-5}$ tɕia^{211} |

八□八块 pɛʔ-pᴇʔ$^{21-5}$ tɔy^{211} |

八件 pɛʔ-pᴇʔ$^{21-5}$ -yɔ̠ŋ^{41} |

八万 pɛʔ-pᴇʔ$^{21-5}$ uaŋ^{41} |

八帖 pɛʔ-pᴇʔ$^{21-5}$ tʰɛʔ^{21} |

八粒 pɛʔ-pᴇʔ$^{21-3}$ laʔ^{5} |

八月 pɛʔ-pᴇʔ$^{21-3}$ ŋuoʔ^{5} |

八十 pɛʔ-pᴇʔ$^{21-3}$ θᴇʔ^{5} ;

九＋X： 九千 kau$^{322-11}$ tɕʰieŋ^{52} |

九张 kau$^{322-11}$ tʰyoŋ-lyoŋ^{52} |

九头 kau$^{322-11}$ tʰau-lau$^{44-335}$ |

九本 kau$^{322-11}$ puoŋ-βuoŋ$^{322-52}$ |

九百 kau$^{322-335}$ pa-βa^{211} |

九只 kau$^{322-335}$ tɕia-ʑia^{211} |

九□九块 kau$^{322-335}$ tɔy-lɔy^{211} |

九件 kau$^{322-335}$ -yɔ̠ŋ^{41} | 九万 kau$^{322-335}$ uaŋ^{41} |

九帖 kau$^{322-335}$ tʰɛʔ^{21} | 九粒 kau$^{322-11}$ laʔ^{5} |

九月 kau$^{322-11}$ ŋuoʔ^{5} |

九十 kau$^{322-11}$ θᴇʔ-zᴇʔ^{5} ;

十＋X：　十张 θᴇʔ^{5} tʰyoŋ^{52} | 十头 θᴇʔ$^{5-4}$ tʰau^{44} |
十本 θᴇʔ$^{5-3}$ puoŋ^{322} | 十只 θᴇʔ$^{5-2}$ tɕia^{211} |
十□十块 θᴇʔ$^{5-2}$ tɔy^{211} | 十件 θᴇʔ$^{5-4}$ -yɔ̱ŋ^{41} |
十万 θᴇʔ$^{5-4}$ uaŋ^{41} | 十帖 θᴇʔ$^{5-2}$ tʰɛʔ^{21} |
十粒 θᴇʔ$^{5-3}$ laʔ^{5} | 十月 θᴇʔ$^{5-3}$ ŋuoʔ^{5}。

"正月"读作[tɕiaŋ$^{-33}$ ŋuoʔ^{5}]，"十一月"读作[θᴇʔ$^{5-3}$ eʔ-iʔ$^{21-3}$ ŋuoʔ^{5}]，"十二月"读作[θᴇʔ$^{5-3}$ ne-ni$^{41-33}$ ŋuoʔ^{5}]。

"蜀–"变成短促调的其他例子：蜀批 θyo-θyoʔ$^{52-5}$ pʰie^{52} | 蜀升 θyo-θyoʔ$^{52-5}$ tɕiŋ^{52} | 蜀行 θyo-θyoʔ$^{52-4}$ xɔ̱ŋ^{44} | 蜀套 θyo-θyoʔ$^{52-2}$ tʰɔ^{211} | 蜀份 θyo-θyoʔ$^{52-4}$ xoŋ^{41} | 蜀□一节 θyo-θyoʔ$^{52-3}$ kʰuoʔ^{5}。

不符合表 4 连调规律的个别例外词有：

阴平 α＋阴平 α　书间厢房里的房间 tɕy$^{52-55}$ kieŋ-ieŋ^{52}；

阴平 β＋阳平　昨年前年 θɔ̱^{52} nieŋ^{44}（不变调）；

阴平 α＋上声　鸡囝还不会叫的公鸡 kie$^{52-335}$ kiaŋ^{322}
（比较：鸡囝小鸡 kie$^{52-33}$ kiaŋ-iaŋ$^{322-52}$）；

阴平 α＋阴去　今旦今日 kiŋ^{52} taŋ-naŋ^{211}（不变调）；

阴平 α＋阳入　惊蛰 kiŋ$^{52-11}$ tiʔ^{5} |
昨日前日 θɔ̱^{52} niʔ^{5} 又读（不变调）；

阳平＋阴平 α　前兜前边 θᴇŋ$^{44-33}$ tau-nau^{52}；

阳平＋上声　□讨一些人先躲藏起来，一个人去找 mᴇ^{44} tʰɔ̱^{322}（不变调）；

阳平＋阴入　　无锡地名 u$^{44-335}$ θeʔ^{21}；

上声＋上声　　婊子 piu^{322} tɕy$^{322-0}$；

阴去 α＋阳平　　叮农蜇人 teŋ^{211} nœ̲ŋ$^{44-0}$；

阴去 β＋阳平　　各农大家 kɔ-kɔ̲$^{211-11}$ nœ̲ŋ$^{44-335}$；

阳去＋上声　　丈奶岳母 tyɔ̲ŋ-tyoŋ$^{41-11}$ nᴇ$^{322-52}$；

阴入＋阳平　　发芽 puɔ̲ʔ-puoŋ$^{21-44}$ ŋa^{44}。

2.1.4.4　小称音

福清方言缺乏小称音，而多用“囝”[kiaŋ^{322}]尾来表示小称的功能。例如：鸡囝小鸡 kie$^{52-33}$ kiaŋ-iaŋ$^{322-52}$ | 牛囝牛犊 ŋu$^{44-33}$ kiaŋ-iaŋ^{322} | 羊囝羊羔 yoŋ$^{52-33}$ kiaŋ-ŋiaŋ^{322} | 犬囝小狗 k^{h}ᴇŋ$^{322-11}$ kiaŋ-ŋiaŋ$^{322-52}$ | 鸭囝小鸭子 aʔ$^{21-5}$ kiaŋ^{322} | 雨囝小雨 y$^{322-11}$ kiaŋ-iaŋ$^{322-52}$ | 石囝石头子 θyo$^{52-33}$ kiaŋ-iaŋ^{322} | 芋囝小芋头 uɔ̲-uo$^{41-33}$ kiaŋ-iaŋ^{322} | 蒜囝蒜苗 θɔŋ-θɔ̲ŋ$^{211-52}$ kiaŋ-ŋiaŋ^{322} | 鼎囝小锅 tiaŋ$^{322-11}$ kiaŋ-ŋiaŋ$^{322-52}$ | 椅囝一个人坐的矮凳 ie$^{322-11}$ kiaŋ-iaŋ$^{322-52}$ | 棺材囝装童尸的棺材 kuaŋ$^{52-335}$ ts^{h} ai-nzai$^{44-52}$ kiaŋ-iaŋ^{322} | 船囝小船 θuŋ$^{44-33}$ kiaŋ-ŋiaŋ^{322} | 舌囝小舌 θieʔ$^{5-3}$ kiaŋ-iaŋ^{322} | 腹肚囝小肚子 poʔ-puʔ$^{21-1}$-lɔ̲$^{322-11}$ kiaŋ-iaŋ$^{322-52}$ | 舅囝妻子的弟弟 kiəu-kiu$^{41-33}$ kiaŋ-iaŋ^{322} | 新妇囝童养媳 θiŋ$^{52-335}$-mu$^{41-52}$ kiaŋ-iaŋ^{322}（比较：新妇媳妇 θiŋ$^{52-335}$-mo^{41}）| 贩囝小贩 xuaŋ$^{211-52}$ kiaŋ-ŋiaŋ^{322} | 豆腐囝豆腐脑 ta^{-335} xo-u$^{41-52}$ kiaŋ-iaŋ^{322}。

2.1.4.5 同音字汇

i 阴平、阳平、上声/e 阴去、阳去

p [52]碑(墓～[1])卑□(蜀～葡萄：一串葡萄，卵～：蛋胚)□(～～囝：小孩的阴茎) [44]脾(内脏之一)啤(～酒)‖琵(～琶)枇(～杷)蓖(～麻) [322]彼鄙比秕□(用手指指) [211]蔽敝箅(箅子)痹(麻痹，乞电～去：触电)滗(去滓) [41]币弊毙(铳～：枪毙)陛婢被(～告)备鼻$_2$(用鼻子闻)篦(～梳)

p^h [52]悲 [44]皮$_2$(陈～)疲 [322]疕(痂，～～：螺蛳头上的圆盖)匪(土～) [211]鼻$_1$(鼻子，鼻涕)

ß [52]|□(牛～：一种牛身上的虫子，比虱子更大)□(□p^hui^{55}～：商量)

m [44]迷弥(～补)眉(～毛)楣维惟遗(～腹子)唯微 [322]米(大米)美耳$_2$(木～) [211]眯(眯眼；闭眼) [41]谜(猜～)秘泌寐未$_2$(地支之一)□(～水：潜水) ‖[55]□(暗～□$mɔ̠^{52}$：黢黑) [335]□(蕃藶～礤：擦床儿)

t [52]知蜘(～蛛网)□$_1$(□$puʔ^5$～：要，希望得到)‖□(～□ta^{322}：喇叭) [44]迟‖底$_2$(～蜀年：哪一

---

① 也可以说"墓牌"[muo^{44} $ßE^{44}$]。

年） [322]抵 [211]蒂（～～：瓜蒂，薰～：烟蒂）智致稚置 [41]地（～兜下：地面，～主）痔治（政～）

t^h [52]䅗（～～：鱼的黏液）□（用一个手指挑） [44]苔$_1$（青～）堤（海～）提（～手边：提手旁）持（主～） ‖[55]雉（～鸡：山鸡）□（～□lau^{52}：一直）

n [52]□（黏，树～：橡胶，树～糊：胶水）□（不要。"唔□"[$ŋ^{44}ni^{52}$]的合音）‖□（～囝：婴儿） [211]饵（鱼～） [41]腻$_2$（油腻，细～：小心）二 ‖[33]□（～□$iʔ^5$囝：一些）

l [44]来$_1$梨狸（狐～）丨鹚（鸬～） [322]李（李子；姓）里（距离单位）理鲤（～鱼）□（□la^{33}～：穿山甲） [211]利$_1$（放～：放债，胜～） [41]利$_2$（锋利）痢（做～：患赤痢）莉（茉～）俐（聪明～～：很聪明。读作[$ts^huŋ^{44}miŋ^{44}li^{41}le^{41}$连读调特殊]）里（做月～：坐月子）吏$_2$ [0]底$_4$（水～：水里，铺～：床上，椅～：椅子上；坐～食：坐着吃） ‖[335]履（草～□$liaʔ^{21}$：用草编的拖鞋）□（□mui^{11}～：荸荠）

θ [52]私$_1$（家～：家具，～家钱：私房钱）尸司（公～）丝诗 [44]糍（糍粑）时 [322]死 [211]四$_1$（～只）□$_2$（水喷出来） [41]是氏示视（电～，近～眼）寺试$_2$（考～）

z　［52］ | 蛳(螺～钉)

tɕ① ［52］之□(女阴)姊$_2$(依～：姐姐，亚～：小老婆) ［44］□(火～：通条) ［322］姊$_1$(阿～：最大的姐姐)旨(圣～)指$_3$(手～：戒指)子$_1$(果～：水果，日～，冻～：冻疮)籽止趾址 ［211］至(夏～)志誌痣□(溅) ［41］自$_1$(～家：自己)字$_1$(写～) ‖ ［335］□(□a^{11}～：知了)

tɕʰ ［52］鳃(鱼～)痴$_2$(傻)□(～水：逆水，～风：逆风) ［44］□(竖起来，如，毛管～起来：起鸡皮疙瘩) ［322］耻 ［211］饲$_1$(喂养，～猪：养猪)试$_1$□$_1$(水喷出来) ［41］市字$_2$(硬币有阿拉伯数字的面)□(拍□aʔ^5～：打喷嚏) ‖［11］□(～□tsʰ<u>œ</u>^{335}：铜钹之类的乐器)

ȵʑ ［52］ | □(菅～：茅草)

k ［52］肌基(戌～：地基，墙～)箕(粪～：簸箕)机讥饑(～荒)‖纪$_2$(～念) ［44］奇(～怪)歧祁鳍其棋期旗祈逵(李～)葵(向日～)癸 ［322］麂几(茶～)己(天干之一)纪$_1$(年～)杞(枸～) ［211］记(解～：记住了，艙～：忘记了)既 ［41］技妓冀忌

① 逢阴去和阳去时，声母读作［ts］组。［tɕʰ］声母亦如此。本同音字汇只标出［tɕ］和［tɕʰ］。［y/ø iŋ/eŋ yŋ/øŋ iʔ/eʔ yʔ/øʔ］诸韵都有这个问题。

[0]个$_1$（的）　‖[55]舅$_2$（～公：祖母的兄弟）□（日～中：白天）　[33]□（～□liʔ^{5}：胳肢）

k^h　[52]攲（歪，～头：歪脖子）欺（～负）　[44]蟣渠希切（蚂～：蚂蟥）　[322]齿（牙齿，锯～）起（爬～：起床，～戍：盖房子）　[211]器弃气$_2$（透～：使空气流通；生气）汽　[41]柿（柿子）

ŋ　[52]丨栀（黄～：栀子）　[44]仪疑（怀疑）拟丨□（□tɕyoŋ^{44}～：怎么样）　[41]耳$_1$（提梁，～团：耳朵）毅丨易（容～）

x　[52]牺（～牲）嬉$_2$熙（康～）希非飞$_2$（～机①）妃　[44]嬉$_1$　[322]喜（欢～：高兴。读作[xuaŋ^{33} ni^{52}]）

ø　[52]伊（他）医衣$_2$（～裳，戏～：戏装）依　[44]儿$_3$夷姨胰（～皂：肥皂）‖□$_1$（～爷：爸爸。本书里写作"依"）□（～身裙：围裙）丨□（下～：下巴）　[322]尔而已以（～后）　[211]意忆亿　[41]异味（味道）　‖[335]□（□tsua^{11}～乇：这些东西）　[33]□（～□iaʔ^{5}馃：油条）

u 阴平、阳平、上声/o 阴去、阳去

p　[44]蒲$_2$（～扇）菩匏（瓠子，紫～：茄子）炮薄交切（煨）

---

① 口语说"飞船"[pui^{44} zuŋ^{44}]。

‖□(～蝇：苍蝇) [211]富(富裕) [41]腐$_1$(腐朽)伏扶富切(孵)□(又。本书里写作“复”) ‖[335]□(～□luʔ^{53}钻：钻,一种工具)

pʰ [44]浮□(用油炸) [322]殕(生～：发霉)□(天拍～：拂晓) [41]□(硬币没有阿拉伯数字的面)

m [322]某亩牡(～丹)母$_3$(阿～：最大的伯母) [41]|妇$_1$(新～：儿媳妇)

t [52]都(首～)都$_1$(副词) [44]徒(～弟)涂$_2$(动词)途图‖□(～□lɛŋ^{41}：蜥蜴) [322]堵(□kyʔ^5～：隔间)赌肚$_2$(船舱,～囝：兜肚,大骹～：大腿,手～：胳膊) [41]肚(猪～,羊～)妒度渡镀 ‖[55]杜(～仲)

tʰ [52]都$_2$(副词) [44]涂$_1$(泥土,～师父：泥水匠)‖□(～□lyo^{52}：一切、全部) [322]土(～改,～匪)□(凸) [211]吐(呕吐)兔(～囝：兔子)

n [44]奴(～才) [322]努□(讨厌)① [41]怒

l [52]‖|□(炒米～：炒米) [44]卢炉芦(葫～匏：葫芦)鸬(～鹚)庐 [322]鲁(～班)橹卤 [211]赂露 [41]鹭(白～)

ts [52]租 [322]祖组阻 [211]咒(诅咒,～喙：发

① 本字有可能是“恼”。

誓） [41]助就$_1$（副词）

ts^h [52]粗初$_2$（～中） [322]楚（清～；国名）础 [211]醋

θ [52]苏酥（饼干的口感）稣（耶～）蔬 [322]所$_2$（看守～：拘留所） [211]素诉塑数（欠～：欠钱，算～：算账，点～：数钱，双～）

k [52]姑孤菇（野生的蘑菇）枯$_2$□（□xᴇ^{44}～：哮喘）‖□（反～反笊篱：翻绳变花样） [44]糊$_1$（糨糊，米～：用米磨成的粉做的糊状食物） [322]古$_1$（～底：以前）估（～计）牯（羊～：公羊）股鼓□（搅拌）□（～吵：捣乱） [211]故固雇顾灸$_1$ [41]旧 ‖ [335]□（暗～□xeŋ^{41}：不言语） [33]□$_1$（～得好：幸亏。本书里写作"固"） [22]□（目珠～□loŋ^{211}起来：瞪眼） [11]□（～□lɔ^{52}：麻风病）□（～穿：屁股）

k^h [52]箍空胡切蛄（虾～。送气音）枯$_1$（榨完油之后的渣子压成的饼）呼$_1$（～鸡）丘$_1$（量词，用于田） [44]古$_2$（～田：地名）□（蹲） [322]苦 [211]库裤 [41]臼（舂～） ‖ [335]□（～□loŋ^{41}：野生的草莓）

ŋ [44]梧吾吴牛$_1$ [322]伍（队～）午丨久$_1$（□θyoŋ^{335}～：一会儿，□tɕyoŋ^{335}～：这会儿） [41]五 ‖

［11］□（□□paʔ^{1} laŋ^{11}～虫：蝌蚪）

x ［52］呼$_2$夫$_2$（姐～，妹～）肤敷 ［44］胡（姓）湖狐（～狸）壶（酒～）鬍（□□lau^{44} θau^{44}～：满脸的胡子）糊$_2$（模～）瑚符（画～）‖葫（～芦匏：葫芦）芙（～蓉）附（～近） ［322］虎浒（水～）府腑俯甫斧$_2$抚釜 ［211］戽（～水）付咐（吩～。读作［xuŋ^{335} no^{211}］）赋傅赴（解～：来得及，艙～：来不及）副 ［41］户沪互护扶$_2$（搀）父腐$_2$（豆～）辅负（～责）妇$_2$（寡～） ‖［33］蝴（～蝶）俘（～虏）

ø ［52］乌（黑）污巫诬｜烌（火～：草木灰） ［44］无 ［322］武舞侮鹉 ［211］坞（船～） ［41］务有

y 阴平、阳平、上声/ø 阴去、阳去

t ［52］猪蛛（蜘～网） ［44］除 ［211］著 ［41］箸（筷子）

tʰ ［52］株 ［44］锄（～头；～草） ‖［335］储（～蓄）

n ［52］□（猪用嘴拱） ［322］女（外甥～。兼指“外孙女”）汝（你） ‖［33］□（～□nuŋ^{322}：懵懂） ［22］□（～□nɔŋ^{211}：房间等很乱）

l ［52］‖使$_2$（假～） ［322］吕旅铝缕屡 ［41］虑滤（～豆渣）

θ ［52］须（必～）需输（运～）斯厮思 ［44］徐（姓）蘦

（蕃～：白薯）殊（特～）辞词祠（～堂） [322]暑（大～）署史 [211]絮庶恕赐肆（放～）□（鼻～底去：吸流鼻涕） [41]序叙绪（光～）屿（海中小陆地；～头：地名）似祀巳士$_2$（相～：看相的人；棋子之一）仕伺嗣（绝～：绝种，一种骂人话）饲$_2$（～料）事$_2$（有本～）侍（服～） ‖[55]四$_2$（～川） [33]私$_2$（～塾斋：私塾）

tɕ [52]诸书资咨姿兹滋 [44]蜍（蟾～）瓷慈磁（～铁）‖□（～娘农：女人） [322]煮（煮，炒，～三顿：做饭）主$_2$（神～龛）子$_2$（地支之一；遗腹～；婊～，骗～）梓 [211]注（～意）□（摆架子） [41]聚驻住（对不～：对不起）自$_2$（～由）

tɕʰ [52]舒（～席：铺席子，～瓦：盖瓦）趋雏 [322]鼠取娶雌此 [211]觑（看守，～戍：看门，～牛：放牛）处（位～：地方；～长）趣次

ʑ [322]ǀ□（腐～：豆腐乳） [211]ǀ□（□ka^{335}～：草编的饭袋）

ȵʑ [322]ǀ□（□tɕieŋ^{33}～：壁虎）

k [52]居车（棋子之一） [44]渠瞿衢 [322]举（～手）矩 [211]巨拒距据锯（锯子；～板） [41]俱具□（老～：拐杖）

kʰ [52]枢驹区驱 [44]□（傻）

ŋ [44]鱼渔愚虞娱 [322]语

x [52]墟虚 [322]许(～蜀只：那个;姓)

ø [52]於 [44]如余(姓)餘与儒于(姓)俞(姓) [322]雨$_2$(□$tə̠ŋ^{33}$～：下雨,谷～)宇禹羽 [41]御禦誉预豫逾愉愈寓喻裕

a

p [52]巴(～掌,饭～：锅巴)芭(～蕉)疤(～～：伤疤)爸$_2$(阿～：爸爸)白$_1$(颜色) [44]爬扒(～龙船：划龙船,～猪毛：刮猪毛,～耳团：掏耳朵)耙(～□$laʔ^{21}$：耙子,锄头～□$laʔ^{21}$：蝙蝠) [322]把(蜀～刀;蜀～米：一撮米)靶饱 [211]霸百柏(松～：松树)伯掰(～开,～喙：张嘴、打哈欠,～起：睁开) [41]耙(一种农具)爸$_1$(郎～：父亲)罢(～工) ‖[33]包$_2$(～袱)

p^h [52]抛$_1$(停泊)脬(羼～：阴囊)□(披)□(癫～：男疯子)‖□(讲～：吹牛) [211]炮$_1$(棋子之一)拍(打)

ß [52]|笆(篱～) [44]|琶(琵～)杷(枇～)

m [52]麦脉□(五指抓,～拳头：攥起拳头) [44]猫□(啼～：哭)‖□(～鹅：野鸭) [322]妈(老～：妻子,外～：外祖母,外大～：祖母的母亲,神～：

巫婆）马码蚂（～蟣：蚂蟥）□（□paʔ⁵～：扒手）[211]骂 | □（摊～：炫富） ‖[335]□（走～道：走之儿）□（□a¹¹～□tʰɔy²¹¹：阴沟的注水口）[11]□（～□□laʔ¹kia³³⁵：蜘蛛）

t [52]礁（海中小陆地①）□（干燥，喙～：口渴）[44]茶 ‖ 豆₂（～腐）泽₁（～岐：地名）□（～～娘：蜻蜓。读作[ta⁴⁴ la⁴⁴ nyoŋ⁴⁴]） [322]打（～猎）□（样～：样子，指人）□（□ti⁵²～：喇叭） [211]榨₁（～油）□（压住）

tʰ [52]他垞（北～：地名） [211]蛇（海蜇）□（～洁：干净。也可以单说）

n [44]□（拃）□（解大小便） [322]奶₂（依～：妈妈） [211]□（～底去：凹进去） ‖[335]□（褪～～：光膀子。读作[tʰɔ̱ŋ¹¹ na³³⁵ na⁵²]） [33]□₂（～□liʔ⁵：只要）

l ‖[33]老₃（～虎）□（～□li³²²：穿山甲）

ts [52]渣（～～：渣子）查（动词）‖ 榨₂（～菜）[322]早 [211]炸（～弹）窄□（～幯：织苎麻布）

tsʰ [52]叉杈（～～：树杈）差₁（有～：病轻了；～别）岔[44]□（柴，大～：松树的柴火，～头：木头。本书

---

① 也可以说"屿"[θø⁴¹]。

里写作“柴”） [322]炒（～菜，～米□lu^{52}：炒米）吵（□ku^{11}～：捣乱） [211]册（书～：书本，繪读书解掰～：谚语之一，表示读书读得不好）□（～起来：搀起来）

θ [52]纱痧（～去：中暑）师（～父，假～：逞英雄）□（合～：不正当的男女关系） [44]‖沙$_2$（～埔：地名） [211]□（相～：性交）

z [52]丨楂（山～）

k [52]家$_1$加嘉迦（释～）佳胶（水～：胶水，阿～）铰（～刀：剪刀） [322]假（真～）贾（姓）□（～米：碾米） [211]假（放～）架驾嫁价教$_1$（～书）潡（稀。乡下话）格 [41]咬下巧切（咬，啃） ‖[55]□（～□lau^{52}：蚌） [335]□（～□zø^{211}：草编的饭袋）[33]□（～□laʔ^{5}：蟑螂） [11]茭（～□zau^{11}笋：茭白）橄（～榄）□（～蚤：跳蚤）□（～□□laŋ^{335} tɕ^{h}ia^{41}：侧身而睡）

k^{h} [52]骹（脚，猪～：猪蹄，鸡～：鸡爪）‖□（～鸟：喜鹊） [44]11□（～跳：玩儿） [322]巧$_1$（细～：女人身材苗条） [211]客（农～：客人）□（乞雷～去：被雷打了） ‖[335]□（～□laʔ^{21}：修理）

ŋ [52]□（撬物） [44]牙（～科）芽衙崖‖隻$_2$（通用量词，如，两～□leŋ^{41}：两个人） [322]雅 [41]丨

□(牛母□naŋ^{44}～：蜗牛) ‖[55]蜈(～蚣)

x [44]虾何加切霞 [211]孝$_1$(带～) [41]夏(姓)厦(大～)夏(～至,立～)□(～货：载货)

ø [52]鸦(老～：乌鸦) [322]下$_3$(胳□lɔʔ^5～：腋下。上声)哑(病～：哑巴)拗(～断折去：拗断,～手：关系不好) [41]下$_2$(楼～)厦(～门)下(动量词)後$_1$(～兜：后边) [0]啊 ‖[335]阿$_1$(汝～爸：你爸) [11]亚(～姊：小老婆)□(～□tɕi^{335}：知了)□(～公婆：祭祖先)□(～□□ma^{335} t^{h}ɔy^{211}：阴沟的注水口)

ia

p [211]壁$_1$(墙～：墙、壁)

p^h [52]□(河坡,塍～：田边的坎子。读作[ts^{h}ɛŋ^{44} p^{h}ia^{52}]) [211]避$_1$(～开)僻(偏～)

m [52]‖壁$_2$(隔～戍：邻居)

t [52]爹(老～：当官的人)掷(～骰)籴 [211]摘(～桃,～菜：择菜) [41]蛎(牡蛎)

t^h [211]拆□(～累：连累)

n [52]搦(抓,捉)□(～漏：补房顶)‖□(～□nɔy^{211}：一些) [44]‖尿$_2$(～壶：夜壶) [322]惹

l [52]|值$_1$(无～：不如。参[句]12、92) [44]‖

<u>漈</u>₂(～头：地名)

θ [52]赊(拍～：赊账)食₁(吃) [44]邪斜蛇佘(姓)畲□(～尿：尿床) [322]写舍(艙～：舍不得) [211]卸泻赦舍(宿～)锡₁ [41]社谢(多～;姓)射(～箭)麝<u>榭</u>(□$p^hie?^5$～：厢房)

tɕ [52]姐₂(阿～：妈妈)遮‖雀₁(～团：麻雀)□(～黍：高粱) [44]‖柘(～荣：地名) [322]姐₁(姑～：姑,～夫)者纸₁(～媒,～鹞：风筝) [211]蔗(甘蔗)<u>漈</u>₁(小瀑布)迹(骹～：脚印)隻₁(通用量词,～半：一个半) ‖[335]□(～时候：这时候) [11]笊(～篱)

$tɕ^h$ [52]车(坐～)奢(～侈)□(灡～：围嘴儿) [322]且 [211]<u>刺</u>七迹切(～洋毛□$lɔ̱ŋ^{322}$：打毛衣)赤(足～：金子的纯度很高,～金：最好的金子)□(引诱,传染)□(鼎～：锅铲) [41]□(歪;侧身)

k [44]枷□(□□ma^{11} $la?^1$～：蜘蛛) [211]寄 [41]下₁(悬～：上下,指方位)

k^h [52]奇(～数：单数)□(欺负) [44]骑(～骹车：骑自行车) [211]<u>徛</u>₁(坡;陡)崎(县坪～：地名) [41]<u>徛</u>₂(站立;着福清～：住在福清)

ŋ [52]额(头～：额头)|<u>椲</u>(粪～：粪勺) [211]艾₁(草名) [41]外₁(～兜：外面,～家：娘家)蚁(羽

蚁，黄～：蚂蚁）

x [52]□（张开，裂开；簸箕形的指纹）

ø [52]□（小飞蛾）| 家$_2$（自～：自己，大～：婆婆） [44]椰耶（～稣）| 岐（泽～：地名） [322]野（～猪）□（很。本书里写作“野”） [211]益$_1$（有～：有好处） [41]也夜□（～粟种：撒播稻种）

ua

p [211]簸（动词；～箕：晒东西用的圆形竹器，较小）

pʰ [211]破（形容词；～柴：劈柴；～水：灌水、排水）

m [44]磨（动词）麻（草名，油～：芝麻） [41]瓦（成～：瓦片）

t [41]舵大$_1$（形容词）

tʰ [52]拖（～车）

n [52]挪$_1$（挪开。阴平）□（桌子等不稳定）

ts ‖[335]□（～□aʔ^{5}所：这里）

θ [52]沙$_1$

k [52]过古禾切（菜老）瓜 [322]寡（守～） [211]挂卦（卜～）□（～桌：拍桌子）

kʰ [52]夸

ŋ [322]我$_1$

x [52]花 [44]华（中～）华（姓） [211]化 ‖

[335]□(～□aʔ⁵所：那里)

ø [52]划₁(笔～)画胡麦切(动词)‖□(□xau³³⁵～话：谎言) [211]|□(□θɔ²²～：可怜) [41]夥(若～：多少)画(名词)话

ai

p [211]拜 [41]败

pʰ [322]□(～囝：流氓) [211]派□(～□ziŋ⁵²气：惭愧)

m [44]埋 [322]□(乞～□ta²¹¹去：魇住了) [41]□(用背驮)

t [52]□(小米) [44]台(天～)台(戏～)□(青～：活埋)□(米糠里的小虫子)□(蜀～墓：一座墓) [211]带(皮～)戴(～帽；姓)□(～～：非常) [41]大₂(～家：婆婆，～暑，～寒，～学)待怠殆贷代₂(～表)事₁(～□iᴇ²¹¹：事情) ‖[11]□(～□lɔ̱ŋ⁵²：中间)

tʰ [52]胎₂苔₂(舌～)篩(～～：筛子) [44]治直之切(杀) [211]态太泰

n [52]□(踩)|痴₁(做风～：刮台风) [322]乃 [41]耐奈

l [44]箩₁来₂(～往，将～)□(□uoŋ¹¹～：菠萝)

[41]赖(～伏鸡母：抱窝母鸡；姓)丨士$_1$(道～) ‖ [33]□(□t^hiu^{335}～□zui^{322}：提手旁)

ts [52]灾$_2$栽(菜～：菜苗，～树) [44]才$_2$(口～)材$_2$财(发～)豺 [322]宰纸$_2$(蜀张～)指$_2$(鸡角～：食指，十一～：有六指的人)滓(目～：眼泪) [211]再载(～重)债(高利～：高利贷)□(该～：幸亏) [41]在(～伊□muŋ^{11}行：由他去)寨

ts^h [52]钗 [44]才$_1$(奴～)材$_1$(棺～) [322]彩采(～茶：摘茶叶)睬踩 [211]菜蔡

θ [52]鲨(鲨鱼)狮(狮子) [44]脐(腹～：肚脐) [322]屎使$_1$(用；解～：可以，𫗴～：不可以；唔～来：不必来)驶(～船) [41]□(蜀～佛：一尊佛像)

nz [211]丨婿$_1$(儿～：女婿)

k [52]该皆阶$_2$ [44]‖□$_1$(再。连读音) [322]改$_2$解$_2$(～放) [211]盖(□□kuŋ^{335} mɔ̱^{52}～：宝盖头)介界芥(～蓝：芥菜)届械 ‖[335]□(～□iᴇ^{41}：为什么)

k^h [52]开$_2$(～水) [322]揩凯楷(大～) [211]概(大～)溉慨

ŋ [44]□(坏) [41]碍艾$_2$(姓)□(斜靠)

x [44]孩谐□(下巴)□(陶瓷器) [322]海 [41]亥害(～农：害人)

Ø [52]哀埃(～及) [44]‖□$_2$(再。连读音)[①]
[322]倚(用手扶着;～望：希望、盼望) [211]爱$_2$(～国) ‖[335]□(有得～：有办法,无得～：没办法)

au

p [52]包$_1$(包子;～起来)‖龅(重黏～齿：龅牙)
[44]胞 [211]豹 [41]鲍(姓)

p^h [52]抛$_2$□(柚子) [211]炮$_2$(放～仗：放鞭炮)泡(发～：起泡)

ß [211] | □(蟾蜍□lau^{52}～：蟾蜍)

m [44]茅锚矛(～盾) [322]卯 [41]貌

t [52]兜蔸(棵)□$_1$(一种表示场所的词,如,近～：附近,身～：身上,门～：门口,地～下：地面。本书里写作"兜")□(～□nɛŋ^{44}：豆浆。"豆腐"的合音) [44]投$_1$(～泊：投靠)骰(掷～) [322]斗(烛～：烛台,踏～：楼梯;容量单位)抖$_2$(～被)□$_2$(一种表示场所的词,如,外～：外面,后～：后边。本书里写作"兜") [211]罩(～起来;鸡笼～：盖小鸡的罩子)昼(食～：吃午饭) [41]豆$_1$脰(～

① 当为"□$_1$"[kai^{-44}]的变体。

□uoʔ⁵筋：脖子，～领：领子）

tʰ [52]偷 [44]头 [322]敨(～开：解开，～鼻：擤鼻涕) [211]透(～气：使空气流通，风野～：风很大)□(用毒药毒害致死)

n [52]□(眉头～起来：皱眉)□(乞猫囝～去：被猫抓了) [41]闹纽(秤纽)□(手～：手腕，骹～：脚腕)|□(硬～：一定)

l [52]‖□(蟾蜍～□ßau²¹¹：蟾蜍)|□(□ka⁵⁵～：蚌)□(□tʰi⁵⁵～：一直) [44]楼(～下)流₁刘留□(蜀～：一遍)‖□(～□θau⁴⁴胡：满脸的胡子) [322]了₁(助词，伊来～：他来了；补语，讲～：说完) [211]□(强制灌注，～泻：拉肚子) [41]老₁(形容词)漏

ts [52]糟 [44]巢(黄～)□(利索、快捷) [322]走₁(逃跑) [211]灶

tsʰ [52]操₁(做～，～心)抄钞 [322]草₁□(力～：力气) [211]臭

θ [52]捎稍□(□lau⁴⁴～胡：满脸的胡子)‖哨(～子) [211]嗽(□kʰœŋ²²～：咳嗽)扫(～戌：扫地)

z [52]|蚤₁(□ka¹¹～：跳蚤) ‖[11]|□(茭～笋：茭白)

k [52]交(～乞汝：交给你)郊勾(～起：打勾)钩沟

[44]猴 [322]九垢(□kaʔ^{3}～：污垢，青～：淤血) [211]教$_{2}$(～育)较校(～对)够(有～)□(到)□(酒～：量酒的器具) [41]厚

k^h [52]抠(用手指挖，～痒：抓痒)□(抽～：抓阄)‖□(～气：倒霉) [211]□(老～：看上去比年龄更老)

ŋ [44]淆 [41]藕

x [52]薅(～草：田里除草) [322]吼(喊，～价：讨价①) [211]酵孝$_{2}$(～敬)鲎 [41]校(～长)效 ‖[335]□(～□ua^{52}话：谎言) [11]後$_{3}$(～生团：小伙子)

ø [41]後$_{2}$(～日) ‖[55]侯$_{1}$(～官：地名)

ᴇ阴平、阳平、上声/ɛ阴去、阳去

p [44]排牌箄(筏子②) [322]摆 ‖[33]□(～□lᴇŋ^{322}：翻动。"反$_{1}$"的分音字)

p^h [44]□(黄～：青蛙) [211]稗

ß [322]|□(喙～：脸颊)

m [44]□(躲) [322]买 [41]卖□(不会。本书里

---

① 也可以说"叫价"[kœ^{52} a^{211}]。"还价"说"出价"[tsʰuʔ^{5} ka^{211}]。

② 在福清很少见。

写作“𫐏”)

t [52]低 [44]题 [322]底₃(鞋～;戍～:家里,城～:城里,～兜:里面) [211]帝 [41]弟₂(徒～,表～)第(行～:排行)递

tʰ [322]体(身～) [211]替

n [52]□(捏,～□nɛŋ⁴⁴:挤奶) [44]泥(～墙:涂墙)尼(～姑)|□(硬～:强迫给人) [322]奶₁(依～:妈妈,我～:我母亲,丈～:岳母) [211]□(凹)

l [52]‖□(羞～:丢脸) [44]犁(一种农具;～塍:耕田)黎(姓)璃(玻～)勒₂(弥～)|蹄(曲～:渔民) [322]礼(送～)□(女人骂) [41]厉(严～)励(鼓～)鳢(草～:乌鳢)丽吏₁|隶(奴～)

ts [52]斋(食～:吃素;去～:去学校,私塾～:私塾,偷□mɛ⁴⁴～:旷课) [44]齐(齐全;一起) [211]𫄨(～布:苎麻布) ‖[55]济(～公)

tsʰ [52]差(钦～)凄棲 [211]粞(大米或糯米磨成的粉)

θ [52]西(～边:西面;～瓜)犀(木～:桂花) [322]洗徙 [211]细(跟“粗”相对;年龄小;排行第二,如,～哥:二哥,～姊:二姐,～嫂:二嫂)婿₂(妹～:妹夫) [41]□(多)

k [52]街□(抱,~䌷：抱稻) [44]□(头~：头目) [322]解$_1$(~起来：解开) [211]疥(生~)戒(猪八~)解(押~) ‖[33]□(~顶：上头,桌~顶：桌上)

k^h [52]溪□(衣裳~：下摆) [211]快$_1$(速度快)

ŋ [44]倪(姓) [322]□(做~：撒娇) [41]□(树~：树枝①)

x [52]□(~□u^{52}：哮喘) [41]蟹(毛~：淡水里的螃蟹)

ø [52]□(推,~车：推车) [44]鞋 [322]矮 [41]解胡买切(会)

ie 阴平、阳平、上声/iᴇ 阴去、阳去

p [211]□(跑,奔走) [41]避$_2$(~难)

p^h [52]批(蜀~;~评;写~：写信)剫(~皮：削皮)

m [52]□(~皮：削皮)‖□(~乇：什么。本书里写作"么")

t [44]池(池塘)驰‖底$_1$(~农：谁) [41]弟$_1$(弟弟)

t^h [44]啼(哭) [322]扯$_1$(~纸) [211]剃(~头)

n ‖[335]儿$_2$(囝~：子女)

---

① 也可以说"□□"[ŋᴇ^{44}ŋɛ^{41}]。

l [44]厘 [41]例离力智切(～开) ‖[55]篱(～笆)荔(～枝)

θ [52]施(姓)‖□(～乇:什么。本书里写作"什")[44]匙(饭～:饭勺,粪～:粪勺,锁～:钥匙)[211]世(蜀～农:一辈子)势₂(惯～:习惯;底～:里面)逝 [41]舐(舔)豉(豆～)

tɕ [52]支(～持)枝(荔～)肢脂(胭～)芝(～麻①)[322]紫□(这,这个。本书里写作"这") [211]祭(～墓:扫墓)际制(～裁)製

tɕʰ [322]扯₂(读字)侈 [211]势₁(转～:翻身)刺(植物的刺;动词)翅(鱼～) ‖[33]□(～眼:眼斜)

k [52]鸡圭闺奎规(～矩)□(～鞋带:系鞋带,～牛:拴牛) [44]鲑(咸～:一种调料,鱼酱)‖阶₁(～□lɔ̠⁴⁴层:台阶) [211]计继桂(肉～)季

kʰ [322]启企 [211]契(塍～:田契) ‖[11]稽(～查)

ŋ [44]宜(便～) [41]艺(手～)议谊义(～爸:干爹) ‖[33]□(～女:丫头)

x [211]废肺戏费 [41]系係携惠慧

① "芝麻"口语说"油麻"[iu⁴⁴mua⁴⁴]。

ø [44]爷(爸爸)移 [322]椅(坐具) [211]|□(事～：事情) [41]□(～喙：馋嘴)□(□kai³³⁵～：为什么)

ɐu 阴平、阳平、上声/ɛu 阴去、阳去

pʰ [322]否 [41]阜(曲～)

m [44]谋 [41]茂贸

t [52]雕‖逗(～号) [44]条调₁(混合饭菜)投₂(～降) [322]抖₃(甩去水，～～颤：发抖) [211]吊₁(～死)斗(～争) [41]抖₁(发抖)

tʰ [52]馊

l [44]寮(茅棚)□(～囝：淡水里的蚬) [322]篓(炭瓮)□(抠) [41]料陋

ts [52]邹(姓) [322]鸟₁(～囝：鸟儿)走₂(～狗) [211]奏皱(额头皱纹)绉

tsʰ [44]愁 [211]凑

θ [52]搜(～身)□(～馃：和面) [44]□(均匀；～～：常常)

k [322]狗(走～) [211]构购 ‖[11]枸(～杞)

kʰ [322]口(～才) [211]扣釦寇

ŋ [322]偶 [41]|侯₃(闽～：地名)

x [44]侯₂(姓) [41]后(皇～)後₄(以～，落～)候

ø [52]欧瓯(汤～：小碗①)□(饿)

ɔ̱阴平、阳平、上声/ɔ阴去、阳去

p [52]褒(哄小孩儿)薄(形容词)泊(投～：投靠)箔(锡～) [44]婆(大～：正室)‖玻(～璃) [322]保堡宝 [211]报□(男人骂) [41]抱暴爆

pʰ [52]波颇坡□(蜀～草：一丛草) [211]粕(～～：渣子，蔗～：甘蔗的渣子)

m [52]馍(～～：馒头)膜(竹～)□(蚊子咬成的疙瘩)□(暗□mi⁵⁵～：黢黑)‖□(□kuŋ³³⁵～盖：宝盖头) [44]魔摩毛□(无，没有。本书里写作"无")|□(□naŋ⁴⁴～：要不然，连词，总～：难道，连词) [322]母₁(牛～：母牛，猫～：母猫，虱～：虱子，石头～：大石头)拇(大～～：大拇指) [211]|播(广～) [41]磨(名词)冒帽(帽子。单说)

t [52]多(～谢)刀‖到(～处②) [44]驼驮(拿)掏(～钱)逃陶‖□(～□taŋ⁴⁴：耀眼) [322]岛倒(～台，跋～：摔倒；躺)捣 [211]桌 [41]惰道(～士)盗导(领～) ‖[55]倒(～边：左边)

① 高山一带方言的说法。

② 也可以说"四处"[θi⁵² tsʰø²¹¹]。

[11]□(～□ɔ^{52}：哪里)

t^h　[52]滔涛　[44]桃　[322]讨(～着：找着；～骂：挨骂；～字典：查字典；～日子：择日；～柴：砍柴)　[211]套(蜀～)托(～碗)

n　[44]挪$_2$(～用)｜□(□nœŋ^{44}～：别，不要)　[322]脑恼　[211]□(东西。本书里写作"乇")

l　[52]落$_2$(日头～山，□tɔŋ^{41}～：掉下)乐$_1$(长～：地名)‖□(□ku^{11}～：麻风病)　[44]罗(阎～王；姓)锣箩$_2$萝(～卜①)逻劳牢痨(肺～病)‖啰(～嗦)□(阶～层：台阶)｜萄(葡～)　[322]老$_2$(～鼠)栳(针线篓等装东西用的竹器，圆形，较浅)｜肚$_1$(腹～：肚子)　[211]□(～上：套上，～被：套被子)　[41]□(模～：牢固)

ts　[52]遭　[44]曹$_1$(姓)　[322]左佐枣蚤$_2$□(狡猾)　[211]做造(制～)　[41]座皂　‖[55]作$_2$(～坊：地名)

ts^h　[52]搓臊$_1$(鱼的气味；食～：吃荤)　[322]草$_2$(粮～，～头：草字头)□(碱，做馒头时用，～白：白糖)　[211]措躁糙(～米)　‖[11]曹$_2$(～操)

θ　[52]梭嗦(啰～)骚臊$_2$昨(～日：前日)镯(手～，玉

---

① 口语说"菜头"[ts^{h}ai^{44}lau^{44}]。

～)□(蛇等爬行) [44]槽 [322]锁琐嫂 [211]燥先到切(天气干燥)索(绳子)欶(吮吸)□(粪～：垃圾) ‖[22]□(～□ua²¹¹：可怜)

z [211]丨操₂(曹～)

k [52]歌哥高(～利债：高利贷;姓)膏(目～：眼眵，黏的)篙(竹～)羔糕 [44]□(用火烫) ‖ □(～□lɔ̠ŋ⁴⁴：整个) [322]稿(～头：稻茬,麦～：麦秸) [211]个₂(～把)告(～状)各₁阁₁搁(耽～)□(～饭：加热冷掉的干饭) ‖ [55]□(～□lɔ̠ŋ⁵²：涮，～□lɔ̠ŋ⁵²喙：漱口。读作[kɔ̠³³⁵ lɔ̠ŋ⁵² tsʰuɔ̠i²¹¹]) [33]胳(～□lɔ̠ʔ⁵下：腋下)

kʰ [322]可(～以)考烤洘(稠) [211]靠铐(手～)薧(小鱼干)

ŋ [52]□(头～起来：头抬起来) [44]蛾鹅俄熬(～油)□(粮柜) [322]我₂ [41]饿(挨饿)傲鏊(平底锅) [0]丨去₂([kʰyɔ²¹¹]的弱化读音,如,快行～：快去)

x [44]何(姓)荷(薄～)豪(～猪)壕毫 [322]好(形容词)郝(姓) [211]好(爱～)耗 [41]贺(姓)浩号(几～;落～：签字)

ø [52]阿₃(～胶)学₁(～讲话：学说话)丨□(□tɔ̠¹¹～：哪里) [44]河(天～：银河)荷(～花)□(～

儿囝：哄小孩儿） [322]袄 [211]懊奥澳□（乖，聪明）

uo 阴平、阳平、上声/uo̠ 阴去、阳去

p [52]埔（沙～：地名）晡（逐～：每天晚上，冥～：晚上，～时雨：阵雨）缚（捆，绑） [44]蒲$_1$（菖～）葡（～萄）□（蜀～花：一朵花，蜀～灯：一盏灯）‖菠（～薐：菠菜） [322]补斧$_1$（～头） [211]布（断～：剪布；～塍：插秧）佈怖剥$_1$（～皮） [41]部簿（～～：笔记本）步埠

p^h [52]铺（床铺，煨～：躺在被窝里取暖）麸（麦～）曝（晒） [44]莆（～田：地名）扶$_1$（～起来：搀起来） [322]谱（宗～）普浦 [211]铺（蜀～：十里）

ß [52]|□（溪～：河滩）

m [52]摸|夫$_1$（丈～） [44]模摹□（落～：下雾①，～露：雾）② [322]母$_2$（～囝：妻儿③） [211]墓 [41]暮慕募戊

t [44]屠（肉～：肉铺）厨（～师父：厨师） [322]朵

① 也可以说"罩□"[tau^{44} muo^{44}]。

② 本字可能就是"雾"。

③ 也可以说"老妈囝"[lau^{11} ma^{11} kiaŋ^{52}]。如果读作[lau^{11} ma^{11} iaŋ^{52}]，就表示"妻子"。参[词]098。

躲 [211]□(～脉：号脉) [41]□(路) ‖ [335]拄$_2$(～杖：帮助挑担用的棍子)

t^h [322]妥(～当：老实)椭

l [52]绿 [322]裸虏(俘～)

ts [52]朱硃珠$_2$(蜀粒～,柱～：柱子下的石礅;出～：出天花) [322]主$_1$(地～) [211]註铸烛(蜡烛。单说)

ts^h [52]□(旋拧) [211]厝(新～：地名)戍(房子)粟(稻谷)

θ [52]输(～赢) [211]□(砍,切) [41]□(灡～：围嘴儿,尿～：尿布)

z [52]□(骹～底：脚掌)

k [52]锅(钢精～,齿～：牙杯)局(～长) [322]果$_2$(青～：水果)裹$_2$(包～) [211]过(～来)句郭(姓)廓

k^h [52]靴科(牙～)‖傀(～儡) [44]瘸(～骹：瘸子,～手：手有残废) [211]课曲$_1$(～尺,～蹄：渔民)

ŋ [52]玉$_1$(～玺,～镯)狱(地～) [41]讹卧误悟

x [44]和(～平,～棋)禾 [322]火$_2$(肝～□tsœ̠ŋ^{52}：非常生气) [211]货 [41]祸雨$_1$(～漏：屋檐水,六月～艙过□tuɔ̠^{41}路：谚语之一) ‖[33]□(～～汤：温水。读作[xuo^{33} uo^{55} lɔ̠ŋ^{52}])

ø [52]倭(～寇)窝(燕～：一种补品，蜂～煤，山～：山坳) [211]沃(～水：浇水，～灡：淋湿) [41]芋(～头)

yo 阴平、阳平、上声/yɔ̱ 阴去、阳去

t [52]着(碰～：遇见，讨～：找着；在；算有～：算对了；必须，～去：要去) [322]贮(～无得去：装不下，～饭：盛饭)

n [52]若(～夥：多少，～远：多远，～□ɔ̱ŋ⁴⁴：多久)箬(～～：叶子)

l [52]|□(□tʰu⁴⁴～：一切、全部)

θ [52]石(～头)液₁(手～：手汗)□(一。本书中写作"蜀")

tɕ [52]嚼 [211]借资昔切 ‖[335]□(～件乇：这个东西。"这蜀"的合音)

tɕʰ [52]蓆(席子)□(理睬) [44]‖□(～红：杨梅) [211]尺

k [44]茄桥 [211]脚(好～：很有本事)

kʰ [211]去₁

ŋ [41]□(～眠：熬夜)

x ‖[335]□(～件乇：那个东西。"许蜀"的合音)

ø [52]药(蜀帖～：一剂药；芍～)□(老～：老鹰)

[322]乳□(花萎) [41]锐

ɔ̱y 阴平、阳平、上声/ɔy 阴去、阳去

t [52]堆 [322]短 [211]对(～面)碓(水～)兑(～换：交换)□(～手：帮人、帮工)□(蜀～豆腐：一块豆腐,蜀～柴板：一块木板,蜀～钱：一块钱;别～：别的地方) [41]代$_1$(第几～)袋(～～：袋子)

t^h [52]胎$_1$(头蜀～：头胎)梯(楼～：梯子)推$_1$(～刀：刨刀) [322]腿□(病～：患麻风病) [211]退蜕(蝉～)□(犬～：狗洞)

n [52]丨蓑(棕～：蓑衣) [211]□(□nia^{52}～：一些) [41]内 ‖[33]□(～鸟：阴茎)

l [52]□(～团：铜钱)□(～～：树节疤,松柏～：松球,溪□ßuo^{55}～：鹅卵石) [44]螺腡雷(响～：打雷;姓) [322]儡(傀～)□(～团：鱼篓)

ts [52]灾$_1$(家畜死) [44]裁(制～) [211]最晬(做～：做一周岁) [41]罪

ts^h [52]猜吹(风～;蒸)炊 [44]箠(牛～：赶牛用的竹鞭) [322]髓(骨～) [211]垄(砍)碎

θ [52]衰(瘦,～运：倒霉) [211]帅(元～,棋子之一) [41]坐

k [52]□(嗉子) [322]改$_1$ [41]□(～脓：化脓)

kʰ　[52]魁□(□kʰa$ʔ^{5}$～：拾子儿)

ø　[211]爱$_1$(喜欢)

<u>œ</u>阴平、阳平、上声/œ阴去、阳去

m　[44]□(不负责任)

t　[41]苎

n　[44]□(稀饭等煮糊)　[322]所$_1$(□□tsua^{335} a$ʔ^{5}$～：这里,□□xua^{335} a$ʔ^{5}$～：那里)　[211]腻$_1$(食～去：吃腻了)

l　[44]驴□(男人骂)　[322]□(拖拉)　[211]<u>鑢</u>(锯～：锉刀,～草：耘田)

ts　[52]□(不负责任)

tsʰ　[52]初$_1$(～一,指日子)　[44]□(□tɕʰi^{11}～：铜钹之类的乐器)　[211]□(擦,铅笔～：橡皮)　‖ [55]□(～瓜：丝瓜)

θ　[52]梳疏(跟"密"相对)　[322]黍(□tɕia^{52}～：高粱)玺(玉～)　[211]疏(注解)

k　[211]叫$_1$

kʰ　[322]□(头～：头垢)

x　[44]哈(张口呼气)‖喉(～咙)　[41]□(生气时肿红的脸色)

ø　[44]□(一哄而上)　[211]□(干哕)

ui 阴平、阳平、上声/uo̱i 阴去、阳去

p [52]杯(～～: 杯子)飞$_1$ [44]培陪赔裴(姓)肥(人胖;动物肥,～肉)‖□(～头: 晚上) [211]坝(小水坝)辈褙(褙～: 褙糊)贝痱(生～) [41]倍佩背(～书;倒霉)焙吠

p^h [52]胚坯(砖～: 未烧的砖)□(做死～: 耍赖) [44]皮$_1$(剃～: 削皮) [211]沛配(许配;菜肴)柿(柴～: 砍下来的木片)屁□(从嘴里往外吐) [41]被(被子) ‖[55]□(～□$ßi^{52}$: 商量)

m [44]梅(～团: 梅子)枚媒煤莓霉糜(稀饭) [322]每尾(～□liu^{52}: 尾巴;～叔: 最小的叔叔) [211]妹 [41]昧未$_1$(没有,如,固～来: 还没来) ‖[22]□(蕃藷～礤: 擦床儿。做较细的地瓜丝)[11]□(～□li^{335}: 荸荠)□(雨～□$tɕ^hiu^{52}$: 毛毛雨)

t [52]追 [44]搥传追切(～髀: 搥背) [211]□(跟随,～伊行: 跟着他走) [41]队(排～)坠$_2$

t^h [52]推$_2$(～荐,～敲) [44]垂$_1$(耳～)锤(铁～,秤～)槌(舂臼～: 杵,衣裳～: 棒槌) [41]坠$_1$(扇～,鱼～: 坠子)

n [322]□(～～: 花蕾) [211]□(钻进去) [41]□(～头: 榫头)

l [322]累(积～)垒 [41]累(□t^hia^{52}～: 连累)类泪

ts ［322］⿰木水（水。本书中一般写作“水”） ［211］赘醉

ts^h ［52］崔 ［211］脆翠粹□$_1$（嘴。本书中写作“喙”）

θ ［44］随隋垂$_2$虽 ［211］赛岁$_2$（守～，万～）税穗（粟～：稻穗） ［41］瑞遂隧

z ［322］｜□（□□$t^hiu^{335}lai^{33}$～：提手旁）

k ［52］龟（乌～）归（当～）‖会（～计） ［322］裹$_1$（～粽：包粽子）馃（糖～：年糕）拐几（～只，～岁）诡轨鬼 ［211］髻（～团：妇女梳的发结，鸡～：鸡冠）桧（秦～）怪（责怪）贵 ［41］跪（～落：跪下）柜 ‖［11］果$_1$（～子：水果）

k^h ［52］开$_1$（～门）盔亏（吃～：痛苦，食～：吃亏）窥 ［322］跪去委切（跪拜，～新座：正月初二拜前一年去世的人） ［211］快$_2$（～乐，爽～）气$_1$（断～）愧

ŋ ［44］危 ［41］外$_2$（～国）伪（～造）魏

x ［52］恢灰挥辉徽 ［44］回茴（～香）怀槐淮 ［322］火$_1$毁 ［211］悔荒内切（退～：后悔）岁$_1$（几～） ［41］汇会（开～）绘讳

ø ［52］煨（～铺：躺在被窝里取暖）衣$_1$（胎盘）威 ‖贿$_1$（～赂） ［44］为（行～）围 ［322］贿$_2$（受～）委违伟 ［211］秽慰（安～） ［41］卫为（～了钱）位畏胃谓猬渭

iu 阴平、阳平、上声/iəu 阴去、阳去

p [52]标彪 [322]表(～兄,～弟)錶婊(～子,做～:偷汉子)□(女人骂) [41]鳔(鱼～) ‖[335]裱(～褙:裱糊)

p^h [52]飘 [44]薸(浮萍)瓢(～～:勺子)嫖 [211]票 ‖[11]漂(～白)

m [44]苗描 [322]秒 [41]庙妙谬缪(姓)

t [52]刁貂丢 [44]橱(配～:碗橱①)朝(唐～;～鲜)潮调₂(空～)绸 [322]拄₁(顶住,屋斜使正)肘 [211]钓吊₂ [41]赵召兆调(～动)纣宙□(稻子。本书中写作"釉")

t^h [52]挑抽(～签,～～:抽屉) [44]筹 [322]丑(地支之一) [211]跳(跳跃)粜 [41]柱(～～:柱子) ‖[335]□(～□□lai³³ zui³²²:提手旁)

n [44]牛₂(～郎) [322]扭₂(读字) [211]扭₁(掐,～菜:择菜) [41]尿₁

l [52]□(扔) | 鳅(湖～:泥鳅)□(尾～:尾巴) [44]燎疗聊辽流₂(寒～)榴(番石～)硫琉瘤 | 跳徒聊切(□k^ha^{44}～:玩儿) [322]瞭了₂(～解)柳(～树) [211]□(□kuoŋ³³⁵～:刨花) [41]廖力吊切(姓)

① 也可以说"碗橱"[uaŋ¹¹ niu³³⁵]。

θ [52]消宵(元～)霄硝销烧(暖和;臭～:焦;～酒:做白酒)萧箫(横～:笛子)修羞(～□lᴇ^{52}:丢脸)收 [44]韶(～山)邵囚泅(～水:游泳)仇(～人)酬售 [322]小(～满,～寒)首(～都)守$_2$(～岁,看～所:拘留所) [211]肖(～兔:属兔)秀绣兽□(窝,猪～:猪圈,鸡～:鸡舍) [41]绍受寿授□(羡慕,夸奖)

tɕ [52]珠$_1$(目～:眼睛)焦蕉椒昭招周(姓)舟州洲□(吵)□(亲嘴) [44]樵□(吵) [322]少(数量小)酒守$_1$(～寡) [211]蛀醮(做～)照诏 [41]就$_2$(～业) ‖[335]□(～料:佐料①)

tɕʰ [52]鬚(喙～:胡子)超(～度)秋□(麦～:麦芒,松柏～:松针)□(雨□mui^{11}～:毛毛雨) [322]手 [211]树俏笑 ‖[55]□$_2$(～须:胡子。本书中写作"喙")

ʑ [322]丨鸟$_2$(□nɔ̠y^{33}～:阴茎)

k [52]骄鸠□(～笑:开玩笑)□(～水:缩水,～底去:缩进去) [44]乔侨求球裘(姓) [322]缴纠(～正)久$_2$韭(～菜)饺 [211]叫$_2$(鸟鸣)灸$_2$(针～)咎救究(研～)柩 [41]轿舅$_1$(阿～)

---

① 也可以说"油料"[iu^{44} lɛu^{41}]。

k^h [52]敲(推～)跷(二郎腿)丘$_2$邱(姓) [44]□(蜷曲,～筋：抽筋,～个头发：卷发) [322]巧$_2$(凑～)□(揪) [211]窍□(米饭煮得硬) ‖[335]翘(～脊：防火墙的头) [11]□(～上天睏：仰面睡)

ŋ [44]饶(上～：地名)尧$_1$ [41]□(以棍撬物)

x [52]休 [322]晓(解～：知道,解～拍羽毛球：会打羽毛球)朽

ø [52]妖邀(～□luɔ̠^{41}：带路)腰(腰部;～子：肾脏)忧优幽 [44]摇谣窑姚(姓)尧$_2$柔尤邮由(介词,从)油游犹悠‖要(～求) [322]舀(～饭：盛饭,～汤)友酉诱 [211]要(～紧)幼(嫩;～沙：细沙) [41]鹞(纸～：风筝)耀右佑柚釉

iŋ阴平、阳平、上声/eŋ阴去、阳去

p [52]彬宾槟斌冰(结～)兵 [44]贫频凭(文～)平$_2$(和～)评$_3$(～话：一种文艺活动)瓶(～～：瓶子)苹 [322]禀丙秉炳□(晒东西用的竹帘,不能卷) [211]並 ‖[11]屏(～南：地名)

p^h [52]拼(～音) [44]‖乒(～乓球) [322]品 [211]聘

m [44]眠(～床：床铺,狂～：梦中惊叫,□ŋyo^{44}～：熬夜)闽民鸣明$_3$(～白,清～)名$_2$(～人)铭 [322]

悯敏皿 [211]面(脸;桌～) [41]命$_2$(革～) ‖ [33]闻$_2$(～读:地名)

t [52]砧(～板:菜墩子、菜板)珍征(～求)惩丁钉(铁～)疔 [44]陈(～皮;姓)藤亭停廷庭$_2$ [322]等(等待;平～)戥(厘～:戥子)顶(山～,轿～,桌～:桌上,楼～:楼上)鼎$_2$(福～:地名) [211]镇叮钉(动词)订碇(船～) [41]阵(蜀～风)澄(沉淀)定$_2$(一～)□(人) ‖ [335]□(□nœŋ^{11}～动:别动)

t^h [52]汀(长～:地名) [322]艇挺 [211]趁(～钱:赚钱;猪～:猪舌头)□(从、沿,～河舷行:沿河边走)□(头～蜀下:点头)

n [44]仁$_1$(桃～)宁(～德:地名)| 尘$_1$(埲～:灰尘) [41]认

l [44]林$_1$(树～)临邻鳞磷陵凌灵零铃龄 [211]□(橘子的瓣,如,蜀～橘) [41]令(命～)另 ‖ [55]羼(～脬:阴囊)

θ [52]心辛新薪身(～体)申伸$_2$娠(带～:怀孕)昇星□(生～:生锈)□(□laŋ^{11}尾～:萤火虫) [44]檐$_2$(～舷流:屋檐水)蟳(一种海里的螃蟹)神辰臣乘(加减～除)绳承丞成$_2$(～功)诚□(□p^hai^{335}～气:惭愧)‖先$_2$(～生:老师、医生) [322]沈审婶

[211]信(相～,～佛)讯迅胜(～利)姓$_2$(贵～)圣$_2$(～旨) [41]甚肾慎

z [52]‖□(故～意: 故意) [44]ǀ蝇(□pu^{44}～: 苍蝇)

tɕ [52]津(天～)真蒸升(容量单位)精晶睛征(长～) [44]秦情晴$_2$ [322]诊疹振震拯贞整 [211]浸(泡,～死: 淹死)进(～步)晋证症(急～: 急病)靖(嘉～)正$_3$(雍～)政 [41]尽(～力;很,～快: 很快)静$_2$(安静)

tɕ^h [52]侵深亲(～戚)称(用秤称;名～)清$_2$(跟"浊"相对,稀,～楚)青$_2$(～年) [44]塍(塍～: 田塍。读作[ts^{h}ɛŋ^{44} tɕ^{h}iŋ^{44}]) [322]寝 [211]称(对～)秤清(冷,～水: 凉水) ‖[33]□(～～: 刚刚。读作[tɕ^{h}iŋ^{33} ȵʑiŋ^{52}])

ȵʑ [52]ǀ音$_2$(观～菩萨)

k [52]今金均$_2$(平～)京惊$_2$(～蛰)鲸经$_2$(～验;念～) [322]锦紧仅谨境景警竟竞 [211]禁(～止)劲敬颈径 [41]妗□(鸡～: 鸡胃) ‖[55]荆$_1$(～州)

k^h [52]钦卿轻倾 [44]钳(～囝: 钳子)琴禽琼□(～酒: 斟酒) [322]肯顷 [211]庆磬 ‖[55]荆$_2$(～州) [33]□(～蚓: 蚯蚓)

ŋ [44]凝迎₂(～接)

x [52]兴(～旺;～化:地名)兄₂(表～) [44]形型刑邢□(头～:头晕,～车:晕车,羊～:羊角风) [41]□(暗□ku³³⁵～:不言语)

ø [52]音₁(声～)阴烟於真切(～～:烟气①,～筒:烟囱)因姻鹰英 [44]壬淫人(新～:新娘)仁₂寅盈荣营₂(国～)‖应(～该) [322]饮₂(～料)隐影₃(电～)永(～泰:地名) [211]印应(应答,报～) [41]任(责～)刃仍孕咏 ‖[33]□₂(～奶:妈妈。本书里写作"依")

uŋ阴平、阳平、上声/oŋ阴去、阳去

p [52]坊₁(作～:地名)崩 [44]房(～底:房间)嗌(把火吹灭) [211]粪(～池:厕所,～箕:簸箕)放₁(～利:放债,～假) [41]笨

pʰ [52]潘孚袁切(～水:泔水)蜂 [44]篷(帆) [322]纺₁(～纱)捧 [211]喷(～漆)缝(～～:缝儿)

m [52]□(□ieŋ³³～～:捉迷藏。读作[ieŋ³³ muŋ⁵⁵ muŋ⁵²]) [44]蒙 [322]□(～行～讲:边走边说,～行～远:越走越远) [41]闷焖

① 也可以说"火烟"[xui¹¹ iŋ⁵²]。

t　[52]敦□(撞,程度较轻)　[44]同$_2$　[322]董懂　[211]吨栋　[41]动$_2$(调～)重$_3$(尊～)

t^h　[52]通$_2$(～书,交～)　[322]捅(用肘撞人)统宠(读字)　[211]痛(～苦,～风)

n　[44]农$_2$(～民)浓(酽)　[322]□(□ny^{33}～:懵懂)　[211]润$_1$(转～:回潮)　[41]韧闰(～月)□(慢)

l　[52] | 中$_3$(初～)仲(杜～)□(□$puʔ^3$～□$θoŋ^{211}$:抖一下子)　[44]伦沦轮(～～:轮子,脱～:脱臼)　[322]陇垄　[211]□(目珠□ku^{22}～起来:瞪眼)　[41]□(□k^hu^{335}～:野生的草莓)　‖[335]桐$_2$(梧～)

ts　[52]宗(～谱)终‖□(～款做:这么做)　[44]崇　[322]準准总(～□$naʔ^5$:反正)　[211]俊浚圳(沟渠)　‖[11]□(～□$muaŋ^{52}$:现在)

ts^h　[52]春　[44]‖聪(～明俐俐～:很聪明)　[322]蠢□(想睡觉)　[41]□(绞)

θ　[44]船荀旬循巡唇纯醇鹑　[322]笋　[211]舜宋□(□□$puʔ^3$ $luŋ^{52}$～:抖一下子)　[41]旋(发旋)顺诵颂讼

k　[52]君军公$_2$(阿～:爷爷,外大～:祖母的父亲)功攻　[44]拳(～头母:拳头)裙　[322]滚　[211]棍(～～:棍子)贡　[41]郡　‖[335]□(～□$m\underline{ɔ}^{52}$

盖：宝盖头）

k^h [52]空$_2$（悬～） [44]群（蜀～鸭：一伙鸭） [322]捆孔$_2$（姓） [211]控

x [52]分$_2$（春～）芬纷荤风疯（□$p^h ie\eta^{33}$～：半身不遂）丰（咸～）封峰锋 [44]魂浑（跟“清”相对）坟焚雲宏$_2$洪鸿冯（姓）逢缝（动词。读字）‖风（～凰） [322]粉愤（气～） [211]奋训讽 [41]混份（蜀～；缘～，生～：陌生）奉俸 ‖[335]吩（～咐）

ø [52]温瘟（老鼠～：鼠疫）翁（姓）塕（～尘：灰尘，～尘野～：灰尘飞扬）□（蜀～草：一捆草）‖蕹（～菜：空心菜） [44]文纹闻$_1$云 [322]稳刎□（～骴：驼子）□（～柿：漤生柿） [41]问$_2$（～题）运（衰～：倒霉）韵

yŋ阴平、阳平、上声/øŋ阴去、阳去

t [52]中$_2$（～国）忠 [44]‖丈$_3$（～夫农：男人） [211]中（～状元，～毒） ‖[22]重$_2$（～要） [11]重$_2$（～黏龅齿：龅牙）

t^h [52]窗（～门：窗户） [44]重$_1$（～阳，～舷：双眼皮） [322]冢

l [44]隆龙

θ [44]松（～柏：松树） [41]□（穿）

tɕ [52]鐘锺(姓)盅舂(～米，～臼：臼) [44]从(介词) [322]种(菜～)肿 [211]众(合～：合伙)纵种(动词。读字)

tɕʰ [52]匆充冲(～茶：泡茶) [211]铳(枪)

ʑ [52]‖□(鸡～：未下过蛋的小母鸡)

k [52]根(树～)跟(～汝去：跟你去)巾斤筋(□kʰiu⁵⁵～：抽筋，后骹～：跟腱)均₁(～匀)弓躬宫恭供(～电)□(□kiaʔ⁵～：发脾气)‖供(～养) [44]穷 [322]恭龚(姓)拱₂(～桥) [41]近共₂

kʰ [44]勤(～～：用功)芹(～菜)□(柴～：柴堆) [322]菌 [41]□(虹)

ŋ [44]银龈(齿～：齿龈、牙垢)

x [52]欣勋薰₂胸凶兇‖□(～款做：那么做) [44]熊雄(英～；鸭～：公鸭)融(玉～：地名) [211]衅

ø [52]|蚣(蜈～) [44]匀戎绒茸(鹿～)容(～易)蓉(芙～)庸榕(～树)□(宠)□(肉～：肉松) [322]忍引(～导)蚓(□kʰiŋ³³～：蚯蚓)殷隐(～瞒)允尹(姓)拥勇 [211]涌 [41]润₂(动词)用 ‖ [335]雍(～正)

aŋ

p [52]班斑₂颁邦□(～笨：笨蛋) [44]棚(瓜～，板

～：地板）平$_1$评$_2$（批～） [211]柄 [41]病

p^h [52]攀 [44]彭（姓）膨评$_1$（～论） [211]□（鬆，～粟：秕谷，～讲：谈天儿）

m [52]网$_2$（蜘蛛～）‖蜢（青～：蚱蜢、螳螂）| 坪（县～崎：地名） [44]蛮馒（～头）庞（姓）盲（青～：瞎子，～肠）明$_1$（～年）冥（～晡：晚上，蜀～：昨日，去年～：去年，食～：吃晚饭） [322]猛$_1$（火～；利索、快捷） [41]漫幔 ‖[335]□（许～：那么，如，许～□nzɛ[41]：那么多） [11]□（～鼓椅：长方形的凳子）

t [52]耽（～搁）担（动词）担$_2$（扁～）丹（牡～）单胼（骹后～：脚后跟，手下～：胳膊肘） [44]谈弹（～琴）□（□tɔ̱[44]～：耀眼） [322]胆疸□（现在。虚指，带有连词的性质） [211]担$_1$（担子）旦（元～，今～：今日，三～：出生三天）诞但蛋（捣～：捣乱）□（泅） [41]淡（半咸～：蓝青官话）赚（错）郑（姓）

t^h [52]贪（～便宜：想占便宜）滩摊撑（～船，～伞） [44]潭谭坛（酒～①）痰（～罐：痰盂）檀（～香）□（□naŋ[44]～：大岩石） [322]毯 [211]探炭叹□（～水：在水井打水）

① 一般说“酒瓮”[tɕiu[335] œŋ[211]]。

n [44]南楠男难(形容词)□(～□tʰaŋ⁴⁴：大岩石)‖□(～□mɔ̱⁴⁴：要不然,连词)□(牛母～□ŋa⁴¹：蜗牛) [322]□(□aŋ³³～：怎么) [41]难(避～)

l [44]蓝篮兰拦栏 [322]览揽榄(橄～)懒₂(懒惰)瀾₁(唾液) [41]滥烂瀾₂(湿)两(～只)｜弹(炸～) ‖[335]□(□ka¹¹～□tɕʰia⁴¹：侧身而睡) [11]□(～尾□ziŋ⁵²：萤火虫)□(□paʔ¹～鼓担：货郎儿,□paʔ¹～□ŋu¹¹虫：蝌蚪)

ts [52]簪脏(肮～)争₁(争论) [44]惭(～愧)残(～疾)‖蟾(～蜍) [322]斩盏(蜀～灯,酒～：酒杯)井 [211]赞 [41]錾站(车～)栈

tsʰ [52]参(～加)掺青₁(～果：水果,～菜,～布：黑布;煮得不够熟) [44]城₂(～头：地名) [322]惨(穷)醒(清～：醒过来) [211]灿

θ [52]三杉衫(身体～：内衣,短～：睡衣,汗～,长～：长袍)珊(～瑚)山删生₁(～病,～卵：下蛋,双～团：双胞胎)牲₁(头～：畜牲)甥(外～：外甥、外孙,外～女：外甥女、外孙女) [44]晴₁(雨～去：雨停了,天～) [322]伞产省(～钱) [211]散(解～)性(～急)姓₁(～王) [41]静₁(平～,指家庭等,啼艙～：哭不完)□(晴,如,天野～) ‖[33]舢(～板)

k [52]甘柑(柑橘类)监(关～：入狱)干(天～；～涉)肝干(笋～)竿艰间$_2$(时～)奸更(拍～：打更，三～半冥：三更半夜)经$_1$(经线) [44]含$_1$(在嘴里含)衔$_1$(鸟用嘴含)寒$_1$(冷) [322]感<u>𪗸</u>(～被：盖被子)敢擀(～皮：擀饺子的皮)简柬哽□(擦，～桌面：擦桌子，～身：擦澡) [211]赣监(～督)鉴监(太～)干(～部，能～)间(～谍)谏 [41]汗$_1$(流～) ‖[33]菅$_1$(～□ȵʑi^{52}：茅草) [11]□(汝～么事：你怎么了)

k^h [52]堪龛(神主～)勘刊 [322]舰(战～)□(～妆：梳妆台) [211]看(～书，～见：见到) ‖[335]坑(～□ŋœŋ^{41}：一种山坑里的蛙) [11]□(～爿：碎瓦片)

ŋ [44]岩癌颜(～色；姓) [322]眼(单～龙：独眼龙，～镜) [41]岸雁

x [52]蚶 [44]含$_2$(～义)函涵(～江：地名)咸(～丰)衔$_2$(军～)鼾(解～：打鼾)寒$_2$(～流，大～)韩翰(～林)□(犬～：公狗的阴茎；蜀～针：一根针) [322]罕 [211]喊(共伊～：告诉他，～愿：许愿)汉(懒～) [41]憾陷汗$_2$(～衫)

ø [52]庵安鞍 [44]<u>桁</u>(檩子)‖肮(～脏)□(～病：生病) [322]饮$_1$(米汤) [211]暗案晏(晚)

[41]馅旱焊 ‖[335]鹌(～鹑卵：鹌鹑蛋) [33]□(～□naŋ^{322}：怎么)

iaŋ

p [322]饼(专指福清光饼) [211]并(合～)摒(把不需要的脏水等液体倒掉,～水)□(搏～：拼命①)

pʰ [52]髆(脊背,褪□na^{335}～：光膀子②,刀～：刀背) [322]□(菜～：菜畦)□(～骹：瘸子)

m [44]明$_2$(松～)名$_1$ [41]命$_1$

t [44]庭$_1$(院子,晒稻谷的平地,墓～：坟墓前面的空地)‖懒$_1$(～虫：懒惰的人) [322]侦鼎$_1$(锅) [41]定$_1$(预订)

tʰ [52]听厅 [44]呈程(姓) [322]铲$_1$(～塍塍：锄田埂。读作[tʰiaŋ^{11} tsʰɛŋ^{44} tɕʰiŋ^{44}]) [211]□(疼,好～：可爱) [41]□(蜀～墨：一块墨)

n [44]燃$_1$(～火：烧火,～滚汤：烧开水) ‖[11]□(～哥：小孩儿。"儿囝"的合音)

l [44]□(晾,动词)‖□(徛～人：单人旁) [322]领(脰～：领子;占～)岭(上～)

---

① 也可以说"搏死"[pɔ̱ʔ^{5} θi^{322}]、"搏命"[pɔ̱ʔ^{5} miaŋ^{41}]。

② 也可以说"褪□□"[tʰɔ̱ŋ^{11} na^{335} na^{52}]。

θ [52]声 [44]泉$_1$(～水)成$_1$(～百只：一百个左右,～三千：三千左右,八～)城$_1$(～底：城里) [211]线圣$_1$(菩萨有～去：菩萨显灵了) [41]贱$_1$(便宜)

tɕ [322]饗(淡) [211]正$_1$(戴～;～好) ‖[33]正(～月)

tɕʰ [52]清$_1$(福～：地名,闽～：地名) [322]铲$_2$(～～：铁锹)癣(生～)请(～农客：请客) [211]倩(～工：雇工) [41]鳝(血～：黄鳝)

k [52]惊$_1$(害怕) [44]行$_1$(走) [322]囝(儿子) [211]镜

kʰ [211]□(～头：点头)

ŋ [52]|生$_3$(先～：老师、医生) [44]迎$_1$(～灯：过节时沿街游行,～神) [211]|迳(上～：地名) [41]□(打盹儿)|健$_1$(康～：老人健康)

x [52]兄$_1$(～弟)

ø [52]|□(菜～：萝卜干) [44]赢营$_1$(蜀～兵;国～) [322]影$_2$(有～：药有疗效)

uaŋ

p [52]般搬(～过戍：搬家) [44]盘(～～：盘子;～钱：路费)叛(～徒) [211]半 [41]伴拌绊□(拂)

p^h [52]潘(姓) [211]判

m [52] ‖ □(□tsuŋ[11]～：现在) [44]瞒(隐～)鳗(单说) [322]满

t [52]端(～正) [211]断(决～)锻(～炼) [41]段$_2$(姓)

t^h [44]团

n [322]暖$_2$

l [44]鸾 [41]乱(～来,～治：乱杀,～讲：胡说)

ts [322]□(有～：富裕) [211]纂撰

ts^h [52]餐 [322]喘(～气) [211]窜(～改)篡闯

k [52]官(做～：当官)棺(～材)观(参～;～音)冠(～军)关$_2$(～公)□(桌椅的横条,如,椅～,桌～) [322]管$_2$(～数：管账,～理)馆梗$_1$(菜～) [211]贯灌(～溉)罐惯$_2$(习～) [41]□(～起来：提起来,～～：提梁) ‖ [33]菅$_2$(～□ȵʑi[52]：茅草)

k^h [52]宽(～心：放心) [44]环(圈儿,帽檐,门～,树□ni[44]～：橡皮圈;拍～：绕圈子;～街：逛街;动量词,趟) [322]款(汇～①;□tsuŋ[52]～做：这么做)

ŋ [44]玩顽(顽皮)

x [52]欢(～喜：高兴)翻(～起：掀开)番(大～：花

① 口语说“寄钱”[kia[44] tɕieŋ[44]]。

边）［44］凡烦矾繁横（～写）宏$_1$（～路：地名）‖蕃（～藷：白薯，～团：欧美人。读作［xuaŋ^{33} ŋiaŋ^{322}］）［322］反$_2$（～对）［211］唤贩（～团：小贩）［41］范（姓）範（模～）犯泛缓（～刑）幻患

ø　［52］弯湾　［44］□（向嘴里扒饭，拨饭菜）［322］皖碗晚（～籼：晚稻）挽　［41］换（～衣裳）万（蜀～，～岁）‖［335］豌（～豆）

ɛŋ 阴平、阳平、上声/εŋ 阴去、阳去

p　［52］斑$_1$（□pu^{11}蝇～：雀斑）边$_1$（西～，南～）［44］爿$_1$（半～：整体的一半）便（贪～宜：想占便宜）朋鹏　［322］板（～～：木板，鲫～：鲫鱼）版　［41］扮办　‖［11］反$_1$（～□ku^{52}～笊篱：翻绳变花样）

pʰ　［52］烹

m　［44］萌盟　［322］猛$_2$　［41］慢孟（姓）　‖［335］爿$_2$（这～：这里，许～：那里）

t　［52］登灯□（解～：触着凸起的东西觉得不舒服）［44］填腾誊澄（～清）□（还，动词）［322］点$_1$（～钱：数钱）典$_1$（～戍：典房子）［211］店　［41］殿垫靛（青～）<u>㯳</u>（牢固，缚尽～：绑得紧，□tʰeʔ^{21}乞～：塞紧，～粟：饱满的稻谷）邓

tʰ　［52］蛏　［44］沉　［211］腆（～腹肚：腆肚子）

n [52]□(硬～：趼子) [44]能□(乳房，乳汁，腐～：豆浆[①]，酒～：江米酒) [211]□(踮) [41]念₁(～经) | □(门～：门坎儿)

l [44]连₂(～江：地名)怜(可～)莲(～花，～子)菱(～角)<u>蔆</u>(菠～：菠菜) [322]□(□pᴇ³³～：翻动。衣裳□□θøŋ⁴¹ pᴇ³³～：衣服穿反了。"反₁"的分音字) [41] | □(□tu⁴⁴～：蜥蜴)

ts [52]针臻曾(～孙：孙子的儿子；姓)增憎僧(唐～)争₂(斗～) [44]层 [322]剪(～头刀：理发推子)□(～箒：孔很小的筛子) [211]荐₁(草～：用稻草编起来的床垫) [41]赠 ‖ [55]曾(～经)

tsʰ [52]呻(呻吟) [44]蚕(～豆)□(田，做～：种田；象，棋子之一。本书里写作"塍") [322]筅(鼎～：筅帚；～尘：过年之前房子里撣尘)

θ [52]森参(人～)先₁(副词)生₂(～活，花～，学～)牲₂(牺～)笙 [44]前₁ [322]省(～长)<u>瘖</u>(～肉：瘦肉)

z [44] | 田(莆～：地名，古～：地名)[②]

k [52]庚羹(瓢～：羹匙)耕 [44]鹹悬₁(高)

---

① 也可以说"□□"[tau⁴⁴ nᴇŋ⁴⁴]。前字是"豆腐"的合音。

② 本字当为"□田"[tsʰᴇŋ⁴⁴]。

[322]减拣(挑选)梗$_2$(桔～)耿 [211]惯$_1$(～势：习惯) [41]县

k^h [52]牵(～牛) [322]犬(狗) [211]敱(～～：盖子，鼎～：锅盖；～好：盖上)

ŋ [41]硬 | 瀚(东～：地名)

x [52]亨 [44]还(动词)悬$_2$(～落去：秤尾低)恒弘行$_2$(～为)衡宏$_3$ [322]很 [211]苋(～菜)横(蛮横。阴去) [41]杏行(品～)幸

ø [52]莺(黄～)鹦(～哥)□(放置) [44]闲 [41]限

ieŋ 阴平、阳平、上声/iɛŋ 阴去、阳去

p [52]鞭边$_2$(～～：附近，锁～：缲边) [322]贬扁(形容词，～担)匾 [211]变 [41]辨辩便(方～，随～)辫(梳□tɕieŋ^{44}～：梳辫子) ‖[335]偏$_1$(～僻。不送气音)

p^h [52]编篇偏$_2$ [211]骗片 ‖[33]□(～疯：半身不遂)

m [44]绵棉(～花) [322]免勉娩 [41]麵

t [52]颠癫(～孱：男疯子，～婆：女疯子，～犬：疯狗)□(甜) [44]缠(～骹：缠足) [322]点$_2$(～火；几～)展典$_2$(字～)奠 [41]电□(水～去：水

满了）

t^h [52]添天（天空） [211]□（～衣裳：缝补衣服）

n [52]拈（拿） [44]年 [322]染 [41]念$_2$（纪～）□（卡脖子） ‖[22]儿$_1$（～婿：女婿） [11]黏（重～龅齿：龅牙）

l [44]廉镰（～刀）帘臁（骹～：胫骨）林$_2$（姓）连$_1$联（门～：对联） [322]脸□（～落去：滚下去） [41]敛（收～）链（项～）练炼 ‖[11]□（拍～□$tɕ^hieŋ^{335}$：翻筋斗）

θ [52]仙膻（羊肉的气味）扇式连切（风～：扇车） [44]盐（名词）檐$_1$（戍～：屋檐）蝉（～蜕）禅（～宗） [322]陕（～西）鲜（朝～） [211]盐以赡切（腌制）扇（扇子） [41]羡善膳

tɕ [52]尖欃（～～：楔子）歼詹瞻煎 [44]潜钱前$_2$（～途）‖□（梳～辫：梳辫子） [322]枕（～头）践（实～）跣（裼～骹：赤脚） [211]占（～领）战（～舰）箭颤（抖抖～：发抖）荐$_2$（推～） [41]贱$_2$（老～：老人，骂人话） ‖[33]□（～□$ȵzy^{322}$：壁虎）

$tɕ^h$ [52]签（～字）签（抽～）迁鲜（新鲜）千 [44]寻（庹）□（拍□$lieŋ^{11}$～：翻筋斗） [322]浅 ‖[33]□（～子：窗格）

ʑ ‖[11]指$_1$（手～指$_2$：手指。读作[$tɕ^h iu^{11}$ $ʑieŋ^{11}$

nzai^{52}])

k [52]兼间$_1$(房～)肩坚 [44]乾(～隆)舷(桌～：桌边，斗笠～：斗笠的檐，檐～流：屋檐水) [322]碱检趼 [211]剑见(看～：见到) [41]俭(节俭①)

k^h [52]谦 [44]擒(～着：用手抓住) [322]遣 [211]欠

ŋ [44]阎(～罗王；姓)严(～格；姓) [322]研(～药) [211]砚(单说)瘾 [41]验谚

x [44]嫌弦贤玄(～孙：孙子的孙子)悬$_3$(～空) [322]险显 [41]现

ø [52]胭(～脂)□(掩，～耳团：掩耳，～□□muŋ^{55} muŋ^{52}：捉迷藏) [44]炎延(～安)圆$_1$(形容词) [322]掩演 [211]厌(食～去：吃腻了)艳燕(～团：燕子)宴 [41]焰院(寺～)

ɔ̠ŋ 阴平、阳平、上声/ɔŋ 阴去、阳去

p [52]帮 [322]榜 [211]谤 [41]棒(读字)蚌(读字)

p^h [41]碰(撞，～着：遇见)

m [44]忙芒$_2$(～种)‖乓(乒～球) [322]莽蟒

t [52]钝(不锋利)<u>𩿨</u>(～鸡：阉公鸡)当(～归)中$_1$

① 也可以说"做家"[tsɔ̠^{55} a^{52}]。

（□tai^{11}～：中间，日～：白天，～昼：中午，街～：街上） [44]堂（上～：上课，落～：下课）棠唐塘长$_1$（形容词）肠 [322]断都管切（～布：剪布）墩（桥～）盾（矛～）党挡涨（水～） [211]顿（三～）当（妥～：老实；～店）□（跺脚） [41]断（拗～折去：拗断）段$_1$（蜀～）缎炖（～猪骹：微火久煮猪脚）遁荡丈$_1$（长度单位）撞（读字）□（～雨：下雨，～落：掉下，～去：丢了）

t^h [52]吞汤 [44]糖 [211]褪（脱） [41]□（重煮，～清糜：加热冷掉的稀饭） ‖[11]□（肥肥～～个：胖乎乎的。读作[pui^{44} pui^{44} t^{h}ɔ̠ŋ^{11} t^{h}ɔ̠ŋ^{52} ŋi^0]）

n [52]｜□（糖～：冰糖） [44]囊瓤□（捻） [211]□（□ny^{22}～：房间等很乱，头毛～～：头发蓬乱） [41]嫩（小） ‖[335]尘$_2$（鼎～：锅底灰，筅～：过年之前房子里掸尘）

l [52]□（□kɔ̠^{55}～：涮，□kɔ̠^{335}～喙：漱口） [44]嵛（崑～山）郎$_1$（官～：公公，新～官：新郎）廊狼榔（槟～）□（～瓦：盖瓦）□（很粗地缝）□（□kɔ̠^{44}～：整个，□kɔ̠^{33}～日：整天）｜豚（裤～：短裤，猪～团：半大小的猪。读作[ty^{335} lɔ̠ŋ^{52} ŋiaŋ^{322}]） [322]朗□（针织的内衣，洋毛～：毛衣） [211]□（量词，用于山） [41]卵（蛋）论浪

ts　[52]尊遵赃庄(姓)装$_2$(读字)妆(梳～,～野俊：打扮得很漂亮)桩□(蜀～：一样)　[44]存　[211]钻(□□pu^{335} luʔ^{53}～：钻孔用的工具)葬(出～：出殡,送～：奔丧)壮　[41]藏(西～)臟状(～元,告～)

ts^h　[52]村仓苍舱疮(生～)　[44]床$_1$(眠～：床铺)　[211]寸创　[41]□(～筋：扭伤,头～筋：落枕)

θ　[52]酸孙(孙子;姓)桑丧(～命,喜～)霜　[44]床$_2$(吹～：蒸笼,饭～：饭甑)　[322]宣选损爽　[211]算蒜(～头)□(～死：掐死)

k　[52]冈岗刚纲缸江$_2$(姓)扛(～轿：抬轿)豇[1]□(滴～：输液)　[44]□(门～：门闩)　[322]讲　[211]钢杠降(霜～)

k^h　[52]昆(～明)崑坤康糠慷　[322]恳垦　[211]困睏(睡)抗园(藏放)

ŋ　[41]□(傻)

x　[52]薰$_1$(食～：抽烟)　[44]痕行$_2$(油～：油坊;蜀～字)航杭绗降(投～)　[211]熏吁运切(～蠓：燻蚊子)　[41]恨项(羊～：羊的脖子;姓)

ø　[52]恩秧$_1$　[44]行$_1$(～第：排行)□(久)　[322]影$_1$(～～：影子)　[211]揾(蘸,笔驮～：掭笔)映

---

① “豇豆”口语说“箸豆”[ty^{44} lau^{41}]。

（～门；看门）　[41]恨筅（晒衣服用的竹竿，鱼～：钓鱼竿）

uoŋ 阴平、阳平、上声/uɔŋ 阴去、阳去

p　[52]分$_1$（～开）　[44]盆　[322]本（折～：亏本；蜀～书）□（肥料，使～：施肥）　[41]饭（食～：吃早饭；泛指饭）

p^h　[211]□（水～：退潮）

m　[44]门□（蜀～车：一辆车）　[211]问$_1$（动词）

t　[44]传（动词）　[322]转（～来：回来，～去：回去，～势：翻身）　[41]传（自～）

t^h　[44]椽　[41]篆（～字）

n　[322]暖$_1$（手～：一种取暖的器具）软

l　[41]恋

ts　[52]砖　[44]全泉$_2$（～州：地名）

ts^h　[52]穿$_1$（～针，扣～：扣襻）川（四～）伸$_1$（手～出）[211]串

θ　[44]旋（～风）　[41]吮

k　[52]关$_1$（～门）光□（～□liəu^{211}：刨花）　[44]权狂（～眠：梦中惊叫）　[322]管$_1$（火～：吹火用的器具，竹～，毛～：汗毛、汗毛孔）捲（～起）广拱$_1$（～桥）　[211]桊（牛团～鼻：穿牛鼻）眷卷（考～）

券(国库～)

kʰ [52]方₁(大～)匡筐框(～～：格子) [44]楻(大木桶) [322]圹(墓～：墓穴)矿 [211]劝 [41]眶(目珠～：眼眶)□(踢～：跳房子)

ŋ [52] | 枉(冤～) [44]元(～宵,状～)原源 | 凰(凤～) [41]愿□(日～：日晕)

x [52]婚昏荒慌方₂(～便;姓)肪坊₂枋芳 [44]园(旱地,菜～)皇(～帝)簧隍(城～庙)妨防 [322]晃仿纺₂访 [211]楦(鞋～)放₂(解～)况□(疖子) [41]远₁

ø [52]冤(～家：边吵架边打架,～枉)汪(姓) ‖ □(猫～鸟：猫头鹰) [44]完(～税)丸(药～)圆₂(宝～：龙眼)员袁(～世凯)援黄(颜色;姓)亡王□(～线：绕线) [322]远₂往(来～) | □(大～乞丐：演唱莲花落) [211]怨 [41]忘妄望(希～)旺(茂盛) ‖ [11]□(～□lai³³⁵：菠萝)

yoŋ 阴平、阳平、上声/yo̱ŋ 阴去、阳去

t [52]张₂(姓)装₁(～尸;大殓) [44]长₂(～乐;地名)场(起～;开始) [322]长(县～) [211]帐(蠓～;蚊帐)账胀(腹肚～：不消化) [41]丈₂(～农：岳父,～奶：岳母。读作[tyoŋ¹¹ nᴇ⁵²],连读调特殊,

姑～：姑父，姨～：姨父）长直亮切（有～：剩）

t^h [52]张$_1$（量词） [211]畅（舒～：舒服，讲～：开玩笑） [41]杖（～～：拐杖）

n [44]郎$_2$（～爸：父亲）娘$_1$（～奶：母亲，大～姊：丈夫的姐姐） [41]让

l [44]良凉量（～布）粮（～草）梁粱 [322]两（几～） [41]谅量（大～）丨仗（放炮～：放鞭炮）

θ [52]相$_1$（～骂：吵架）箱（～～：箱子）厢湘襄镶商伤 [44]详祥常尝偿 [322]想 [211]相（看～）□（保～命：把命看得太重） [41]上（动词）痒尚（和～）上（～下） ‖[335]□（～久：一会儿）

tɕ [52]将（～来；介词，把）浆（～衣裳，涂糜～：烂泥）章（～～：徽章；姓）樟漳（～州） [44]‖棕$_2$（～蓑：蓑衣）□（～□$ŋi^{44}$：怎么样） [322]蒋桨掌（巴～）□（～喙□$ßᴇ^{322}$：打耳光） [211]奖酱将（棋子之一）障瘴（猪头～：腮腺炎） ‖[335]□（～久：这会儿）

$tɕ^h$ [52]枪昌 [44]墙 [322]抢厂 [211]唱倡 [41]象像橡匠（读字）绱（～鞋）

k [52]捐鹃麖（一种动物）疆僵薑（～母：生姜）缰姜（姓）羌 [44]强（形容词） [322]强（～勉：勉强） [211]建键健$_2$ [41]键

k^h [52]腔$_2$

ŋ [44]言 [322]仰

x [52]轩香乡 [322]享响 [211]宪献向(～东行：望东走)

Ø [52]渊央秧₂(～歌)殃□(不新鲜) | 穿₂(□ku¹¹～：屁股) [44]然燃₂筵缘(～份)沿铅(～笔)羊洋(平～：平地)烊杨(姓)阳扬疡 | 裳(衣～) [322]壤养(～鱼；～囝：生小孩儿，猪母～猪囝：母猪产小猪)□(嫩芽，发～：长出嫩芽) [211]映 [41]样(～款：样子，指人) | 件(蜀～衣裳)

œ̠ŋ 阴平、阳平、上声/œŋ 阴去、阳去

m [44]芒₁(芦苇) [322]蠓(蚊子)□(麻疹) [211]梦(做～) [41]网₁(鱼～) ‖[33]□(～囝：当柴火用的蕨)

t [52]东(～边)冬 [44]铜筒□(上～：跳神) [211]冻(□ŋiʔ² ～：凝固) [41]动₁(□□nœ̠ŋ¹¹ tiŋ³³⁵～：别动，起～：劳驾、拜托、谢谢)洞重₁(形容词) ‖[11]同₁(～门一钵：连襟)

tʰ [52]通₁(～气：使空气流通①) [44]桐₁(～籽，～油，～籽树：桐树)虫 [322]桶

① 也可以说"透气"[tʰau⁵² kʰe²¹¹]。

n [52]□(别,不要。“唔通”的合音) [44]娘$_2$(□tɕy^{44}～农:女人)农$_1$(人)脓 [41]‖桶徒揔切(饭～:太阳穴)

l [44]笼(火～:烘篮)聋(耳～:聋子)砻咙(喉～)‖□(筹～:孔特别小的筛子) [322]笼力董切 2(鸡～,牛喙～:牛笼嘴) [41]笼力董切 1(箸～:装筷子的器具)弄(～～:胡同)

ts [52]棕$_1$(～树,～床)鬃(猪～)□(肝火～:非常生气)□(～过来:揪过来) [44]□(用水冲) [322]□(菜～:萝卜缨) [211]粽

ts^h [52]菖(～蒲)葱

θ [52]相$_2$(～□θa^{211}:性交)双(蜀～鞋)鬆‖□(～囝:蚕宝宝,～囝树:桑树。读作[θœŋ^{11} ŋiaŋ^{335} ȵʑiəu^{211}]) [322]搡(两个人推过来推过去) [211]送

k [52]江$_1$(闽～)工(倩～:雇工;蜀～:一天) [44]‖港(～头:地名) [322]公$_1$(牛～:公牛,猫～:公猫) [41]共$_1$(和,跟)

k^h [52]腔$_1$(使～:行贿)空$_1$(～～手:空手,～地,～间:空房;～～:窟窿,拍～:钻孔,鼻～:鼻孔) [44]□(大声～:声音很大)① [322]孔$_1$(面～:

① 本字可能是“腔”。

相貌） ‖[22]□(～嗽：咳嗽)

ŋ [41]|□(坑～：一种山坑里的蛙)

x [52]烘(～火，～□ta^{52}：烘干) [211]巷(较大的胡同)

ø [44]红 [211]瓮

i?阳入/e?阴入

p [21]笔毕必逼璧□(开裂，～～裤：开裆裤)□(～蟀：蟋蟀) [5]弼

p^h [21]匹(蜀～布)碧辟 ‖[4]□(～邪丸：樟脑丸)①

m [5]密$_2$(～度)蜜

t [21]的(目～)滴(～水，～□$kɔ̠ŋ^{52}$：输液) [5]蛰(惊～)侄(侄子)直值$_3$(～班)笛敌狄(姓)□$_2$(□$pu?^3$～：要，希望得到，唔～：不要)

t^h [21]踢□(～着：塞住；热水壶～：暖水瓶的塞子) [5]剔(～乞□t^ha^{211}：把肉从骨头上刮下来)

n [5]廿(～一：二十一，～三：二十三)入(～被：往被套里装棉絮)日(～头：太阳；蜀～：一天) ‖[2]月$_2$(做五～节：过端午节)

l [5]立(～夏)笠(斗～)栗(～子)力(有～：有力气，

① 本字可能是“避”。

使～：使劲，食～：疲劳）‖得$_{2}$（生～俊：漂亮，固～好：幸亏）□（□ki^{33}～：胳肢）

θ [21]袭湿（风～膏）悉失室（继～：续弦）息（利～）食$_{3}$（日～，月～）识式饰惜（可～）昔适释锡$_{2}$（无～：地名）析□（～鼻：鼻子堵塞） [5]习拾（□$k^{h}aʔ^{3}$～：收拾）实食$_{2}$（～堂）殖植翼（～～：翅膀）席（主～）夕（七～）‖□（拍～结：打结） ‖[4]□（～虫：蛔虫）

tɕ [21]执质即鲫（～板：鲫鱼）织（～布）职积（不消化，～肥，～钱：积攒钱）脊（髀～骨：脊梁骨，戍～：屋脊）绩寂 [5]辑集疾（残～）籍

$tɕ^{h}$ [21]七漆拭（擦，～手，～汗，～□ku^{11}穿：揩屁股）斥戚（亲～）

k [21]急桔（～梗）橘$_{1}$（橘子）吉击激 [5]及（～格）极

k^{h} [21]泣乞$_{2}$（□$ɛŋ^{52}$～好：放稳，□$kaŋ^{322}$～□$t^{h}a^{211}$：擦干净）吃（～亏：痛苦）

ŋ [21]级吸 [5]□（发呆，发神经）□（～冻：凝固）

x [21]<u>熻</u>（～饭：焖饭）

ø [21]肄（～业）揖（作～）乙一抑（～制）益$_{2}$（利～）亦 [5]逸译液$_{2}$易（交～）役（兵～）‖□（□ni^{33}～团：一些） ‖[4]□$_{3}$（～姊：姐姐，～哥：哥哥，～妹：

妹妹。本书里写作“依”)

uʔ 阳入/oʔ 阴入

p [21]不(差～多)腹(～肚:肚子,蜀～尿:一次小便)□(～釉:抱稻) [5]卜(萝～)僕‖□(～去:要去,～暗头:傍晚。读作[puʔ^{1} aŋ^{11} nau^{335}]) ‖[3]□(～□□luŋ^{52} θoŋ^{211}:抖一下子)

pʰ [21]覆(趴) [5]讣(～告)

m [5]没(～收)木$_{2}$(～师父:木匠)目$_{3}$(～的)穆牧‖□(～囝:蠓子)

t [21]笃督 [5]独牍毒$_{2}$(有～)

l [5]陆(大～)录禄 ‖[53]□(□pu^{335}～钻:钻,一种工具)

ts [21]卒(棋子之一) [5]族

tsʰ [21]出(行～:出去)

θ [21]戌速束□(□uʔ^{5}～:心情不好、抑郁) [5]术(白～)術(技～)述秫(～米:糯米)

k [21]榖(～雨,五～)谷(姓)酷□$_{2}$(还,副词。本书中写作“固”) [5]掘衢物切(挖,～笋:挖笋)

x [21]拂(鸡毛～:鸡毛掸子)福幅 [5]佛服(～侍;蜀～药:一剂药)伏(埋～;～天) ‖[3]複(～杂)复(～习)

ø [21]熨纡物切(～斗)屋 [5]物勿‖□(～□θoʔ^21：心情不好、抑郁)|袱(包～)

y ʔ 阳入/ø ʔ 阴入

t [21]竹筑(～墙,～铳：筑墙时所用的木棍) [5]逐$_2$(追赶,～贼囝：追小偷;催)轴$_1$(车轴)

tʰ [21]缩(手～底来：缩手)

n [5]肉

l [5]律率(比～)

θ [21]宿(～舍)肃(甘～)淑熟$_1$(水果熟透) [5]熟$_2$(水果成熟,煮～;熟悉)塾(私～斋：私塾)俗续(继～)赎蜀属

tɕ [21]祝粥叔(阿～：最大的叔父,～伯哥：堂亲,～伯娘：妯娌)足

tɕʰ [21]促触□(讨厌,不喜欢) [5]□(做～：浪费,拍～去：婴儿死)

k [21]橘$_2$(公孙～：金橘)菊鞠□(～堵：隔间)□(～气：憋住气)

kʰ [21]乞$_1$(给,～我：给我;～食：乞丐)屈(委～)麯曲$_2$(歌～)

ŋ [5]玉$_2$(～融：地名)

x [21]蓄(储～)旭

ø [5]域育辱褥欲浴

aʔ

p [21]□(～□ma^{322}：扒手)□(□xaʔ^{2}～：钱包) ‖ [1]□(～□laŋ^{11}鼓担：货郎儿，～□□laŋ^{11}ŋu^{11}虫：蝌蚪)

p^{h} [5]□(溢出)

t [21]答搭褡(～袋：褡裢)□(～被：绗被子) [5]踏(～板：放在床前的长条形矮凳)达

t^{h} [21]塔塌(坍塌)榻□(笔～：笔帽，刀～：刀鞘) [5]叠

n [5]纳捺□(总～：反正)‖□(如果，如，伊～着：如果他在) ‖[4]□$_{1}$(只，如，～长蜀里：只剩一里)

l [21]瘌(～团：秃子①)□(～縢：灌溉)|□(耙～：耙子，锄头耙～：蝙蝠)□(□k^{h}a^{335}～：修理) [5]腊(～月)蜡猎(打～)粒(饭～;量词，蜀～珠：一颗珠，蜀～目滓：一滴眼泪)辣捋(挽袖子，～喙须：捋胡子)□(～水：涉水)|□(□ka^{33}～：蟑螂)‖□(～□θaʔ^{21}：肮脏) ‖[1]□(□ma^{11}～□kia^{335}：蜘蛛)

ts [21]扎(～实，驻～)札□(猛～：利索、快捷) [5]

① 也可以说"瘌哥"[laʔ^{5} kɔ̱^{52}]。

杂闸铡（铡，剁，～刀，～草）

ts^h　[21]插擦礤（蕃薠□mi^{335}～：擦床儿）察□（无～：不管、不理睬）　‖[3]差$_2$（～不多）

θ　[21]萨（菩～）杀煞（戏～去：散戏了）□（□$laʔ^5$～：肮脏）　[5]煠（水煮）□（虫～：虫子的统称，臭～：放屁虫）

k　[21]合古沓切（相处，～众：合伙，～𣍐落：合不来，～□$θa^{52}$：不正当的男女关系）蛤（花～）鸽（白～：鸽子）裌（～袄，～囝：背心）甲胛割葛隔$_1$（～壁戍：邻居）　[5]□（～喉咙头：塞住嗓子）□（钉～：钉住）□（无～食：不要紧）　‖[3]□（～垢：污垢）

k^h　[21]渴□（拾，捡）□（副词，太）□（～油：榨油）□（～囝：鱼篓）

ŋ　[21]丨□（青～：青蛙，较大）

x　[21]瞎（光～：白内障）　[5]合（容量单位）合（𣍐～算：吃亏，～作）辖□（～钱：找零钱）□（～□$paʔ^{21}$：钱包）‖□（拍～□ts^he^{41}：打喷嚏）　‖[3]□（～～声：嘶哑声。读作[$xaʔ^3$ $xaʔ^5$ $θiaŋ^{52}$]）

ø　[21]鸭押压$_2$　[5]阿$_2$（～哥：最大的哥哥）盒（～～：盒子，蕃囝火～：火柴盒①）‖□（□$tsua^{335}$～

① 也可以说"蕃囝火壳"[$xuaŋ^{11}$ $ŋiaŋ^{11}$ $ŋui^{335}$ $k^hœʔ^{21}$]。

所：这里）

ia?

t^h [21]獭

n [21]□（～～：闪电）

l [21]□（～鞋：拖鞋，草履～：用草编的拖鞋）

θ [21]□（目～：睫毛）

tɕ [21]正$_2$（刚，才）<u>簕</u>（晒粮食用的大竹席）□（杯子里的水飞溅）

k [5]<u>揭</u>（用肩扛）□（豆～：连枷）□（～起来：秤尾高）□（～杖杖：拄拐杖）□（～□kyŋ^{52}：发脾气）

k^h [21]缺$_1$（塍～：田埂上通水的口子）□（眨巴；～相：照相，火～：打火机）□（～折：压断） [5]屐（柴木～：木屐） ‖[4]□（～～糖：麦芽糖）

ŋ [5]□（头～起来：头抬起来）

ø [5]□（～手：招手；扇，动词）|□（□i^{33}～馃：油条）

ua?

p [21]钵拨 [5]<u>跋</u>（～倒：摔倒）

p^h [21]泼 [5]钹（大～）□（跨）□（～桶：吊桶）

m [21]抹（～粉，～药） [5]末沫

k [21]括刮$_2$

kʰ [21]阔(宽)

x [21]法(变马～：变魔术)發₂(～财) [5]乏伐筏罚

ø [21]挖(鸡用爪子掘地) [5]活(～个：活的,生～)袜(袜子)曰

ɛʔ阳入/ɛʔ阴入

p [21]八□(解～：认识,𣍐～：不认识) [5]拔(～菜头：拔萝卜,～长：拉长,～骨：伸懒腰)别₁(～农：别人,～毛：别的东西)白₂(明～)帛

pʰ [21]迫魄

m [5]密₁(跟"疏"相对,茂盛)默目₂(～珠：眼睛)

t [21]得₁(～罪)德 [5]特(奇～)值₂(～钱) ‖ □(～箕：洗米箩)

tʰ [21]帖(请～;蜀～药：一剂药)贴(～门联) [5]□(～尿：把尿,～屎：把屎)

l [5]勒₁(～死)歷(～史)曆(日～)疬(生～)

ts [21]汁节(冬～：冬至,做～：过节;蜀～)则责 [5]截(～去：截住)泽₂宅

tsʰ [21]侧测策 [5]贼(～囝：小偷,大～：强盗)

θ [21]涩瑟虱(～母：虱子)塞(堵塞)色 [5]十

nz [21] | □(塍～：鲶鱼)

k　[21]结$_1$(～起来：接起来，拍□ziʔ^{5}～：打结；～薰：戒烟)洁$_1$(□$t^{h}a^{52}$～：干净)鐭(～团：割草刀)革隔$_2$　[5]夹(动词；头～：发夹)‖共$_3$(～伊喊：告诉他)

k^{h}　[21]刻克剋□(挤；目珠～起来：闭眼)

x　[21]血黑(～板)　[5]或惑获划$_2$(计～)

ø　[21]压$_1$(按，揿)抑(～制)扼|□(涂～：土坯)

ieʔ阳入/iɛʔ阴入

p　[21]别$_2$(差～，特～)鳖(甲鱼)□(袖管～起来：卷袖子)

p^{h}　[21]撇□(～榭：厢房)

m　[5]灭篾

t　[21]哲　[5]碟(～～：碟子)牒谍辙秩(～序)

t^{h}　[21]彻撤铁

n　[21]聂(姓)摄捏(读字)

l　[5]列烈裂|蝶(蝴～)

θ　[21]薛泄设　[5]涉(干～)舌(喙～：舌头)折(拗断～去：拗断，～本：亏本)

tɕ　[21]接浙　[5]捷

$tɕ^{h}$　[21]妾切(～面：较粗的面条，一～)　[5]䗯(梭子蟹，是一种海里的螃蟹)

k　[21]荚(豆～)劫挟(用筷子夹)结$_2$(～冰)洁$_2$□(～墙:砌墙)　[5]杰

k^h　[21]怯缺$_2$(～喙:豁嘴)

ŋ　[21]镊(～～:镊子)　[5]业孽(顽皮)

x　[21]赫　[5]狭峡页胁协穴(～道)‖□(～暑:中暑)

Ø　[21]□(折叠;褶子)　[5]叶(姓)热

ɔ̠ʔ阳入/ɔʔ阴入

p　[21]博(换;～士)搏(～□piaŋ^{211}:拼命)驳卜(～卦)　[5]薄(～荷)勃渤(～海)‖剥$_2$(～削)

p^h　[21]朴(～素)扑

m　[21]幕□(煮～:煮烂)　[5]莫(别,不要)寞

t　[21]卓啄(鸟啄物)琢　[5]夺突

t^h　[21]脱(～轮:脱臼)託□(用热水烫)

n　[5]诺

l　[21]□(～走:溜走,～街:散步)　[5]落$_3$(～后)骆(～驼)洛络酪乐$_2$(快～)‖□(胳～下:腋下)

ts　[21]作$_1$(～揖,合～,工～)　[5]浊①

ts^h　[21]撮(～药:买中药)

θ　[21]刷(～～:刷子;～衣裳)率(～领)蟀(□piʔ^5

① 口语说"浑"[xuŋ^{44}]。

～：蟋蟀）

k [21]刮$_1$(平斗斛)骨(～头)各$_2$阁$_2$ [5]滑

k^h [21]磕(～头)窟(～～：坑，酒～：酒窝)确 [5]□(～～：木鱼)□(～板：快板)

ŋ [5]鄂鳄嶽岳(～飞)乐(～队)

x [5]核户骨切(～桃)鹤学$_2$(～堂：学校)核(～对)

ø [21]恶(形容词，横～：凶恶)握

uoʔ阳入/uɔ̠ʔ阴入

p [21]發$_1$(～芽，～泡：起泡)

p^h [5]□(～～：泡沫；涂～：土块，塍涂～：土块，专指耕田后的)

ts [5]绝(～士：绝种，一种骂人话，～对)

ts^h [21]啜

θ [21]雪说(小～) [5]踅(巡视)□(遍，趟)

k [21]蕨(蕨的嫩芽；～～：菜梗)国

k^h [21]缺$_3$(～点)扩 [5]□(蜀～：一节，蜀～柴：一节木头，蜀～蔗：一节甘蔗，这蜀～墙：这段墙)

ŋ [5]月$_1$(月亮；二～，腊～)

x [21]霍(姓)

ø [21]丨髮(头～)□(脰～筋：脖子) [5]越(～南)粤

yoʔ 阳入/yo̱ʔ 阴入

l [5]略

θ [21]削(剥～)

tɕ [21]爵

tɕʰ [21]雀₂(拍麻～：搓麻将)勺(读字)芍(～药,白～)

k [21]羯(阉)决诀

kʰ [21]却 [5]剧(～烈)剧(闽～)

ŋ [5]虐疟

x [21]歇(休息)

Ø [21]约□(疲劳) [5]悦阅弱跃(大～进)

œ̱ʔ 阳入/œʔ 阴入

p [21]北

pʰ [5]雹

m [5]茉(～莉)墨木₁(柴～屐：木屐,～虱：臭虫)目₁(～膏：眼眵,黏的,火～：火星,骹～核：踝子骨)

t [21]□(～虱母：挤虱子) [5]渎(～～：畦间小沟)毒₁(生病时不能吃的食品;阴险)逐₁(～日：每天,～年：每年)□(牛解～：牛用角撞)□(□lœ̱ʔ³～：秒)

tʰ [21]戳(捅,齿～：牙签) [5]读(～书)

n [5]□(揉,～馃：和面)

l [21]落₁(鞋带～去：鞋带散了,头发～去：脱头发)

[5]鹿漉(捞)六 ‖[3]□(~□tœʔ⁵：杪)

tsʰ [21]轴₂(画~) [5]凿昨木切

θ [21]□(~桌：拍桌子，~籼：在稻桶上打稻子)

[5]□(在庙里求签的动作，颠簸)

k [21]角(牛~；~~：角落，桌~：四四~~：方形；~团：硬币；鸡~：公鸡)

kʰ [21]壳

x [21]□(添) [5]斛(粮柜；墙~：筑墙时所用的木板)

ŋ

Ø [41]□(不。本书里写作"唔")①

2.1.5 字音对照

本节排列本书所研究四地闽东区方言的字音材料，同时对比性地罗列 *Diccionario Español＝Chino，Dialecto de Fu-an*(《班华字典—福安方言》)所记录的早期福安方言和屏南县黛溪镇方言的字音材料，分别根据秋谷裕幸(2012)和叶太青(2003)。前者简称"班华"，"/"的前面是原书的标音，后面则是秋谷裕幸(2012)的拟音。通过本书所记

---

① 不能单说。但从连读变调的规律来看，单字调当为阳去。有时读作[iŋ]。

福安方言和“班华”之间的比较，我们能够了解福安方言近期发生了大幅度的韵母演变。黛溪方言属于屏南县境内“下路话”。参看上文 1.4.3。屏南城关方言和黛溪方言之间的对比可以显示出屏南方言的内部差异相当大。

下面是体例说明：

(1) 本字音对照共选录汉字 1 000 个。除了以下三处改动以外，字目与《闽东区宁德方言音韵史研究》的“字音对照”相同：

编号	《宁德》	本书
172	块	灰
173	灰	悔
703	烫	汤

(2) 所有汉字按《方言调查字表》顺序排列。《方言调查字表》未收的个别字按其音韵地位排在相应的地方。

(3) 体例大体仿照北大《汉语方音字汇》(第二版重排本重印本)(2008)。需要说明的地方有：

a. 如果某字有又读、文白异读等一字多音的现象，只收该方言口语里最常用的一个读音。所以有文白异读的字，只记白读，不记文读。

b. 调查时记不出来的字音或《班华字典—福安方言》、叶太青(2003)里不存在的字音，即付阙如。

c. 需要加注时，用小字注在字音的右下角。

	寿宁	福安	班华	屏南	黛溪	福清
			果 摄			
001 多	tɔ^{1}	tɔ^{1}	to^{1} / *tɔ^{1}	tɔ^{1}	tɔ^{1}	tɔ̱^{1}
002 拖	tʰua^{1}	tʰo^{1}	t'uo^{1} / *tʰuɔ^{1}	tʰoʌ^{1}	tʰuo^{1}	tʰua^{1}
003 大～小	tua^{6}	to^{6}	tuo^{6} / *tuɔ^{6}	tuai^{6}	tuo^{6}	tua^{6}
004 箩	lua^{2}	lo^{2}	luo^{2} / *luɔ^{2}	lai^{2}	lai^{2}	lai^{2}
005 做	tsɔ^{5}	tsɔ^{5}	cho^{5} / *tʃɔ^{5}	tsɔ^{5}	tsɔ^{5}	tsɔ^{5}
006 搓	tsʰɔ^{1}	tsʰɔ^{1}	ch'o^{1} / *tʃʰɔ^{1}	tsʰɔ^{1}	tsʰɔ^{1}	tsʰɔ̱^{1}
007 歌	kɔ^{1}	kɔ^{1}	ko^{1} / *kɔ^{1}	kɔ^{1}	kɔ^{1}	kɔ̱^{1}
008 鹅	ŋia^{2}	ŋe^{2}	ngie^{2} / *ŋiɛ^{2}	ŋe^{2}	ŋie^{2}	ŋɔ̱^{2}
009 我	ŋua^{3}	ŋo^{3}	ngo^{3} / *ŋɔ^{3}	uai^{3}	ua^{3}	ŋua^{3}
010 饿	ŋɔ^{6}	ŋɔ^{6}	ngo^{6} / *ŋɔ^{6}	ŋɔ^{6}	ŋɔ^{6}	ŋɔ^{6}
011 荷～花	xɔ^{2}	hɔ^{2}	ho^{2} / *hɔ^{2} ～兰	xɔ^{2}	xɔ^{2}	ɔ̱^{2}
012 破	pʰua^{5}	pʰo^{5}	p'uo^{5} / *pʰuɔ^{5}	pʰuai^{5}	pʰuo^{5}	pʰua^{5}
013 婆	pɔ^{2}	pɔ^{2}	po^{2} / *pɔ^{2}	pɔ^{2}	pɔ^{2}	pɔ̱^{2}
014 磨动	mua^{2}	mo^{2}	muo^{2} / *muɔ^{2}	muai^{2}	muo^{2}	mua^{2}
015 朵耳～	lɔ^{3}	lɔ$^{-42}$	lo^{3} / *lɔ^{3}	tu^{3} 这～花	tuo^{3}	tuo^{3}
016 螺	lɔi^{2}	lɔi^{2}	loi^{2} / *lɔi^{2}	lɔi^{2}	lɔi^{2}	lɔ̱y^{2}
017 坐	sɔi^{6}	θɔi^{6}	soi^{6} / *θɔi^{6}	sɔi^{6}	θɔi^{6}	θɔy^{6}
018 锁	sɔ^{3}	θɔ^{3}	so^{3} / *θɔ^{3}	sɔ^{3}	θɔ^{3}	θɔ̱^{3}
019 果	kuo^{3}	ku^{3}	ku^{3} / *ku^{3}	koi^{3} ～子	kuo^{3}	kui^{-11} ～子
020 过～来	kuo^{5}	ku^{5}	ku^{5} / *ku^{5}	ko^{5}	kuo^{5}	kuɔ̱^{5}
021 窠	kʰuo^{1}	kʰu^{1}	k'u^{1} / *kʰu^{1}	kʰo^{1}	kʰuo^{1}	
022 火	xuoi^{3}	hui^{3}	hui^{3} / *hui^{3}	xoi^{3}	xuei^{3}	xui^{3}
023 货	xuo^{5}	hu^{5}	hu^{5} / *hu^{5}	xo^{5}	xuo^{5}	xuɔ̱^{5}
			假 摄			
024 爬	pa^{2}	pa^{2}	pɑ^{2} / *pa^{2}	pa^{2}	pa^{2}	pa^{2}
025 耙犁～				pa^{6}		pa^{6}
026 麻	mua^{2}	mo^{2}	muo^{2} / *muɔ^{2}	muai^{2}	muo^{2}	mua^{2}
027 马	ma^{3}	ma^{3}	mɑ^{3} / *ma^{3}	ma^{3}	ma^{3}	ma^{3}
028 骂	ma^{5}	ma^{5}	mɑ^{5} / *ma^{5}	ma^{5}	ma^{5}	ma^{5}
029 茶	ta^{2}	ta^{2}	tɑ^{2} / *ta^{2}	ta^{2}	ta^{2}	ta^{2}
030 查调～	tsa^{2}	tsa^{1}	chɑ^{1} / *tʃa^{1}	tsa^{1}		tsa^{1}
031 沙	sua^{1}	θo^{1}	suo^{1} / *θuɔ^{1}	sai^{1}	θuo^{1}	θua^{1}
032 加	ka^{1}	ka^{1}	kɑ^{1} / *ka^{1}	ka^{1}	ka^{1}	ka^{1}

033 假真～	ka^{3}	ka^{3}	kɑ^{3} / *ka^{3}	ka^{3}	ka^{3}	ka^{3}
034 嫁	ka^{5}	ka^{5}	kɑ^{5} / *ka^{5}	ka^{5}	ka^{5}	ka^{5}
035 牙	ŋa^{2}	ŋa^{2}	ngɑ^{2} / *ŋa^{2}	ŋa^{2}	ŋa^{2}	ŋa^{2}
036 下方位	a^{6}	a^{6}	ɑ^{6} / *ʔa^{6}	a^{6}	a^{6}	a^{6}
037 哑～巴	a^{3}	ŋa^{-42}病～	ɑ^{3} / *ʔa^{3}	ŋa^{-41}病～	ŋa^{3}	a^{3}
038 写	sia^{3}	θe^{3}	sie^{3} / *θiε^{3}	seɐ^{3}	θie^{3}	θia^{3}
039 斜	ts^{h}ia^{2}	tʃ^{h}e^{2}	ch'ie^{2} / *tʃ^{h}iε^{2}	seɐ^{2}	ts^{h}yø^{2}	θia^{2}
040 谢	sia^{6}	θe^{6}	sie^{6} / *θiε^{6}	seɐ^{6}	θie^{6}	θia^{6}
041 遮	tsia^{1}	tʃε^{1}	che^{1} / *tʃε^{1}	tseɐ^{1}	tsie^{1}	tɕia^{1}
042 车汽～	ts^{h}ia^{1}	tʃ^{h}e^{1}	ch'ie^{1} / *tʃ^{h}iε^{1}	ts^{h}eɐ^{1}	ts^{h}ie^{1}	tɕ^{h}ia^{1}
043 射	sia^{6}	θe^{6}	sie^{6} / *θiε^{6}	seɐ^{6}		θia^{6}
044 蛇	sia^{2}	θe^{2}	sie^{2} / *θiε^{2}	se^{2}	θie^{2}	θia^{2}
045 夜	ia^{6}	je^{6}	yie^{6} / *jiε^{6}	eɐ^{6}		ia^{6}
046 瓜	kua^{1}	ko^{1}	kuo^{1} / *kuɔ^{1}	koʌ^{1}	kuo^{1}	kua^{1}
047 寡	kua^{3}	ko^{3}	kuo^{3} / *kuɔ^{3}	koʌ^{3}	kuo^{3}	kua^{3}
048 瓦名	ŋua^{6}	wo^{6}	buo^{6} / *wuɔ^{6}	ŋoʌ^{6}		mua^{6}
049 花	xua^{1}	ho^{1}	huo^{1} / *huɔ^{1}	xoʌ^{1}	xuo^{1}	xua^{1}
			遇　摄			
050 谱	p^{h}uo^{3}	p^{h}u^{3}	p'u^{3} / *p^{h}u^{3}	p^{h}o^{3}	puo^{3}	p^{h}uo^{3}
051 布	puo^{5}	pu^{5}	pu^{5} / *pu^{5}	po^{5}	puo^{5}	puɔ̠^{5}
052 铺十里	p^{h}uo^{5}	p^{h}u^{5}		p^{h}o^{5}	p^{h}uo^{5}	p^{h}uɔ̠^{5}
053 簿	puo^{6}	pu^{6}	pu^{6} / *pu^{6}	po^{6}	puo^{6}	puɔ̠^{6}
054 步	puo^{6}	pu^{6}	pu^{6} / *pu^{6}	po^{6}	puo^{6}	puɔ̠^{6}
055 赌	tu^{3}	tu^{3}	tu^{3} / *tu^{3}	tu^{3}	tu^{3}	tu^{3}
056 土	t^{h}u^{3}	t^{h}u^{3}	t'u^{3} / *t^{h}u^{3}	t^{h}u^{3}	t^{h}u^{3}	t^{h}u^{3}
057 涂泥土	t^{h}u^{2}	t^{h}ou^{2}	t'ou^{2} / *t^{h}o^{2}	t^{h}ɔ̠^{2}	t^{h}ou^{3}	t^{h}u^{2}
058 炉	lu^{2}	lou^{2}	lou^{2} / *lo^{2}	lɔ̠^{2}	lou^{3}	lu^{2}
059 租	tsu^{1}	tʃou^{1}	chou^{1} / *tʃo^{1}	tsu^{1}	tsu^{1}	tsu^{1}
060 粗	ts^{h}u^{1}	tʃ^{h}ou^{1}	ch'ou^{1} / *tʃ^{h}o^{1}	ts^{h}u^{1}	ts^{h}u^{1}	ts^{h}u^{1}
061 醋	ts^{h}u^{5}	tʃ^{h}ou^{5}	ch'ou^{5} / *tʃ^{h}o^{5}	ts^{h}u^{5}	ts^{h}u^{5}	ts^{h}o^{5}
062 苏	su^{1}	θou^{1}		su^{1}	θu^{1}	θu^{1}
063 箍	k^{h}au^{1}	k^{h}ou^{1}	k'ou^{1} / *k^{h}o^{1}	k^{h}au^{1}	k^{h}u^{1}	k^{h}u^{1}
064 牯	ku^{3}	ku^{3}	ku^{3} / *ku^{3}	ku^{3}		ku^{3}
065 裤	k^{h}u^{5}	k^{h}ou^{5}	k'ou^{5} / *k^{h}o^{5}	k^{h}u^{5}	k^{h}u^{5}	k^{h}o^{5}
066 吴	ŋu^{2}	ŋou^{2}		ŋɔ̠^{2}	ŋou^{3}	ŋu^{2}

067 五	ŋu^{6}	ŋou^{6}	ngou^{6} / *ŋo^{6}	ŋɔ̲^{6}	ŋou^{6}	ŋo^{6}
068 胡姓	xu^{2}	hou^{2}	hou^{2} / *ho^{2}	xɔ̲^{2}	xou^{3}	xu^{2}
069 糊	ku^{2}	kou^{2}	kou^{2} / *ko^{2}	kɔ̲^{2}	kou^{3}	ku^{2}
070 乌	u^{1}	ou^{1}	ou^{1} / *ʔo^{1}	u^{1}	u^{1}	u^{1}
071 女	ny^{3}	ni^{3}	nüi^{3} / *nyi^{3}	ny^{3}	ny^{3}	ny^{3}
072 徐	sy^{2}	θɵi^{2}		sœ̲^{2}	θøy^{3}	θy^{2}
073 猪	ty^{1}	tɵi^{1}	tuei^{1} / *tøi^{1}	ty^{1}	ty^{1}	ty^{1}
074 苎	tœ^{6}	tœ^{6}	toe^{6} / *tœ^{6}	tœ^{6}	tœ^{6}	tœ^{6}
075 箸	ty^{6}	tɵi^{6}	tuei^{6} / *tøi^{6}	tœ̲^{6}	tøy^{6}	tø^{6}
076 初	tsʰu^{1}	tʃʰœ^{1}	ch'oe^{1} / *tʃʰœ^{1}	tsʰœ^{1}	tsʰu^{1}	tsʰœ̲^{1}
077 锄	tʰy^{2}	tʰɵi^{2}	tʰuei^{2} / *tʰøi^{2}	tʰœ̲^{2}	tʰøy^{3}	tʰy^{2}
078 梳	sy^{1}	θœ^{1}	soe^{1} / *θœ^{1}	sœ^{1}	θœ^{1}	θœ̲^{1}
079 煮	tsy^{3}	tʃi^{3}	chüi^{3} / *tʃyi^{3}	tsy^{3}	tsy^{3}	tɕy^{3}
080 书	tsy^{1}	tʃɵi^{1}	chuei^{1} / *tʃøi^{1}	tsy^{1}	tsy^{1}	tɕy^{1}
081 鼠	tsʰy^{3}	tʃʰi^{3}	ch'üi^{3} / *tʃʰyi^{3}	tsʰy^{3}		tɕʰy^{3}
082 锯	ky^{5}	kɵi^{5}	kuei^{5} / *køi^{5}	ky^{5}	ky^{5}	kø^{5}
083 去来~	kʰyø^{5}	kʰɵ^{5}	k'ue^{5} / *kʰø^{5}	kʰœ^{5}	kʰyø^{5}	kʰyɔ̲^{5}
084 巨	ky^{2}	kɵi^{6}		ky^{5}	køy^{6}	kø^{5}
085 鱼	ŋy^{2}	ŋɵi^{2}	nguei^{2} / *ŋøi^{2}	ŋœ̲^{2}	ŋøy^{3}	ŋy^{2}
086 许姓	xy^{3}	hi^{3}	hüi^{3} / *hyi^{3} ~愿	xy^{3}	xy^{3}	xy^{3}
087 斧~头	pua^{-55}	po^{-35}	pu^{3} / *pu^{3}	po^{3}	puo^{3}	puo^{3}
088 扶推	pʰuo^{2}	pʰu^{2}	p'u^{2} / *pʰu^{2}	pʰo^{2} 竖起来	pʰuo^{2}	pʰuo^{2} 搀
089 无	u^{2}	wou^{2}	bou^{2} / *wo^{2}	ɔ̲^{2}	ou^{3}	u^{2}
090 舞	u^{3}	wu^{3}	bu^{3} / *wu^{3}	u^{3}	u^{3}	u^{3}
091 雾	muo^{6}	mou^{6}	mu^{6} / *mu^{6}	mo^{6}	muo^{6}	
092 取	tsʰy^{3}	tʃʰi^{3}	ch'üi^{3} / *tʃʰyi^{3}	tsʰiu^{3}	tsʰy^{3}	tɕʰy^{3}
093 鬚喙~	tsiu^{1}	leu^{-443}	seiu^{1} / *θeu^{1}	tsʰiu^{1}	tsʰiu^{1}	tɕʰiu^{1}
094 橱	tiu^{2}	teu^{2}	teiu^{2} / *teu^{2}	tᴇu^{2}	teu^{2}	tiu^{2}
095 柱	tʰiu^{6}	tʰeu^{6}	t'eiu^{6} / *tʰeu^{6}	tʰᴇu^{6}	tʰeu^{6}	tʰiəu^{6}
096 住	tsy^{6}	teu^{6}	teiu^{6} / *teu^{6}	tsœ̲^{6}	teu^{6}	tsø^{6}
097 数名	su^{5}	θou^{5}	sou^{5} / *θo^{5}	su^{5}	θu^{5}	θo^{5}
098 珠目~	tsiu^{1}	tʃeu^{1}	cheiu^{1} / *tʃeu^{1}	tsiu^{1}		tɕiu^{1}
099 主	tsyø^{3}	tʃu^{3}	chu^{3} / *tʃu^{3}	tso^{3}	tsuo^{3}	tsuo^{3}
100 输~赢	syø^{1}	θu^{1}	su^{1} / *θu^{1}	so^{1}	θuo^{1}	θuo^{1}
101 树	tsʰiu^{5}	tʃʰeu^{5}	ch'eiu^{5} / *tʃʰeu^{5}	tsʰiu^{5}	tsʰiu^{5}	tɕʰiəu^{5}

102 句	kuo^{5}	ku^{5}	ku^{5} / *ku^{5}	ko^{5}	kuo^{5}	kuɔ̱^{5}
103 区	k^{h}y^{1}	k^{h}ɵi^{1}	k'uei^{1} / *k^{h}øi^{1}	k^{h}y^{1}	k^{h}y^{1}	k^{h}y^{1}
104 雨	y^{3}	hu^{6}	hu^{6} / *hu^{6}	y^{3}	xuo^{3}	y^{3}
105 芋～卵	uo^{6}	wu^{-44}	bu^{6} / *wu^{6}	o^{6}	uo^{6}	uɔ̱^{6}
			蟹　摄			
106 戴动	ti^{5}	tei^{5}	tei^{5} / *te^{5}	tai^{5}	tai^{5}	tai^{5}
107 台烛～	lɔi^{2}	lɔi^{-221}	tɑi^{2} / *tai^{2}	tɔi^{2}	tai^{2}	tai^{2}戏～
108 袋	tɔi^{6}	tɔi^{6}	toi^{6} / *tɔi^{6}	tɔi^{6}	tɔi^{6}	tɔy^{6}
109 来	li^{2}	lei^{2}	lei^{2} / *le^{2}	lᴇ^{2}	lei^{3}	li^{2}
110 灾	tsai^{1}	tsɔi^{1}发～	chɑi^{1} / *tʃai^{1}	tsai^{1}	tsai^{1}	tsɔ̱y^{1}
111 菜	ts^{h}ai^{5}	ts^{h}ai^{5}	ch'ɑi^{5} / *tʃ^{h}ai^{5}	ts^{h}ai^{5}	ts^{h}ai^{5}	ts^{h}ai^{5}
112 财	tsai^{2}	tsai^{2}	chɑi^{2} / *tʃai^{2}	tsai^{2}	tsai^{2}	tsai^{2}
113 在	tsai^{6}	tsai^{6}	chɑi^{6} / *tʃai^{6}	tsai^{6}	tsai^{6}	tsai^{6}
114 赛	sai^{5}	θɔi^{5}	soi^{5} / *θɔi^{5}	sɔ̱i^{5}	θøy^{5}	θuɔ̱i^{5}
115 改	kai^{3}	kai^{3}	kɑi^{3} / *kai^{3}	kai^{3}	kai^{3}	kɔ̱y^{3}
116 开	k^{h}ui^{1}	k^{h}ɵi^{1}	k'oui^{1} / *k^{h}oi^{1}	k^{h}ui^{1}	k^{h}ui^{1}	k^{h}ui^{1}
117 海	xai^{3}	hai^{3}	hɑi^{3} / *hai^{3}	xai^{3}	xai^{3}	xai^{3}
118 爱	ɔi^{5}	ɵi^{5}	oi^{5} / *ʔɔi^{5}	ɔ̱i^{5}	øy^{5}	ɔy^{5}
119 带名	tai^{5}	tai^{5}	tɑi^{5} / *tai^{5}	tai^{5}	tai^{5}	tai^{5}
120 蔡	ts^{h}ai^{5}	ts^{h}ai^{5}		ts^{h}ai^{5}	ts^{h}ai^{5}	ts^{h}ai^{5}
121 盖	kai^{5}	kai^{5}	kɑi^{5} / *kai^{5}	kai^{5}	kai^{5}	kai^{5}
122 艾植物	ŋia^{5}	ŋe^{5}	ngie^{5} / *ŋiɛ^{5}	ŋe^{5}	ŋie^{5}	ŋia^{5}
123 害	xai^{6}	hai^{6}	hɑi^{6} / *hai^{6}	xai^{6}	xai^{6}	xai^{6}
124 拜	pai^{5}	pai^{5}	pɑi^{5} / *pai^{5}	pai^{5}	pai^{5}	pai^{5}
125 排	pɛ^{2}	pɛ^{2}	pe^{2} / *pɛ^{2}	pɛ^{2}	pɛ^{2}	pᴇ^{2}
126 斋	tsai^{1}	tsai^{1}	che^{1} / *tʃɛ^{1}	tsɛ^{1}	tsɛ^{1}	tsᴇ^{1}
127 戒	kai^{5}	kai^{5}	kɑi^{5} / *kai^{5}	kɛ^{5}猪八～		kɛ^{5}猪八～
128 芥～菜	kua^{-55}	ko^{-55}	kɑi^{5} / *kai^{5}	koʌ^{5}		kai^{5}
129 摆	pai^{3}	pɛ^{3}	pɑi^{3} / *pai^{3}	pɛ^{2}	pɛ^{3}	pᴇ^{3}
130 牌	pɛ^{2}	pɛ^{2}	pe^{2} / *pɛ^{2}	pɛ^{2}	pɛ^{2}	pᴇ^{2}
131 稗	p^{h}ɛ^{5}	p^{h}ɛ^{5}	p'e^{5} / *p^{h}ɛ^{5}	p^{h}ɛ^{5}	p^{h}ɛ^{5}	p^{h}ɛ^{5}
132 买	mɛ^{3}	mɛ^{3}	me^{3} / *mɛ^{3}	mɛ^{3}	mɛ^{3}	mᴇ^{3}
133 卖	mɛ^{6}	mɛ^{6}	me^{6} / *mɛ^{6}	mɛ^{6}	mɛ^{6}	mɛ^{6}
134 奶母亲	nɛ^{3}	nɛ^{3}	ne^{3} / *nɛ^{3}	nɛ^{3}	nɛ^{3}	nᴇ^{3}
135 钗	ts^{h}ai^{1}			ts^{h}ai^{1}	ts^{h}ai^{1}	ts^{h}ai^{1}

136 寨	tsai^{6}	tsai^{6}	chɑi^{6} / *tʃai^{6}	tsai^{6}	tsai^{6}	tsai^{6}
137 街	kɛ^{1}	kɛ^{1}	ke^{1} / *kɛ^{1}	kɛ^{1}	kɛ^{1}	kᴇ^{1}
138 解～开	kɛ^{3}	kɛ^{3}	ke^{3} / *kɛ^{3}	kɛ^{3}	kɛ^{3}	kᴇ^{3}
139 鞋	ɛ^{2}	ɛ^{2}	e^{2} / *ʔɛ^{2}	ɛ^{2}	ɛ^{2}	ᴇ^{2}
140 矮	ɛ^{3}	ɛ^{3}	e^{3} / *ʔɛ^{3}	ɛ^{3}	ɛ^{3}	ᴇ^{3}
141 败	pai^{6}	pai^{6}	pɑi^{6} / *pai^{6}	pai^{6}	pai^{6}	pai^{6}
142 祭	tsie^{5}	tʃi^{5}	chi^{5} / *tʃi^{5}	tse^{5}	tsie^{5}	tɕiᴇ^{5}
143 世	sie^{5}	θi^{5}	si^{5} / *θi^{5}	se^{5}	θie^{5}	θiᴇ^{5}
144 艺	ŋie^{6}	ŋi^{6}	ngi^{6} / *ŋi^{6}	ŋe^{6}	ŋie^{6}	ŋiᴇ^{6}
145 米名	mi^{3}	mi^{3}	mi^{3} / *mi^{3}	mi^{3}	mi^{3}	mi^{3}
146 低	tɛ^{1}	tɛ^{1}	te^{1} / *tɛ^{1}			tᴇ^{1}
147 梯	tʰai^{1}	tʰai^{1}	t'ɑi^{1} / *tʰai^{1}	tʰai^{1}	tʰai^{1}	tʰɔ̠y^{1}
148 啼		tʰi^{2}	t'i^{2} / *tʰi^{2}	tʰe^{2}	tʰie^{2}	tʰie^{2}
149 弟	tie^{6}	ti^{6}	ti^{6} / *ti^{6}	te^{6}	tie^{6}	tiᴇ^{6}
150 第	tɛ^{6}	tɛ^{6}	te^{6} / *tɛ^{6}	tɛ^{6}	tɛ^{6}	tɛ^{6}
151 地天～	ti^{6}	tei^{6}	tei^{6} / *te^{6}	tᴇ^{6}	tei^{6}	te^{6}
152 泥	nɛ^{2}	nɛ^{2}	ne^{2} / *nɛ^{2}	nɛ^{2}	nɛ^{2}	nᴇ^{2}
153 犁	lɛ^{2}	lœ^{2}	le^{2} / *lɛ^{2}	lɛ^{2}	lɛ^{2}	lᴇ^{2}
154 齐	tsɛ^{2}	tʃɛ^{2}	che^{2} / *tʃɛ^{2}	tsɛ^{2}	tsɛ^{2}	tsᴇ^{2}
155 洗	sɛ^{3}	θɛ^{3}	se^{3} / *θɛ^{3}	sɛ^{3}	θɛ^{3}	θᴇ^{3}
156 细	sɛ^{5}	θɛ^{5}	se^{5} / *θɛ^{5}	sɛ^{5}	θɛ^{5}	θɛ^{5}
157 婿儿～	sai^{5}	θai^{5}	sɑi^{5} / *θai^{5}	nai^{-335}	θai^{5}	nzai^{-211}
158 鸡	kie^{1}	ki^{1}	ki^{1} / *ki^{1}	ke^{1}	kie^{1}	kie^{1}
159 溪	kʰɛ^{1}	kʰɛ^{1}	k'e^{1} / *kʰɛ^{1}	kʰɛ^{1}	kʰɛ^{1}	kʰᴇ^{1}
160 杯	puoi^{1}	pʰui^{1} 玫～	pui^{1} / *pui^{1}	poi^{1}	puei^{1}	pui^{1}
161 配	pʰuoi^{5}	pʰui^{5}	p'ui^{5} / *pʰui^{5}	pʰuai^{5}	pʰuei^{5}	pʰuɔ̠i^{5}
162 赔	puoi^{2}	pui^{2}	pui^{2} / *pui^{2}	poi^{2}	poi^{2}	pui^{2}
163 煤	muoi^{2}	mui^{2}	mui^{2} / *mui^{2}	moi^{2}	muei^{2}	mui^{2}
164 妹	muoi^{5}	mui^{5}	mui^{5} / *mui^{5}	muai^{5}	muai^{5}	muɔ̠i^{5}
165 堆	tɔi^{1}	tɔi^{1}	toi^{1} / *tɔi^{1}	tɔ̠i^{1}	tøy^{1}	tɔ̠y^{1}
166 对	tɔi^{5}	tɔi^{5}	toi^{5} / *tɔi^{5}	tɔ̠i^{5}	tøy^{5}	tɔy^{5}
167 退	tʰɔi^{5}	tʰɔi^{5}	t'oi^{5} / *tʰɔi^{5}	tʰɔ̠i^{5}	tʰøy^{5}	tʰɔy^{5}
168 队	tui^{6}	tɵi^{6}	tuei^{6} / *tɵi^{6}	tɔ̠i^{6}	toi^{6}	tuɔ̠i^{6}
169 雷	lai^{2}	lai^{2}	lɑi^{2} / *lai^{2}	lai^{2}	lai^{2}	lɔ̠y^{2}
170 罪	tsai^{-44} ～过	tsai^{-44} ～过	choi^{6} / *tʃɔi^{6}	tsɔi^{6}	tsɔi^{6}	tsɔy^{6}

171 碎	tsʰɔi^{5}	tsʰɔi^{5}	ch'oi^{5} / *tʃʰɔi^{5}	tsʰɔ̱i^{5}	tsʰøy^{5}	tsʰɔy^{5}
172 灰	xuoi^{1}	hui^{1}	hui^{1} / *hui^{1}	xoi^{1}	xuei^{1}	xui^{1}
173 悔	xuoi^{5}	hui^{5}	hui^{5} / *hui^{5}	xoi^{5}	xuei^{5}	xuɔ̱i^{5}
174 回	xuoi^{2}	hui^{2}	hui^{2} / *hui^{2}	xoi^{2}	xuei^{2}	xui^{2}
175 外	ŋia^{6}	ŋe^{6}	ngie^{6} / *ŋiɛ^{6}	ŋoi^{6}	ŋuei^{6}	ŋia^{6}
176 会开～	xuoi^{6}	hui^{6}	hui^{6} / *hui^{6}	xoi^{6}	xuei^{6}	xuɔ̱i^{6}
177 怪	kuai^{5}	kuai^{5}	kuɑi^{5} / *kuai^{5}	kuai^{5}	kuai^{5}	kuɔ̱i^{5}
178 怀	xuai^{2}	huai^{2}	huɑi^{2} / *huai^{2}	xuai^{2}	xuei^{2}	xui^{2}
179 挂	kua^{5}	ko^{5}	kuo^{5} / *kuɔ^{5}	koʌ^{5}	kuo^{5}	kua^{5}
180 歪	uai^{1}	wai^{1}	buɑi^{1} / *wuai^{1}	uai^{1}	uai^{1}	
181 画	xua^{6}	wo^{6}	buo^{6} / *wuɔ^{6}	oʌ^{6}	uo^{6}	ua^{6}
182 快	kʰɛ^{5}	kʰɛ^{5}	k'e^{5} / *kʰɛ^{5}	kʰɛ^{5}	kʰɛ^{5}	kʰɛ^{5}
183 话	ŋua^{6}	wo^{6}	buo^{6} / *wuɔ^{6}	oʌ^{6}	uo^{6}	ua^{6}
184 岁	xuoi^{5}	hui^{5}	hui^{5} / *hui^{5}	xuai^{5}	xuai^{5}	xuɔ̱i^{5}
185 税	suoi^{5}	θui^{5}	sui^{5} / *θui^{5}	soi^{5}		θuɔ̱i^{5}
186 肺	xie^{5}	hi^{5}	hi^{5} / *hi^{5}	xe^{5}	xie^{5}	xiᴇ^{5}
187 桂	kie^{5}	ki^{5}	ki^{5} / *ki^{5}	ke^{5}	kie^{5}	kiᴇ^{5}

止 摄

188 被名	pʰuoi^{6}	pʰui^{6}	p'ui^{6} / *pʰui^{6}	pʰoi^{6}	pʰuei^{6}	pʰuɔ̱i^{6}
189 避	pie^{6}	pi^{6}	pi^{6} / *pi^{6}	pe^{6}	pie^{6}	piᴇ^{6}
190 离	lie^{6}	li^{6}	li^{6} / *li^{6}	le^{6}	lie^{6}	liᴇ^{6}
191 紫	tsi^{3}	tʃi^{3}	chi^{3} / *tʃi^{3}	tse^{3}	tsie^{3}	tɕie^{3}
192 雌		tʃʰei^{1}	ch'ei^{1} / *tʃʰe^{1}			tɕʰy^{3}
193 刺	tsʰie^{5}	tʃʰi^{5}	ch'i^{5} / *tʃʰi^{5}	tsʰe^{5}		tɕʰiᴇ^{5}
194 池	tie^{2}	ti^{2}	ti^{2} / *ti^{2}	te^{2}	tie^{2}	tie^{2}
195 枝树～	ki^{1}	kei^{1}	kei^{1} / *ke^{1}	ki^{1}	ki^{1}	tɕie^{1}荔～
196 纸	tsia^{3}	tʃe^{3}	chie^{3} / *tʃiɛ^{3}	tse^{3}	tsa^{3}	tɕia^{3}～鹞
197 是	si^{6}	θei^{6}	sei^{6} / *θe^{6}	sᴇ^{6}	θei^{6}	θe^{6}
198 儿～婿	nieŋ^{2}	niŋ^{2}	nin^{2} / *nin^{2}	neiŋ^{2}		nieŋ$^{-22}$
199 寄	kia^{5}	ke^{5}	kie^{5} / *kiɛ^{5}	keɐ^{5}	kie^{5}	kia^{5}
200 骑	kʰi^{2}	kʰei^{2}	k'ei^{2} / *kʰe^{2}	kʰe^{2}	kʰei^{3}	kʰia^{2}
201 徛站	kʰia^{6}	kʰe^{6}	k'ie^{6} / *kʰiɛ^{6}	kʰe^{6}	kʰie^{6}	kʰia^{6}
202 蚁	ŋia^{6}	ŋe^{6}	ngie^{6} / *ŋiɛ^{6}	ŋe^{6}	ŋie^{6}	ŋia^{6}
203 椅	ie^{3}	i^{3}	i^{3} / *ʔi^{3}	e^{3}	ie^{3}	ie^{3}
204 移	ie^{2}	ei^{2}	ei^{2} / *ʔe^{2}	e^{2}	ie^{2}	ie^{2}

205 鼻	pʰi^{5}	pʰei^{5}	p'ei^{5} / *pʰe^{5}	pʰi^{5}	pʰi^{5}	pʰe^{5}
206 眉	mai^{2}	mei^{2}	mei^{2} / *me^{2}	mᴇ^{2}	mei^{3}	mi^{2}
207 梨	li^{2}	lei^{2}	lei^{2} / *le^{2}	lᴇ^{2}	lei^{3}	li^{2}
208 姊	tsi^{3}	tʃi^{3}	chi^{3} / *tʃi^{3}	tsi^{5}	tsi^{5}	tɕi^{3}
209 糍	si^{2}	θei^{2}		sᴇ^{2}	θei^{3}	θi^{2}
210 死	si^{3}	θi^{3}	si^{3} / *θi^{3}	si^{3}	θi^{3}	θi^{3}
211 四	si^{5}	θei^{5}	sei^{5} / *θe^{5}	si^{5}	θi^{5}	θe^{5}
212 迟	ti^{2}	tei^{2}	tei^{2} / *te^{2}	tᴇ^{2}	tei^{3}	ti^{2}
213 师~父	sɛ$^{-44}$	θai^{-44}	sɑi^{1} / *θai^{1}	sa^{-13}	θa^{1}	θa^{1}
214 脂	tsie^{1}	tʃi^{1}	chi^{3} / *tʃi^{3}	tse^{1}	tsie^{1}	tɕie^{1}
215 指	tsai^{3}	tsai^{3}	chi^{3} / *tʃi^{3}	tsai^{3}	tsi^{3}	tsai^{3}
216 二	ni^{6}	nei^{6}	nei^{6} / *ne^{6}	nᴇ^{6}	nei^{6}	ne^{6}
217 姨	i^{2}	ei^{2}	ei^{2} / *ʔe^{2}	ᴇ^{2}	ei^{3}	i^{2}
218 李姓	li^{3}	li^{3}		li^{3}	li^{3}	li^{3}
219 子地支	tsu^{3}	tʃu^{3}	chu^{3} / *tʃu^{3} ~爵	tsy^{3}	tsy^{3}	tɕy^{3}
220 字	tsi^{6}	tʃei^{6}	chei^{6} / *tʃe^{6}	tsᴇ^{6}	tsei^{6}	tse^{6}
221 丝	si^{1}	θei^{1}	sei^{1} / *θe^{1}	si^{1}	θi^{1}	θi^{1}
222 祠	su^{2}	θou^{2}		sœ̠^{2}		θy^{2}
223 柿	kʰi^{6}	kʰei^{6}	k'ei^{6} / *kʰe^{6}	kʰᴇ^{6}	kʰei^{6}	kʰe^{6}
224 事	lai^{6}	θou^{6}	tɑi^{6} / *tai^{6}	tai^{6}	tai^{6}	tai^{6}
225 痣	tsi^{5}	tʃei^{5}		tsi^{5}	tsi^{5}	tse^{5}
226 齿	kʰi^{3}	kʰi^{3}	k'i^{3} / *kʰi^{3}	kʰi^{3}	kʰi^{3}	kʰi^{3}
227 时	si^{2}	θei^{2}	sei^{2} / *θe^{2}	sᴇ^{2}	θei^{3}	θi^{2}
228 市	tsʰi^{6}	tʃʰei^{6}	ch'ei^{6} / *tʃʰe^{6}	tsʰᴇ^{6}	tsʰei^{6}	tsʰe^{6}
229 耳~朵	ŋi^{6}	ŋe^{6}	ngei^{6} / *ŋe^{6}	ŋᴇ^{6}	ŋei^{6}	ŋe^{6}
230 箕粪~	ki^{1}	kei^{1}	kei^{1} / *ke^{1}	ki^{1}		ki^{1}
231 记	ki^{5}	kei^{5}	kei^{5} / *ke^{5}	ki^{5}	ki^{5}	ke^{5}
232 旗	ki^{2}	kei^{2}	kei^{2} / *ke^{2}	kᴇ^{2}		ki^{2}
233 喜	xi^{3}	hi^{3}	hi^{3} / *hi^{3}	xi^{3}	xi^{3}	xi^{3}
234 医	i^{1}	ei^{1}	ei^{1} / *ʔe^{1}	i^{1}	i^{1}	i^{1}
235 饑饿	kui^{1}	kɵi^{1}	k'oui^{1} / *kʰoi^{1}	kui^{1}	kui^{1}	
236 几~只	kui^{3}	kui^{3}	kui^{3} / *kui^{3}	kui^{3}	kui^{3}	kui^{3}
237 气	kʰi^{5}	jɵi^{-335} 断~	k'ei^{5} / *kʰe^{5}	kʰui^{5} 断~	kʰui^{5} 断~	kʰuɔ̠i^{5} 断~
238 依	i^{1}	ei^{1}	ei^{1} / *ʔe^{1}	i^{1}	i^{1}	i^{1}
239 髓	syø^{3}	tʃʰɵi^{3}	ch'uei^{3} / *tʃʰøi^{3}	tsʰɔ̠i^{3}	tsʰøy^{3}	tsʰɔ̠y^{3}

240 随	sy^{2}	θɵi^{2}	soui^{2} / *θoi^{2}	sɔ̱i^{2}	θoi^{2}	θui^{2}
241 吹	ts^{h}yø^{1}	tʃ^{h}ui^{1}	ch'ui^{1} / *tʃ^{h}ui^{1}	ts^{h}oi^{1}	ts^{h}øy^{1}	ts^{h}ɔ̱y^{1}
242 亏	k^{h}ui^{1}	k^{h}ɵi^{1}	k'uei^{1} / *k^{h}øi^{1}	k^{h}ui^{1}	k^{h}ui^{1}	k^{h}ui^{1}
243 跪	k^{h}uoi^{3}	kɵi^{6}	koui^{6} / *koi^{6}	kɔ̱i^{6}	koi^{6}	kuɔ̱i^{6}
244 醉	tsy^{5}	tʃɵi^{5}	choui^{5} / *tʃoi^{5}	tsui^{5}	tsy^{5}	tsuɔ̱i^{5}
245 翠	ts^{h}ui^{5}	tʃ^{h}ɵi^{5}		tsui^{5}		ts^{h}uɔ̱i^{5}
246 追		tɵi^{1}	toui^{1} / *toi^{1}	tui^{1}	tui^{1}	tui^{1}
247 槌	t^{h}y^{2}	t^{h}ɵi^{2}	t'oui^{2} / *t^{h}oi^{2}	t^{h}ɔ̱i^{2}	t^{h}oi^{2}	t^{h}ui^{2}
248 帅	suai^{5}	θɔi^{5}	soi^{5} / *θɔi^{5}	soi^{5}	θøy^{5}	θɔy^{5}
249 㳠水	tsy^{3}	tʃi^{3}	chüi^{3} / *tʃyi^{3}	tsui^{3}	tsy^{3}	tsui^{3}
250 龟	kui^{1}	kɵi^{1}	koui^{1} / *koi^{1}	kui^{1}	kui^{1}	kui^{1}
251 柜	kui^{6}	kɵi^{6}	kuei^{6} / *køi^{6}	kɔ̱i^{6}	koi^{6}	kuɔ̱i^{6}
252 位	ui^{6}	wɵi^{6}	boui^{6} / *woi^{6}	ɔ̱i^{6}	oi^{6}	uɔ̱i^{6}
253 飞	puoi^{1}	pui^{1}	pui^{1} / *pui^{1}	poi^{1}	puei^{1}	pui^{1}
254 痱	pui^{5}	pɵi^{5}	poui^{5} / *poi^{5}	poi^{5}		puɔ̱i^{5}
255 尾～巴	muoi^{3}	mui^{3}	mui^{3} / *mui^{3}	moi^{3}	muei^{3}	mui^{3}
256 未副词	muoi^{6}	mui^{6}	mui^{6} / *mui^{6}	moi^{6}	muei^{6}	muɔ̱i^{6}
257 归	kui^{1}	kɵi^{1}	koui^{1} / *koi^{1}	kui^{1}	kui^{1}	kui^{1}
258 鬼	kui^{3}	kui^{3}	kui^{3} / *kui^{3}	kui^{3}	kui^{3}	kui^{3}
259 贵	kui^{5}	kɵi^{5}	koui^{5} / *koi^{5}	kui^{5}	kui^{5}	kuɔ̱i^{5}
260 围	ui^{2}	wɵi^{2}	boui^{2} / *woi^{2}	ɔ̱i^{2}	oi^{2}	ui^{2}
			效　摄			
261 宝	pɔ^{3}	pɔ^{3}	po^{3} / *pɔ^{3}	pɔ^{3}	pɔ^{3}	pɔ̱^{3}
262 报	pɔ^{5}	pɔ^{5}	po^{5} / *pɔ^{5}	pɔ^{5}	pɔ^{5}	pɔ^{5}
263 抱	p^{h}ɔ^{6}	pɔ^{6}	po^{6} / *pɔ^{6}	pɔ^{6}	pɔ^{6}	pɔ^{6}
264 毛	mɔ^{2}	mɔ^{2}	mo^{2} / *mɔ^{2}	mɔ^{2}	mɔ^{2}	mɔ̱^{2}
265 帽	mɔ^{6}	mɔ^{6}	mo^{6} / *mɔ^{6}	mɔ^{6}	mɔ^{6}	mɔ^{6}
266 刀	tɔ^{1}	tɔ^{1}	to^{1} / *tɔ^{1}	tɔ^{1}	tɔ^{1}	tɔ̱^{1}
267 到	tɔ^{5}	tɔ^{5}	to^{5} / *tɔ^{5}	tɔ^{5}	tɔ^{5}	tɔ̱$^{-52}$～处
268 讨	t^{h}ɔ^{3}	t^{h}ɔ^{3}	t'o^{3} / *t^{h}ɔ^{3}	t^{h}ɔ^{3}	t^{h}ɔ^{3}	t^{h}ɔ̱^{3}
269 桃	t^{h}ɔ^{2}	t^{h}ɔ^{2}	t'o^{2} / *t^{h}ɔ^{2}	t^{h}ɔ^{2}	t^{h}ɔ^{2}	t^{h}ɔ̱^{2}
270 道～士	tɔ^{6}	tɔ^{6}	to^{6} / *tɔ^{6}	tɔ^{6}	tɔ^{6}	tɔ^{6}
271 脑	nɔ^{3}	nɔ^{3}	no^{3} / *nɔ^{3}	nɔ^{3}	nɔ^{3}	nɔ̱^{3}
272 牢	lɔ^{2}	lɔ^{2}	lo^{2} / *lɔ^{2}	lɔ^{2}	lɔ^{2}	lɔ̱^{2}
273 老	lau^{6}	lau^{6}	lɑu^{6} / *lau^{6}	lau^{6}	lau^{6}	lau^{6}

274 糟	tsau^{1}	tsau^{1}	chɑu^{1} / *tʃau^{1}	tsau^{1}	tsau^{1}	tsau^{1}
275 早	tsa^{3}	tsa^{3}	chɑ^{3} / *tʃa^{3}	tsa^{3}	tsa^{3}	tsa^{3}
276 灶	tsau^{5}	tsau^{5}	chɑu^{5} / *tʃau^{5}	tsau^{5}	tsau^{5}	tsau^{5}
277 草	ts^{h}au^{3}	tʃ^{h}o^{3}	ch'ou^{3} / *tʃ^{h}o^{3}	ts^{h}au^{3}	ts^{h}au^{3}	ts^{h}au^{3}
278 造	tsɔ^{5}	tsɔ^{6}	cho^{6} / *tʃɔ^{6}	tsɔ^{6}		tsɔ^{5}
279 扫动	sau^{5}	θau^{5}	sɑu^{5} / *θau^{5}	sau^{5}	θau^{5}	θau^{5}
280 高	kɔ^{1}	kɔ^{1}	ko^{1} / *kɔ^{1}	kɔ^{1}	kɔ^{1}	kɔ̱^{1}
281 告	kɔ^{5}	kɔ^{5}	ko^{5} / *kɔ^{5}	kɔ^{5}	kɔ^{5}	kɔ^{5}
282 靠	k^{h}ɔ^{5}	k^{h}ɔ^{5}	k'o^{5} / *k^{h}ɔ^{5}	k^{h}ɔ^{5}	k^{h}ɔ^{5}	k^{h}ɔ^{5}
283 熬	ŋɔ^{2}	ŋɔ^{2}	ngo^{2} / *ŋɔ^{2}	ŋɔ^{2}	ŋɔ^{2}	ŋɔ̱^{2}
284 好形	xɔ^{3}	hɔ^{3}	ho^{3} / *hɔ^{3}	xɔ^{3}	xɔ^{3}	xɔ̱^{3}
285 号	xɔ^{6}	hɔ^{6}	ho^{6} / *hɔ^{6}	xɔ^{6}	xɔ^{6}	xɔ^{6}
286 袄	ɔ^{3}	ɔ^{3}	o^{3} / *ʔɔ^{3}	ɔ^{3}	ɔ^{3}	ɔ̱^{3}
287 饱	pa^{3}	pa^{3}	pɑ^{3} / *pa^{3}	pa^{3}	pa^{3}	pa^{3}
288 炮	p^{h}au^{5}	p^{h}au^{5}	p'ɑu^{5} / *p^{h}au^{5}	p^{h}au^{5}	p^{h}au^{5}	p^{h}a^{5}
289 猫	ma^{2}	maŋ^{2}	mɑ^{2} / *ma^{2}	ma^{-33}～□ni5	ma^{2}	ma^{2}
290 卯	mau^{3}	mo^{3}	mou^{3} / *mo^{3}	mau^{3}	mau^{3}	mau^{3}
291 貌	mau^{6}	mau^{6}	mɑu^{6} / *mau^{6}	mau^{6}	mau^{6}	mau^{6}
292 罩	tsau^{5}	tau^{5}	tɑu^{5} / *tau^{5}	tau^{5}	tau^{5}	tau^{5}
293 抓～牌	tsau^{5}～痒	tʃo^{1}	chuo^{1} / *tʃuɔ^{1}	tsoʌ^{1} 读字	tsuo^{1}	
294 炒	ts^{h}a^{3}	ts^{h}a^{3}	ch'ɑ^{3} / *tʃ^{h}a^{3}	ts^{h}a^{3}	ts^{h}a^{3}	ts^{h}a^{3}
295 交	kau^{1}	ka^{1}～椅	kɑ^{1} / *ka^{1}～椅	ka^{-11}～椅	ka^{1}～涉	kau^{1}
296 教动	ka^{5}	ka^{5}	kɑ^{5} / *ka^{5}	ka^{5}	ka^{5}	ka^{5}
297 敲						k^{h}iu^{1}
298 孝	xa^{5}	ha^{5}	hɑ^{5} / *ha^{5}	a^{-335}□tɒ-33～	xa^{5}	xa^{5}
299 表	piɐu^{3}	piu^{3}	piu^{3} / *piu^{3}	peu^{3}	piau^{3}	piu^{3}
300 票	p^{h}iɐu^{5}	p^{h}iu^{5}	p'iu^{5} / *p^{h}iu^{5}	p^{h}eu^{5}	p^{h}iau^{5}	p^{h}iəu^{5}
301 薸浮萍	p^{h}iɐu^{2}	p^{h}iu^{2}	p'iu^{2} / *p^{h}iu^{2}	p^{h}eu^{2}	p^{h}iau^{2}	p^{h}iu^{2}
302 苗	miɐu^{2}	miu^{2}	miu^{2} / *miu^{2}	meu^{2}	miau^{2}	miu^{2}
303 庙	miɐu^{6}	miu^{6}	miu^{6} / *miu^{6}	meu^{6}	miau^{6}	miəu^{6}
304 焦	tsiɐu^{1}	tʃiu^{1}	chiu^{1} / *tʃiu^{1}	tseu^{1}	tsiau^{1}	tɕiu^{1}
305 消	siɐu^{1}	θiu^{1}	siu^{1} / *θiu^{1}	seu^{1}	θiau^{1}	θiu^{1}
306 笑	ts^{h}iɐu^{5}	tʃ^{h}iu^{5}	ch'iu^{5} / *tʃ^{h}iu^{5}	ts^{h}eu^{5}	ts^{h}iau^{5}	tɕ^{h}iəu^{5}
307 赵	tiɐu^{6}	tiu^{6}		teu^{6}	tiau^{6}	tiəu^{6}
308 照	tsiɐu^{5}	tʃiu^{5}	chiu^{5} / *tʃiu^{5}	tseu^{5}	tsiau^{5}	tɕiəu^{5}

309 烧	siɐu^{1}	θiu^{1}	siu^{1} / *θiu^{1}	seu^{1}	θiau^{1}	θiu^{1}
310 少多～	tsiɐu^{3}	tʃiu^{3}	chiu^{3} / *tʃiu^{3}	tseu^{3}	tsiau^{3}	tɕiu^{3}
311 桥	kiɐu^{2}	kiu^{2}	kiu^{2} / *kiu^{2}	kø^{2}	kyø^{2}	kyo^{2}
312 轿	kiɐu^{6}	kiu^{6}	kiu^{6} / *kiu^{6}	keu^{6}	kiau^{6}	kiəu^{6}
313 妖	iɐu^{1}	jiu^{1}	yiu^{1} / *jiu^{1}	eu^{1}	iau^{1}	iu^{1}
314 舀	iɐu^{3}	jiu^{3}	yiu^{3} / *jiu^{3}	eu^{3}	iau^{3}	iu^{3}
315 鹞	kiɐu^{6}	liu^{6}	yiu^{6} / *jiu^{6}		iau^{6}	iəu^{6}
316 鸟	tsɛu^{3}	tʃeu^{3}	cheiu^{3} / *tʃeu^{3}	tsᴇu^{3}	tsiau^{3}	tsᴇu^{3}
317 钓	tiɐu^{5}	tiu^{5}	tiu^{5} / *tiu^{5}	teu^{5}	tiau^{5}	tiəu^{5}
318 跳	t^{h}iɐu^{5}	t^{h}iu^{5}	t'iu^{5} / *t^{h}iu^{5}	t^{h}eu^{5}	t^{h}iau^{5}	t^{h}iəu^{5}
319 条	tɛu^{2}	tɛu^{2}	teu^{2} / *tɛu^{2}	tɛu^{2}	tɛu^{2}	tᴇu^{2}
320 料	lɛu^{6}	lɛu^{6}	leu^{6} / *lɛu^{6}	lɛu^{6}	lɛu^{6}	lɛu^{6}
321 萧	siɐu^{1}	θiu^{1}		seu^{1}	θiau^{1}	θiu^{1}
322 叫	kiɐu^{5}	kiu^{5}	kiu^{5} / *kiu^{5}	keu^{5}	kiau^{5}	kiəu^{5}
			流 摄			
323 母	mu^{3}	mu^{3}	mu^{3} / *mu^{3}	mu^{3}	mu^{3}	mu^{3}
324 斗一～	tau^{3}	to^{3}	tou^{3} / *to^{3}	tau^{3}	tau^{3}	tau^{3}
325 偷	t^{h}au^{1}	t^{h}au^{1}	t'ɑu^{1} / *t^{h}au^{1}	t^{h}au^{1}	t^{h}au^{1}	t^{h}au^{1}
326 敨展开	t^{h}au^{3}	t^{h}o^{3} 擤	t'ou^{3} / *t^{h}o^{3}	t^{h}au^{3}	t^{h}au^{3}	t^{h}au^{3}
327 头脑袋	t^{h}au^{2}	t^{h}au^{2}	t'ɑu^{2} / *t^{h}au^{2}	t^{h}au^{2}	t^{h}au^{2}	t^{h}au^{2}
328 豆	tau^{6}	tau^{6}	tɑu^{6} / *tau^{6}	tau^{6}	tau^{6}	tau^{6}
329 漏	lau^{6}	lau^{6}	lɑu^{6} / *lau^{6}	lau^{6}	lau^{6}	lau^{6}
330 走	tsau^{3}	tʃo^{3}	chou^{3} / *tʃo^{3}	tsau^{3}	tsau^{3}	tsau^{3}
331 凑	ts^{h}ɛu^{5}	tʃ^{h}ɛu^{5}	ch'eu^{5} / *tʃ^{h}ɛu^{5}	ts^{h}ᴇu^{5}	ts^{h}eu^{5}	ts^{h}ɛu^{5}
332 钩	kau^{1}	kau^{1}	kɑu^{1} / *kau^{1}	kau^{1}	kau^{1}	kau^{1}
333 狗	kau^{-55}～腿	keu^{3}	keiu^{3} / *keu^{3}	kᴇu^{3}	kiau^{3}	kᴇu^{3}
334 够	kɛu^{5}	kau^{5}	kɑu^{5} / *kau^{5}	kau^{5}		kau^{5}
335 口	k^{h}au^{3}	k^{h}o^{3}	k'eiu^{3} / *k^{h}eu^{3}	k^{h}au^{3}	k^{h}au^{3}	k^{h}ᴇu^{3}
336 藕	ŋɛu^{3}	ŋau^{6}	ngɑu^{6} / *ŋau^{6}	ŋau^{6}	ŋau^{6}	ŋau^{6}
337 後	au^{6}	au^{6}	ɑu^{6} / *ʔau^{6}	au^{6}	au^{6}	au^{6}
338 厚	kau^{6}	kau^{6}	kɑu^{6} / *kau^{6}	kau^{6}	kau^{6}	kau^{6}
339 富	xu^{5}	pou^{5}	pou^{5} / *po^{5}	pu^{5}	pu^{5}	po^{5}
340 浮	p^{h}u^{2}	p^{h}ou^{2}	p'ou^{2} / *p^{h}o^{2}	p^{h}ɔ̠^{2}	p^{h}ou^{3}	p^{h}u^{2}
341 纽秤～	niu^{3}	niu^{3}	niu^{3} / *niu^{3}	nau^{6}	niu^{3}	nau^{6}
342 流	lau^{2}	lau^{2}	lɑu^{2} / *lau^{2}	lau^{2}	lau^{2}	lau^{2}

343 留	lau^{2}	lau^{2}	lɑu^{2} / *lau^{2}	lau^{2}	lau^{2}	lau^{2}
344 酒	tsiu^{3}	tʃiu^{3}	chiu^{3} / *tʃiu^{3}	tsiu^{3}	tsiu^{3}	tɕiu^{3}
345 秋	ts^{h}iu^{1}	tʃ^{h}eu^{1}	ch'eiu^{1} / *tʃ^{h}eu^{1}	ts^{h}iu^{1}	ts^{h}iu^{1}	tɕ^{h}iu^{1}
346 修	siu^{1}	θeu^{1}	seiu^{1} / *θeu^{1}	siu^{1}	θiu^{1}	θiu^{1}
347 昼	tau^{5}	tau^{5}	tɑu^{5} / *tau^{5}	tau^{5}	tau^{5}	tau^{5}
348 抽	t^{h}iu^{1}	t^{h}eu^{1}	t'eiu^{1} / *t^{h}iu^{1}	t^{h}iu^{1}	t^{h}iu^{1}	t^{h}iu^{1}
349 愁	tɛu^{2}	tɛu^{2}	teu^{2} / *tɛu^{2}	tɛu^{2}	tɛu^{2}	ts^{h}ᴇu^{2}
350 馊臭～	t^{h}ɛu^{1}	lɛu^{-443}		nᴇu^{1}	θeu^{1}	t^{h}ᴇu^{1}
351 搜	sɛu^{1}	θɛu^{1}	seu^{1} / *θɛu^{1}	sᴇu^{1}	θiau^{1}	θᴇu^{1}
352 周	tsiu^{1}	tʃeu^{1}	cheiu^{1} / *tʃeu^{1}	tsiu^{1}	tsiu^{1}	tɕiu^{1}
353 州	tsiu^{1}	tʃeu^{1}	cheiu^{1} / *tʃeu^{1}	tsiu^{1}	tsiu^{1}	tɕiu^{1}
354 咒	tsɛu^{5}	tʃɛu^{5}	cheiu^{5} / *tʃeu^{5}	tso^{5}		tso^{5}
355 臭	ts^{h}au^{5}	ts^{h}au^{5}	ch'ɑu^{5} / *tʃ^{h}au^{5}	ts^{h}au^{5}	ts^{h}au^{5}	ts^{h}au^{5}
356 手	ts^{h}iu^{3}	tʃ^{h}iu^{3}	ch'iu^{3} / *tʃ^{h}iu^{3}	ts^{h}iu^{3}	ts^{h}iu^{3}	tɕ^{h}iu^{3}
357 受	siu^{6}	θeu^{6}	seiu^{6} / *θeu^{6}	sᴇu^{6}	θeu^{6}	θiəu^{6}
358 九	kau^{3}	ko^{3}	kou^{3} / *ko^{3}	kau^{3}	kau^{3}	kau^{3}
359 韭	xiu^{-55} ～囝	kiu^{3}		kiu^{3}	kiu^{3}	kiu^{3}
360 丘	k^{h}u^{1}	k^{h}ou^{1}	k'ou^{1} / *k^{h}o^{1}	k^{h}u^{1}	k^{h}u^{1}	k^{h}u^{1}
361 舅	ku^{6}	kou^{6}	kou^{6} / *ko^{6}	kɔ̱^{6}	kou^{6}	kiəu^{6}
362 旧	ku^{6}	kou^{6}	keiu^{6} / *keu^{6}	kɔ̱^{6}	kou^{6}	ko^{6}
363 牛	ŋu^{2}	ŋou^{2}	ngou^{2} / *ŋo^{2}	ŋɔ̱^{2}	ŋou^{3}	ŋu^{2}
364 休		heu^{1}	heiu^{1} / *heu^{1}	siu^{1}	θiu^{1}	xiu^{1}
365 有	u^{6}	ou^{6}	ou^{6} / *o^{6}	ɔ̱^{6}	ou^{6}	o^{6}
366 油	iu^{2}	jeu^{2}	yeiu^{2} / *jeu^{2}	ᴇu^{2}	eu^{2}	iu^{2}
367 酉	iu^{3}	jiu^{3}		iu^{3}	iu^{3}	iu^{3}
368 幽	iu^{1}	eu^{1}	eiu^{1} / *ʔeu^{1}	iu^{1}	iu^{1}	iu^{1}

咸 摄

369 贪	t^{h}aŋ^{1}	t^{h}aŋ^{1}	t'ɑm^{1} / *t^{h}am^{1}	t^{h}aŋ^{1}	t^{h}aŋ^{1}	t^{h}aŋ^{1}
370 潭	t^{h}aŋ^{2}	t^{h}aŋ^{2}	t'ɑm^{2} / *t^{h}am^{2}	t^{h}aŋ^{2}	t^{h}aŋ^{2}	t^{h}aŋ^{2}
371 南	naŋ^{2}	naŋ^{2}	nɑm^{2} / *nam^{2}	naŋ^{2}	naŋ^{2}	naŋ^{2}
372 簪	tsaŋ^{1}	tsaŋ^{1}	chɑm^{1} / *tʃam^{1}	tsaŋ^{1}	tsaŋ^{1}	tsaŋ^{1}
373 蚕		tʃ^{h}ɛiŋ^{2}	ch'em^{2} / *tʃ^{h}ɛm^{2}	tsaŋ^{2}	tsaŋ^{2}	ts^{h}ᴇŋ^{2}
374 匲盖子	kaŋ^{3}	kaŋ^{3}	kɑm^{3} / *kam^{3}	kaŋ^{3} ～瓦	kaŋ^{3} ～被	kaŋ^{3} ～被
375 堪	k^{h}aŋ^{1}	k^{h}aŋ^{1}	k'ɑm^{1} / *k^{h}am^{1}	k^{h}aŋ^{1}	k^{h}aŋ^{1}	k^{h}aŋ^{1}
376 含	kaŋ^{2}	kaŋ^{2}	hɑm^{2} / *ham^{2}	kaŋ^{2}	kaŋ^{2}	kaŋ^{2}

377 庵	aŋ^{1}	aŋ^{1}		aŋ^{1}	aŋ^{1}	aŋ^{1}
378 暗	aŋ^{5}	aŋ^{5}	ɑm^{5} / *ʔam^{5}	aŋ^{5}	aŋ^{5}	aŋ^{5}
379 踏	taʔ^{8}	taʔ^{8}	tɑp^{8} / *tap^{8}	tak^{8}	taʔ^{8}	taʔ^{8}
380 纳	naʔ^{8}	naʔ^{8}	nɑp^{8} / *nap^{8}	nak^{8}	naʔ^{8}	naʔ^{8}
381 杂	tsaʔ^{8}	tsaʔ^{8}	chɑp^{8} / *tʃap^{8}	tsak^{8}	tsaʔ^{8}	tsaʔ^{8}
382 鸽白～	kaʔ^{7}	aʔ$^{-5}$	kɑp^{7} / *kap^{7}	ak^{-5}		kaʔ^{7}
383 盒	xaʔ^{8}	aʔ^{8}	ɑp^{8} / *ʔap^{8}	ak^{8}	aʔ^{8}	aʔ^{8}
384 胆	taŋ^{3}	taŋ^{3}	tɑm^{3} / *tam^{3}	taŋ^{3}	taŋ^{3}	taŋ^{3}
385 担名	taŋ^{5}	taŋ^{5}	tɑm^{5} / *tam^{5}	taŋ^{5}	taŋ^{5}	taŋ^{5}
386 淡	taŋ^{6}	taŋ^{6}	tɑm^{6} / *tam^{6}	taŋ^{6}	taŋ^{6}	taŋ^{6}
387 篮	laŋ^{2}	laŋ^{2}	lɑm^{2} / *lam^{2}	laŋ^{2}	laŋ^{2}	laŋ^{2}
388 三	saŋ^{1}	θaŋ^{1}	sɑm^{1} / *θam^{1}	saŋ^{1}	θaŋ^{1}	θaŋ^{1}
389 甘	kaŋ^{1}	kaŋ^{1}	kɑm^{1} / *kam^{1}	kaŋ^{1}	kaŋ^{1}	kaŋ^{1}
390 敢	kaŋ^{3}	kaŋ^{3}	kɑm^{3} / *kam^{3}	kaŋ^{3}	kaŋ^{3}	kaŋ^{3}
391 塔	tʰaʔ^{7}	tʰaʔ^{7}	t'ɑp^{7} / *tʰap^{7}	tʰak^{7}	tʰaʔ^{7}	tʰaʔ^{7}
392 蜡	laʔ^{8}	laʔ^{8}	lɑp^{8} / *lap^{8}	lak^{8}	laʔ^{8}	laʔ^{8}
393 站车～	tsaŋ^{6}	tsaŋ^{6}		tsaŋ^{6}	tsaŋ^{6}	tsaŋ^{6}
394 斩	tsaŋ^{3}	tsaŋ^{3}	chɑm^{3} / *tʃam^{3}	tsaŋ^{3}	tsaŋ^{3}	tsaŋ^{3}
395 杉	saŋ^{1}	θaŋ^{1}	sɑm^{2} / *θam^{2}	saŋ^{1}	θaŋ^{1}	θaŋ^{1}
396 减	kɛŋ^{3}	keiŋ^{3}	keim^{3} / *kɛm^{3}	kᴇiŋ^{3}	kɛŋ^{3}	kᴇŋ^{3}
397 醎	kɛŋ^{2}	keiŋ^{2}	kem^{2} / *kɛm^{2}	keiŋ^{2}	kɛŋ^{2}	kᴇŋ^{2}
398 插	tsʰaʔ^{7}	tsʰaʔ^{7}	ch'ɑp^{7} / *tʃʰap^{7}	tsʰak^{7}	tsʰaʔ^{7}	tsʰaʔ^{7}
399 煠煮	saʔ^{8}	θaʔ^{8}	sɑp^{8} / *θap^{8}	sak^{8}	θaʔ^{8}	θaʔ^{8}
400 狭	ɛʔ^{8}	ɛʔ^{8}	ep^{8} / *ʔɛp^{8}		eʔ^{8}	xieʔ^{8}
401 衫	saŋ^{1}	θaŋ^{1}	sɑm^{1} / *θam^{1}	saŋ^{1}	θaŋ^{1}	θaŋ^{1}
402 甲	kaʔ^{7}	kaʔ^{7}	kɑp^{7} / *kap^{7}	kak^{7}	kaʔ^{7}	kaʔ^{7}
403 鸭	aʔ^{7}	aʔ^{7}	ɑp^{7} / *ʔap^{7}	ak^{7}	aʔ^{7}	aʔ^{7}
404 帘	lieŋ^{2}	liŋ^{2}	lim^{2} / *lim^{2}	leiŋ^{2}	lieŋ^{2}	lieŋ^{2}
405 尖	tsieŋ^{1}	tʃiŋ^{1}	chim^{1} / *tʃim^{1}	tseiŋ^{1}	tsieŋ^{1}	tɕieŋ^{1}
406 染	nieŋ^{3}	niɐŋ^{3}	nim^{3} / *nim^{3}	neiŋ^{3}	neŋ^{3}	nieŋ^{3}
407 钳	kʰieŋ^{2}	kʰiŋ^{2}	k'im^{2} / *kʰim^{2}	kʰᴇiŋ^{2}	kʰɪŋ^{2}	kʰiŋ^{2}
408 验	ŋieŋ^{6}	ŋiɐŋ^{6}	ngiɑm^{6} / *ŋiam^{6}	ŋeiŋ^{6}	ŋieŋ^{6}	ŋiᴇŋ^{6}
409 厌	ieŋ^{5}	jiŋ^{5}	yim^{5} / *jim^{5}	eiŋ^{5}	ieŋ^{5}	iᴇŋ^{5}
410 盐名	sieŋ^{2}	θiŋ^{2}	sim^{2} / *θim^{2}	seiŋ^{2}	θieŋ^{2}	θieŋ^{2}
411 聂	nieʔ^{7}	niɐʔ^{7}		neik^{7}	nieʔ^{7}	niᴇʔ^{7}

412 猎	laʔ8	laʔ8	lɑp8 / *lap8	lak8	laʔ8	laʔ8
413 接	tsieʔ7	tʃiʔ7	chip7 / *tʃip7	tseik7	tsieʔ7	tɕiᴇʔ7
414 涉	sieʔ8	θiʔ8	sit8 / *θit8	seik8	θeʔ8	θieʔ8
415 叶姓	ieʔ8	jiʔ8	yip8 / *jip8	eik8	ieʔ8	ieʔ8
416 欠	kʰieŋ5	kʰiŋ5	k'im5 / *kʰim5	kʰeiŋ5	kʰieŋ5	kʰiᴇŋ5
417 严	ŋieŋ2	ŋiɐŋ2	ngiɑm2 / *ŋiam2	ŋeiŋ2	ŋieŋ2	ŋieŋ2
418 劫	kieʔ7	kiʔ7	k'ip7 / *kʰip7	keik7		kiᴇʔ7
419 业	ŋieʔ8	ŋiʔ8	ngip8 / *ŋip8	ŋeik8	ŋieʔ8	ŋieʔ8
420 店	tɛŋ5	tɛiŋ5	tem5 / *tɛm5	tᴇiŋ5	teŋ5	tɛŋ5
421 添	tʰieŋ1	tʰiŋ1	t'im1 / *tʰim1	tʰeiŋ1	tʰieŋ1	tʰieŋ1
422 簟	tɛŋ6	tɛiŋ6	tem6 / *tɛm6			
423 念	nɛŋ6	nɛiŋ6	nem6 / *nɛm6	nɛiŋ6	nɛŋ6	nɛŋ6
424 兼	kieŋ1	kʰiŋ1		keiŋ1	keŋ1	kieŋ1
425 帖	tʰɛʔ7	tʰɛʔ7	t'ep7 / *tʰɛp7	tʰᴇik7	tʰeʔ7	tʰɛʔ7
426 贴	tʰɛʔ7	tʰɛʔ7	t'ep7 / *tʰɛp7	tʰᴇik7	tʰeʔ7	tʰɛʔ7
427 叠	tʰieʔ8	tʰɛʔ8	t'ep8 / *tʰɛp8	tʰᴇik8	tʰeʔ8	tʰaʔ8
428 挟～菜		kiɐʔ7	kiɑp7 / *kiap7 腋下夹	keik7	kieʔ7	kiᴇʔ7
429 范姓	puoŋ6	huaŋ6		xuaŋ6	xuoŋ6	xuaŋ6
430 法	xuaʔ7	huaʔ7	huɑc7 / *huak7	xuak7	xuaʔ7	xuaʔ7

深 摄

431 品	pʰiŋ3	pʰiŋ3	p'ing3 / *pʰiŋ3	pʰiŋ3	pʰiŋ3	pʰiŋ3
432 林树～	laŋ2	laŋ2	lɑm2 / *lam2	laŋ2	laŋ2	liŋ2
433 浸	tsiŋ5	tʃeiŋ5	cheim5 / *tʃem5	tsiŋ5	tsiŋ5	tseŋ5
434 侵	tsʰiŋ1	tʃʰeiŋ1	ch'eim1 / *tʃʰem1	tsʰiŋ1	tsʰiŋ1	tɕʰiŋ1
435 心	siŋ1	θeiŋ1	seim1 / *θem1	siŋ1	θiŋ1	θiŋ1
436 寻庹	tsʰieŋ2	tʃʰiŋ2		tsʰeiŋ2	tsʰɪŋ2	tɕʰieŋ2
437 沉	tʰɛŋ2	tʰɛiŋ2	t'em2 / *tʰɛm2	tʰɛiŋ2	tʰɛŋ2	tʰᴇŋ2
438 参人～	sɛŋ1	θɛiŋ1		sᴇiŋ1	θeŋ1	θᴇŋ1
439 针	tsɛŋ1	tʃɛiŋ1	chem1 / *tʃɛm1	tsᴇiŋ1	tseŋ1	tsᴇŋ1
440 深	tsʰiŋ1	tʃʰeiŋ1	ch'eim1 / *tʃʰem1	tsʰiŋ1	tsʰiŋ1	tɕʰiŋ1
441 任责～	ŋiŋ6	jeiŋ6	yeim6 / *jem6	ᴇiŋ6	eŋ6	eŋ6
442 金	kiŋ1	keiŋ1	keim1 / *kem1	kiŋ1	kiŋ1	kiŋ1
443 琴	kʰiŋ2	kʰeiŋ2	k'eim2 / *kʰem2	kʰᴇiŋ2	kʰɪŋ2	kʰiŋ2
444 音	iŋ1	eiŋ1	eim1 / *ʔem1	iŋ1		iŋ1
445 粒	laʔ8	laʔ8	lɑp8 / *lap8	lak8	laʔ8	laʔ8

446 习	tsiʔ^{8}	tʃeiʔ^{8}	cheip^{8} / *tʃep^{8}	sik^{8}	θiʔ^{8}	θiʔ^{8}
447 涩	sɛʔ^{7}	θɛʔ^{7}		sᴇik^{7}	θeʔ^{7}	θɛʔ^{7}
448 汁	tsɛʔ^{7}	tʃɛʔ^{7}	chep^{7} / *tʃɛp^{7}	tsᴇik^{7}	tseʔ^{7}	tsɛʔ^{7}
449 十	sɛʔ^{8}	θɛʔ^{8}	sep^{8} / *θɛp^{8}	sᴇik^{8}	θeʔ^{8}	θᴇʔ^{8}
450 急	kiʔ^{7}	keiʔ^{7}	keip^{7} / *kep^{7}	kik^{7}	kiʔ^{7}	keʔ^{7}
451 吸	xiʔ^{7}	ŋeiʔ^{7}	ngeip^{7} / *ŋep^{7}	ŋik^{7}	xieʔ^{7} ～石	ŋeʔ^{7}
			山　摄			
452 单简～	taŋ^{1}	taŋ^{1}	tɑn^{1} / *tan^{1}	taŋ^{1}	taŋ^{1}	taŋ^{1}
453 炭	tʰaŋ^{5}	tʰaŋ^{5}	t'ɑn^{5} / *tʰan^{5}	tʰaŋ^{5}	tʰaŋ^{5}	tʰaŋ^{5}
454 难形	naŋ^{2}	naŋ^{2}	nɑn^{2} / *nan^{2}	naŋ^{2}	naŋ^{2}	naŋ^{2}
455 拦	laŋ^{2}	laŋ^{2}	lɑn^{2} / *lan^{2}	laŋ^{2}	laŋ^{2}	laŋ^{2}
456 烂	laŋ^{6}	laŋ^{6}	lɑn^{6} / *lan^{6}	laŋ^{6}	laŋ^{6}	laŋ^{6}
457 伞	saŋ^{3}	θaŋ^{3}	sɑn^{3} / *θan^{3}	saŋ^{3}	θaŋ^{3}	θaŋ^{3}
458 肝	kaŋ^{1}	kaŋ^{1}	kɑn^{1} / *kan^{1}	kaŋ^{1}	kaŋ^{1}	kaŋ^{1}
459 岸	miaŋ^{6} 南～	ŋiɐŋ^{6}	ngiɑn^{6} / *ŋian^{6}	ŋaŋ^{6}	ŋaŋ^{6}	ŋaŋ^{6}
460 汉	xaŋ^{5}	haŋ^{5}	hɑn^{5} / *han^{5}	xaŋ^{5}	xaŋ^{5}	xaŋ^{5}
461 寒	kaŋ^{2}	kaŋ^{2}	kɑn^{2} / *kan^{2}	kaŋ^{2}	kaŋ^{2}	kaŋ^{2}
462 汗	kaŋ^{6}	kaŋ^{6}	kɑn^{6} / *kan^{6}	kaŋ^{6}	kaŋ^{6}	kaŋ^{6}
463 安	aŋ^{1}	aŋ^{1}	ɑn^{1} / *ʔan^{1}	aŋ^{1}	aŋ^{1}	aŋ^{1}
464 达	taʔ^{8}	taʔ^{8}	tɑt^{8} / *tat^{8}	tak^{8}	taʔ^{8}	taʔ^{8}
465 辣	liaʔ^{8}	laʔ^{8}	lɑt^{8} / *lat^{8}	lak^{8}	laʔ^{8}	laʔ^{8}
466 擦	tsʰaʔ^{7}	tsʰaʔ^{7}	ch'ɑt^{7} / *tʃʰat^{7}		tsʰaʔ^{7}	tsʰaʔ^{7}
467 萨	saʔ^{7}	laʔ$^{-5}$ 菩～		sak^{7}	θaʔ^{7}	θaʔ^{7}
468 割	kaʔ^{7}	kaʔ^{7}	kɑt^{7} / *kat^{7}	kak^{7}	kaʔ^{7}	kaʔ^{7}
469 渴	kʰaʔ^{7}	kʰaʔ^{7}	k'ɑt^{7} / *kʰat^{7}	kʰak^{7}	kʰaʔ^{7}	kʰaʔ^{7}
470 办	pɛŋ^{6}	peiŋ^{6}	pen^{6} / *pɛn^{6}	peiŋ^{6}	pɛŋ^{6}	pɛŋ^{6}
471 盏	tsaŋ^{3}	tsaŋ^{3}	chɑn^{3} / *tʃan^{3}	tsaŋ^{3}	tsaŋ^{3}	tsaŋ^{3}
472 山	saŋ^{1}	θaŋ^{1}	sɑn^{1} / *θan^{1}	saŋ^{1}		θaŋ^{1}
473 产	saŋ^{3}	θaŋ^{3}	sɑn^{3} / *θan^{3}	saŋ^{3}	θaŋ^{3}	θaŋ^{3}
474 间～底	kiŋ^{1}	kiŋ^{1}	kin^{1} / *kin^{1}	keiŋ^{1}	kieŋ^{1}	kieŋ^{1} 房～
475 眼	ŋaŋ$^{-55}$ ～镜	ŋeiŋ$^{-55}$ ～镜	ngɑn^{3} / *ŋan^{3}	ŋaŋ^{3}	ŋaŋ^{3}	ŋaŋ^{3}
476 限	xɔŋ^{6}	ɛiŋ^{6}	en^{6} / *ʔɛn^{6}	ɛiŋ^{6}	ɛŋ^{6}	ɛŋ^{6}
477 八	pɛʔ^{7}	pɛʔ^{7}	pet^{7} / *pɛt^{7}	pᴇik^{7}	peʔ^{7}	pɛʔ^{7}
478 拔	pɛʔ^{8}	pɛʔ^{8}	pet^{8} / *pɛt^{8}	pᴇik^{8}	peʔ^{8}	pᴇʔ^{8}
479 杀	saʔ^{7}	θaʔ^{7}	sɑt^{7} / *θat^{7}	sak^{7}	θaʔ^{7}	θaʔ^{7}

480 板	pɛŋ^{3}	peiŋ^{3}	pein^{3} / *pen^{3}	pᴇiŋ^{3}	peŋ^{3}	pᴇŋ^{3}
481 爿	pɛŋ^{2}	pɛiŋ^{2}	pen^{2} / *pɛn^{2}	pɛiŋ^{2}	pɛŋ^{2}	pᴇŋ^{2}
482 慢	mɛŋ^{6}	mɛiŋ^{6}	men^{6} / *mɛn^{6}	mɛiŋ^{6}	mɛŋ^{6}	mɛŋ^{6}
483 栈		tsaŋ^{6}	chɑn^{6} / *tʃan^{6}		tsaŋ^{6}	tsaŋ^{6}
484 奸	kaŋ^{1}	kaŋ^{1}	kɑn^{1} / *kan^{1}	kaŋ^{1}	kaŋ^{1}	kaŋ^{1}
485 颜	ŋaŋ^{2}	ŋaŋ^{2}	ngɑn^{2} / *ŋan^{2}	ŋaŋ^{2}	ŋaŋ^{2}	ŋaŋ^{2}
486 铡	tsaʔ^{8}	tsaʔ^{8}	chɑp^{8} / *tʃap^{8}	tsak^{8}	tsaʔ^{8}	tsaʔ^{8}
487 鞭	pieŋ^{1}	piŋ^{1}	pin^{1} / *pin^{1}	peiŋ^{1}	pieŋ^{1}	pieŋ^{1}
488 变	pieŋ^{5}	piŋ^{5}	pin^{5} / *pin^{5}	peiŋ^{5}	pieŋ^{5}	piᴇŋ^{5}
489 篇	pieŋ^{1}	pʰiŋ^{1}	p'in^{1} / *pʰin^{1}	pʰeiŋ^{1}	pʰieŋ^{1}	pʰieŋ^{1}
490 便方～	pieŋ^{6}	piŋ^{6}	pin^{6} / *pin^{6}	peiŋ^{6}	pieŋ^{6}	piᴇŋ^{6}
491 面脸	miŋ^{5}	meiŋ^{5}	mein^{5} / *men^{5}	miŋ^{5}	miŋ^{5}	meŋ^{5}
492 连	lieŋ^{2}	liŋ^{2}	lin^{2} / *lin^{2}	leiŋ^{2}	lieŋ^{2}	lieŋ^{2}
493 剪	tsɛŋ^{3}	tʃeiŋ^{3}	chein^{3} / *tʃen^{3}	tsᴇiŋ^{3}	tseŋ^{3}	tsᴇŋ^{3}
494 箭	tsieŋ^{5}	tʃiŋ^{5}	chin^{5} / *tʃin^{5}	tseiŋ^{5}	tsieŋ^{5}	tɕiᴇŋ^{5}
495 浅	tsʰieŋ^{3}	tʃʰiŋ^{3}	ch'in^{3} / *tʃʰin^{3}	tsʰeiŋ^{3}	tsʰeŋ^{3}	tɕʰieŋ^{3}
496 癣	tsʰiaŋ^{3}	tʃʰiɐŋ^{3}		tsʰiaŋ^{3}	tsʰiaŋ^{3}	tɕʰiaŋ^{3}
497 线	siaŋ^{5}	θiɐŋ^{5}	siɑn^{5} / *θian^{5}	siaŋ^{5}	θiaŋ^{5}	θiaŋ^{5}
498 缠～散	tieŋ^{2}	tiŋ^{2}	tin^{2} / *tin^{2}	teiŋ^{2}	tieŋ^{2}	tieŋ^{2}
499 战	tsieŋ^{5}	tʃiŋ^{5}	chin^{5} / *tʃin^{5}	tseiŋ^{5}	tsieŋ^{5}	tɕiᴇŋ^{5}
500 扇名	sieŋ^{5}	θiŋ^{5}	sin^{5} / *θin^{5}	seiŋ^{5}	θiaŋ^{5}	θiᴇŋ^{5}
501 鳝	tsʰiaŋ^{6}	tʃʰiɐŋ^{6}	ch'iɑn^{6} / *tʃʰian^{6}	tsʰiaŋ^{6}	tsʰieŋ^{6}	tɕʰiaŋ^{6}
502 件	kiɔŋ^{6}	kiŋ^{6}	küin^{6} / *kyin^{6}	køŋ^{6}	kyøŋ^{6}	yɔ̱ŋ$^{-41}$
503 延	ieŋ^{2}	jiŋ^{2}	yim^{2} / *jim^{2}	eiŋ$^{-44}$～安		ieŋ^{2}
504 鳖		piʔ^{7}	pit^{7} / *pit^{7}			piᴇʔ^{7}
505 别特～	pieʔ^{8}	piʔ^{8}	pit^{8} / *pit^{8}	peik^{7}	pieʔ^{8}	piᴇʔ^{7}
506 灭	mieʔ^{8}	miʔ^{8}	mit^{8} / *mit^{8}	meik^{8}	meʔ^{8}	mieʔ^{8}
507 薛	sieʔ^{7}	θiʔ^{7}		seik^{7}		θiᴇʔ^{7}
508 撤	tsʰœʔ^{7}	tʰiʔ^{7}	t'it^{7} / *tʰit^{7}	tʰeik^{7}	tʰieʔ^{7}	tʰiᴇʔ^{7}
509 浙	tsieʔ^{7}	tʃiʔ^{7}		tseik^{7}		tɕiᴇʔ^{7}
510 舌	tsieʔ^{8}	θiʔ^{8}	sit^{8} / *θit^{8}	seik^{8}	θeʔ^{7}	θieʔ^{8}
511 折亏本	sieʔ^{8}	θiʔ^{8}	sit^{8} / *θit^{8}	seik^{8}	θeʔ^{8}	θieʔ^{8}
512 热	ieʔ^{8}	iʔ^{8}	yit^{8} / *jit^{8}	eik^{8}	ieʔ^{8}	ieʔ^{8}
513 杰	kieʔ^{8}	kiʔ^{8}		keik^{8}	keʔ^{8}	kieʔ^{8}
514 建	kiɔŋ^{5}	kiŋ^{5}	kin^{5} / *kin^{5}	køŋ^{5}	kyøŋ^{5}	kyɔ̱ŋ^{5}

515 言	ŋiɔŋ^{2}	ŋiŋ^{2}	ngüin^{2} / *ŋyin^{2}	ŋøŋ^{2}	ŋyøŋ^{2}	ŋyoŋ^{2}
516 轩		hiŋ^{1}			xyøŋ^{1}	xyoŋ^{1}
517 献	xiɔŋ^{5}	hiŋ^{5}	hüin^{5} / *hyin^{5}	xøŋ^{5}	xyøŋ^{5}	xyɔ̠ŋ^{5}
518 歇	xyøʔ^{7}	hiʔ^{7}	hüit^{7} / *hyit^{7}	xøk^{7}	xyøʔ^{7}	xyɔ̠ʔ^{7}
519 边	pieŋ^{1}	piŋ^{1}	pin^{1} / *pin^{1}	peiŋ^{1}	pieŋ^{1}	pᴇŋ^{1}
520 扁	pieŋ^{3}	piŋ^{3}	pin^{3} / *pin^{3}	peiŋ^{3}	peŋ^{3}	pieŋ^{3}
521 片	pʰiaŋ^{5}	βeiŋ$^{-335}$ 骹～	p'in^{5} / *pʰin^{5}	pʰeiŋ^{5}	pʰieŋ^{5}	pʰiᴇŋ^{5}
522 麵	mieŋ^{6}	miŋ^{6}	min^{6} / *min^{6}	meiŋ^{6}	mieŋ^{6}	miᴇŋ^{6}
523 典	tɛŋ^{3}	tiŋ^{3}	ting^{3} / *tiŋ^{3}	teiŋ^{3}	tieŋ^{3}	tᴇŋ^{3}
524 天	tʰieŋ^{1}	tʰiŋ^{1}	t'in^{1} / *tʰin^{1}	tʰeiŋ^{1}	tʰieŋ^{1}	tʰieŋ^{1}
525 填	tɛŋ^{2}	tɛiŋ^{2}	ten^{2} / *tɛn^{2}	tɛiŋ^{2}	tɛŋ^{2}	tᴇŋ^{2}
526 殿	tɛŋ^{6}	tɛiŋ^{6}	ten^{6} / *tɛn^{6}	tɛiŋ^{6}	tɛŋ^{6}	tɛŋ^{6}
527 年	nieŋ^{2}	niŋ^{2}	nin^{2} / *nin^{2}	neiŋ^{2}	nieŋ^{2}	nieŋ^{2}
528 莲	lieŋ^{2}	lɛiŋ^{2}	len^{2} / *lɛn^{2}	lɛiŋ^{2}	lɛŋ^{2}	lᴇŋ^{2}
529 千	tsʰɛŋ^{1}	tʃʰɛiŋ^{1}	ch'en^{1} / *tʃʰɛn^{1}	tsʰᴇiŋ^{1}	tsʰieŋ^{1}	tɕʰieŋ^{1}
530 前	sɛŋ^{2}	θɛiŋ^{2}	sen^{2} / *θɛn^{2}	sɛiŋ^{2}	θɛŋ^{2}	θᴇŋ^{2}
531 先	sɛŋ^{1}	θɛiŋ^{1}	sen^{1} / *θɛn^{1}	sᴇiŋ^{1}	θeŋ^{1}	θᴇŋ^{1}
532 肩	kieŋ^{1}	kiŋ^{1}	kin^{1} / *kin^{1}	keiŋ^{1}	keŋ^{1}	kieŋ^{1}
533 见	kieŋ^{5}	kiŋ^{5}	kin^{5} / *kin^{5}	keiŋ^{5}	kieŋ^{5}	kiᴇŋ^{5}
534 牵	kʰɛŋ^{1}	kʰɛiŋ^{1}	k'en^{1} / *kʰɛn^{1}	kʰᴇiŋ^{1}	kʰeŋ^{1}	kʰᴇŋ^{1}
535 弦	xiɔŋ^{2}	hiŋ^{2}	hin^{2} / *hin^{2}		xieŋ^{2}	xieŋ^{2}
536 烟	ieŋ^{1}	eiŋ^{1}	yin^{1} / *jin^{1}	iŋ^{1}	ieŋ^{1}	iŋ^{1}
537 燕燕子	ieŋ^{5}	jiŋ^{5}	yin^{5} / *jin^{5}	eiŋ^{5}	ieŋ^{5}	iᴇŋ^{5}
538 篾	mieʔ^{8}	miʔ^{8}	mit^{8} / *mit^{8}	meik^{8}	meʔ^{8}	mieʔ^{8}
539 铁	tʰieʔ^{7}	tʰiʔ^{7}	t'it^{7} / *tʰit^{7}	tʰeik^{7}	tʰieʔ^{7}	tʰiᴇʔ^{7}
540 捏	nɛʔ^{7}	nɛʔ^{8}	nep^{8} / *nɛp^{8}		nieʔ^{7}	niᴇʔ^{7}
541 节	tsɛʔ^{7}	tʃɛʔ^{7}	chet^{7} / *tʃɛt^{7}	tsᴇik^{7}	tseʔ^{7}	tsɛʔ^{7}
542 切	tsʰieʔ^{7}	tʃʰiʔ^{7}	ch'it^{7} / *tʃʰit^{7}	tsʰeik^{7}	tsʰieʔ^{7}	tɕʰiᴇʔ^{7}
543 屑	siʔ^{7}	θeiʔ^{7}	seip^{7} / *θep^{7}	sik^{7}	θoʔ^{7}	
544 结	kieʔ^{7}	kɛʔ^{7}	ket^{7} / *kɛt^{7}	kᴇik^{7}	kieʔ^{7}	kɛʔ^{7}
545 半	puaŋ^{5}	puaŋ^{5}	puɑn^{5} / *puan^{5}	puaŋ^{5}	puaŋ^{5}	puaŋ^{5}
546 盘	puaŋ^{2}	puaŋ^{2}	puɑn^{2} / *puan^{2}	puaŋ^{2}	puoŋ^{2}	puaŋ^{2}
547 搬	puaŋ^{1}	puaŋ^{1}	puɑn^{1} / *puan^{1}	puaŋ^{1}	puaŋ^{1}	puaŋ^{1}
548 伴	puaŋ^{5}	pʰuaŋ^{6}	p'uɑn^{6} / *pʰuan^{6}	puaŋ^{6}		puaŋ^{6}
549 满	muaŋ^{3}	muaŋ^{3}	muɑn^{3} / *muan^{3}	muaŋ^{3}	muaŋ^{3}	muaŋ^{3}

550 端	tɔŋ^{1}	tuaŋ^{1}	tuɑn^{1} / *tuan^{1}	tuaŋ^{1}	tuaŋ^{1}	tuaŋ^{1}
551 短	tɔi^{3}	tɵi^{3}	tuei^{3} / *tøi^{3}	tɔ̠i^{3}	tøy^{3}	tɔ̠y^{3}
552 断拗～	tɔŋ^{6}	tɔuŋ^{6}	ton^{6} / *tɔn^{6}	tɔuŋ^{6}	tɔŋ^{6}	tɔŋ^{6}
553 卵	lɔŋ^{6}	lɔuŋ^{6}	lon^{6} / *lɔn^{6}	lɔuŋ^{6}	lɔŋ^{6}	lɔŋ^{6}
554 乱	lɔŋ^{6}	lɔuŋ^{6}	lon^{6} / *lɔn^{6}	lɔuŋ^{6}	lɔŋ^{6}	luaŋ^{6}
555 钻名	tsɔŋ^{5}	tsɔuŋ^{5}	chon^{5} / *tʃɔn^{5}	tsɔ̠uŋ^{5}	tsoŋ^{5}	tsɔŋ^{5}
556 酸	sɔŋ^{1}	θɔuŋ^{1}	son^{1} / *θɔn^{1}	sɔ̠uŋ^{1}	θoŋ^{1}	θɔ̠ŋ^{1}
557 算	sɔŋ^{5}	θɔuŋ^{5}	son^{5} / *θɔn^{5}	sɔ̠uŋ^{5}	θoŋ^{5}	θɔŋ^{5}
558 管	kuoŋ^{3}	kuŋ^{3}	kun^{3} / *kun^{3}	kouŋ^{3}	koŋ^{3}	kuoŋ^{3}
559 灌	kuaŋ^{5}	kuaŋ^{5}	kuɑn^{5} / *kuan^{5}	kuaŋ^{5}	kuaŋ^{5}	kuaŋ^{5}
560 宽	kʰuaŋ^{1}	kʰuaŋ^{1}	k'uɑn^{1} / *kʰuan^{1}	kʰuaŋ^{1}	kʰuaŋ^{1}	kʰuaŋ^{1}
561 欢	xuaŋ^{1}	huaŋ^{1}	huɑn^{1} / *huan^{1}	xuaŋ^{1}	xuaŋ^{1}	xuaŋ^{1}
562 换	uaŋ^{6}	waŋ^{6}	buɑn^{6} / *wuan^{6}	uaŋ^{6}	uoŋ^{6}	uaŋ^{6}
563 碗	uaŋ^{3}	waŋ^{3}	buɑn^{3} / *wuan^{3}	uaŋ^{3}	uaŋ^{3}	uaŋ^{3}
564 拨	puaʔ^{7}	puaʔ^{7}	puɑt^{7} / *puat^{7}	puak^{7}	puaʔ^{7}	puaʔ^{7}
565 末	muaʔ^{8}	muaʔ^{8}	muɑt^{8} / *muat^{8}	mok^{8}	muaʔ^{8}	muaʔ^{8}
566 脱	tʰɔʔ^{8}～臼	tʰɔʔ^{8}～窠	t'ot^{7} / *tʰɔt^{7}	tʰɔ̠k^{8}～窠	tʰouʔ^{8}滑落	tʰɔʔ^{7}～轮
567 夺	tɔʔ^{8}	tɔʔ^{8}	tot^{8} / *tɔt^{8}	tɔ̠k^{8}	touʔ^{8}	tɔ̠ʔ^{8}
568 撮	tsʰɔʔ^{7}	tsʰɔʔ^{7}	ch'ot^{7} / *tʃʰɔt^{7}	tsʰɔ̠k^{7}		tsʰɔʔ^{7}
569 阔	kʰuaʔ^{7}	kʰuaʔ^{7}	k'uɑt^{7} / *kʰuat^{7}	kʰuak^{7}	kʰuaʔ^{7}	kʰuaʔ^{7}
570 活	uaʔ^{8}	huaʔ^{8}	huɑt^{8} / *huat^{8}	uak^{8}	uaʔ^{8}	uaʔ^{8}
571 滑	kɔʔ^{8}	kɔʔ^{8}	kot^{8} / *kɔt^{8}	kɔ̠k^{8}	kouʔ^{8}	kɔ̠ʔ^{8}
572 挖		waʔ^{7}	buɑt^{7} / *wuat^{7}	uak^{7}	uaʔ^{7}	uaʔ^{7}
573 关～门	kuoŋ^{1}	kuŋ^{1}	kun^{1} / *kun^{1}	kouŋ^{1}	kuoŋ^{1}	kuoŋ^{1}
574 还动	xɛŋ^{2}	hɛiŋ^{2}	hen^{2} / *hɛn^{2}	xɛiŋ^{2}	xɛŋ^{2}	xᴇŋ^{2}
575 弯	uaŋ^{1}	waŋ^{1}	buɑn^{1} / *wuan^{1}	uaŋ^{1}	uaŋ^{1}	uaŋ^{1}
576 刷	sɔʔ^{7}	θɔʔ^{7}	sot^{7} / *θɔt^{7}	sɔ̠k^{7}		θɔʔ^{7}
577 刮	kuaʔ^{7}	kuaʔ^{7}	kuɑt^{7} / *kuat^{7}	kuak^{7}	kuaʔ^{7}	kɔʔ^{7}
578 泉	tsiɔŋ^{2}	θiɐŋ^{2}	sian^{2} / *θian^{2}	tsouŋ^{2}	tsuoŋ^{2}	θiaŋ^{2}
579 选	siɔŋ^{3}	θouŋ^{3}	soun^{3} / *θon^{3}	sɔ̠uŋ^{3}	θoŋ^{3}	θɔ̠ŋ^{3}
580 转～身	tiɔŋ^{3}	tuŋ^{3}	tun^{3} / *tun^{3}	touŋ^{3}～来	toŋ^{3}	tuoŋ^{3}
581 砖	tsiɔŋ^{1}	tʃuŋ^{1}	chun^{1} / *tʃun^{1}	tsouŋ^{1}		tsuoŋ^{1}
582 穿	tsʰiɔŋ^{1}	tʃʰuŋ^{1}	ch'un^{1} / *tʃʰun^{1}	tsʰouŋ^{1}	tsʰoŋ^{1}	tsʰuoŋ^{1}
583 船	syŋ^{2}	θouŋ^{2}	soun^{2} / *θon^{2}	sɔ̠uŋ^{2}	θʊŋ^{2}	θuŋ^{2}
584 软	niɔŋ^{3}	nuŋ^{3}	nun^{3} / *nun^{3}	nouŋ^{3}	noŋ^{3}	nuoŋ^{3}

585 捲动	kuoŋ^{3}	kuŋ^{3}	kun^{3} / *kun^{3}			kuoŋ^{3}
586 拳	kuŋ^{2}	kuŋ^{2}	kun^{2} / *kun^{2}	kɔ̱uŋ^{2}	kʊŋ^{2}	kuŋ^{2}
587 院	iɔŋ^{6}	jiŋ^{6}	yin^{6} / *jin^{6}	eiŋ^{6}	ieŋ^{6}	iᴇŋ^{6}
588 铅～笔	kʰieŋ^{1}～锅	jiŋ^{2}	yüin^{2} / *jyin^{2}	øŋ^{2}	yøŋ^{2}	yoŋ^{2}
589 绝	tsyøʔ^{8}	tʃuʔ^{8}	chut^{8} / *tʃut^{8}	tsok^{8}	tsouʔ^{8}	tsuoʔ^{8}
590 雪	syøʔ^{7}	θuʔ^{7}	sut^{7} / *θut^{7}	sok^{7}	θoʔ^{7}	θuɔ̱ʔ^{7}
591 说	syøʔ^{7}	θuʔ^{7}	sut^{7} / *θut^{7}	sok^{7}		θuɔ̱ʔ^{7}
592 反	pɛŋ^{3}	peiŋ^{3}	pin^{3} / *pin^{3}	pᴇiŋ^{3}	peŋ^{3}	pᴇŋ$^{-11}$
593 翻	xuaŋ^{1}	huaŋ^{1}	huɑn^{1} / *huan^{1}	xuaŋ^{1}	xuaŋ^{1}	xuaŋ^{1}
594 饭	puoŋ^{6}	puŋ^{6}	pun^{6} / *pun^{6}	pouŋ^{6}	puoŋ^{6}	puɔ̱ŋ^{6}
595 万	uaŋ^{6}	waŋ^{6}	buɑn^{6} / *wuan^{6}	uaŋ^{6}	uoŋ^{6}	uaŋ^{6}
596 劝	kʰuoŋ^{5}	kʰuŋ^{5}	k'un^{5} / *kʰun^{5}	kʰouŋ^{5}	kʰuoŋ^{5}	kʰuɔ̱ŋ^{5}
597 源	ŋiɔŋ^{2}	ŋuŋ^{2}	ngun^{2} / *ŋun^{2}	ŋouŋ^{2}	ŋuoŋ^{2}	ŋuoŋ^{2}
598 楦	xiɔŋ^{5}	huŋ^{5}	hung^{5} / *huŋ^{5}	xouŋ^{5}		xuɔ̱ŋ^{5}
599 怨	iɔŋ^{5}	wuŋ^{5}	bun^{5} / *wun^{5}	ouŋ^{5}	uoŋ^{5}	uɔ̱ŋ^{5}
600 园	xuoŋ^{2}	huŋ^{2}	hun^{2} / *hun^{2}	xouŋ^{2}	xuoŋ^{2}	xuoŋ^{2}
601 远	xuoŋ^{6}	huŋ^{6}	hun^{6} / *hun^{6}	xouŋ^{6}	xuoŋ^{6}	xuɔ̱ŋ^{6}
602 發	puoʔ^{7}	puʔ^{7}	put^{7} / *put^{7}	pok^{7}	xuaʔ^{7}	puɔ̱ʔ^{7}
603 袜	muaʔ^{8}	waʔ^{8}	buɑt^{8} / *wuat^{8}	uak^{8}		uaʔ^{8}
604 月	ŋyøʔ^{8}	ŋuʔ^{8}	ngut^{8} / *ŋut^{8}	ŋok^{8}	ŋuoʔ^{8}	ŋuoʔ^{8}
605 犬	kʰɛŋ^{3}	kʰeiŋ^{3}	k'ein^{3} / *kʰen^{3}	kʰᴇiŋ^{3}	kʰeŋ^{3}	kʰᴇŋ^{3}
606 县	kɛŋ^{6}	kɛiŋ^{6}	ken^{6} / *kɛn^{6}	kɛiŋ^{6}		keŋ^{6}
607 渊	iɔŋ^{1}	jiŋ^{1}				yoŋ^{1}
608 缺	kʰiaʔ^{7}	kʰiʔ^{7}	k'ip^{7} / *kʰip^{7}	kʰiak^{7}	kʰiaʔ^{7}	kʰiaʔ^{7}
609 血	xɛʔ^{7}	hɛʔ^{7}	het^{7} / *hɛt^{7}	xᴇik^{7}	xeʔ^{7}	xɛʔ^{7}
			臻 摄			
610 吞	tʰɔŋ^{1}	tʰɔuŋ^{1}	t'on^{1} / *tʰɔn^{1}	tʰɔ̱uŋ^{1}	tʰoŋ^{1}	tʰɔ̱ŋ^{1}
611 根	kyŋ^{1}	køŋ^{1}	kuen^{1} / *køn^{1}	kyŋ^{1}	koŋ^{1}	kyŋ^{1}
612 恨	xœŋ^{3}	hɔuŋ^{6}	hon^{6} / *hɔn^{6}	xɔuŋ^{6}	xɔŋ^{6}	xɔŋ^{6}
613 恩	ɔŋ^{1}	ɔuŋ^{1}	on^{1} / *ʔɔn^{1}	ɔ̱uŋ^{1}	oŋ^{1}	ɔ̱ŋ^{1}
614 贫	piŋ^{2}	peiŋ^{2}	pein^{2} / *pen^{2}	pᴇiŋ^{2}	pɪŋ^{2}	piŋ^{2}
615 民	miŋ^{2}	meiŋ^{2}	meing^{2} / *meŋ^{2}	mᴇiŋ^{2}	mɪŋ^{2}	miŋ^{2}
616 邻	liŋ^{2}	leiŋ^{2}	lein^{2} / *len^{2}	lᴇiŋ^{2}	lɪŋ^{2}	liŋ^{2}
617 津	tsyŋ^{1}	tʃeiŋ^{1}	cheing^{1} / *tʃeŋ^{1}	tsiŋ^{1}	tsiŋ^{1}	tɕiŋ^{1}
618 进	tsiŋ^{5}	tʃeiŋ^{5}	chein^{5} / *tʃen^{5}	tsiŋ^{5}	tsiŋ^{5}	tseŋ^{5}

619 亲~戚	tsʰiŋ1	tʃʰeiŋ1	ch'ein1 / *tʃʰen1	tsʰiŋ1	tsʰiŋ1	tɕʰiŋ1
620 秦	tsiŋ2	tʃeiŋ2		tsᴇiŋ2	tsɪŋ2	tɕiŋ2
621 新	siŋ1	θeiŋ1	sein1 / *θen1	siŋ1	θiŋ1	θiŋ1
622 镇	tiŋ5	teiŋ5		tiŋ5	tiŋ5	teŋ5
623 陈	tiŋ2	teiŋ2	tein2 / *ten2	tᴇiŋ2	tɪŋ2	tiŋ2
624 真	tsiŋ1	tʃeiŋ1	chein1 / *tʃen1	tsiŋ1	tsiŋ1	tɕiŋ1
625 神	siŋ2	θeiŋ2	sein2 / *θen2	sᴇiŋ2	θɪŋ2	θiŋ2
626 身	siŋ1	θeiŋ1	sein1 / *θen1	siŋ1	θiŋ1	θiŋ1
627 伸	tsʰiɔŋ1	tʃʰuŋ1	ch'un1 / *tʃʰun1	tsʰouŋ1	tsʰoŋ1	tsʰuoŋ1
628 认	niŋ6	neiŋ6	nein6 / *nen6	nᴇiŋ6	neŋ6	neŋ6
629 巾	kyŋ1	kɵŋ1	kuen1 / *køn1	kyŋ1	kyŋ1	kyŋ1
630 紧	kiŋ3	kiŋ3	kin3 / *kin3	kiŋ3	kiŋ3	kiŋ3
631 银	ŋyŋ2	ŋɵŋ2	nguen2 / *ŋøn2	ŋœ̠ŋ2	ŋʏŋ2	ŋyŋ2
632 印	iŋ5	eiŋ5	ein5 / *ʔen5	iŋ5	iŋ5	eŋ5
633 引	iŋ3	iŋ3	in3 / *ʔin3	iŋ3	iŋ3	yŋ3
634 笔	piʔ7	peiʔ7	peit7 / *pet7	pik7	piʔ7	peʔ7
635 匹	pʰiʔ7	pʰeiʔ7		pʰik7	pʰiʔ7	pʰeʔ7
636 密	mɛʔ8	mɛʔ8	met8 / *mɛt8	mᴇik8	meʔ8	mᴇʔ8
637 蜜	miʔ8	meiʔ8	meit8 / *met8	mik8	miʔ8	miʔ8
638 七	tsʰiʔ7	tʃʰeiʔ7	ch'eit7 / *tʃʰet7	tsʰik7	tsʰiʔ7	tsʰeʔ7
639 侄	tiʔ8	teiʔ8			tiʔ8	tiʔ8
640 虱	sɛʔ7	θɛʔ7	set7 / *θɛt7	sᴇik7		θɛʔ7
641 实	siʔ8	θeiʔ8	seit8 / *θet8	sik8	θiʔ8	θiʔ8
642 日~头	niʔ8	neiʔ8	neit8 / *net8	nik8	niʔ8	niʔ8
643 吉	kiʔ7	keiʔ7		kik7	kiʔ7	keʔ7
644 一	iʔ7	eiʔ7	eit7 / *ʔet7	ik7	iʔ7	eʔ7
645 斤~两	kyŋ1	kɵŋ1		kyŋ1	kyŋ1	kyŋ1
646 劲有~	kiŋ5	keiŋ5		kiŋ5	kyŋ5	keŋ5
647 勤	kʰyŋ2	kʰɵŋ2	k'uen2 / *kʰøn2	kʰœ̠ŋ2	kʰʏŋ2	kʰyŋ2
648 近	kyŋ6	kɵŋ6	kuen6 / *køn6	kœ̠ŋ6	køŋ6	køŋ6
649 欣	xyŋ1	hɵŋ1		xyŋ1		xyŋ1
650 隐	iŋ3	iŋ3	üin3 / *ʔyin3	iŋ3		yŋ3
651 本	puoŋ3	puŋ3	pun3 / *pun3	pouŋ3	puoŋ3	puoŋ3
652 喷~漆	pʰuŋ5	pʰouŋ5	p'oun5 / *pʰon5	pʰuŋ5	pʰuŋ5	pʰoŋ5
653 门	muoŋ2	muŋ2	mun2 / *mun2	mouŋ2	muoŋ2	muoŋ2

654 顿	tɔŋ^{5}	tɔuŋ^{5}	toun^{5} / *ton^{5}	tɔ̣uŋ^{5}	toŋ^{5}	tɔŋ^{5}
655 遁			ton^{6} / *tɔn^{6}	tuŋ^{3}		tɔŋ^{6}
656 嫩	nɔŋ^{6}	nɔuŋ^{6}	non^{6} / *nɔn^{6}	nɔuŋ^{6}	nɔŋ^{6}	nɔŋ^{6}
657 村	tsʰɔŋ^{1}	tsʰɔuŋ^{1}	ch'on^{1} / *tʃʰɔn^{1}	tsʰɔ̣uŋ^{1}	tsʰoŋ^{1}	tsʰɔ̣ŋ^{1}
658 存	tsɔŋ^{2}	tsɔuŋ^{2}	chon^{2} / *tʃɔn^{2}	tsɔuŋ^{2}	tsɔŋ^{2}	tsɔ̣ŋ^{2}
659 孙孙子	sɔŋ^{1}	θɔuŋ^{1}	son^{1} / *θɔn^{1}	sɔ̣uŋ^{1}	θoŋ^{1}	θɔ̣ŋ^{1}
660 滚		kuŋ^{3}	kun^{3} / *kun^{3}	kuŋ^{3}	kuŋ^{3}	kuŋ^{3}
661 睏睡	kʰuŋ^{5}	ŋɔuŋ^{5}	k'on^{5} / *kʰɔn^{5}	kʰɔ̣uŋ^{5}	kʰoŋ^{5}	kʰɔŋ^{5}
662 昏	xuoŋ^{1}	houŋ^{1}	hun^{1} / *hun^{1}	xuŋ^{1}		xuoŋ^{1}
663 魂	xuoŋ^{2}	hɔuŋ^{2}	houn^{2} / *hon^{2}	xɔuŋ^{2}	xɔŋ^{2}	xuŋ^{2}
664 温	uŋ^{1}	ouŋ^{1}	oun^{1} / *ʔon^{1}	uŋ^{1}	uŋ^{1}	uŋ^{1}
665 稳	uŋ^{3}	wuŋ^{3}	un^{3} / *ʔun^{3}	uŋ^{3}	uŋ^{3}	uŋ^{3}
666 突	tʰuʔ^{7}	toʔ^{8}	tut^{8} / *tut^{8}	tʰuk^{8}	tʰuʔ^{7}	tọʔ^{8}
667 卒	tsyʔ^{7}	tʃoʔ^{7}	chout^{7} / *tʃot^{7}	tsuk^{7}	tsuʔ^{7}	tsoʔ^{7}
668 骨	kɔʔ^{7}	kɔʔ^{7}	kot^{7} / *kɔt^{7}	kɔ̣k^{7}	koʔ^{7}	kɔʔ^{7}
669 忽	xu^{-55}～然间	huʔ^{7}	hut^{7} / *hut^{7}	xuk^{7}		
670 轮	lyŋ^{2}	louŋ^{2}	loun^{2} / *lon^{2}	lɔ̣uŋ^{2}	lʊŋ^{2}	luŋ^{2}
671 笋	syŋ^{3}	θuŋ^{3}	sun^{3} / *θun^{3}	suŋ^{3}	θuŋ^{3}	θuŋ^{3}
672 準	tsyŋ^{3}	tʃuŋ^{3}	chun^{3} / *tʃun^{3}	tsuŋ^{3}	tsuŋ^{3}	tsuŋ^{3}
673 春	tsʰyŋ^{1}	tʃʰouŋ^{1}	ch'oun^{1} / *tʃʰon^{1}	tsʰuŋ^{1}	tsʰuŋ^{1}	tsʰuŋ^{1}
674 唇	syŋ^{2}	θouŋ^{2}	soun^{2} / *θon^{2}		θʊŋ^{2}	θuŋ^{2}
675 顺	syŋ^{6}	θouŋ^{6}	soun^{6} / *θon^{6}	sɔ̣uŋ^{6}	θoŋ^{6}	θoŋ^{6}
676 闰	yŋ^{6}	nouŋ^{6}	noun^{6} / *non^{6}	nɔ̣uŋ^{6}	noŋ^{6}	noŋ^{6}
677 均	kyŋ^{1}	ŋeiŋ$^{-443}$平～	keing^{1} / *keŋ^{1}	ŋiŋ$^{-443}$平～	kiŋ^{1}	kyŋ^{1}
678 匀		jouŋ^{2}				yŋ^{2}
679 律	lyʔ^{8}	loʔ^{8}	lout^{8} / *lot^{8}	lyk^{8}		lyʔ^{8}
680 蟀	sɔʔ^{7}	θɔʔ^{7}	soc^{7} / *θɔk^{7}	sɔ̣k^{7}		θɔʔ^{7}
681 出	tsʰyʔ^{7}	tʃʰoʔ^{7}	ch'out^{7} / *tʃʰot^{7}	tsʰuk^{7}	tsʰuʔ^{7}	tsʰoʔ^{7}
682 術	syʔ^{8}	θoʔ^{8}	souc^{8} / *θok^{8}	suk^{8}	θuʔ^{8}	θuʔ^{8}
683 橘	kiʔ^{7}	keiʔ^{7}	keit^{7} / *ket^{7}	kik^{7}	kiʔ^{7}	keʔ^{7}
684 粉	xuŋ^{3}	huŋ^{3}	hun^{3} / *hun^{3}	xuŋ^{3}	xuŋ^{3}	xuŋ^{3}
685 粪	puŋ^{5}	pouŋ^{5}	poun^{5} / *pon^{5}	puŋ^{5}	puŋ^{5}	poŋ^{5}
686 份	xuŋ^{6}	houŋ^{6}	houn^{6} / *hon^{6}	xɔ̣uŋ^{6}	xoŋ^{6}	xoŋ^{6}
687 文	uŋ^{2}	wouŋ^{2}	boun^{2} / *won^{2}	ɔ̣uŋ^{2}	ʊŋ^{2}	uŋ^{2}
688 蚊	muoŋ^{2}	muŋ^{2}	mun^{2} / *mun^{2}			

689 问	muŋ^{5}	muŋ^{5}	mun^{5} / *mun^{5}	mouŋ^{5}	muoŋ^{5}	muɔ̠ŋ^{5}
690 军	kuŋ^{1}	kouŋ^{1}	koun^{1} / *kon^{1}	kuŋ^{1}	kuŋ^{1}	kuŋ^{1}
691 裙	kuŋ^{2}	kouŋ^{2}	koun^{2} / *kon^{2}	kɔ̠uŋ^{2}	kʊŋ^{2}	kuŋ^{2}
692 薰食～	xɔŋ^{1}	hɔuŋ^{1}	hon^{1} / *hɔn^{1}	xɔ̠uŋ^{1}	xoŋ^{1}	xɔ̠ŋ^{1}
693 训	xyŋ^{5}	houŋ^{5}	houn^{5} / *hon^{5}	xuŋ^{5}	xuŋ^{5}	xoŋ^{5}
694 雲	xuŋ^{2}	houŋ^{2}	houn^{2} / *hon^{2}	xɔ̠uŋ^{2}	xʊŋ^{2}	xuŋ^{2}
695 运	yŋ^{6}	wouŋ^{6}	boun^{6} / *won^{6}	ɔ̠uŋ^{6}	oŋ^{6}	oŋ^{6}
696 佛	xuʔ^{8}	hoʔ^{8}	hout^{8} / *hot^{8}	xuk^{8}	xuʔ^{8}	xuʔ^{8}
697 屈	k^{h}yʔ^{7}	k^{h}ɵʔ^{7}	k'out^{7} / *k^{h}ot^{7}	k^{h}uk^{7}	k^{h}uʔ^{7}	k^{h}øʔ^{7}

宕 摄

698 帮	pɔŋ^{1}	pɔuŋ^{1}	pong^{1} / *pɔŋ^{1}	pɔ̠uŋ^{1}	puoŋ^{1}	pɔ̠ŋ^{1}
699 榜	pɔŋ^{3}	pouŋ^{3}		pɔ̠uŋ^{3}	puoŋ^{3}	pɔ̠ŋ^{3}
700 忙	mɔŋ^{2}	mɔuŋ^{2}	mong^{2} / *mɔŋ^{2}	muaŋ^{2}	mɔŋ^{2}	mɔ̠ŋ^{2}
701 党	tɔŋ^{3}	touŋ^{3}	toung^{3} / *toŋ^{3}	tɔ̠uŋ^{3}	toŋ^{3}	tɔ̠ŋ^{3}
702 当～铺	tɔŋ^{5}	tɔuŋ^{5}	tong^{5} / *tɔŋ^{5}	tɔ̠uŋ^{5}	toŋ^{5}～作	tɔŋ^{5}
703 汤	t^{h}ɔŋ^{1}	t^{h}ɔuŋ^{1}	t'ong^{1} / *t^{h}ɔŋ^{1}	t^{h}ɔ̠uŋ^{1}	t^{h}oŋ^{1}	t^{h}ɔ̠ŋ^{1}
704 糖	t^{h}ɔŋ^{2}	t^{h}ɔuŋ^{2}	t'ong^{2} / *t^{h}ɔŋ^{2}	t^{h}ɔuŋ^{2}	t^{h}ɔŋ^{2}	t^{h}ɔ̠ŋ^{2}
705 郎	lɔŋ^{2}	lɔuŋ^{2}	long^{2} / *lɔŋ^{2}	lɔuŋ^{2}	lɔŋ^{2}	lɔ̠ŋ^{2}
706 浪	lɔŋ^{6}	lɔuŋ^{6}	long^{6} / *lɔŋ^{6}	lɔuŋ^{6}	lɔŋ^{6}	lɔŋ^{6}
707 葬	tsɔŋ^{5}	tsɔuŋ^{5}	chong^{5} / *tʃɔŋ^{5}	tsɔ̠uŋ^{5}		tsɔŋ^{5}
708 仓	ts^{h}ɔŋ^{1}	ts^{h}ɔuŋ^{1}	ch'ong^{1} / *tʃ^{h}ɔŋ^{1}	ts^{h}ɔ̠uŋ^{1}	ts^{h}oŋ^{1}	ts^{h}ɔ̠ŋ^{1}
709 桑	sɔŋ^{1}	θɔuŋ^{1}	song^{1} / *θɔŋ^{1}	sɔ̠uŋ^{1}	θoŋ^{1}	θɔ̠ŋ^{1}
710 缸	kɔŋ^{1}	kɔuŋ^{1}	kong^{1} / *kɔŋ^{1}	kɔ̠uŋ^{1}	koŋ^{1}	kɔ̠ŋ^{1}
711 囥藏放	k^{h}ɔŋ^{5}	k^{h}ɔuŋ^{5}	k'ong^{5} / *k^{h}ɔŋ^{5}	k^{h}ɔ̠uŋ^{5}	k^{h}oŋ^{5}	k^{h}ɔŋ^{5}
712 薄厚～	pɔʔ^{8}	pɔʔ^{8}	po^{8} / *pɔʔ^{8}	pɔ^{1}	pɔʔ^{8}	pɔ̠^{1}
713 托	t^{h}ɔʔ^{7}	t^{h}ɔʔ^{7}	t'ot^{7} / *t^{h}ɔt^{7}	t^{h}ɔ̠k^{7}	t^{h}ɔ^{5}	t^{h}ɔ^{5}
714 落	lɔʔ^{8}	lɔʔ^{8}	lo^{8} / *lɔʔ^{8}	lɔ^{1}	lɔʔ^{8}	lɔ̠^{1}
715 作	tsɔʔ^{7}	tsɔʔ^{7}	choc^{7} / *tʃɔk^{7}	tsɔ̠k^{7}	tsoʔ^{7}	tsɔʔ^{7}
716 凿	ts^{h}œʔ^{8}	tʃ^{h}œʔ^{8}	ch'oec^{8} / *tʃ^{h}œk^{8}	ts^{h}œ̠k^{8}	ts^{h}øʔ^{8}	ts^{h}œ̠ʔ^{8}
717 索	sɔ^{5}	θɔʔ^{7}	so^{7} / *θɔʔ^{7}	sɔ^{5}	θɔ^{5}	θɔ^{5}
718 各	kɔʔ^{7}	kɔʔ^{7}	koc^{7} / *kɔk^{7}	kɔ^{5}	kɔ^{5}	kɔ^{5}
719 恶形	ɔʔ^{7}	ɔʔ^{7}	oc^{7} / *ʔɔk^{7}	ɔ̠k^{7}	oʔ^{7}	ɔʔ^{7}
720 娘	niɔŋ^{2}	nøoŋ^{2}	niong^{2} / *niɔŋ^{2}	nøŋ^{2}	nyøŋ^{2}	nyoŋ^{2}
721 量动	liɔŋ^{2}	løoŋ^{2}	leong^{2} / *leɔŋ^{2}	løŋ^{2}	lyøŋ^{2}	lyoŋ^{2}
722 两～个	laŋ^{6}	laŋ^{6}	lang^{6} / *laŋ^{6}	laŋ^{6}	laŋ^{6}	laŋ^{6}

723 浆	tsiɔŋ^{1}	tʃøoŋ^{1}	chiong^{1} / *tʃiɔŋ^{1}	tsøŋ^{1}	tsyøŋ^{1}	tɕyoŋ^{1}
724 酱	tsiɔŋ^{5}	tʃøoŋ^{5}	chiong^{5} / *tʃiɔŋ^{5}	tsøŋ^{5}	tsyøŋ^{5}	tɕyɔ̱ŋ^{5}
725 抢	tsʰiɔŋ^{3}	tʃʰøoŋ^{3}	ch'iong^{3} / *tʃʰiɔŋ^{3}	tsʰøŋ^{3}	tsʰyøŋ^{3}	tɕʰyoŋ^{3}
726 墙	tsʰiɔŋ^{2}	tʃʰøoŋ^{2}	ch'iong^{2} / *tʃʰiɔŋ^{2}	tsʰøŋ^{2}	tsʰyøŋ^{2}	tɕʰyoŋ^{2}
727 匠		tʃʰøoŋ^{6}	ch'iong^{6} / *tʃʰiɔŋ^{6}	tsʰøŋ^{5}	tsʰyøŋ^{5}	tɕʰyɔ̱ŋ^{6}
728 箱	siɔŋ^{1}	θøoŋ^{1}	siong^{1} / *θiɔŋ^{1}	søŋ^{1}	θyøŋ^{1}	θyoŋ^{1}
729 像	tsʰiɔŋ^{6}	tʃʰøoŋ^{6}	ch'iong^{6} / *tʃʰiɔŋ^{6}	tsʰøŋ^{6}	tsʰyøŋ^{6}	tɕʰyɔ̱ŋ^{6}
730 张量	tʰiɔŋ^{1}	tʰøoŋ^{1}	t'iong^{1} / *tʰiɔŋ^{1}	tʰøŋ^{1}	tʰyøŋ^{1}	tʰyoŋ^{1}
731 帐蚊～	tiɔŋ^{5}	tøoŋ^{5}	tiong^{5} / *tiɔŋ^{5}	tøŋ^{5}	tyøŋ^{5}	tyɔ̱ŋ^{5}
732 长～短	tɔŋ^{2}	touŋ^{2}	tong^{2} / *tɔŋ^{2}	touŋ^{2}	tɔŋ^{2}	tɔ̱ŋ^{2}
733 肠	tɔŋ^{2}	touŋ^{2}	tong^{2} / *tɔŋ^{2}	touŋ^{2}	tɔŋ^{2}	tɔ̱ŋ^{2}
734 丈单位	tɔŋ^{6}	touŋ^{6}	tong^{6} / *tɔŋ^{6}	touŋ^{6}	tɔŋ^{6}	tɔŋ^{6}
735 装	tsɔŋ^{1}	tsouŋ^{1}	chong^{1} / *tʃɔŋ^{1}	tsɔ̱uŋ^{1}	tsoŋ^{1}	tsɔ̱ŋ^{1}
736 壮	tsɔŋ^{5}	tsouŋ^{5}	chong^{5} / *tʃɔŋ^{5}	tsɔ̱uŋ^{5}	tsoŋ^{5}	tsɔŋ^{5}
737 疮	tsʰɔŋ^{1}	tsʰouŋ^{1}	ch'ong^{1} / *tʃʰɔŋ^{1}	tsʰɔ̱uŋ^{1}	tsʰoŋ^{1}	tsʰɔ̱ŋ^{1}
738 床	tsʰɔŋ^{2}	tsʰouŋ^{2}	ch'ong^{2} / *tʃʰɔŋ^{2}	tsʰouŋ^{2}	tsʰɔŋ^{2}	tsʰɔ̱ŋ^{2}
739 状	tsɔŋ^{6}	tsouŋ^{6}	chong^{6} / *tʃɔŋ^{6}	tsouŋ^{6}	tsɔŋ^{6}	tsɔŋ^{6}
740 霜	sɔŋ^{1}	θouŋ^{1}	song^{1} / *θɔŋ^{1}	sɔ̱uŋ^{1}	θoŋ^{1}	θɔ̱ŋ^{1}
741 掌	tsiɔŋ^{3}	tʃøoŋ^{3}	chiong^{3} / *tʃiɔŋ^{3}	tsøŋ^{3}	tsyøŋ^{3}	tɕyoŋ^{3}
742 唱	tsʰiɔŋ^{5}	tʃʰøoŋ^{5}	ch'iong^{5} / *tʃʰiɔŋ^{5}	tsʰøŋ^{5}	tsʰyøŋ^{5}	tɕʰyɔ̱ŋ^{5}
743 伤	siɔŋ^{1}	θøoŋ^{1}	siong^{1} / *θiɔŋ^{1}	søŋ^{1}	θyøŋ^{1}	θyoŋ^{1}
744 尝	siɔŋ^{2}	θøoŋ^{2}	siong^{2} / *θiɔŋ^{2}	søŋ^{2}		θyoŋ^{2}
745 上动	siɔŋ^{6}	θøoŋ^{6}	siong^{6} / *θiɔŋ^{6}	søŋ^{6}	θyøŋ^{6}	θyɔ̱ŋ^{6}
746 让	niɔŋ^{5}	nøoŋ^{5}	niong^{5} / *niɔŋ^{5}	nøŋ^{6}	nyøŋ^{6}	nyɔ̱ŋ^{6}
747 薑	kiɔŋ^{1}	køoŋ^{1}	kiong^{1} / *kiɔŋ^{1}	køŋ^{1}	kyøŋ^{1}	kyoŋ^{1}
748 乡	xiɔŋ^{1}	høoŋ^{1}	hiong^{1} / *hiɔŋ^{1}	xøŋ^{1}	xyøŋ^{1}	xyoŋ^{1}
749 向	xiɔŋ^{5}	høoŋ^{5}	hiong^{5} / *hiɔŋ^{5}	xøŋ^{5}	xyøŋ^{5}	xyɔ̱ŋ^{5}
750 秧	ɔŋ^{1}	ouŋ^{1}	ong^{1} / *ʔɔŋ^{1}	ɔ̱uŋ^{1}	oŋ^{1}	ɔ̱ŋ^{1}
751 养	iɔŋ^{3}	jøoŋ^{3}	yiong^{3} / *jiɔŋ^{3}	øŋ^{3}	yøŋ^{3}	yoŋ^{3}
752 痒	siɔŋ^{6}	θøoŋ^{6}	siong^{6} / *θiɔŋ^{6}	søŋ^{6}	θyøŋ^{6}	θyɔ̱ŋ^{6}
753 样	iɔŋ^{6}	jøoŋ^{6}	yiong^{6} / *jiɔŋ^{6}	øŋ^{6}	yøŋ^{6}	yɔ̱ŋ^{6}
754 略	lyøʔ^{8}	løoʔ^{8}	loec^{6} / *lœk^{8}	løk^{8}	lyøʔ^{8}	lyoʔ^{8}
755 雀麻～	tsʰyøʔ^{7}	tʃʰøoʔ^{7}	ch'ioc^{7} / *tʃʰiɔk^{7}	tsʰøk^{7}	tsʰyøʔ^{7}	tɕia^{-52}～团
756 嚼						tɕyo^{1}
757 削	sia^{5}	θeiʔ^{7}	sioc^{7} / *θiɔk^{7}	so^{5}	θuo^{5}	θyɔ̱ʔ^{7}

758 着碰～	tyøʔ8	tiʔ8	tüi8 / *tyiʔ8	tø1	tyøʔ8	tyo1
759 勺	tsʰiaʔ8			tsʰeɐ1		tɕʰyɔ̱ʔ7
760 箬	nyøʔ8	niʔ8	nüi8 / *nyiʔ8	nø1	nyøʔ8	nyo1
761 脚	kyøʔ7	kʰøoʔ7	k'ioc7 / *kʰiɔk7			kyɔ̱5
762 药	yøʔ8	jiʔ8	yüi8 / *jyiʔ8	ø1	yøʔ8	yo1
763 光	kuoŋ1	kuŋ1	kung1 / *kuŋ1	kouŋ1	kuoŋ1	kuoŋ1
764 慌	xuoŋ1	huŋ1	hung1 / *huŋ1	xouŋ1	xuoŋ1	xuoŋ1
765 黄	uoŋ2	wuŋ2	bung2 / *wuŋ2	ouŋ2	uoŋ2	uoŋ2
766 郭	kɔʔ7	kuʔ7	kuc7 / *kuk7	kok7		kuɔ̱5
767 扩	kʰuoʔ7			kʰuak7		kʰuɔ̱ʔ7
768 方	xuoŋ1	huŋ1	hung1 / *huŋ1	xouŋ1	xuoŋ1	xuoŋ1
769 放	puŋ5	pouŋ5	poung5 / *poŋ5	puŋ5	puŋ5	poŋ5
770 纺	xɔŋ2	pʰuŋ3	p'ung3 / *pʰuŋ3	pʰuŋ3	xuoŋ3	pʰuŋ3
771 房	puŋ2	pʰouŋ2	poung2 / *poŋ2	pɔ̱uŋ2	puŋ2	puŋ2
772 网	muŋ6	mœuŋ6	meong6 / *mœŋ6	mœŋ6	mœŋ6	mœŋ6
773 望	mɔŋ6	mɔuŋ6	mong6 / *mɔŋ6	ouŋ6	mɔŋ6	uɔ̱ŋ6
774 狂	kʰuaŋ2	kuŋ2	kung2 / *kuŋ2	kouŋ2	kuoŋ2	kuoŋ2
775 王	uoŋ2	wuŋ2	bung2 / *wuŋ2	ouŋ2	uoŋ2	uoŋ2
776 缚	puoʔ8	puʔ8	pu8 / *puʔ8	po1	puoʔ8	puo1

江 摄

777 邦	pɔŋ1	pɔuŋ1	pong1 / *pɔŋ1	paŋ1	paŋ1	paŋ1
778 棒						pɔŋ6
779 蚌		pʰɔuŋ6	pong6 / *pɔŋ6	puaŋ6	pʰɔŋ6	pɔŋ6
780 撞	tɔŋ6	tɔuŋ6	tong6 / *tɔŋ6		tɔŋ5	tɔŋ6
781 双	suŋ1	θœuŋ1	soeng1 / *θœŋ1	sœ̱ŋ1		θœ̱ŋ1
782 江	kɔŋ1	kɔuŋ1	koeng1 / *kœŋ1	kœ̱ŋ1	køŋ1	kœ̱ŋ1
783 讲	kɔŋ3	kuŋ3	kung3 / *kuŋ3	kɔ̱uŋ3	kɔŋ3	kɔ̱ŋ3
784 腔	kʰiɔŋ1	kʰøoŋ1	k'iong1 / *kʰiɔŋ1	kʰœ̱ŋ1	kʰøŋ1	kʰœ̱ŋ1
785 降投～	xɔŋ2	hɔuŋ2	hong2 / *hɔŋ2	xuaŋ2	xɔŋ2	xɔ̱ŋ2
786 剥	puo5	puʔ7	pu7 / *puʔ7	po5		puɔ̱5
787 雹	pʰuoʔ8	pʰɔʔ8	p'oc8 / *pʰɔk8	pʰœ̱k8	pʰøʔ8	pʰœ̱ʔ8
788 桌	tɔ5	tɔʔ7	to7 / *tɔʔ7	tɔ5		tɔ5
789 戳捅	tsʰɔʔ7	tsʰɔʔ8～印	ch'oc8 / *tʃʰɔk8～印	tʰœ̱k7	tʰøʔ7	tʰœʔ7
790 镯	sɔʔ8	θɔʔ8	so8 / *θɔʔ8	sɔ1		θɔ̱1
791 角	kœʔ7	kœʔ7	koec7 / *kœk7	kœ̱k7	køʔ7	kœʔ7

792 壳	kʰœʔ^{7}	kʰœʔ^{7}	k'oec^{7} / *kʰœk^{7}	kʰœ̲k^{7}	kʰøʔ^{7}	kʰœʔ^{7}
793 学	ɔʔ^{8}	ɔʔ^{8}	o^{8} / *ʔɔʔ^{8}	ɔ^{1}	ɔʔ^{8}	ɔ̲^{1}
			曾　摄			
794 朋	pɛŋ^{2}	pœuŋ^{2}	poeng^{2} / *pœŋ^{2}	pœŋ^{2}	pœŋ^{2}	pᴇŋ^{2}
795 灯	tœŋ^{1}	tœuŋ^{1}	teing^{1} / *teŋ^{1}	tᴇiŋ^{1}	teŋ^{1}	tᴇŋ^{1}
796 藤	tiŋ^{2}	teiŋ^{2}	tein^{2} / *ten^{2}	tᴇiŋ^{2}	tɪŋ^{2}	tiŋ^{2}
797 邓	tœŋ^{5}	tœuŋ^{6}		tɛiŋ^{6}	tɛŋ^{6}	tɛŋ^{6}
798 能	nœŋ^{2}	nœuŋ^{2}	noeng^{2} / *nœŋ^{2}	nɛiŋ^{2}	nɛŋ^{2}	nᴇŋ^{2}
799 层	tsœŋ^{2}	tʃeiŋ^{2}	cheing^{2} / *tʃeŋ^{2}	tsʰɛiŋ^{2}	tsɛŋ^{2}	tsᴇŋ^{2}
800 肯	kʰiŋ^{3}	kʰiŋ^{3}	k'ing^{3} / *kʰiŋ^{3}	kʰiŋ^{3}	kʰiŋ^{3}	kʰiŋ^{3}
801 北	pɛʔ^{7}	pœʔ^{7}	poec^{7} / *pœk^{7}	pœ̲k^{7}	pøʔ^{7}	pœʔ^{7}
802 墨	mɛʔ^{8}	mœʔ^{8}	moec^{8} / *mœk^{8}	mœ̲k^{8}	møʔ^{8}	mœ̲ʔ^{8}
803 得	tœʔ^{7}	tœʔ^{7}	toec^{7} / *tœk^{7}	tᴇik^{7}	teʔ^{7}	tɛʔ^{7}
804 特	tœʔ^{8}	tœʔ^{8}	toec^{8} / *tœk^{8}	tᴇik^{8}	teʔ^{8}	tᴇʔ^{8}
805 贼	tsʰɛʔ^{8}	tʃʰɛʔ^{8}	ch'et^{8} / *tʃʰɛt^{8}	tsʰᴇik^{8}	tsʰeʔ^{8}	tsʰᴇʔ^{8}
806 塞	sɛʔ^{7}	θɛʔ^{7}	set^{7} / *θɛt^{7}	sᴇik^{7}	θeʔ^{7}	θɛʔ^{7}
807 刻	kʰœʔ^{7}	kʰœʔ^{7}	k'oek^{7} / *kœk^{7}	kʰᴇik^{7}	kʰeʔ^{7}	kʰɛʔ^{7}
808 冰	piŋ^{1}	peiŋ^{1}	pein^{1} / *pen^{1}	piŋ^{1}	piŋ^{1}	piŋ^{1}
809 甑饭～		neiŋ$^{-335}$		tsiŋ^{5}		
810 蒸	tsiŋ^{1}	tʃeiŋ^{1}	chin^{1} / *tʃin^{1}	tsiŋ^{1}	tsiŋ^{1}	tɕiŋ^{1}
811 秤	tsʰiŋ^{5}	tʃʰeiŋ^{5}	ch'ein^{5} / *tʃʰen^{5}	tsʰiŋ^{5}	tsʰiŋ^{5}	tsʰeŋ^{5}
812 绳		θeiŋ^{2}	sein^{2} / *θen^{2}		θɪŋ^{2}	θiŋ^{2}
813 升单位	tsiŋ^{1}	tʃeiŋ^{1}		tsiŋ^{1}		tɕiŋ^{1}
814 承	siŋ^{2}	θeiŋ^{2}	sein^{2} / *θen^{2}	sᴇiŋ^{2}		θiŋ^{2}
815 兴绍～	xiŋ^{1}	heiŋ^{1}	heing^{1} / *heŋ^{1}	xiŋ^{1}	xiŋ^{1}	xiŋ^{1}
816 鹰	iŋ^{1}	eiŋ^{1}	eing^{1} / *ʔeŋ^{1}	iŋ$^{-11}$～潭	eŋ^{1}	iŋ^{1}
817 应答～	iŋ^{5}	eiŋ^{5}	eing^{5} / *ʔeŋ^{5}	iŋ^{5}	iŋ^{5}	eŋ^{5}
818 蝇	siŋ^{2}	θeiŋ^{2}	sein^{2} / *θen^{2}	sᴇiŋ^{2}	θɪŋ^{2}	ziŋ$^{-44}$
819 逼	piʔ^{7}	peiʔ^{7}	peit^{7} / *pet^{7}	pik^{7}		peʔ^{7}
820 力	liʔ^{8}	leiʔ^{8}	leit^{8} / *let^{8}	lik^{8}	liʔ^{8}	liʔ^{8}
821 息	siʔ^{7}	θeiʔ^{7}	seic^{7} / *θek^{7}	sik^{7}	θiʔ^{7}	θeʔ^{7}
822 直	tiʔ^{8}	teiʔ^{8}	teit^{8} / *tet^{8}	tik^{8}	tiʔ^{8}	tiʔ^{8}
823 值	tʰiʔ^{8}	teiʔ^{8}	teit^{8} / *tet^{8}	tᴇik^{8}	teʔ^{8}	tᴇʔ^{8}
824 侧	tsœʔ^{7}	tʃʰœʔ^{7}	ch'oec^{7} / *tʃʰœk^{7}	tsᴇik^{7}	tsʰeʔ^{7}	tsʰɛʔ^{7}
825 色	sœʔ^{7}	θœʔ^{7}	soec^{7} / *θœk^{7}	sᴇik^{7}		θɛʔ^{7}

826 食吃	siaʔ^{8}	θeiʔ^{8}	sie^{8} / *θiɛʔ^{8}	seɐ^{1}	θieʔ^{8}	θia^{1}
827 识	siʔ^{7}	θeiʔ^{7}	seic^{7} / *θek^{7}	sik^{7}	θiʔ^{7}	θeʔ^{7}
828 极	kiʔ^{8}	keiʔ^{8}	keic^{8} / *kek^{8}	kik^{8}	kiʔ^{8}	kiʔ^{8}
829 翼	siaʔ^{8}	θiɐʔ^{8}	siɑp^{8} / *θiap^{8}	siak^{8}	θiaʔ^{8}	θiʔ^{8}
830 国	kuoʔ^{7}	kuʔ^{7}	kuc^{7} / *kuk^{7}	kok^{7}	koʔ^{7}	kuɔ̲ʔ^{7}
831 或	pʰɛʔ^{8}	hœʔ^{8}	hoec^{8} / *hœk^{8}	xœ̲k^{8}	xøʔ^{8}	xᴇʔ^{8}
832 域	yʔ^{8}	peiʔ^{8}	peit^{8} / *pet^{8}	yk^{8}		yʔ^{8}
			梗 摄			
833 彭	pʰaŋ^{2}	pʰaŋ^{2}	p'ɑng^{2} / *pʰaŋ^{2}	pʰaŋ^{2}	pʰaŋ^{2}	pʰaŋ^{2}
834 猛	mɛŋ^{3}	məŋ^{3}	mueng^{3} / *møŋ^{3}	mᴇiŋ^{3}	møŋ^{3}	maŋ^{3}
835 孟	mœŋ^{6}	mœuŋ^{6}		mɛiŋ^{6}	mɛŋ^{6}	mɛŋ^{6}
836 打		ta^{3}	tɑ^{3} / *ta^{3}	ta^{3}	ta^{3}	ta^{3}
837 撑	tʰaŋ^{1}	tʰaŋ^{1}	t'ɑng^{1} / *tʰaŋ^{1}	tʰaŋ^{1}	tʰaŋ^{1}	tʰaŋ^{1}
838 生	saŋ^{1}	θaŋ^{1}	sɑng^{1} / *θaŋ^{1}	saŋ^{1}	θaŋ^{1}	θaŋ^{1}
839 更三～	kaŋ^{1}	kaŋ^{1}	kɑng^{1} / *kaŋ^{1}	kaŋ^{1}	kaŋ^{1}	kaŋ^{1}
840 梗	kuaŋ^{3}	kuaŋ^{3}	kuɑng^{3} / *kuaŋ^{3}	kuaŋ^{3}		kuaŋ^{3}
841 坑	kʰaŋ^{1}	kʰaŋ^{1}	k'ɑng^{1} / *kʰaŋ^{1}	kʰaŋ^{1}	kʰaŋ^{1}	kʰaŋ$^{-335}$
842 硬	ŋœŋ^{6}	ŋœuŋ^{6}	ngoeng^{6} / *ŋœŋ^{6}	ŋɛiŋ^{6}	ŋɛŋ^{6}	ŋɛŋ^{6}
843 行走	kiaŋ^{2}	kiɐŋ^{2}	kiɑng^{2} / *kiaŋ^{2}	kiaŋ^{2}	kieŋ^{2}	kiaŋ^{2}
844 百	pa^{5}	paʔ^{7}	pɑ^{7} / *paʔ^{7}	pa^{5}	pa^{5}	pa^{5}
845 白	paʔ^{8}	paʔ^{8}	pɑ^{8} / *paʔ^{8}	pa^{1}	peʔ^{8} 明～	pa^{1}
846 拆	tʰiaʔ^{7}	tʰiʔ^{7}	t'ie^{7} / *tʰiɛʔ^{7}	tʰeɐ^{5}		tʰia^{5}
847 宅	tʰaʔ^{8}	tʰaʔ^{8}	t'ɑ^{8} / *tʰaʔ^{8}		tʰaʔ^{8}	tsᴇʔ^{8}
848 格	kaʔ^{7}	kaʔ^{7}	koec^{7} / *kœk^{7}	ka^{5}	ka^{5}	ka^{5}
849 客	kʰa^{5}	kʰaʔ^{7}	k'ɑ^{7} / *kʰaʔ^{7}	kʰa^{5}	kʰa^{5}	kʰa^{5}
850 额	ŋiaʔ^{8}	ŋeiʔ^{8}	ngie^{8} / *ŋiɛʔ^{8}	ŋeɐ^{1}	ŋieʔ^{8}	ŋia^{1}
851 赫	xœʔ^{7}	hiɐʔ^{7}				xiᴇʔ^{7}
852 争	tsaŋ^{1}	tsaŋ^{1}	chɑng^{1} / *tʃaŋ^{1}	tsaŋ^{1}	tsaŋ^{1}	tsaŋ^{1}
853 耕		kœuŋ^{1}	koeng^{1} / *kœŋ^{1}	kᴇiŋ^{1}	keŋ^{1}	kᴇŋ^{1}
854 麦	maʔ^{8}	maʔ^{8}	mɑ^{8} / *maʔ^{8}	ma^{1}	maʔ^{8}	ma^{1}
855 摘	tia^{5}	teiʔ^{7}	tie^{7} / *tiɛʔ^{7}	teɐ^{5}	tie^{5}	tia^{5}
856 册	tsʰa^{5}	tsʰaʔ^{7}	ch'ɑ^{7} / *tʃʰaʔ^{7}	tsʰa^{5}	tsʰa^{5}	tsʰa^{5}
857 隔	ka^{5}	kaʔ^{7}	kɑ^{7} / *kaʔ^{7}	ka^{5}	ka^{5}	kaʔ^{7}
858 革	kœʔ^{7}	kœʔ^{7}	koec^{7} / *kœk^{7}	kᴇik^{7}	keʔ^{7}	kɛʔ^{7}
859 兵	piŋ^{1}	peiŋ^{1}	pein^{1} / *pen^{1}	piŋ^{1}	piŋ^{1}	piŋ^{1}

860	柄	paŋ^{5}	paŋ^{5}	pang^{5} / *paŋ^{5}	paŋ^{5}	paŋ^{5}	paŋ^{5}
861	平	paŋ^{2}	paŋ^{2}	pang^{2} / *paŋ^{2}	paŋ^{2}	paŋ^{2}	paŋ^{2}
862	病	paŋ^{6}	paŋ^{6}	pang^{6} / *paŋ^{6}	paŋ^{6}	paŋ^{6}	paŋ^{6}
863	镜	kiaŋ^{5}	kiɐŋ^{5}	kiang^{5} / *kiaŋ^{5}	kiaŋ^{5}	kiaŋ^{5}	kiaŋ^{5}
864	庆	kʰiŋ^{5}	kʰeiŋ^{5}	k'eing^{5} / *kʰeŋ^{5}	kʰiŋ^{5}	kʰiŋ^{5}	kʰeŋ^{5}
865	迎	ŋiaŋ^{2}	ŋiɐŋ^{2}	ngiang^{2} / *ŋiaŋ^{2}	ŋiaŋ^{2}	ŋɪŋ^{2}	ŋiaŋ^{2}
866	影	ɔŋ^{3}	ouŋ^{3}	oung^{3} / *ʔoŋ^{3}	ɔ̠uŋ^{3}	iŋ^{3}	ɔ̠ŋ^{3}
867	碧	piʔ^{7}	pʰeiʔ^{7}		pʰik^{7}	pʰiʔ^{7}	pʰeʔ^{7}
868	剧	kʰyøʔ^{8}	kʰøoʔ^{8}	k'ioc^{8} / *kʰiɔk^{8}	kʰøk^{8}	kʰøʔ^{8}	kʰyoʔ^{8}
869	饼	piaŋ^{3}	piɐŋ^{3}	piang^{3} / *piaŋ^{3}	piaŋ^{3}	piaŋ^{3}	piaŋ^{3}
870	名	miaŋ^{2}	miɐŋ^{2}	miang^{2} / *mieŋ^{2}	miaŋ^{2}		miaŋ^{2}
871	岭	liaŋ^{3}	liɐŋ^{3}	leang^{3} / *leaŋ^{3}	liaŋ^{3}	liaŋ^{3}	liaŋ^{3}
872	井	tsaŋ^{3}	tsaŋ^{3}	chang^{3} / *tʃaŋ^{3}	tsaŋ^{3}	tsaŋ^{3}	tsaŋ^{3}
873	清	tsʰiŋ^{1}	tʃʰeiŋ^{1}	ch'eing^{1} / *tʃʰeŋ^{1}	tsʰiaŋ^{1} 福～	tsʰiaŋ^{1} 福～	tɕʰiaŋ^{1} 福～
874	清凉	tsʰiŋ^{5}	tʃʰeiŋ^{5}	ch'ein^{5} / *tʃʰen^{5}	tsʰiŋ^{5}	tsʰiŋ^{5} 冷	tsʰeŋ^{5}
875	晴	saŋ^{2}	θaŋ^{2}	sang^{2} / *θaŋ^{2}	saŋ^{2}	θaŋ^{2}	θaŋ^{2}
876	静	tsiŋ^{6}	tʃeiŋ^{6}	cheing^{6} / *tʃeŋ^{6}	tsᴇiŋ^{6}	tseŋ^{6}	θaŋ^{6}
877	姓	saŋ^{5}	θaŋ^{5}	sang^{5} / *θaŋ^{5}	saŋ^{5}	θaŋ^{5}	θaŋ^{5}
878	郑	taŋ^{6}	taŋ^{6}		taŋ^{6}	taŋ^{6}	taŋ^{6}
879	正～反	tsiaŋ^{5}	tʃiɐŋ^{5}	chiang^{5} / *tʃiaŋ^{5}	tsiaŋ^{5}	tsiaŋ^{5}	tɕiaŋ^{5}
880	声	siaŋ^{1}	θiɐŋ^{1}	siang^{1} / *θiaŋ^{1}	siaŋ^{1}	θiaŋ^{1}	θiaŋ^{1}
881	城	siaŋ^{2}	θiɐŋ^{2}	siang^{2} / *θiaŋ^{2}	siaŋ^{2}	θieŋ^{2}	θiaŋ^{2}
882	颈		keiŋ^{5}	keing^{6} / *keŋ^{6}		kiŋ^{3}	keŋ^{5}
883	轻	kʰiaŋ^{1}	kʰeiŋ^{1}	k'ein^{1} / *kʰen^{1}	kʰiŋ^{1}	kʰiŋ^{1}	kʰiŋ^{1}
884	赢	iaŋ^{2}	jaŋ^{2}	yiang^{2} / *jiaŋ^{2}	iaŋ^{2}	ieŋ^{2}	iaŋ^{2}
885	僻	pʰiʔ^{7}	pʰeiʔ^{7}	p'ie^{7} / *pʰiɛʔ^{7}	peɐ^{5}	pʰie^{5}	pʰia^{5}
886	脊	tsia^{5}		ch'eic^{7} / *tʃʰek^{7}	tseɐ^{5}		tseʔ^{7}
887	惜	syø^{5}	θiʔ^{7}	süi^{7} / *θyiʔ^{7}	sø^{5}	θyø^{5}	θeʔ^{7} 可～
888	席	tsʰyøʔ^{8}	tʃʰiʔ^{8}	ch'üi^{8} / *tʃʰyiʔ^{8}	tsʰø^{1}	tsʰyøʔ^{8}	tɕʰyo^{1}
889	隻		tʃeiʔ^{7}	chie^{7} / *tʃiɛʔ^{8}	tseɐ^{5}	tsie^{5}	tɕia^{5}
890	尺	tsʰyø^{5}	tʃʰiʔ^{7}	ch'üi^{7} / *tʃʰyiʔ^{7}	tsʰø^{5}	tsʰyø^{5}	tɕʰyɔ̠^{5}
891	石	syøʔ^{8}	tʃʰiʔ^{8}	ch'üi^{8} / *tʃʰyiʔ^{8}	sø^{1}	θyøʔ^{8}	θyo^{1}
892	益	iʔ^{7}	eiʔ^{7}	eic^{7} / *ʔek^{7}	ik^{7}	ie^{5}	ia^{5}
893	瓶	piŋ^{2}	peiŋ^{2}	pein^{2} / *pen^{2}	pᴇiŋ^{2}	pɪŋ^{2}	piŋ^{2}
894	冥夜晚	maŋ^{2}	maŋ^{2}	mang^{2} / *maŋ^{2}	maŋ^{2}	maŋ^{2}	maŋ^{2}

895 钉名	tiŋ^{1}	teiŋ^{1}	teing^{1} / *teŋ^{1}	tiŋ^{1}	tiŋ^{1}	tiŋ^{1}
896 顶	tiŋ^{3}	tiŋ^{3}	ting^{3} / *tiŋ^{3}	tiŋ^{3}	tiŋ^{3}	tiŋ^{3}
897 听	tʰiaŋ^{1}	tʰiɐŋ^{1}	t’iɑng^{1} / *tʰiaŋ^{1}	tʰiaŋ^{1}	tʰiaŋ^{1}	tʰiaŋ^{1}
898 定	tiaŋ^{6}	tiɐŋ^{6}	tiɑng^{6} / *tiaŋ^{6}	tiaŋ^{6}	tieŋ^{6}	tiaŋ^{6}
899 灵	liŋ^{2}	leiŋ^{2}	leing^{2} / *leŋ^{2}	lᴇiŋ^{2}	lɪŋ^{2}	liŋ^{2}
900 青	tsʰaŋ^{1}	tsʰaŋ^{1}	ch’ɑng^{1} / *tʃʰaŋ^{1}	tsʰaŋ^{1}	tsʰaŋ^{1}	tsʰaŋ^{1}
901 醒	tsʰaŋ^{3}	tsʰaŋ^{3}	ch’ɑng^{3} / *tʃʰaŋ^{3}	tsʰaŋ^{3}	tsʰaŋ^{3}	tsʰaŋ^{3}
902 经～布	kaŋ^{1}		kɑng^{1} / *kaŋ^{1}	kaŋ^{1}		kaŋ^{1} 经线
903 壁	pia^{5}	peiʔ^{7}	pie^{7} / *piɛʔ^{7}	peɐ^{5}	pie^{5}	pia^{5}
904 滴	tiʔ^{7}	teiʔ^{7}	teic^{7} / *tek^{7}	tik^{7}	tiʔ^{7}	teʔ^{7}
905 踢	tʰiʔ^{7}	tʰeiʔ^{7}	t’eic^{7} / *tʰek^{7}	tʰik^{7}	tʰiʔ^{7}	tʰeʔ^{7}
906 敌	tiʔ^{8}	teiʔ^{8}	teit^{8} / *tet^{8}	tik^{8}	tiʔ^{8}	tiʔ^{8}
907 曆	liaʔ^{8}	liʔ^{8}	lit^{8} / *lit^{8}	lik^{8}	liʔ^{8}	lᴇʔ^{8}
908 戚	tsʰiʔ^{7}	tʃʰeiʔ^{7}	cheic^{7} / *tʃek^{7}	tsʰik^{7}	tsʰiʔ^{7}	tsʰeʔ^{7}
909 锡	siʔ^{7}	θeiʔ^{7}	seic^{7} / *θek^{7}	sik^{7}		θia^{5}
910 击	kiʔ^{7}	keiʔ^{7}	keic^{7} / *kek^{7}	kik^{7}	kiʔ^{7}	keʔ^{7}
911 横	xuaŋ^{2}	huaŋ^{2}	huɑng^{2} / *huaŋ^{2}	xuaŋ^{2}	xuoŋ^{2}	xuaŋ^{2}
912 获	pʰɛʔ^{8}	hœʔ^{8}		pʰᴇik^{8}	pʰieʔ^{8}	xᴇʔ^{8}
913 劃	uaʔ^{8}	woʔ^{8}	buo^{8} / *wuoʔ^{8}	pᴇik^{8} 计～		ua^{1}
914 兄	xiaŋ^{1}	hiɐŋ^{1}	hiɑng^{1} / *hiaŋ^{1}	xiaŋ^{1}	xiaŋ^{1}	xiaŋ^{1}
915 荣	yŋ^{2}	meiŋ^{2}	being^{2} / *weŋ^{2}	ᴇiŋ^{2}	ɪŋ^{2}	iŋ^{2}
916 永	yŋ^{3}	miŋ^{3}	bing^{3} / *wiŋ^{3}	iŋ^{3}	iŋ^{3}	iŋ^{3}
917 琼	kʰiŋ^{2}		keing^{2} / *keŋ^{2}	kʰᴇiŋ^{2}	kʰɪŋ^{2}	kʰiŋ^{2}
918 营	iaŋ^{2}	jaŋ^{2}	yiɑng^{2} / *jiaŋ^{2}	iaŋ^{2}	ieŋ^{2}	iaŋ^{2}
919 役	iʔ^{8}	peiʔ^{8}	peit^{8} / *pet^{8}	ik^{8}	iʔ^{8}	iʔ^{8}

通 摄

920 篷	pʰuŋ^{2}	pʰouŋ^{2}	p’oung^{2} / *pʰoŋ^{2}		pʰʊŋ^{2}	pʰuŋ^{2}
921 东	tœŋ^{1}	tœuŋ^{1}	toeng^{1} / *tœŋ^{1}	tœ̱ŋ^{1}	tøŋ^{1}	tœ̱ŋ^{1}
922 懂	tuŋ^{3}	tuŋ^{3}	tung^{3} / *tuŋ^{3}	tuŋ^{3}	tøŋ^{3}	tuŋ^{3}
923 通	tʰœŋ^{1}	tʰœuŋ^{1}	t’oeng^{1} / *tʰœŋ^{1}	tʰœ̱ŋ^{1}	tʰøŋ^{1}	tʰœ̱ŋ^{1}
924 桶	tʰœŋ^{3}	tʰɵŋ^{3}	t’ueng^{3} / *tʰøŋ^{3}	tʰœ̱ŋ^{3}	tʰøŋ^{3}	tʰœ̱ŋ^{3}
925 动	tœŋ^{6}	nœuŋ$^{-223}$	toeng^{6} / *tœŋ^{6}	tœŋ^{6}	tœŋ^{6}	tœŋ^{6}
926 洞	tœŋ^{6}	tœuŋ^{6}	toeng^{6} / *tœŋ^{6}	tœŋ^{6}	tœŋ^{6}	tœŋ^{6}
927 聋	lœŋ^{2}	lœuŋ^{2}	loeng^{2} / *lœuŋ^{2}	lœŋ^{2}	lœŋ^{2}	lœ̱ŋ^{2}
928 弄名	lœŋ^{6}	lœuŋ^{6}	loeng^{6} / *lœuŋ^{6}	lœŋ^{6}	lœŋ^{6}	lœŋ^{6}

929 棕	tsœŋ^{1}	tʃœuŋ^{1}	choeng^{1} / *tʃœŋ^{1}	tsœ̱ŋ^{1}	tsøŋ^{1}	tsœ̱ŋ^{1}
930 粽	tsœŋ^{5}	tʃœuŋ^{5}	choeng^{5} / *tʃœŋ^{5}	tsœ̱ŋ^{5}	tsøŋ^{5}	tsœŋ^{5}
931 葱	tsʰœŋ^{1}	tʃʰœuŋ^{1}	ch’oeng^{1} / *tʃʰœŋ^{1}	tsʰœ̱ŋ^{1}		tsʰœ̱ŋ^{1}
932 送	sœŋ^{5}	θœuŋ^{5}	soeng^{5} / *θœŋ^{5}	sœ̱ŋ^{5}	θøŋ^{5}	θœŋ^{5}
933 工	kœŋ^{1}	kœuŋ^{1}	koeng^{1} / *kœŋ^{1}	kœ̱ŋ^{1}	køŋ^{1}	kœ̱ŋ^{1}
934 空空虚	kʰœŋ^{1}	kʰœuŋ^{1}	k’oeng^{1} / *kʰœŋ^{1}	kʰœ̱ŋ^{1}	kʰøŋ^{1}	kʰœ̱ŋ^{1}
935 控	kʰuŋ^{5}	kʰouŋ^{5}		kʰuŋ^{5}	kʰuŋ^{5}	kʰoŋ^{5}
936 红	œŋ^{2}	œuŋ^{2}	oeng^{2} / *ʔœŋ^{2}	œŋ^{2}	œŋ^{2}	œ̱ŋ^{2}
937 瓮	œŋ^{5}	œuŋ^{5}	oeng^{5} / *ʔœŋ^{5}	œ̱ŋ^{5}	øŋ^{5}	œŋ^{5}
938 木	muʔ^{8}	moʔ^{8}	mouc^{8} / *mok^{8}	muk^{8}	møʔ^{8}	mœ̱ʔ^{8}
939 独	tuʔ^{8}	toʔ^{8}	touc^{8} / *tok^{8}	tuk^{8}	tuʔ^{8}	tuʔ^{8}
940 读	tʰœʔ^{8}	tʰœʔ^{8}	t’oec^{7} / *tʰœk^{8}	tʰœ̱k^{8}	tʰøʔ^{8}	tʰœ̱ʔ^{8}
941 鹿	luʔ^{8}	lœʔ^{8}	loec^{8} / *lœk^{8}	lœ̱k^{8}	løʔ^{8}	lœ̱ʔ^{8}
942 族	tsuʔ^{8}	tʃoʔ^{8}	chouc^{8} / *tʃok^{8}	tsuk^{8}	tsuʔ^{8}	tsuʔ^{8}
943 穀	kuʔ^{7}	koʔ^{7}	kouc^{7} / *kok^{7}	kuk^{7}	kuʔ^{7}	koʔ^{7}
944 屋		oʔ^{7}	out^{7} / *ʔot^{7}	uk^{7}	uʔ^{7}	oʔ^{7}
945 冬	tœŋ^{1}	tœuŋ^{1}	toeng^{1} / *tœŋ^{1}	tœ̱ŋ^{1}	tøŋ^{1}	tœ̱ŋ^{1}
946 农人	nœŋ^{2}	nœuŋ^{2}	noeng^{2} / *nœŋ^{2}	nœŋ^{2}	nœŋ^{2}	nœ̱ŋ^{2}
947 脓	nuŋ^{5}	nœuŋ^{2}	noeng^{2} / *nœŋ^{2}	nœŋ^{2}	nœŋ^{2}	nœ̱ŋ^{2}
948 宋	suŋ^{5}	θouŋ^{5}		sœ̱ŋ^{5}	θøŋ^{5}	θoŋ^{5}
949 督	tuʔ^{7}	toʔ^{7}	touc^{7} / *tok^{7}	tuk^{7}	tuʔ^{7}	toʔ^{7}
950 毒	tuʔ^{8}	toʔ^{8}	touc^{8} / *tok^{8}	tœ̱k^{8}	tuʔ^{8}	tœ̱ʔ^{8}
951 风	xuŋ^{1}	houŋ^{1}	houng^{1} / *hoŋ^{1}	xuŋ^{1}	xuŋ^{1}	xuŋ^{1}
952 冯	pʰuŋ^{2}	houŋ^{2}		xɔ̱uŋ^{2}		xuŋ^{2}
953 梦	muŋ^{5}	mœuŋ^{5}	moeng^{5} / *mœŋ^{5}	mœ̱ŋ^{5}	møŋ^{5}	mœŋ^{5}
954 中~国	tuŋ^{1}	touŋ^{1}	toung^{1} / *toŋ^{1}	tyŋ^{1}	tyŋ^{1}	tyŋ^{1}
955 虫	tʰœŋ^{2}	tʰœuŋ^{2}	t’oeng^{2} / *tʰœŋ^{2}	tʰœŋ^{2}	tʰœŋ^{2}	tʰœ̱ŋ^{2}
956 众	tsuŋ^{5}	tʃouŋ^{5}	choung^{5} / *tʃoŋ^{5}	tsyŋ^{5}	tsyŋ^{5}	tsøŋ^{5}
957 铳	tsʰuŋ^{5}	tʃʰouŋ^{5}	ch’oung^{5} / *tʃʰoŋ^{5}	tsʰyŋ^{5}	tsʰyŋ^{5}	tsʰøŋ^{5}
958 绒	yŋ^{2}	jouŋ^{2}	young^{2} / *joŋ^{2}	œ̱ŋ^{2}	ʏŋ^{2}	yŋ^{2}
959 弓	kyŋ^{1}	køŋ^{1}	kueng^{1} / *køŋ^{1}	kyŋ^{1}	kyŋ^{1}	kyŋ^{1}
960 穷	kyŋ^{2}	køŋ^{2}	kueng^{2} / *køŋ^{2}	kœ̱ŋ^{2}	kʏŋ^{2}	kyŋ^{2}
961 雄	xœŋ^{2} 鸭～	hœuŋ^{2} 鸭～	hoeng^{2} / *hœŋ^{2}	xɔ̱uŋ^{2} 鸭～	xʏŋ^{2}	xyŋ^{2} 鸭～
962 腹	puʔ^{7}	poʔ^{7}	pouc^{7} / *pok^{7}	puk^{7}	puʔ^{7}	poʔ^{7}
963 服	xuʔ^{8}	hoʔ^{8}	houc^{8} / *hok^{8}	xuk^{8}	xuʔ^{8}	xuʔ^{8}

964 目	miʔ^{8}～珠	mœʔ^{8}	moec^{8} / *mœk^{8}	mœ̱k^{8}	møʔ^{8}	mœ̱ʔ^{8}
965 六	lœʔ^{8}	lœʔ^{8}	loec^{8} / *lœk^{8}	lœ̱k^{8}	løʔ^{8}	lœ̱ʔ^{8}
966 竹	tuʔ^{7}	tɵʔ^{7}	tuec^{7} / *tøk^{7}	tyk^{7}	tyʔ^{7}	tøʔ^{7}
967 逐	tœʔ^{8}～工	tɵʔ^{8}	tuec^{8} / *tøk^{8}	tyk^{8}	tyʔ^{8}	tœ̱ʔ^{8}
968 缩	suʔ^{7}	t^{h}ɵʔ^{7}	t'uec^{7} / *t^{h}øk^{7}	t^{h}yk^{7}	t^{h}yʔ^{7}	t^{h}øʔ^{7}
969 粥	tsuʔ^{7}	tʃɵʔ^{7}	chuec^{7} / *tʃøk^{7}	tsyk^{7}	tsyʔ^{7}	tsøʔ^{7}
970 叔	tsuʔ^{7}	tʃɵʔ^{7}	chuec^{7} / *tʃøk^{7}	tsyk^{7}	tsyʔ^{7}	tsøʔ^{7}
971 熟	suʔ^{8}	θɵʔ^{8}	souc^{8} / *θok^{8}	syk^{8}	θyʔ^{8}	θyʔ^{8}
972 肉	nuʔ^{8}	nɵʔ^{8}	nuec^{8} / *nøk^{8}	nyk^{8}	nyʔ^{8}	nyʔ^{8}
973 麯	k^{h}yʔ^{7}	k^{h}ɵʔ^{7}	kuec^{7} / *køk^{7}	k^{h}yk^{7}	k^{h}yʔ^{7}	k^{h}øʔ^{7}
974 育	yʔ^{8}	jøoʔ^{8}	yioc^{8} / *jiɔk^{8}	yk^{8}	yʔ^{8}	yʔ^{8}
975 蜂	p^{h}uŋ^{1}	p^{h}ouŋ^{1}	p'oung^{1} / *p^{h}oŋ^{1}	p^{h}uŋ^{1}	p^{h}uŋ^{1}	p^{h}uŋ^{1}
976 缝动	p^{h}uŋ^{2}	p^{h}ouŋ^{2}	p'oung^{2} / *p^{h}oŋ^{2}			xuŋ^{2}
977 浓	nuŋ^{2}	nouŋ^{2}	noung^{2} / *noŋ^{2}	nœ̱eŋ^{2}	nʏŋ^{2}	nuŋ^{2}
978 龙	luŋ^{2}	louŋ^{2}	loung^{2} / *loŋ^{2}	lœ̱eŋ^{2}	lʏŋ^{2}	lyŋ^{2}
979 从介	tsuŋ^{2}	tʃouŋ^{2}	choung^{2} / *tʃoŋ^{2}	tsœ̱eŋ^{2}～教	tsʏŋ^{2}	tɕyŋ^{2}
980 松～树	suŋ^{2}	θouŋ^{2}	soung^{2} / *θoŋ^{2}	sœ̱eŋ^{2}	θʏŋ^{2}	θyŋ^{2}
981 诵	suŋ^{5}	θouŋ^{6}		sœ̱eŋ^{6}	θyŋ^{5}	θoŋ^{6}
982 重形	tœeŋ^{6}	tœuŋ^{6}	toeng^{6} / *tœeŋ^{6}	tœeŋ^{6}	tœeŋ^{6}	tœeŋ^{6}
983 肿	tsuŋ^{3}	tʃuŋ^{3}	chung^{3} / *tʃuŋ^{3}	tsyŋ^{3}	tsyŋ^{3}	tɕyŋ^{3}
984 种动	tsuŋ^{5}	tʃouŋ^{5}	choung^{5} / *tʃoŋ^{5}	tsyŋ^{5}	tsyŋ^{5}	tsøŋ^{5}
985 春	tsuŋ^{1}	tʃouŋ^{1}	choung^{1} / *tʃoŋ^{1}	tsyŋ^{1}	tsyŋ^{1}	tɕyŋ^{1}
986 恭	kyŋ^{1}	kɵŋ^{1}	kueng^{1} / *køŋ^{1}	kyŋ^{1}	kyŋ^{1}	kyŋ^{1}
987 共	kœeŋ^{6}	kœuŋ^{6}	koeng^{6} / *kœeŋ^{6}	kœeŋ^{6}	kœeŋ^{6}	kœeŋ^{6}
988 胸	xyŋ^{1}	hɵŋ^{1}	hueng^{1} / *høŋ^{1}	xyŋ^{1}	xyŋ^{1}	xyŋ^{1}
989 容	yŋ^{2}	jouŋ^{2}	young^{2} / *joŋ^{2}	œ̱e^{2}～易	ʏŋ^{2}	yŋ^{2}
990 用	yŋ^{6}	jouŋ^{6}	young^{6} / *joŋ^{6}	œ̱eŋ^{6}	øŋ^{6}	øŋ^{6}
991 绿	lyøʔ^{8}	luʔ^{8}	lu^{8} / *luʔ^{8}	lo^{1}	luoʔ^{8}	luo^{1}
992 足	tsuʔ^{7}	tʃoʔ^{7}	chouc^{7} / *tʃok^{7}	tsyk^{7}	tsyʔ^{7}	tsøʔ^{7}
993 粟	ts^{h}yø^{5}	tʃ^{h}uʔ^{7}	ch'u^{7} / *tʃ^{h}uʔ^{7}	ts^{h}o^{5}	ts^{h}uo^{5}	ts^{h}uo̱^{5}
994 俗	suʔ^{8}	θoʔ^{8}	souc^{8} / *θok^{8}	syk^{8}	θyʔ^{8}	θyʔ^{8}
995 烛	tsyø^{5}	tʃuʔ^{7}	chu^{7} / *tʃuʔ^{7}	tso^{5}	tsuo^{5}	tsuo̱^{5}
996 褥	yʔ^{8}	juʔ^{8}	yu^{8} / *juʔ^{8}			yʔ^{8}
997 曲	k^{h}uo^{5}	k^{h}uʔ^{7}	k'u^{7} / *k^{h}uʔ^{7}	k^{h}o^{5}	k^{h}uo^{5}	k^{h}uo̱^{5}
998 局	kyøʔ^{8}	kuʔ^{8}	ku^{8} / *kuʔ^{8}	ko^{1}	kuoʔ^{8}	kuo^{1}

999 玉	ŋyʔ^{8}	ŋuʔ^{8}	nguec^{8} / *ŋøk^{8}	ŋo^{1}	ŋuoʔ^{8}	ŋuo^{1}
1000 狱	ŋɔʔ^{8}	ŋuʔ^{8}	ngu^{8} / *ŋuʔ^{8}		ŋuoʔ^{8}	ŋuo^{1}

2.2 词 汇 对 照

本节排列四县市方言的词汇材料。

本词汇对照的体例如下：

（1）本节收词语项目 600 条，以对照表的形式排列。所收项目及其编号与《吴语处衢方言研究》《吴语江山广丰方言研究》《吴语兰溪东阳方言调查报告》《浙南的闽东区方言》《闽北区三县市方言研究》《闽东区古田方言研究》《吴语婺州方言研究》和《闽东区宁德方言音韵史研究》完全相同。第 001 条至第 454 条也与《严州方言研究》和《徽州方言研究》相同。关于词语项目的设计，请参看《吴语婺州方言研究》第 448 页至第 449 页。词汇义类索引见该书的第 449 页至第 459 页。

（2）一个项目如果有好几个对应的方言词，大致按常用程度的高低逐个排列。这几个方言词在使用特点上如有不同，就在右下角用小字注明。其中：

旧　　表示是旧说法；

新　　表示是新说法；

乡　　表示是乡下的说法；

婉　　表示是委婉的说法；

贬　　表示是贬称；

骂　　表示是骂人的说法；

多　　表示该说法常用。

(3) 方言词如有其他意义和用法,因版式所限一般不再说明,少量必要的说明也用小字写在方言词的右下角。

(4) 一个项目在某个方言里如果没有对应的词语,就用“(无)”注明。

(5) 音标注在方言词的下面。为简明起见,有又读、异读的字一般只注实际口语里常见的一读。声调只在音标的右上角标实际调值,而不管它是单字调还是连读调。四个方言的单字调和连调规律可参看 2.1.1.1.3、2.1.1.4、2.1.2.1.3、2.1.2.3、2.1.3.1.3、2.1.3.3、2.1.4.1.3、2.1.4.3。

其他体例参看“1.7 本书体例说明”部分。

寿宁	福安	屏南	福清
001 太阳			
日头	日头	日头	日头
niʔ^{4} tʰau^{211}	niʔ^{4} au^{221}	nik^{1} tʰau^{221}	niʔ^{4} tʰau^{44}
002 月亮			
月	月	月	月
ŋyøʔ^{2}	ŋuʔ^{2}	ŋok^{43}	ŋuoʔ^{5}
003 打雷			
拍雷	雷瞋	雷公响	响雷
pʰaʔ^{5} lai^{211}	lai^{221} tɛiŋ^{221}	lai^{44} kuŋ^{443} xøŋ^{41}	xyoŋ^{11} lɔ̱y^{335}

004 闪电（名词）

雷闪 lai^{211} sieʔ^{5}	雷闪 lai^{22} liʔ^{5}	雷闪 lai^{11} siak^{5}	□□ niaʔ^{1} niaʔ^{21}

005 下雨

做雨 tsɔ^{55} y^{51}	做雨 tsɔ^{55} wu^{223}	断⁼雨 tɔuŋ^{33} ŋy^{41}	断⁼雨 tɔ̱ŋ^{33} ŋy^{322}

006 出龙，山洪暴发

山岗全爿崩下来 saŋ^{44} kɔŋ^{335} tsiɔŋ^{22} pɛŋ^{211} puŋ^{44} a^{223} li^{211}	山脱下来 θaŋ^{443} t^{h}ɔʔ^{2} a^{223} lei^{221} 山崩得 θaŋ^{443} pouŋ^{443} niʔ^{5}	（不知）	（不知）

007 下雪

做雪 tsɔ^{55} syøʔ^{5}	祭⁼雪 tʃi^{55} luʔ^{5}	断⁼雪 tɔuŋ^{11} sok^{5}	落雪 lɔ̱^{22} θuɔ̱ʔ^{21}

008 雪化了

雪烊得了 syøʔ^{5} iɔŋ^{211} liʔ^{5} lɔ^{0}	雪烊得 θuʔ^{5} jøoŋ^{221} niʔ^{0}	雪烊去 sok^{5} øŋ^{221} ŋœ^{0}	雪烊去 θuɔ̱ʔ^{21} yoŋ^{44} ŋɔ̱^{0}

009 冻冰

做油冰 tsɔ^{55} iu^{211} piŋ^{44}	霜构⁼构⁼得 θouŋ^{44} ŋau^{335} kau^{335} liʔ^{5} 结冰 kiʔ^{5} peiŋ^{443}	严⁼霜冰 ŋeiŋ^{11} sɔ̱uŋ^{44} piŋ^{443} 结冰 keik^{5} piŋ^{443}	结冰 kieʔ^{5} piŋ^{52}

010 雹

龙雹 luŋ^{211} p^{h}uoʔ^{2}	龙雹 luŋ^{22} mɔʔ^{2}	雹 p^{h}œ̱k^{43}	雹 p^{h}œ̱ʔ^{5}

011 刮风

起风开始刮风 k^{h}i^{55} xuŋ^{44} 做大风刮大风 tsɔ^{55} tua^{44} xuŋ^{44} 透风风很大 t^{h}au^{55} xuŋ^{44}	吹风 tʃ^{h}ui^{34} houŋ^{443} 透报⁼大风加细雨 t^{h}au^{55} βɔ^{335}	起风开始刮风 k^{h}i^{55} xuŋ^{443} 有大风较⁼了刮大风 ɔ̱^{0} tuai^{44} xuŋ^{443} kau^{335} lɔ^{0} 风舀⁼透风很大 xuŋ^{443} eu^{41} t^{h}au^{335}	起风开始刮风 k^{h}i^{11} uŋ^{52} 做大风刮大风 tsɔ̱^{33} lua^{55} uŋ^{52} 风野透风很大 xuŋ^{52} ia^{335} t^{h}au^{211}

012 端午

过节过端午节 kuo^{55} tsɛʔ^{5}	做节过端午节 tsɔ^{55} jɛʔ^{5}	五月节 ŋɔ̱^{11} ŋok^{1} tsᴇik^{5} 过节过端午节 ko^{11} tsᴇik^{5}	做五月节过端午节 tsɔ̱^{11} ŋu^{335} niʔ^{2} tsɛʔ^{21}

013 中秋

中秋 tuŋ^{44} tsʰiu^{44}	中秋 touŋ^{34} ɲeu^{443}	中秋 to̱e̱ŋ^{44} nziu^{443} ～to̱e̱ŋ^{44} niu^{443}	中秋 tyŋ^{44} ȵʑiu^{52}

014 阴历除夕

年冥 nieŋ^{22} maŋ^{211} 廿九冥无三十时 nie^{211} kau^{55} maŋ^{211}	年兜三十日统称 niŋ^{22}nau^{443}θaŋ^{22所}mɛʔ^{4} neiʔ^{2}	三十日冥 saŋ^{11}nɛik^{4}nik^{1}maŋ^{221} 二十九冥无三十时 ni^{0}ɛik^{1}kau^{11}maŋ^{51} ①	三十冥晡 θaŋ^{33} nzɛʔ^{5} maŋ^{55} muo^{52} 廿九准三十无三十时 niʔ^{3}kau^{322}tsuŋ^{11}nzaŋ^{11} nzɛʔ^{5}

015 正月初一

正月初一 tsiaŋ^{44} ŋyøʔ^{2} tsʰu^{44} iʔ^{5}	大初一 to^{22} jœ^{44} eiʔ^{5}	正月初一 tsiaŋ^{13}ŋok^{43}tsʰœ^{11}ik^{5}	初一早 tsʰœ̱^{33} iʔ^{5} tsa^{322}

016 过年之前房子里掸尘

扫尘 sau^{55} tʰɔŋ^{211}	扫烟尘 θau^{55} iŋ^{34} nɔuŋ^{443}	扫尘 sau^{55} lɔuŋ^{221}	筅尘 tsʰɛŋ^{11} nɔ̱ŋ^{335}

017 吃年夜饭

过年冥 kuo^{55} nieŋ^{22} maŋ^{211}	做年冥 tsɔ^{55} niŋ^{22} maŋ^{221}	做年 tsɔ^{55} neiŋ^{221}	食三十冥晡冥 θia^{52} θaŋ^{44} nzɛʔ^{4} maŋ^{44} muo^{44} maŋ^{44}

018 谢年（过年之前摆设供品祭祀神佛祖先）

祭灶 tsie^{55} tsau^{335}	祭灶 tʃi^{55} jau^{335}	分年 pouŋ^{11} neiŋ^{41}	□公婆祭祖先 a^{11} kuŋ^{44} mɔ̱^{44} 分年祭天地 puoŋ^{44} nieŋ^{44}

019 大年初一早晨的开门仪式

（无）	（无）	（无）	（无）

020 灰尘

灰粉 xuoi^{44} xuŋ^{41}	烟雾 iŋ^{44} mou^{223}	塕尘粉 uŋ^{11} nɛiŋ^{33} ŋuŋ^{41}	塕尘 uŋ^{44} niŋ^{44}

021 石灰

石灰 syøʔ^{4} xuoi^{44}	灰 hui^{443}	石灰 sø^{44} xoi^{443}	灰 xui^{52}

---

① 此处“二十”的读音特殊。

022 泥土

涂 t^{h}u^{211}	涂 t^{h}ou^{221}	涂 t^{h}ɔ̱^{221}	涂 t^{h}u^{44}

023 凉水

清水 ts^{h}iŋ^{55} tsy^{51}	清水 tʃ^{h}iŋ^{55} ŋi^{42}	清水 ts^{h}iŋ^{335} nzui^{51}	清水 tɕ^{h}iŋ^{52} nzui^{322}

024 热水

汤 t^{h}ɔŋ^{44}	汤 t^{h}ouŋ^{443}	汤 t^{h}ɔ̱uŋ^{443} 暖暖汤温水 nouŋ^{44} nouŋ^{44} nɔ̱uŋ^{443}	汤 t^{h}ɔ̱ŋ^{52} □□汤温水 xuo^{33} uo^{55} lɔ̱ŋ^{52}

025 煤

煤 muoi^{211}	煤 mui^{221}	煤 moi^{221} ①	煤 mui^{44} ②

026 煤油

洋油 iɔŋ^{22} iu^{211}	洋油 jøoŋ^{22} ŋeu^{221}	洋油 øŋ^{11} ŋᴇu^{221}	洋油 yoŋ^{44} ŋiu^{44} 臭油 ts^{h}au^{44} iu^{44}

027 锡

锡 siʔ^{5}	锡 θeiʔ^{5}	锡 sik^{5}	锡 θia^{211}

028 磁铁

磁石 tsu^{211} syøʔ^{2}	磁铁 tʃu^{22} liʔ^{5}	磁 tsy^{221}	磁 tɕy^{44} 磁铁 tɕy^{22} liᴇʔ^{21}

029 乡村，乡下

乡下 xiɔŋ^{44} a^{223} 山头叶$^{=}$ saŋ^{44} t^{h}au^{211} ieʔ^{2}	乡下 høoŋ^{44} ŋa^{223}	乡下 xøŋ^{13} ŋa^{412}	乡下 xyoŋ^{335} ŋa^{41}

---

① 六七十年代之前屏南不用煤。

② 六七十年代之前福清不用煤。

山头穴 saŋ^{44} t^{h}au^{211} xieʔ^{2}			

030 **胡同**

(□)弄 (tyø^{44})lœŋ^{223} 巷较大的 xœŋ^{335}	□弄 tu^{44} lœuŋ^{223} 巷 hœuŋ^{335}	巷 xœŋ^{335} 弄 lœŋ^{224}	弄弄 lœŋ^{44} lœŋ^{41} 巷较大的 xœŋ^{211}

031 **房子**(全所的)

戍 ts^{h}yø^{335}	戍 tʃ^{h}u^{335}	戍 ts^{h}o^{335}	戍 ts^{h}uɔ^{211}

032 **屋子,房间**

间底 kiŋ^{44} tie^{41}	间底 kiŋ^{34} ni^{443}	间底 keiŋ^{11} ne^{41}	房底 puŋ^{33} nᴇ^{322} 房间 puŋ^{55} ŋieŋ^{52}

033 **正房**

厅中间 t^{h}iaŋ^{44} tɔŋ^{44} kieŋ^{44} 厅边间 t^{h}iaŋ^{44} pieŋ^{44} kieŋ^{44}	厅中间 t^{h}ɔuŋ^{22} nɔuŋ^{44} ŋiŋ^{443}	厅中间 t^{h}iaŋ^{44} nɔuŋ^{44} ŋeiŋ^{443}	厅边房 t^{h}iaŋ^{44} mieŋ^{44} muŋ^{44}

034 **厢房**

横楼 xuaŋ^{22} lau^{211}	□ θa^{223} □间厢房里的房间 θa^{44} jiŋ^{443}	撇$^{=}$榭 p^{h}eik^{5} seɐ^{224}	撇$^{=}$榭 p^{h}ieʔ^{5} θia^{41} 书间厢房里的房间 tɕy^{55} ieŋ^{52}

035 **堂屋**(正房里放八仙桌的那间)

厅中 t^{h}iaŋ^{44} tɔŋ^{44}	厅中 t^{h}ɔuŋ^{34} nɔuŋ^{443}	厅中 t^{h}iaŋ^{44} nɔuŋ^{443}	厅中 t^{h}iaŋ^{44} nɔŋ^{52}

036 **上座**(面对大门的座位)

大位 tua^{44} ui^{223}	大位 to^{44} wɵi^{223}	大位 tuai^{44} ɔi^{224}	东一位 tœŋ^{33} iʔ^{5} uɔi^{41}

037 **马头**(防火墙的头)

戍□角 ts^{h}yø^{55} lœŋ^{55} kɔ^{335}	翘角 k^{h}iu^{55} kœʔ^{5}	□角 keu^{11} kœk^{5}	翘脊 k^{h}iu^{335} tseʔ^{21}

038 **门楼**(大门上方的建筑)

门天 muoŋ^{211} t^{h}ieŋ^{44}	门头栋 muŋ^{22} nau^{22} lœuŋ^{335}	雨披 y^{55} βe^{443}	门楣 muoŋ^{44} mi^{44}

039 窗户	窗门 tʰuŋ^{44} muoŋ^{211}	窗门 tʰɔuŋ^{34} muŋ^{443}	床门 kʰaŋ^{11} mouŋ^{51} 床门囝 kʰaŋ^{11} mouŋ^{13} ŋiaŋ^{51} 光退⁼较小的 kouŋ^{33} tʰɔ̠i^{335}	窗门 tʰyŋ^{44} muoŋ^{44} 窗门囝 tʰyŋ^{335} muoŋ^{52} ŋiaŋ^{322}
040 门坎儿	门□ muoŋ^{211} tsɛŋ^{223}	门簟⁼ muŋ^{22} nɛiŋ^{223} ①	门赠⁼ mouŋ^{11} nzɛiŋ^{224}	门□ muoŋ^{44} nɛŋ^{41}
041 厨房	灶前 tsau^{55} sɛŋ^{211}	灶前 tsau^{55} ɛiŋ^{221}	灶前 tsau^{55} zɛiŋ^{221}	灶前 tsau^{44} zɛŋ^{44}
042 灶	鼎灶 tiaŋ^{55} tsau^{335}	鼎灶 tiɐŋ^{55} ɲau^{335} ～tiɐŋ^{55} ŋau^{335}	灶 tsau^{335}	灶 tsau^{211}
043 灶王爷	灶神 tsau^{55} siŋ^{211}	灶神 tsau^{55} leiŋ^{221}	灶神公婆 tsau^{55} sɛiŋ^{11} ŋuŋ^{11} mɔ^{41}	灶公灶妈 tsau^{55} uŋ^{52} tsau^{52} ma^{322}
044 烟囱	烟通 iŋ^{44} tʰuŋ^{44}	烟筒 iŋ^{34} nœuŋ^{443}	烟筒 iŋ^{11} nœŋ^{41}	烟筒 iŋ^{44} nœ̠ŋ^{44}
045 厕所	屎楻间 sai^{55} xuoŋ^{211} kieŋ^{44} 屎楻头露天的 sai^{55} xuoŋ^{22} tʰau^{211} ～sai^{55} uoŋ^{22} tʰau^{211} 灰寮放肥料的茅棚 xuoi^{44} lɛu^{211}	烌寮 hu^{34} lɛu^{443}	坑司头 kʰaŋ^{11} ni^{11} lau^{41} 坑司 kʰaŋ^{44} ni^{443}	粪池 puŋ^{44} nie^{44}
046 粪池，粪坑	屎坑新 sai^{55} kʰaŋ^{44}	屎或⁼屎池 θai^{35} œʔ^{54}	屎池 sai^{11} te^{51}	粪池 puŋ^{44} nie^{44}

① 《班华字典》所记录的说法是“门限”mun^{2} en^{6}（第 1004 页）。

047 室外蓄粪便的缸或桶

屎缸粪缸，不多见	屎缸粪缸	屎楻大粪桶	屎楻大粪桶
sai^{55} kɔŋ^{44}	θai^{55} ɔuŋ^{443}	sai^{11} ouŋ^{51}	θai^{11} kʰuoŋ^{335}
屎楻大粪桶	屎楻大粪桶		粪楻大粪桶
sai^{55} xuoŋ^{211}	θai^{35} uŋ^{53}		puŋ^{44} kʰuoŋ^{44}

048 马桶（有盖的，较小）

马桶	□桶	马桶	粪桶
ma^{55} tʰœŋ^{51}	ŋe^{34} lɵŋ^{443}～ŋɵ^{34} lɵŋ^{443}	ma^{11} tʰœŋ^{51}	puŋ^{52} nœŋ^{322}
		尿桶簌马桶盖	
		neu^{33} lœŋ^{33} kʰᴇiŋ^{335}	

049 便桶（无盖的，较大）

尿桶	尿桶	尿桶	粪桶
niɐu^{44} tʰœŋ^{41}	niu^{44} lɵŋ^{42}	neu^{33} tʰœŋ^{41}	puŋ^{52} nœŋ^{322}

050 棚子，茅棚（野外的）

草寮	寮	寮团	寮
tsʰau^{55} lɛu^{211}	lɛu^{221}	lɛu^{11} iaŋ^{41}	lᴇu^{44}
寮团		塍寮较为简单的	草寮
lɛu^{211} kiaŋ^{41}		tsʰɛiŋ^{11} lɛu^{221}	tsʰau^{11} lᴇu^{335}
		厂团较为简单的	寮团
		tsʰøŋ^{11} ŋiaŋ^{51}	lᴇu^{33} iaŋ^{322}

051 凉亭

亭	亭	亭团	亭
tiŋ^{211}	teiŋ^{221}	tᴇiŋ^{11} ŋiaŋ^{41}	tiŋ^{44}

052 祠堂

祠堂	祠堂	祠堂	祠堂
su^{22} lɔŋ^{211}	θu^{22} lɔuŋ^{221}	sœ^{11} lɔuŋ^{221}	θy^{44} lɔŋ^{44}

053 庙

庙	庙	院寺	庙
miɐu^{223}	miu^{223}	eiŋ^{44} nzᴇ^{224}	miəu^{41}

054 人

农	农	农	农
nœŋ^{211}	nœuŋ^{221}	nœŋ^{221}	nœŋ^{44}
	阵$^{=}$	阵$^{=}$	阵$^{=}$
	teiŋ^{223}	tᴇiŋ^{224}	teŋ^{41}

055 男人

丈夫农	丈夫	丈夫农	丈夫农
tu^{211} muo^{44} nœŋ^{211}	taŋ^{22} mu^{443}	tɔuŋ^{11} mo^{11} nœŋ^{41}	tyŋ^{44} muo^{44} nœŋ^{44}

	丈夫农 taŋ^{22} mu^{34} nœuŋ^{443}		

056 女人

做母农 tsu^{55} muo^{55} nœŋ^{211}	做母农 tʃuŋ^{22} muŋ^{35} nœuŋ^{53} □娘 tʃiŋ^{34} nøɔŋ^{443}	妇女农 xu^{11} ny^{11} nœŋ^{51}	□娘农 tɕy^{44} nœŋ^{44} nœŋ^{44}

057 小孩儿

□□ kɔ^{55} lɔi^{51} □□囝 kɔ^{55} lɔi^{55} kiaŋ^{51}	□□ kɵ^{35} lɵi^{53}	□□囝 kɔ^{11} lɔi^{11} iaŋ^{51} □□ kɔ^{11} lɔi^{41}	□哥 niaŋ^{11} ŋɔ^{52}

058 男孩儿

丈夫囝 tu^{211} muo^{44} kiaŋ^{41}	丈夫囝 taŋ^{22} mui^{34} jiɐŋ^{443}	丈夫囝 touŋ^{11} mo^{11} iaŋ^{41}	丈夫囝 tyŋ^{11} muo^{11} iaŋ^{52}

059 女孩儿

做母囝 tsu^{55} muo^{55} kiaŋ^{51}	□娘囝 tʃiŋ^{22} nøɔŋ^{44} ŋiɐŋ^{42} □囝 tʃuŋ^{44} ŋiɐŋ^{42}	□囝 tsyŋ^{33} ŋiaŋ^{41}	□娘囝 tɕy^{335} nœŋ^{52} ŋiaŋ^{322}

060 老头儿，老头子

老农家也指女的 lau^{44} nœŋ^{211} ka^{44} 老□也指女的 lau^{44} kyø^{335} 老□骂，也指女的 lau^{44} pɛ^{44}	老农也指女的 lau^{44} nœuŋ^{221} 老货骂，也指女的 lau^{44} hu^{335} 老□柴骂，指男的 lau^{44} ko^{22} ja^{221} 老□骂，指女的 lau^{44} pɛ^{443} 老□娘骂，指女的 lau^{44} jiŋ^{34} nøɔŋ^{443}	老农也指女的 lau^{44} nœŋ^{221} 老货贬，主要指男的 lau^{33} xo^{335} 老丈夫贬，指男的 lau^{44} lɔuŋ^{44} mo^{443} 老妇女贬，指女的 lau^{11} xu^{33} ny^{41} 老獪死骂，也指女的 lau^{11} mɛ^{33} si^{41}	老农也指女的 lau^{44} nœŋ^{44} 老依伯指男的 lau^{33} iʔ^{5} pa^{211} 老依母指女的 lau^{33} iʔ^{5} mu^{322} 老货贬，也指女的 lau^{22} xuɔ^{211} 老货囝贬，也指女的 lau^{11} uo^{52} iaŋ^{322} 老贱骂，也指女的 lau^{44} tɕiᴇŋ^{41}

061 单身汉

单身哥 taŋ^{44} siŋ^{44} kɔ^{44}	单身哥 taŋ^{22} niŋ^{34} ŋɔ^{443}	单身哥 taŋ^{44} niŋ^{44} ŋɔ^{443}	单身哥 taŋ^{33} niŋ^{55} ŋɔ^{52}

做单身			
tsɔ55 taŋ44 siŋ44			

062 老姑娘，老处女

大做母囝	大□囝	老□囝	榨⁼戍脊
tua44 tsu55 muo55 kiaŋ51 ①	to22 tʃuŋ44 ŋiɐŋ42	lau11 tsyŋ33 ŋiaŋ41	ta11 tsʰuo52 tseʔ21

063 农民

做粗农无贬意	做塍农	做塍农	做塍农
tsɔ55 tsʰu44 nœŋ211	tsɔ55 tʃʰɛiŋ34 nœuŋ443	tsɔ55 tsʰɛiŋ11 nœŋ221	tsɔ̱44 tsʰᴇŋ44 nœ̱ŋ44
		粗做农无贬意	做塍猴贬
		tsʰu11 iɔ55 nœŋ221	tsɔ̱44 tsʰᴇŋ44 kau44

064 工匠，匠人（统称）

做艺农	做艺农	师父	师父
tsɔŋ55 ŋie223 nœŋ0	tsɔŋ55 ŋi223 nœuŋ0	sa13 ɔ̱412	θa335 o41
师父	师父		
sɛ44 xu223	θai44 ou223		

065 医生

先生	□病先生	先生旧	先生
siŋ44 saŋ44	ɛ55 ßaŋ223 θiŋ34 ŋaŋ443	seiŋ44 naŋ443	θiŋ44 ŋiaŋ52
		医生	郎中中医师
		i44 zᴇiŋ443	lɔ̱ŋ55 nyŋ52

066 厨师

饭头	饭头	厨师父	厨师父
puoŋ44 tʰau211	puŋ44 nau221	to11 la13 ɔ̱412	tuo11 za335 o41
煮□师父			
tsy55 maŋ335 sɛ44 xu223			

067 乞丐

乞食	乞食	乞食	乞食
kʰyʔ5 siaʔ2	kʰiʔ5 leiʔ2	kʰyk5 seɐ443	kʰyʔ4 θia52

068 父亲（面称）

阿爸	爸	阿家	爷
a0 pa44	ma223	a0 ka443	ie44
	阿爹		依爷
	a0 lɛ443		i44 ie44

---

① 此处“大”字读得较轻，所以实际音值接近[tua33]。

				阿爸 aʔ^{3} pa^{52} 阿官 aʔ^{3} kuaŋ^{52}
069 **父亲**(背称)	郎爸 luŋ^{211} pa^{223}	郎爸 nuŋ^{22} ma^{223}	郎爸 nɔ̠uŋ^{11} ma^{224}	郎爸 nyoŋ^{44} ma^{41} 爸 pa^{41}
070 **母亲**(面称)	阿妈 a^{0} ma^{44}	奶 nɛ^{42}	阿奶 a^{0} nɛ^{41}	依奶 iŋ^{33} na^{322}～iŋ^{33} nᴇ^{322} 阿姐 aʔ^{3} tɕia^{52}
071 **母亲**(背称)	娘奶 nu^{211} nɛ^{41}	娘奶 nuŋ^{22} nɛ^{42}～nuŋ^{22} ŋɛ^{42}	娘奶 nɔ̠uŋ^{11} nɛ^{41}	(娘)奶 (nyoŋ^{33})nᴇ^{322}
072 **爹妈**(合称)	郎爸娘奶 luŋ^{211} pa^{223} nu^{211} nɛ^{41}	郎爸娘奶 nuŋ^{22} ma^{223} nuŋ^{22} ŋɛ^{42}	郎爸娘奶 nɔ̠uŋ^{11} ma^{224} nɔ̠uŋ^{11} nɛ^{41}	爸奶 pa^{33} nᴇ^{322}
073 **祖父**(面称)	阿昼$^{=}$ a^{0} tau^{335}	祖翁 tʃu^{55} œuŋ^{443} 阿公 a^{0} kouŋ^{443}	阿公 a^{0} kuŋ^{443}	阿公 aʔ^{3} kuŋ^{52}
074 **祖母**(面称)	阿婆 a^{0} pɔ^{335}	阿婆 a^{0} βɔ^{221}	阿妈 a^{0} ma^{41}	阿妈 aʔ^{3} ma^{322}
075 **曾祖父**(面称)	太翁 tʰai^{55} œŋ^{44}	太公 tʰai^{55} jouŋ^{443}	大公 tuai^{44} kuŋ^{443} 太公曾祖父的父亲 tʰai^{55} kuŋ^{443}	大公 tua^{55} uŋ^{52}
076 **曾祖母**(面称)	太婆 tʰai^{55} pɔ^{211}	太婆 tʰai^{55} βɔ^{221}	大妈 tuai^{33} ma^{41}	大妈 tua^{33} ma^{322}

077 **哥**（面称）

阿哥	哥	阿哥	阿哥最大的①
a^{0} kɔ^{44}	kɔ^{443}	a^{0} kɔ^{443}	aʔ^{3} kɔ̠^{52}

078 **弟**（背称）

阿弟	阿弟	阿弟	弟
a^{0} tie^{223}	a^{0} li^{223}	a^{0} te^{224}	tiᴇ^{41}
兄弟	弟		
xiaŋ^{44} tie^{223}	ti^{223}		

079 **姐**（面称）

阿姊	姊哥	阿姊	阿姊最大的
a^{0} tsi^{41}	tʃi^{34} ɔ^{443}	a^{0} tsi^{335}	aʔ^{3} tɕi^{322}

080 **妹**（背称）

阿妹	妹	阿妹	妹
a^{0} muoi^{335}	mui^{335}	a^{0} muai^{335}	muɔ̠i^{211}

081 **伯父**（面称）

阿伯	阿伯	阿伯	阿伯最大的
a^{0} paʔ^{5}	a^{0} βaʔ^{5}	a^{0} pa^{335}	aʔ^{3} pa^{211}
	伯		
	paʔ^{5}		

082 **伯母**（面称）

阿奶	阿□	阿母	阿母最大的
a^{0} nai^{335}	a^{0} βɛ^{335}	a^{0} mu^{41}	aʔ^{3} mu^{322}
	□		
	pɛ^{335}		

083 **叔父**（面称）

阿叔	阿叔	阿叔	阿叔最大的
a^{0} tsuʔ^{5}	a^{0} jɵʔ^{5}	a^{0} tsyk^{5}	aʔ^{2} tsøʔ^{21}
	叔		
	tʃɵʔ^{5}		

084 **叔母**（面称）

婶奶	阿婶	阿婶	阿婶最大的
siŋ^{55} nai^{335}	a^{0} liŋ^{42}	a^{0} siŋ^{41}	aʔ^{3} θiŋ^{322}
	婶		
	θiŋ^{42}		

---

① 包括只有一个时在内。以下“阿＋X”结构的亲属称谓亦如此。

085 外祖父（面称）

外翁 ŋia^{44} œŋ^{44}	外头 ŋe^{44} lau^{221} 外公 ŋui^{44} ouŋ^{443}	阿翁 a^{44} œ̱ŋ^{443}	外公 ŋia^{55} uŋ^{52}

086 外祖母（面称）

外婆 ŋia^{44} pɔ^{335}	外娘 ŋe^{44} nøoŋ^{221} 外婆 ŋui^{44} βɔ^{221}	阿婆 a^{0} pɔ^{221}	外妈 ŋia^{33} ma^{322}

087 儿子

囝 kiaŋ^{41}	囝 kiɐŋ^{42}	囝 kiaŋ^{41} 囝儿子女 kiaŋ^{11} ne^{51}	囝 kiaŋ^{322} 囝儿子女 kiaŋ^{11} nie^{335}

088 儿媳妇

新妇 siŋ^{44} pu^{223} 新妇囝童养媳 siŋ^{44} pu^{44} kiaŋ^{41}	新妇 θiŋ^{44} mou^{223} 囝新妇 kiɐŋ^{55} niŋ^{44} mou^{223} 新妇囝童养媳 θiŋ^{22} mu^{34} jiɐŋ^{443}	新妇 siŋ^{13} mɔ̱^{412} 新妇囝童养媳 siŋ^{11} mɔ̱^{33} iaŋ^{41}	新妇 θiŋ^{335} mo^{41} 新妇囝童养媳 θiŋ^{335} mu^{52} iaŋ^{322}

089 女儿

做母囝 tsu^{55} muo^{55} kiaŋ^{51}	□囝 tʃuŋ^{44} ŋiɐŋ^{42}	□囝 tsyŋ^{33} ŋiaŋ^{41}	□娘囝 tɕy^{335} nœ̱ŋ^{52} ŋiaŋ^{322}

090 女婿

儿婿 nieŋ^{211} sai^{335}	儿婿 niŋ^{22} nai^{335}	儿婿 neiŋ^{33} nai^{335}	儿婿 nieŋ^{22} nzai^{211}

091 舅（面称）

舅昼$^{=}$ ku^{44} tau^{335}～ku^{44} lau^{335}	阿舅 a^{0} kou^{223} ① 舅 kou^{223}	阿舅 a^{0} kɔ̱^{224}	阿舅最大的 aʔ^{4} kiəu^{41}

---

① 实际读音接近[a^{0} gou^{223}]。

092 舅母(面称)

妗奶 kiŋ^{44} nai^{335}	阿妗 a^{0} keiŋ^{223} ① 妗 keiŋ^{223}	阿妗 a^{0} kɛiŋ^{224}	阿妗最大的 aʔ^{4} keŋ^{41}

093 姑(面称)

姑奶父亲的姐姐 ku^{44} nai^{335} 妈妈父亲的妹妹 ma^{0} ma^{335}	姑姐 ku^{34} je^{443}	大姑父亲的姐姐 tuai^{44} ku^{443} 阿姑父亲的妹妹 a^{0} ku^{443}	大阿姐父亲的姐姐,最大的 tua^{335} a^{33} ȥia^{322} 大姑父亲的妹妹,最大的 tua^{55} ku^{52} 姑姐统称,背称 ku^{33} ȥia^{322}

094 姨(面称)

姨奶母亲的姐姐 i^{211} nai^{335} 姨妈母亲的妹妹 i^{211} ma^{41}	姨 ei^{221}	阿姨 a^{11} ᴇ^{221}	大姨最大的 tua^{44} i^{44} 姨囝母亲的妹妹,背称 i^{33} iaŋ^{322} 姨统称,背称 i^{44}

095 弟兄(总称)

哥弟哥 kɔ^{44} tie^{44} kɔ^{44}	哥弟哥 kɔ^{22} li^{34} ɔ^{443}	兄弟哥 xiaŋ^{44} ne^{44} ɔ^{443}	兄弟囝 xiaŋ^{335} nie^{52} iaŋ^{322} 兄弟哥 xiaŋ^{33} nie^{55} ɔ̱^{52}

096 姊妹(总称)

哥姊妹 兼指"兄弟姐妹" kɔ^{44} tsi^{55} muoi^{335}	姊妹哥 兼指"兄弟姐妹" tʃi^{22} mui^{55} ɔ^{443}	姊妹哥 兼指"兄弟姐妹" tsi^{11} muai^{55} ɔ^{443}	姊妹囝 兼指"兄弟姐妹" tɕi^{335} mui^{52} iaŋ^{322}

097 夫

老翁 lau^{44} œŋ^{44}	老公 lau^{44} wouŋ^{443}	老公 lau^{44} kuŋ^{443}	丈夫 tyŋ^{55} muo^{52}

---

① 实际读音接近[a^{0} geiŋ^{223}]。

098 **妻**

老妈 lau^{44} ma^{41} 翁婆夫妻 œŋ^{44} pɔ^{211}	老妈 lau^{44} ma^{42} 翁婆母夫妻 œuŋ^{22} mɔ^{34} mu^{443}	老妈 lau^{33} ma^{41} 老公老妈夫妻 lau^{44} uŋ^{44} lau^{44} ma^{41}	老妈 lau^{33} ma^{322} 老妈囝 lau^{11} ma^{11} iaŋ^{52} 老公妈夫妻 la^{11} uŋ^{33} ma^{322} 连读调特殊 老妈囝妻儿 lau^{11} ma^{11} kiaŋ^{52} 母囝妻儿 muo^{11} iaŋ^{52}

099 **定婚**

插定 tsʰ aʔ^{5} tiaŋ^{223}	定帖 tiɐŋ^{44} nɛʔ^{5}	插钗 tsʰ ak^{5} tsʰ ai^{443}	榨$^{=}$亲 ta^{55} tɕʰ iŋ^{52} 掏定 tɔ̱^{44} tiaŋ^{41}

100（男子）**娶媳妇**

扛新妇 kɔŋ^{44} siŋ^{44} pu^{223} 讨新妇 tʰ ɔ^{55} siŋ^{44} pu^{223}	扛新妇 kouŋ^{22} niŋ^{44} mou^{223}	讨老妈 tʰ ɔ^{11} lau^{33} ma^{41}	讨老妈 tʰ ɔ̱^{335} lau^{52} ma^{322} 讨亲 tʰ ɔ̱^{11} ʑiŋ^{52}

101（女子）**嫁人**

做新妇 tsɔ^{55} siŋ^{44} pu^{223}	做新妇 tsɔ^{55} liŋ^{44} mou^{223} 二足再婚（丈夫已去世） ni^{44} joʔ^{5} 嫁农再婚（丈夫还在） ka^{55} nœuŋ^{221}	做新妇 tsɔ^{55} ziŋ^{13} mɔ̱^{412} 嫁农再婚（丈夫还在） ka^{55} nœŋ^{221}	做新妇 tsɔ̱^{11} ziŋ^{335} mo^{41} □白裙再婚（丈夫已去世） θyŋ^{44} pa^{44} uŋ^{44}

102 **新娘**

新妇 siŋ^{44} pu^{223}	新妇 θiŋ^{44} mou^{223}	新妇农 siŋ^{11} mɔ̱^{44} nœŋ^{221}	新人 θiŋ^{44} ŋiŋ^{44}

103 **传袋**（新郎新娘从传递的麻袋上进入洞房）

（无）	（无）	（无）	（无）

104 **招男子来家结婚落户**

入□姑娘招 niʔ^{4} tsʰ ui^{41}	招亲姑娘招 tʃiu^{34} jeiŋ^{443}	渴$^{=}$儿婿姑娘招 kʰ ak^{5} neiŋ^{33} nai^{335}	招底姑娘招 tɕiu^{33} tᴇ^{52}

上门寡妇招	上门寡妇招	上门农寡妇招	叫底寡妇招
siɔŋ^{44} muoŋ^{211}	θøoŋ^{44} muŋ^{221}	søŋ^{44} mouŋ^{11} nœŋ^{221}	koe^{52} tᴇ^{322}

105 生小孩儿

生囝	饲囝兼指"抚养小孩儿"	生囝	生囝
saŋ^{44} kiaŋ^{41}	tʃʰi^{55} kiɐŋ^{42}	saŋ^{11} kiaŋ^{41}	θaŋ^{33} kiaŋ^{52}
		饲囝兼指"抚养小孩儿"	添养
		tsʰi^{335} kiaŋ^{51}	tʰieŋ^{33} ŋyoŋ^{52}
			养囝兼指"抚养小孩儿"
			yoŋ^{11} kiaŋ^{52}

106 头

头	头	头	头
tʰau^{211}	tʰau^{221}	tʰau^{221}	tʰau^{44}

107 脸

面	面	面	面
miŋ^{335}	meiŋ^{335}	miŋ^{335}	meŋ^{211}

108 额

额头门	额头舷	额头	头额
ŋiaʔ^{4} tʰau^{22} muoŋ^{211}	ŋeiʔ^{4} lau^{22} jiŋ^{221}	ŋeɐ^{11} lau^{221}	tʰau^{44} ŋia^{52}

109 鼻子

鼻头	鼻空兼指"鼻孔"	鼻古$^{=}$	鼻
pʰi^{55} tʰau^{211}	pʰi^{55} œuŋ^{443}	pʰi^{335} u^{51}	pʰe^{211}
鼻头空鼻孔	流鼻流鼻涕	鼻空鼻孔	鼻空鼻孔
pʰi^{55} tʰau^{211} kʰœŋ^{44}	lau^{22} βei^{335}	pʰi^{55} œŋ^{443}	pʰi^{55} kʰœŋ^{52}
流鼻流鼻涕,指较浓的		流鼻流鼻涕	流鼻流鼻涕
lau^{211} pʰi^{335}		lau^{33} pʰi^{335}	lau^{22} pʰe^{211}

110 眼

目珠	目珠	目珠	目珠
miʔ^{4} tsiu^{44}	mui^{44} jeu^{443}	muk^{4} tsiu^{443}	mᴇʔ^{5} tɕiu^{52}
～muʔ^{4} tsiu^{44}	～mi^{44} jeu^{443}		

111 眼珠儿

目珠籽	目珠仁	目珠仁	目珠仁
miʔ^{4} tsiu^{44} tsi^{41}	mui^{22} jeu^{34} neiŋ^{443}	muk^{1} tsiu^{11} nᴇiŋ^{41}	mᴇʔ^{4} tɕiu^{44} niŋ^{44}
～muʔ^{4} tsiu^{44} tsi^{41}	～mi^{22} jeu^{34} neiŋ^{443}	目珠子	
		muk^{1} tsiu^{11} tsi^{41}	

112 耳朵

耳朵	耳朵	耳囝	耳囝
ŋi^{44} lɔ^{42}	ŋe^{44} lɔ^{42}	ŋᴇ^{33} iaŋ^{41}	ŋi^{33} iaŋ^{322}

113 嘴唇

喙皮	喙皮	喙皮	喙皮
tsʰy^{55} pʰuoi^{211}	tʃʰi^{55} βui^{221} ①	tsʰui^{55} βoi^{221}	tsʰui^{44} βui^{44}
猪喙唇猪的嘴唇		喙嘴猪的嘴唇	
ty^{44} tsʰy^{55} syŋ^{211}		tsʰui^{335} zui^{51}	

114 舌头

喙舌	喙舌	喙舌	喙舌
tsʰy^{55} tsieʔ^{2}	tʃʰi^{55} liʔ^{2}	tsʰui^{55} zeik^{43}	tsʰui^{33} zieʔ^{5}

115 脖子

脰领	脰□	脰管	脰□筋
tau^{44} liaŋ^{41}	ta^{44} waŋ^{221}	ta^{33} uŋ^{41}	tau^{33} uoʔ^{5} kyŋ^{52}
□领领子	脰管	脰领领子	脰□
ka^{55} liaŋ^{51}	ta^{44} wuŋ^{42}	tau^{33} liaŋ^{41}	tau^{22} uɔ̠ʔ^{21}
羊项羊的脖子	脰领领子		脰领领子
iɔŋ^{211} xɔŋ^{223}	tau^{44} liɐŋ^{42}		tau^{33} liaŋ^{322}
	羊项羊的脖子		羊项羊的脖子
	jøoŋ^{335} hɔuŋ^{223} ②		yoŋ^{44} xɔŋ^{41}

116 胳膊

手肚	手肚	手肚	手肚
tsʰiu^{55} lu^{51}	tʃʰiu^{35} lu^{53}	tsʰiu^{11} lu^{51}	tɕʰiu^{11} lu^{52}
手包括手	手包括手	手包括手	大手肚上臂
tsʰiu^{41}	tʃʰiu^{42}	tsʰiu^{41}	tua^{11} ʑiu^{11} lu^{52}
			手肚团下臂
			tɕʰiu^{11} lu^{11} iaŋ^{52}
			手包括手
			tɕʰiu^{322}

117 左手

𣍐手	𣍐□手	□爿手	倒边手
mɛ^{44} tsʰiu^{41}	mɛŋ^{35} mo^{55} jiu^{42}	kʰœ^{11} βɛiŋ^{11} nziu^{41}	tɔ̠^{33} βᴇŋ^{55} ȵʑiu^{52}
𣍐爿手	𣍐爿手	大手	
mɛ^{44} pɛŋ^{211} tsʰiu^{41}	mɛ^{223} βɛiŋ^{22} jiu^{42}	tuai^{33} ziu^{41}	

---

① 实际读音接近[tʃʰi^{55} wui^{221}]。

② “羊”[jøoŋ^{335}]的连读调特殊。

118 右手

解手	解□手	奥⁼爿手	正边手
ε^{44} tsʰiu^{41}	εŋ^{35} mo^{55} jiu^{42}	ɔ^{55} ßeiŋ^{11} nziu^{41}	tɕiaŋ^{33} ßɛŋ^{55} ɲʑiu^{52}
解爿手	解爿手	细手	
ε^{44} pεŋ^{211} tsʰiu^{41}	ε^{223} ßeiŋ^{22} jiu^{42}	sε^{335} ziu^{51}	

119 手指

指头团	指头	指指	手指指
tsεŋ^{55} tʰau^{211} kiaŋ^{41} ～tsεŋ^{55} nau^{211} kiaŋ^{41}	tʃiŋ^{35} nau^{53}	tseiŋ^{11} nzai^{51}	tɕʰiu^{11} ʑieŋ^{11} nzai^{52}

120 大拇指

指头拇	指头拇	指指拇	大拇拇
tsεŋ^{55} tʰau^{211} mɔ^{41}	tʃiŋ^{22} nau^{55} mɔ^{42}	tseiŋ^{11} nzai^{11} mɔ^{51}	tua^{335} mɔ̱^{52} mɔ̱^{322}

121 食指

第二指	长尾哥	鸡角指	鸡角指
tε^{44} ni^{44} tsai^{41}	tɔuŋ^{22} mui^{55} ɔ^{443}	ke^{11} œ̱k^{4} tsai^{51}	kie^{33} œ̱ʔ^{5} tsai^{322}

122 中指

□中指	中指头	□中指	□中指
tuŋ^{55} tɔŋ^{44} tsai^{41}	tɔuŋ^{22} ŋiŋ^{35} nau^{53}	tai^{55} nɔ̱uŋ^{11} nzai^{41}	tai^{11} lɔ̱ŋ^{11} nzai^{52}
			□鸟指贬
			nɔ̱y^{11} ʑiu^{11} nzai^{52}

123 无名指

(无)	(无)	无名指	无名指
		mɔ^{11} miaŋ^{11} nzai^{41}	mɔ̱^{335} miaŋ^{52} nzai^{322}

124 小拇指

煞尾指	指头团	指指团	尾指指
saŋ^{55} muoi^{55} tsai^{51}	tʃiŋ^{22} nau^{34} jiɐŋ^{443}	tseiŋ^{11} nzai^{11} iaŋ^{51}	mui^{11} ʑieŋ^{11} nzai^{52}

125 指甲

指甲	指甲	指甲	手指甲
tsεŋ^{55} kaʔ^{5}	tʃiŋ^{55} ŋaʔ^{5}	tseiŋ^{11} ŋak^{5}	tɕʰiu^{11} ʑieŋ^{335} ŋaʔ^{21}

126 斗，圆形的指纹

脶	脶	脶	脶
lɔi^{211}	lɔi^{221}	lɔi^{221}	lɔ̱y^{44}

127 箕，簸箕形的指纹

箕	箕	箕	□
ki^{44}	kei^{443}	ki^{443}	xia^{52}

128 腿

骹腿大腿 kʰa^{44} tʰai^{41} 骹肚小腿 kʰa^{44} lu^{41} 骹肚包腿肚子 kʰa^{44} lu^{55} pau^{44} 骹包括脚 kʰa^{44}	骹肚 kʰa^{34} lu^{443} 大腿大腿 to^{44} tʰai^{42} 骹肚袋腿肚子 kʰa^{22} lu^{55} lɔi^{223} 骹包括脚 kʰa^{443}	骹腿大腿 kʰa^{11} lɔ̠i^{41} 大腿大腿 tuai^{33} tʰɔ̠i^{41} 骹肚小腿 kʰa^{11} lu^{41} 骹肚瓤腿肚子 kʰa^{11} lu^{11} nɔuŋ^{51} 骹包括脚 kʰa^{443}	骹肚 kʰa^{33} lu^{52} 大骹肚大腿 tua^{11} a^{11} lu^{52} 细骹肚小腿 θᴇ^{11} a^{11} lu^{52} 骹肚囝腿肚子 kʰa^{11} lu^{11} iaŋ^{52} 骹包括脚 kʰa^{52}

129 膝盖（指部位）

骹腹头 kʰa^{44} puʔ^{5} tʰau^{211}	□头 kʰau^{35} lau^{211} 连读调特殊	骹头节 kʰa^{11} lau^{11} zᴇik^{5}	骹腹头 kʰa^{11} βuʔ^{1} tʰau^{335}

130 乳房

□ nɛŋ^{335}	□ nɛiŋ^{335}	□ nᴇiŋ^{335}	□ nᴇŋ^{44} □□ nᴇŋ^{11} nᴇŋ^{335} 连读调特殊

131 肛门

□臀空 kɔ^{22} lɔŋ^{211} kʰœŋ^{44}	脏头 tsɔuŋ^{44} nau^{221}	□穿空 ko^{55} louŋ^{44} kʰœ̠ŋ^{443}	□穿空 ku^{11} yoŋ^{11} kʰœ̠ŋ^{52}

132 阴茎

糊$^{=}$醉$^{=}$ ku^{211} tsy^{335} 糊$^{=}$醉$^{=}$囝小孩的 ku^{211} tsy^{55} kiaŋ^{51}	𡳞□ niŋ^{44} ɲøi^{221} 日$^{=}$鸟 neiʔ^{4} tʃeu^{42} ～neiʔ^{4} jeu^{42}	□鸟 nɔi^{11} tsᴇu^{41} 急$^{=}$囝小孩的 kik^{4} kiaŋ^{51}	□鸟 nɔ̠y^{33} ʑiu^{322} 碑$^{=}$碑$^{=}$囝小孩的 pi^{11} pi^{52} iaŋ^{322}

133 阴囊

卵袋 lɔŋ^{44} tɔi^{223}	𡳞脬 niŋ^{44} ma^{443}	𡳞脬 liŋ^{44} pʰa^{443}	𡳞脬 liŋ^{55} pʰa^{52}

134 睾丸

卵袋籽 lɔŋ^{44} tɔi^{44} tsi^{41}	𡳞脬籽 niŋ^{22} ma^{34} ji^{443}	𡳞核籽 liŋ^{44} ŋɔ̠k^{1} tsi^{41}	𡳞核籽 liŋ^{335} ŋɔ̠ʔ^{3} tɕi^{322}

135 女阴

□□ tsi^{44} pɛ^{44}	□ pɛ^{443}	老□ lau^{44} zi^{443}	之$^{=}$ tɕi^{52}

		鳖 piʔ^{5}	急$^{=}$囝小孩的 kik^{4} kiaŋ^{51}	
136 性交（动宾）	做□ tsɔ^{55} pɛ^{44}	□□ tʃʰɛu^{34} βɛ^{443} □鳖 tʃʰɛu^{44} βiʔ^{5}	相□ sœ̱ŋ^{44} kʰoi^{443}	相□ θœ̱ŋ^{335} θa^{211}
137 精液	露 lu^{223}	精 tʃeiŋ^{443}	精 tsiŋ^{443}	精 tɕiŋ^{52}
138 拉屎	拿$^{=}$屎 na^{211} sai^{41}	□屎 na^{22} lai^{42}	□屎 na^{11} zai^{41}	□屎 na^{33} zai^{322}
139 撒尿	拿$^{=}$尿 na^{211} niɐu^{223}	□尿 na^{22} niu^{223}	□尿 na^{11} neu^{224}	□尿 na^{44} niəu^{41}
140 放屁	放屁 puŋ^{55} pʰui^{335}	放屁 puŋ^{55} pʰɵi^{335}	放屁 puŋ^{33} pʰui^{335}	放屁 puŋ^{52} pʰuɔ̱i^{211}
141 相当于“他妈的”的口头禅	做汝阿妈 tsɔ^{335} ny^{41} a^{0} ma^{44}	□汝奶 tʃʰɛu^{22} ni^{35} nɛ^{53}	汝奶乞我□ ny^{11} nɛ^{51} kʰik^{4} uai^{51} kʰoi^{443} 汝奶乞我□ ny^{11} nɛ^{51} kʰik^{4} uai^{51} sa^{335}	□汝奶 θa^{11} ny^{11} nᴇ^{52}
142 病了	病了 paŋ^{223} lɔ^{0}	病了 paŋ^{223} no^{0}	病去了 paŋ^{224} ŋœ^{0} lɔ^{0}	□病 aŋ^{44} paŋ^{41}
143 拉肚子	腹肚□ puʔ^{5} lu^{51} lau^{335}	腹肚□ puʔ^{5} lu^{42} lau^{335}	病泻乐$^{=}$ paŋ^{11} seɐ^{55} lɔ̱k^{43}	□泻 lau^{52} zia^{211}
144 发疟子	拍摆 pʰa^{55} pai^{51}	拍寒 pʰaʔ^{5} kaŋ^{221}	拍寒 pʰa^{55} kaŋ^{221}	拍寒 pʰa^{44} kaŋ^{44} 拍腹寒 pʰa^{11} βuʔ^{1} kaŋ^{335}

145 蚊子咬成的疙瘩

发粒起 发这种疙瘩的过程 puoʔ^{5} laʔ^{2} kʰi^{41}	□ mɔ^{443}	□ mɔ^{443}	馍$^{=}$ mɔ̱^{52}

146 疖子

疖 tsieʔ^{5}	疖 tʃiʔ^{5}	（不知）	放$^{=}$ xuɔ̱ŋ^{211}

147 吃中药

食药 siaʔ^{4} yøʔ^{2}	食药 θeiʔ^{4} jiʔ^{2}	食药 seɐʔ^{4} ø^{443}	食药 θiaʔ^{4} yo^{52}
	食草婉 θeiʔ^{4} tʃʰo^{42}	食草茶吃草药 seɐʔ^{4} tsʰau^{11} la^{51}	

148 瘸子

摆$^{=}$骹 pai^{55} kʰa^{44}	□骹 pai^{55} ja^{443}	□骹 pai^{55} kʰa^{443}	□骹 pʰiaŋ^{11} kʰa^{52}
	瘸骹 kʰi^{22} wa^{443}	□骹 kiak^{5} kʰa^{443}	瘸骹 kʰuo^{55} a^{52}

149 驼子

何$^{=}$□驼 xɔ^{211} pu^{55} tɔ^{211}	驼匏$^{=}$ tɔ^{22} βou^{221}	曲腹脊 kʰo^{55} βuk^{3} tseɐ^{335}	稳$^{=}$髆 uŋ^{11} pʰiaŋ^{52}

150 死了

死得 si^{41} liʔ^{5}	死得了 θi^{42} tiʔ^{5} lo^{0}	死去了 si^{41} kœ^{0} lɔ^{0}	死去 θi^{322} yɔ̱^{0}
过世婉，老人死 kuo^{55} sie^{335}	辞世了婉，老人死 θu^{22} li^{335} lo^{0}	过世去了婉，老人死 ko^{33} se^{335} œ^{0} lɔ^{0}	老去婉，老人死 lau^{41} uɔ̱^{0}
到去了婉，老人死 tɔ^{335} kʰyø^{335} lɔ^{0}	过世了婉，老人死 ku^{55} li^{335} lo^{0}	百年去了婉，老人死 pa^{55} neiŋ^{221} kœ^{0} lɔ^{0}	百岁婉，老人死 pa^{52} uɔ̱i^{211}
	短命到了老年之前去世 tɵi^{55} miɐŋ^{223}	短命到了五十岁之前去世 tɔ̱i^{13} miaŋ^{412}	拍□去婴儿死 pʰaʔ^{3} tɕʰyʔ^{5} kʰyɔ̱^{0} ①
	无长命到了老年之前去世 mɔ^{22} lɔuŋ^{22} miɐŋ^{223}		

151 报丧

赶死农报 kaŋ^{55} si^{55} nœŋ^{211} pɔ^{335}	报死 pɔ^{55} li^{42}	送白帖 sœ̱ŋ^{335} pa^{11} tʰᴇik^{5}	喊死 xaŋ^{52} θi^{322}

---

① “拍”的连读调特殊。

152 吃丧宴

食散筵饭埋葬之后吃 siaʔ^{4} saŋ^{55} ieŋ^{211} puoŋ^{223}	食丧□埋葬之后吃 θeiʔ^{2} θouŋ^{44} maŋ^{335}	食老饭埋葬之后吃 seɐʔ^{4} lau^{44} pouŋ^{224}	食落山冥埋葬之后吃 θia^{52} lɔ̠^{44} zaŋ^{44} maŋ^{44}

153 葬

台$^{=}$ tai^{211}	葬 tsɔuŋ^{335}	葬 tsɔ̠uŋ^{335} 葬墓 tsɔ̠uŋ^{33} mo^{335}	埋 mai^{44}

154 坟墓

墓 muo^{335} 生圹生前所修的坟墓 saŋ^{44} k^{h}uoŋ^{41}	墓 mu^{335} 寿坟生前所修的坟墓 θiu^{44} βouŋ^{221}	墓 mo^{335} 生圹生前所修的坟墓 saŋ^{11} ŋouŋ^{41}	墓 muɔ̠^{211} 喜圹生前所修的坟墓 xi^{11} k^{h}uoŋ^{52}

155 用竹篾和纸扎成的灵屋

乡亭 xiɔŋ^{44} tiŋ^{211}	（无）	（无）	库 k^{h}o^{211} 化库烧灵屋 xua^{52} k^{h}o^{211}

156 在坟上挂纸

挂纸 kua^{55} tsia^{51}	（无）	挂纸兼指"扫墓" koʌ^{335} tse^{51}	榨$^{=}$纸在坟墓上压纸钱 ta^{52} zai^{322}

157 问巫婆（一种迷信活动）

问神男女都有 muŋ^{55} siŋ^{211}	□看花男女都有 ɛ^{55} o^{443}	问阴农男女都有 mouŋ^{55} ŋiŋ^{11} nœŋ^{41}	问神妈 muoŋ^{335} nziŋ^{52} ma^{322}

158 为受惊吓的小孩招魂

赎魂 suʔ^{4} xuoŋ^{211}	收惊 θiu^{34} jiɐŋ^{443} 做皇$^{=}$ tsɔ^{55} wuŋ^{221}	收惊 siu^{44} kiaŋ^{443} 吼魂 xau^{11} uɔuŋ^{51}	（不知）

159 看病

映病 ɔŋ^{55} paŋ^{223}	□病 ɛ^{55} βaŋ^{223}	看病 k^{h}aŋ^{55} maŋ^{224}	看病 k^{h}aŋ^{52} paŋ^{41}

160（病）轻了

好蜀囝 xɔ^{41} siʔ^{5} kiaŋ^{51}	赢□□ jaŋ^{221} naŋ^{55} ŋa^{53}	好□了 xɔ^{41} niaŋ^{51} nɔ^{0}	有差 uʔ^{5} ts^{h}a^{52}

161 斗笠(竹篾夹箬或油纸制成)

笠①斗 niʔ^{4} tau^{41}	笠斗 leiʔ^{4} lo^{42}	笠斗 nik^{1} tau^{41}	斗笠 tau^{11} liʔ^{5}

162 衣服

衣裳 i^{44} siɔŋ^{211} 衣裳衫上衣和裤子的统称 i^{44} siɔŋ^{211} saŋ^{44}	衣裳 i^{34} jøɔŋ^{443}	袄裳 ɔ^{11} zøŋ^{51} 袄 ɔ^{41} 袄裳裤上衣和裤子的统称 ɔ^{55} zøŋ^{33} ŋu^{335}	衣裳 i^{44} yoŋ^{44} 衣裳裤上衣和裤子的统称 i^{335} yoŋ^{52} kʰo^{211}

163 围裙

拦身裙 laŋ^{211} siŋ^{44} kuŋ^{211}	围身裙 wøi^{22} liŋ^{34} ŋouŋ^{443}	拦身裙 laŋ^{11} nziŋ^{11} ŋɔ̠uŋ^{221}	□身裙 i^{44} ziŋ^{44} ŋuŋ^{44}

164 涎布,围嘴儿

澜查$^{=}$ laŋ^{55} tsa^{211}	澜□ laŋ^{35} na^{53}	澜□ laŋ^{11} nza^{51}	澜车$^{=}$ laŋ^{11} tɕʰia^{52} 澜□ laŋ^{335} nzuɔ̠^{41}

165 尿布

衲团 naʔ^{4} kiaŋ^{41}	尿节$^{=}$ niu^{44} jɛʔ^{5}	尿布 neu^{33} βo^{335}	尿□ niu^{44} zuɔ̠^{41}

166 汤布(男人劳动时擦汗等用的长布条)

汗巾 kaŋ^{44} kyŋ^{44}	汗布 kaŋ^{44} mu^{335}	(无)	(无)

167 手巾,毛巾

牛肚巾 ŋu^{211} tu^{55} kyŋ^{44}	面布 miŋ^{55} nu^{335}	手巾擦汗用 tsʰiu^{55} yŋ^{443} 汗巾擦汗用 kaŋ^{44} ŋyŋ^{443} 面巾洗脸用 miŋ^{55} ŋyŋ^{443} 面布洗脸用 miŋ^{33} mo^{335}	手巾 tɕʰiu^{335} yŋ^{52} 羊肚巾吸水的 yoŋ^{33} nu^{55} yŋ^{52} 兴化巾不吸水的 xiŋ^{33} ŋua^{55} yŋ^{52}

---

① 发音人认为此字为“日”,因为“斗笠”是在有太阳时用的东西。

168 肥皂

胰皂	胰皂	胰皂	胰皂
i^{211} tsɔ^{223}	i^{22} ɔ^{223}～ŋi^{22} ɔ^{223}	ᴇ^{11} iɔ^{224}	i^{44} zɔ^{41}

169 脸盆

面桶	面桶	面盆	面桶木制的
miŋ^{55} tʰœŋ^{51}	miŋ^{55} nøŋ^{42}	miŋ^{55} mo̲uŋ^{221}	miŋ^{52} nœ̲ŋ^{322}
	柴面桶木制的	面桶木制的	铜盆铜制的
	tsʰa^{22} miŋ^{55} nøŋ^{42}	miŋ^{335} tʰœ̲ŋ^{51}	tœ̲ŋ^{44} puoŋ^{44}
		评$^{=}$盆搪瓷制的	
		pʰᴇiŋ^{11} mo̲uŋ^{221}	

170 洗脸水

洗面汤	洗面汤	洗面汤	洗面汤
sɛ^{55} miŋ^{55} tʰɔŋ^{44}	θɛ^{22} miŋ^{55} nouŋ^{443}	sɛ^{11} miŋ^{55} tʰo̲uŋ^{443}	θᴇ^{33} miŋ^{55} no̲ŋ^{52}

171 凳子

凳统称	凳统称	椅坐具统称	椅坐具统称
tiŋ^{335}	teiŋ^{335}	e^{41}	ie^{322}
长凳长凳	凳头一个人坐的	椅头一个人坐的	椅头一个人坐的
tɔŋ^{211} tiŋ^{335}	tiŋ^{55} nau^{221}	e^{11} lau^{51}	ie^{11} lau^{335}
凳团一个人坐的矮凳	凳豚比"凳头"矮一点的	椅条长凳	椅条长凳
tiŋ^{55} kiaŋ^{51}	tiŋ^{55} nouŋ^{221}	e^{11} lɛu^{51}	ie^{11} lᴇu^{335}
	长凳长凳	长椅长凳	鼓椅圆凳
	touŋ^{22} neiŋ^{335}	touŋ^{11} ŋe^{41}	ku^{11} ie^{433}
	凳团一个人坐的矮凳	椅团一个人坐的矮凳	椅团一个人坐的矮凳
	tiŋ^{55} ŋiɐŋ^{42}	e^{11} iaŋ^{51}	ie^{11} iaŋ^{52}

172 放在床前的长条形矮凳

（无）	床凳	（无）	踏板
	tsʰouŋ^{22} neiŋ^{335}		taʔ^{3} pᴇŋ^{322}

173 桌子

桌	桌	桌	桌
tɔ^{335}	tɔʔ^{5}	tɔ^{335}	tɔ^{211}

174 抽屉

桌簏	竹柜	桌簏	抽抽
tɔ^{55} lœʔ^{5}	tøʔ^{5} øi^{223}	tɔ^{11} luk^{5}	tʰiu^{55} tʰiu^{52}

175 图章（统称）

印	印	印	印
iŋ^{335}	eiŋ^{335}	iŋ^{335}	eŋ^{211}

			章 tsøŋ^{443}	
176 糨糊	糊 ku^{211} 洋糊店里买来的 iɔŋ^{22} ku^{211}	糊 kou^{221} 洋糊店里买来的 jøoŋ^{22} ŋou^{221}	糊 kɔ̱^{221} 洋糊店里买来的 øŋ^{11} kɔ̱^{221}	糊 ku^{44} 香糊店里买来的 xyoŋ^{44} ŋu^{44}
177 火柴	洋火 iɔŋ^{211} xuoi^{41}	洋火旧 jøoŋ^{22} ŋui^{42} 火□ hui^{55} loʔ^{5}	洋火 øŋ^{11} ŋoi^{41}	洋火 yoŋ^{33} ŋui^{322} 蕃囝火 xuaŋ^{11} ŋiaŋ^{11} ŋui^{52}
178 抹布	桌布 tɔ^{55} puo^{335}	拭桌布 tʃʰiʔ^{5} lɔ^{55} βu^{335} 杆□稻草做的 kaŋ^{55} nœ^{335}	拭桌布 tsʰik^{5} tɔ^{33} βo^{335}	桌布 tɔ̱^{52} βuɔ̱^{211}
179 羹匙，匙子	调羹 tiɐu^{211} kœŋ^{44}	调羹 tiu^{22} œuŋ^{443} ～tiu^{22} wœuŋ^{443}	调羹 teu^{44} uᴇiŋ^{443}	瓢羹 pʰiu^{55} ᴇŋ^{52}
180 箸，筷子	箸 ty^{223}	箸 tɵi^{223}	箸 tœ̱^{224}	箸 tø^{41}
181 撮或簸东西用的簸箕	粪斗 puŋ^{55} tau^{51}	粪斗 puŋ^{55} no^{42}	粪斗 puŋ^{335} nau^{51}	粪斗 puŋ^{52} nau^{322}
182 挑东西用的簸箕，有梁	粪箕 puŋ^{55} ki^{44}	粪箕 puŋ^{55} ŋei^{443}	粪箕 puŋ^{55} ŋi^{443}	粪箕 puŋ^{55} ŋi^{52}
183 笤帚	柴手统称 tsʰa^{211} tsʰiu^{41} 竹手竹枝做的 tuʔ^{5} tsʰiu^{51} 芒手芦苇做的 muŋ^{211} tsʰiu^{41}	柴手竹枝做的 tsʰa^{22} liu^{42} 菅手芦苇做的 kaŋ^{34} niu^{443} 棕扫棕毛做的 tʃœuŋ^{44} nau^{335}	柴手竹枝做的 tsʰa^{11} ziu^{41} 芒手芦苇做的 mœŋ^{11} nziu^{41} ～mœŋ^{11} niu^{41}	扫手统称 θau^{52} ʑiu^{322} 竹扫手竹枝做的 tyʔ^{1} θau^{52} ʑiu^{322} 芒扫手芦苇做的 mœ̱ŋ^{11} nzau^{52} ʑiu^{322}

184 烤火取暖用的火盆(外架内盆)

火钵	火炉	火炉	(无)
xuoi^{55} puaʔ^{5}	hui^{35} lou^{53}	xoi^{11} lɔ̠^{51}	

185 烘篮(篮形)

火笼	火笼	火笼	火笼
xuoi^{55} lœŋ^{211}	hui^{35} lœuŋ^{53}	xoi^{11} lœŋ^{51}	xui^{11} lœ̠ŋ^{335}
			手暖 铜制、长方形、较小的 tɕ^{h}iu^{11} nuoŋ^{433}

186 水碓

水碓	碓寮	水碓	水碓
tsy^{55} tai^{335}	tai^{55} lɛu^{221}	tsui^{33} tai^{335}	tsui^{335} lɔy^{211}

187 油坊

油行	油行	油行	油行
iu^{22} xɔŋ^{211}	jeu^{22} wɔuŋ^{221}	ᴇu^{11} uɔuŋ^{221}	iu^{44} uɔ̠ŋ^{44}

188 锤子,钉锤

锤	铁锤	锤囝	铁锤
t^{h}y^{211}	t^{h}iʔ^{5} lɵi^{221}	t^{h}ɔ̠i^{11} iaŋ^{41}	t^{h}ieʔ^{4} t^{h}ui^{44}

189 绳子

索	索	索	索
sɔ^{335}	θɔʔ^{5}	sɔ^{335}	θɔ^{211}

190 晒衣服用的竹竿

竹篙	竹笐	竹笐	笐
tuʔ^{5} ɔ^{44}	tiʔ^{5} ɔuŋ^{223}～ti^{55} ɔuŋ^{223}	tyk^{5} ɔuŋ^{224}	ɔŋ^{41}

191 自行车

脚踏车	骹踏车	骹踏车	骹车
kyøʔ^{5} taʔ^{4} ts^{h}ia^{44}	k^{h}a^{22} laʔ^{4} je^{443}	k^{h}a^{44} tak^{4} ts^{h}eɐ^{443}	k^{h}a^{44} ʑia^{52}
		骹车 k^{h}a^{44} zeɐ^{443}	

192 轮子

轮	轮	□	轮轮
lyŋ^{211}	louŋ^{221}	leiŋ^{41}	luŋ^{44} luŋ^{44}

193 雨伞

伞	伞	伞	伞
saŋ^{41}	θaŋ^{42}	saŋ^{41}	θaŋ^{322}

194 犁

犁	犁	犁	犁
lɛ^{211}	lœ^{221}	lɛ^{221}	lᴇ^{44}

195 连枷

（无）	（无）	（无）	豆撼$^{=}$
			tau^{33} kiaʔ^{5}

196 收割稻子等时脱粒用的木桶

禾楻	□釉楻	釉楻	釉楻
uoi^{22} xuoŋ^{211}	puaŋ^{22} ni^{44} wuŋ^{221}	tᴇu^{44} uouŋ^{221}	tiu^{44} kʰuoŋ^{44}
			□楻
			θœ̱ʔ^{4} kʰuoŋ^{44}

197 晒粮食用的大竹席

簟	簟	簖	簖
tɛŋ^{223}	tɛiŋ^{223}	tseik^{5}	tɕiaʔ^{21}

198 箩

箩	箩	箩	箩
lua^{211}	lo^{221}	lai^{221}	lai^{44}

199 帮助挑担用的棍子

杖团	拄杖	拄杖	拄杖
tʰuŋ^{44} kiaŋ^{41}	tu^{55} løoŋ^{223}	tu^{13} tʰøŋ^{412}	tuo^{335} lyoŋ^{41}

200 粮柜

仓□	仓底大，固定的	仓大，固定的	俄$^{=}$大，固定的
tsʰɔŋ^{44} kaʔ^{2}	tsʰɔuŋ^{34} ni^{443}	tsʰɔ̱uŋ^{443}	ŋɔ̱^{44}
			斛小，可以移动的
			xœ̱ʔ^{5}

201 甑子

饭桶	饭甑	饭甑	饭床
puoŋ^{44} tœŋ^{223}	puŋ^{44} neiŋ^{335}	pouŋ^{33} nziŋ^{335}	puoŋ^{44} nzɔ̱ŋ^{44}
		～pouŋ^{33} niŋ^{335}	

202 捞饭用的笊篱

笊篱	笊篱	笊篱	笊篱
tsia^{55} lie^{211}	tʃɛ^{55} li^{221}	tseɐ^{55} le^{221}	tɕia^{11} lie^{335}

203 早饭

饭	饭	饭	饭
puoŋ^{223}	puŋ^{223}	pouŋ^{224}	puɔ̱ŋ^{41}

204 午饭

昼	昼	昼	昼
tau^{335}	tau^{335}	tau^{335}	tau^{211}

205 点心（中晚饭之间的一顿饭）

点心	点心	点心	点心
tœŋ^{55} siŋ^{44} ～tieŋ^{55} siŋ^{44}	tiŋ^{55} ŋeiŋ^{443}	tyŋ^{55} nziŋ^{443}	tieŋ^{11} nziŋ^{52}

206 晚饭

冥	冥	冥	冥
maŋ^{211}	maŋ^{221}	maŋ^{221}	maŋ^{44}

207 大米饭

白□	白□	白饭	饭
paʔ^{4} maŋ^{335}	pa^{44} maŋ^{335}	pa^{11} βouŋ^{224}	puo̱ŋ^{41}

208 泡饭

沃□	托⁼□	沃茶饭	（无）
uo^{55} maŋ^{335}	tʰɔʔ^{5} maŋ^{335}	o^{55} la^{11} βouŋ^{224}	

209 面条儿

面	面	面	面细的
mieŋ^{223}	miŋ^{223}	meiŋ^{224}	miɛŋ^{41}
			切面粗的
			tɕʰieʔ^{5} miɛŋ^{41}

210 粉条儿

粉米粉做的，湿的	吹粉米粉做的，湿的	粉干米粉做的，干的	大米粉米粉做的，粗的①
xuŋ^{41}	tʃʰui^{34} uŋ^{443}	xuŋ^{55} ŋaŋ^{443}	tua^{11} mi^{11} uŋ^{52}
水粉米粉做的，湿的	粉干米粉做的，干的	蕃薯粉扣白薯粉做的，干的	米粉团米粉做的，细的
tsy^{55} xuŋ^{51}	huŋ^{55} ŋaŋ^{443}	xuaŋ^{33}nzo̱e^{33}uŋ^{33}ŋɛu^{335}	mi^{11} uŋ^{11} ŋiaŋ^{52}
粉干米粉做的，干的	蕃薯扣白薯粉做的，湿的		山东粉白薯粉做的
xuŋ^{55} kaŋ^{44}	haŋ^{22} ni^{22} ɛu^{335}		θaŋ^{33} no̱eŋ^{55} ŋuŋ^{52}
蕃薯粉白薯粉做的，干的、湿的			
xuaŋ^{44} sy^{211} xuŋ^{41} ～xuaŋ^{44} ny^{211} xuŋ^{41}			

211 面粉

面粉	面粉	面粉	面粉
mieŋ^{44} xuŋ^{41}	miŋ^{55} nuŋ^{42}	meiŋ^{33} ŋuŋ^{41}	mieŋ^{33} ŋuŋ^{322}

---

① 福清的粉条儿都是干的。

212 馒头

馒头 maŋ^{22} tʰau^{211}	馒头 maŋ^{22} nau^{221} ～muaŋ^{22} nau^{221}	馒头 maŋ^{44} tʰau^{221}	馍馍 mɔ̱^{55} mɔ̱^{52} 馒头新 maŋ^{44} tʰau^{44}

213 包子

包 pau^{44}	包 pau^{443}	包 pau^{443}	包 pau^{52}

214 馄饨

扁食 pieŋ^{55} siʔ^{2}	扁食 piŋ^{55} neiʔ^{5}	扁食 peiŋ^{55} nik^{43}	扁食 pieŋ^{11} θiʔ^{5}

215 饺子

饺 kiɐu^{41}	饺 kiu^{42}	饺 keu^{41}	饺 kiu^{322}

216 馃（一种圆饼形面食）

（无）	糍 θei^{221}	秋菊馃 tsʰiu^{11} yk^{4} koi^{51}	鼠曲馃 tɕʰy^{33} yʔ^{5} kui^{322}

217 油条

菜瓜鑢⁼ tsʰai^{55} kua^{44} lœ^{335} 油条新 iu^{22} tɛu^{211} 菜瓜黄瓜 tsʰai^{55} kua^{44}	□□□ tsʰa^{55} ou^{22} lœ^{335} ～tsʰa^{55} wu^{22} lœ^{335} 油条新 jiu^{22} lɛu^{221}	油炸馃 ᴇu^{11} ak^{4} koi^{51} 油条新 ᴇu^{11} tɛu^{221}	□□馃① i^{33} iaʔ^{5} kui^{322}

218 炒米（名词）

炒米一粒一粒的 tsʰa^{55} mi^{51} 米波⁼做成糕的 mi^{55} pʰɔ^{44}	米□普⁼一粒一粒的 mi^{35} liɐŋ^{55} mu^{42} 米□做成糕的 mi^{35} liɐŋ^{53}	米波⁼一粒一粒的 mi^{55} βɔ^{443} 米糕做成糕的 mi^{55} kɔ^{443}	炒米□做成糕的 tsʰa^{11} mi^{11} lu^{52}

219 糍粑

糯米糍 nɔ^{44} mi^{55} si^{211}	糍粑 θi^{22} βa^{443}	糍 sᴇ^{221}	糍 θi^{44}

---

① 发音人认为前两个字的本字是“油炸”。

220 菜(饭菜的菜)

涩$^{=}$	涩$^{=}$	菜	配
sɛʔ^{5}	θɛʔ^{5}	tsʰai^{335}	pʰuɔ̠i^{211}
菜	菜	菜驮涩$^{=}$用菜下饭	
tsʰai^{335}	tsʰai^{335}	tsʰai^{335} tɔ^{221} sᴇik^{5}	
		菜驮配用菜下饭	
		tsʰai^{335} tɔ^{221} pʰuai^{335}	

221 干菜

菜干	菜心	菜脯	菜干萝卜干
tsʰai^{55} kaŋ^{44}	tsʰai^{55} leiŋ^{443}	tsʰai^{335} βo^{51}	tsʰai^{55} iaŋ^{52}

222 醋

醋	醋	醋	醋
tsʰu^{335}	tʃʰou^{335}	tsʰu^{335}	tsʰo^{211}

223 酱油

酱油	酱油	酱油	豉油
tsiɔŋ^{55} iu^{211}	tʃøoŋ^{55} ŋeu^{221}	tsøŋ^{55} ŋᴇu^{221}	θie^{44} iu^{44}

224 芝麻油

麻油	麻油	(无)	麻油
mua^{22} iu^{211}	mo^{22} jeu^{221}	油麻芝麻	mua^{44} iu^{44}
油麻芝麻	油麻芝麻	ᴇu^{11} muai^{221}	油麻芝麻
iu^{22} mua^{211}	jiu^{22} mo^{221}		iu^{44} mua^{44}
	洋麻芝麻		
	jøoŋ^{22} mo^{221}		

225 猪油

猪油熬过的	猪油熬过的	猪油熬过的	猪油熬过的
ty^{44} iu^{211}	ti^{34} jeu^{443}	ty^{11} ᴇu^{41}	ty^{44} iu^{44}
大油未熬过的	大油未熬过的	大油未熬过的	板油未熬过的
tua^{44} iu^{211}	to^{44} jeu^{221}	tuai^{44} ᴇu^{221}	pᴇŋ^{11} ŋiu^{335}
肥座	肥座未熬过的	肥座未熬过的	肥座
完全没有瘦肉的肥肉	pɵi^{22} jɔ^{223}	pɔ̠i^{11} iɔ^{224}	完全没有瘦肉的肥肉
pui^{211} tsɔ^{223}			pui^{44} zɔ^{41}

226 盐

盐	盐	盐	盐
sieŋ^{211}	θiŋ^{221}	seiŋ^{221}	θieŋ^{44}

227 酱(统称)

酱	酱	酱	酱
tsiɔŋ^{335}	tʃøoŋ^{335}	tsøŋ^{335}	tɕyɔ̠ŋ^{211}

228 白酒

（无）	（无）	白酒 pa^{11} ziu^{41}	白酒 pa^{33} ʑiu^{322}

229 黄酒

红酒用红曲酿的 œŋ^{211} tsiu^{41}	红酒用红曲酿的 œuŋ^{22} ɲiu^{42} 白酒用白曲酿的 pa^{44} tʃiu^{42}～pa^{44} jiu^{42}	红酒用红曲酿的 œŋ^{11} nziu^{41}	米酒 mi^{11} ʑiu^{52}

230 江米酒

颠⁼糟 tieŋ^{44} tsau^{44} 白酒□① paʔ^{4} tsiu^{55} niaʔ^{5}	酒娘 tʃiu^{35} nøoŋ^{53}	（不知）	酒□ tɕiu^{11} nᴇŋ^{335}

231 开水（喝的）

沸汤 pui^{55} t^{h}ɔŋ^{44} 烧茶烧开水 siɐu^{44} ta^{211}	白茶 paʔ^{4} la^{221} 开水 k^{h}ai^{34} ji^{443} 泡茶烧开水 p^{h}au^{55} ta^{221}	滚汤 kuŋ^{55} t^{h}ɔ̠uŋ^{443} 开水 k^{h}ai^{11} zui^{41} □汤烧开水 ta^{55} t^{h}ɔ̠uŋ^{443}	滚汤 kuŋ^{11} nɔ̠ŋ^{52} 汤 t^{h}ɔ̠ŋ^{52} 开水新 k^{h}ai^{33} zui^{52} 燃滚汤烧开水 niaŋ^{11} kuŋ^{11} nɔ̠ŋ^{52} 饭汤作为副食的汤 puoŋ^{55} t^{h}ɔ̠ŋ^{52}

232 泔水

潘水 p^{h}uŋ^{44} tsy^{41} 米泔水洗过米的水 mi^{55} kaŋ^{44} tsy^{41}	潘水 p^{h}uŋ^{34} ni^{443} 米泔洗过米的水 mi^{55} jaŋ^{443}	潘水 p^{h}uŋ^{11} nzui^{41} 米泔水洗过米的水 mi^{55} aŋ^{11} nzui^{41}	潘 p^{h}uŋ^{52} 潘水 p^{h}uŋ^{33} nzui^{52} 洗米潘洗过米的水 θᴇ^{11} mi^{11} p^{h}uŋ^{52}

233 公猪

菜猪阉过的 ts^{h}ai^{55} ty^{44}	牯猪阉过的 ku^{55} lɵi^{443}	牯猪阉过的 ku^{55} ly^{443}	菜猪阉过的 ts^{h}ai^{55} ly^{52}

① 发音人认为这个说法来自福安方言。

234 配种用的公猪

猪狮	猪狮	猪狮	猪角
ty^{44} sai^{44}	ti^{34} lai^{443}	ty^{44} sai^{443}	ty^{335} kœʔ^{21}
猪牯			
ty^{44} ku^{41}			

235 母猪

猪母	猪母	猪母	猪母
ty^{44} mɔ^{41}	ti^{34} mɔ^{443}	ty^{11} mɔ^{41}	ty^{33} mɔ̱^{52}
菜猪阉过的	母猪阉过的	母猪阉过的	菜猪阉过的
tsʰai^{55} ty^{44}	mɔ^{55} lɵi^{443}	mɔ^{55} ly^{443}	tsʰai^{55} ly^{52}

236 公牛

牛牯	牛牯	牛牯	牛公
ŋu^{211} ku^{41}	ŋu^{22} wu^{42}	ŋɔ̱^{11} ku^{41}	ŋu^{33} kœ̱ŋ^{322}
牛牯囝小公牛	牛牯囝小公牛	牛□囝小公牛	
ŋu^{211} ku^{55} kiaŋ^{51}	ŋu^{22} wu^{55} jiɐŋ^{42}	ŋɔ̱^{11} lœŋ^{11} ŋiaŋ^{41}	

237 母牛

牛母	牛母	牛母	牛母
ŋu^{211} mɔ^{41}	ŋu^{22} mɔ^{42}	ŋɔ̱^{11} mɔ^{41}	ŋu^{33} mɔ̱^{322}
牛姓⁼囝小母牛	牛母囝小母牛	牛母囝小母牛	
ŋu^{211} saŋ^{55} kiaŋ^{51}	ŋu^{22} mɔ^{55} jiɐŋ^{42}	ŋɔ̱^{11} mɔ^{11} iaŋ^{51}	

238 马

马	马	马	马
ma^{41}	ma^{42}	ma^{41}	ma^{322}

239 驴

驴	驴本地没有驴	驴本地没有驴	驴
ly^{211}	lœ^{221}	lœ^{221}	lœ̱^{44}

240 公狗

犬牯	犬牯	犬牯	犬公
kʰɛŋ^{55} ku^{51}	kʰeiŋ^{35} ŋu^{53}	kʰᴇiŋ^{11} ku^{51}	kʰᴇŋ^{11} kœ̱ŋ^{433}
犬“狗”的统称	犬“狗”的统称	犬“狗”的统称	犬“狗”的统称
kʰɛŋ^{41}	kʰeiŋ^{42}	kʰᴇiŋ^{41}	kʰᴇŋ^{322}
老犬一种骂人话，骂男人用	老犬一种骂人话，骂男人用	老犬较老的狗	老犬一种骂人话，骂男人用
lau^{44} kʰɛŋ^{41}	lau^{44} weiŋ^{42}	lau^{33} kʰᴇiŋ^{41}	lau^{33} kʰᴇŋ^{322}
			老犬牯同上
			lau^{11} kʰᴇŋ^{11} ku^{52}

241 母狗				
	犬母	犬母	犬母	犬母
	kʰɛŋ^{55} mɔ^{51}	kʰeiŋ^{35} mɔ^{53}	kʰᴇiŋ^{11} mɔ^{51}	kʰᴇŋ^{11} mɔ̱^{52}
242 猫				
	猫眯⁼	猫饵⁼	猫□	猫囝
	ma^{211} mi^{335}	maŋ^{22} nei^{335}	ma^{33} ni^{335}	ma^{33} iaŋ^{322}
243 公鸡				
	鸡角	鸡角	鸡角	鸡角
	kie^{44} kœʔ^{5}	ki^{44} œʔ^{5}	ke^{11} œk^{5}	kie^{335} œʔ^{21}
	鸡豚还不会叫的	鸡角囝还不会叫的	鸡角囝还不会叫的	鸡囝还不会叫的
	kie^{44} tʰɔŋ^{211}	ki^{44} œʔ^{5} jiɐŋ^{42}	ke^{11} œk^{4} kiaŋ^{51}	kie^{335} kiaŋ^{322}
				鸡囝小鸡
				kie^{33} iaŋ^{52}
244 母鸡				
	鸡母下过蛋的	鸡母下过蛋的	鸡母下过蛋的	鸡母下过蛋的
	kie^{44} mɔ^{41}	ki^{34} mɔ^{443}	ke^{11} mɔ^{41}	kie^{33} mɔ̱^{52}
	鸡姓⁼未下过蛋的	鸡母囝未下过蛋的	鸡□未下过蛋的	鸡□未下过蛋的
	kie^{44} saŋ^{335}	ki^{22} mɔ^{35} jiɐŋ^{53}	ke^{33} laŋ^{335}	kie^{33} ʑyŋ^{52}
245 鸟儿				
	鸟	雀囝	鸟	鸟囝
	tsɛu^{41}	tʃiʔ^{5} jiɐŋ^{42}～tʃi^{55} jiɐŋ^{42}	tsᴇu^{41}	tsᴇu^{11} iaŋ^{52}
246 麻雀				
	鸟囝	□□	食粟鸟	雀囝
	tsɛu^{55} kiaŋ^{51}	wu^{22} eiʔ^{5}	seɐ^{11} zo^{335} zᴇu^{51}	tɕia^{52} iaŋ^{322}
247 蝉，知了				
	南⁼蝉	蝉	□□□	□□
	naŋ^{22} tsieŋ^{211}	tʃʰiŋ^{221}	naŋ^{11} naŋ^{11} ŋᴇ^{221}	a^{11} tɕi^{335}
248 蝴蝶				
	飞疫⁼	蝴蝶	飞□	蝴蝶
	puoi^{44} iaʔ^{2}	hu^{22} liʔ^{2}	poi^{13} iak^{43}	xu^{33} lieʔ^{5}
	蝴蝶	飞页⁼较小的		□小飞蛾
	xu^{211} tieʔ^{2}	pui^{35} jaʔ^{54}		ia^{52}
249 蝙蝠				
	贫⁼傍⁼	□婆⁼必⁼	□婆⁼	锄头耙□
	piŋ^{22} pɔŋ^{211}	pi^{22} βɔ^{22} βeiʔ^{5}	pi^{11} βɔ^{221}	tʰy^{11} lau^{335} pa^{22} laʔ^{21}

250 雁

大雁	雁	大雁	雁
tua^{44} ŋaŋ^{223}	ŋaŋ^{223}	tuai^{44} ŋaŋ^{224}	ŋaŋ^{41}
			野鹅
			ia^{11} ŋɔ̱^{335}

251 燕子

燕囝	燕	燕囝	燕囝
ieŋ^{55} kiaŋ^{51}	jiŋ^{335}	eiŋ^{335} ŋiaŋ^{51}	ieŋ^{52} ŋiaŋ^{322}

252 乌鸦

老鸦	老鸦	老鸦	老鸦
lau^{44} ua^{44}	lɔ^{55} a^{443}	lau^{55} oʌ^{443}	lɔ̱^{11} a^{52}

253 老虎

老虎	□"老虎"的合音	老虎	老虎
lau^{44} xu^{41}	lau^{443}	lau^{11} xu^{51}	la^{33} u^{322}

254 狼

狼	狼	豺犬	狼
lɔŋ^{211}	lɔuŋ^{221}	tʰai^{11} kʰᴇiŋ^{41}	lɔ̱ŋ^{44}
豺犬较小的	豺犬一种像狼的野兽，较小		
tʰai^{211} kʰɛŋ^{41}	tʰai^{22} eiŋ^{42}		

255 猴子

猴囝	猴	猴囝	猴
kau^{211} kiaŋ^{41}	kau^{221}	kau^{11} iaŋ^{41}	kau^{44}
			猴囝
			kau^{33} iaŋ^{322}

256 蛇

老蛇	老蛇	老蛇	老蛇
lau^{44} sia^{211}	lau^{44} e^{221}	lau^{44} se^{221}	lau^{44} θia^{44}

257 蜥蜴

□殿⁼大的，没有毒	大□大的，没有毒	□□	□□
tu^{44} tɛŋ^{223}	to^{44} nɛiŋ^{223}	tɔ̱^{44} lɛiŋ^{224}	tu^{44} lɛŋ^{41}
□鱼小的，没有毒	钱⁼□小的，有毒		
piaŋ^{55} ŋy^{211}	tʃiŋ^{22} nouŋ^{335}		

258 老鼠

老鼠	老鼠	老鼠	老鼠
lau^{44} tsʰy^{41}	lau^{44} ji^{42} ～lau^{44} li^{42} ～lau^{44} e^{42}	lɔ^{11} tsʰy^{51}	lɔ̱^{11} ʑy^{52}

259 蚯蚓

猴⁼恳⁼	□□	□□	□蚓
kau^{211} k^{h}ɔŋ^{41}	ka^{34} wuŋ^{443}	mi^{335} ɔuŋ^{51}	k^{h}iŋ^{33} ŋyŋ^{322}

260 蚂蚁

蚁	蚁	黄蚁	黄蚁
ŋia^{223}	ŋe^{223}	ouŋ^{11} ŋe^{224}	uoŋ^{44} ŋia^{41}
			蚁 羽蚁
			ŋia^{41}

261 蚂蜂

长米⁼蜂	匏头蜂	□头蜂	黄蜂
tɔŋ^{211} mi^{55} p^{h}uŋ^{44}	pu^{22} lau^{22} wouŋ^{443}	pa^{44} lau^{44} p^{h}uŋ^{443}	uoŋ^{55} muŋ^{52}
			虎头蜂 一种黑色大蜂
			xu^{33} lau^{55} βuŋ^{52}

262 苍蝇

菩⁼蝇	□蝇	菩⁼蝇	□蝇
pu^{22} siŋ^{211}	pu^{22} leiŋ^{221}	po^{11} zɛiŋ^{221}	pu^{44} ziŋ^{44}

263 蚊子

蚊虫	蚊 韵母特殊 虫	蠓	蠓
muoŋ^{22} t^{h}œŋ^{211}	mui^{22} nœuŋ^{221} ①	mœŋ^{41}	mœŋ^{322}
蠓囝 蠓虫	□囝 蠓虫	蠓囝	蠓囝
muŋ^{55} kiaŋ^{51}	maŋ^{35} ŋieŋ^{53}	mœŋ^{11} ŋiaŋ^{51}	mœŋ^{11} ŋiaŋ^{52}
蠓帐 蚊帐	蚊□ 蚊帐	发⁼囝 蠓虫	□囝 蠓虫
muŋ^{55} tiɔŋ^{335}	muŋ^{22} no^{221}	mok^{4} kiaŋ^{51}	muʔ^{5} kiaŋ^{322}
		蠓帐 蚊帐	蠓帐 蚊帐
		mœŋ^{33} nøŋ^{335}	mœŋ^{335} nyɔŋ^{211}

264 孑孓

□□虫	□□虫	(不知)	(不知)
k^{h}a^{44} tsyø^{44} t^{h}œŋ^{211}	k^{h}a^{22} li^{34} lœuŋ^{443}		

265 蝌蚪

蛤蟆螺⁼	前⁼毛⁼锤	洋⁼□锤	□□□虫
xa^{22} ma^{22} lɔi^{211}	θeiŋ^{22} mɔ^{22} lɵi^{221}	øŋ^{11} mɛ^{11} lɔi^{221}	paʔ^{1} laŋ^{11} ŋu^{11} t^{h}œŋ^{335}
蛤蟆 小青蛙		洋⁼□囝 一种较小的青蛙	
xa^{22} ma^{211}		øŋ^{11} mɛ^{11} iaŋ^{41}	

---

① 后字的声母读作鼻音的[n]。

		洋⁼□一种较小的青蛙 øŋ^{11} mɛ^{221}	

266 蟾蜍

蟾蜍古⁼ tsaŋ^{22} sy^{211} ku^{41}	（不知）	（不知）	蟾蜍 tsaŋ^{44} tɕy^{44} 蟾蜍□□ tsaŋ^{11} ȵʑy^{335} lau^{52} βau^{211}

267 蜘蛛（结网的那种）

蜘蛛 ti^{44} tsyø^{44} 蜘蛛网蜘蛛网，较大的 ti^{44} tsyø^{44} mɔŋ^{41} 蜘蛛网蜘蛛网，较小的 ti^{44} tsyø^{44} mɔŋ^{44} 蟢团一种很小的蜘蛛 xi^{55} kiaŋ^{51} 八骹蟢蟢子 pɛʔ^{5} kʰa^{44} xi^{41}	蜘蛛 ti^{34} lɵi^{443} 蜘蛛网蜘蛛网 ti^{22} li^{34} maŋ^{443} □□鹅⁼蟢子 ma^{22} neiŋ^{55} ŋe^{221} ～ma^{22} aŋ^{55} ŋe^{221}	蟢□ xi^{11} zɔ^{51} 蟢□丝蜘蛛网 xi^{11} zɔ^{55} zi^{443}	□□枷⁼ ma^{11} laʔ^{1} kia^{335} 蜘蛛网蜘蛛网 ti^{33} ly^{55} maŋ^{52}

268 麦

麦 maʔ^{2}	麦小麦 maʔ^{2}	麦团小麦 ma^{11} iaŋ^{41}	麦一般指“小麦” ma^{52}

269 稻

釉旧 tiu^{223} 禾 uoi^{211}	釉 teu^{223}	釉 tᴇu^{224} 布□ po^{55} lau^{443}	釉 tiəu^{41}

270 稻谷

粟 tsʰyø^{335}	粟 tʃʰuʔ^{5}	粟 tsʰo^{335}	粟 tsʰu̠ɔ^{211}

271 大米

米 mi^{41}	米 mi^{42}	米 mi^{41}	米 mi^{322}

272 小米儿

黍团 syø^{55} kiaŋ^{51}	粟团 θuʔ^{5} jiɐŋ^{42}	（无）	□ tai^{52}

	□□□一种像小米的杂粮 aŋ^{55} mɔ^{22} lai^{443}		

273 玉米

包萝 pau^{44} lɔ^{211}	蕃豆 hɔuŋ^{44} nau^{223}	包萝 pau^{11} lɔ^{41}	油天炮 iu^{11} lieŋ^{335} mau^{211}

274 高粱

黍 syø^{41}	黍 θi^{42}	（无）	□黍 tɕia^{52} zœ̠^{322}
鸭⁼加⁼□一种类似高粱的杂粮 aʔ^{5} ka^{44} lai^{44}			

275 大豆

塍塍豆 tsʰɛŋ^{22} siŋ^{211} tau^{223} ～tsʰɛŋ^{22} siŋ^{211} nau^{223}	白豆 paʔ^{4} lau^{223}	黄豆 ouŋ^{11} nau^{224}	豆 tau^{41}

276 豌豆

麦(兰⁼)豆 maʔ^{4} (laŋ^{211}) tau^{223}	麦圆⁼豆 maʔ^{4} jiŋ^{22} nau^{223}	麦豆 ma^{11} lau^{224}	豌豆 uaŋ^{335} nau^{41}

277 蚕豆

茶豆 ta^{211} tau^{223}	茶豆 ta^{22} lau^{223}	（无）	蚕豆 tsʰᴇŋ^{44} nau^{41}

278 向日葵

日头花兼指"葵花籽" niʔ^{4} tʰau^{211} xua^{44}	向日葵 høoŋ^{55} neiʔ^{2} ɵi^{221} 向日葵籽葵花籽 høoŋ^{55} neiʔ^{2} ɵi^{221} tʃi^{42}	向日葵兼指"葵花籽" xøŋ^{11} nyk^{5} kᴇ^{221}	向日葵① xyoŋ^{44} niʔ^{4} ki^{44}

279 洋葱

洋葱 iɔŋ^{211} tsʰœŋ^{44}	蕃葱 huaŋ^{34} ɲœuŋ^{443}	洋葱 øŋ^{44} tsʰœ̠ŋ^{443}	红毛蒜 œ̠ŋ^{335} mɔ̠^{22} zɔŋ^{211}

280 蒜

蒜头 sɔŋ^{55} tʰau^{211}	蒜头 θouŋ^{55} nau^{221}	蒜头 sɔ̠uŋ^{55} nau^{221}	蒜头 θɔ̠ŋ^{44} nau^{44}

281 菠菜

红头菜 œŋ^{22} tʰau^{211} tsʰai^{335}	红头菜 œuŋ^{22} nau^{22} jai^{335}	红根菜 œŋ^{33} kyŋ^{33} nzai^{335}	菠薐 puo^{44} lᴇŋ^{44}

---

① 过去福清只有西瓜子，叫"瓜籽"[kua^{33} ʑi^{52}]。

282 洋白菜

芥兰包 ka^{55} laŋ^{211} pau^{44}	包菜 pau^{44} jai^{335}	芥兰包 kai^{55} laŋ^{44} mau^{443}	包菜 pau^{335} zai^{211}

283 西红柿

蕃柿 xuaŋ^{44} k^{h}i^{223}	蕃柿 huaŋ^{44} ŋei^{223}	蕃柿 xuaŋ^{13} k^{h}ᴇ^{412}	蕃柿 xuaŋ^{335} k^{h}e^{41}

284 茄子

紫菜 tsi^{55} ts^{h}ai^{335} 紫菜海里的紫菜 tsu^{55} ts^{h}ai^{335}	紫菜 tʃi^{55} ai^{335} 大紫菜海里的紫菜 to^{22} ji^{55} ai^{335}	紫菜兼指海里的紫菜 tse^{33} iai^{335}	紫匏 tɕie^{11} ßu^{335} 茄 kyo^{44} 紫菜海里的紫菜 tɕie^{335} zai^{211}

285 白薯

蕃藷 xuaŋ^{44} sy^{211}	蕃藷 haŋ^{34} nɵi^{443}	蕃藷 xuaŋ^{11} nzœ̱^{41} 蕃团欧美人 xuaŋ^{11} ŋiaŋ^{41}	蕃藷 xuaŋ^{44} nzy^{44} 蕃团欧美人 xuaŋ^{33} ŋiaŋ^{322}

286 马铃薯

芋卵团 uo^{44} lɔŋ^{44} kiaŋ^{41}	洋芋卵 jøoŋ^{22} ŋu^{44} lɔuŋ^{223}	花生芋 xoʌ^{11} zᴇiŋ^{44} ŋɔ̱^{224}	蕃团藷 xuaŋ^{11} ŋiaŋ^{11} nzy^{335}

287 辣椒

□椒 ki^{44} tsiɐu^{44} 蕃椒 xuaŋ^{44} tsiɐu^{44}	辣茄 laʔ^{4} ki^{221}	蕃椒 xuaŋ^{44} nzeu^{443} ～xuaŋ^{44} neu^{443}	蕃椒 xuaŋ^{44} ȵʑiu^{52}

288 橄榄

橄榄 ka^{55} laŋ^{51}	橄榄 ka^{35} laŋ^{53}	橄榄 ka^{11} laŋ^{51}	橄榄 ka^{11} laŋ^{52}

289 荸荠

水栗 tsy^{55} liʔ^{2}	舌$^{=}$□ θiʔ^{4} liʔ^{5}	尾$^{=}$□ moi^{11} lᴇ^{51}	□□ mui^{11} li^{335}

290 核桃

核桃 xɔʔ^{4} t^{h}ɔ^{211}	核桃 hɔʔ^{4} lɔ^{221}～hɔʔ^{4} t^{h}ɔ^{221}	核桃 xɔ̱k^{1} t^{h}ɔ^{221}	核桃 xɔ̱ʔ^{4} t^{h}ɔ̱^{44}

291 栗子

栗子	针①椎	榛子	栗子
lieʔ^{4} tsi^{41}	tʃɛiŋ^{34} ɲɵi^{443} ～tʃɛiŋ^{34} mɵi^{443}	tsᴇiŋ^{11} nzi^{41}	liʔ^{3} tɕi^{322}

292 藕

藕	藕	藕	藕
ŋɛu^{41}	ŋau^{223}	ŋau^{224}	ŋau^{41}

293 乌桕树

□柴	□柴	□柴	胰皂树
kʰuŋ^{44} tsʰa^{211}	kʰouŋ^{44} ɲa^{221}	kʰœ̠ŋ^{44} nza^{221}	i^{44} zɔ̠^{41} ʑiəu^{211}

294 杜鹃花

蛇⁼□花	蛇⁼□花	□鸟花	满山红
sia^{211} mau^{55} xua^{44}	θe^{22} βau^{55} o^{443}	tsʰiŋ^{11} zᴇu^{55} oʌ^{443}	muaŋ^{11} θaŋ^{11} œ̠ŋ^{335}

295 事情

事	事	事	事□
su^{223}	θou^{223}	tai^{224}	tai^{22} iᴇ^{211}
事干		事□	
su^{44} kaŋ^{335}		tai^{33} e^{335}	

296 东西

乇	乇	乇	乇
nɔ^{335}	nɔʔ^{5}	nɔ^{335}	nɔ^{211}

297 地方

叶⁼	填⁼□	□□	位处
ieʔ^{2}	tɛiŋ^{22} nɔi^{335}	tøŋ^{44} maŋ^{443}	ui^{22} tsʰø^{211}
	填⁼□	各党⁼别的地方	
	tɛiŋ^{22} mɵi^{223}	kɔ^{335} lɔ̠uŋ^{51}	

298 时候

楼⁼时	前后	前后	时辰
lau^{22} si^{211}	θɛiŋ^{22} nau^{223}	sɛiŋ^{11} ŋau^{224}	θi^{44} liŋ^{44}
前后	时候		时候
sɛŋ^{211} ŋau^{223}	θi^{22} ɛu^{223}		θi^{44} ɛu^{41}
时候			
si^{211} xɛu^{223}			

---

① 此字也许是“榛”。但“榛”不能解释又读[tʃɛiŋ^{34} mɵi^{443}]的后字声母[m]。

299 原因			
原因	原因	原因	原因
ŋiɔŋ^{211} iŋ^{44}	ŋuŋ^{22} ŋeiŋ^{443}	ŋouŋ^{44} ŋiŋ^{443}	ŋuoŋ^{55} ŋiŋ^{52}
300 声音			
声(音)	声喙	声音	声音
siaŋ^{44} (iŋ^{44})	θieŋ^{44} ɲøi^{335}	siaŋ^{44} ŋiŋ^{443}	θiaŋ^{44} ŋiŋ^{52}
	～θieŋ^{44} ŋøi^{335}		大声□声音很大
	声		tua^{44} ziaŋ^{44} k^{h}o̱eŋ^{44}
	θieŋ^{443}		
301 味道,滋味			
味	味	味	味
mi^{223}	wei^{223}	mᴇ^{224}	e^{41}
味道		味道	
mi^{44} tɔ^{223}		mᴇ^{44} lɔ^{224}	
302 气味			
味	气	味	味
mi^{223}	k^{h}ei^{335}	mᴇ^{224}	e^{41}
303 颜色			
颜色	颜色	颜色	颜色
ŋaŋ^{211} sœʔ^{5}	ŋaŋ^{22} nœʔ^{5}	ŋaŋ^{11} sᴇik^{5}	ŋaŋ^{22} nzɛʔ^{21}
304 相貌			
相貌	相	相貌	面孔
siɔŋ^{55} mau^{223}	θøoŋ^{335}	søŋ^{55} mau^{224}	miŋ^{52} k^{h}o̱eŋ^{322}
映相看相	相貌	看相看相	看相看相
ɔŋ^{55} siɔŋ^{335}	θøoŋ^{55} mau^{223}	k^{h}aŋ^{33} søŋ^{335}	k^{h}aŋ^{52} θyɔ̱ŋ^{211}
	□相看相		
	ɛ^{55} θøoŋ^{335}		
305 年龄			
年岁	年岁	年龄	岁数
nieŋ^{211} xuoi^{335}	niŋ^{22} ŋui^{335}	neiŋ^{11} lᴇiŋ^{221}	xui^{52} zo^{211}
			年龄
			nieŋ^{44} liŋ^{44}
306 工作(名词)			
工作	工作	工作	工作
kuŋ^{44} tsɔʔ^{5}	kœuŋ^{44} ɲɔʔ^{5}	ko̱eŋ^{11} nzɔ̱k^{5}	ko̱eŋ^{335} nzɔʔ^{21}
穑体力劳动	穑体力劳动	做事干活儿	做事□做工作、干活儿
siʔ^{5}	θeiʔ^{5}	tsɔ^{55} lai^{224}	tsɔ̱^{335} lai^{52} iᴇ^{211}

			做粗工农民干活儿 tsɔ^{55} zu^{44} œ̱ŋ^{443}	做事做工作、干活儿 tsɔ̱^{52} lai^{41} 粗做体力劳动 tsʰu^{335} zɔ^{211}
307 我				
	我 ŋua^{41}	我 ŋo^{42}	我 uai^{41}	我 ŋua^{322}
308 你				
	汝 ny^{41}	汝 ni^{42}	汝 ny^{41}	汝 ny^{322}
309 他				
	伊 i^{44}	伊 ei^{443}～i^{443}	伊 i^{443}	伊 i^{52}
310 我们				
	我咬⁼ ŋua^{41} ka^{223}	我齐 ŋo^{42} ɛ^{221}	我齐 uai^{11} zɛ^{221}～uai^{11} ɛ^{221} 我□农 uai^{41} u^{44} nœŋ^{221}	我各农 ŋua^{322} kɔ̱^{11} nœ̱ŋ^{335}
311 咱们				
	我□ ŋua^{41} ni^{55} □(农) ŋuai^{55} (nœŋ^{211})	我齐 ŋo^{42} ɛ^{221}	我汝我跟你两个人 uai^{41} ny^{41} 我齐汝我跟你两个人 uai^{41} tsɛ^{11} ny^{41}	农家(各农) nœ̱ŋ^{55} ŋa^{52} (kɔ̱^{11} nœ̱ŋ^{335})
312 你们				
	汝咬⁼ ny^{41} ka^{223}	汝齐 ni^{42} ɛ^{221}	汝齐 ny^{11} zɛ^{221}～ny^{11} ɛ^{221} 汝□农 ny^{41} u^{44} nœŋ^{221}	汝各农 ny^{322} kɔ̱^{11} nœ̱ŋ^{335}
313 他们				
	伊咬⁼ i^{44} ka^{223}	伊齐 i^{443} ɛ^{221}	伊齐 i^{11} zɛ^{221}～i^{11} ɛ^{221} 伊□农 i^{443} u^{44} nœŋ^{221}	伊各农 i^{52} kɔ̱^{11} nœ̱ŋ^{335}
314 大家				
	□咬⁼ tsi^{211} ka^{223}	齐农 tʃɛ^{22} nœuŋ^{221}	大家 tai^{44} ka^{443}	各农 kɔ̱^{11} nœ̱ŋ^{335}

315 自己

□自 tsi^{211} tsi^{223}	□二⁼ tʃe^{22} nei^{223}	自家 tsE^{44} ia^{443}	自家 tɕi^{55} ia^{52}

316 这个

这(个) tsia^{335}(kɔi^{335})	这(只) tʃeiʔ^{5}(leiʔ^{5})	这 tsE^{41}	这 tɕie^{322}
这(个)农这个人 tsia^{335}(kɔi^{335})nœŋ^{211}	这只农这个人 tʃeiʔ^{5} leiʔ^{5} nœuŋ^{221}	这个农这个人。多 tsE^{11} kE^{51} nœŋ^{221}	这蜀只农这个人 tɕie^{11} zyo^{52} ʑia^{211} nœŋ^{44}
爱这要这个 ɔi^{335} tsia^{335}	爱这(只)要这个 ɵi^{335} tʃeiʔ^{5}(leiʔ^{5})	这只农这个人 tsE^{33} tseɐ^{335} nœŋ^{221}	□直⁼这要这个 puʔ^{3} tiʔ^{5} tɕie^{322}
		爱迟⁼这乇要这个 ɔi^{55} tE^{221} tsE^{41} nɔ^{335}	

317 那个

许(个) xa^{335}(kɔi^{335})	许(只) heiʔ^{5}(leiʔ^{5})	许 xa^{41}	许 xy^{322}
注⁼(个) tsyø^{335}(kɔi^{335})	许只农那个人 heiʔ^{5} leiʔ^{5} nœuŋ^{221}	许个农那个人。多 xa^{11} kE^{51} nœŋ^{221}	许蜀只农那个人 xy^{11} zyo^{52} ʑia^{211} nœŋ^{44}
许(个)农那个人 xa^{335}(kɔi^{335})nœŋ^{211}	爱这(只)要那个 ɵi^{335} heiʔ^{5}(leiʔ^{5})	许只农那个人 xa^{33} tseɐ^{335} nœŋ^{221}	□直⁼许要那个 puʔ^{3} tiʔ^{5} xy^{322}
注⁼(个)农那个人 tsyø^{335}(kɔi^{335})nœŋ^{211}		爱迟⁼许乇要这个 ɔi^{55} tE^{221} xa^{41} nɔ^{335}	
爱许要那个 ɔi^{335} xa^{335}			
爱注⁼要那个 ɔi^{335} tsyø^{335}			

318 哪个

底岁⁼个 tu^{55} xuoi^{55} kɔi^{335} ～tu^{55} uoi^{55} kɔi^{335}	底只 ti^{35} leiʔ^{5}～ti^{35} eiʔ^{5} ①	底个多 te^{44} kE^{221}	底蜀只 ti^{335} zyo^{52} ʑia^{211}
		底只 te^{33} tseɐ^{335}	

319 谁

□“乇农”的合音 nœŋ^{51}	□“底农”的合音 tœuŋ^{42}	□“乇农”的合音 nœŋ^{51}	底农 tie^{44} nœŋ^{44}

---

① 后字读作[5]，不读[54]。连读调特殊。

毛个
nɔ^{55} kɔi^{335}

320 这里

晬$^{=}$(叶$^{=}$) tsɔi^{335} (ieʔ^{2}) 晬$^{=}$穴 tsɔi^{335} xieʔ^{2}	这位 tʃeiʔ^{5} wɵi^{223} 这□ tʃeiʔ^{5} lɔi^{221} 至$^{=}$ tʃei^{335}	这□ tsᴇ^{41} i^{0}	□□所 tsua^{335} aʔ^{5} nœ̱^{322} 连读调特殊 这爿 tɕie^{11} mᴇŋ^{335}

321 那里

岁$^{=}$(叶$^{=}$) xuoi^{335} (ieʔ^{2}) 岁$^{=}$穴 xuoi^{335} xieʔ^{2}	许位 heiʔ^{5} wɵi^{223} 许□ heiʔ^{5} lɔi^{221} □ hei^{335}	许□ xa^{41} i^{0}	□□所 xua^{335} aʔ^{5} nœ̱^{322} 连读调特殊 许爿 xy^{11} mᴇŋ^{335}

322 哪里

底岁$^{=}$ tu^{55} xuoi^{335} ～tu^{55} uoi^{335}	对$^{=}$(位) tɔi^{335} (wɵi^{223})	□ tɔi^{41}	□□ tɔ̱^{11} ɔ̱^{52}

323 什么

若乇 ni^{55} nɔ^{335}	么乇 mi^{55} nɔʔ^{5} ①	乇乇 nɔ^{33} nɔ^{335} 乇 nɔ^{335}	什乇 θie^{52} nɔ^{211} 么乇 mie^{52} nɔ^{211}

324 为什么

做若乇 tsɔ^{335} ni^{55} nɔ^{335}	做么乇 tsɔ^{335} mi^{55} nɔʔ^{5}	做耐$^{=}$ tsɔ^{55}nai^{224}～tsɔʔ^{5}nai^{224} 为什乇 ɔ̱i^{221} si^{33} nɔ^{335}	□□ kai^{335} iᴇ^{41}

325 做什么，干什么

做若乇 tsɔ^{335} ni^{55} nɔ^{335}	做么乇 tsɔ^{335} mi^{55} nɔʔ^{5}	做耐$^{=}$ tsɔ^{55}nai^{224}～tsɔʔ^{5}nai^{224}	做什乇 tsɔ̱^{11} zie^{52} nɔ^{211}

---

① 常读得接近[miʔ^{5} nɔʔ^{5}]或[miʔ^{5} nɔʔ^{0}]。重音落在前字。

				做么乇 tsɔ̱11 mie52 nɔ211
326 怎么	□式 suŋ55 siʔ5～suŋ55 niʔ5 ～siŋ55 niʔ5	□□ θuŋ55 ŋɛ221～huŋ55 ŋɛ221 ～nuŋ55 ŋɛ221	□□ tse44 ne224	□□ aŋ33 naŋ322
327 怎么办	□式做 suŋ55 siʔ5 pɛŋ223 ～siŋ55 niʔ5 pɛŋ223	□□做 θuŋ55 ŋɛ221 tsɔ335 ～huŋ55 ŋɛ221 tsɔ335 ～nuŋ55 ŋɛ221 tsɔ335	□□做 tse33 ne33 tsɔ335	□□做 aŋ11 naŋ335 nzɔ211
328 多少	若夥 niŋ44 ŋua223	若夥 niʔ4 o223	□"若夥"的合音 nuai412	若夥 nyo44 ua41
329 一位客人	个 kɔi335	只 tʃeiʔ5	个多 kᴇ221 只 tseɐ335	只 tɕia211
330 一双鞋	双 suŋ44	双 θœuŋ443	双 sœ̱ŋ443	双 θœ̱ŋ52
331 一张席	床 tshɔŋ211	两= løoŋ42	领 liaŋ41	领 liaŋ322 床 tshɔ̱ŋ44
332 一床被	床 tshɔŋ211	床 tshɔuŋ221	床 tshɔuŋ221	床 tshɔ̱ŋ44
333 一辆车	架 ka335	架 ka335 部 pu223	□ thøŋ221	门= muoŋ44

334 一把刀

把	把	把	把
pa^{41}	pa^{42}	pa^{41}	pa^{322}

335 一管笔

把	把	把	把
pa^{41}	pa^{42}	pa^{41}	pa^{322}

336 一块墨

条	檀⁼	粒	□
tɛu^{211}	taŋ^{221}	lak^{43}	tʰiaŋ^{41}

337 一头牛

头	头	头	头
tʰau^{211}	tʰau^{221}	tʰau^{221}	tʰau^{44}

338 一口猪

头	头	头	头
tʰau^{211}	tʰau^{221}	tʰau^{221}	tʰau^{44}

339 一只鸡

头	头	头	头
tʰau^{211}	tʰau^{221}	tʰau^{221}	tʰau^{44}

340 一条鱼

头	头	头	头
tʰau^{211}	tʰau^{221}	tʰau^{221}	tʰau^{44}

341 去一趟

直⁼	到⁼	轮	蜇⁼
tiʔ^{2}	tɔ^{335}	lo̱uŋ^{221}	θuoʔ^{5}
套			环
tʰɔ^{335}			kʰuaŋ^{44}

342 打一下

下	下	下	下
xa^{223}	a^{223}	xa^{224}	a^{41}

343 今年

今年冥	今年冥	今年冥	今年(冥)
kiŋ^{44} nieŋ^{22} maŋ^{211}	kiŋ^{22} niŋ^{34} maŋ^{0} ①	kiŋ^{11} neiŋ^{44} maŋ^{221}	kiŋ^{44} nieŋ^{44} (maŋ^{44})
今年	今年	今年	
kiŋ^{44} nieŋ^{211}	kiŋ^{34} niŋ^{443}	kiŋ^{11} neiŋ^{41}	

---

① [词]343、344、345 里的“冥”都可以读作[muaŋ]。

344 明年

明年冥	明年冥	明年冥	明年(冥)
maŋ^{22} nieŋ^{22} maŋ^{211}	maŋ^{22} niŋ^{22} maŋ^{221}	ma^{11} neiŋ^{11} maŋ^{221}	maŋ^{44} nieŋ^{44} (maŋ^{44})
明年	明年	明年	
maŋ^{22} nieŋ^{211}	maŋ^{22} niŋ^{221}	ma^{11} neiŋ^{221}	

345 去年

去年冥	去年冥	去年冥	去年(冥)
kʰi^{55} nieŋ^{22} maŋ^{211}	kʰɵ^{335} niŋ^{0} maŋ^{0}	kʰø^{335} neiŋ^{0} maŋ^{221}	kʰyo^{44} nieŋ^{44} (maŋ^{44})
去年	去年	去年	
kʰi^{55} nieŋ^{211}	kʰɵ^{335} niŋ^{0}	kʰø^{335} neiŋ^{0}	

346 往年(过去的几年)

前几年	前几年	□□年	前几年
sɛŋ^{211} kui^{55} nieŋ^{211}	θeiŋ^{221} kui^{35} niŋ^{53}	eiŋ^{11} ŋa^{44} neiŋ^{221}	θɛŋ^{44} kui^{11} nieŋ^{335}
桁⁼年冥	快几年		
aŋ^{22} nieŋ^{22} maŋ^{211}	kʰɛ^{335} kui^{35} niŋ^{53}		

347 今日

今旦	今早	今早	今旦
kiŋ^{211} naŋ^{335}	kiŋ^{55} na^{53}～kaŋ^{55} na^{53}	kaŋ^{335} nza^{51}	kiŋ^{52} naŋ^{211}

348 明日

明旦	明早	明早	明旦
maŋ^{211} naŋ^{335}	maŋ^{55} na^{53}	maŋ^{335} nza^{51}	maŋ^{22} naŋ^{211}

349 后日

后日	后日	后日	后日
au^{223} niʔ^{2}	au^{223} neiʔ^{2}	au^{224} nik^{43}	au^{33} niʔ^{5}

350 大后日

大后日	大后日	大后日	老后日
tua^{44} au^{223} niʔ^{2}	to^{44} au^{223} neiʔ^{2}	tuai^{44} au^{224} nik^{43}	lɔ̱^{11} au^{11} niʔ^{5}

351 昨日

前冥	□暮早	船⁼冥	蜀冥
sɛŋ^{22} maŋ^{211}	θaŋ^{22} mui^{34} a^{443} ～θaŋ^{22} mi^{34} a^{443} □暮 θaŋ^{22} mu^{223}	sɔ̱uŋ^{11} maŋ^{221}	θyo^{44} maŋ^{44}

352 前日

前日	前日	前日	昨日
sɛŋ^{211} niʔ^{2}	θeiŋ^{22} neiʔ^{2}	sɛiŋ^{221} nik^{43}	θɔ̱^{33} niʔ^{5}～θɔ̱^{52} niʔ^{5}

		前工 θeiŋ^{22} ŋœuŋ^{443}		
353 大前日	大前日 tua^{44} sɛŋ^{211} niʔ^{2}	大前日 to^{44} θeiŋ^{22} neiʔ^{2} 大前工 to^{44} θeiŋ^{22} ŋœuŋ^{443}	大前日 tuai^{44} sɛiŋ^{221} nik^{43}	老昨日 lɔ̱^{11} zɔ̱^{11} niʔ^{5}
354 上午	□光 tʰiŋ^{44} kuoŋ^{44}	上昼 θøoŋ^{44} nau^{335}	旦□ taŋ^{55} nɛiŋ^{221}	上昼 θyoŋ^{22} nau^{211}
355 下午	下昼 a^{44} tau^{335}	下昼 a^{44} lau^{335}	下昼 a^{33} lau^{335}	下昼 a^{22} lau^{211}
356 中午	中昼 tɔŋ^{44} tau^{335}	日头昼 niʔ^{4} au^{22} lau^{335}	中午 tɔ̱uŋ^{11} ŋu^{41}	中昼 tɔ̱ŋ^{335} nau^{211} 中午昼 tɔ̱ŋ^{11} ŋu^{335} lau^{211} 日头昼 niʔ^{5} tʰau^{22} lau^{211}
357 清晨	天光 tʰieŋ^{44} kuoŋ^{44} 天光头五、六点左右 tʰieŋ^{44} kuoŋ^{44} tʰau^{211}	天光头 tʰiŋ^{22} ŋuŋ^{34} nau^{443}	□"天光"的合音早 tʰuŋ^{11} nza^{41} 早起 tsa^{11} i^{51} 早起头 tsa^{11} i^{11} lau^{51}	起早头 kʰi^{11} za^{11} lau^{335} 天□头拂晓 tʰieŋ^{33} muʔ^{5} kuoŋ^{52} 天拍殕=拂晓 tʰieŋ^{52} pʰa^{52} pʰu^{322}
358 白天	日间 niʔ^{2} kaŋ^{44}	日中 neiʔ^{2} lɔuŋ^{443}	日中 nik^{4} tɔ̱uŋ^{443}	日中 niʔ^{5} tɔ̱ŋ^{52} 日□中 niʔ^{3} ki^{55} tɔ̱ŋ^{52}
359 黄昏,傍晚	暗舷兜 aŋ^{55} kieŋ^{211} tau^{44}	□□舷 haŋ^{22} maŋ^{55} ŋiŋ^{221}	暗边 aŋ^{55} meiŋ^{443}	□暗头 puʔ^{1} aŋ^{11} nau^{335}

360 晚上

冥间(头) maŋ^{211}kaŋ^{44}(tʰau^{211}) ～maŋ^{211} ŋaŋ^{44} (nau^{211}) 冥晡头 maŋ^{211} kuo^{44} nau^{211} ～maŋ^{211} ŋuo^{44} nau^{211}	冥晡 maŋ^{22} ŋu^{443} 冥晡头 maŋ^{22} ŋu^{34} lau^{443}	冥晡 maŋ^{44} mo^{443} 冥晡头 maŋ^{11} mo^{11} lau^{41}	冥晡 maŋ^{55} muo^{52} □头 pui^{44} lau^{44}

361 什么时候

乇后 nɔ^{55} au^{223} 若乇前后 ni^{55} nɔ^{55} sɛŋ^{211} ŋau^{223} 若乇楼⁼时 ni^{55} nɔ^{55} lau^{22} si^{211}	么乇前后 mi^{55} nɔʔ^{5} θɛiŋ^{22} nau^{223} 么乇时候 mi^{55} nɔʔ^{5} θi^{22} ɛu^{223} □后 miŋ^{55} nau^{223}	乇前后 nɔ^{55} sɛiŋ^{11} ŋau^{224} □后 meiŋ^{55} ŋau^{224}	么前后 mie^{335} zᴇŋ^{44} ŋau^{41} 什乇时候 θie^{11} nɔ^{335} θi^{44} ɛu^{41} 么乇时候 mie^{11} nɔ^{335} θi^{44} ɛu^{41}

362 上头

上爿 siɔŋ^{223} pɛŋ^{0}	上爿 θøɔŋ^{223} mɛiŋ^{0}	上底 søŋ^{33} nɛ^{41}	□顶 kᴇ^{33} liŋ^{322}

363 下头

下爿 a^{223} pɛŋ^{0} 下面 a^{223} miŋ^{335}	下爿 a^{223} βɛiŋ^{0}	下底 a^{33} lɛ^{41}	下底 a^{33} lᴇ^{322}

364 左边

獪爿 mɛ^{223} pɛŋ^{0}	獪□爿 mɛŋ^{44} mo^{44} βɛiŋ^{0}	□爿 kʰœ^{11} βɛiŋ^{221} 大爿 tuai^{44} βɛiŋ^{221}	倒边 tɔ̠^{55} βᴇŋ^{52}

365 右边

解爿 ɛ^{223} pɛŋ^{0}	解□爿 ɛŋ^{44} mo^{44} βɛiŋ^{0}	奥⁼爿 ɔ^{55} βɛiŋ^{221} 细爿 sɛ^{55} βɛiŋ^{221}	正边 tɕiaŋ^{55} βᴇŋ^{52}

366 中间

□中 tuŋ^{55} tɔŋ^{44}	□中 tɛiŋ^{55} nouŋ^{443}	□中 tai^{55} no̠uŋ^{443}	□中 tai^{11} lɔ̠ŋ^{52}

367 里面

底爿 tie^{41} pɛŋ^{0} 底面 tie^{41} miŋ^{335} 底底 tie^{55} lɛ^{51}	底爿 ti^{53} ßeiŋ^{0}～tɛ^{53} mɛiŋ^{0}	□底 nɔ^{33} le^{41}	底兜 tᴇ^{11} lau^{52} 底势 tᴇ^{335} ziᴇ^{211}

368 外面

外爿 ŋia^{223} pɛŋ^{0} 外面 ŋia^{223} miŋ^{335}	外爿 ŋe^{223} ßɛiŋ^{0} 外□ ŋi^{44} ɛiŋ^{221}	□底 saŋ^{11} nɛ^{41}	外兜 ŋia^{33} lau^{322}

369 前边

头前 t^{h}au^{22} sɛŋ^{211}	头前 t^{h}au^{22} ɛiŋ^{221} ～t^{h}au^{22} wɛiŋ^{221}	面头前 miŋ^{55} nau^{11} ɛiŋ^{221}	前兜 θᴇŋ^{33} nau^{52}

370 后边

后爿 au^{44} pɛŋ^{211}	尾后 mui^{55} au^{223} □后 kuŋ^{55} ɲau^{223} ①	□后 kouŋ^{44} ŋau^{224}	后兜 a^{33} lau^{322}

371 旁边

舷头 kieŋ^{22} t^{h}au^{211}	旁边头 pɔuŋ^{22} miŋ^{34} nau^{0}	舷头 keiŋ^{11} nau^{221} 边兜 peiŋ^{44} nau^{443}	边兜 pieŋ^{44} nau^{52} 边边 pieŋ^{44} mieŋ^{52}

372 附近

近兜 kyŋ^{44} tau^{44}	临近兜 liŋ^{22} ŋɵŋ^{34} nau^{443}	近兜 koeŋ^{44} nau^{443} 隔壁 ka^{33} ßeɐ^{335}	近兜 kyŋ^{55} nau^{52} 边边 pieŋ^{44} mieŋ^{52}

373 什么地方

底岁$^{=}$叶$^{=}$ tu^{55} uoi^{55} ieʔ^{2}	么乇填$^{=}$□ mi^{55} nɔʔ^{5} teiŋ^{22} nɔi^{335}	□□□ tɔi^{41} tøŋ^{44} maŋ^{443}	什乇位处 θie^{33}nɔʔ^{5}ui^{22}ts^{h}ø^{211} ②

---

① 后字的[ɲ]声母特殊。

② "乇"的连读调特殊。

	么乇填⁼□ mi^{55} nɔʔ^{5} tɛiŋ^{22} mɵi^{223}		么乇位处 mie^{33} nɔ̱ʔ^{5} ui^{22} tsʰø^{211} ①
374 插秧			
插塍 tsʰaʔ^{5} tsʰɛŋ^{211}	布塍 pu^{55} jɛiŋ^{221}	布塍 po^{55} tsʰɛiŋ^{221}	布塍 puo^{44} zᴇŋ^{44}
375 车水（一种农事）			
（无）	车水脚踏 tʃʰe^{34} tʃi^{443}	（无）	车水 tɕʰia^{33} zui^{52}
376 吃饭			
食□ siaʔ^{4} maŋ^{335}	食□ θeiʔ^{4} maŋ^{335}	食饭兼指"吃早饭" seɐʔ^{1} pouŋ^{224}	食三顿 θia^{11} laŋ^{335} nɔŋ^{211}
377 喝茶			
食茶 siaʔ^{4} ta^{211}	食茶 θeiʔ^{4} ta^{221}	食茶 seɐʔ^{1} ta^{221}	食茶 θiaʔ^{4} ta^{44}
378 洗脸			
洗面 sɛ^{55} miŋ^{335}	洗面 θɛ^{55} meiŋ^{335}	洗面 sɛ^{33} miŋ^{335}	洗面 θᴇ^{335} meŋ^{211}
379 洗澡			
洗汤 sɛ^{55} tʰɔŋ^{44}	洗汤 θɛ^{55} lɔuŋ^{443}	洗汤 sɛ^{55} lɔ̱uŋ^{443}	洗身 θᴇ^{11} ziŋ^{52}
洗身 sɛ^{55} siŋ^{44}	洗身游泳 θɛ^{55} leiŋ^{443}	洗身 sɛ^{55} ziŋ^{443}	泅水游泳 θiu^{33} zui^{322}
泅潭游泳 siu^{22} tʰaŋ^{211}		泅潭游泳 sᴇu^{11} tʰaŋ^{221}	
380 谈天儿			
□讲 pʰaŋ^{55} kɔŋ^{51}	□讲 pʰaŋ^{55} ŋuŋ^{42}	□讲 pʰaŋ^{335} ŋɔ̱uŋ^{51}	□讲 pʰaŋ^{52} ŋɔ̱ŋ^{322}
	讲□跳 kuŋ^{22} na^{55} liu^{221}		
381 不说话，不言语			
少讲话 tsiɐu^{41} kɔŋ^{55} ŋua^{223}	唔讲话 ŋ^{22} ŋuŋ^{55} ŋuo^{223}	暗喙 aŋ^{33} nzui^{335}	暗□□ aŋ^{11} ku^{335} xeŋ^{41}

① "乇"的连读调特殊。

382 没关系，不要紧

无事 mɔ^{211} lai^{223}	无乇 mɔ^{22} nɔʔ^{5}	无事□ mɔ^{33} lai^{33} e^{335}	无事□ mɔ^{335} lai^{52} iᴇ^{211} 无□食 mɔʔ^{3} kaʔ^{5} θia^{52}

383 看

映 ɔŋ^{335} 映着 见到 ɔŋ^{335} tyøʔ^{2}	□ ɛ^{335} 看见 见到 aŋ^{55} ŋiŋ^{335}	觑 tsʰy^{335} 看 kʰaŋ^{335} 看见 见到 aŋ^{33} ŋeiŋ^{335}	看 kʰaŋ^{211} 看见 见到 kʰaŋ^{52} ŋiᴇŋ^{211}

384 遇见

得$^{=}$着 tœʔ^{5} tyøʔ^{2} 碰着 pʰɔŋ^{223} tyøʔ^{2}	穿耳头 tʃʰuŋ^{22} ŋe^{44} lau^{221} 碰着 pʰouŋ^{223} tiʔ^{2}	碰着 pʰuaŋ^{224} nø^{443}	碰着 pʰɔŋ^{41} tyo^{52} ①

385 遗失，丢

落 lœʔ^{5}	落 lœʔ^{5} □ mɔi^{223}	落 lœk^{5}	（拍）断$^{=}$ （pʰaʔ^{5}）tɔŋ^{41} ②

386 找着了

□着了 lɔ^{223} tyøʔ^{2} lɔ^{0} 寻龙 看风水 siŋ^{22} luŋ^{211}	脆$^{=}$着了 tʃʰui^{335} tiʔ^{2} lo^{0} 讨着了 tʰɔ^{42} tiʔ^{2} lo^{0} 寻龙 看风水 θiŋ^{22} louŋ^{221}	□倒了 多 lɔ^{224} tɔ^{41} lɔ^{0} 寻倒了 sᴇiŋ^{221} tɔ^{41} lɔ^{0}	讨着了 tʰɔ^{322} tyo^{52} lau^{0}

387 擦掉

拭得 tsʰiʔ^{5} liʔ^{5}	拭得 tʃʰeiʔ^{5} liʔ^{5}	拭去 tsʰik^{5} kʰœ^{0}	拭□去 tsʰeʔ^{21} ni^{52} yɔ^{0}

---

① 有时读作[pʰɔŋ^{41} tyoʔ^{5}]。

② “拍”的连读调特殊。

				□□去 tsʰœ^{211} ni^{52} yɔ̱^{0} 感=乞蛇=桌子等擦干净 kaŋ^{322} ŋiʔ^{5} tʰa^{211}
388 捡起来				
	渴=起 kʰaʔ^{5} kʰi^{41}	渴=起 kʰaʔ^{5} e^{42} 渴=□埃= kʰaʔ^{5} iʔ^{5} ai^{443}	渴=起来 kʰak^{5} ki^{0} lᴇ^{221}	渴=起来 kʰaʔ^{21} kʰi^{322} li^{0}
389 提起（用手）				
	□起 kuaŋ^{223} kʰi^{41}	□起 kuaŋ^{223} ŋe^{42} □□埃= kuaŋ^{223} iʔ^{5} ai^{443}	□起来 kuaŋ^{224} ŋi^{0} lᴇ^{221}	□起来 kuaŋ^{41} kʰi^{322} li^{0}
390 选择，挑选				
	拣 kɛŋ^{41}	择 tɔʔ^{2}	拣 kᴇiŋ^{41}	拣 kᴇŋ^{322}
391 欠（～他十块钱）				
	欠 kʰieŋ^{335}	欠 kʰiŋ^{335}	欠 kʰeiŋ^{335}	欠 kʰiᴇŋ^{211}
392 做买卖				
	做生意 tsɔ^{55} sœŋ^{44} i^{335}	做生意 tsɔ^{55} laŋ^{44} ŋei^{335}	做生意 tsɔ^{55} sᴇiŋ^{33} ŋi^{335}	做生意 tsɔ̱^{11} zᴇŋ^{335} ŋe^{211}
393（用秤）**称**				
	称 tsʰiŋ^{44}	称 tʃʰeiŋ^{443}	称 tsʰiŋ^{443}	称 tɕʰiŋ^{52}
394 收拾（东西）				
	渴=瘌= kʰaʔ^{5} laʔ^{5}	渴= kʰaʔ^{5}	收□ siu^{11} lɔ^{221}	渴=拾 kʰaʔ^{3} θiʔ^{5}
395 对（往酒里～水）				
	掺 tsʰaŋ^{44}	掺 tsʰaŋ^{443}	掺 tsʰaŋ^{443}	掺 tsʰaŋ^{52}
396 放（～桌子上）				
	囥 kʰɔŋ^{335}	安= aŋ^{443}	督= tuk^{5}	莺= ᴇŋ^{52}

397 休息

歇	歇	歇	歇
xyøʔ^{5}	hiʔ^{5}	xøk^{5}	xyɔ̱ʔ^{21}

398 打盹儿

□	翕$^{=}$	翕$^{=}$眠	□
tsʰyŋ^{41}	tʃʰuŋ^{42}	tsʰuŋ^{11} mᴇiŋ^{51}	ŋiaŋ^{41}

399 摔，跌

跋倒	跋蜀倒	跋倒	跋倒
puaʔ^{2} tɔ^{41}	puaʔ^{2} θiʔ^{4} lɔ^{42}	puak^{43} tɔ^{41}	puaʔ^{5} tɔ̱^{322}

400 玩儿

□跳	□跳	□跳	□跳
tʰa^{55} tiɐu^{211}	tʰa^{55} liu^{221}	tʰa^{55} leu^{221}	kʰa^{44} liu^{44}

401 捉迷藏（一人蒙眼逮人）

搦青冥空$^{=}$	摸搦	搦猫□屈	摸鱼摸虾
naʔ^{4} tsʰaŋ^{44} maŋ^{211} kʰœŋ^{44}	mu^{35} naʔ^{54}	neɐ^{443} ma^{44} ni^{11} uk^{5}	muo^{44} ŋy^{44} muo^{44} xa^{44}

402 一些人先躲藏起来，一个人去找

做□	恶$^{=}$搦	屈屈寻	□讨
tsɔ^{55} u^{335}	wu^{55} naʔ^{2}	kʰuk^{1} kʰuk^{5} sᴇiŋ^{221}	mᴇ^{44} tʰɔ̱^{322} 不变调
			胭$^{=}$□□
			ieŋ^{33} muŋ^{55} muŋ^{52}

403 老鹰捉小鸡（儿童游戏）

老鹞驮鸡囝	□□驮鸡囝	山□啄鸡囝	搦鸡囝
lau^{44} kiɐu^{223} tɔ^{211} kie^{44} kiaŋ^{41}	liŋ^{35} ŋɛ^{53} tɔ^{22} ki^{34} jiɐŋ^{443}	saŋ^{13} ŋok^{43} tɔ̱k^{5} ke^{11} iaŋ^{41}	nia^{11} kie^{11} iaŋ^{52}

404 跳房子（儿童游戏）

踢功$^{=}$	跳方	跳筐$^{=}$	踢眶$^{=}$
tʰiʔ^{5} kuŋ^{44}	tʰiu^{55} huŋ^{443}	tʰeu^{55} kʰouŋ^{443}	tʰiʔ^{5} kʰuɔ̱ŋ^{41}

405 拾子儿（儿童游戏）

渴$^{=}$子	渴$^{=}$魁$^{=}$	渴$^{=}$子	渴$^{=}$魁$^{=}$
kʰaʔ^{5} tsi^{51}	kʰaʔ^{5} kʰɔi^{443}	kʰak^{4} tsi^{51}	kʰaʔ^{5} kʰɔ̱y^{52}

406 翻绳变花样（儿童游戏）

鲤鱼□□白$^{=}$	（不知）	渴$^{=}$索	反□反笊篱
li^{55} ŋy^{211} pɛ^{55} lɛŋ^{55} paʔ^{2}		kʰak^{3} sɔ^{335}	pᴇŋ^{11} ku^{52} pᴇŋ^{11} tɕia^{11} lie^{335}

407 划拳

划拳	猜梅⁼	猜拳	猜拳
xua^{22} kuŋ^{211}	tsʰɔi^{34} mui^{443}	tsʰai^{11} kɔ̱uŋ^{41}	tsʰɔ̱y^{44} kuŋ^{44}

408 舞龙灯

舞龙	抄⁼龙	迎龙	舞龙灯
u^{55} luŋ^{211}	tsʰau^{34} louŋ^{443}	ŋiaŋ^{11} lœ̱ŋ^{221}	u^{33} lyŋ^{55} nᴇŋ^{52}

409 阁(抬着游行的演戏的台子)

铁枝	铁枝	(无)	台阁
tʰieʔ^{5} ki^{44}	tʰiʔ^{5} kei^{443}		tai^{22} ɔ^{211}

410 演唱莲花落

(无)	大号乞食	大号乞食	大□乞食
	to^{44} ɔ^{223} kʰiʔ^{5} leiʔ^{2}	tuai^{44} xɔ^{11} kʰyk^{5} seɐ^{443}	tua^{33} uoŋ^{322} kʰyʔ^{5} θia^{52}

411 猜谜

填⁼魁⁼	填⁼魁⁼	填⁼泪⁼	猜谜
tɛŋ^{211} kʰɔi^{44}	tɛiŋ^{22} kʰɔi^{443}	tɛiŋ^{11} lɔ̱i^{224}	tsʰɔ̱y^{335} me^{41}

412 民间故事

古时	书	古时	讲书讲故事
ku^{55} si^{211}	tʃɵi^{443}	ku^{11} sᴇ^{51}	kɔ̱ŋ^{11} tɕy^{52}
书较高雅的		书较正式的	
tsy^{44}		tsy^{443}	

413 画儿

画	画	图	画
xua^{223}	wo^{223}	tɔ̱^{221}	ua^{41}
	相		
	θøoŋ^{335}		

414 知道

晓得	□场⁼□	解八⁼(场⁼)	解晓
xiɐu^{41} liʔ^{5}	peiʔ^{5} tøoŋ^{22} neiŋ^{335}	ɛ^{224} pᴇik^{5} (tøŋ^{221})	ɛ^{41} xiu^{322}
	～puʔ^{5} løoŋ^{22} neiŋ^{335}		

415 懂了

晓得了	□场⁼□了	解八⁼场⁼了	解晓
xiɐu^{41} liʔ^{5} lɔ^{0}	peiʔ^{5} tøoŋ^{22} neiŋ^{335} no^{0}	ɛ^{224} pᴇik^{5} tøŋ^{221} nɔ^{0}	ɛ^{41} xiu^{322}
	～puʔ^{5} løoŋ^{22} neiŋ^{335} no^{0}	解八⁼了	
		ɛ^{224} pᴇik^{5} tɔ^{0}	

416 留神,小心

细腻	细腻	细腻	细腻兼指"客气"
sɛ^{55} ni^{223}	θɛ^{55} nei^{223}	sɛ^{55} nᴇ^{224}	θᴇ^{52} ne^{41}

417 挂念

挂念	挂虑	顾虑	念
kua^{55} nɛŋ^{223}	ko^{55} lɵi^{223}	ku^{55} lœ̠^{224}	nɛŋ^{41}
顾虑			想
ku^{55} ly^{223}			θyoŋ^{322}

418 有

有	有	有	有
u^{223}	ou^{223}	ɔ̠^{224}	o^{41}

419 没有，无（动词）

无	无	无	无
mɔ^{211}	mɔ^{221}	mɔ^{221}	mɔ̠^{44}

420 没有，未（副词）

未	未	未	未
muoi^{223}	mui^{223}	moi^{224}	muɔ̠i^{41}

421 美，漂亮

生得好	生得婥	生得好	生得俊
saŋ^{44} tiʔ^{5} xɔ^{51}	θaŋ^{443} niʔ^{5} tʃ^{h}øoʔ^{5}	saŋ^{11} nik^{4} xɔ^{51}	θaŋ^{33} liʔ^{5} tsoŋ^{211}
～saŋ^{44} niʔ^{5} xɔ^{51}		俊	生得好
		tsuŋ^{335}	θaŋ^{33} liʔ^{5} xɔ̠^{322}

422 丑

生得□	生得□	生得□	生得□
saŋ^{44} tiʔ^{5} mai^{335}	θaŋ^{443} niʔ^{5} mai^{335}	saŋ^{11} nik^{5} tɛ^{443}	θaŋ^{11} liʔ^{1} ŋai^{335}
～saŋ^{44} niʔ^{5} mai^{335}			
狗⁼			
kɛu^{41}			

423 差，不好

𬞲好	𬞲好	𬞲好	𬞲好
mɛ^{44} xɔ^{41}	mɛ^{44} ɔ^{42}	mɛ^{224} ɔ^{41}	mᴇ^{33} ɔ̠^{322}

424 要紧

𬞲无事	□色⁼重要	要紧	要紧
mɛ^{44} mɔ^{211} lai^{223}	kau^{55} lœʔ^{5} touŋ^{44} jiu^{335}	eu^{335} uiŋ^{51}	iu^{52} iŋ^{322}
	要紧		
	jiu^{55} kiŋ^{42}		

425 热闹

闹	闹热	闹热	闹热
nau^{223}	nau^{44} iʔ^{2}	nau^{13} eik^{43}	nau^{33} ieʔ^{5}

闹热 nau^{44} ieʔ^{2}			

426 坚固，牢固

壮 tsɔŋ^{335}	□橂 kiŋ^{55} nɛiŋ^{223} 有壮 wu^{44} jɔuŋ^{335}	橂扎 tɛiŋ^{11} nzak^{5} 橂牢 tɛiŋ^{44} lɔ^{221}	橂 tɛŋ^{41} 橂□ tᴇŋ^{44} nɔ^{41}

427 肮脏

肮脏 aŋ^{44} tsaŋ^{44}	□□ aŋ^{34} maŋ^{443} □丽$^{=}$ lau^{22} lɛ^{223}	惊农 kiaŋ^{443} nœŋ^{0}	□杀$^{=}$ laʔ^{5} θaʔ^{21} 肮脏 aŋ^{44} tsaŋ^{52}

428 咸

咸 kɛŋ^{211}	咸 kɛiŋ^{221}	咸 kɛiŋ^{221}	咸 kᴇŋ^{44}

429 淡（不咸）

⿱渐食 tsiaŋ^{41}	⿱渐食 tʃiɐŋ^{42}	⿱渐食 tsiaŋ^{41}	⿱渐食 tɕiaŋ^{322}

430 稀（粥太～了）

清 tsʰiŋ^{44}	精$^{=}$ tʃeiŋ^{443}	浅 tsʰeiŋ^{41}	清 tɕʰiŋ^{52} 激乡 ka^{211}

431 稠（粥太～了）

浓 nuŋ^{211}	□ kɵʔ^{2}	□ kyk^{43}	洘 kʰɔ̠^{322}

432 肥（指动物）

肥 pui^{211}	肥 pɵi^{221}	肥 pɔ̠i^{221}	肥 pui^{44}

433 胖（指人）

肥 pui^{211}	肥 pɵi^{221}	肥 pɔ̠i^{221}	肥 pui^{44}

434 瘦（不肥，不胖）

衰 sɔi^{44}	衰 θɔi^{443}	衰 sɔ̠i^{443}	衰 θɔ̠y^{52}

435 舒服			
爽快	爽快	快活兼指“高兴”	舒畅
sɔŋ^{55} kʰuai^{335}	θouŋ^{55} ŋuai^{335}	kʰᴇu^{55} uak^{43}	tɕʰy^{335} lyɔŋ^{211}
快活高兴	快活兼指“高兴”		
kʰɛ^{55} uaʔ^{2}	kʰau^{55} waʔ^{2}		
436 晚(来～了)			
晏	晏	慢	晏
aŋ^{335}	aŋ^{335}	mɛiŋ^{224}	aŋ^{211}
437 乖(小孩儿～)			
奥$^{=}$	恶$^{=}$	奥$^{=}$兼指“聪明”	奥$^{=}$兼指“聪明”
ɔ^{335}	ɔʔ^{5}	ɔ^{335}	ɔ^{211}
438 顽皮			
□□	獪恶$^{=}$	可恶	獪奥$^{=}$
uaŋ^{55} ŋieʔ^{5}	mɛ^{44} ɔʔ^{5}	kʰa^{33} u^{335}	mᴇʔ^{2} ɔ^{211}
	□逆	调皮	顽
	ŋau^{22} ŋœʔ^{2}	tʰeu^{55} pʰoi^{221}	ŋuaŋ^{44}
			孽
			ŋieʔ^{5}
439 凸			
□	□	凸	土$^{=}$
pʰɔŋ^{335}	pʰɔuŋ^{335}	tʰuk^{43}	tʰu^{322}
440 凹			
□	□	□	□
nɛʔ^{5}	nɛʔ^{5}	nᴇik^{5}	nɛ^{211}
441 和(我～他)			
随$^{=}$	共	齐	共
sy^{211}	kœuŋ^{223}～kɛʔ^{2}	tsɛ^{221}	kœŋ^{41}
442 被(～贼偷走了)			
乞	乞	乞	乞
kʰiʔ^{5}	kʰɵʔ^{5}	kʰik^{5}	kʰøʔ^{21}
443 从(～哪儿来,～今天起)			
从	从	著	由
tsuŋ^{211}	tʃouŋ^{221}	tœ^{224}	iu^{44}
拍	拍		趁$^{=}$
pʰa^{335}	pʰaʔ^{5}		tʰeŋ^{211}

444 替（～我写封信）

帮 pɔŋ^{44}	帮 pɔuŋ^{443}	助 tsœ^{224}	替 tʰɛ^{211}

445 拿（～毛笔写字）

用 yŋ^{223}	用 jouŋ^{223}	使 sai^{41} 用 œ̲eŋ^{224}	使 θai^{322}

446 故意（～捣乱）

特直⁼ tœʔ^{4} tiʔ^{2}	直⁼直⁼ teiʔ^{4} leiʔ^{2}	□□ ta^{335} li^{51} 故意 ku^{33} i^{335}	故□意 ku^{335} ziŋ^{52} ŋe^{211} 故意 ku^{52} e^{211}

447 刚（～来）

□□ ti^{55} ti^{51}	□□ ti^{35} li^{53} 正 tʃieŋ^{335}	□□（□） ti^{11} li^{51}（na^{0}） □ na^{0} 正 tsiaŋ^{335}	（□□）正 （tɕʰiŋ^{33} ȵziŋ^{52}）tɕiaʔ^{21} 正正 tɕiaŋ^{11} ȵziaŋ^{11} 连读音

448 刚（～合适）

正 tsiaŋ^{335}	□□ ti^{35} li^{53} 正 tʃieŋ^{335}	□□ ti^{11} li^{51} 正 tsiaŋ^{335}	正 tɕiaŋ^{211}

449 幸亏

好得 xɔ^{41} tiʔ^{5}	固得好 ku^{22} liʔ^{5} ɔ^{42} ①	该好 kai^{11} xɔ^{41}	固得好 ku^{33} liʔ^{5} xɔ̲^{322} 固好 kuʔ^{5} xɔ̲^{322} 该好 kai^{33} xɔ̲^{52} 该再⁼ kai^{335} zai^{211}

① “固”[ku^{22}]的连读调特殊。

450 净(～吃米,不吃面)			
净 tsiaŋ^{223}	透底 t^{h}au^{55} lɛ^{42}	□ na^{224}	□ naʔ^{4} 连读调
451(三千)上下,(三千)左右			
身兜 siŋ^{44} nau^{44}	身兜 θiŋ^{34} nau^{443}	身兜兼指"身上" siŋ^{44} nau^{443}	成三千三千左右 θiaŋ^{11} θaŋ^{11} tɕ^{h}ieŋ^{52} 身兜身上 θiŋ^{44} nau^{52}
452 不			
唔 ŋ^{223}	唔 ŋ^{223}	无 mɔ^{221} 参"屏南方音"2.1.3.5	唔 ŋ^{41}
453 别,不要(副词)			
莫 mɔʔ^{2} 唔爱 ŋ^{44} ŋɔi^{335}	莫 mɔʔ^{2}	莫 mɔ^{221} □ nai^{51} □ nœŋ^{443}	□ nœŋ^{52} □□ nœŋ^{44} nɔ^{44}
454 的			
去$^{=}$ k^{h}yø^{335} 个 kɛ^{335}～kɛ^{44}～kɛ^{0}～ɛ^{0}	个 kɛ^{335}～kɛ^{0}～ɛ^{0} ①	个 ᴇ^{0}	个 ki^{0}～i^{0}～ke^{0}
455 星星			
天星 t^{h}ieŋ^{44} siŋ^{44}	天星 t^{h}iŋ^{34} neiŋ^{443}	天星 t^{h}eiŋ^{44} niŋ^{443}	星 θiŋ^{52}
456 虹,鲎			
幸$^{=}$ xœŋ^{223}	□ k^{h}ouŋ^{223}	□ k^{h}œŋ^{224}	□ k^{h}øŋ^{41}
457(天)黑			
暗 aŋ^{335}	暗 aŋ^{335}	暗 aŋ^{335}	暗 aŋ^{211}

---

① [kɛ^{335}～kɛ^{0}]的实际音值接近[gɛ^{335}～gɛ^{0}]或[ɡɛ^{335}～ɡɛ^{0}]。

			乌暗黝黑 u^{335} aŋ^{211}

458 **椽子**

椽 tʰiɔŋ^{211}	椽 tʰuŋ^{221}	椽团 tʰouŋ^{11} ŋiaŋ^{41}	椽 tʰuoŋ^{44}

459 **梯子**（可移动的）

梯团 tʰai^{44} kiaŋ^{41} 楼梯房子里的楼梯 lau^{211} tʰai^{44}	手梯 tʃʰiu^{55} lai^{443} 楼梯房子里的楼梯 lau^{22} wai^{443}	梯团 tʰai^{11} iaŋ^{41} 楼梯房子里的楼梯 lɔ^{44} tʰai^{443}	楼梯 lau^{55} lɔ̱y^{52} 踏斗房子里的楼梯 taʔ^{3} tau^{322}

460 **锅**

鼎 tiaŋ^{41}	鼎 tieŋ^{42}	鼎 tiaŋ^{41}	鼎 tiaŋ^{322}

461 **柴**

柴 tsʰa^{211}	柴 tsʰa^{221}	柴 tsʰa^{221}	柴 tsʰa^{44}

462 **猪圈，猪栏**

猪栏 ty^{44} laŋ^{211}	猪栏 ti^{34} laŋ^{443}	猪栏 ty^{11} laŋ^{41}	猪栏 ty^{44} laŋ^{44} 猪秀$^{=}$ ty^{335} ziəu^{211}

463 **阉**（猪，牛，鸡）

羯公猪，母猪 kyøʔ^{5}	羯公猪，母猪，公牛 kiʔ^{5}	羯公猪，母猪 køk^{5}	羯公猪，母猪，公牛 kyɔ̱ʔ^{21} 骟公鸡 tɔ̱ŋ^{52}

464 **杀猪**

治猪 tʰai^{211} ty^{44} 治年猪过年之前 tʰai^{22} nieŋ^{211} ty^{44}	治猪 tʰai^{22} ləi^{443}	治猪 tʰai^{44} ty^{443}	治猪 tʰai^{55} ty^{52}

465 **用毒药毒害致死**

透$^{=}$ tʰau^{335}	透$^{=}$ tʰau^{335}	透$^{=}$ tʰau^{335}	透$^{=}$ tʰau^{211}

466 **鸟的窝**

鸟窠 tsɛu^{55} kʰuo^{44}	雀团秀$^{=}$ tʃiʔ^{5} jieŋ^{42} θeu^{335}	鸟秀$^{=}$ tsɛu^{33} ziu^{335}	鸟秀$^{=}$ tsɛu^{335} ziəu^{211}

467 肫，鸟类的胃

妗⁼	妗⁼	妗⁼	妗⁼
kiŋ^{223}	keiŋ^{223}	kᴇiŋ^{224}	keŋ^{41}

468 鸡嗉子

鸡该⁼	鸡该⁼	鸡该⁼	鸡□
kie^{44} kai^{44}	ki^{34} kai^{443}	ke^{44} kai^{443}	kie^{44} kɔ̠y^{52}

469 鸡下蛋

鸡生卵	鸡生卵	鸡生卵	鸡生卵
kie^{44} saŋ^{44} lɔŋ^{223}	ki^{443} θaŋ^{44} lɔuŋ^{223}	ke^{443} saŋ^{13} lɔuŋ^{412}	kie^{52} θaŋ^{335} lɔŋ^{41}

470 孵（小鸡）

伏	伏	伏	伏
pu^{223}	pou^{223}	pɔ̠^{224}	po^{41}

471 鳝鱼

老鳝	老鳝	老鳝	血鳝
lau^{44} tsʰiaŋ^{223}	lau^{44} jiɐŋ^{223}	lau^{44} tsʰiaŋ^{224}	xᴇʔ^{5} tɕʰiaŋ^{41}

472 鱼鳞

鱼鳞	鱼鳞	鱼鳞	鱼鳞
ŋy^{22} liŋ^{211}	ŋi^{22} leiŋ^{221}	ŋœ̠^{11} lᴇiŋ^{221}	ŋy^{44} liŋ^{44}

473 蜈蚣

蜈蚣	蜈蚣	□空⁼	蜈蚣
ŋy^{211} kœŋ^{44}	ŋi^{22} œuŋ^{443}	eiŋ^{44} kʰœ̠ŋ^{443}	ŋa^{55} yŋ^{52}

474 蟑螂

煠⁼	煠⁼	煠⁼母	□□
saʔ^{2}	θaʔ^{2}	sak^{1} mɔ^{41}	ka^{33} laʔ^{5}

475 虱子

虱母	虱母	虱母	虱母
sɛʔ^{5} mɔ^{51}	θɛʔ^{5} mɔ^{42}	sᴇik^{4} mɔ^{51}	θᴇʔ^{5} mɔ̠^{322}

476 虮，虱子的卵

虱母卵	虱母卵	虱卵	虱母卵
sɛʔ^{5} mɔ^{51} lɔŋ^{223}	θɛŋ^{22} mɔ^{55} lɔuŋ^{223}	sᴇik^{5} lɔuŋ^{224}	θᴇʔ^{1} mɔ̠^{335} lɔŋ^{41}

477 撒播稻种

撒粟种	夜⁼粟种	□粟种	夜⁼粟种
sa^{55} tsʰyø^{55} tsuŋ^{51}	je^{223} tʃʰuʔ^{5} juŋ^{42}	e^{224} tsʰo^{335} zyŋ^{51} □粟种 sœ̠k^{5} tsʰo^{335} zyŋ^{51}	ia^{11} tsʰuo^{52} ʑyŋ^{322}

478 割稻

割粙旧	割粙	割粙	割粙
kaʔ^{5} tiu^{223}	kaʔ^{5} leu^{223}	kak^{5} tɛu^{224}	kaʔ^{5} tiəu^{41}
割禾			
kaʔ^{5} uoi^{211}			

479 簸（粮食）

簸	簸	簸	簸
pua^{335}	po^{335}	puai^{335}	pua^{211}

480 稻草

秆	秆	秆	草
kaŋ^{41}	kaŋ^{42}	kaŋ^{41}	tsʰau^{322}
麦秆麦秸	麦秆麦秸	麦秆麦秸	麦稿麦秸
maʔ^{4} kaŋ^{41}	maʔ^{4} kaŋ^{42}	ma^{11} kaŋ^{41}	ma^{33} kɔ̱^{322}
		草荐用稻草编起来的床垫	
		tsʰau^{33} tsɛiŋ^{335}	

481 稻穗

禾穗	粙穗	粙穗	粟穗
uoi^{211} sy^{335}	teu^{44} lɵi^{335}	tɛu^{33} zui^{335}	tsʰuo^{52} zuɔ̱i^{211}

482 稗子

稗	稗	稗	稗
pʰɛ^{335}	pʰɛ^{335}	pʰɛ^{335}	pʰɛ^{211}

483 苎麻

苎	苎	苎	苎
tœ^{223}	tœ^{223}	tœ^{224}	tœ^{41}

484 菜梗

菜梗	菜梗	菜稿	蕨蕨
tsʰai^{55} kuaŋ^{51}	tsʰai^{55} kuaŋ^{42}	tsʰai^{335} kɔ^{51}	kuoʔ^{1} kuɔ̱ʔ^{21}
			菜蕨
			tsʰai^{52} kuɔ̱ʔ^{21}
			梗梗
			kuaŋ^{33} kuaŋ^{322}
			菜梗
			tsʰai^{52} kuaŋ^{322}

485 蕨

莨萁当柴火用的	虱$^{=}$□当柴火用的	□□当柴火用的	蕨嫩芽
lɔŋ^{211} ki^{44}	θɛʔ^{5} mɔuŋ^{443}	sa^{55} mɔ̱uŋ^{443}	kuɔ̱ʔ^{21}

□□当柴火用的	大虱⁼□可以吃嫩芽的	蕨□可以吃嫩芽的	
sa^{55} mɔŋ^{44}	to^{22} lɛʔ^{5} mɔuŋ^{443}	kok^{5} mɔ̱uŋ^{443}	
蕨西⁼可以吃嫩芽的	蕨嫩芽	蕨嫩芽	
kuoʔ^{5} sɛ^{44}	kuʔ^{5}	kok^{5}	
蕨嫩芽			
kuoʔ^{5}			

486 野生的蘑菇

菇	菇	菇	菇
ku^{44}	kou^{443}	ku^{443}	ku^{52}

487 瓠子，蒲瓜

匏	白匏	匏团	匏
pu^{211}	pa^{44} βou^{221} ①	pɔ̱^{11} iaŋ^{41}	pu^{44}

488 青苔

青苔	青苔	青□	青苔
tsʰaŋ^{44} tʰi^{211}	tsʰaŋ^{34} nei^{443}	tsʰaŋ^{11} ŋᴇ^{41}	tsʰaŋ^{44} tʰi^{44}

489 浮萍，薸

薸	薸	薸	薸
pʰiɵu^{211}	pʰiu^{221}	pʰeu^{221}	pʰiu^{44}

490 植物的刺

刺	刺	刺	刺
tsʰie^{335}	tʃʰi^{335}	tsʰe^{335}	tɕʰiᴇ^{211}
杉柴刺杉树的叶子	杉柴刺杉树的叶子	杉刺杉树的叶子	
saŋ^{44} tsʰa^{211} tsʰie^{335}	θaŋ^{22} ma^{44} ji^{335}	saŋ^{33} tsʰe^{335}	

491 锯子

锯	锯	锯	锯
ky^{335}	kɵi^{335}	ky^{335}	kø^{211}

492 锯（木头）

锯	锯	锯	锯
ky^{335}	kɵi^{335}	ky^{335}	kø^{211}

493 砍（树，柴）

埊树，肉	埊树	埊树	埊树
tsʰɔi^{335}	tsʰɔi^{335}	tsʰɔ̱i^{335}	tsʰɔy^{211}
讨柴	渴⁼柴	讨柴	讨柴
tʰɔ^{41}	kʰaʔ^{5}	tʰɔ^{41}	tʰɔ̱^{322}

---

① 实际读音接近[pa^{44} wou^{221}]。

		桌$^{=}$肉 tɔʔ^{5}	党$^{=}$肉 tɔ̱uŋ^{41}	□肉 θuɔ̱^{211}
494 煮(鸡蛋)	煠 saʔ^{2}	煠 θaʔ^{2}	煠 sak^{43}	煠 θaʔ^{5}
495 盛饭	贮□ tyø^{55} maŋ^{335}	着□ tiʔ^{5} maŋ^{335}	贮饭多指"盛早饭" tø^{13} pouŋ^{412}	贮饭 tyo^{335} puɔ̱ŋ^{41} 舀饭 iu^{335} puɔ̱ŋ^{41}
496 上一顿剩下的饭	阴$^{=}$□ ɛŋ^{44} maŋ^{335}	清□ tʃʰiŋ^{55} maŋ^{335}	清饭 tsʰiŋ^{55} mouŋ^{224}	清饭 tɕʰiŋ^{52} muɔ̱ŋ^{41}
497 发霉	生殕 saŋ^{44} pʰu^{41}	殕生得 pʰu^{42} θaŋ^{443} ŋiʔ^{0}	生殕 saŋ^{11} pʰu^{41}	生殕 θaŋ^{33} pʰu^{52}
498 袖子	手管 tsʰiu^{55} kuoŋ^{51}	手管 tʃʰiu^{35} wuŋ^{53}	手管 tsʰiu^{11} ouŋ^{51}	手管① tɕʰiu^{11} uoŋ^{52}
499 短裤	裤豚 kʰu^{55} tɔŋ^{211}	裤段$^{=}$阳去 kʰu^{55} lɔuŋ^{223}	裤□团 kʰu^{55} lɔuŋ^{11} ŋiaŋ^{41}	裤豚 kʰu^{44} lɔ̱ŋ^{44}
500 穿(衣服)	□ suŋ^{223}	顺$^{=}$ θouŋ^{223}	颂$^{=}$ sœ̱ŋ^{224}	□ θøŋ^{41}
501 脱(帽)	褪衣裳,鞋 tʰɔŋ^{335} □帽 xiaŋ^{41}	褪衣裳,鞋 tʰɔuŋ^{335} 脱帽 tʰɔʔ^{5}	褪衣裳,鞋 tʰɔ̱uŋ^{335} 脱帽 tʰɔ̱k^{5}	褪衣裳,鞋,帽 tʰɔŋ^{211}
502 系(鞋带)	缚 puoʔ^{2}	缚 puʔ^{2}	结 kɛik^{5}	鸡$^{=}$兼指"拴" kie^{52}

① 本字有可能是"碗"。

	结 kɛʔ^{5}	鸡⁼拴 ke^{443} 缚捆 po^{443}	
503 剪(布)			
铰 ka^{44}	铰 ka^{443}	铰 ka^{443}	断 tɔ̱ŋ^{322}
504 梳子			
头梳 tʰau^{211} sy^{44}	头梳 tʰau^{22} lœ^{443}	头梳 tʰau^{44} zœ^{443}	头梳 tʰau^{55} zœ̱^{52}
505 梳头			
梳头 sy^{44} tʰau^{211}	梳头 θœ^{34} lau^{443} 辽⁼头 liu^{22} lau^{221}	梳头 sœ^{11} lau^{41}	梳头 θœ̱^{44} lau^{44}
506 头发			
头发 tʰau^{211} puoʔ^{5}	头发 tʰa^{22} wuʔ^{5}	头发 tʰaŋ^{11} mok^{5}	头发 tʰau^{22} uɔ̱ʔ^{21} 头毛□□头发蓬乱 tʰau^{44} mɔ̱^{44} nɔ̱ŋ^{52} nɔŋ^{211}
507 胡子			
喙须 tsʰy^{55} tsiu^{44} ～tsʰy^{55} liu^{44} 生⁼胡满脸的 saŋ^{44} xu^{211}	喙须 tʃʰi^{55} leu^{443} 胡□满脸的 hou^{22}jøi^{335}～hu^{22}jøi^{335}	喙须 tsʰu^{55} iu^{443} 满胡满脸的 muaŋ^{11} xɔ̱^{51}	喙须 tɕʰiu^{55} ʑiu^{52} □捎⁼胡满脸的 lau^{44} θau^{44} xu^{44}
508 嘴			
喙 tsʰy^{335}	喙 tʃʰøi^{335}	喙 tsʰui^{335}	喙 tsʰuɔ̱i^{211}
509 牙齿			
喙齿 tsʰy^{55} kʰi^{51}	喙齿 tʃʰi^{55} ji^{53}～tʃʰi^{55} li^{53}	喙齿 tsʰu^{335} i^{51}	齿 kʰi^{322}
510 喉咙			
喉咙 xa^{22} lœŋ^{211}	喉咙 hɔ^{22} lœuŋ^{221}	喉咙 xœ^{11} lœŋ^{221}	喉咙(头) xœ̱^{44} lœ̱ŋ^{44}(nau^{44})

511 肩,肩膀

肩胛	肩头	肩头	肩头
kieŋ^{44} kaʔ^{5}	kiŋ^{34} nau^{443}	keiŋ^{11} nau^{41}	kieŋ^{44} nau^{44}
肩膀头 离脖子较近的部位			
kieŋ^{44} mɔŋ^{55} t^{h}au^{211}			

512 趼子,老趼

□	□	□	硬□
nɛŋ^{44}	nɛiŋ^{443}	nᴇiŋ^{443}	ŋᴇŋ^{55} nᴇŋ^{52}

513 肚子

腹肚	腹肚	腹肚	腹肚
puʔ^{5} lu^{51}	puʔ^{5} lu^{42}	puk^{4} tu^{51}	puʔ^{5} lɔ̱^{322}
肚 胃,旧	腹肚 胃	胃 胃	肠肚 肠胃
tu^{223}	puʔ^{5} nou^{223} ①	ɔ̱i^{224}	tɔ̱ŋ^{44} to^{41}

514 肚脐

腹脐	腹脐	腹脐	腹脐
puʔ^{5} tsai^{211}	puʔ^{5} jai^{221}	puk^{5} sai^{221}	puʔ^{4} θai^{44}

515 屁股

□臀	国$^{=}$穿	□穿	□穿
kɔ^{22} lɔŋ^{211}	kuʔ^{5} luŋ^{443}	ko^{55} zouŋ^{443}	ku^{11} yoŋ^{52}
		～ko^{55} louŋ^{443}	

516 胎盘

团衣	衣	衣	衣
kiaŋ^{55} ui^{44}	ɵi^{443}	ui^{443}	ui^{52}

517 孙子

孙	孙囝	孙囝	孙
sɔŋ^{44}	θɔuŋ^{34} ŋiɐŋ^{443}	sɔ̱uŋ^{11} ŋiaŋ^{41}	θɔ̱ŋ^{52}
做母孙 孙女	□孙 孙女	□娘孙 孙女	□娘孙 孙女
tsu^{55} muo^{55} sɔŋ^{44}	tʃuŋ^{44} nɔuŋ^{443}	tsø^{44} løŋ^{44} nzɔ̱uŋ^{443}	tɕy^{33} nyoŋ^{55} nzɔ̱ŋ^{52} ②

518 侄子

孙囝	孙囝	孙囝	侄
sɔŋ^{44} kiaŋ^{41}	θɔuŋ^{34} ŋiɐŋ^{443}	sɔ̱uŋ^{11} ŋiaŋ^{41}	tiʔ^{5}
做母孙 侄女	□孙 侄女	□娘孙 侄女	侄女 侄女
tsu^{55} muo^{55} sɔŋ^{44}	tʃuŋ^{44} nɔuŋ^{443}	tsø^{44} løŋ^{44} nzɔ̱uŋ^{443}	tiʔ^{3} ny^{322}

---

① 后字的声母读作鼻音的[n]。

② "娘"的韵母和[词]056、059 不相同。

			孙新妇孙子或侄子的媳妇
			θɔ̱ŋ^{11} ziŋ^{335} mo^{41}

519 和尚

和尚	和尚	和尚	和尚
xu^{211} siɔŋ^{223}	hu^{22} løoŋ^{223}	xo^{11} zøŋ^{224}	xuo^{44} zyɔ̱ŋ^{41}

520 一棵树

蔸	蔸	蔸	蔸
tau^{44}	tau^{443}	tau^{443}	tau^{52}

521 一块田

丘	丘	丘	丘
kʰu^{44}	kʰou^{443}	kʰu^{443}	kʰu^{52}

522 一所房子

座	座	栋	座
tsɔ^{223}	tsɔ^{223}	tœ̱ŋ^{335}	tsɔ^{41}
			落
			lɔ̱^{52}

523 一间屋子，一个房间

个	只	□	间
kɔi^{335}	tʃeiʔ^{5}	kʰaŋ^{41}	kieŋ^{52}

524 一层砖（房子上的）

层	层	层	层
tsœŋ^{211}	tʃeiŋ^{221}	tsʰɛiŋ^{221}	tsᴇŋ^{44}

525 大拇指和食指或中指伸张的长度

拿=	□	□	□
na^{211}	na^{221}	na^{221}	na^{44}

526 两臂向左右伸张的长度

寻	寻	寻	寻
tsʰieŋ^{211}	tʃʰiŋ^{221}	tsʰeiŋ^{221}	tɕʰieŋ^{44}

527 站，立，徛

徛	徛	徛	徛
kʰia^{223}	kʰe^{223}	kʰe^{224}	kʰia^{41}

528 斜靠，倚，隑

靠	靠	靠	碍=
kʰɔ^{335}	kʰo^{335}	kʰɔ^{335}	ŋai^{41}
	倚	倚	倚用手扶着
	ai^{42}	ai^{41}	ai^{322}

529 蹲

求⁼	□路⁼	都⁼	□
kiu^{211}	ko^{22} lou^{223}	tu^{443}	kʰu^{44}

530 趴

匐	匐	覆	覆
puʔ^{2}	poʔ^{2}	pʰuk^{5}	pʰoʔ^{21}
	覆		
	pʰoʔ^{5}		

531 躺倒

倒下	倒	笐⁼倒	倒
tɔ^{41} a^{223}	tɔ^{42}	ɔuŋ^{224} tɔ^{41}	tɔ̱^{322}

532 跳

跳	跳	跳	跳
tʰiɐu^{335}	tʰiu^{335}	tʰeu^{335}	tʰiəu^{211}

533 跨

罚⁼	□	罚⁼	钹⁼
xuaʔ^{2}	paŋ^{443}	xuak^{43}	pʰuaʔ^{5}

534 走(～路)

行多	行	行	行
kiaŋ^{211}	kiɐŋ^{221}	kiaŋ^{221}	kiaŋ^{44}
走			
tsau^{41}			

535 跑(慢慢儿地走,别～!)

跳	走	走	□
tʰiɐu^{335}	tʃo^{42}	tsau^{41}	piᴇ^{211}

536 逃(抓住他,别让他～走!)

偷跳	走	走	走
tʰau^{44} tʰiɐu^{335}	tʃo^{42}	tsau^{41}	tsau^{322}
		偷走	偷走
		tʰau^{11} zau^{41}	tʰau^{33} zau^{52}

537 抓,捉(～鱼。～人)

搦	搦	搦	搦
naʔ^{2}	naʔ^{2}	neɐ^{443}	nia^{52}

538 躲藏(他～在床底下)

□	恶⁼	屈	□
u^{335}	ou^{335}	kʰuk^{5}	mᴇ^{44}

539 藏放（把钱～起来）

□	囥	囥	囥
tʰyʔ^{5}	kʰɔuŋ^{335}	kʰɔ̱uŋ^{335}	kʰɔŋ^{211}

540 掏（用手）

□兼指“抠”	摸	搜钱	掏钱
lɛu^{44}	mu^{443}	sᴇu^{443}	tɔ̱^{44}
	剔抠	抉抠鼻子	篓⁼抠
	tʰeiʔ^{5}	eik^{5}	lᴇu^{322}
		挖用手指挖	抠用手指挖
		uak^{5}	kʰau^{52}

541 扔（球）

衡⁼兼指“丢弃”	衡⁼	□兼指“丢弃”	□兼指“丢弃”
xœŋ^{211}	hœuŋ^{221}	xeiŋ^{335}	liu^{52}
文⁼兼指“丢弃”	丢	博⁼兼指“丢弃”	
uŋ^{211}	teu^{443}	pok^{5}	
克⁼得丢弃	博⁼丢弃		
kʰœʔ^{5} liʔ^{5}	pɔʔ^{5}		

542 抱（小孩儿）

抱	抱	抱	抱
pʰɔ^{223}	pɔ^{223}	pɔ^{224}	pɔ^{41}
揽拥抱	揽拥抱	揽拥抱	街⁼
laŋ^{41}	laŋ^{42}	laŋ^{41}	kᴇ^{52}

543 拿（他手里～着一把刀。他～来两个苹果）

驮	驮	驮	驮
tɔ^{211}	tɔ^{221}	tɔ^{221}	tɔ̱^{44}
	□		拈
	kʰɛʔ^{2}		nieŋ^{52}

544 掐（用指甲）

扭	扭	镊	扭
niu^{335}	neu^{335}	neik^{5}	niəu^{211}
掐			
kʰɛʔ^{5}			

545 擤（～鼻涕）

□	敨	敨	敨
nieŋ^{223}	tʰo^{42}	tʰau^{41}	tʰau^{322}

546 闻(用鼻子)

嗅	嗅	嗅	鼻
xiu^{335}	heu^{335}	xiu^{335}	pe^{41}

547 咬

咬	咬	咬	咬
ka^{223}	ka^{223}	ka^{224}	ka^{41}

548 吮吸

敕田螺等	敕田螺等	敕田螺等	敕田螺等
sɔ^{335}	θɔʔ^{5}	sɔ^{335}	θɔ^{211}
欶指头、冰棍等	吮指头、冰棍等	吮指头、冰棍等	吮指头、冰棍等
tsyʔ^{5}	θuŋ^{223}	souŋ^{224}	θuɔ̱ŋ^{41}

549 接吻

惜	惜	精$^{=}$喙	周$^{=}$
syø^{335}	θiʔ^{5}	tsiŋ^{33} tsʰui^{335}	tɕiu^{52}

550 中暑

发痧	发痧	发痧	痧去严重的
puoʔ^{5} sa^{44}	puʔ^{5} θa^{443}	pok^{5} sa^{443}	θa^{52} yɔ̱^{0}
成痧			□暑不严重的
siaŋ^{211} sa^{44}			xieʔ^{5} θy^{322}

551 发抖(冷的时候)

抽	抽	抽	抖
tʰiu^{44}	tʰeu^{443}	tʰiu^{443}	tɛu^{41}
□□津$^{=}$抖一下子	□□□抖一下子	□□宗$^{=}$抖一下子	抖抖颤
ki^{55} liŋ^{55} tsyŋ^{44}	ki^{22} liŋ^{55} ŋouŋ^{443}	kᴇ^{11} lᴇiŋ^{55} nzuŋ^{443}	tᴇu^{11} lᴇu^{335} ʑiᴇŋ^{211}
			□□宋$^{=}$抖一下子
			puʔ^{3} luŋ^{52} θoŋ^{211}

552 争吵,吵嘴

(相)争	□篾$^{=}$	争	相骂
(siɔŋ^{44}) tsaŋ^{44}	kaŋ^{55} miʔ^{2}	tsaŋ^{443}	θyoŋ^{335} ma^{211}
	争争辩		
	tsaŋ^{443}		

553 打架

拍起	拍□埃$^{=}$	相拍	相拍
pʰa^{335} kʰi^{41}	pʰaʔ^{5} iʔ^{5} ai^{443}	sɔ̱uŋ^{33} ma^{335}	θyoŋ^{335} pʰa^{211}
相拍			相争边吵架边打架
siɔŋ^{44} pʰa^{335}			θyoŋ^{44} tsaŋ^{52}

			冤家边吵架边打架 uoŋ^{44} ŋa^{52}

554 打(～得很疼)

拍 pʰa^{335}	拍 pʰaʔ^{5}	拍 pʰa^{335}	拍 pʰa^{211}

555 骂(～得很难听)

法$^{=}$ xuaʔ^{5} 骂 ma^{335}	咒 tʃɛu^{335} 骂 ma^{335}	骂 ma^{335}	骂统称 ma^{211} 驴$^{=}$男人骂 lœ̱^{44} 报$^{=}$男人骂 pɔ^{211} 礼$^{=}$女人骂 lᴇ^{322} 表$^{=}$女人骂 piu^{322}

556 哭

号 au^{211}	号 au^{221}	啼 tʰe^{221}	啼(猫$^{=}$) tʰie^{44}(ma^{44})

557 叫(～他一声儿)

喊 xaŋ^{41}	吼 ho^{42}	□ œ^{335}	叫 kœ^{211}

558 告诉(你～他一声儿)

讲乞…听 kɔŋ^{41} kʰiʔ^{5}…tʰiaŋ^{44}	共…讲 kœuŋ^{223}…kuŋ^{42} ～kɛʔ^{2}…kuŋ^{42}	齐…讲 tsɛ^{221}…kɔ̱uŋ^{41}	共…喊 kᴇʔ^{5} 连读调…xaŋ^{211}

559 说(～话)

讲 kɔŋ^{41}	讲 kuŋ^{42}	讲 kɔ̱uŋ^{41}	讲 kɔ̱ŋ^{322}

560 忘了

𣍐记得 mɛ^{44} ki^{335} liʔ^{5}	𣍐记得 mɛ^{44} kei^{335} liʔ^{0}	𣍐记去 mɛʔ^{3} ki^{335} œ^{0}	𣍐记 mᴇʔ^{2} ke^{211}

561 想,思索,忖(～一～)

想 siɔŋ^{41}	忖 tsʰɔuŋ^{221} 阳平、送气音	忖 tsɔuŋ^{221} 阳平、不送气音 想 søŋ^{41}	想 θyoŋ^{322}

562 不知道

□场$^{=}$	□场$^{=}$□	□场$^{=}$	𫧮晓
muʔ^{5} tiɔŋ^{211}	mi^{55} nøɔŋ^{22} neiŋ^{335}	mᴇik^{5} tøŋ^{221}	mᴇ^{33} iu^{322}
𫧮晓得		𫧮□（场$^{=}$）	
mɛ^{44} xiɐu^{41} liʔ^{5}		mɛ^{11} pᴇik^{5}（tøŋ^{221}）	

563 怕，害怕

惊	惊	惊	惊
kiaŋ^{44}	kiɐŋ^{443}	kiaŋ^{443}	kiaŋ^{52}

564 裂，开裂

裂木板等	裂	裂	必$^{=}$
lɛʔ^{2}	lɛʔ^{2}	leik^{43}	peʔ^{21}
必$^{=}$裂地面等	必$^{=}$程度较轻	必$^{=}$程度较轻	
piʔ^{5} lɛʔ^{2}	peiʔ^{5}	pik^{5}	
	㶸程度更轻		
	koʔ^{5}		

565 裂缝儿

裂缝	裂痕	裂缝	缝缝
lɛʔ^{4} xuŋ^{223}	lɛʔ^{4}houŋ^{221}～lɛʔ^{4}ɔuŋ^{221}	leik^{3} pʰœŋ^{335}	pʰuŋ^{11} pʰoŋ^{211}

566 着火

火着起了	火着得	起火了	火着去
xuoi^{41} tyøʔ^{2} kʰi^{41} lɔ^{0}	hui^{42} tiʔ^{2} iʔ^{5}	kʰi^{11} xoi^{51} lɔ^{0}	xui^{322} tyo^{52} yɔ^{0}

567 下棋

行棋	行棋	下棋	行棋
kiaŋ^{22} ki^{211}	kiɐŋ^{22} kei^{221}	xa^{44} kᴇ^{221}	kiaŋ^{44} ki^{44}

568 厚

厚	厚	厚	厚
kau^{223}	kau^{223}	kau^{224}	kau^{41}

569 薄

薄	薄	薄	薄
pɔʔ^{2}	pɔʔ^{2}	pɔ^{443}	pɔ^{52}

570 宽

阔	阔	阔	阔
kʰuaʔ^{5}	kʰuaʔ^{5}	kʰuak^{5}	kʰuaʔ^{21}

571 窄

狭	狭	窄	窄
ɛʔ^{2}	ɛʔ^{2}	tsa^{335}	tsa^{211}

		窄□很窄 tsa^{55} kᴇik^{43}	
572 歪，不正（帽子戴～了）			
□ ŋau^{211}	斜 tʃʰe^{221} 歪 wai^{443}	歪 uai^{443}	□ tɕʰia^{41} 攲 kʰi^{52}
573 斜，不直（线画～了）			
斜 sia^{211} 多～tsʰia^{211}	斜 tʃʰe^{221}	斜 seɐ^{221} 曲 kʰo^{335}	□ tɕʰia^{41}
574 干燥			
干多 kaŋ^{44} □① ta^{44}	□ ta^{443}	□ ta^{443}	□ ta^{52}
575 湿			
澹 taŋ^{211}	灡 laŋ^{223}	澹 taŋ^{221} 灡 laŋ^{224}	灡 laŋ^{41}
576（天气）**热**			
热 ieʔ^{2}	热 iʔ^{2} 热农 iʔ^{2} nœuŋ^{0}	热（农） eik^{43}（nœŋ^{0}）	热 ieʔ^{5}
577（天气）**冷**			
寒 kaŋ^{211}	寒 kaŋ^{221} 寒农 kaŋ^{221} nœuŋ^{0}	寒（农） kaŋ^{221}（nœŋ^{0}）	寒多 kaŋ^{44} 清 tsʰeŋ^{211}

---

① 发音人认为这个说法来自福安方言。

578(东西)热

托⁼农	托⁼(农)	□(农)	热
tʰɔʔ^{5} nœŋ^{0}	tʰɔʔ^{5} (nœŋ^{0})	kɔuŋ^{221} (nœŋ^{0})	ieʔ^{5}
□农	□		脱⁼用热水烫
ŋi^{335} nœŋ^{0}	kɔuŋ^{221}		tʰɔʔ^{21}
	□农		□用火烫
	kɔuŋ^{221} nœuŋ^{0}		kɔ̱^{44}

579(东西)凉

清	清	清	清
tsʰiŋ^{335}	tʃʰeiŋ^{335}	tsʰiŋ^{335}	tsʰeŋ^{211}

580 暖和

暖	暖	暖	烧
nɔŋ^{41}	nouŋ^{42}	nouŋ^{41}	θiu^{52}

581 凉快

清	清	凉	凉
tsʰiŋ^{335}	tʃʰeiŋ^{335}	løŋ^{221}	lyoŋ^{44}

582(速度)快

快	快	快兼指"时间早"	快
kʰɛ^{335}	kʰɛ^{335}	kʰɛ^{335}	kʰɛ^{211}

583(速度)慢

慢	慢	慢	慢
mɛŋ^{223}	mɛiŋ^{223}	mɛiŋ^{224}	mɛŋ^{41}
			韧⁼
			noŋ^{41}

584(刀子)快

利	利	利	利
li^{223}	lei^{223}	lᴇ^{224}	le^{41}

585(刀子)不快

艙利	艙利	钝	钝
mɛ^{44} li^{223}	mɛ^{44} lei^{223}	tɔ̱uŋ^{443}	tɔ̱ŋ^{52}

586(东西)破

破	□	破	破
pʰua^{335}	mai^{335}	pʰuai^{335}	pʰua^{211}
		□	
		tɛ^{443}	

587 痒			
痒 siɔŋ^{223}	痒 θøoŋ^{223}	痒 søŋ^{224}	痒 θyoŋ^{41}
588 疼			
□ tʰiaŋ^{335}	□ tʰiɐŋ^{335}	□ tʰiaŋ^{335}	□ tʰiaŋ^{211}
589 肚子饿			
腹肚饥 puʔ^{5} lu^{51} kui^{44}	腹肚饥 puʔ^{5} lu^{42} kɵi^{443}	腹肚饥 puk^{4} tu^{51} kui^{443} 腹肚瓯$^{=}$馋嘴 puk^{4} tu^{51} ᴇu^{443}	腹肚欧$^{=}$ puʔ^{5} lɔ^{322} ᴇu^{52}
590 累，疲劳			
□ xœʔ^{2}	或$^{=}$ hœʔ^{2}	□ tʰᴇiŋ^{41}	食力 θia^{33} liʔ^{5} 约$^{=}$ yɔ̱ʔ^{21}
591 懒惰			
懒 tiaŋ^{223}	懒 tiɐŋ^{223}	懒 tiaŋ^{224}	懒 laŋ^{322} 懒汉懒惰的人 laŋ^{335} xaŋ^{211} 懒虫懒惰的人 tiaŋ^{44} tʰœ̱ŋ^{44}
592 现在			
众$^{=}$落$^{=}$ tsuŋ^{335} lɔʔ^{2} 这落$^{=}$ tsi^{211} lɔʔ^{2}	掌$^{=}$ tʃøoŋ^{42}	□ tsɔuŋ^{453}	□□ tsuŋ^{11} muaŋ^{52}
593 只(我～有一块钱)			
就□ tsiu^{44} na^{44} ～tsiu^{44} la^{44}	总总 tʃuŋ^{35} juŋ^{53}	就□ tseu^{224} na^{224}	□ naʔ^{5} 连读调
594 还(我～有十块钱)			
固 ku^{335}	固 kou^{335}	固 ku^{335}	固 koʔ^{21}

595 **又**（他～生病了）

又	又	又	复
iu^{223}	jeu^{223}	eu^{224}	po^{41}

596 **都**（他们～去了）

都	都	都	都
tu^{44}	tou^{443}	tu^{443}	tu^{52}

597 **也**（我～去）

也	也	也	也
ia^{223}	je^{223}	eɐ^{224}	ia^{41}

598 **就**（我马上～去）

就	就	就	就
tsiu^{223}	tʃeu^{223}～tʃiu^{223}	tseu^{224}	tso^{41}

599 **反正**（你吃了饭再去吧，～还来得及）

横直	横直	横直	总□
xuaŋ^{211} tiʔ^{2}	huaŋ^{22} teiʔ^{2}	xuaŋ^{13} nik^{43}	tsuŋ^{11} naʔ^{5}
反正	～huaŋ^{22} neiʔ^{2}	反正	
xuaŋ^{55} tsiaŋ^{335}		xuaŋ^{33} nziaŋ^{335}	

600 **如果**（～下雨，我就不去）

□讲	□	正讲是	□
ia^{44} kɔŋ^{41}	na^{223}	tsiaŋ^{335} kɔuŋ^{51} sᴇ^{224}	naʔ^{5} 连读调
□是		□	
ia^{44} si^{44} 连读音		na^{224}	

2.3 例句对照

（1）本附录收语法例句 100 个，以对照表的形式排列。所收例句及其编号与《吴语兰溪东阳方言调查报告》《浙南的闽东区方言》《闽北区三县市方言研究》《闽东区古田方言研究》《吴语婺州方言研究》以及《闽东区宁德方言音韵史研究》完全相同。第01句至第94句也与《吴语处衢方言研究》和《吴语江山广丰方言研究》相同。第01句至第79句则同于《严州方言研究》和《徽州方言研究》。关于语法例句的设计，请参看《吴语婺州方言研究》第615页。

（2）一个例句在某个方言里如果有好几种说法，这几种说法大致按常用程度的高低逐个排列。为了节省篇幅和阅读方便，后面几句里跟第一句完全相同的部分用省略号“……”表示（参看第19句）。

（3）如果几种说法格式完全相同，只在个别地方用词上有差异，则在举出典型性的说法之后，把跟例句中有关词语相对应的其他词语列在句子后面的括号里，“～”表示“又说”（参看第04句）。

（4）例句中的圆括号“( )”表示里面的字可说可不说。

（5）音标集中注在方言句子的后面。为简明起见，有又读、异读的字只注口语里常用的一读。声调只在音标的右上角标实际调值，而不管它是单字调还是连读调。有关的单字调和连调规律可参看2.1.1.1.3、2.1.1.4、2.1.2.1.3、2.1.2.3、2.1.3.1.3、2.1.3.3、2.1.4.1.3、2.1.4.3。

其他体例参看“1.7 本书体例说明”部分。

01 谁呀？我是老三。

【寿宁】□啊？我是老三。nœŋ^{51} ŋa^{0}？ŋua^{41} si^{223} lau^{44} saŋ^{44}。（□nœŋ^{51}～乇个 nɔ^{55} kɔi^{335}）

【福安】□？我是第三。tœuŋ^{42}？ŋo^{42} θei^{223} tɛ^{44} θaŋ^{443}。

【屏南】□啊？我是第三。nœŋ^{51} ŋɔ^{0}？uai^{41} sᴇ^{224} tɛ^{44} saŋ^{443}。

【福清】汝是底农？我是第三。ny^{322} θi^{0} tie^{44} nœ̱ŋ^{44}？ŋua^{322} θi^{0} lɔ̱^{11} θaŋ^{52}。

02 老四呢？他正在跟一个朋友说着话呢。

【寿宁】老四呢？伊□□随$^{=}$蜀个□岗$^{=}$□讲话。lau^{44} si^{335} ni^{0}？i^{44} ti^{55} ti^{51} sy^{211} siʔ^{4} kɔi^{335} tʰiŋ^{55} kɔŋ^{55} tiŋ^{223} kɔŋ^{55} ŋua^{223}。

【福安】第四呢？伊共伊合得好求$^{=}$□讲□跳。tɛ^{44} θei^{335} ni^{0}？i^{443} kœuŋ^{223} i^{443} kaʔ^{5} liʔ^{5} ɔ^{42} keu^{22} wei^{335} kuŋ^{22} na^{55} liu^{221}。

【屏南】第四呢？伊著齐蜀个朋友壮$^{=}$□讲话。tɛ^{33} si^{335} lᴇ^{0}？i^{443} tœ̱^{224} tsɛ^{221} søk^{1} kᴇ^{221} pœŋ^{11} ŋiu^{41} tsɔ̱uŋ^{335} ma^{51} kɔ̱uŋ^{13} ŋua^{412}。

【福清】老四呢？伊共朋友着底□讲。lɔ̱^{335} θe^{211} nə^{0}？i^{52} kœŋ^{41} pᴇŋ^{33} ŋiu^{322} tyo^{52} lᴇ^{0} pʰaŋ^{52} ŋɔ̱ŋ^{322}。

03 他还没有说完吗？

【寿宁】伊固未讲好啊？i^{44} ku^{335} muoi^{44} kɔŋ^{41} xɔ^{41} a^{0}？

【福安】伊固未讲好？i^{443} kou^{335} mui^{223} kuŋ^{42} hɔ^{42}？

【屏南】伊固未讲好呗？i^{443} ku^{55} moi^{224} kɔ̱uŋ^{41} xɔ^{41} ßᴇ^{0}？

【福清】伊讲固未了啊？i^{52} kɔ̱ŋ^{322} ku^{335} mui^{52} lau^{322} ua^{0}？

04 还没有。大约再有一会儿就说完了。

【寿宁】固未啊。大母⁼固爱讲蜀出⁼团就好了。

ku^{335} muoi^{223} a^{0}。tai^{44} mɔ^{41} ku^{335} ɔi^{335} kɔŋ^{41} siʔ^{4} tsʰyʔ^{5} kiaŋ^{51} tsiu^{223} xɔ^{41} lɔ^{0}。

【福安】固未。大母⁼□□行⁼就讲好了。

kou^{335} mui^{223}。tai^{44} mɔ^{42} naŋ^{55} ŋa^{53} ɔuŋ^{221} tʃeu^{223} kuŋ^{42} hɔ^{42} lo^{0}。①

【屏南】固未。大母⁼有蜀□团就讲好了。

ku^{55} moi^{224}。tuai^{33} mɔ^{41} ɔ̱^{224} søk^{1} ɔuŋ^{11} ŋiaŋ^{41} tseu^{224} kɔ̱uŋ^{41} xɔ^{41} lɔ^{0}。

【福清】固未。大概再讲□久就解了。

kuʔ^{5} muɔ̱i^{41}。tai^{22} kʰ ai^{211} tsai^{52} kɔ̱ŋ^{322} θyoŋ^{335} ŋu^{322} tsuʔ^{4} ɛ^{41} lau^{322}。②

（再 tsai^{52}～□ai^{52}～□kai^{52}）

05 他说马上就走，怎么这半天了还在家里呢？

【寿宁】伊讲就行了，□式半日固求⁼家呢？

i^{44} kɔŋ^{41} tsiu^{223} kiaŋ^{211} lɔ^{0}，siŋ^{55} niʔ^{5} puaŋ^{55} niʔ^{2} ku^{335} kiu^{211} ka^{44} ni^{0}？

（行 kiaŋ^{211}～走 tsau^{41}；求⁼kiu^{211}～着 tuʔ^{2}～

---

① 副词“就”在语流中常读作[tʃiu^{223}]或[tʃiu^{22}]。在 2.3 里一律写作[tʃeu^{223}]。

② “□久”[θyoŋ^{335} ŋu^{322}]的连读调特殊。

□kaʔ^{2}）

【福安】伊讲就行了，□□□行$^{=}$了固求$^{=}$成底？

i^{443} kuŋ^{42} tʃeu^{223} kiɐŋ^{221} no^{0}，huŋ^{55} ŋɛ^{221} tʃo^{335} ɔuŋ^{221} no^{0} kou^{335} keu^{221} tʃ^{h}u^{335} lɛiŋ^{53}？

【屏南】伊讲□现在就行，□□半工固著成□？

i^{443} kɔ̱uŋ^{41} tsɔuŋ^{453} tseu^{224} kiaŋ^{221}，tse^{44} ne^{224} puaŋ^{55} kœ̱ŋ^{443} ku^{55} lœ̱^{224} ts^{h}o^{335} i^{0}？

【福清】伊讲就行，□□等半日固着成底？

i^{52} kɔ̱ŋ^{322} tsu^{44} iaŋ^{44}，kai^{335} iᴇ^{41} tiŋ^{322} puaŋ^{33} niʔ^{5} kuʔ^{4} tyo^{52} ts^{h}uɔ̱^{211} lᴇ^{0}？

06 你到哪儿去？我到城里去。

【寿宁】汝去底岁$^{=}$？我去城底。ny^{41} k^{h} yø^{335} tu^{55} xuoi^{335}？ŋua^{41} k^{h}yø^{335} siaŋ^{211} tie^{41}。

【福安】汝去对$^{=}$？我去城底。ni^{42} k^{h}ɵ^{335} tɔi^{335}？ŋo^{42} k^{h}ɵ^{335} θiɐŋ^{22} ni^{42}。

【屏南】汝去□？我去城底。ny^{41} k^{h}œ^{335} tɔi^{41}？uai^{41} k^{h}œ^{335} siaŋ^{11} ne^{41}。

【福清】汝去□□？我去县。ny^{322} k^{h} yɔ̱^{211} tɔ̱^{11} ɔ̱^{52}？ŋua^{322} k^{h}yo^{52} kɛŋ^{41}。

07 在那儿，不在这儿。

【寿宁】着岁$^{=}$，无着晬$^{=}$。tuʔ^{2} xuoi^{335}，mɔ^{211} tuʔ^{2} tsɔi^{335}。

（着 tuʔ^{2} ～□kaʔ^{2} ～求$^{=}$ kiu^{211}；岁$^{=}$ xuoi^{335} ～

岁⁼叶⁼ xuoi^{335} ieʔ^{2} ～岁⁼穴 xuoi^{335} xieʔ^{2}；晬⁼ tsɔi^{335} ～晬⁼叶⁼tsɔi^{335} ieʔ^{2} ～晬⁼穴 tsɔi^{335} xieʔ^{2}）

【福安】求⁼许□，无着这□。keu^{221} heiʔ^{5} lɔi^{221}，mɔ^{22} leiʔ^{2} tʃeiʔ^{5} lɔi^{221}。

（求⁼ keu^{221} ～着 teiʔ^{2}；许□heiʔ^{5} lɔi^{221} ～□hei^{335} ～许位 heiʔ^{5} wɵi^{223}；这□tʃeiʔ^{5} lɔi^{221} ～至⁼tʃei^{335} ～这位 tʃeiʔ^{5} wɵi^{223}）

【屏南】著许□，无著这□。tœ^{224} xa^{41} i^{0}，mœ^{11} nœ^{224} tsᴇ^{41} i^{0}。

【福清】着□□所，无着□□所。tyo^{52} xua^{335} aʔ^{5} nœ^{322}，mɔ^{44} lyo^{52} tsua^{335} aʔ^{5} nœ^{322}。

（□□所 xua^{335} aʔ^{5} nœ^{322} ～许爿 xy^{11} mᴇŋ^{335}；□□所 tsua^{335} aʔ^{5} nœ^{322} ～这爿 tɕie^{11} mᴇŋ^{335}）

08 不是那么做，是要这么做的。

【寿宁】唔是奋⁼式做，爱众⁼式做。ŋ^{44} si^{223} xuŋ^{335} siʔ^{5} tsɔ^{335}，ɔi^{335} tsuŋ^{335} siʔ^{5} tsɔ^{335}。

【福安】唔是许庄⁼做，爱这庄⁼做。ŋ^{44} nei^{223} heiʔ^{5} jɔuŋ^{443} tsɔ^{335}，ɵi^{335} tʃeiʔ^{5} jɔuŋ^{443} tsɔ^{335}。

【屏南】□许款做，是这款做。nᴇ^{512} xa^{11} uaŋ^{51} tsɔ^{335}，sᴇ^{224} tsᴇ^{11} uaŋ^{51} tsɔ^{335}。

（许款 xa^{11} uaŋ^{51} ～许日⁼xy^{41} nik^{43}；这款 tsᴇ^{11} uaŋ^{51} ～这日⁼tsᴇ^{41} nik^{43}）

【福清】唔是□款做，着□款做。$ŋ^{44}$ ne^{41} $xyŋ^{52}$ $ŋuaŋ^{322}$ $ts\underline{ɔ}^{211}$，tyo^{52} $tsuŋ^{52}$ $ŋuaŋ^{322}$ $ts\underline{ɔ}^{211}$。

09 太多了，用不着那么多，只要这么多就够了。

【寿宁】忒□了，唔爱奋⁼夥，众⁼夥就有了。

$t^{h}aʔ^{5}$ $sɛ^{223}$ $lɔ^{0}$，$ŋ^{44}$ $ŋɔi^{335}$ $xuŋ^{335}$ $ŋua^{223}$，$tsuŋ^{335}$ $ŋua^{223}$ $tsiu^{223}$ u^{223} $lɔ^{0}$。

（奋⁼夥 $xuŋ^{335}$ $ŋua^{223}$～奋⁼□$xuŋ^{335}$ $sɛ^{223}$；众⁼夥 $tsuŋ^{335}$ $ŋua^{223}$～众⁼□$tsuŋ^{335}$ $sɛ^{223}$）

【福安】渴⁼□得了，唔爱化⁼□，总总□乇就有够了。

$k^{h}aʔ^{5}$ $θɛ^{223}$ $liʔ^{5}$ lo^{0}，$ŋ^{44}$ $ŋɵi^{335}$ ho^{335} $θɛ^{223}$，$tʃuŋ^{35}$ $juŋ^{53}$ $tʃo^{335}$ $nɔʔ^{5}$ $tʃeu^{223}$ ou^{223} kau^{335} lo^{0}。

【屏南】忒□去了，□许□，有这夥就有□了。

$t^{h}ak^{5}$ $sɛ^{224}$ $kœ^{0}$ $lɔ^{0}$，nai^{51} xy^{41} $sɛ^{224}$，$\underline{ɔ}^{224}$ $tsᴇu^{33}$ uai^{335} $tseu^{224}$ $\underline{ɔ}^{224}$ $k^{h}au^{335}$ $lɔ^{0}$。

【福清】渴⁼□去，唔使许□□，□直⁼只要□□囝这么一点就有够。

$k^{h}aʔ^{5}$ $θɛ^{41}$ $y\underline{ɔ}^{0}$，$ŋ^{33}$ nai^{322} xy^{11} $maŋ^{335}$ $nzɛ^{41}$，na^{33} $liʔ^{5}$ $tsua^{11}$ i^{52} $iaŋ^{322}$ $tsuʔ^{5}$ $uʔ^{2}$ kau^{211}。

10 这个大，那个小，这两个哪一个好一点儿呢？

【寿宁】这个大，许个细，这两个底岁⁼个好？

$tsia^{335}$ $kɔi^{335}$ tua^{223}，xa^{335} $kɔi^{335}$ $sɛ^{335}$，$tsia^{335}$ $laŋ^{223}$ $kɔi^{335}$ tu^{55} $xuoi^{55}$ $kɔi^{335}$ $xɔ^{41}$？

【福安】这（只）大，许（只）嫩，这两只底只好□□？
tʃeiʔ^{5}（leiʔ^{5}）to^{223}，heiʔ^{5}（leiʔ^{5}）nɔuŋ^{223}，tʃeiʔ^{5} laŋ^{223} ŋeiʔ^{5} ti^{35} leiʔ^{5} hɔ^{42} naŋ^{55} ŋa^{53}？

【屏南】这个大，许个细，这两个底个好□？
tsᴇ^{11} kᴇ^{51} tuai^{224}，xa^{11} kᴇ^{51} sɛ^{335}，tsᴇ^{41} laŋ^{44} ŋᴇ^{221} te^{44} kᴇ^{221} xɔ^{41} niaŋ^{51}？

【福清】这蜀只大，许蜀只嫩，这两只底蜀只好□□囝？
tɕie^{11} zyo^{52} ʑia^{211} tua^{41}，xy^{11} zyo^{52} ʑia^{211} nɔŋ^{41}，tɕie^{322} laŋ^{22} ʑia^{211} ti^{335} zyo^{52} ʑia^{211} xɔ̱^{322} ni^{33} iʔ^{5} kiaŋ^{322}？（□□囝 ni^{33} iʔ^{5} kiaŋ^{322} ～□□nia^{52} nɔy^{211}～□□囝 nia^{11} nɔ̱y^{52} iaŋ^{322}）

11 这个比那个好。

【寿宁】这个好交⁼许个。tsia^{335} kɔi^{335} xɔ^{41} kau^{44} xa^{335} kɔi^{335}。

这个比许个好。tsia^{335} kɔi^{335} pi^{41} xa^{335} kɔi^{335} xɔ^{41}。

【福安】这（只）比许（只）好。tʃeiʔ^{5}（leiʔ^{5}）pi^{42} heiʔ^{5}（leiʔ^{5}）hɔ^{42}。（好 hɔ^{42}～婥 tʃ^{h}øoʔ^{5}）

【屏南】这个比许个好。tsᴇ^{11} kᴇ^{51} pi^{41} xa^{11} kᴇ^{51} xɔ^{41}。

【福清】这蜀只比许蜀只好。tɕie^{11} zyo^{52} ʑia^{211} pi^{322} xy^{11} zyo^{52} ʑia^{211} xɔ̱^{322}。

12 这些房子不如那些房子好。

【寿宁】这箱⁼成无许箱⁼成好。tsia^{335} siɔŋ^{44} ts^{h} yø^{335}

mɔ^{211} xa^{335} siɔŋ^{44} tsʰyø^{335} xɔ^{41} 。

这箱⁼戍好，固无许箱⁼戍好。

tsia^{335} siɔŋ^{44} tsʰ yø^{335} xɔ^{41}， ku^{335} mɔ^{211} xa^{335} siɔŋ^{44} tsʰyø^{335} xɔ^{41} 。

【福安】这蜀堆戍无许蜀堆戍化⁼婥。

tʃeiʔ^{5} θiʔ^{4} lɔi^{443} tʃʰ u^{335} mɔ^{221} heiʔ^{5} θiʔ^{4} lɔi^{443} tʃʰu^{335} ho^{335} tʃʰøoʔ^{5} 。

这蜀堆戍婥，固无许蜀堆戍化⁼婥。

tʃeiʔ^{5} θiʔ^{4} lɔi^{443} tʃʰ u^{335} tʃʰ øoʔ^{5}， ku^{55} mɔ^{221} heiʔ^{5} θiʔ^{4} lɔi^{443} tʃʰu^{335} ho^{335} tʃʰøoʔ^{5} 。

【屏南】这夥戍无许夥戍好。tsᴇu^{33} uai^{335} tsʰo^{335} mɔ^{11} xᴇu^{33} uai^{335} tsʰo^{335} xɔ^{41} 。

【福清】□□这些戍无值□□那些戍好。tsua^{11} i^{335} tsʰuɔ̱^{211} mɔ̱^{44} lia^{52} xua^{11} i^{335} tsʰuɔ̱^{211} xɔ̱^{322} 。

13 这句话用××(本地地名)话怎么说?

【寿宁】这话用寿宁话□式讲? tsia^{335} ŋua^{223} yŋ^{223} siu^{44} niŋ^{211} ŋua^{223} siŋ^{55} niʔ^{5} kɔŋ^{51} ?

【福安】这蜀句话穆阳话□□讲? tʃeiʔ^{5} θiʔ^{4} wu^{335} wo^{223} muʔ^{4} jøoŋ^{22} wo^{223} huŋ^{55} ŋɛ^{221} kuŋ^{42} ?

【屏南】这句话使屏南话□□讲? tsᴇ^{33} ko^{335} ua^{224} sai^{41} pᴇiŋ^{11} naŋ^{11} ua^{224} tse^{33} ne^{33} kɔ̱uŋ^{41} ?

【福清】这蜀句话福清话□□讲? tɕie^{11} zyo^{52} uɔ̱^{211}

ua^{41} xuʔ^{1} tɕ^{h}iaŋ^{335} ŋua^{41} aŋ^{11} naŋ^{11} kɔ̱ŋ^{52}？

14 他今年多大岁数?

【寿宁】伊今年冥几岁？i^{44} kiŋ^{44} nieŋ^{22} maŋ^{211} kui^{41} xuoi^{335}？

（今年冥 kiŋ^{44} nieŋ^{22} maŋ^{211} ～今年 kiŋ^{44} nieŋ^{211}）

【福安】伊今年冥若夥岁？i^{443} kiŋ^{22} niŋ^{34} maŋ^{0} niʔ^{4} o^{223} hui^{335}？

（今年冥 kiŋ^{22} niŋ^{34} maŋ^{0}～今年 kiŋ^{34} niŋ^{443}）

【屏南】伊今年冥□岁了？i^{443} kiŋ^{11} neiŋ^{44} maŋ^{221} nuai^{412} xuai^{335} lɔ^{0}？

（今年冥 kiŋ^{11} neiŋ^{44} maŋ^{221}～今年 kiŋ^{11} neiŋ^{41}）

【福清】伊今年(冥)若夥岁？i^{52} kiŋ^{44} nieŋ^{44}（maŋ^{44}）nyo^{44} ua^{41} uɔ̱i^{211}？

（若夥岁 nyo^{44} ua^{41} uɔ̱i^{211}～几岁 kui^{335} uɔ̱i^{211}）

15 大概有三十来岁吧。

【寿宁】大母⁼有三十几岁吧。tai^{44} mɔ^{41} u^{223} saŋ^{44} sɛʔ^{2} kui^{41} xuoi^{335} pa^{0}。

【福安】大母⁼三十岁身兜⁼。tai^{44} mɔ^{42} θaŋ^{44} nɛʔ^{2} ui^{335} θiŋ^{34} nau^{443}。

【屏南】大母⁼有三十几岁。tuai^{33} mɔ^{41} ɔ̱^{224} saŋ^{33} sᴇik^{3} kui^{33} xuai^{335}。

【福清】差不多三十几岁。ts^{h}aʔ^{3} puʔ^{5} tɔ̱^{52} θaŋ^{11} nzᴇʔ^{1} kui^{335} uɔ̱i^{211}。

16 这个东西有多重呢？

【寿宁】这乇有若夥重？tsia^{335} nɔ^{335} u^{223} niŋ^{44} ŋua^{44} tœŋ^{223}？

【福安】这乇有若夥重？tʃeiʔ^{5} nɔʔ^{5} ou^{223} niʔ^{4} o^{223} tœuŋ^{223}？

【屏南】这乇有□重？tsᴇ^{41} nɔ^{335} ɔ̱^{224} nuai^{44} tœŋ^{224}？

【福清】这蜀件乇有若重？tɕie^{11} zyo^{52} yɔ̱ŋ^{41} nɔ^{211} uŋ^{44} nyo^{41} lœŋ^{41}？

17 有五十斤重呢。

【寿宁】有五十斤重。uʔ^{4} ŋu^{223} sɛʔ^{2} kyŋ^{44} tœŋ^{223}。

【福安】有五十斤重。ou^{223} ŋou^{223} lɛʔ^{2} øŋ^{443} nœuŋ^{223}。

【屏南】有五十斤重。ɔ̱^{224} ŋɔ̱^{224} sᴇik^{43} kyŋ^{443} tœŋ^{224}。

【福清】有五十斤。o^{41} ŋu^{33} zᴇʔ^{5} kyŋ^{52}。

18 拿得动吗？

【寿宁】汝解驮得起𣍐？ny^{41} ɛ^{44} tɔ^{211} liʔ^{5} k^{h}i^{51} mɛ^{44}？①

汝解𣍐驮得起？ny^{41} ɛ^{44} mɛ^{223} tɔ^{211} liʔ^{5} k^{h}i^{51}？

【福安】解𣍐驮得□动？ɛŋ^{44} mɛ^{223} tɔ^{221} i^{443} tiŋ^{44} nœuŋ^{223}？

解𣍐驮□动？ɛŋ^{44} mɛ^{223} tɔ^{223} tiŋ^{44} nœuŋ^{223}？②

---

① 此处"𣍐"的调值特殊。

② 此处"驮"[tɔ^{223}]的调值特殊。实际上这是"驮得"的合音。以下的"驮"[tɔ^{223}]亦均如此。

解驮得□动(解)𫨖? ε^{223} tɔ^{221} i^{443} tiŋ^{44} nœuŋ^{223}(εŋ^{44})mε^{223}?

解驮□动(解)𫨖? ε^{223} tɔ^{223} tiŋ^{44} nœuŋ^{223}(εŋ^{44})mε^{223}?

【屏南】解驮得起𫨖? ε^{224} tɔ^{221} i^{0} k^{h}i^{41} mε^{0}?(起 k^{h}i^{41}～□动 tiŋ^{55} nœŋ^{224})

解𫨖驮得起? εŋ^{44} mε^{224} tɔ^{221} i^{0} k^{h}i^{41}?

【福清】汝拈解起𫨖? ny^{322} nieŋ^{52} ᴇʔ^{3} k^{h}i^{322} mᴇ^{0}?

汝拈解𫨖起? ny^{322} nieŋ^{52} ε^{41} mε^{41} k^{h}i^{322}?

19 我拿得动,他拿不动。

【寿宁】我(解)驮得起,伊驮𫨖起。ŋua^{41}(ε^{44})tɔ^{211} liʔ^{5} k^{h}i^{51}, i^{44} tɔ^{211} mε^{44} k^{h}i^{41}。

【福安】我解驮得□动,伊𫨖驮得□动。

ŋo^{42} ε^{223} tɔ^{221} i^{443} tiŋ^{44} nœuŋ^{223}, i^{443} mε^{223} tɔ^{221} i^{443} tiŋ^{44} nœuŋ^{223}。

……,伊驮𫨖□动。……, i^{443} tɔ^{221} mε^{223} tiŋ^{44} nœuŋ^{223}。

我解驮□动,伊𫨖驮□动。ŋo^{42} ε^{223} tɔ^{223} tiŋ^{44} nœuŋ^{223}, i^{443} mε^{223} tɔ^{223} tiŋ^{44} nœuŋ^{223}。

【屏南】我解驮得起,伊𫨖驮得起。uai^{41} ε^{224} tɔ^{221} i^{0} k^{h}i^{41}, i^{443} mε^{224} tɔ^{221} i^{0} k^{h}i^{41}。

(起 k^{h}i^{41}～□动 tiŋ^{55} nœŋ^{224})

【福清】我拈解起，伊拈𣍐起。ŋua^{322} nieŋ^{52} ɛ^{41} kʰi^{322}，i^{52} nieŋ^{52} mᴇ^{33} i^{322}。

我拈有得起，伊拈无得起。ŋua^{322} nieŋ^{52} u^{33} liʔ^{5} kʰi^{322}，i^{52} nieŋ^{52} mɔ̱^{33} liʔ^{5} kʰi^{322}。

20 真不轻，连我都拿不动了。

【寿宁】真膜⁼重，连我都驮𣍐起。tsiŋ^{44} mɔʔ^{5} tœŋ^{223}，lieŋ^{211} ŋua^{41} tu^{44} tɔ^{211} mɛ^{44} kʰi^{41}。

【福安】□色⁼重，连我都𣍐驮得□动。

kau^{55} lœʔ^{5} tœuŋ^{223}，liŋ^{221} ŋo^{42} tou^{443} mɛ^{223} tɔ^{221} i^{443} tiŋ^{44} nœuŋ^{223}。

……，连我都𣍐驮□动。……，liŋ^{221} ŋo^{42} tou^{443} mɛ^{223} tɔ^{223} tiŋ^{44} nœuŋ^{223}。

……，连我都驮𣍐□动。……，liŋ^{221} ŋo^{42} tou^{443} tɔ^{221} mɛ^{223} tiŋ^{44} nœuŋ^{223}。

……，连我都驮得𣍐□动。……，liŋ^{221} ŋo^{42} tou^{443} tɔ^{221} i^{443} mɛ^{223} tiŋ^{44} nœuŋ^{223}。

【屏南】这乇尽重，(连)我都𣍐驮得起。

tsᴇ^{41} nɔ^{335} tsᴇiŋ^{224} tœŋ^{224}，（leiŋ^{221}）uai^{41} tu^{443} mɛ^{44} tɔ^{221} i^{0} kʰi^{41}。(起 kʰi^{41}～□动 tiŋ^{55} nœŋ^{224})

【福清】野重，连我都拈𣍐起。ia^{335} lœŋ^{41}，lieŋ^{44} ŋua^{322} tu^{44} nieŋ^{52} mᴇ^{33} i^{322}。

……，连我都拈无得起。……，lieŋ^{44} ŋua^{322}

tu^{44} nieŋ^{52} mɔ̱^{33} liʔ^{5} k^{h}i^{322}。

21 你说得很好，你还会说点儿什么呢？

【寿宁】汝讲得真好，汝固有若乇讲无？

ny^{41} kɔŋ^{41} liʔ^{5} tsiŋ^{44} xɔ^{41}，ny^{41} ku^{335} u^{223} ni^{55} nɔ^{335} kɔŋ^{41} mɔ^{0}？

【福安】汝讲(得)□□好，汝固爱讲么乇？

ni^{42} kuŋ^{42}（niʔ^{5}）kau^{55} lœʔ^{5} hɔ^{42}，ni^{42} kou^{335} ɵi^{335} kuŋ^{42} mi^{55} nɔʔ^{5}？

【屏南】汝□现在讲得尽好，汝固有乇什么讲无？

ny^{41} tsɔuŋ^{453} kɔ̱uŋ^{41} ŋi^{0} tsᴇiŋ^{224} ŋɔ^{41}，ny^{41} ku^{55} ɔ̱^{224} nɔ^{335} kɔ̱uŋ^{41} mɔ^{0}？

【福清】汝讲野好，汝固解讲什乇？ny^{322} kɔ̱ŋ^{322} ia^{11} ɔ̱^{433}，ny^{322} ku^{52} ɛ^{41} kɔ̱ŋ^{322} θie^{52} nɔ^{211}？

（什乇 θie^{52} nɔ^{211}～么乇 mie^{52} nɔ^{211}）

22 我嘴笨，我说不过他。

【寿宁】我喙獪活，讲伊獪过。ŋua^{41} ts^{h}y^{335} mɛ^{44} xuaʔ^{2}，kɔŋ^{41} i^{44} mɛ^{44} kuo^{335}。

【福安】我獪讲话，我獪讲伊过。ŋo^{42} mɛ^{223} kuŋ^{55} ŋuo^{223}，ŋo^{42} mɛ^{223} kuŋ^{42} i^{443} ku^{335}。

……，我讲伊獪过。……，ŋo^{42} kuŋ^{42} i^{443} mɛ^{223} wu^{335}。

【屏南】我喙舀⁼笨，獪讲伊过。uai^{41} ts^{h}ui^{335} eu^{41}

pɔ̱uŋ^{224}，mɛ^{33} kɔ̱uŋ^{41} i^{443} ko^{335}。

【福清】我口才獪好，我讲獪赢伊。ŋua^{322} kʰ ᴇu^{11} tsai^{335} mᴇʔ^{3} xɔ̱^{322}，ŋua^{322} kɔ̱ŋ^{322} mᴇ^{44} iaŋ^{44} i^{52}。

23 说了一遍，又说了一遍。

【寿宁】讲了蜀盘，又蜀盘。kɔŋ^{41} liɐu^{41} siʔ^{4} puaŋ^{211}，iu^{223} siʔ^{4} puaŋ^{211}。

【福安】讲蜀顽⁼，又讲蜀顽⁼。kuŋ^{42} θiʔ^{4} waŋ^{221}，jeu^{223} kuŋ^{42} θiʔ^{4} waŋ^{221}。

（蜀顽⁼θiʔ^{4} waŋ^{221}～蜀到⁼θiʔ^{4} lɔ^{335}）

【屏南】讲蜀□，又讲蜀□。kɔ̱uŋ^{41} søk^{1} pai^{41}，eu^{224} kɔ̱uŋ^{41} søk^{1} pai^{41}。

（蜀□søk^{1} pai^{41}～蜀盘 søk^{1} puaŋ^{221}）

【福清】讲蜀蜇⁼，复讲蜀蜇⁼。kɔ̱ŋ^{322} θyoʔ^{3} θuoʔ^{5}，pu^{33} uɔ̱ŋ^{322} θyoʔ^{3} θuoʔ^{5}。

24 请你再说一遍！（参看第 75 句）

【寿宁】请汝再讲蜀盘（添）。tsʰ iaŋ^{41} ny^{41} tsai^{335} kɔŋ^{41} siʔ^{4} puaŋ^{211}（tʰ ieŋ^{44}）。

请汝讲蜀盘添。tsʰ iaŋ^{41} ny^{41} kɔŋ^{41} siʔ^{4} puaŋ^{211} tʰ ieŋ^{44}。

（添 tʰ ieŋ^{44}～凑 tsʰ ɛu^{335}）

【福安】汝爱⁼讲蜀顽⁼！ ni^{42} ai^{335} kuŋ^{42} θiʔ^{4} waŋ^{221}！

汝讲蜀顽⁼凑！ ni^{42} kuŋ^{42} θiʔ^{4} waŋ^{221} tʃʰ ɛu^{335}！

（蜀顽$^{=}$θiʔ^{4} waŋ^{221}～蜀到$^{=}$θiʔ^{4} lɔ^{335}）

【屏南】请汝界$^{=}$讲蜀□！ ts^{h} iaŋ^{41} ny^{41} kai^{335} kɔ̱uŋ^{51} søk^{1} pai^{41}！（蜀□søk^{1} pai^{41}～蜀盘 søk^{1} puaŋ^{221}）

【福清】请汝再讲蜇$^{=}$！ tɕ^{h} iaŋ^{322} ny^{322} tsai^{52} kɔ̱ŋ^{322} θyoʔ^{3} θuoʔ^{5}！（再 tsai^{52}～□ai^{52}～□kai^{52}）

25 不早了，快去吧！

【寿宁】赡快了，汝去吧！ mɛ^{44} k^{h} ɛ^{335} lɔ^{0}，ny^{41} k^{h} yø^{335} pa^{0}！

【福安】赡快了，快□□去！ mɛ^{0} k^{h} ɛ^{335} lo^{0}，k^{h} ɛ^{335} naŋ^{55} ŋa^{53} k^{h} ɵ^{335}！

【屏南】时间赡快了，汝快□去了！ sᴇ^{44} aŋ^{443} mɛ^{33} k^{h}ɛ^{335} lɔ^{0}，ny^{41} k^{h}ɛ^{335} niaŋ^{51} k^{h}œ^{335} lɔ^{0}！

【福清】时间晏去，快行去！ θi^{55} kaŋ^{52} aŋ^{211} ŋɔ̱^{0}，k^{h} ᴇʔ^{4} kiaŋ^{44} ŋɔ̱^{0}！

26 现在还很早呢。等一会儿再去吧。

【寿宁】这落$^{=}$解赴来得及。等蜀落$^{=}$去。 tsi^{211} lɔʔ^{2} ɛ^{44} xu^{335}。tiŋ^{41} siʔ^{4} lɔʔ^{2} k^{h} yø^{335}。

（这落$^{=}$tsi^{211} lɔʔ^{2}～众$^{=}$落$^{=}$tsuŋ^{335} lɔʔ^{2}）

【福安】掌$^{=}$□这么快。等蜀下去。 tʃøoŋ^{42} tʃo^{335} k^{h}ɛ^{335}。tøoŋ^{42} θiʔ^{2} a^{223} k^{h}ɵ^{335}。

……。□拉$^{=}$等一会儿去。……。k^{h}ɵi^{22} la^{443} k^{h}ɵ^{335}。

【屏南】□忒快。汝等□界$^{=}$去。 tsɔuŋ^{453} t^{h} ak^{3}

kʰɛ^{335}。ny^{41} tyŋ^{41} na^{0} kai^{33} kʰœ^{335}。

【福清】□□时间固未。等□久□去。

tsuŋ^{11} muaŋ^{52} θi^{55} kaŋ^{52} kuʔ^{5} muo̱i^{41}。tiŋ^{322} θyoŋ^{335} ŋu^{322} ai^{52} kʰyo̱^{211}。

（□ai^{52}～再 tsai^{52}～□kai^{52}）

27 吃了饭再去好吧？

【寿宁】昼午饭食了去吧。tau^{335} siaʔ^{2} liɐu^{41} kʰyø^{335} pa^{0}。

【福安】□食□去，解使得𬯀？maŋ^{335} θeiʔ^{2} e^{335} kʰɵ^{335}，ɛ^{44} lai^{443} liʔ^{5} mɛ^{0}？①

【屏南】昼午饭食□去，解𬯀？tau^{335} seɐ^{443} la^{0} kʰœ^{335}，ɛ^{224} mɛ^{0}？

【福清】昼午饭食了□去，解使𬯀？tau^{211} θia^{52} lau^{322} kʰyo̱^{211}，ᴇʔ^{3} θai^{322} mᴇ^{0}？

……，解𬯀使？……，ɛ^{41} mɛ^{41} θai^{322}？

28 慢慢儿地吃啊，不要急煞！

【寿宁】慢慢食，解赴来得及！mɛŋ^{44} mɛŋ^{223} siaʔ^{2}，ɛ^{44} xu^{335}！

【福安】慢慢食，莫赶！mɛiŋ^{44} mɛiŋ^{223} θeiʔ^{2}，mɔʔ^{4} kaŋ^{42}！

【屏南】慢慢食，□急！mɛiŋ^{44} mɛiŋ^{44} seɐ^{443}，nai^{51} kik^{5}！

【福清】慢慢食，□"唔通"的合音急！mᴇŋ^{335} mᴇŋ^{52} θia^{52}，

---

① "□"[e^{335}]大概是"去了"[kʰɵ^{335} lo^{0}]的合音字。有时音节的中间带有不很强的紧喉色彩，像[e^{325}]。[句]87 的"□"[e^{335}]亦如此。

nœ̠ŋ^{335} keʔ^{21}！

……，唔使不用急！……，ŋ^{11} nai^{335} keʔ^{21}！

（慢慢食 mᴇŋ^{335} mᴇŋ^{52} θia^{52} ～mᴇŋ^{11} mᴇŋ^{11} nzia^{52}）

29 坐着吃比站着吃好些。

【寿宁】坐岁⁼食比徛岁⁼食好过。sɔi^{223} xuoi^{335} siaʔ^{2} pi^{41} k^{h}ia^{223} xuoi^{335} siaʔ^{2} xɔ^{41} kuo^{335}。

【福安】坐□食比徛□食快活得□多。θɔi^{223} ei^{335} θeiʔ^{2} pi^{42} k^{h}e^{223} ei^{335} θeiʔ^{2} k^{h}au^{55} waʔ^{2} liʔ^{5} θɛ^{223}。

【屏南】坐□食比徛□食好□。sɔi^{224} eɐ^{0} seɐ^{443} pi^{41} k^{h}e^{224} eɐ^{0} seɐ^{443} xɔ^{41} niaŋ^{51}。

【福清】坐底食比徛底食舒畅□□团。

θɔy^{41} li^{0} θia^{52} pi^{322} k^{h} ia^{41} li^{0} θia^{52} tɕ^{h} y^{335} lyɔ̠ŋ^{211} ni^{33} iʔ^{5} kiaŋ^{322}。

（□□团 ni^{33} iʔ^{5} kiaŋ^{322} ～□□nia^{52} nɔy^{211}）

30 他吃了饭了，你吃了饭没有呢？

【寿宁】伊冥晚饭食了了，汝食了未？ i^{44} maŋ^{211} siaʔ^{2} liɐu^{41} lɔ^{0}，ny^{41} siaʔ^{2} liɐu^{41} muoi^{44}？①

【福安】伊□食去了，汝□食去了未？ i^{443} maŋ^{335} θeiʔ^{2} k^{h}ɵ^{335} lo^{0}，ni^{42} maŋ^{335} θeiʔ^{2} k^{h}ɵ^{335} lo^{0} mui^{0}？

【屏南】伊饭早饭食去了，汝食未？ i^{443} pouŋ^{224} seɐ^{443}

---

① 此处"未"的调值特殊。

k^{h}œ^{335} lɔ^0，ny^{42} seɐ^{443} moi^{224}？

【福清】伊饭早饭食了，汝食未？ i^{52} puɔ̱ŋ^{41} θia^{52} lau^{322}，ny^{322} θia^{52} muɔ̱i^{41}？

31 他去过上海，我没有去过。

【寿宁】伊(有)去着上海，我未去着。i^{44} (u^{44}) k^{h}yø^{335} tyøʔ^2 siɔŋ^{44} xai^{41}，ŋua^{41} muoi^{44} k^{h}yø^{335} tyøʔ^2。

【福安】伊上海(有)去着，我未去着。i^{443} θøoŋ^{44} ŋai^{42} (ou^{223}) k^{h}ɵ^{335} tiʔ^2，ŋo^{42} mui^{44} k^{h}ɵ^{335} tiʔ^2。

(着 tiʔ^2～过 ku^{335})

【屏南】伊(有)去着上海，我未去着。i^{443} (ɔ̱^{224}) k^{h}œ^{335} tø^{443} søŋ^{33} ŋai^{41}，uai^{41} moi^{224} k^{h}œ^{335} tø^{443}。

(着 tø^{443}～过 ko^{335})

【福清】伊有去着上海，我无去着。i^{52} uʔ^2 k^h yɔ̱^{211} tyo^{52} θyoŋ^{33} ŋai^{322}，ŋua^{322} mɔ̱^{22} yɔ̱^{211} tyo^{52}。

(着 tyo^{52}～过 kuɔ̱^{211})

32 来闻闻这朵花香不香。

【寿宁】汝嗅蜀下这□花解香𫍶。ny^{41} xiu^{335} siʔ^4 xa^{223} tsia^{335} puo^{211} xua^{44} ɛʔ^4 xiɔŋ^{44} mɛ^{44}。①

【福安】汝来嗅蜀下这□花解𫍶香。ni^{42} lei^{221} heu^{335} θiʔ^2 a^{223} tʃeiʔ^5 βu^{221} ho^{443} ɛŋ^{44} mɛ^{44} høoŋ^{443}。

---

① 此处"𫍶"的调值特殊。

【屏南】来，这朵花嗅□解艙香。lᴇ^{221}，tsᴇ^{11} tu^{41} xoʌ^{443} xiu^{335} la^{0} ε^{224} mε^{224} xøŋ^{443}。

【福清】鼻蜀鼻看这蜀蒲⁼花解香艙。

pe^{41} θyoʔ^{4} pe^{41} kʰ aŋ^{211} tɕie^{11} θyo^{11} ßuo^{335} xua^{52} ᴇʔ^{5} xyoŋ^{52} mᴇ^{0}。

……解艙香。……ε^{41} mε^{41} xyoŋ^{52}。

33 给我一本书！

【寿宁】书□蜀本乞我！tsy^{44} kʰaʔ^{2} siʔ^{4} puoŋ^{41} kʰiʔ^{5} ŋua^{51}。

【福安】书驮蜀本乞我！tʃɵi^{443} tɔ^{221} θiʔ^{4} ßuŋ^{42} kʰɵʔ^{5} ŋo^{42}！

【屏南】书驮蜀本□！tsy^{443} tɔ^{221} søk^{1} pouŋ^{41} kʰuai^{51}！

【福清】书驮蜀本乞我！tɕy^{52} tɔ̱^{44} θyo^{33} ßuoŋ^{322} kʰøʔ^{21} ŋua^{322}！

驮蜀本书乞我！tɔ̱^{44} θyo^{33} ßuoŋ^{322} tɕy^{52} kʰøʔ^{21} ŋua^{322}！

乞我蜀本书！kʰøʔ^{21} ŋua^{322} θyo^{33} ßuoŋ^{322} tɕy^{52}！

34 我实在没有书嘛！

【寿宁】我真真无书！ŋua^{41} tsiŋ^{44} tsiŋ^{44} mɔ^{211} tsy^{44}！

【福安】我真无书！ŋo^{42} tʃeiŋ^{443} mɔ^{221} tʃɵi^{443}！

【屏南】我真个无书！uai^{41} tsiŋ^{443} ŋᴇ^{0} mɔ^{11} tsy^{443}！

【福清】我真真无书！ŋua^{322} tɕiŋ^{44} ȵʑiŋ^{52} mɔ̱^{55} tɕy^{52}！

35 你告诉他。

【寿宁】汝讲乞伊听。ny^{41} kɔŋ^{41} kʰiʔ^{5} i^{44} tʰiaŋ^{44}。

【福安】汝共伊讲。ni^{42} kœuŋ^{223} i^{443} kuŋ^{42}。（共 kœuŋ^{223}～kɛʔ^{2}；伊 i^{443}～ei^{443}）

【屏南】汝齐伊讲□。ny^{41} tsɛ^{44} i^{443} kɔ̱uŋ^{41} na^{0}。

【福清】汝共伊讲。ny^{322} kᴇʔ^{5} i^{52} kɔ̱ŋ^{322}。

汝□讲。ny^{322} kᴇʔ^{3} kɔ̱ŋ^{52}。①

36 好好儿地走，不要跑！

【寿宁】慢慢行，莫跳！ mɛŋ^{44} mɛŋ^{223} kiaŋ^{211}，mɔʔ^{2} t^{h}iɐu^{334}！（莫 mɔʔ^{2}～唔爱 ŋ^{44} ŋɔi^{335}）

【福安】慢慢行，莫走！ mɛiŋ^{44} mɛiŋ^{223} kiɐŋ^{221}，mɔʔ^{4} tʃo^{42}！

定定行，……！ tiɐŋ^{44} niɐŋ^{223} kiɐŋ^{221}，……！

【屏南】慢慢行，□走！ mɛiŋ^{11} mɛiŋ^{44} ŋiaŋ^{221}，nai^{51} tsau^{41}！（□nai^{51}～莫 mɔʔ^{1}）

【福清】慢慢行，□□！ mᴇŋ^{335} mᴇŋ^{11} kiaŋ^{44}，nœ̱ŋ^{335} piᴇ^{211}！

……，□□□。……，nœ̱ŋ^{44} nɔ̱^{44} piᴇ^{211}！

37 小心跌下去爬也爬不起来！

【寿宁】细腻，跋下去，爬𬢩到□②！ sɛ^{55} ni^{223}，puaʔ^{2} a^{223} k^{h}yø^{335}，pa^{211} mɛ^{44} tɔ^{335} siɔŋ^{41}！

【福安】汝细腻纳⁼，莫跋下□𬢩爬得上来！

ni^{42} θɛ^{55} nei^{223} naʔ^{0}，mɔʔ^{4} puaʔ^{2} a^{0} lɛ^{335} mɛ^{223}

① “□讲”[kᴇʔ^{3} kɔ̱ŋ^{52}]是“共伊讲”[kᴇʔ^{4} i^{52} kɔ̱ŋ^{322}]的合音。

② “□siɔŋ^{41}”大概是“上来”或“上起”的合音。

pa^{221} i^{443} θøoŋ^{223} nei^{0}！①

……，……艙爬上来！……，……mɛ^{223} pa^{223} θøoŋ^{223} nei^{0}！②

……，……爬艙上来！……，……pa^{221} mɛ^{223} θøoŋ^{223} nei^{0}！

【屏南】细膩□，□跋下去，跋下去就艙爬得□来出来了！sɛ^{55} nᴇ^{224} niaŋ^{51}，nœŋ^{443} puak^{43} a^{224} k^{h} œ^{335}，puak^{43} a^{224} k^{h}œ^{335} tseu^{224} mɛ^{44} pa^{221} i^{0} saŋ^{11} lᴇ^{221} lɔ^{0}！

【福清】着细膩，□跋落去爬也爬无得起！tyoʔ^{1} θᴇ^{52} ne^{41}，naʔ^{3} puaʔ^{5} lɔ^{52} yɔ^{0} pa^{44} ia^{0} pa^{44} mɔ^{33} liʔ^{5} k^{h}i^{322}！

38 医生叫你多睡一睡。

【寿宁】先生喊汝□睏蜀下。siŋ^{44} saŋ^{44} xaŋ^{41} ny^{41} sɛ^{223} k^{h}uŋ^{335} siʔ^{4} xa^{223}。

（蜀下 siʔ^{4} xa^{223}～蜀出$^{=}$siʔ^{4} ts^{h}yʔ^{5}）

【福安】先生吩咐汝爱多睏蜀下。θiŋ^{34} ŋaŋ^{443} huŋ^{44} nou^{335} ni^{42} ɵi^{335} tɔ^{443} ŋɔuŋ^{335} θiʔ^{2} a^{223}。

（吩咐 huŋ^{44} nou^{335}～嘱 tʃoʔ^{5}）

---

① “□lɛ^{335}”大概是“底去”的合音。

② 此处“爬”[pa^{223}]的调值特殊。实际上这是“爬得”的合音。[句]73 的“爬”[pa^{223}]亦如此。

【屏南】医生□汝着多睏眠。i^{44} zᴇiŋ^{443} œ^{335} ny^{41} tø^{443} tɔ^{443} kɔ̱uŋ^{55} mᴇiŋ^{221}。

【福清】先生叫汝多睏□久。θiŋ^{44} ŋiaŋ^{52} kœ^{211} ny^{322} tɔ̱^{335} kʰɔŋ^{211} θyoŋ^{335} ŋu^{322}。

39 我吸烟或者喝酒都不行。

【寿宁】我食薰食酒都赡。ŋua^{41} siaʔ^{4} xɔŋ^{44} siaʔ^{4} tsiu^{41} tu^{44} mɛ^{223}。

【福安】我食薰食酒都赡使得。ŋo^{42} θeiʔ^{4} hɔuŋ^{443} θeiʔ^{4} tʃiu^{42} tou^{443} mɛ^{0} θai^{443} liʔ^{5}。①

【屏南】我食薰食酒都赡。uai^{41} sɐaʔ^{4} xɔ̱uŋ^{443} sɐaʔ^{1} tsiu^{41} tu^{13} mɛ^{412}。

【福清】我赡食薰也赡食酒。ŋua^{322} mᴇʔ^{3} θia^{55} ɔŋ^{52} ia^{11} mᴇ^{335} zia^{52} ʑiu^{322}。

40 烟也好，酒也好，我都不喜欢。

【寿宁】薰酒我都赡中意。xɔŋ^{44} tsiu^{41} ŋua^{41} tu^{44} mɛ^{44} tuŋ^{55} i^{335}。

【福安】薰酒我都败兴不喜欢。hɔuŋ^{443} tʃiu^{42} ŋo^{42} tou^{443} pai^{44} jeiŋ^{335}。

【屏南】酒薰我都赡□兴喜欢食。tsiu^{41} xɔ̱uŋ^{443} uai^{41} tu^{33} mɛ^{33} sau^{33} iŋ^{335} seɐ^{443}。

---

① 此处"使"的调值特殊。

【福清】薰酒我都触$^{=}$。xɔ̱ŋ^{33} tɕiu^{52} ŋua^{322} tu^{335} ts^{h}øʔ^{21}。

41 不管你去不去，反正我是要去的。

【寿宁】莫插$^{=}$汝去唔去，横直我都爱去。

mɔʔ^{2} ts^{h}aʔ^{5} ny^{41} k^{h}yø^{335} ŋ^{44} k^{h}yø^{335}，xuaŋ^{211} tiʔ^{2} ŋua^{41} tu^{44} ɔi^{55} k^{h}yø^{335}。

（莫插$^{=}$ mɔʔ^{2} ts^{h}aʔ^{5}～莫管 mɔʔ^{2} kuaŋ^{41}；横直 xuaŋ^{211} tiʔ^{2}～反正 xuaŋ^{55} tsiaŋ^{335}）

【福安】莫插$^{=}$汝去唔去，我横直都爱去。

mɔʔ^{4} ts^{h}aʔ^{5} ni^{42} k^{h}ɵ^{335} ŋ^{0} ŋɵ^{335}，ŋo^{42} huaŋ^{22} teiʔ^{2} tou^{443} ɵi^{335} k^{h}ɵ^{335}。

【屏南】在汝去□，横直我着去。tsai^{224} ny^{41} k^{h}œ^{335} ŋœ^{512}，xuaŋ^{13} nik^{43} uai^{41} tø^{443} k^{h}œ^{335}。

【福清】无插$^{=}$汝□去无，我总□着去。

mɔ̱^{22} ts^{h} aʔ^{21} ny^{322} puʔ^{5} k^{h} yɔ̱^{211} mɔ̱^{44}，ŋua^{322} tsuŋ^{11} naʔ^{5} tyo^{52} k^{h}yɔ̱^{211}。

42 我非去不可。

【寿宁】我一定爱去。ŋua^{41} iʔ^{5} tiaŋ^{223} ɔi^{55} k^{h}yø^{335}。

【福安】我一定爱去。ŋo^{42} iʔ^{5} tiɐŋ^{223} ɵi^{335} k^{h}ɵ^{335}。

【屏南】我总着去。uai^{41} tsuŋ^{55} nø^{443} k^{h}œ^{335}。

【福清】我硬□着去。ŋua^{322} ŋᴇŋ^{44} nau^{41} tyo^{52} k^{h}yɔ̱^{211}。

43 你是哪一年来的？

【寿宁】汝是底岁$^{=}$年来个？ny^{41} si^{223} tu^{55} xuoi^{55} nieŋ^{211}

li^{211} kɛ^{0}？

【福安】汝是么乇年来？ ni^{42} θei^{223} mi^{55} nɔʔ^{5} niŋ^{221} lei^{221}？

【屏南】汝是底蜀年来（个）？ ny^{41} sᴇ^{224} te^{44} søk^{1} neiŋ^{221} lᴇ^{221}（kᴇ^{0}）？

【福清】汝是底蜀年来个？ ny^{322} θi^{0} ti^{44} θyoŋ^{44} nieŋ^{44} li^{44} ɣi^{0}？①

44 我是前年到的北京。

【寿宁】我是前年来北京。ŋua^{41} si^{223} sɛŋ^{22} nieŋ^{211} li^{211} pɛʔ^{5} kiŋ^{44}。

（前年 sɛŋ^{22} nieŋ^{211}～前年冥 sɛŋ^{22} nieŋ^{22} maŋ^{211}）

【福安】我是前年冥来北京。ŋo^{42} θei^{223} θɛiŋ^{22} niŋ^{22} maŋ^{221} lei^{221} pœʔ^{5} keiŋ^{443}。

（前年冥 θɛiŋ^{22} niŋ^{22} maŋ^{221}～前年 θɛiŋ^{22} niŋ^{221}）

【屏南】我是前年冥够⁼北京。uai^{41} sᴇ^{224} sɛiŋ^{221} neiŋ^{0} maŋ^{0} kau^{335} pœk^{5} kiŋ^{443}。

（前年冥 sɛiŋ^{221} neiŋ^{0} maŋ^{0}～前年 sɛiŋ^{221} neiŋ^{0}）

【福清】我是昨年(冥)来北京个。ŋua^{322} θi^{0} θɔ^{52} nieŋ^{44}（maŋ^{44}）li^{44} pœʔ^{5} kiŋ^{52} ŋi^{0}。

45 今天开会谁的主席？

【寿宁】今旦开会□主持？ kiŋ^{211} naŋ^{335} k^{h}ui^{44} xuoi^{223}

① 此处“个”的声母特殊。

nœŋ^{51} tsyø^{55} t^{h}i^{211}？

（□nœŋ^{51}～乇个 nɔ^{55} kɔi^{335}）

【福安】今早个会□主持？kaŋ^{55} na^{53} ɛ^{0} hui^{223} tœuŋ^{42} tʃi^{35} lei^{53}？

【屏南】今早开会□主持？kaŋ^{335} nza^{51} k^{h} ui^{13} xoi^{412} nœŋ^{51} tso^{11} t^{h}ᴇ^{51}？

【福清】今旦个会底侬主持？kiŋ^{52} naŋ^{211} ŋi^{0} xuɔ̱i^{41} tie^{44} nœ̱ŋ^{44} tsuo^{11} t^{h}i^{335}？

46 你得请我的客。

【寿宁】汝爱请我食。ny^{41} ɔi^{335} ts^{h}iaŋ^{41} ŋua^{41} siaʔ^{2}。

【福安】汝爱请我。ni^{42} ɵi^{335} tʃ^{h}iɐŋ^{42} ŋo^{42}。

【屏南】汝着请我食。ny^{41} tø^{443} ts^{h}iaŋ^{41} uai^{41} seɐ^{443}。

【福清】汝着请我食酒。ny^{322} tyo^{52} tɕ^{h} iaŋ^{322} ŋua^{322} θia^{33} ʑiu^{322}。

47 一边走，一边说。

【寿宁】蜀爿行，蜀爿讲。siʔ^{4} pɛŋ^{211} kiaŋ^{211}，siʔ^{4} pɛŋ^{211} kɔŋ^{41}。

【福安】蜀爿行，蜀爿讲。θiʔ^{4} ßɛiŋ^{221} kiɐŋ^{221}，θiʔ^{4} ßɛiŋ^{221} kuŋ^{42}。

【屏南】蜀爿行，蜀爿讲。søk^{1} pɛiŋ^{221} kiaŋ^{221}，søk^{1} pɛiŋ^{221} kɔ̱uŋ^{41}。

一面行，一面讲。ik^{5} meiŋ^{224} kiaŋ^{221}，ik^{5}

meiŋ^{224} kɔ̱uŋ^{41}。

【福清】□行，□讲。muŋ^{11} kiaŋ^{335}，muŋ^{11} kɔ̱ŋ^{52}。

48 越走越远，越说越多。

【寿宁】□行□远，□讲□□。muŋ^{41} kiaŋ^{211} muŋ^{41} xuoŋ^{223}，muŋ^{41} kɔŋ^{41} muŋ^{41} sɛ^{223}。（□muŋ^{41}～mɔŋ^{41}）

【福安】□行□远，□讲□□。muŋ^{42} kiɐŋ^{221} muŋ^{42} huŋ^{223}，muŋ^{42} kuŋ^{42} muŋ^{42} θɛ^{223}。

【屏南】□行□远，□讲□□。mouŋ^{41} kiaŋ^{221} mouŋ^{41} xouŋ^{224}，mouŋ^{41} kɔ̱uŋ^{51} mouŋ^{41} sɛ^{224}。

【福清】□行□远，□讲□□。muŋ^{11} kiaŋ^{335} muŋ^{335} xuɔ̱ŋ^{41}，muŋ^{11} kɔ̱ŋ^{52} muŋ^{335} θɛ^{41}。

49 把那个东西拿给我。

【寿宁】帮许乇驮乞我。pɔŋ^{44} xa^{335} nɔ^{335} tɔ^{211} k^{h}iʔ^{5} ŋua^{51}。

【福安】（帮）许乇驮乞我。（pɔuŋ^{443}）heiʔ^{5} nɔʔ^{5} tɔ^{221} k^{h}ɵʔ^{5} ŋo^{42}。

【屏南】许乇驮来□“乞我”的合音。xa^{41} nɔ^{335} tɔ^{221} lᴇ^{221} k^{h}uai^{51}。

【福清】□“许蜀”的合音件乇掂乞我。xyo^{335} yɔ̱ŋ^{41} nɔ^{211} nieŋ^{52} k^{h}øʔ^{21} ŋua^{322}。

50 有些地方把太阳叫日头。

【寿宁】有去⁼叶⁼帮太阳喊做日头。u^{223} k^{h}yø^{335} ieʔ^{2}

pɔŋ^{44} tʰai^{55} iɔŋ^{211} xaŋ^{41} lɔ^{44} niʔ^{4} tʰau^{211} 。①

【福安】有个填$^{=}$□帮太阳讲日头。ou^{223} ɛ^{0} tɛiŋ^{22} nɔi^{335} pɔuŋ^{443} tʰai^{55} jøoŋ^{221} kuŋ^{42} niʔ^{4} au^{221} 。

（填$^{=}$□tɛiŋ^{22} nɔi^{335}～填$^{=}$□tɛiŋ^{22} mɵi^{223}）

【屏南】有个□□太阳就是□日头。ɔ̱^{224} ᴇ^{0} tøŋ^{44} maŋ^{443} tʰai^{55} øŋ^{221} tseu^{44} sᴇ^{224} œ^{335} nik^{1} tʰau^{221} 。

【福清】有个位处太阳叫做日头。o^{41} i^{0} ui^{22} tsʰø^{211} tʰai^{44} yoŋ^{44} kœ^{211} tsɔ^{211} niʔ^{4} tʰau^{44} 。

51 您贵姓？我姓王。

【寿宁】汝 贵 姓？ 我 姓 王。 ny^{41} kui^{55} saŋ^{335}？ ŋua^{41} saŋ^{55} uoŋ^{211} 。

【福安】汝 姓 么 乇？ 我 姓 王。 ni^{42} θaŋ^{335} mi^{55} nɔʔ^{5}？ ŋo^{42} θaŋ^{55} ŋuŋ^{221} 。

【屏南】汝姓乇？我姓王。ni^{41} saŋ^{335} nɔ^{335}？uai^{41} saŋ^{55} ouŋ^{221} 。

【福清】汝姓什乇？我姓王。ny^{211} θaŋ^{211} θie^{52} nɔ^{211}？ ŋua^{322} θaŋ^{44} uoŋ^{44} 。

（什乇 θie^{52} nɔ^{211}～么乇 mie^{52} nɔ^{211}）

贵姓？……。kui^{52} θeŋ^{211}？……。

---

① 此处“做”的读音特殊。

52 你姓王，我也姓王，咱们两个人都姓王。

【寿宁】汝姓王，我也姓王，我□两个都是姓王。

ny^{41} saŋ^{55} uoŋ^{211}，ŋua^{41} ia^{223} saŋ^{55} uoŋ^{211}，ŋua^{41} ni^{55} laŋ^{223} kɔi^{335} tu^{44} saŋ^{55} uoŋ^{211}。

……，……，我□两个共姓。……，……，ŋua^{41} ni^{55} laŋ^{223} kɔi^{335} kœŋ^{44} saŋ^{44}。

（我□ŋua^{41} ni^{55}～□ŋuai^{55}～□农 ŋuai^{55} nœŋ^{211}）

【福安】汝姓王，我也姓王，我共汝两只农都姓王。

ni^{42} θaŋ^{55} ŋuŋ^{221}，ŋo^{42} je^{223} θaŋ^{55} ŋuŋ^{221}，ŋo^{42} kœuŋ^{223} ni^{42} laŋ^{223} ŋeiʔ^{5} nœuŋ^{221} tou^{443} θaŋ^{55} ŋuŋ^{221}。（共 kœuŋ^{223}～kɛʔ^{2}）

【屏南】汝姓王，我也姓王，我汝两个都共姓。

ny^{41} saŋ^{55} ouŋ^{221}，uai^{41} eɐ^{224} saŋ^{55} ouŋ^{221}，uai^{41} ny^{41} laŋ^{44} ŋᴇ^{221} tu^{443} kœŋ^{33} saŋ^{335}。

【福清】汝姓王，我也姓王，农家两只都姓王。

ny^{322} θaŋ^{44} uoŋ^{44}，ŋua^{322} ia^{11} θaŋ^{44} uoŋ^{44}，nœ̲ŋ^{55} ŋa^{52} laŋ^{22} ʑia^{211} tu^{44} θaŋ^{44} uoŋ^{44}。

（都 tu^{44}～齐 tsᴇ^{44}）

53 你先去吧，我们等一会儿再去。

【寿宁】汝先去吧，我咬⁼等蜀下再去。

ny^{41} sɛŋ^{44} k^{h}yø^{335} pa^{0}，ŋua^{41} ka^{223} tiŋ^{41} siʔ^{4} xa^{223} tsai^{335} k^{h}yø^{335}。

汝去先吧，……。ny^{41} k^{h}yø^{335} sɛŋ^{44} pa^{0}，……。

【福安】汝头前去，我齐等□□就来了。

ni^{42} t^{h}au^{22} ɛiŋ^{221} k^{h}ɵ^{335}，ŋo^{42} ɛ^{221} tøoŋ^{42} naŋ^{55} ŋa^{53} tʃeu^{223} lei^{221} lo^{0}。

……，我齐□后后边就来了。……，ŋo^{42} ɛ^{221} kuŋ^{55} ɲau^{223} tʃeu^{223} lei^{221} lo^{0}。

汝先去，我齐□拉$^{=}$就来了。ni^{42} θɛiŋ^{443} k^{h}ɵ^{335}，ŋo^{42} ɛ^{221} k^{h}ɵi^{22} la^{443} tʃeu^{223} lei^{221} lo^{0}。

【屏南】汝先去吧，我齐等蜀□团□来。

ny^{41} sᴇiŋ^{443} k^{h}œ^{335} ßɔ̱^{0}，uai^{11} ɛ^{221} tyŋ^{41} søk^{1} ɔuŋ^{11} ŋiaŋ^{41} na^{44} lᴇ^{221}。

汝头行去，我齐□后后边来。ny^{41} t^{h}au^{11} iaŋ^{221} k^{h}œ^{335}，uai^{11} ɛ^{221} kouŋ^{44} ŋau^{224} lᴇ^{221}。

【福清】汝先行，我各农等□久也行。

ny^{322} θᴇŋ^{44} ŋiaŋ^{44}，ŋua^{322} kɔ̱^{11} nœ̱ŋ^{335} tiŋ^{322} θyoŋ^{335} ŋu^{322} ia^{44} iaŋ^{44}。

54 这个吃得，那个吃不得。

【寿宁】这个解食得，许个𣍐食得。tsia^{335} kɔi^{335} ɛ^{44} siaʔ^{2} liʔ^{5}，xa^{335} kɔi^{335} mɛ^{44} siaʔ^{2} liʔ^{5}。

【福安】这解食得，许𣍐食得。tʃeiʔ^{5} ɛ^{0} θeiʔ^{2} liʔ^{5}，heiʔ^{5} mɛ^{0} θeiʔ^{2} liʔ^{5}。

【屏南】这个解食得，许个𣍐食得。tsᴇ^{11} kᴇ^{51} ɛ^{224}

seɐ^{443} i^{0}，xa^{11} kᴇ^{51} mɛ^{44} seɐ^{443} i^{0}。

【福清】这解食，许𫋡食。tɕie^{322} ᴇʔ^{4} θia^{52}，xy^{322} mᴇ^{44} zia^{52}。

55 这是他的书，那一本是他哥哥的。

【寿宁】这是伊个书，许蜀本是伊阿哥个。

tsia^{335} si^{223} i^{44} kɛ^{335} tsy^{44}，xa^{335} siʔ^{4} puoŋ^{41} si^{223}

i^{44} a^{0} kɔ^{44} kɛ^{335}。

(伊个书 i^{44} kɛ^{335} tsy^{44}～伊去$^{=}$书 i^{44} k^{h}yø^{335} tsy^{44})①

【福安】这是伊个书，许本书是伊哥个。

tʃeiʔ^{5} lei^{0} i^{443} ɛ^{0} tʃɵi^{443}，heiʔ^{5} ßuŋ^{42} tʃɵi^{443} θei^{223} i^{0}

kɔ^{443} kɛ^{0}。

【屏南】这是伊个书，许本是伊阿哥个。tsᴇ^{41} sᴇ^{224} i^{443}

ᴇ^{0} tsy^{443}，xa^{11} ßouŋ^{41} sᴇ^{224} i^{443} a^{0} kɔ^{443} ᴇ^{0}。

【福清】这蜀本书是伊个，许蜀本书是伊哥个。

tɕie^{11} lyo^{52} ßuoŋ^{322} tɕy^{52} θi^{0} i^{52} ke^{0}，xy^{11} lyo^{52}

ßuoŋ^{322} tɕy^{52} θi^{0} i^{0} ko̠^{52} ke^{0}。

56 看书的看书，看报的看报，写字的写字。

【寿宁】映书个映书，映报个映报，写字个写字。

ɔŋ^{55} tsy^{44} kɛ^{0} ɔŋ^{55} tsy^{44}，ɔŋ^{55} pɔ^{335} kɛ^{0} ɔŋ^{55} pɔ^{335}，

sia^{55} tsi^{223} kɛ^{0} sia^{55} tsi^{223}。

（个 kɛ^{0}～去$^{=}$k^{h}yø^{335}）

① “伊阿哥个”的“个”不能改成“去$^{=}$”[k^{h}yø^{335}]。

【福安】□书个□书,□报个□报,写字个写字。

ε^{55} tʃθi^{443} ε^{0} ε^{55} tʃθi^{443}, ε^{55} pɔ^{335} ε^{0} ε^{55} pɔ^{335}, θe^{55} tʃei^{223} ε^{0} θe^{55} tʃei^{223}。

【屏南】看书个看书,看报个看报,写字个写字。

kʰaŋ^{55} tsy^{443} ᴇ^{0} kʰaŋ^{55} tsy^{443}, kʰaŋ^{33} mɔ^{335} ᴇ^{0} kʰaŋ^{33} mɔ^{335}, seɐ^{13} tsᴇ^{412} ᴇ^{0} seɐ^{13} tsᴇ^{412}。

【福清】看书个看书,看报个看报,写字个写字。

kʰaŋ^{55} tɕy^{52} ki^{0} kʰaŋ^{55} tɕy^{52}, kʰaŋ^{52} pɔ^{211} ki^{0} kʰaŋ^{52} pɔ^{211}, θia^{335} tse^{41} ki^{0} θia^{335} tse^{41}。

57 香得很,是不是?

【寿宁】毛$^{=}$变$^{=}$香,是𣍐? mɔ^{211} pieŋ^{335} xiɔŋ^{44}, si^{223} mε^{0}?

(是𣍐 si^{223} mε^{0}～是唔啊是不是 si^{223} ŋ^{44} ŋa^{0})

【福安】□色$^{=}$香,是唔是? kau^{55} lœʔ^{5} høoŋ^{443}, θeiŋ^{223} ŋ^{0} nei^{223}? ①

【屏南】实在香,是□? tsʰik^{1} tsai^{224} xøŋ^{443}, sᴇ^{224} nᴇ^{512}?

【福清】是□"唔是"的合音野香? θᴇŋ^{44} ne^{41} ia^{11} xyoŋ^{52}?

58 试试看。

【寿宁】试蜀下。si^{335} siʔ^{4} xa^{223}。

试试□。si^{55} si^{335} la^{44}。

【福安】试蜀下。θei^{335} θiʔ^{2} a^{223}。

---

① 此处"唔"读得很弱,有时几乎听不见。

试□□(□)。θei^{335} la^{0} ɛ^{335} (nɛ^{0})。

【屏南】试□。si^{335} la^{0}。

【福清】试蜀试看。ts^{h}e^{211} θyo^{52} ts^{h}e^{211} k^{h}aŋ^{211}。

试蜀下。ts^{h}e^{211} θyo^{44} a^{41}。

59 今天很热。(程度副词及其位置)

【寿宁】今旦真热。kiŋ^{211} naŋ^{335} tsiŋ^{44} ieʔ^{2}。

【福安】今早□色⁼热。kaŋ^{55} na^{53} kau^{55} lœʔ^{5} iʔ^{2}。(□色⁼kau^{55} lœʔ^{5}～□□wu^{44} jiɐŋ^{335})

【屏南】今早舀⁼热(农)。kaŋ^{335} nza^{51} eu^{41} eik^{43} (nœŋ^{0})。

【福清】今旦野热。kiŋ^{52} naŋ^{211} ia^{11} ieʔ^{5}。(野 ia^{11}～尽 tɕiŋ^{33})

60 今天非常热。(程度副词及其位置。程度比上句更深)

【寿宁】今旦毛⁼变⁼热。kiŋ^{211} naŋ^{335} mɔ^{211} pieŋ^{335} ieʔ^{2}。

今旦真真热。kiŋ^{211} naŋ^{335} tsiŋ^{44} tsiŋ^{44} ieʔ^{2}。

【福安】今早结⁼杀⁼热。kaŋ^{55} na^{53} kiʔ^{5} laʔ^{5} iʔ^{2}。

【屏南】今早尽热(农)。kaŋ^{335} nza^{51} tsɛiŋ^{224} eik^{43} (nœŋ^{0})。

【福清】今旦带⁼带⁼热。kiŋ^{52} naŋ^{211} tai^{11} lai^{11} ieʔ^{5}。

61 我买了一个碗。(完成体)

【寿宁】我买蜀个碗。ŋua^{41} mɛ^{41} siʔ^{4} kɔi^{335} uaŋ^{41}。

【福安】蜀对⁼碗我买来了。θiʔ^{4} lɔi^{335} waŋ^{42} ŋo^{42} mɛ^{42} lei^{0} lo^{0}。

我买蜀对⁼碗。ŋo^{42} mɛ^{42} θiʔ^{4} lɔi^{335} waŋ^{42}。

【屏南】我买蜀□碗。uai^{41} mɛ^{41} søk^{3} liŋ^{335} uaŋ^{41}。（□liŋ^{335}～对⁼tɔ̱i^{335}）

【福清】我买了蜀对⁼碗。ŋua^{322} mᴇ^{322} lau^{322} θyo^{33} lɔ̱y^{33} uaŋ^{322}。

62 他在××（本地县城名）工作。（处所介词“在”）

【寿宁】伊□寿宁工作。i^{44} kaʔ^{2} siu^{44} niŋ^{211} kuŋ^{44} tsɔʔ^{5}。（□kaʔ^{2}～求⁼kiu^{211}～着 tuʔ^{2}）

【福安】伊求⁼城底工作。i^{443} keu^{221} θiɐŋ^{22} ni^{42} kœuŋ^{44} ɲɔʔ^{5}。（求⁼keu^{221}～着 teiʔ^{2}）

【屏南】伊著屏南工作。i^{443} tœ̱^{224} pᴇiŋ^{11} naŋ^{221} kœ̱ŋ^{11} nzɔ̱k^{5}。

【福清】伊着福清做事。i^{52} tyo^{52} xuʔ^{5} tɕ^{h}iaŋ^{52} tsɔ̱^{52} lai^{41}。

63 他在吃饭。（进行体）

【寿宁】伊着岁⁼食饭早饭。i^{44} tuʔ^{2} xuoi^{335} siaʔ^{4} puoŋ^{223}。

【福安】伊求⁼□食□。i^{443} keu^{22} wei^{335} θeiʔ^{4} maŋ^{335}。

【屏南】伊（□□）著食饭早饭。i^{443}（ti^{11} li^{51}）tœ̱^{224} seɐʔ^{1} pouŋ^{224}。

【福清】伊着底食饭早饭。i^{52} tyo^{52} lᴇ^{0} θia^{44} βuɔ̱ŋ^{41}。

64 他今天穿着一身新衣服。（持续体。后有宾语）

【寿宁】伊今旦□蜀身新衣裳。i^{44} kiŋ^{211} naŋ^{335} suŋ^{223} siʔ^{4} siŋ^{44} siŋ^{44} i^{44} siɔŋ^{211}。

【福安】伊今早顺$^{=}$蜀身新衣裳。i^{443} kaŋ^{55} na^{53} θouŋ^{223} θiʔ^{4} θeiŋ^{443} θeiŋ^{443} i^{34} jøoŋ^{443} 。

【屏南】伊今早颂$^{=}$蜀身新袄裳。i^{443} kaŋ^{335} nza^{51} sœŋ^{224} søk^{4} siŋ^{443} siŋ^{443} ɔ^{11} zøŋ^{51} 。

【福清】伊今旦□蜀套新个衣裳。i^{52} kiŋ^{52} naŋ^{211} θøŋ^{41} θyoʔ^{2} t^{h}ɔ^{211} θiŋ^{52} ŋi^{0} i^{44} yoŋ^{44} 。

65 他家门锁着，窗户也关着，一个人都没有。（持续体。后无宾语）

【寿宁】伊岁$^{=}$门锁岁$^{=}$，窗门也关岁$^{=}$，蜀个农都无。i^{44} xuoi^{335} muoŋ^{211} sɔ^{41} xuoi^{335} ，t^{h}uŋ^{44} muoŋ^{211} ia^{223} kuoŋ^{44} xuoi^{335} ，siʔ^{4} kɔi^{335} nœŋ^{211} tu^{44} mɔ^{211} 。

【福安】伊戍门锁□，窗门也关□，蜀只农都□。i^{443} tʃ^{h}u^{335} muŋ^{221} θɔ^{42} ei^{335} ，t^{h}ɔuŋ^{34} muŋ^{443} je^{223} kuŋ^{443} ŋei^{335} ，θiʔ^{4} jeiʔ^{5} nœuŋ^{221} tou^{443} mɔi^{223} 。（农 nœuŋ^{221}～阵$^{=}$teiŋ^{223}）

【屏南】伊戍门锁□，床门囝也关□，戍底都无阵$^{=}$了。i^{443} ts^{h}o^{335} mouŋ^{221} sɔ^{41} i^{0} ，k^{h}aŋ^{11} mouŋ^{13} ŋiaŋ^{51} eɐ^{224} kouŋ^{443} ŋi^{0} ，ts^{h}o^{335} le^{51} tu^{11} mɔ^{41} tᴇiŋ^{224} nɔ^{0} 。

【福清】伊戍底门锁着，窗门囝也关着，蜀个农都无。i^{52} ts^{h} uɔ^{211} lᴇ^{0} muoŋ^{44} θɔ^{322} tyo^{52} ，t^{h} yŋ^{335} muoŋ^{52} ŋiaŋ^{322} ia^{0} kuoŋ^{52} tyo^{52} ，θyo^{44} ʑia^{44} nœŋ^{44} tu^{44} mɔ^{44} 。

66 他来了。（已然体）

【寿宁】伊来了。i^{44} li^{211} lɔ^{0}。

【福安】伊来了。i^{443} lei^{221} lo^{0}。

【屏南】伊来了。i^{443} lᴇ^{221} lɔ^{0}。

【福清】伊来了。i^{52} li^{44} lau^{322}。

67 天要下雨了。（将然体）

【寿宁】爱做雨了。ɔi^{55} tsɔ^{55} y^{51} lɔ^{0}。

【福安】天爱做雨了。t^{h}iŋ^{443} ŋɵi^{335} tsɔ^{55} wu^{223} lo^{0}。（爱 ŋɵi^{335}～ɵi^{335}）

【屏南】天想断$^{=}$雨了。t^{h}eiŋ^{443} søŋ^{41} tɔ̱uŋ^{33} ŋy^{41} lɔ^{0}。（想 søŋ^{41}～解 ɛ^{224}）

【福清】（天）□断$^{=}$雨去。（t^{h}ieŋ^{52}）puʔ^{5} tɔ̱ŋ^{33} ŋy^{322} yɔ̱^{0}。

68 你把门关上。（处置句）

【寿宁】汝帮门关起。ny^{41} pɔŋ^{44} muoŋ^{211} kuoŋ^{44} k^{h}i^{41}。

【福安】汝帮门关来。ni^{42} pɔuŋ^{443} muŋ^{221} kuŋ^{443} lei^{221}。（关来 kuŋ^{443} lei^{221}～关□埃$^{=}$kuŋ^{443} iʔ^{5} ai^{443}）

【屏南】汝门（驮）关起来。ny^{41} mouŋ^{221}（tɔ^{221}）kouŋ^{443} ŋi^{0} lᴇ^{221}。

【福清】汝（将）门关去。ny^{322}（tɕyoŋ^{52}）muoŋ^{44} kuoŋ^{52} ŋyɔ̱^{0}。

（关去 kuoŋ^{52} ŋyɔ̱^{0}～关好 kuoŋ^{52} xɔ̱^{322}）

69 你把钱放好，别丢了。（处置句）

【寿宁】汝帮钱园好，莫落得。ny^{41} pɔŋ^{44} tsieŋ^{211} k^{h}ɔŋ^{335} xɔ^{41}，mɔʔ^{2} lœʔ^{5} liʔ^{5}。

（落得 lœʔ^{5} liʔ^{5}～lœʔ^{5} tiʔ^{5}）

【福安】汝帮钱园好，莫落得。ni^{42} pɔuŋ^{443} tʃiŋ^{221} k^{h}ɔuŋ^{335} hɔ^{42}，mɔʔ^{2} lœʔ^{5} liʔ^{5}。

（落得 lœʔ^{5} liʔ^{5}～□得 mɔi^{223} liʔ^{5}）

【屏南】汝钱渴$^{=}$好去，莫乞落去。ny^{41} tseiŋ^{221} k^{h}ak^{5} xɔ^{41} œ^{0}，mɔ^{33} k^{h}i^{335} lœk^{5} kœ^{0}。

【福清】汝（将）钱莺$^{=}$好，□拍断$^{=}$去。ny^{322}（tɕyoŋ^{52}）tɕieŋ^{44} ɛŋ^{52} xɔ̲^{322}，nœŋ^{11} p^{h}aʔ^{5} tɔŋ^{41} ŋyɔ̲^{0}。

（莺$^{=}$ ɛŋ^{52}～园 k^{h}ɔŋ^{22}）

70 那个碗被他打破了。（被动句）

【寿宁】注$^{=}$个碗乞伊拍得了。tsyø^{335} kɔi^{335} uaŋ^{41} k^{h}iʔ^{5} i^{44} p^{h}a^{335} tiʔ^{5} lɔ^{0}。

【福安】许对$^{=}$碗乞伊拍得。lɔi^{335} waŋ^{42} k^{h} ɵʔ^{5} i^{443} p^{h}aʔ^{5} liʔ^{5}。

【屏南】许对$^{=}$碗乞伊拍去了。xa^{33} lɔ̲i^{335} uaŋ^{41} k^{h} ik^{5} i^{443} p^{h}a^{335} kœ^{0} lɔ^{0}。

【福清】许蜀对$^{=}$碗乞伊拍破去。xy^{11} lyo^{52} lɔy^{211} uaŋ^{322} k^{h}yʔ^{5} i^{52} p^{h}a^{211} p^{h}ua^{211} yɔ̲^{0}。

（拍破 p^{h}a^{211} p^{h}ua^{211}～做破 tsɔ^{211} p^{h}ua^{211}）

71 你给我一把剪刀。（祈使双宾句）

【寿宁】汝铰剪□蜀把乞我。ny^{41} ka^{44} tsɛŋ^{41} kʰaʔ^{2} siʔ^{4} pa^{41} kʰiʔ^{5} ŋua^{51}。

【福安】汝铰刀驮蜀把乞我。ni^{42} ka^{34} lɔ^{443} tɔ^{221} θiʔ^{4} ßa^{42} kʰɵʔ^{5} ŋo^{42}。

【屏南】汝铰刀驮蜀把□。ny^{41} ka^{44} lɔ^{443} tɔ^{221} søk^{1} pa^{41} kʰuai^{51}。

【福清】汝铰刀驮蜀把乞我。ny^{322} ka^{44} lɔ̱^{52} tɔ̱^{44} θyo^{33} ßa^{322} kʰøʔ^{21} ŋua^{322}。

汝驮蜀把铰刀乞我。ny^{322} tɔ̱^{44} θyo^{33} ßa^{322} ka^{44} lɔ̱^{52} kʰøʔ^{21} ŋua^{322}。

汝乞我蜀把铰刀。ny^{322} kʰøʔ^{21} ŋua^{322} θyo^{33} ßa^{322} ka^{44} lɔ̱^{52}。

72 他给我一个桃子。（陈述双宾句）

【寿宁】伊□蜀粒桃囝乞我。i^{44} kʰaʔ^{2} siʔ^{4} laʔ^{2} tʰɔ^{211} kiaŋ^{41} kʰiʔ^{5} ŋua^{51}。

【福安】伊驮蜀粒桃乞我。i^{443} tɔ^{221} θiʔ^{4} laʔ^{2} tʰɔ^{221} kʰɵʔ^{5} ŋo^{42}。

伊乞我蜀粒桃。i^{443} kʰɵʔ^{5} ŋo^{42} θiʔ^{4} laʔ^{2} tʰɔ^{221}。

【屏南】伊驮蜀个桃囝乞我。ny^{41} tɔ^{221} søk^{1} kᴇ^{221} tʰɔ^{11} iaŋ^{41} kʰi^{335} uai^{51}。

伊乞我蜀个桃囝。ny^{41} kʰi^{335} uai^{51} søk^{1} kᴇ^{221}

tʰɔ^{11} iaŋ^{41}。

【福清】伊桃驮蜀粒乞我。i^{52} tʰɔ̱^{44} tɔ̱^{44} θyo^{33} laʔ^{5} kʰøʔ^{21} ŋua^{322}。

伊驮蜀粒桃乞我。i^{52} tɔ̱^{44} θyo^{33} laʔ^{5} tʰɔ̱^{44} kʰøʔ^{21} ŋua^{322}。

伊乞我蜀粒桃。i^{52} kʰøʔ^{21} ŋua^{322} θyo^{33} laʔ^{5} tʰɔ̱^{44}。

73 这座山我爬得上，他爬不上。（可能补语）

【寿宁】这座山我爬得上，伊爬𫜨上。tsia^{335} tsɔ^{223} saŋ^{44} ŋua^{41} pa^{211} liʔ^{5} siɔŋ^{223}，i^{44} pa^{211} mɛ^{44} siɔŋ^{223}。

【福安】这对⁼山我解爬上去，伊𫜨爬得上去。

tʃeiʔ^{5} lɔi^{335} θaŋ^{443} ŋo^{42} ɛ^{223} pa^{221} θøoŋ^{223} ŋɵ^{335}，i^{443} mɛ^{223} pa^{221} i^{443} θøoŋ^{223} ŋɵ^{335}。

……，伊𫜨爬上去。……，i^{443} mɛ^{223} pa^{223} θøoŋ^{223} ŋɵ^{335}。

……，伊爬𫜨上去。……，i^{443} pa^{221} mɛ^{223} θøoŋ^{223} ŋɵ^{335}。

【屏南】这岗山我解爬得上去，伊𫜨爬得上去。

tsᴇ^{33} kɔ̱uŋ^{335} saŋ^{443} uai^{41} ɛ^{224} pa^{221} i^{0} søŋ^{33} ŋœ^{335}，i^{443} mɛ^{44} pa^{221} i^{0} søŋ^{33} ŋœ^{335}。

【福清】这蜀□山野徛陡，我爬有得上，伊爬无得上。

tɕie^{11} zyo^{52} lɔŋ^{211} θaŋ^{52} ia^{335} kʰia^{211}，ŋua^{322} pa^{44} u^{33} liʔ^{5} θyɔ̱ŋ^{41}，i^{52} pa^{44} mɔ̱^{33} liʔ^{5} θyɔ̱ŋ^{41}。

74 你再吃一碗。（“添”等后置，表继续进行动作）

【寿宁】汝再食蜀碗（添）。ny^{41} tsai^{335} siaʔ^{2} siʔ^{4} uaŋ^{41} （t^{h}ieŋ^{44}）。

汝食蜀碗添。ny^{41} siaʔ^{2} siʔ^{4} uaŋ^{41} t^{h}ieŋ^{44}。

（添 t^{h}ieŋ^{44}～凑 ts^{h}ɛu^{335}）

【福安】汝爱⁼着蜀碗。ni^{42} ai^{335} tiʔ^{5} θiʔ^{4} waŋ^{42}。

汝着蜀碗凑。ni^{42} tiʔ^{5} θiʔ^{4} waŋ^{42} tʃ^{h}ɛu^{335}。①

【屏南】汝界⁼食蜀碗。ny^{41} kai^{55} seɐ^{443} søk^{1} uaŋ^{41}。

【福清】汝□食蜀碗。ny^{322} ai^{55} zia^{52} θyo^{33} uaŋ^{322}。

（□ai^{55}～□kai^{55}～再 tsai^{55}）

75 我没听清，你重说一遍。（“过”等后置，表重复进行动作）

【寿宁】我未听清楚，汝再讲蜀盘（添）。

ŋua^{41} muoi^{44} t^{h}iaŋ^{44} ts^{h}iŋ^{44} ts^{h}u^{41}，ny^{41} tsai^{335} kɔŋ^{41} siʔ^{4} puaŋ^{211}（t^{h}ieŋ^{44}）。

……，汝讲蜀盘添。……，ny^{41} kɔŋ^{41} siʔ^{4} puaŋ^{211} t^{h}ieŋ^{44}。

（添 t^{h}ieŋ^{44}～凑 ts^{h}ɛu^{335}）

【福安】我未听清楚，汝爱⁼讲蜀顽⁼。

---

① 有的发音人还接受“汝爱⁼着蜀碗凑”[ni^{42} ai^{335} tiʔ^{5} θiʔ^{4} waŋ^{42} tʃ^{h}ɛu^{335}]。但有的发音人认为此句“爱⁼”和“凑”重复。

ŋo^{42} mui^{44} t^{h} iɐŋ^{443} tʃ^{h} iŋ^{34} ŋu^{443}，ni^{42} ai^{335} kuŋ^{42} θiʔ^{4} waŋ^{221}。

我听未清楚，汝讲蜀顽⁼凑。ŋo^{42} t^{h} iɐŋ^{443} mui^{223} tʃ^{h} iŋ^{34} ŋu^{443}，ni^{42} kuŋ^{42} θiʔ^{4} waŋ^{221} tʃ^{h} ɛu^{335}。

（蜀顽⁼ θiʔ^{4} waŋ^{221}～蜀到⁼ θiʔ^{4} lɔ^{335}）

【屏南】我未听清楚，汝界⁼讲蜀□。uai^{41} moi^{44} t^{h} iaŋ^{443} ts^{h} iŋ^{11} nzu^{41}，ny^{41} kai^{335} kɔ̱uŋ^{51} søk^{1} pai^{41}。

我听未清楚，……。uai^{41} t^{h} iaŋ^{443} moi^{44} ts^{h} iŋ^{11} nzu^{41}，……。

【福清】我听獪清楚，汝□讲蜀流⁼。ŋua^{322} t^{h} iaŋ^{52} mᴇ^{11} ʑiŋ^{11} nzu^{52}，ny^{322} ai^{52} kɔ̱ŋ^{322} θyo^{44} lau^{44}。

我听未清楚，……。ŋua^{322} t^{h} iaŋ^{52} mui^{11} ʑiŋ^{11} nzu^{52}，……。

（□ai^{52}～再 tsai^{52}～□kai^{52}）

76 昨天他没有来，今天他还没有来。

【寿宁】前冥伊未来，今旦伊固未来。sɛŋ^{22} maŋ^{211} i^{44} muoi^{44} li^{211}，kiŋ^{211} naŋ^{335} i^{44} ku^{335} muoi^{44} li^{211}。

【福安】□暮早伊未来，今早伊固未来。

θaŋ^{22} mui^{34} a^{443} i^{443} mui^{44} lei^{221}，kaŋ^{55} na^{53} i^{443} kou^{335} mui^{44} lei^{221}。①

---

① 缪嫩春和陈祥谦的口音中副词“未”常常不变调。

【屏南】船$^{=}$冥伊未来，今早伊固未来。sɔ̱uŋ^{11} maŋ^{221} i^{443} moi^{44} lᴇ^{221}，kaŋ^{335} nza^{51} i^{443} ku^{55} moi^{44} lᴇ^{221}。

【福清】蜀冥伊无来，今旦伊固未来。θyo^{44} maŋ^{44} i^{52} mɔ̱^{44} li^{44}，kiŋ^{52} naŋ^{211} i^{52} kuʔ^{4} mui^{44} li^{44}。

77 我是老师，他也是老师。（判断句）

【寿宁】我是老师，伊也是老师。ŋua^{41} si^{223} lɔ^{55} su^{44}，i^{44} ia^{223} si^{223} lɔ^{55} su^{44}。

【福安】我是先生，伊也是先生。ŋo^{42} θei^{223} θiŋ^{34} ŋaŋ^{443}，i^{443} je^{223} θei^{223} θiŋ^{34} ŋaŋ^{443}。

【屏南】我是先生，伊也是先生。uai^{41} sᴇ^{224} seiŋ^{44} nzaŋ^{443}，i^{443} eɐ^{44} sᴇ^{224} seiŋ^{44} nzaŋ^{443}。

【福清】我是先生，伊也是先生。ŋua^{322} θi^{0} θiŋ^{44} ŋiaŋ^{52}，i^{52} ia^{44} ze^{41} θiŋ^{44} ŋiaŋ^{52}。

78 你去不去？（反复问句）

【寿宁】汝去唔去？ ny^{41} k^{h}yø^{335} ŋ^{44} k^{h}yø^{335}？
汝去唔？ ny^{41} k^{h}yø^{335} ŋ^{223}？

【福安】汝去唔去？ ni^{42} k^{h}ɵ^{335} ŋ^{0} ŋɵ^{335}？①

【屏南】汝去□？ ny^{41} k^{h}œ^{335} ŋœ^{512}？

【福清】汝□去无？ ny^{322} puʔ^{5} k^{h}yɔ̱^{211} mɔ̱^{0}？
汝去唔去？ ny^{322} k^{h}yɔ̱^{211} ŋ^{22} ŋyɔ̱^{211}？

---

① 此处“唔”读得很弱，有时几乎听不见。

伊有去无？ i^{52} uʔ^{2} kʰyɔ̱^{211} mɔ̱^{0}？

79 他去没去？（反复问句）

【寿宁】伊去未去？ i^{44} kʰyø^{335} muoi^{44} kʰyø^{335}？

伊去未？ i^{44} kʰyø^{335} muoi^{223}？

【福安】伊去了未（去）？ i^{443} kʰɵ^{335} lo^{0} mui^{223}（ɵ^{335}）？

伊去未（去）？ i^{443} kʰɵ^{335} mui^{223}（ɵ^{335}）？①

【屏南】伊去未？ i^{443} kʰœ^{335} moi^{224}？

伊去未去？ i^{443} kʰœ^{335} moi^{33} œ^{335}？

【福清】伊去未？ i^{52} kʰyɔ̱^{211} muɔ̱i^{41}？

80 弟兄三个他最大。

【寿宁】哥弟哥三个伊第一大。 kɔ^{44} tie^{44} kɔ^{44} saŋ^{44} kɔi^{335} i^{44} tɛ^{44} iʔ^{5} tua^{223}。（第一 tɛ^{44} iʔ^{5}～顶 tiŋ^{55}）

【福安】哥弟哥三只伊带$^{=}$“第一”的合音大。 kɔ^{22} li^{34} ɔ^{443} θaŋ^{44} meiʔ^{5} i^{443} tai^{335} to^{223}。

【屏南】三个兄弟哥伊最大。 saŋ^{11} ŋᴇ^{41} xiaŋ^{44} ne^{44} ɔ^{443} i^{443} tsɔ̱i^{55} tuai^{224}。

【福清】三只兄弟哥伊最大。 θaŋ^{335} ȵʑia^{211} xiaŋ^{33} nie^{55} ɔ̱^{52} i^{52} tsɔ̱y^{52} lua^{41}。

（兄弟哥 xiaŋ^{33} nie^{55} ɔ̱^{52}～兄弟团 xiaŋ^{335} nie^{52} iaŋ^{322}）

---

① 最常说的是“伊去了未”。

81 这碗菜太咸了。

【寿宁】这碗菜忒咸（了）。tsia^{335} uaŋ^{41} tsʰai^{335} tʰaʔ^{5} kɛŋ^{211}（lɔ^{0}）。（菜 tsʰai^{335}～涩$^{=}$ sɛʔ^{5}）

【福安】这碗菜渴$^{=}$咸得了。tʃeiʔ^{5} waŋ^{42} tsʰai^{335} kʰaʔ^{5} kɛiŋ^{221} niʔ^{5} lo^{0}。（菜 tsʰai^{335}～涩$^{=}$ θɛʔ^{5}）

【屏南】这碗菜忒咸去了。tsᴇ^{11} uaŋ^{41} tsʰai^{335} tʰak^{5} kɛiŋ^{221} ŋœ^{0} lɔ^{0}。

【福清】这蜀碗配渴$^{=}$咸。tɕie^{11} zyo^{52} uaŋ^{322} pʰuo̱i^{211} kʰaʔ^{4} kᴇŋ^{44}。

82 我吃了三碗饭还没吃饱。（完成体）

【寿宁】我食三碗了，固未饱。ŋua^{41} siaʔ^{2} saŋ^{44} uaŋ^{41} lɔ^{0}，ku^{335} muoi^{44} pa^{41}。

（固未饱 ku^{335} muoi^{44} pa^{41}～固繪饱 ku^{335} mɛ^{44} pa^{41}）

【福安】我三碗□食底去固未饱。ŋo^{42} θaŋ^{44} waŋ^{42} maŋ^{335} θeiʔ^{2} lɛiŋ^{53} ŋɵ^{335} kou^{335} mui^{44} ßa^{42}。①

（固未饱 kou^{335} mui^{44} ßa^{42}～固繪饱 kou^{335} mɛ^{223} ßa^{42}）

【屏南】我食去三碗了，固未饱。uai^{41} seɐ^{443} kʰœ^{335} saŋ^{11} uaŋ^{41} nɔ^{0}，ku^{55} moi^{224} pa^{41}。

---

① 此处“去”读得很弱。

（固未饱 ku^{55} moi^{224} pa^{41}～固𫗦饱 ku^{55} mɛ^{224} pa^{41}）①

【福清】我食三碗饭固未饱。ŋua^{322} θia^{52} θaŋ^{335} uaŋ^{52} puo̱ŋ^{41} kuʔ^{35} mui^{52} pa^{322} 。②

83 你坐这儿，他坐那儿。（分配座位）

【寿宁】汝坐晬⁼，伊坐岁⁼。ny^{41} sɔi^{223} tsɔi^{335}，i^{44} sɔi^{223} xuoi^{335} 。

（晬⁼ tsɔi^{335}～晬⁼叶⁼ tsɔi^{335} ieʔ^{2}～晬⁼穴 tsɔi^{335} xieʔ^{2}；岁⁼ xuoi^{335}～岁⁼叶⁼ xuoi^{335} ieʔ^{2}～岁⁼穴 xuoi^{335} xieʔ^{2}）

【福安】汝坐至⁼，伊坐□。ni^{42} θɔi^{223} tʃei^{335}，i^{443} θɔi^{223} hei^{335} 。

（至⁼ tʃei^{335}～这位 tʃeiʔ^{5} wɵi^{223}～这□tʃeiʔ^{5} lɔi^{221}；□hei^{335}～许位 heiʔ^{5} wɵi^{223}～许□heiʔ^{5} lɔi^{221}）

【屏南】汝坐这□，伊坐许□。ny^{41} sɔi^{224} tsᴇ^{41} i^{0}，i^{443} sɔi^{224} xa^{41} i^{0} 。

【福清】汝坐这爿，伊坐许爿。ny^{322} θɔy^{41} tɕie^{11} mᴇŋ^{335}，i^{52} θɔy^{41} xy^{11} mᴇŋ^{335} 。

---

① 此处"未"和"𫗦"都不变调。

② 此处"固"的读音特殊。

（这爿 tɕie^{11} mᴇŋ^{335}～□□所 tsua^{335} aʔ^{5} nœ^{322}；许爿 xy^{11} mᴇŋ^{335}～□□所 xua^{335} aʔ^{5} nœ^{322}）

84 坐着，别站起来。（持续体）

【寿宁】坐岁⁼，莫徛起。sɔi^{223} xuoi^{335}，mɔʔ^{2} kʰia^{223} kʰi^{41}。

【福安】汝坐□，莫徛起。ni^{42} θɔi^{223} ei^{335}，mɔʔ^{4} kʰe^{223} kʰi^{42}。

（徛 kʰe^{223}～郁⁼ ɵʔ^{5}；徛起 kʰe^{223} kʰi^{42}～徛□埃⁼ kʰe^{223} iʔ^{5} ai^{433}）

【屏南】汝坐许□，□爬□起。ni^{41} sɔi^{224} xa^{41} i^{0}，nai^{51} pa^{11} la^{11} i^{0}。①

【福清】坐着，□徛起。θɔy^{41} tyo^{52}，nœŋ^{335} kʰia^{41} kʰi^{322}。②

85 他看电视看着看着睡着了。（持续体）

【寿宁】伊映电视，映映□，睏去了。i^{44} ɔŋ^{55} tieŋ^{44} si^{223}，ɔŋ^{55} ɔŋ^{335} la^{44}，kʰuŋ^{335} kʰyø^{335} lɔ^{0}。

【福安】伊□电视，□□啊，□睏得。i^{443} ɛ^{335} tiŋ^{44} nei^{223}，ɛ^{335} ɛ^{335} a^{0}，ɛ^{335} ŋɔuŋ^{335} niʔ^{5}。

【屏南】伊看电视，看两下，就睏去了。

i^{443} kʰaŋ^{335} teiŋ^{44} nzᴇ^{224}，kʰaŋ^{335} laŋ^{44} ŋa^{224}，

---

① “爬□起”的实际音值是[pa^{11} la^{11} iʔ^{4}]。

② 此处“□”[nœŋ^{335}]的调值特殊。

tseu²²⁴ kʰɔ̱uŋ³³⁵ kʰœ³³⁵ lɔ⁰。

【福清】伊看电视，看睏去。i⁵² kʰaŋ³³⁵ tieŋ⁵² θe⁴¹，kʰaŋ²¹¹ kʰɔŋ²¹¹ ŋɔ̱⁰。

（看睏 kʰaŋ²¹¹ kʰɔŋ²¹¹～看蠢⁼kʰaŋ²² tsʰuŋ³²²）

86 **天冷起来了。**（起始体）

【寿宁】天寒起了。tʰieŋ⁴⁴ kaŋ²¹¹ kʰi⁴¹ lɔ⁰。

【福安】今早今天天气转寒了。kaŋ⁵⁵ na⁵³ tʰiŋ⁴⁴ ŋei³³⁵ tuŋ⁴² kaŋ²²¹ no⁰。

天寒起了。tʰiŋ⁴⁴³ kaŋ²²¹ ŋe⁴² no⁰。①

天寒□埃⁼了。tʰiŋ⁴⁴³ kaŋ²²¹ iʔ⁵ ai⁴³³ lo⁰。

【屏南】天寒起了。tʰeiŋ⁴⁴³ kaŋ²²¹ nœŋ⁰ nɔ⁰。

【福清】天寒去。tʰieŋ⁵² kaŋ⁴⁴ ŋɔ̱⁰。（寒 kaŋ⁴⁴～凊 tsʰeŋ²¹¹）

87 **你吃了饭没有？**（受事前置）

【寿宁】汝饭早饭食了未？ny⁴¹ puoŋ²²³ siaʔ² lieu⁴¹ muoi²²³？

【福安】汝□食去了未？ni⁴² maŋ³³⁵ θeiʔ² kʰø³³⁵ lo⁰ mui⁰？

汝□食□未？ni⁴² maŋ³³⁵ θeiʔ² e³³⁵ mui⁰？

【屏南】汝饭早饭食未？ny⁴¹ pouŋ²²⁴ seɐ⁴⁴³ moi²²⁴？

【福清】汝饭早饭食未？ny³²² puɔ̱ŋ⁴¹ θia⁵² muɔ̱i⁰？

---

① 此处“了”的声母读作[n]。

88 他走得很快。

【寿宁】伊行得毛⁼变⁼快。i^{44} kiaŋ^{211} tiʔ^{5} mɔ^{211} pieŋ^{335} kʰε^{335}。

【福安】伊行（得）□色⁼快。i^{443} kiɐŋ^{221}（niʔ^{5}）kau^{55} lœʔ^{5} kʰε^{335}。

【屏南】伊行□路舀⁼快。i^{443} kiaŋ^{11} no^{224} eu^{41} kʰε^{335}。

【福清】伊行尽快。i^{52} kiaŋ^{44} tɕiŋ^{22} kʰ ε^{211}。（尽快 tɕiŋ^{22} kʰε^{211}～野快 ia^{335} ε^{211}）

89 我打得过他。（三种顺序）

【寿宁】我解拍得伊过。ŋua^{41} ε^{223} pʰa^{335} liʔ^{5} i^{44} kuo^{335}。

我解食得伊□。ŋua^{41} ε^{223} siaʔ^{2} liʔ^{5} i^{44} ta^{44}。

【福安】我解拍伊过。ŋo^{42} ε^{223} pʰaʔ^{5} ei^{443} ku^{335}。

【屏南】我解拍伊过。uai^{41} ε^{224} pʰa^{335} i^{443} ko^{335}。

【福清】我拍解赢伊。ŋua^{322} pʰa^{211} ε^{41} iaŋ^{44} i^{52}。

我拍伊解赢。ŋua^{322} pʰa^{211} i^{52} ε^{41} iaŋ^{44}。

90 我打不过他。（三种顺序）

【寿宁】我拍伊𫧃过。ŋua^{41} pʰa^{335} i^{44} mε^{44} kuo^{335}。

我食伊𫧃□。ŋua^{41} siaʔ^{2} i^{44} mε^{44} ta^{44}。

我𫧃拍得伊过。ŋua^{41} mε^{44} pʰa^{335} liʔ^{5} i^{44} kuo^{335}。

【福安】我𫧃拍伊过。ŋo^{42} mε^{223} pʰaʔ^{5} ei^{443} ku^{335}。

我拍伊𫧃过。ŋo^{42} pʰaʔ^{5} ei^{443} mε^{223} ku^{335}。

【屏南】我𫧃拍伊过。uai^{41} mε^{224} pʰa^{335} i^{443} ko^{335}。

【福清】我拍𫗦赢伊。ŋua^{322} p^{h}a^{211} mᴇ^{44} iaŋ^{44} i^{52}。

我拍伊𫗦赢。ŋua^{322} p^{h}a^{211} i^{52} mᴇ^{44} iaŋ^{44}。

91 你去叫他一声儿。

【寿宁】汝去喊伊蜀句。ny^{41} k^{h}yø^{335} xaŋ^{41} i^{44} siʔ^{4} kuo^{335}。

【福安】汝去帮伊吼蜀句。ni^{42} k^{h}ɵ^{335} pɔuŋ^{443} i^{443} ho^{42} θiʔ^{4} wu^{335}。

【屏南】汝去□伊蜀句。ny^{41} k^{h}œ^{335} œ^{335} i^{443} søk^{3} ko^{335}。

【福清】汝去叫伊。ny^{322} k^{h}yo^{335} kœ^{211} i^{52}。①

汝□叫蜀声。ny^{322} kᴇʔ^{5} kœ^{211} θyo^{55} ziaŋ^{52}。②

92 这座山不如那座山高。（比较句）

【寿宁】这座山无许座山悬。tsia^{335} tsɔ^{223} saŋ^{44} mɔ^{211} xa^{335} tsɔ^{223} saŋ^{44} kɛŋ^{211}。

这座山悬，固无许座山悬。tsia^{335} tsɔ^{223} saŋ^{44} kɛŋ^{211}，ku^{335} mɔ^{211} xa^{335} tsɔ^{223} saŋ^{44} kɛŋ^{211}。

【福安】这对⁼山无许对⁼山化⁼悬。tʃeiʔ^{5} lɔi^{335} θaŋ^{443} mɔ^{221} heiʔ^{5} lɔi^{335} θaŋ^{443} ho^{335} kɛiŋ^{221}。

这对⁼山悬，固无许对⁼山悬。tʃeiʔ^{5} lɔi^{335} θaŋ^{443} kɛiŋ^{221}，ku^{55} mɔ^{221} heiʔ^{5} lɔi^{335} θaŋ^{443} kɛiŋ^{221}。

【屏南】这岗山无许岗山悬。tsᴇ^{33} kɔ̱uŋ^{335} saŋ^{443} mɔ^{221}

---

① 此处“去”[k^{h}yo^{335}]的调值特殊。

② “□”[kᴇʔ^{5}]是“共伊”[kᴇʔ^{4} i^{52}]的合音。

xa^{33} kɔ̱uŋ^{335} saŋ^{443} kɛiŋ^{221} 。

【福清】这蜀□山无值许蜀□山悬。tɕie^{11} zyo^{52} lɔŋ^{211} θaŋ^{52} mɔ̱^{44} lia^{52} xy^{11} zyo^{52} lɔŋ^{211} θaŋ^{52} kᴇŋ^{44} 。

93 别急，先喝点儿水再说。

【寿宁】莫急，茶食蜀喙先再讲。mɔʔ^{2} kiʔ^{5}， ta^{211} siaʔ^{2} siʔ^{4} tsʰy^{335} sɛŋ^{44} tsai^{55} kɔŋ^{51} 。

莫奋$^{=}$那么□累吧，……。mɔʔ^{2} xuŋ^{335} xœʔ^{2} pa^{0}，……。

【福安】莫急，水啜蜀喙先爱$^{=}$讲。mɔʔ^{2} keiʔ^{5}，tʃi^{42} tʃʰuʔ^{5} θiʔ^{4} ɵi^{335} θɛiŋ^{443} ai^{335} kuŋ^{42} 。

【屏南】莫急，水先食□一点儿界$^{=}$讲。mɔʔ^{1} kik^{5}，tsui^{41} sᴇiŋ^{44} seɐ^{443} niaŋ^{51} kai^{335} kɔ̱uŋ^{51} 。

【福清】莫急，汤开水先食儿喙□讲。mɔ̱ʔ^{2} keʔ^{21}，tʰɔ̱ŋ^{52} θᴇŋ^{44} θia^{52} kui^{335} zuɔi^{211} ai^{52} kɔ̱ŋ^{322} 。

94 你有没有钱？（反复问句）

【寿宁】汝有钱无？ny^{41} u^{44} tsieŋ^{211} mɔ^{0}？

【福安】汝有无钱？ni^{42} ou^{223} mɔ^{221} tʃiŋ^{221}？

汝有钱□？ni^{42} ou^{223} tʃiŋ^{221} mɔi^{223}？

汝钱有□？ni^{42} tʃiŋ^{221} ou^{223} mɔi^{223}？

【屏南】汝有无钱？ny^{41} ɔ̱^{224} mɔ^{221} tseiŋ^{221}？

汝有钱无？ny^{41} ɔ̱^{224} tseiŋ^{221} mɔ^{0}？

【福清】汝有无钱？ny^{322} u^{11} mɔ̱^{335} tɕieŋ^{44}？

汝有钱无？ ny^{322} uʔ^{4} tɕieŋ^{44} mɔ̱^{0}？

95 你还有钱吗？——我花得只有只剩下**一块钱了。**（表仅有的“添”）

【寿宁】汝固有钱无？ ny^{41} ku^{335} u^{44} tsieŋ^{211} mɔ^{0}？

——我用了就□长蜀对⁼钱了。ŋua^{41} yŋ^{223} lɛ^{44} tsiu^{44} na^{44} tiɔŋ^{223} siʔ^{4} tɔi^{335} tsieŋ^{211} lɔ^{0}。

【福安】汝固有无钱？ ni^{42} kou^{335} ou^{223} mɔ^{221} tʃiŋ^{221}？

汝固有钱□？ ni^{42} kou^{335} ou^{223} tʃiŋ^{221} mɔi^{223}？

汝钱固有□？ ni^{42} tʃiŋ^{221} kou^{335} ou^{223} mɔi^{223}？

——我钱使□总总长蜀对⁼。ŋo^{42} tʃiŋ^{221} θai^{42} e^{335} tʃuŋ^{35} juŋ^{53} tøoŋ^{223} θiʔ^{4} lɔi^{335}。

【屏南】汝固有钱无？ ny^{41} ku^{335} ɔ̱^{224} tseiŋ^{221} mɔ^{0}？

——我使去就□长蜀对⁼钱了。uai^{41} sai^{41} œ^{0} tseu^{224} na^{224} tøŋ^{224} søk^{3} tɔ̱i^{335} tseiŋ^{221} nɔ^{0}。

【福清】汝固有钱无？ ny^{322} kuʔ^{5} o^{41} tɕieŋ^{44} mɔ̱^{0}？

——我钱使了了去。□长蜀对⁼。

ŋua^{322} tɕieŋ^{44} θai^{322} lau^{11} lau^{52} yɔ̱^{0}。naʔ^{4} tɔ̱ŋ^{44} θyo^{22} lɔy^{211}。

（□长 naʔ^{4} tɔ̱ŋ^{44}～□长 naʔ^{5} tyoŋ^{41}）

96 衣服上衣**干了，裤子还没干。**（表主题、停顿的“得”）

【寿宁】衣裳干了，裤固未干。i^{44} siɔŋ^{211} kaŋ^{44} lɔ^{0}，kʰu^{335} ku^{335} muoi^{44} kaŋ^{44}。

【福安】衣裳□了，裤固未□。i^{34} jøoŋ^{443} ta^{443} lo^{0}，k^{h}ou^{335} kou^{335} mui^{44} ta^{443}。

【屏南】袄裳□了，裤固未□。ɔ^{11} zøŋ^{51} ta^{443} lɔ^{0}，k^{h}u^{335} ku^{55} moi^{44} ta^{443}。

【福清】衣裳曝□了，裤固未□。i^{44} yoŋ^{44} p^{h}uo^{52} ta^{52} lau^{322}，k^{h}o^{211} ku^{0} mui^{335} ta^{52}。

97 他坐在椅子上。（著，得。陈述句，非祈使句）

【寿宁】伊坐（着）椅中。i^{44} sɔi^{223}（tuʔ^{2}）ie^{41} tiɔŋ^{44}。

【福安】伊坐交椅底。i^{443} θɔi^{223} ka^{34} i^{443} e^{0}。

【屏南】伊坐（著）椅□。i^{443} sɔi^{224}（tœ̠^{0}）e^{41} i^{0}。

【福清】伊坐（着）椅底。i^{52} θɔy^{41}（tyo^{0}）ie^{322} li^{0}。

98 你是浙江人，我也是浙江人，他不是浙江人。（是，也是，不是）

【寿宁】汝是浙江农，我也是浙江农，伊唔是浙江农。ny^{41} si^{223} tsieʔ^{5} kɔŋ^{44} nœŋ^{211}，ŋua^{41} ia^{223} si^{223} tsieʔ^{5} kɔŋ^{44} nœŋ^{211}，i^{44} ŋ^{44} si^{223} tsieʔ^{5} kɔŋ^{44} nœŋ^{211}。

【福安】汝是浙江农，我也是浙江农，伊唔是浙江农。ni^{42} θei^{223} tʃiʔ^{5} kɔuŋ^{34} nœuŋ^{443}，ŋo^{42} je^{223} θei^{223} tʃiʔ^{5} kɔuŋ^{34} nœuŋ^{443}，i^{443} ŋ^{44} nei^{223} tʃiʔ^{5} kɔuŋ^{34} nœuŋ^{443}。

【屏南】汝是浙江农，我也是浙江农，伊□浙江农。ny^{41} sᴇ^{224} tseik^{5} ko̠uŋ^{443} nœŋ^{0}，uai^{41} eɐ^{44} sᴇ^{224} tseik^{5}

kɔ̱uŋ^{443} nœŋ^{0}，i^{443} nᴇ^{512} tseik^{5} kɔ̱uŋ^{443} nœŋ^{0}。

【福清】汝是浙江农，我也是浙江农，伊唔是浙江农。

ny^{322} θi^{0} tɕieʔ^{5} kɔ̱ŋ^{52} nœ̱ŋ^{44}，ŋua^{322} ia^{44} ze^{41} tɕieʔ^{5} kɔ̱ŋ^{52} nœ̱ŋ^{44}，i^{52} ŋ^{44} ne^{41} tɕieʔ^{5} kɔ̱ŋ^{52} nœ̱ŋ^{44}。

99 书呢书读不好，手艺呢手艺学不会，你怎么办啊？（拷贝式）

【寿宁】书读𫧮好，手艺也学𫧮来，汝□式办呢？

tsy^{44} tʰœʔ^{2} mɛ^{44} xɔ^{41}，tsʰiu^{55} ŋie^{223} ia^{223} ɔʔ^{2} mɛ^{44} li^{211}，ny^{41} siŋ^{55} niʔ^{5} pɛŋ^{223} ni^{0}？

【福安】书𫧮读，手艺学𫧮好，汝今后□□做？

tʃθi^{443} mɛ^{223} tʰœʔ^{2}，tʃʰiu^{55} ŋi^{223} ɔʔ^{2} mɛ^{223} hɔ^{42}，ni^{42} kiŋ^{44} ŋɛu^{223} huŋ^{55} ŋɛ^{221} tsɔ^{335}？

【屏南】书呢书又读𫧮好，学艺又学𫧮来，汝□□做呢？

tsy^{443} lᴇ^{0} tsy^{443} eu^{224} tʰœk^{43} mɛ^{33} xɔ^{41}，ɔ^{11} ŋe^{224} eu^{224} ɔ^{443} mɛ^{44} lᴇ^{221}，ny^{41} tse^{33} ne^{33} tsɔ^{335} lᴇ^{0}？

【福清】汝书读𫧮好，手艺也学𫧮来，□现在汝□□做？

ny^{322} tɕy^{52} tʰœ̱ʔ^{5} mᴇ^{33} ɔ̱^{322}，tɕʰiu^{335} ŋiᴇ^{41} ia^{0} ɔ̱^{52} mᴇ^{44} li^{44}，taŋ^{322} ny^{322} aŋ^{11} naŋ^{335} nzɔ^{211}？

100 找遍了整个村子都没找到他。（表周遍无遗的"交"）

【寿宁】全个村都□透了，就是□伊𫧮着。

tsiɔŋ^{211} kɔi^{335} tsʰɔŋ^{44} tu^{44} lɔ^{223} tʰau^{335} lɔ^{0}，tsiu^{223} si^{223} lɔ^{223} i^{44} mɛ^{44} tyøʔ^{2}。

【福安】□郎$^{=}$村都脆$^{=}$透了，固𣍐脆$^{=}$伊着。

kɔ^{0} lɔuŋ^{22} tsʰ ɔuŋ^{443} tou^{443} tʃʰ ui^{335} tʰ au^{335} lo^{0}，kou^{335} mɛ^{223} tʃʰ ui^{335} i^{443} tiʔ^{2}。

……，固脆$^{=}$伊𣍐着。……，kou^{335} tʃʰ ui^{335} i^{443} mɛ^{223} tiʔ^{2}。（脆$^{=}$ tʃʰ ui^{335}～讨 tʰ ɔ^{42}）

【屏南】□□个乡村都□透去，都𣍐□伊倒。

kɔ^{11} lɔuŋ^{11} kᴇ^{221} xøŋ^{44} nzɔ̱uŋ^{443} tu^{443} lɔ^{224} tʰ au^{335} uœ^{0}，tu^{443} mɛ^{44} lɔ^{224} i^{443} tɔ^{41}。

【福清】□□乡讨扎去，都讨无着伊。kɔ̱^{44} lɔ̱ŋ^{44} xyoŋ^{52} tʰɔ̱^{322} tsaʔ^{21} qʰ ɔ̱^{0}，tu^{0} tʰ ɔ̱^{322} mɔ̱^{44} lyo^{52} i^{52}。①

……，都无讨着伊。……，tuʔ^{4} mɔ̱^{44} tʰ ɔ̱^{322} lyo^{52} i^{52}。

---

① 此处“去”的声母特殊。

3 专题研究

本章将充分利用四县市方言的新材料展开五个专题研究。

本章所使用的材料涉及的方言点为泰顺、寿宁、福鼎、福安、霞浦、屏南、杉洋、大桥、福州、福清。除四县市方言以外方言材料的来源，请看 1.8。泰顺方言是在 2002—2004 年调查的，调查的条目和笔者最近几年的条目并不都一致。福鼎、霞浦方言的调查则较为简单。所以，这三个点的材料不很全面。《班华》是 1941—1943 年上海的商务印书馆（Imprimerie Commerciale）和“Don Bosco” School 出版的 *Diccionario Español = Chino, Dialecto de Fu-an*（《班华字典—福安方言》）所记录的早期福安方言。拟音根据秋谷裕幸（2012）。斜线的前面是字典里的标音，后面则为拟音。“宁德”则是指秋谷裕幸（2018）使用虎浿、咸村、九都方言的材料所构拟的原始宁德方言。福安、《班华》、屏南、杉洋、福州和福清方言的韵母演变往往以调类为音类分化的条件。下文用斜线来表示。福安方言和《班华》的材料，在“//”后面的读音是以上声为条件的读音，它的前面则为以其他调类为条件的读音。屏南、杉洋、福州和福清方言的材料，在“/”前面的读音是紧音，后面则为松音。

根据秋谷裕幸(2010b)，除屏南方言以外11个闽东区方言的归属如下：

南片	福州小片	福州、大桥
	福清小片	福清
北片	福宁小片	寿宁、福鼎、福安、霞浦、杉洋、班华、宁德
	浙江小片	泰顺

关于屏南方言的归属将在下文3.6进行讨论。

“闽东”是指本章所构拟的原始闽东区方言。

在此先按照《方言调查字表》的次序列举本章所研究的全部字条，以便对照。

果开一歌哿箇

拖	3.1.2.5
大	3.1.2.2
箩	3.1.2.5
我	3.1.2.2

果合一戈果过

簸动词	3.1.2.2
破	3.1.2.2
磨动	3.1.2.2
螺	3.1.3.2、3.1.3.4
坐	3.1.3.2、3.1.3.4
过菜老	3.1.2.2

夥若～ 3.1.2.2

假开二麻马祃

麻 3.1.2.2

沙 3.1.2.5

假合二麻马祃

瓜 3.1.2.1

寡 3.1.2.1

瓦名词 3.1.2.1

花 3.1.2.1

遇合一模姥暮

布 3.3.2.1

遇合三鱼语御

梳 3.2.2.1

遇合三虞麌遇

主 3.3.2.1

输 3.3.2.1

戍房子 3.3.2.1

句 3.3.2.1

蟹开一咍海代

袋 3.1.3.2、3.1.3.4

菜 3.1.3.1、3.1.3.4

财 3.1.3.1

爱要 3.1.3.2

蟹开一泰

濑 3.1.2.5

害 3.1.3.1

蟹开二佳蟹卦

派 3.1.3.1

街 3.4.4

蟹开三祭

蛎牡蛎 3.6.2.5

蟹开四齐荠霁

梯梯子 3.1.3.3、3.1.3.4

弟阿～ 3.6.2.5

犁农具之一 3.4.4

西 3.4.4、3.2.2.1

粞米磨的粉 3.4.4

脐腹～ 3.1.3.1、3.1.3.4

洗 3.4.4

婿儿～ 3.1.3.1

蟹合一灰贿队

堆 3.1.3.2

碓 3.1.3.3、3.1.3.4

腿 3.1.3.3、3.1.3.4

3.1 原始闽东区方言中 *a 和 *ɑ 的对立

3.1.1 问题的提出

笔者在秋谷裕幸(2018：710－711)曾指出原始闽东区方言里应该存在构成音位对立的两种 a，即*a 和*ɑ。本节根据更多的材料进一步证实这个观点。

3.1.2　*uai 和*uɑi 的构拟

我们首先重新研究杜佳伦(2010：219－220)和戴黎刚(2011：148)所建立的闽东区方言当中的三种语音对应。各类的例字如下："抓、瓜、华、化、话"；"簸、破、磨、麻、大、我"；"乖、拐、快、怀、坏、歪"。本书分别称为"瓜"类字、"麻"类字①和"怪"类字。以下举出部分例字。

3.1.2.1　"瓜"类字

瓜

泰顺 kua^{1}｜寿宁 kua^{1}｜福鼎 kua^{1}｜福安 ko^{1}｜班华 kuo^{1}/*kuɔ^{1}｜霞浦 kua^{1}｜屏南 koʌ^{1}｜宁德*kua^{1}｜杉洋 kua^{1}｜大桥 kua^{1}｜福州 kua^{1}｜福清 kua^{1}；闽东*kua^{1}；

寡

泰顺 kua^{3}｜寿宁 kua^{3}｜福鼎 kua^{3}｜福安 ko^{3}｜班华 kuo^{3}/*kuɔ^{3}｜霞浦 kua^{3}｜屏南 koʌ^{3}｜宁德*kua^{3}｜杉洋 kua^{3}｜大桥 kua^{3}｜福州 kua^{3}｜福清 kua^{3}；闽东*kua^{3}；

瓦名词

泰顺 ŋua^{6}｜寿宁 ŋua^{6}｜福鼎 ŋua^{6}｜福安 wo^{6}｜班华

---

① 秋谷裕幸、陈泽平(2012：158－159)称作"拖"类字。不过"拖"字在闽东区方言中的表现比较特殊。因此，本书把它改为"麻"类字。

buo^{6}/*wuɔ^{6}|霞浦 ua^{6}|屏南 ŋoʌ^{6}|宁德*ua^{6}|杉洋 ŋua^{6}|大桥 ŋua^{6}|福州 ŋua^{6}|福清 mua^{6}声!;闽东*ŋua^{6}、*ua^{6};

花

泰顺 fa^{1}|寿宁 xua^{1}|福鼎 xua^{1}|福安 ho^{1}|班华 huo^{1}/*huɔ^{1}|霞浦 xua^{1}|屏南 xoʌ^{1}|宁德*hua^{1}|杉洋 xua^{1}|大桥 hua^{1}|福州 xua^{1}|福清 xua^{1};闽东*xua^{1};

画名词

泰顺 ʋa^{6}|寿宁 xua^{6}声!|福鼎 ua^{6}|福安 wo^{6}|班华 buo^{6}/*wuɔ^{6}|霞浦 ua^{6}|屏南 oʌ^{6}|宁德*ua^{6}|杉洋 ua^{6}|大桥 ua^{6}|福州 ua^{6}|福清 ua^{6};闽东*ua^{6};

话

泰顺 ʋa^{6}|寿宁 ŋua^{6}声!|福鼎 ua^{6}|福安 wo^{6}|班华 buo^{6}/*wuɔ^{6}|霞浦 ua^{6}|屏南 oʌ^{6}|宁德*ua^{6}|杉洋 ua^{6}|大桥 ua^{6}|福州 ua^{6}|福清 ua^{6};闽东*ua^{6}。

语音对应:泰顺 a f组声母、ua 其他|寿宁 ua|福鼎 ua|福安 o|班华 uo/*uɔ|霞浦 ua|屏南 oʌ|宁德*ua|杉洋 ua|大桥 ua|福州 ua|福清 ua。这一语音对应只有 k 组声母字。

多数方言读作[ua]。在福安方言中发生了*ua>*uɔ>o 的语音演变。班华 uo/*uɔ 所代表的是*uɔ 的阶段。另外,福安方言“画、话”的[w]声母实际上是早期介音*u 的变形保存。屏南方言的[oʌ]也是与班华*uɔ 同一类的表现,主要元音已发生高化。

“瓦”的声母对应不规则。暂时给它构拟两种原始形式：*ŋua^{6}和*ua^6。

3.1.2.2 “麻”类字

簸动词

泰顺 pia^5｜寿宁 pua^5｜福鼎 pua^5｜福安 po^5｜班华 puo^5/*puɔ^5～箕｜霞浦 pua^5｜屏南 puai^5｜宁德*pua^5｜杉洋 pua^5｜大桥 puai^5｜福州 puai^5｜福清 pua^5；闽东*puɑi^5；

破

泰顺 p^{h}ua^5～p^{h}ia^{5}劈｜寿宁 p^{h}ua^5｜福鼎 p^{h}ua^5｜福安 p^{h}o^{5}劈｜班华 p'uo^5/*p^{h}uɔ^5｜霞浦 p^{h}ua^5｜屏南 p^{h}uai^5｜宁德*p^{h}ua^{5}劈｜杉洋 p^{h}ua^5｜大桥 p^{h}uai^5｜福州 p^{h}uai^5｜福清 p^{h}ua^{5}劈；闽东*p^{h}uɑi^5；

磨动词

泰顺 mua^2～mia^2｜寿宁 mua^2｜福鼎 mua^2｜福安 mo^2｜班华 muo^2/*muɔ^2｜霞浦 mua^2｜屏南 muai^2｜宁德*mua^2｜杉洋 mua^2｜大桥 muai^2｜福州 muai^2｜福清 mua^2；闽东*muɑi^2；

麻草名

泰顺 mua^2～mia^2｜寿宁 mua^2｜福鼎 mua^2｜福安 mo^2｜班华 muo^2/*muɔ^2｜霞浦 mua^2｜屏南 muai^2｜宁德*mua^2｜杉洋 mua^2｜大桥 muai^2｜福州 muai^2｜福清 mua^2；闽东*muɑi^2；

大

泰顺 ta^{6} | 寿宁 tua^{6} | 福鼎 tua^{6} | 福安 to^{6} | 班华 tuo^{6}/ *tuɔ^{6} | 霞浦 tua^{6} | 屏南 tuai^{6} | 宁德*tua^{6} | 杉洋 tua^{6} | 大桥 tuai^{6} | 福州 tuai^{6} | 福清 tua^{6}；闽东*tuɑi^{6}；

过菜老

泰顺—— | 寿宁 kua^{1}吃还没熟透的菜时的口感 | 福鼎—— | 福安 ko^{1} | 班华—— | 霞浦 kua^{1} | 屏南 kuai^{1} | 宁德*kua^{1} | 杉洋 kua^{1} | 大桥 kuai^{1} | 福州 kuai^{1} | 福清 kua^{1}；闽东 *kuɑi^{1}；

我

泰顺 ŋa^{3} | 寿宁 ŋua^{3} | 福鼎 ua^{3}声！ | 福安 ŋo^{3} | 班华 ngo^{3}/*ŋɔ^{3}韵！ | 霞浦 ua^{3}声！ | 屏南 uai^{3}声！ | 宁德*ua^{3}声！ | 杉洋 ua^{3}声！ | 大桥 ŋuai^{3} | 福州 ŋuai^{3} | 福清 ŋua^{3}；闽东*ŋuɑi^{3}；

夥若～：多少

泰顺—— | 寿宁 ŋua^{6}声！ | 福鼎 ua^{6} | 福安 o^{6} | 班华 ou^{6}/*ʔo^{6}韵！ | 霞浦 ŋuaŋ$^{-224}$声！韵！ | 屏南 uai^{-335}许～：那些。调！ | 宁德*ua^{6} | 杉洋 ua^{-21} | 大桥 uai^{6} | 福州 uai^{6} | 福清 ua^{6}；闽东*uɑi^{6}。

语音对应：泰顺 ua～iap 组声母、a 其他 | 寿宁 ua | 福鼎 ua | 福安 o | 班华 uo/*uɔ | 霞浦 ua | 屏南 uai | 宁德*ua | 杉洋 ua | 大桥 uai | 福州 uai | 福清 ua。

秋谷裕幸(2018：710)给这一语音对应构拟了*uɑi。由于主要元音*ɑ的舌位偏低偏后，在寿宁、福鼎、福安、班华、霞浦、宁德、杉洋、福清方言中*uɑi脱落了*i。屏南、大桥、福州方言则大致上保存了原始音值。

泰顺方言的表现与众不同。*uɑi拼p组声母时变成了[ua～ia]。[ua]当为早期读音，[ia]则为[ua]的进一步发展。只是目前还不明白以p组声母为条件ua＞ia这一语音演变的机制。另外，泰顺方言“大、我”的[a]韵值得关注，因为它与*ua韵的表现[ua]不相同。*uɑi＞a的演变也可以理解为舌位偏低偏后的*ɑ所造成的。

在3.1.2.1把“瓜”类字拟作了*ua，主要元音是*a。这是因为“瓜”类字当中我们观察不到像*uɑi韵的*ɑ那种促使前后音弱化的作用。

班华的“我”字读音是文读音。与“瓦”的声母相同，有些方言把“我”字的声母读作[ŋ]，有些方言则读零声母。不过这两个字的情况不尽相同。“我”是一个极其常用的人称代词，所以较为容易发生读音的各种弱化。“我”字零声母的读音应该是弱化的结果。所以本书仍然把它的原始音值拟作*ŋuɑi^{3}。

3.1.2.3 “怪”类字

拐

泰顺 kuai^{3} | 寿宁 kuai^{3} | 福鼎 kuai^{3} | 福安 kuai^{3} | 班华

kuɑi^{3}/*kuai^{3}|霞浦 kuai^{3}|屏南 kuai^{3}|宁德*kuai^{3}|杉洋 kuai^{3}|大桥 kuai^{3}|福州 kuai^{3}|福清 kui^{3};闽东*kuai^{3};

怪责怪

泰顺 kuɐi^{5}奇～|寿宁 kuai^{5}|福鼎 kuai^{5}|福安 kuai^{5}|班华 kuɑi^{5}/*kuai^{5}读字|霞浦 kuai^{5}|屏南 kuai^{5}|宁德*kuai^{5}|杉洋 kuai^{5}|大桥 kuai^{5}|福州 kuai^{5}|福清 kuo̱i^{5};闽东*kuai^{5};

怀

泰顺 fai^{2}|寿宁 xuai^{2}|福鼎 xuai^{2}|福安 huai^{2}|班华 huɑi^{2}/*huai^{2}|霞浦 xuai^{2}|屏南 xuai^{2}|宁德*huai^{2}|杉洋 xuai^{2}|大桥 huai^{2}|福州 xuai^{2}①|福清 xui^{2};闽东*xuai^{2};

歪

泰顺 ʋai^{1}|寿宁 uai^{1}读字|福鼎 uai^{1}|福安 wai^{1}|班华 buɑi^{1}/*wuai^{1}|霞浦 uai^{1}|屏南 uai^{1}|宁德*uai^{1}|杉洋 uai^{1}|大桥 uai^{1}|福州 uai^{1}|福清——;闽东*uai^{1}。

语音对应:泰顺 ai f组声母、uai 其他|寿宁 uai|福鼎 uai|福安 aiw 声母、uai 其他|班华 uɑi/*uai|霞浦 uai|屏南 uai|宁德*uai|杉洋 uai|大桥 uai|福州 uai|福清 ui/uo̱i。这一语音对应只有 k 组声母字。

---

① “怀里”的“怀”读作[køy^{2}]。这是真正的白读音。承蒙陈泽平教授告知。

“歪”类辖字很少，而且几乎没有常用口语词。较为重要的只有以上四个字。

除了福清方言以外，都保存了原始音值。秋谷裕幸(2018：710)给这一语音对应构拟了*uai。由于主要元音*a缺乏舌位偏低偏后的特征，有利于保存早期音值。请注意，*uɑi韵和*uai韵之间似乎不存在对小对立。

3.1.2.4 三类字的分合

三类字的分合共有三种类型：

A类　“瓜”类字(*ua)=“麻”类字(*uɑi)≠“怪”类字(*uai)

地点：寿宁、福鼎、福安、班华、霞浦、宁德、杉洋、福清；

B类　“瓜”类字(*ua)≠“麻”类字(*uɑi)=“怪”类字(*uai)

地点：屏南、大桥、福州；

C类　“瓜”类字(*ua)≠“麻”类字(*uɑi)≠“怪”类字(*uai)

地点：泰顺。

三分的C类代表了最早的情况。不过，泰顺方言不用“麻”类字的“过菜老”和“夥若～”，能够和只拼k组声母的“瓜”类字比较的只有“我”。由于“我”这个人称代词常常发生例外语音演变，所以泰顺的三分情况还要搜集更多的材料继续分析。尽管如此，只根据 A 类和 B 类我们也可以给原始闽东区方言构拟三个不同的韵母。“麻”类字和“怪”类字分别拟作*uɑi 和*uai 大概是能够成立的假设之一。

关于三类字的分合，还可以参看秋谷裕幸(2010b：57－58)和秋谷裕幸、陈泽平(2012：158－159)。

3.1.2.5　“拖、箩、濑、沙”的韵母

闽东区方言中有少数字的语音对应十分接近*uɑi，但不尽相同。此举四例，加边框的音标表示不合乎*uɑi 韵的表现：

拖

泰顺 t^{h}a^{1}｜寿宁 t^{h}ua^{1}｜福鼎 t^{h}ua^{1}｜福安 t^{h}o^{1}｜班华 t'uo^{1}/*t^{h}uɔ^{1}｜霞浦 t^{h}ua^{1}｜屏南 [t^{h}oʌ^{1}]｜宁德*t^{h}ua^{1}｜杉洋 t^{h}ua^{1}｜大桥 [t^{h}ua^{1}]｜福州 [t^{h}ua^{1}]、[t^{h}ai^{1}]、t^{h}uai^{1}｜福清 t^{h}ua^{1}；闽东*t^{h}uɑi^{1}；

箩

泰顺 la^{2}｜寿宁 lua^{2}｜福鼎 lua^{2}｜福安 lo^{2}｜班华 luo^{2}/*luɔ^{2}｜霞浦 lua^{2}｜屏南 [lai^{2}]｜宁德*lua^{2}｜杉洋 lua^{2}装白薯用的箩、[lai^{2}]装大米用的箩｜大桥 [lai^{2}]｜福州 [lai^{2}]｜福清 [lai^{2}]；闽东*luɑi^{2}；

濑水较急、较浅的地方

泰顺——｜寿宁 lua^{5}｜福鼎 lua^{5}｜福安 lo^{5}｜班华——｜

霞浦——｜屏南$\boxed{\text{lai}^{5}}$｜宁德*lua^{5}｜杉洋$\boxed{\text{lai}^{5}}$｜大桥$\boxed{\text{lai}^{5}}$｜福州$\boxed{\text{lai}^{5}}$水流｜福清——；闽东*luɑi^{5}；

沙

泰顺 sa^{1}｜寿宁 sua^{1}｜福鼎 θua^{1}｜福安 θo^{1}｜班华 suo^{1}/*θuɔ^{1}｜霞浦 θua^{1}｜屏南$\boxed{\text{sai}^{1}}$｜宁德*θua^{1}｜杉洋 θua^{1}｜大桥$\boxed{\text{sai}^{1}}$｜福州$\boxed{\text{sai}^{1}}$｜福清 θua^{1}；闽东*θuɑi^{1}。

以上四个字当中"箩、濑水较急、较浅的地方、沙"的语音对应属于同一类，B 类方言都读作[ai]韵。此外，邻近的 A 类方言，即杉洋、福清方言中也有[ai]韵的读音出现。其中杉洋的"箩"也有合乎规律的读音[lua^{2}]。杉洋、福清方言中[ai]韵的表现可以理解为引自 A 类方言的外来读音。

我们发现"箩、濑、沙"的声母都是舌音，而"麻"类字当中声母为舌音的只有"大"。因此，本书把"箩、濑、沙"三个字的原始形式也拟作*uɑi，也即这三个字都属"麻"类字。[ai]韵是以舌音声母为条件的规则读音。只是"大"和"箩、濑、沙"之间的分化目前无法解释。①

"拖"的表现与"箩、濑、沙"三个字不相同。B 类方言屏南、大桥方言的表现与 A 类方言一致。也可以理解为

---

①　或许是以阳去"大"和其他调类"箩、濑、沙"为条件的分化。"舵"也有与"大"平行的语音对应：福州 tuai^{6}｜福清 tua^{6}。只是在山区的方言当中"舵"字不太常用，所以情况还不很清楚。

引自邻近 A 类方言的外来读音。

福州方言的“拖”共有三个不同的读音。冯爱珍(1998：81、151)只收录[$t^h ua^1$]和[$t^h ai^1$]，常用的是后者，如“拖车”“拖船”“老鼠拖尾”都用[$t^h ai^1$]。由于还存在“麻”类字的规则读音[$t^h uai^1$]，①本书把“拖”的原始形式拟作 $^*t^h u\alpha i^1$，也是“麻”类字之一。

关于包括“拖、箩、沙”字在内“麻”类字在福州方言当中的复杂表现，Jerry Norman(1984：185－187)曾做过研究，他认为带有 i 尾的[ai]韵和[uai]韵的读音是沿着闽江从闽北区方言或邵将区方言等山区闽语流传过来的。闽江对闽东区方言史上所起到的重要作用的确不可忽视。参看秋谷裕幸、陈泽平(2012：235－236)。不过，(1) 离闽江很远的屏南方言中也有[ai]韵和[uai]韵出现；(2) 假设以声母为条件的分化以及邻近方言之间的借代大致上能够解释各方言中的表现；(3) 除了“麻”类字 i 尾以外，似乎很难发现福州方言中较为接近山区闽语的读音(音类的音值)，所以笔者认为福州方言中“麻”类字的表现不需要考虑山区闽语对福州方言的影响。

3.1.2.6 小结

原始闽东区方言中“麻”类字和“怪”类字的读音分别

---

① 比如“椅拖过来”的“拖”可以读作[$t^h uai^1$]。承蒙陈泽平教授告知。

是*uɑi 和*uai。此处我们不得不假设*ɑ 和*a 的对立。

3.1.3 *ai 和*ɑi 的构拟

原始闽东区方言中元音*ɑ 和*a 的对立至少还有一组。笔者在秋谷裕幸(2017：130)建立了“福清 ɔy/ɔy：其他闽东区方言 ai”的语音对应,但没能拟测出原始音值。现在看来,可以考虑给这一语音对应构拟与*ai 构成音位对立的*ɑi。有三类字牵涉这个构拟。下文分别称作“派”类字、“堆”类字和“雷”类字。

3.1.3.1 “派”类字

派

泰顺 p^hai^5 | 寿宁 p^hai^5 | 福鼎 p^hai^5 | 福安 p^hai^5 | 班华 $p'ɑi^5$ / $*p^hai^5$ | 霞浦 p^hai^5 | 屏南 p^huai^5韵！ | 宁德$*p^hai^5$ | 杉洋 p^hai^5 | 大桥 p^huai^5韵！ | 福州 p^huai^5韵！ | 福清 p^hai^5；闽东$*p^hai^5$；

□埋

泰顺 tai^2 | 寿宁 tai^2 | 福鼎 tai^2埋葬 | 福安 tai^2 | 班华 $tɑi^2$ / $*tai^2$ | 霞浦 tai^2 | 屏南 tai^2～涂：活埋 | 宁德$*tai^2$ | 杉洋 tai^2 | 大桥—— | 福州—— | 福清 tai^2青～：活埋；闽东$*tai^2$；

□鸡虱

泰顺 tai^2鸡～ | 寿宁 tai^2鸡～ | 福鼎 tai^2鸡～ | 福安 tai^2 | 班华—— | 霞浦 tai^2 | 屏南 tai^2米糠里的小虫子 | 宁德$*tai^2$ | 杉

洋 tai² 米糠里的小黑虫 | 大桥 tai² 米糠里的小黑虫 | 福州 tai² 米或米糠里的虫 | 福清 tai² 米糠里的小虫子；闽东*tai²；

治杀

泰顺 tʰai² | 寿宁 tʰai² | 福鼎 tʰai² | 福安 tʰai² | 班华 t'ɑi²/*tʰai² | 霞浦 tʰai² | 屏南 tʰai² | 宁德*tʰai² | 杉洋 tʰai² | 大桥 tʰai² | 福州 tʰai² | 福清 tʰai²；闽东*tʰai²；

□篓

泰顺 lai³ 鱼～ | 寿宁 lai³ 鱼～ | 福鼎 lai³ | 福安 lai³ | 班华 lɑi³/*lai³ 鱼篓 | 霞浦 lai³ | 屏南 lai³ 鱼～ | 宁德*lai³ | 杉洋 lai³ 鱼篓 | 大桥 lai³ 鱼篓 | 福州 lai³ ～～ | 福清——；闽东*lai³；

婿儿～：女婿

泰顺 sai⁵ | 寿宁 sai⁵ | 福鼎 θai⁵ | 福安 θai⁵ | 班华 sɑi⁵/*θai⁵ | 霞浦 θai⁵ | 屏南 nai⁻³³⁵ | 宁德*-nai⁵ | 杉洋 nai⁻³³⁵ | 大桥 sai⁵ | 福州 sai⁵ | 福清 nzai⁻²¹¹；闽东*θai⁵；

财

泰顺 tsai² | 寿宁 tsai² | 福鼎 tsai² | 福安 tsai² | 班华 chɑi²/*tʃai² | 霞浦 tsai² | 屏南 tsai² | 宁德*tʃai² | 杉洋 tsai² | 大桥 tsai² | 福州 tsai² | 福清 tsai²；闽东*tʃai²；

脐腹～：肚脐

泰顺 tsai² | 寿宁 tsai² | 福鼎 tsai² | 福安 tsai² | 班华 chɑi²/*tʃai² | 霞浦 tsai² | 屏南 sai² | 宁德*tʃai² | 杉洋 tsai² | 大桥 sai² | 福州 sai² | 福清 θai²；闽东*tʃai²、*θai²；

菜

泰顺 ts^hai^5｜寿宁 ts^hai^5｜福鼎 ts^hai^5｜福安 ts^hai^5｜班华 $ch'ɑi^5$/*$tʃ^hai^5$｜霞浦 ts^hai^5｜屏南 ts^hai^5｜宁德*$tʃ^hai^5$｜杉洋 ts^hai^5｜大桥 ts^hai^5｜福州 ts^hai^5｜福清 ts^hai^5；闽东*$tʃ^hai^5$；

屎

泰顺 sai^3｜寿宁 sai^3｜福鼎 $θai^3$｜福安 $θai^3$｜班华 $sɑi^3$/*$θai^3$｜霞浦 $θai^3$｜屏南 sai^3｜宁德*$θai^3$｜杉洋 $θai^3$｜大桥 sai^3｜福州 sai^3｜福清 $θai^3$；闽东*$θai^3$；

□陶瓷器

泰顺 hai^2大陶器｜寿宁 xai^2｜福鼎 xai^2｜福安 hai^2｜班华 $hɑi^2$/*hai^2陶器｜霞浦 xai^2｜屏南 xai^2｜宁德*hai^2｜杉洋 xai^2｜大桥 hai^2｜福州 xai^2｜福清 xai^2；闽东*xai^2；

害

泰顺 hai^6｜寿宁 xai^6｜福鼎 xai^6｜福安 hai^6｜班华 $hɑi^6$/*hai^6｜霞浦 xai^6｜屏南 xai^6｜宁德*hai^6｜杉洋 xai^6｜大桥 hai^6｜福州 xai^6｜福清 xai^6；闽东*xai^6。

语音对应：泰顺 ai｜寿宁 ai｜福鼎 ai｜福安 ai｜班华 ɑi/*ai｜霞浦 ai｜屏南 ai｜宁德*ai｜杉洋 ai｜大桥 ai｜福州 ai｜福清 ai。

“派”类字的原始音值可以拟作*ai。

大桥、福州方言里“派”字的介音[u]大概是受到声母

［p^{h}］的影响而滋生出来的。

3.1.3.2 “堆”类字

堆

泰顺 tɔi^{1}｜寿宁 tɔi^{1}｜福鼎 toi^{1}｜福安 tɔi^{1}｜班华 toi^{1}/*tɔi^{1}｜霞浦 tɔi^{1}｜屏南 tɔ̱i^{1}｜宁德*tɔi^{1}｜杉洋 tœy^{1}｜大桥 toi^{1}｜福州 tøy^{1}｜福清 tɔ̱y^{1}；闽东*tɔi^{1}；

短

泰顺 tɔi^{3}｜寿宁 tɔi^{3}｜福鼎 toi^{3}｜福安 tɵi^{3}｜班华 tuei^{3}/*tøi^{3}｜霞浦 toi^{3}韵！｜屏南 tɔ̱i^{3}｜宁德*tɔi^{3}｜杉洋 tœy^{3}｜大桥 toi^{3}｜福州 tøy^{3}｜福清 tɔ̱y^{3}；闽东*tɔi^{3}；

袋

泰顺 tɔi^{6}｜寿宁 tɔi^{6}｜福鼎 toi^{6}｜福安 tɔi^{6}｜班华 toi^{6}/*tɔi^{6}｜霞浦 tɔi^{6}｜屏南 tɔi^{6}｜宁德*tɔi^{6}｜杉洋 tɔi^{6}｜大桥 toi^{6}｜福州 tœy^{6}｜福清 tɔy^{6}；闽东*tɔi^{6}；

□麻风病

泰顺——｜寿宁 t^{h}ɔi^{3}全身发痒｜福鼎 t^{h}oi^{3}｜福安 t^{h}ɵi^{3}｜班华 t'uei^{3}/*t^{h}øi^{3}｜霞浦 t^{h}ɔi^{3}｜屏南 t^{h}ɔ̱i^{3}｜宁德*t^{h}ɔi^{3}｜杉洋 t^{h}œy^{3}｜大桥 t^{h}oi^{3}｜福州 t^{h}øy^{3}｜福清 t^{h}ɔ̱y^{3}；闽东*t^{h}ɔi^{3}；

退

泰顺 t^{h}ɔi^{5}｜寿宁 t^{h}ɔi^{5}｜福鼎 t^{h}oi^{5}｜福安 t^{h}ɔi^{5}｜班华 t'oi^{5}/*t^{h}ɔi^{5}｜霞浦 t^{h}ɔi^{5}｜屏南 t^{h}ɔ̱i^{5}｜宁德*t^{h}ɔi^{5}｜杉洋 t^{h}œy^{5}｜大桥 t^{h}oi^{5}｜福州 t^{h}œy^{5}｜福清 t^{h}ɔy^{5}；闽东*t^{h}ɔi^{5}；

螺

泰顺 lɔi^{2}|寿宁 lɔi^{2}|福鼎 loi^{2}|福安 lɔi^{2}|班华 loi^{2}/*lɔi^{2}|霞浦 lɔi^{2}|屏南 lɔi^{2}|宁德*lɔi^{2}|杉洋 lɔi^{2}|大桥 loi^{2}|福州 løy^{2}|福清 lɔ̱y^{2};闽东*lɔi^{2};

晬一周岁

泰顺——|寿宁 tsɔi^{5}|福鼎 tsoi^{5}|福安 tsɔi^{5}|班华——|霞浦 tsɔi^{5}|屏南 tsɔ̱i^{5}|宁德*tʃɔi^{5}|杉洋 tsœy^{5}|大桥 tsoi^{5}|福州 tsœy^{5}|福清 tsɔy^{5};闽东*tʃɔi^{5};

碎

泰顺 sɔi^{3}声! 调! |寿宁 ts^{h}ɔi^{5}|福鼎 ts^{h}oi^{5}|福安 ts^{h}ɔi^{5}|班华 ch’oi^{5}/*tʃ^{h}ɔi^{5}|霞浦 ts^{h}ɔi^{5}|屏南 ts^{h}ɔ̱i^{5}|宁德*tʃ^{h}ɔi^{5}|杉洋 ts^{h}œy^{5}|大桥 ts^{h}oi^{5}|福州 ts^{h}œy^{5}|福清 ts^{h}ɔy^{5};闽东*tʃ^{h}ɔi^{5};

坐

泰顺 sɔi^{6}|寿宁 sɔi^{6}|福鼎 θoi^{6}|福安 θɔi^{6}|班华 soi^{6}/*θɔi^{6}|霞浦 θɔi^{6}|屏南 sɔi^{6}|宁德*θɔi^{6}|杉洋 θɔi^{6}|大桥 soi^{6}|福州 sœy^{6}|福清 θɔy^{6};闽东*θɔi^{6};

爱要

泰顺——|寿宁 ɔi^{5}|福鼎 oi^{5}|福安 ɵi^{5}韵! |班华 oi^{5}/*ʔɔi^{5}|霞浦 ɔi^{5}|屏南 ɔ̱i^{5}|宁德*ɔi^{5}|杉洋 œy^{5}|大桥 oi^{5}|福州 œy^{5}|福清 ɔy^{5}喜欢;闽东*ɔi^{5}。

语音对应：泰顺 ɔi|寿宁 ɔi|福鼎 oi|福安 ɔi//ɵi|班

华*ɔi//*øi｜霞浦 ɔi｜屏南 o̠i/ɔi｜宁德*ɔi｜杉洋 œy/ɔi｜大桥 oi｜福州 øy/œy｜福清 o̠y/ɔy。

“堆”类字的原始音值可以拟作*ɔi，与原始宁德方言相同。

3.1.3.3 “雷”类字

碓水～

泰顺 tai⁵｜寿宁 tai⁵｜福鼎 tai⁵｜福安 tai⁻⁵⁵～寮：水碓｜班华 tɑi⁵/*tai⁵～臼｜霞浦——｜屏南 tai⁵｜宁德*tai⁵｜杉洋 tai⁵｜大桥 tai⁵｜福州 tai⁵｜福清 tɔy⁵；闽东*tɑi⁵；

梯梯子

泰顺 tʰai¹～团｜寿宁 tʰai¹～团｜福鼎 tʰai¹①｜福安 tʰai¹手～｜班华 t'ɑi¹/*tʰai¹楼～：楼梯｜霞浦 tʰai¹楼～：楼梯｜屏南 tʰai¹～团｜宁德*tʰai¹｜杉洋 tʰai¹手～｜大桥 tʰai¹～团｜福州 tʰai¹单说｜福清 tʰo̠y¹楼～；闽东*tʰɑi¹；

腿

泰顺 tʰai³｜寿宁 tʰai³｜福鼎 tʰai³｜福安 tʰai³｜班华 t'ɑi³/*tʰai³｜霞浦 lai⁻⁴²骹～：大腿｜屏南 tʰo̠i³大～。韵！｜宁德*tʰai³｜杉洋 tʰœy³大～头：大腿。韵！｜大桥 tʰoi³大～。韵！｜福州 tʰøy³骹～：大腿。韵！｜福清 tʰo̠y³②；闽东*tʰɑi³；

---

① 用例未详。

② 这个字在福清较为少用。参[词]128。

雷雷公

泰顺 lai^{2}～公｜寿宁 lai^{2}｜福鼎 lai^{2}～公｜福安 lai^{2}｜班华 lɑi^{2}/*lai^{2}｜霞浦 lai^{2}～公｜屏南 lai^{2}～公｜宁德*lai^{2}｜杉洋 lai^{-11}～公｜大桥 lai^{2}～公｜福州 lai^{2}～公｜福清 lɔ̠y^{2}；闽东*lɑi^{2}；

□嗉子①

泰顺 kai^{1}｜寿宁 kai^{1}｜福鼎 kai^{1}｜福安 kai^{1}｜班华 kɑi^{1}/*kai^{1}｜霞浦 kai^{1}｜屏南 kai^{1}｜宁德*kai^{1}｜杉洋 kai^{1}｜大桥 kai^{1}｜福州 kai^{1}｜福清 kɔ̠y^{1}；闽东*kɑi^{1}。

语音对应：泰顺 ai｜寿宁 ai｜福鼎 ai｜福安 ai｜班华 ɑi/*ai｜霞浦 ai｜屏南 ai｜宁德*ai｜杉洋 ai｜大桥 ai｜福州 ai｜福清 ɔ̠y/ɔy。

福清方言的表现与"堆"类字*ɔi 相同，其余则与"派"类字*ai 相同。那么"雷"类字的主要元音应该介于*ɔ 和*a 之间。由于原始闽东区方言的韵母系统里存在构成音位对立的*a 和*ɑ，我们不妨把"雷"类字拟作*ɑi。三类字的分合情况如下：

福清　"派"类字（*ai）≠"雷"类字（*ɑi）＝"堆"类字（*ɔi）；

其他　"派"类字（*ai）＝"雷"类字（*ɑi）≠"堆"类

① 这个字项梦冰（2009：222）写作"胲"，温昌衍（2012：32）则写作"颏"。

字（*ɔi）。

福清方言中“雷”类字的演变方式是福清方言很重要的历史音韵特点之一。

3.1.3.4 其他闽语里的表现

由于“雷”类字这一类根据福清方言的表现而建立，因此难免“假音类”①的嫌疑。在此我们观察除闽东区以外闽语方言里的情况。以下是闽南区厦门方言和莆仙区仙游方言的读音：

“派”类字

治杀 厦门 t^hai^2 | 仙游 t^hai^2；

脐腹～：肚脐 厦门 $tsai^2$ | 仙游 $tsai^2$；

菜 厦门 ts^hai^5 | 仙游 ts^hai^5；

□陶瓷器 厦门 hui^2瓷器 | 仙游 hui^2。

“堆”类字

袋 厦门 te^6 | 仙游 $tø^6$；

退 厦门 t^he^5 | 仙游 $t^hø^5$；

螺 厦门 le^2 | 仙游 $lø^2$；

坐 厦门 tse^6 | 仙游 $ɬø^6$。

“雷”类字

碓 厦门—— | 仙游 tui^5水碓；

---

① 关于“假音类”，参看秋谷裕幸、韩哲夫（2012：290－297）。

梯梯子　　厦门 t^hui^1单说|仙游 t^hui^1楼～：梯子、楼梯；

腿　　厦门 t^hui^3|仙游 t^hui^3；

雷雷公　　厦门 lui^2|仙游 lui^{-12}～公；

□嗦子　　厦门 kui^1|仙游 kui^1。

语音对应可以归纳如下：

	"派"类	"堆"类	"雷"类
厦门方言	ai	e	ui
仙游方言	ai	ø	ui

厦门、仙游方言把"□陶瓷器"读如"雷"类字，与闽东区方言不对应。在闽语，更多见的是相当于"雷"类字的读音。比如，闽北区武夷山方言说［$xuei^2$］，闽中区沙县盖竹方言说［hue^2］。原始闽东区方言的 $^*xai^2$ 与这些读音也不对应。关于"□陶瓷器"，参看李如龙（1997：155－157）。

厦门、仙游方言都是三分的语音对应，能够证实"雷"类字确实是一个独立的类，而不是闽东区方言音韵史上的"假音类"。福清方言里"雷"类 $^*ɑi$ 的演变与其他所有的闽东区方言不一样。需要关注的是福清方言的地理位置。福清位于闽东区方言中最靠近莆仙区的位置。莆仙区方言当中"雷"类字具有自己独立的表现。福清方言中"雷"类 $^*ɑi$ 与众不同的演变方式大概是以这种地理环境为背景发生的。

3.1.3.5 小结

原始闽东区方言中“派”类字和“雷”类字的读音分别是*ai 和*ɑi。此处我们也不得不假设*ɑ 和*a 的对立。

3.1.4 总结

本节一共构拟了六个原始闽东区方言的韵母：*ua、*ai、*ɑi、*uai、*uɑi、*ɔi。*ai 和*ɑi 以及*uai 和*uɑi 都包含着*a 和*ɑ 的音位对立。原始闽东区方言的韵母系统当中*ɑ 只出现在*ɑi 韵和*uɑi 韵里，*a 和*ɑ 的分布很不平衡。参看下文 3.5。这种情况不太正常，但并不是不可能的。闽语邵将区光泽寨里方言的韵母系统里，元音 ɒ 只在 ɒu 韵当中才出现，分布同样很有限。今后我们需要继续寻找原始闽东区方言中元音*ɑ 的其他分布。

3.2 原始闽东区方言里的*muŋ 和*muk 及其相关问题

3.2.1 问题的提出

秋谷裕幸（2018：648）把“芒菅～：芦苇、蠓～团：蠓子、梦、网”的原始宁德方言形式拟作了*mœŋ（不计调类）。

以下把这一类字称作“梦”类字。大部分闽东区方言里“梦”类字的读音也大同小异。其中，寿宁方言的读音则较特殊。比如，把“梦”读作[muŋ⁵]，与众不同。

本节主要根据寿宁方言与其他闽东区方言之间的对应关系研究“梦”类字以及与此相应入声韵的原始闽东区方言里的音值（3.2.2、3.2.5），并讨论两个相关问题（3.2.3、3.2.4）。

3.2.2　原始闽东区方言里的*muŋ

3.2.2.1　“梦”类字

首先举出各地闽东区方言中“梦”类字的读音：

芒芦苇

泰顺 mɤŋ$^{-42}$～菅｜寿宁 muŋ^{2}□xu^{-22}～｜福鼎 muŋ^{2}～菅｜福安 mouŋ^{2}芦苇花｜班华——｜霞浦 mɛŋ^{2}芦苇花｜屏南 mœŋ$^{-41}$菅～：芦苇花｜宁德*mœŋ^{2}菅～｜杉洋 mœŋ^{2}菅～｜大桥 møyŋ$^{-55}$菅～｜福州——[1]｜福清 m<u>œ</u>ŋ^{2}；闽东*muŋ^{2}；

蠓

泰顺 mɤŋ$^{-213}$～团：小蚊子[2]｜寿宁 muŋ$^{-55}$～团：蠓子｜福鼎 meŋ^{3}～团：蠓子｜福安 məŋ^{3}一种细小的飞虫，绿色｜班华

---

① 福州方言“芦苇”说“菅”[kaŋ¹]。承蒙陈泽平教授指教。

② 大概就是“蠓子”。

mueng^{3}/*møŋ^{3}～团：mosquito del vino｜霞浦 mɛŋ$^{-55}$～□mo^{-44}：蠓子｜屏南 mœ̲eŋ^{3}蚊子｜宁德*mœeŋ^{3}～团：蠓子｜杉洋 mœyŋ^{3}蚊子｜大桥 møyŋ^{3}蚊子｜福州 møyŋ^{3}～团：蠓子｜福清 mœ̲eŋ^{3}蚊子；闽东*muŋ^{3}；

梦

泰顺 mɤŋ^{5}｜寿宁 muŋ^{5}｜福鼎 muŋ^{5}｜福安 mœuŋ^{5}｜班华 moeng^{5}/*mœeŋ^{5}｜霞浦 mɛŋ^{5}｜屏南 mœ̲eŋ^{5}｜宁德*mœeŋ^{5}｜杉洋 mœyŋ^{5}｜大桥 møyŋ^{5}｜福州 mœyŋ^{5}｜福清 mœeŋ^{5}；闽东*muŋ^{5}；

网

泰顺 mɤŋ^{6}｜寿宁 muŋ^{6}｜福鼎 meŋ^{6}｜福安 mœuŋ^{6}｜班华 meong^{6}/*mœeŋ^{6}｜霞浦 mɛŋ^{6}｜屏南 mœeŋ^{6}｜宁德*mœeŋ^{6}｜杉洋 mœeŋ^{6}｜大桥 møyŋ^{6}｜福州 mœyŋ^{6}｜福清 mœeŋ^{6}；闽东*muŋ^{6}。

语音对应如表 5：

表 5 "梦"类字的语音对应

	泰顺	寿宁	福鼎	福安	班华	霞浦	屏南	宁德	杉洋	大桥	福州	福清
芒	ɤŋ	uŋ	uŋ	ouŋ	——	ɛŋ	œeŋ	*œeŋ	œeŋ	øyŋ	——	œ̲eŋ
蠓	ɤŋ	uŋ	eŋ	ɵŋ	*øŋ	ɛŋ	œ̲eŋ	*œeŋ	œyŋ	øyŋ	øyŋ	œ̲eŋ
梦	ɤŋ	uŋ	uŋ	œuŋ	*œeŋ	ɛŋ	œ̲eŋ	*œeŋ	œyŋ	øyŋ	œyŋ	œeŋ
网	ɤŋ	uŋ	eŋ	œuŋ	*œeŋ	ɛŋ	œeŋ	*œeŋ	œeŋ	øyŋ	œyŋ	œeŋ

福安 œuŋ//ɵŋ、班华*œŋ//*øŋ、屏南 œ̲ŋ/œŋ、杉洋 œyŋ/œŋ、福州 øyŋ/œyŋ、福清 œ̲ŋ/œŋ 分别都是以声调为条件的分化。

福鼎、霞浦方言的韵母系统里都不存在以半高或半低圆唇前元音为主要元音的阳声韵。试比较：

聋　福鼎 leŋ^{2} | 霞浦 lɛŋ^{2} | 屏南 lœŋ^{2} | 福清 lœ̲ŋ^{2}；

莲　福鼎 leŋ^{2} | 霞浦 lɛŋ^{2} | 屏南 lɛiŋ^{2} | 福清 lᴇŋ^{2}；

梳　福鼎 θɛ^{1} | 霞浦 θɛ^{1} | 屏南 sœ^{1} | 福清 θœ̲^{1}；

西　福鼎 θɛ^{1} | 霞浦 θɛ^{1} | 屏南 sɛ^{1} | 福清 θᴇ^{1}。

可见，“梦”类字的福鼎[eŋ]韵和霞浦[ɛŋ]韵应该来自早期的*œŋ。

总之，除了表中加边框的读音以及泰顺方言的[ɤŋ]以外，闽东区方言的“梦”类字源于*œŋ。我们首先讨论除泰顺方言里[ɤŋ]韵以外的“梦”类字读音。泰顺方言的[ɤŋ]韵留在 3.2.3 再进行讨论。

3.2.2.2 “放”类字

与“梦”类字的原始音值息息相关的是“枋厚木板、崩、放～屁、蜂、篷帆、纺”等字的读音。以下把这一类字称作“放”类字。以下举出各地“放”类字的读音：

枋厚木板

泰顺—— | 寿宁 puŋ^{1} | 福鼎 puŋ^{1} | 福安 pouŋ^{1} | 班华 poung^{1}/*poŋ^{1} | 霞浦 puŋ^{1} | 屏南 puŋ^{1} | 宁德*puŋ^{1} | 杉洋

puŋ^{1}|大桥 puŋ^{1}|福州——|福清——;闽东*puŋ^{1};

崩

泰顺 pe^{1}韵! |寿宁 puŋ^{1}|福鼎 puŋ^{1}|福安 pouŋ^{1}|班华 poung^{1}/*poŋ^{1}|霞浦 puŋ^{1}|屏南 puŋ^{1}|宁德*puŋ^{1}|杉洋 puŋ^{1}|大桥 puŋ^{1}|福州 puŋ^{1}|福清 puŋ^{1};闽东*puŋ^{1};

放～屁

泰顺 pɤŋ^{5}|寿宁 puŋ^{5}|福鼎 puŋ^{5}～假|福安 pouŋ^{5}|班华 poung^{5}/*poŋ^{5}|霞浦 puŋ^{5}～假|屏南 puŋ^{5}|宁德*puŋ^{5}|杉洋 puŋ^{5}|大桥 puŋ^{5}|福州 pouŋ^{5}|福清 poŋ^{5};闽东*puŋ^{5};

蜂

泰顺 p^{h}ɤŋ^{1}|寿宁 p^{h}uŋ^{1}|福鼎 p^{h}uŋ^{1}|福安 p^{h}ouŋ^{1}|班华 p'oung^{1}/*p^{h}oŋ^{1}|霞浦 p^{h}uŋ^{1}|屏南 p^{h}uŋ^{1}|宁德*p^{h}uŋ^{1}|杉洋 p^{h}uŋ^{1}|大桥 p^{h}uŋ^{1}|福州 p^{h}uŋ^{1}|福清 p^{h}uŋ^{1};闽东*p^{h}uŋ^{1};

篷帆

泰顺——|寿宁 p^{h}uŋ^{2}|福鼎 p^{h}uŋ^{2}|福安 p^{h}ouŋ^{2}|班华 p'oung^{2}/*p^{h}oŋ^{2}|霞浦 p^{h}uŋ^{2}|屏南——|宁德*p^{h}uŋ^{2}|杉洋 p^{h}oŋ^{2}|大桥 p^{h}uŋ^{2}|福州 p^{h}uŋ^{2}|福清 p^{h}uŋ^{2};闽东*p^{h}uŋ^{2};

纺

泰顺 p^{h}ɤŋ^{3}～棉|寿宁——|福鼎 p^{h}uŋ^{3}～纱|福安 p^{h}uŋ^{3}～纱|班华 p'ung^{3}/*p^{h}uŋ^{3}～车|霞浦 p^{h}uŋ^{3}|屏南 p^{h}uŋ^{3}～车|

宁德——|杉洋——|大桥——|福州 $p^hu\eta^3$～棉纱|福清 $p^hu\eta^3$～纱;闽东*$p^hu\eta^3$。

语音对应如表 6:

表 6 "放"类字的语音对应

	泰顺	寿宁	福鼎	福安	班华	霞浦	屏南	宁德	杉洋	大桥	福州	福清
枋	——	uŋ	uŋ	ouŋ	*oŋ	uŋ	uŋ	*uŋ	uŋ	uŋ	——	——
崩	——	uŋ	uŋ	ouŋ	*oŋ	uŋ	uŋ	*uŋ	uŋ	uŋ	uŋ	uŋ
放	ɤŋ	uŋ	uŋ	ouŋ	*oŋ	uŋ	uŋ	*uŋ	uŋ	uŋ	ouŋ	oŋ
蜂	ɤŋ	uŋ	uŋ	ouŋ	*oŋ	uŋ	uŋ	*uŋ	uŋ	uŋ	uŋ	uŋ
篷	——	uŋ	uŋ	ouŋ	*oŋ	uŋ	——	*uŋ	oŋ	uŋ	uŋ	uŋ
纺	ɤŋ	——	uŋ	uŋ	*uŋ	uŋ	uŋ	——	——	——	uŋ	uŋ

福安 ouŋ//uŋ、班华*oŋ//*uŋ、杉洋 uŋ/oŋ、福州 uŋ/ouŋ、福清 uŋ/oŋ 分别都是以声调为条件的分化。

比较表 5 和表 6 我们就可以发现,泰顺、寿宁方言都只有一种读音出现,班华、霞浦、屏南、宁德、杉洋、大桥、福州、福清方言则都以声母,即[m]或[p p^h]为条件分出两种不同的读音。代表了早期阶段的应该是没有经历条件分化的泰顺、寿宁方言。

除闽东区以外闽语方言中的读音也可以证实这一观点。以下是闽南区厦门方言和莆仙区仙游方言的读音:

"梦"类字

蠓蚊子　　厦门 $ba\eta^3$|仙游 $ma\eta^3$;

梦　　厦门 $baŋ^{6}$｜仙游 $maŋ^{5}$；
网　　厦门 $baŋ^{6}$｜仙游 $maŋ^{6}$。
"放"类字
放～屁　　厦门 $paŋ^{5}$｜仙游 $paŋ^{5}$；
蜂　　厦门 $p^{h}aŋ^{1}$｜仙游 $p^{h}aŋ^{1}$；
纺　　厦门 $p^{h}aŋ^{3}$～纱｜仙游 $p^{h}aŋ^{3}$～棉花。

可见，两个方言都没有发生以声母为条件的读音分化，与泰顺、寿宁方言相同。

3.2.2.3 "梦"类字的原始音值

罗杰瑞（Jerry Norman）（1981：66－68）很早就指出，他所构拟的原始闽语*uŋ 韵在闽东区方言中按照声母的种类，即除*m 以外的 p 组声母和其他声母发生了分化。本书的研究则表明这个分化是在原始闽东区方言阶段之后才发生的。原始闽东区方言里"梦"类字和"放"类字都还保留着原始闽语的*uŋ。

寿宁方言保存了这个原始闽东区方言的音值。泰顺方言的[ɤŋ]韵将留在 3.2.3 再进行讨论。其他方言则都发生了以*m 声母为条件的*uŋ＞*œŋ。这个语音演变变化幅度较大。中间应该经历了*uəŋ 的阶段。

福鼎、福安方言的"梦"类字都有两种不同的读音出现。福鼎的[uŋ]（"芒、梦"）和福安的[ouŋ]（"芒"）当为尚未发生*uŋ＞*œŋ 之前的读音。这种新旧读音共存的原因目前还不明白。

3.2.2.4 屏南方言中"缝名词"的读音

拼*p、*pʰ声母时，除泰顺、寿宁以外的闽东区方言一般都保存了*uŋ或者与此相似的读音。但也有极个别的例外。以下是"缝名词"的读音：

缝名词

泰顺 fɤŋ⁶声！调！|寿宁 xuŋ⁶声！调！|福鼎 pʰuŋ⁵～～|福安——|班华——|霞浦——|屏南 pʰœ̱ŋ⁵|宁德*pʰuŋ⁵|杉洋 pʰuŋ⁵|大桥 pʰuŋ⁵|福州 pʰouŋ⁵～～|福清 pʰoŋ⁵～～；闽东*pʰuŋ⁵。

泰顺、寿宁方言的读音当为文读音。福鼎、宁德、杉洋、大桥、福州、福清方言的读音是"放"类字的读音。此处要关注的是屏南方言的读音[pʰœ̱ŋ⁵]。从声母和调类来看，这无疑是屏南方言的固有读音。因为阴去"放"读作[puŋ⁵]，[uŋ]韵合乎"放"类字的对应规律。"缝名词"[pʰœ̱ŋ⁵]只能理解为一种跟着"梦"类字一块儿发生*pʰuŋ⁵>*pʰuəŋ⁵>pʰœ̱ŋ⁵的例外读音。

3.2.3 泰顺方言的[ɤŋ]韵

和寿宁方言一样，泰顺方言也没有发生"梦"类字和"放"类字的分化，都读作[ɤŋ]韵。问题是在泰顺方言和包括寿宁方言在内的其他闽东区方言之间除了p组声母以外也能够建立[ɤŋ]韵和[œŋ øyŋ]等韵之间的语音对应。例如：

虫

泰顺 t^{h}ɤŋ^{2}｜寿宁 t^{h}œŋ^{2}｜福鼎 t^{h}eŋ^{2}｜福安 t^{h}œuŋ^{2}｜班华 t'oeng^{2}/*t^{h}œŋ^{2}｜霞浦 t^{h}ɛŋ^{2}｜屏南 t^{h}œŋ^{2}｜宁德*t^{h}œŋ^{2}｜杉洋 t^{h}œŋ^{2}｜大桥 t^{h}øyŋ^{2}｜福州 t^{h}øyŋ^{2}｜福清 t^{h}œŋ^{2}；闽东*t^{h}uŋ^{2}；

粽

泰顺 tsɤŋ^{5}｜寿宁 tsœŋ^{5}｜福鼎 tseŋ^{5}｜福安 tʃœuŋ^{5}｜班华 choeng^{5}/*tʃœŋ^{5}｜霞浦 tsɛŋ^{5}｜屏南 tsœŋ^{5}｜宁德*tʃœŋ^{5}｜杉洋 tɕyoŋ^{5}韵！｜大桥 tsøyŋ^{5}｜福州 tsœyŋ^{5}｜福清 tsœŋ^{5}；闽东*tʃuŋ^{5}；

红

泰顺 ʋɤŋ^{2}｜寿宁 œŋ^{2}｜福鼎 eŋ^{2}｜福安 œuŋ^{2}｜班华 oeng^{2}/*ʔœŋ^{2}｜霞浦 ɛŋ^{2}｜屏南 œŋ^{2}｜宁德*œŋ^{2}｜杉洋 œŋ^{2}｜大桥 øyŋ^{2}｜福州 øyŋ^{2}｜福清 œŋ^{2}；闽东*uŋ^{2}；

瓮

泰顺 ʋɤŋ^{5}｜寿宁 œŋ^{5}｜福鼎 eŋ^{5}｜福安 œuŋ^{5}｜班华 oeng^{5}/*ʔœŋ^{5}｜霞浦 ɛŋ^{5}｜屏南 œŋ^{5}｜宁德*œŋ^{5}｜杉洋 œyŋ^{5}｜大桥 øyŋ^{5}｜福州 œyŋ^{5}｜福清 œŋ^{5}；闽东*uŋ^{5}。

可见，除泰顺、寿宁以外方言的表现都与“梦”类字一致，而不同于“放”类字。泰顺方言当中以上四个字以及

"梦"类字、"放"类字则一律读作[ɤŋ]韵。其实这也是其他闽语的情况。以下是闽南区厦门方言和莆仙区仙游方言的读音：

虫　　厦门 t^hay^2|仙游 $t^haŋ^2$；

粽　　厦门 $tsaŋ^5$|仙游 $tsaŋ^5$；

红　　厦门 $aŋ^2$|仙游 $aŋ^2$；

瓮　　厦门 $aŋ^5$|仙游——。

均与"梦"类字和"放"类字相同。

还特别需要指出的是泰顺方言"红"和"瓮"的声母[ʋ]。这是来自早期合口介音*u 的声母。试比较：

位　　泰顺 $ʋei^6$|宁德*ui^6；

换　　泰顺 $ʋaŋ^6$|宁德*uan^6。

所以"红"和"瓮"分别来自早期泰顺方言的*$uɤŋ^2$和*$uɤŋ^5$。这种音值比较接近原始闽东区方言"梦"类字和"放"类字的读音*uŋ。

以上所论都表示泰顺方言保持着离原始闽东区方言最为接近的音韵状态，"虫、粽、红、瓮"以及与这四个字同一类的"东、铜、重形容词、农人、聋、葱、工"等字的原始闽东方言区的形式不是*œŋ 而是*uŋ。

Jerry Norman(1981：66－68)把这些字的原始闽语韵母一律拟作了*əŋ。但他还提醒说(第 68 页)：

Another possibility is that *əŋ and *ək derive from

finals that had rounded vowels at an earlier stage of development and that this rounding was retained as an allophonic feature of the PM schwa.

笔者比较赞同这一方案，认为原始闽语里的形式是*uŋ（和*uk）。在早于原始闽南区、原始琼文区和原始莆仙区方言的阶段发生了*uŋ>*əŋ>*aŋ。而原始闽东区方言则忠实地保存着原始闽语的*uŋ。

最后要指出的是泰顺方言在闽东区方言当中的特殊性质。由于位于闽语和吴语的交界，泰顺方言中与其他闽东区方言不一样的特点都要审视是否受了吴语的影响而形成的。与此同时，还要进行泰顺方言和其他闽东区方言之间更全面的比较。这样我们才能较为准确地了解泰顺方言中与众不同特点的性质。所以，除 p 组以外声母的*uŋ 韵字的构拟今后还需要继续进行检验。

3.2.4 闽东区方言中“窗”和“双”的读音

在 3.2.3 所讨论的问题还牵涉闽东区方言方言中“窗”和“双”的读音。首先举出各地方言中的读音：

窗～门：窗户

泰顺 $t^hɤŋ^{-33}$｜寿宁 $t^huŋ^1$｜福鼎 $t^huŋ^1$｜福安 $t^hɔuŋ^1$韵！｜班华 t'oung[1] /*$t^hoŋ^1$｜霞浦 $t^huŋ^1$｜屏南——｜宁德——｜杉

洋——|大桥——|福州——|福清 t^{h}yŋ^{1}；闽东** t^{h}iuŋ^{1} > *t^{h}yŋ^{1}；

双

泰顺 sɤŋ^{1}|寿宁 suŋ^{1}|福鼎 θeŋ^{1}|福安 θœuŋ^{1}|班华 soeng^{1}/*θœŋ^{1}|霞浦 θɛŋ^{1}|屏南 sœŋ^{1}|宁德* θœŋ^{1}|杉洋 θœyŋ^{1}|大桥 søyŋ^{1}|福州 søyŋ^{1}|福清 θœŋ^{1}；闽东* θiuŋ^{1} > *θyŋ^{1}寿宁、*θiuŋ^{1} > *θuŋ^{1}其他(除泰顺以外)。

语音对应如表 7：

表 7 “窗”和“双”的语音对应

	泰顺	寿宁	福鼎	福安	班华	霞浦	屏南	宁德	杉洋	大桥	福州	福清
窗	ɤŋ	uŋ	uŋ	——	*oŋ	uŋ	——	——	——	——	——	yŋ
双	ɤŋ	uŋ	eŋ	œuŋ	*œŋ	ɛŋ	œŋ	*œŋ	œyŋ	øyŋ	øyŋ	œŋ

表 7 里加边框的读音与上述“虫、粽、红、瓮”等字一致。其余则与原始宁德方言中能构拟*yŋ 韵的字一致，下面以“春”为例介绍*yŋ 韵在各地方言中的表现：

春

泰顺 tsɤŋ^{1}|寿宁 tsuŋ^{1}|福鼎 tsuŋ^{1}|福安 tʃouŋ^{1}|班华 choung^{1}/*tʃoŋ^{1}|霞浦 tsuŋ^{1}|屏南 tsyŋ^{1}|宁德* tʃyŋ^{1}|杉洋 tɕyŋ^{1}|大桥 tɕyŋ^{1}|福州 tsyŋ^{1}|福清 tɕyŋ^{1}；闽东 *tʃyŋ^{1}。

在泰顺方言中，“梦”类字的读音也和*yŋ 韵的表现一致。所以在表 7 里没加边框。

虽然多数闽东区方言不用“窗”字，但是南片福清方言里也有[yŋ]韵的读音出现，所以“窗”的原始闽东区方言形式可以拟作*t^hyŋ^1。

值得注意的是寿宁方言中“双”的读音。从其他方言的读音来看，我们有理由预测寿宁方言也要读作[œŋ]韵，与“送”一致：

送

泰顺 sɤŋ^5 | 寿宁 sœŋ^5 | 福鼎 θeŋ^5 | 福安 θœuŋ^5 | 班华 soeng^5 /*θœŋ^5 | 霞浦 θɛŋ^5 | 屏南 s<u>œ</u>ŋ^5 | 宁德* θœŋ^5 | 杉洋 θœyŋ^5 | 大桥 søyŋ^5 | 福州 sœyŋ^5 | 福清 θœŋ^5；闽东*θuŋ^5。

入声“戳捅”也有与“双”大致上平行的读音：

戳捅

泰顺 t^həʔ^7 | 寿宁 t^huʔ^7 ～杖：拐杖 | 福鼎 t^huʔ^7 | 福安 t^hœʔ^7 | 班华 t'oec^7 /* t^hœk^7 | 霞浦—— | 屏南 t^h<u>œ</u>k^7 | 宁德 *t^hœk^7 | 杉洋 t^hœyk^7 | 大桥 t^høyk^7 | 福州 t^hœyʔ^7 | 福清 t^hœʔ^7；闽东*t^hiuk^7 ＞*tyk^7 寿宁、福鼎、*t^hiuk^7 ＞* t^huk^7 其他（除泰顺以外）。

试比较：

读

泰顺 t^həʔ^8 | 寿宁 t^hœʔ^8 | 福鼎 t^heʔ^8 | 福安 t^hœʔ^8 | 班华 t'oec^8 /* t^hœk^8 | 霞浦 t^hɛʔ^{8a} | 屏南 t^h<u>œ</u>k^8 | 宁德* t^hœk^8 | 杉洋

t^hœyk^8 | 大桥 t^høyk^8 | 福州 t^høyʔ^8 | 福清 t^h o̱eʔ^8；闽东 $^*t^h$uk^8。

寿宁、福鼎方言中“戳”和“读”不同韵，其余则同韵。此处，福鼎方言的表现[t^huʔ^7]与寿宁一致。

一个可能的假设是把“双”拟作*θuŋ^1，而把寿宁方言的[uŋ]韵理解为尚未发生*uŋ＞œŋ 演变的例外性存古读音。

不过，我们还注意到：(1)“窗”“双”和“戳”的中古音都是江觉韵知庄组；(2) 在闽南区和琼文区方言里“窗”和“双”的读音往往特殊，比如琼文区海口方言里“双”读作[tiaŋ^1]、“窗”读作[hiaŋ^1]，与“春”[tsiaŋ^1]同韵。情况与闽东区的“窗”一致。那么，“窗”等三个字的特殊表现有可能源于独特的来源。

于是，另外一个可能的假设是把“双”的原始闽东区方言形式拟作与*yŋ 有区别的*iuŋ。寿宁方言当中与“梦”类字相同的读音来自*iuŋ＞*yŋ＞uŋ(现代寿宁方言)，而其他方言中与*uŋ 相同的读音则为*iuŋ＞*uŋ 这一语音演变的结果。“戳”也可以同样理解。只是泰顺方言的读音既可以来自*iuŋ＞*yŋ、*iuk＞*yk 也可以来自*iuŋ＞*uŋ、*iuk＞*uk，不能决定。根据现有的材料“窗”只能拟作$^*t^h$yŋ^1。不过，从中古音的音韵地位来看，$^*t^h$yŋ^{1}有可能来自更早期的**t^{h}iuŋ^{1}。①②

请注意,以上两个假设都以3.2.3所提出的假设为前提的,即原始闽东区方言的*uŋ韵除了p组声母以外也有分布。

3.2.5 原始闽东区方言里的*muk

以上所讨论的基本上是阳声韵的问题。我们接着讨论与“梦”类字相应的入声字。其实只有两个字,即“目”和“木”。下文称之为“目”类字。

为了行文方便,我们先观察与“放”类字相应的入声字。下文称之为“腹”类字。

3.2.5.1 “腹”类字

首先举出各地“腹”类字的读音:

腹~脐:肚脐

泰顺 puəʔ^{7} | 寿宁 puʔ^{7} | 福鼎 puʔ^{7} | 福安 poʔ^{7} | 班华 pouc^{7}/*pok^{7} | 霞浦 puʔ^{7} | 屏南 puk^{7} | 宁德*puk^{7} | 杉洋 puk^{7} | 大桥 puk^{7} | 福州 pouʔ^{7} | 福清 poʔ^{7};闽东*puk^{7};

---

① 因为参照外部证据,因此加了两个星号。

② 原始闽南区和原始琼文区方言里“窗”和“双”的韵母大概也是*iuŋ。海口方言中“窗”的来历可以推测为:*t^{h}iuŋ^{1}>*t^{h}iəŋ^{1}>*t^{h}iaŋ^{1}>hiaŋ^{1}。厦门方言把“窗”读作[t^{h}aŋ^{1}]。其来历当为:*t^{h}iuŋ^{1}>*t^{h}uŋ^{1}>*t^{h}əŋ^{1}>t^{h}aŋ^{1}。

卜萝～

泰顺——|寿宁 puʔ^{8}|福鼎——|福安 poʔ^{8}|班华 pouc^{8}/*pok^{8}|霞浦 puʔ^{8}|屏南 puk^{8}|宁德*puk^{8}|杉洋 ßuk^{-5}|大桥 puk^{8}|福州——|福清 puʔ^{8};闽东*puk^{8};

匐趴

泰顺——|寿宁 puʔ^{8}|福鼎 puʔ^{8}|福安 poʔ^{8}|班华——|霞浦 puʔ^{8}|屏南——|宁德*puk^{8}|杉洋——|大桥 puk^{8}蹲|福州——|福清——;闽东*puk^{8};

覆趴

泰顺 p^{h}uəʔ^{7}|寿宁——|福鼎 p^{h}uʔ^{7}脸朝下躺在床上|福安 p^{h}oʔ^{7}|班华 p'ouc^{7}/*p^{h}ok^{7}|霞浦 p^{h}uʔ^{7}脸朝下躺在床上|屏南 p^{h}uk^{7}|宁德*p^{h}uk^{7}脸朝下躺在床上|杉洋 p^{h}uk^{7}|大桥 p^{h}uk^{7}|福州 p^{h}ouʔ^{7}|福清 p^{h}oʔ^{7};闽东*p^{h}uk^{7}。

语音对应:泰顺 uəʔ|寿宁 uʔ|福鼎 uʔ|福安 oʔ|班华 ouc/*ok|霞浦 uʔ|屏南 uk|宁德*uk|杉洋 uk|大桥 uk|福州/ouʔ|福清 uʔ/oʔ。

"腹"类字的原始音值可以拟作*uk,与原始宁德方言相同。

3.2.5.2 "目"类字

首先举出各地的读音。"目珠"和"目(珠)汁"分别表示"眼睛"和"眼泪","目屎""目膏"和"目滓"则都表示"眼眵":

目 a

泰顺 məʔ^{8}～珠①|寿宁 muʔ^{8}～珠、～珠汁|福鼎 muʔ^{8}～汁|福安——|班华 mouc^{8}/*mok^{8}～珠|霞浦 muʔ^{8}～珠、～汁|屏南 muk^{8}～珠|宁德* muk^{8}～汁|杉洋——|大桥——|福州——|福清——;闽东*muk^{8};

目 b

泰顺——|寿宁——|福鼎 meʔ^{8}～珠|福安 mœʔ^{8}～膏|班华 moec^{8}/*mœk^{8}～珠、～汁、～膏|霞浦——|屏南 mœk^{8}～屎|宁德*mœk^{8}～屎|杉洋 mœyk^{8}～屎|大桥 møyk^{8}～屎|福州 møyʔ^{8}～珠、～屎、～滓|福清 mœʔ^{8}～膏;闽东*muk^{8};

目 c

泰顺——|寿宁——|福鼎——|福安——|班华——|霞浦——|屏南——|宁德——|杉洋 mɛik^{-1}～汁|大桥 meik^{8}～珠|福州 meiʔ^{8}～珠、～屎、～滓|福清 mᴇʔ^{8}～珠;闽东*muk^{8};

目 d

泰顺——|寿宁 miʔ^{8}～珠|福鼎——|福安 mui^{-44}～mi^{-44}～珠、～汁|班华——|霞浦——|屏南——|宁德——|杉洋 mik^{8}～珠|大桥——|福州——|福清——;闽东?;

---

① 泰顺方言的"目珠"也有可能借自吴语处衢片的说法。参看秋谷裕幸(2005:195)。

木～虱：臭虫

泰顺——｜寿宁 muʔ^{8}｜福鼎——｜福安 moʔ^{8}｜班华——｜霞浦 muʔ^{8}｜屏南——｜宁德*muk^{8}｜杉洋 mɛik^{-1}｜大桥 meik^{8}～虱、møyk^{8}～屐｜福州 møyʔ^{8}、meiʔ^{8}｜福清 mœʔ^{8}～虱①；闽东*muk^{8}。

语音对应如表 8：

表 8 "目"类字的语音对应

	泰顺	寿宁	福鼎	福安	班华	霞浦	屏南	宁德	杉洋	大桥	福州	福清
目 a	əʔ	uʔ	uʔ	——	*ok	uʔ	uk	*uk	——	——	——	——
目 b	——	——	eʔ	œʔ	*œk	——	œk	*œk	œyk	øyk	øyʔ	œʔ
目 c	——	——	——	——	——	——	——	——	ɛik	eik	eiʔ	ᴇʔ
目 d	——	iʔ	——	ui、i	——	——	——	——	ik	——	——	——
木	——	uʔ	——	oʔ	——	uʔ	——	*uk	ɛik	eik、øyk	øyʔ、eiʔ	œʔ

"目"字的读音是闽东区方言音韵史上的疑难问题之一。本书把它分成四类。

"目 a"分布在北片，②当来自早期的*uk。这个音值与"腹"类字一致，③应该是与"梦"类字*uŋ 相应原始闽

① 福清方言把"木匠"说"木师父"。此处"木"读作［muʔ^{8}］，当为文读音。

② 关于屏南方言的归属，参看下文 3.6。

③ 泰顺的［əʔ］韵是以［m］声母为条件［uəʔ］韵的变体。泰顺方言中不存在 muəʔ 这种音节。

东区方言的音值。班华、霞浦、屏南、宁德方言都没有保存“梦”类字*uŋ的音值，但保存了“目”字*uk的音值。可见，彼此相应的阳声韵和入声韵的变化速度不尽相同。

“目 b”除了泰顺、寿宁、霞浦方言以外都有分布，当来自早期的*œk，是发生以*m声母为条件*uk＞*uək＞*œk以后的读音。福鼎、霞浦方言的韵母系统里都不存在以半高或半低圆唇前元音为主要元音的入声韵。福鼎的[eʔ]韵应该也来自早期*œk。

“目 c”主要出现在南片及其毗邻地区。“梦”类字不存在与此相应的读音。可以推测这是“目 b”失去了圆唇成分的读音。杉洋、大桥、福州方言里“木”字也有相同的读音，所以至少对这三个方言而言，是以*m声母和阳入为条件发生了*œk＞*œyk＞ɛik（杉洋）、*œk＞*œyk＞*øyk＞eik（大桥）＞eiʔ（福州）的规则语音演变。福州方言里“目珠”的“目”和“木虱”的“木”既可以读作[øyʔ]也可以读作[eiʔ]，说明这一语音演变过程正在进行。

“目 d”只分布在寿宁、福安、杉洋方言里。*uk这一音值恐怕难以解释“目 d”的[iʔ ui i ik]等读音。而且在闽北区方言中也有同一类的“目”字读音出现。例如：石陂 mi^2～珠|镇前 mi^5～珠|迪口 mui^8、mi^8～珠。这说明闽东区“目 d”的读音来历早于原始闽东区方言。其音值目前难

以构拟。[①]

各地方言里“木~虱”的读音都与“目 a”“目 b”或“目 c”一致。与“目”一样，可以把它的原始闽东区方言音值拟作*uk。

Jerry Norman(1984：181－185)曾研究闽语里“目”字的读音。其中他特别关注“目 c”和“目 d”，认为它们源于原始闽语*mit～*mət，并推测*mit～*mət 是南方中国的底层语，即南亚语的残存。比如，Proto－Mon－Khmer 的“眼睛”义词可以构拟*măt。

可惜 Jerry Norman(1984)忽略了“木”字也有与“目 c”相同的读音出现。由于“木”和“目 c”在杉洋、大桥、福州方言中可以构成规则语音对应，“目 c”应该理解为汉语词，而不是南亚语的残存。当然，“目 d”的来历今后需要继续探索。另外，按照 Jerry Norman(1984)的观点，“目 a”是文读音。本书则认为它是闽东区方言中最存古的读音。演变次序是：目 a＞目 b＞目 c。

3.2.6 总结

本节研究了闽东区方言中“梦”类字和“目”类字的演变过程。它们分别来自原始闽东区方言的*muŋ 和

---

① 福安的[mui^{-44}]和迪口的[mui^{8}]都有点像原始勉语的“眼睛”义词。Theraphan L.-Thongkum(1993：207)的拟音是*muəi C。

*muk。本节还讨论了及其相关的问题。研究结果表明，原始闽东区方言大概还完整地保存了原始闽语*uŋ 韵（“蜂、网、虫、红”等字）的音值。目前绝大多数闽东区方言中以半高或半低圆唇前元音为主要元音的[œŋ øyŋ]等读音很可能是后起的读音。与*uŋ 韵相应的原始闽语*uk 韵应该也是同样的情况。

3.3 寿宁方言的细音字

3.3.1 问题的提出

根据秋谷裕幸(2010b)的分类，寿宁方言属于闽东区北片福宁小片。福宁小片当中它可以说特点比较多的方言之一。3.2 所研究的“梦”类字的表现也是这种与众不同的特点之一。本节接着研究寿宁方言另外一个音韵特点，即它的细音字。一般闽东区方言读洪音的字在寿宁方言中往往读作细音。本节研究这些细音字的来历及其闽东区音韵史上的含义。

3.3.2 [yø yøʔ]韵

我们首先观察寿宁方言[yø yøʔ]韵和其他闽东区方

言洪音的语音对应。这种对应一般出现在舌齿音声母字，所以我们还要观察与此相似其他声母字的表现。下面分成三类进行讨论，分别称为“主、句”类字、“绿、曲”类字、“雪、月”类字。

3.3.2.1　“主、句”类字

□路

泰顺 tɵy^{6}｜寿宁 tyø^{6}｜福鼎 tio^{6}｜福安 tu^{6}｜班华 tu^{6}/*tu^{6}｜霞浦 to^{6}｜屏南 to^{6}｜宁德*tuɔ^{6}｜杉洋 tuo^{6}｜大桥 tuo^{6}｜福州 tuɔ^{6}｜福清 tuɔ̠^{6}；闽东*tuɔ^{6}；

主

泰顺 tsɵy^{3}｜寿宁 tsyø^{3}｜福鼎 tɕio^{3}｜福安 tʃu^{3}｜班华 chu^{3}/*tʃu^{3}｜霞浦 tso^{3}｜屏南 tso^{3}｜宁德*tʃuɔ^{3}｜杉洋 tsuo^{3}｜大桥 tsuo^{3}｜福州 tsuɔ^{3}｜福清 tsuo^{3}；闽东*tʃuɔ^{3}；

戍房子

泰顺 tsʰɵy^{5}｜寿宁 tsʰyø^{5}｜福鼎 tɕʰio^{5}｜福安 tʃʰu^{5}｜班华 ch’u^{5}/*tʃʰu^{5}｜霞浦 tsʰo^{5}｜屏南 tsʰo^{5}｜宁德*tʃʰuɔ^{5}｜杉洋 tsʰuo^{5}｜大桥 tsʰuo^{5}｜福州 tsʰuɔ^{5}｜福清 tsʰuɔ̠^{5}；闽东*tʃʰuɔ^{5}；

输

泰顺 sɵy^{1}｜寿宁 syø^{1}｜福鼎 θio^{1}｜福安 θu^{1}｜班华 su^{1}/*θu^{1}｜霞浦 θo^{1}｜屏南 so^{1}｜宁德*θuɔ^{1}｜杉洋 θuo^{1}｜大桥 suo^{1}｜福州 suɔ^{1}｜福清 θuo^{1}；闽东*θuɔ^{1}；

布

泰顺 pou^5 | 寿宁 puo^5 | 福鼎 puo^5 | 福安 pu^5 | 班华 pu^5/$^*pu^5$ | 霞浦 po^5 | 屏南 po^5 | 宁德*puɔ^5 | 杉洋 puo^5 | 大桥 puo^5 | 福州 puɔ^5 | 福清 puɔ̱^{5}；闽东*puɔ^5；

句

泰顺 kou^5 | 寿宁 kuo^5 | 福鼎 kuo^5 | 福安 ku^5 | 班华 ku^5/$^*ku^5$ | 霞浦 ko^5 | 屏南 ko^5 | 宁德*kuɔ^5 | 杉洋 kuo^5 | 大桥 kuo^5 | 福州 kuɔ^5 | 福清 kuɔ̱^{5}；闽东*kuɔ^5。

在福安、班华、霞浦、屏南、原始宁德、杉洋、大桥、福州、福清方言里，以上六个字都只有一种表现。

寿宁方言以及泰顺、福鼎方言中则发生了以声母为条件的分化。例如：

	泰顺	寿宁	福鼎	福安	宁德	霞浦	福州
舌齿音	ɵy	yø	io	u	*uɔ	o	uɔ
其他	ou	uo	uo				

代表了早期情况的应该是福安方言等没有发生分化的方言。这一类方言说明寿宁方言以及泰顺、福鼎方言中两种不同的韵母其实来自同一个来源，当为*uɔ。正如秋谷裕幸(2018：711)所指出福鼎方言中发生了以舌齿音声母为条件*uɔ>*yo>io 的演变。寿宁的[yø]韵是*yo 的进一步发展。而泰顺的[ɵy]韵乃是[yø]的进一步发展：yø>ø>ɵy，与“布、句”的 uo>o>ou 平行。

3.3.2.2 “绿、曲”类字

绿

泰顺 lɵy^{6} | 寿宁 lyøʔ^{8} | 福鼎 lio^{3} | 福安 luʔ^{8} | 班华 lu^{8} / *luʔ^{8} | 霞浦 loʔ^{8b} | 屏南 lo^{1} | 宁德* luɔʔ^{8} | 杉洋 luoʔ^{8} | 大桥 luoʔ^{8} | 福州 luɔʔ^{8} | 福清 luo^{1}；闽东*luɔʔ^{8}；

烛

泰顺 tsɵy^{5} | 寿宁 tsyø^{5} | 福鼎 tɕio^{5} | 福安 tʃuʔ^{7} | 班华 chu^{7} / *tʃuʔ^{7} | 霞浦 tsoʔ^{7b} | 屏南 tso^{5} | 宁德* tʃuɔʔ^{7} | 杉洋 tsuoʔ^{7} | 大桥 tsuoʔ^{7} | 福州 tsuɔʔ^{7} | 福清 tsuo̱^{5}；闽东*tʃuɔʔ^{7}；

粟稻谷

泰顺 tsʰɵy^{5} | 寿宁 tsʰyø^{5} | 福鼎 tɕʰio^{5} | 福安 tʃʰuʔ^{7} | 班华 ch’u^{7} / *tʃʰuʔ^{7} | 霞浦 tsʰoʔ^{7b} | 屏南 tsʰo^{5} | 宁德* tʃʰuɔʔ^{7} | 杉洋 tsʰuoʔ^{7} | 大桥 tsʰuoʔ^{7} | 福州 tsʰuɔʔ^{7} | 福清 tsʰuo̱^{5}；闽东*tʃʰuɔʔ^{7}；

剥

泰顺 pou^{5} | 寿宁 puo^{5} | 福鼎 puo^{5} | 福安 puʔ^{7} | 班华 pu^{7} / *puʔ^{7} | 霞浦 poʔ^{7b} | 屏南 po^{5} | 宁德*puɔʔ^{7} | 杉洋 puoʔ^{7} | 大桥 puoʔ^{7} | 福州 puɔʔ^{7} | 福清 puo̱^{5}；闽东*puɔʔ^{7}；

曲弯

泰顺 kʰou^{5}① | 寿宁 kʰuo^{5} | 福鼎——② | 福安 kʰuʔ^{7} | 班

---

① 秋谷裕幸(2005：69)曾认为是“屈”字。今改。

② “唱曲”的“曲”读作[kʰuo^{5}]。

华 k'u⁷/*kʰuʔ⁷|霞浦 kʰoʔ⁷ᵇ不直|屏南 kʰo⁵|宁德——①|杉洋 kʰuoʔ⁷～尺|大桥 kʰuoʔ⁷～尺|福州 kʰuɔʔ⁷～尺|福清 kʰuɔ̠⁵～尺;闽东*kʰuɔʔ⁷;

局

泰顺 kiɔʔ⁸韵!调!|寿宁 kyøʔ⁸韵!|福鼎 kuo³|福安 kuʔ⁸|班华 ku⁸/*kuʔ⁸|霞浦 koʔ⁸ᵇ|屏南 ko¹|宁德*kuɔʔ⁸|杉洋 kuoʔ⁸|大桥 kuoʔ⁸|福州 kuɔʔ⁸|福清 kuo¹;闽东*kuɔʔ⁸;

沃淋

泰顺 ou⁵～饭:泡饭|寿宁 uo⁵|福鼎 uo⁵|福安 wuʔ⁷|班华 bu⁷/*wuʔ⁷|霞浦 oʔ⁷ᵇ|屏南 o⁵|宁德*uɔʔ⁷|杉洋 uoʔ⁷|大桥 uoʔ⁷|福州 uɔʔ⁷|福清 uɔ̠⁵;闽东*uɔʔ⁷。

在寿宁方言中,来自*7 调的字读阴去,来自*8 调的字则读阳入。参看 2.1.1.2.3。

"绿、曲"类字与"主、句"类字相应的*ʔ 尾入声字。寿宁方言的[yø yøʔ uo uoʔ]韵以及泰顺方言的[ɵy ou]韵、福鼎方言的[io uo]韵,这些韵母的演变过程和"主、句"类字平行。舌齿音声母的字读作[yø yøʔ ɵy io]韵,其余则读[uo uoʔ ou uo]韵。

① "唱曲"的"曲"可以拟作*kʰuɔʔ⁷。

3.3.2.3　“雪、月”类字

绝

泰顺 tɕyeʔ^{8}｜寿宁 tsyøʔ^{8}｜福鼎 tɕioʔ^{8}｜福安 tʃuʔ^{8}｜班华 chut^{8}/*tʃut^{8}｜霞浦 tsoʔ^{8a}｜屏南 tsok^{8}｜宁德*tʃuɔt^{8}｜杉洋 tsɔuk^{8}｜大桥 tsuok^{8}｜福州 tsuɔʔ^{8}｜福清 tsuoʔ^{8}；闽东*tʃuɔt^{8}；

啜

泰顺——｜寿宁 tsʰyøʔ^{7}｜福鼎 tɕʰioʔ^{7}｜福安 tʃʰuʔ^{7}｜班华 ch'ut^{7}/*tʃʰut^{7}｜霞浦 tsʰoʔ^{7a}｜屏南 tsʰuk^{7}｜宁德*tʃʰut^{7}｜杉洋 tsʰuk^{7}｜大桥 tsʰuk^{7}｜福州 tsʰuɔʔ^{7}｜福清 tsʰuɔ̠ʔ^{7}；闽东*tʃʰuɔt^{7}、*tʃʰut^{7}；

雪

泰顺 ɕyeʔ^{7}｜寿宁 syøʔ^{7}｜福鼎 θioʔ^{7}｜福安 θuʔ^{7}｜班华 sut^{7}/*θut^{7}｜霞浦 θoʔ^{7a}｜屏南 sok^{7}｜宁德*θuɔt^{7}｜杉洋 θuok^{7}｜大桥 suok^{7}｜福州 suɔʔ^{7}｜福清 θuɔ̠ʔ^{7}；闽东*θuɔt^{7}；

发～芽

泰顺 puəʔ^{7}｜寿宁 puoʔ^{7}｜福鼎 xuaʔ^{7}声！韵！｜福安 puʔ^{7}｜班华 put^{7}/*put^{7}｜霞浦 poʔ^{7a}｜屏南 pok^{7}｜宁德*puɔt^{7}～癫：发神经病｜杉洋 pɔuk^{7}韵！｜大桥 puok^{7}～癫：发神经病｜福州 puɔʔ^{7}｜福清 puɔ̠ʔ^{7}；闽东*puɔt^{7}；

蕨蕨的嫩芽

泰顺 kuəʔ^{7}｜寿宁 kuoʔ^{7}｜福鼎 kuoʔ^{7}｜福安 kuʔ^{7}｜

班华——|霞浦——|屏南 kok^{7}|宁德*kuɔt^{7}|杉洋 kuok^{7} ~□mɔuŋ^{1}|大桥 kuok^{7}|福州 kuɔʔ^{7}|福清 kuɔ̱ʔ^{7}；闽东 *kuɔt^{7}；

月月亮

泰顺 ŋuəʔ^{8}|寿宁 ŋyøʔ^{8}韵！|福鼎 ŋuoʔ^{8}|福安 ŋuʔ^{8}|班华 ngut^{8}/*ŋut^{8}|霞浦 ŋoʔ^{8a}|屏南 ŋok^{8}|宁德*ŋuɔt^{8}～奶|杉洋 ŋɔuk^{8}|大桥 ŋuok^{8}|福州 ŋuɔʔ^{8}|福清 ŋuoʔ^{8}；闽东 *ŋuɔt^{8}。

“雪、月”类字与“主、句”类字相应的*t 尾入声字。各地方言中的读音如下：

<table>
<tr><th></th><th>泰顺</th><th>寿宁</th><th>福鼎</th><th>福安</th><th>宁德</th><th>霞浦</th><th>福州</th></tr>
<tr><td>舌齿音</td><td>yeʔ</td><td>yøʔ</td><td>ioʔ</td><td rowspan="2">uʔ</td><td rowspan="2">*uɔt</td><td rowspan="2">oʔ</td><td rowspan="2">uɔʔ</td></tr>
<tr><td>其他</td><td>uəʔ</td><td>uoʔ</td><td>uoʔ</td></tr>
</table>

“啜”的语音对应较特殊，不得不构拟两个不同的原始闽东区方言。寿宁、福鼎、福安、班华、霞浦、福州和福清方言的读音来自*tʃ^{h}uɔt^{7}，屏南、宁德、杉洋和大桥方言的读音则来自*tʃ^{h}ut^{7}。

杉洋方言中除了“发～芽”以外今逢阴入时读作[uok]韵，逢阳入时则读[ɔuk]韵。

寿宁方言的[yøʔ uoʔ]韵以和福鼎方言的[ioʔ uoʔ]韵，这些韵母的演变过程和“主、句”类字平行。“月亮”单说“月”是闽语尤其是闽东区的词汇特点之一。参看秋谷裕幸(2005：188)。① 寿宁方言也单说“月”。然而它的韵母不合乎语音对应规律，读作[ŋyøʔ⁸]，显然是从外方言中引进的读音。比如，闽北区政和镇前方言“月亮”说“月奶”[ŋye⁵ nai³]，吴语处衢片庆元方言单说“月”[ȵyeʔ⁸]，“月”的韵母都是细音。寿宁的“月”字读音应该是从这些方言中借入的。

泰顺方言的[yeʔ uəʔ]韵与“主、句”类字和“绿、曲”类字的表现不相同。不过，从唇音和牙喉音声母字的洪音表现来看，可以假设同样的语音演变过程。即：

输	*θuɔ¹	>*syo¹	>*syø¹	>*sø¹	>sɵy¹
雪	*θuɔt⁷	>*syot⁷	>*syət⁷		>ɕyeʔ⁷
布	*puɔ⁵	>*puo⁵		>*po⁵	>pou⁵
发	*puɔt⁷	>*puot⁷	>*puət⁷		>puəʔ⁷

总之，原始闽东区方言的*uɔt 可以解释现代闽东区方言中“雪、月”类字的读音。

3.3.2.4 小结

寿宁方言的[yø yøʔ]韵和一般闽东区方言洪音的语音对应一般出现于舌齿音声母字，是以声母为条件的变体，均来自早期的洪音。泰顺方言的[ɵy yeʔ]韵和福鼎

① 广义的宁德方言说“月奶”。在闽东区方言当中较为特殊。参看秋谷裕幸(2018：319)。

方言的[io ioʔ]韵也经历了与寿宁的[yø yøʔ]韵大同小异的语音演变过程。以舌尖音声母为条件的介音*u>*y是这一过程中最为关键的环节。

3.3.3 [iɔŋ]韵

我们接着观察寿宁方言[iɔŋ]韵和一般闽东区方言洪音的语音对应。和[yø yøʔ]韵一样，这种对应一般出现在舌齿音声母字，所以我们还要观察与此相似其他声母字的表现。下面举出部分例字，下文称之为“转、分”类字：

转～身：翻身

泰顺 tye^{3}｜寿宁 $tiɔŋ^{3}$｜福鼎 $tioŋ^{3}$车～身｜福安 $tuŋ^{3}$～势｜班华 tun^{3}/*tun^{3}｜霞浦 $toŋ^{3}$车～身｜屏南 $touŋ^{3}$～来：回来｜宁德*$tuɔn^{3}$｜杉洋 $tɔuŋ^{3}$～来：回来｜大桥 $tuoŋ^{3}$车～身｜福州 $tuɔŋ^{3}$～来：回来｜福清 $tuoŋ^{3}$～势；闽东*$tuɔn^{3}$；

椽

泰顺 $t^{h}ye^{2}$｜寿宁 $t^{h}iɔŋ^{2}$｜福鼎 $t^{h}uoŋ^{2}$韵！｜福安 $t^{h}uŋ^{2}$｜班华 $t'un^{2}$/*$t^{h}un^{2}$｜霞浦 $t^{h}oŋ^{2}$｜屏南 $t^{h}ouŋ^{2}$～团｜宁德*$t^{h}uɔn^{2}$｜杉洋 $t^{h}uoŋ^{2}$｜大桥 $t^{h}uoŋ^{2}$｜福州 $t^{h}uɔŋ^{2}$｜福清 $t^{h}uoŋ^{2}$；闽东*$t^{h}uɔn^{2}$；

软

泰顺 $ȵye^{3}$｜寿宁 $niɔŋ^{3}$｜福鼎 $nioŋ^{3}$｜福安 $nuŋ^{3}$｜班华 nun^{3}/*nun^{3}｜霞浦 $noŋ^{3}$｜屏南 $nouŋ^{3}$｜宁德**$nuɔn^{3}$｜杉洋

nɔuŋ^{3}｜大桥 nuoŋ^{3}｜福州 nuɔŋ^{3}｜福清 nuoŋ^{3}；闽东*nuɔn^{3}；

砖

泰顺 tɕye^{1}｜寿宁 tsiɔŋ^{1}｜福鼎 tɕioŋ^{1}｜福安 tʃuŋ^{1}｜班华 chun^{1}/*tʃun^{1}｜霞浦 tsoŋ^{1}｜屏南 tsouŋ^{1}｜宁德* tʃuɔn^{1}｜杉洋 tsɔuŋ^{1}｜大桥 tsuoŋ^{1}｜福州 tsuɔŋ^{1}｜福清 tsuoŋ^{1}；闽东*tʃuɔn^{1}；

伸

泰顺 tɕ^{h}ye^{1}～长：伸懒腰｜寿宁 ts^{h}iɔŋ^{1}～得：伸懒腰｜福鼎 tɕ^{h}ioŋ^{1}～手｜福安 tʃ^{h}uŋ^{1}～长：伸懒腰｜班华 ch'un^{1}/*tʃ^{h}un^{1}｜霞浦 ts^{h}oŋ^{1}～长：伸懒腰｜屏南 ts^{h}ouŋ^{1}～腰｜宁德* tʃ^{h}uɔn^{1}～长：伸懒腰｜杉洋 ts^{h}ɔuŋ^{1}～直：伸懒腰｜大桥 ts^{h}uoŋ^{1}～长：伸懒腰｜福州 ts^{h}uɔŋ^{1}～手｜福清 ts^{h}uoŋ^{1}手～出；闽东*tʃ^{h}uɔn^{1}；

缘毛虫、蛇等爬行

泰顺 ɕye^{2}｜寿宁 siɔŋ^{2}｜福鼎——｜福安 θouŋ^{2}苍蝇等栖止｜班华——｜霞浦——｜屏南 souŋ^{2}｜宁德*θuɔn^{2}｜杉洋 θoŋ^{2}｜大桥 suoŋ^{2}｜福州——｜福清——；闽东*θuɔn^{2}、*θun^{2}；

分～开

泰顺 puɔi^{1}｜寿宁 puoŋ^{1}｜福鼎 puoŋ^{1}｜福安 puŋ^{1}｜班华 pun^{1}/*pun^{1}～家｜霞浦 poŋ^{1}｜屏南 pouŋ^{1}｜宁德* puɔn^{1}｜杉洋 puoŋ^{1}韵！｜大桥 puoŋ^{1}｜福州 puɔŋ^{1}｜福清 puoŋ^{1}；闽东*puɔn^{1}；

门

泰顺 muɔi^{2}｜寿宁 muoŋ^{2}｜福鼎 muoŋ^{2}｜福安 muŋ^{2}｜班华 mun^{2}/*mun^{2}｜霞浦 moŋ^{2}｜屏南 mouŋ^{2}｜宁德* muɔn^{2}｜

杉洋 muoŋ^{2} | 大桥 muoŋ^{2} | 福州 muɔŋ^{2} | 福清 muoŋ^{2}；闽东*muɔn^{2}；

关～门

泰顺 kuɔi^{1} | 寿宁 kuoŋ^{1} | 福鼎 kuoŋ^{1} | 福安 kuŋ^{1} | 班华 kun^{1}/*kun^{1} | 霞浦 koŋ^{1} | 屏南 kouŋ^{1} | 宁德*kuɔn^{1} | 杉洋 kɔuŋ^{1} | 大桥 kuoŋ^{1} | 福州 kuɔŋ^{1} | 福清 kuoŋ^{1}；闽东*kuɔn^{1}；

捲

泰顺 kuɔi^{3} | 寿宁 kuoŋ^{3} | 福鼎 kuoŋ^{3} | 福安 kuŋ^{3} | 班华 kun^{3}/*kun^{3} | 霞浦—— | 屏南—— | 宁德*kuɔn^{3} | 杉洋 kɔuŋ^{3} | 大桥 kuoŋ^{3} | 福州 kuɔŋ^{3} | 福清 kuoŋ^{3}；闽东*kuɔn^{3}；

桊

泰顺 kuɔi^{5}～牛鼻头 | 寿宁 kuoŋ^{5}～牛鼻头 | 福鼎—— | 福安—— | 班华—— | 霞浦—— | 屏南—— | 宁德—— | 杉洋 kuoŋ^{5}牛鼻～ | 大桥 kuoŋ^{5}～牛鼻 | 福州 kuɔŋ^{5}～鼻 | 福清 kuɔ̱ŋ^{5}牛团～鼻；闽东*kuɔn^{5}；

劝

泰顺 k^{h}ye^{5}韵！ | 寿宁 k^{h}uoŋ^{5} | 福鼎 k^{h}uoŋ^{5} | 福安 k^{h}uŋ^{5} | 班华 k'un^{5}/*k^{h}un^{5} | 霞浦 k^{h}oŋ^{5} | 屏南 k^{h}ouŋ^{5} | 宁德*k^{h}uɔn^{5} | 杉洋 k^{h}uoŋ^{5} | 大桥 k^{h}uoŋ^{5} | 福州 k^{h}uɔŋ^{5} | 福清 k^{h}uɔ̱ŋ^{5}；闽东*k^{h}uɔn^{5}；

愿

泰顺 ŋuɔi^{6} | 寿宁 ŋiɔŋ^{6}韵！ | 福鼎 ŋuoŋ^{6} | 福安 ŋuŋ^{6} |

班华 ngun^{6}/*ŋun^{6}｜霞浦 ŋoŋ^{6}｜屏南 ŋouŋ^{6}｜宁德*ŋuɔn^{6}｜杉洋 ŋuoŋ^{6}｜大桥 ŋuoŋ^{6}｜福州 ŋuɔŋ^{6}｜福清 ŋuɔ̲ŋ^{6}；闽东*ŋuɔn^{6}；

园

泰顺 fuɔi^{2}｜寿宁 xuoŋ^{2}菜～｜福鼎 xuoŋ^{2}｜福安 huŋ^{2}菜～｜班华 hun^{2}/*hun^{2}｜霞浦 xoŋ^{2}｜屏南 xouŋ^{2}旱地｜宁德*huɔn^{2}｜杉洋 xuoŋ^{2}｜大桥 huoŋ^{2}｜福州 xuɔŋ^{2}｜福清 xuoŋ^{2}旱地；闽东*xuɔn^{2}；

远

泰顺 fuɔi^{6}｜寿宁 xuoŋ^{6}｜福鼎 xuoŋ^{6}｜福安 huŋ^{6}｜班华 hun^{6}/*hun^{6}｜霞浦 xoŋ^{6}｜屏南 xouŋ^{6}｜宁德*huɔn^{6}｜杉洋 xuoŋ^{6}｜大桥 huoŋ^{6}｜福州 xuɔŋ^{6}｜福清 xuɔ̲ŋ^{6}；闽东*xuɔn^{6}；

□绕线

泰顺——｜寿宁 uoŋ^{2}｜福鼎——｜福安——｜班华——｜霞浦——｜屏南 ouŋ^{2}｜宁德*uɔn^{2}｜杉洋 uoŋ^{2}｜大桥 uoŋ^{2}｜福州——｜福清 uoŋ^{2}；闽东*uɔn^{2}；

怨

泰顺 ʋuɔi^{5}｜寿宁 iɔŋ^{5}韵！｜福鼎 uoŋ^{5}｜福安 wuŋ^{5}｜班华 bun^{5}/*wun^{5}｜霞浦 oŋ^{5}｜屏南 ouŋ^{5}｜宁德*uɔn^{5}｜杉洋 uoŋ^{5}｜大桥 uoŋ^{5}｜福州 uɔŋ^{5}｜福清 uɔ̲ŋ^{5}；闽东*uɔn^{5}。

“转、分”类字与“雪、月”类字相应的*n 尾阳声字。各地方言的语音对应与“雪、月”类字基本上平行：

	泰顺	寿宁	福鼎	福安	宁德	霞浦	福州
舌齿音	ye	iɔŋ	ioŋ	uŋ	*uɔn	oŋ	uɔŋ
其他	uɔi	uoŋ	uoŋ				

原始闽东区方言可以拟作*uɔn，与原始宁德方言一致。

杉洋方言中今逢阴平和上声时读作[ɔuŋ]韵（“分”[puoŋ¹]是例外），其余则读[uoŋ]韵。

由于九都方言“软”不说“软”而说“□”[nœuŋ⁵]，所以原始宁德方言的“软”不能决定来自*nɔn³还是*nuɔn³。此处参考其他闽东区方言里的读音把它拟作了*nuɔn³。

“缘毛虫、蛇等爬行”的语音对应较特殊，不得不构拟两个不同的原始闽东区方言。福安、杉洋方言读音来自*θun²，其他方言的读音则来自*θuɔn²。情况上文 3.3.2.3 里所讨论“啜”字的读音较为相似。试比较：

缘	*θuɔn²	泰顺、寿宁、屏南、宁德、大桥
	*θun²	福安、杉洋
啜	*tʃʰuɔt⁷	寿宁、福鼎、福安、班华、霞浦、福州、福清
	*tʃʰut⁷	屏南、宁德、杉洋、大桥

寿宁方言的[iɔŋ]韵、泰顺方言的[ye]韵和福鼎方言的[ioŋ]韵，这些韵母的演变过程和“雪、月”类字以及“主、句”类字基本上平行，也发生了以舌齿音声母为条件

的介音*u>*y 的语音演变。

泰顺方言中除舌齿音以外声母的[uɔi]韵很值得注意。这个韵母的介音[u]和主要元音[ɔ]都是原始闽东区方言音值的直接保存。[i]可以理解为来自*uɔn 韵和之间的入流的成分,即:*uɔn>*uɔĭn>*uɔĩ>*uɔi。

另外,在泰顺、寿宁方言里牙喉音声母的"转、分"类字读细音的例外较多。以下是口语性很明显的例字:

楦

泰顺 ɕye^{5}韵! |寿宁 xiɔŋ^{5}韵! |福鼎 xuoŋ^{5}|福安 huŋ^{5}|班华——|霞浦 xoŋ^{5}|屏南 xouŋ^{5}|宁德* huɔn^{5}|杉洋 xuoŋ^{5}|大桥 huoŋ^{5}|福州 xuɔŋ^{5}|福清 xuɔ̱ŋ^{5};闽东*xuɔn^{5}。

泰顺、寿宁方言里的这种读音显然是从外方言中引进的。比如,闽北区政和镇前方言"楦"读作[hyiŋ^{5}],吴语处衢片庆元方言则读[ɕyɛ̃^{5}],均为细音。泰顺、寿宁方言的"楦"字读音是从这些方言中借入的。

总之,原始闽东区方言的*uɔn 可以解释现代闽东区方言中"转、分"类字的读音。

3.3.4 [yŋ yʔ]韵

接着观察寿宁方言[yŋ yʔ]韵和其他闽东区方言洪音的语音对应。这种对应一般也出现在舌齿音声母字,所以我们还要观察与此相似其他声母字的表现。下面分成两类进行讨论，分别称为“春、裙”类字和“出、掘”类字。

3.3.4.1 “春、裙”类字

韧

泰顺 ȵʏŋ^{6}不嫩｜寿宁 nyŋ^{6}｜福鼎 nuŋ^{6}｜福安——｜班华 noun^{6}/*non^{6}｜霞浦 nuŋ^{6}不脆｜屏南 nouŋ^{6}韵！｜宁德*nun^{6}｜杉洋 noŋ^{6}｜大桥 nuŋ^{6}｜福州 nouŋ^{6}｜福清 noŋ^{6}；闽东*nun^{6}；

轮

泰顺 lʏŋ^{2}｜寿宁 lyŋ^{2}｜福鼎 luŋ^{2}｜福安 louŋ^{2}｜班华 loun^{2}/*lon^{2}｜霞浦 luŋ^{2}｜屏南 lo̱uŋ^{2}｜宁德*lun^{2}｜杉洋 loŋ^{2}｜大桥——｜福州 luŋ^{2}｜福清 luŋ^{2}；闽东*lun^{2}；

俊

泰顺 tsʏŋ^{5}｜寿宁 tsyŋ^{5}｜福鼎 tsuŋ^{5}｜福安 tʃouŋ^{5}｜班华 choun^{5}/*tʃon^{5}｜霞浦 tsuŋ^{5}｜屏南 tsuŋ^{5}｜宁德*tʃun^{5}｜杉洋 tsuŋ^{5}｜大桥 tsuŋ^{5}｜福州 tsouŋ^{5}｜福清 tsoŋ^{5}；闽东*tʃun^{5}；

春

泰顺 tsʰʏŋ^{1}｜寿宁 tsʰyŋ^{1}｜福鼎 tsʰuŋ^{1}｜福安 tʃʰouŋ^{1}｜班华 ch'oun^{1}/*tʃʰon^{1}｜霞浦 tsʰuŋ^{1}｜屏南 tsʰuŋ^{1}｜宁德*tʃʰun^{1}｜杉洋 tsʰuŋ^{1}｜大桥 tsʰuŋ^{1}｜福州 tsʰuŋ^{1}｜福清 tsʰuŋ^{1}；闽东*tʃʰun^{1}；

船

泰顺 sʏŋ^{2}｜寿宁 syŋ^{2}｜福鼎 θuŋ^{2}｜福安 θouŋ^{2}｜班华 soun^{2}/*θon^{2}｜霞浦 θuŋ^{2}｜屏南 so̱uŋ^{2}｜宁德*θun^{2}｜杉洋

θoŋ^{2}｜大桥 suŋ^{2}｜福州 suŋ^{2}｜福清 θuŋ^{2}；闽东*θun^{2}；

笋

泰顺 sɤŋ^{3}｜寿宁 syŋ^{3}｜福鼎 θuŋ^{3}｜福安 θuŋ^{3}｜班华 sun^{3}/*θun^{3}｜霞浦 θuŋ^{3}｜屏南 suŋ^{3}｜宁德*θun^{3}｜杉洋 θuŋ^{3}｜大桥 suŋ^{3}｜福州 suŋ^{3}｜福清 θuŋ^{3}；闽东*θun^{3}；

顺

泰顺 sɤŋ^{6}｜寿宁 syŋ^{6}｜福鼎 θuŋ^{6}｜福安 θouŋ^{6}｜班华 soun^{6}/*θon^{6}｜霞浦 θuŋ^{6}｜屏南 sɔ̱uŋ^{6}｜宁德*θun^{6}｜杉洋 θoŋ^{6}｜大桥 suŋ^{6}｜福州 souŋ^{6}｜福清 θoŋ^{6}；闽东*θun^{6}；

潘～水：泔水

泰顺 p^{h}ɤŋ$^{-33}$～汁水｜寿宁 p^{h}uŋ$^{-44}$｜福鼎 p^{h}uŋ^{1}｜福安 p^{h}uŋ$^{-34}$（＜*p^{h}ouŋ^{1}）｜班华——｜霞浦 p^{h}uŋ^{1}洗米～｜屏南 p^{h}uŋ^{1}｜宁德*p^{h}un^{1}｜杉洋 p^{h}uŋ^{1}｜大桥 p^{h}uŋ$^{-11}$｜福州 p^{h}uŋ^{1}｜福清 p^{h}uŋ^{1}；闽东*p^{h}un^{1}；

粪

泰顺 pɤŋ^{5}｜寿宁 puŋ^{5}｜福鼎 puŋ$^{-44}$～箕：簸箕｜福安 pouŋ^{5}｜班华 poun^{5}/*pon^{5}｜霞浦 puŋ^{5}｜屏南 puŋ^{5}｜宁德*pun^{5}｜杉洋 puŋ^{5}｜大桥 puŋ^{5}｜福州 pouŋ^{5}｜福清 poŋ^{5}；闽东*pun^{5}；

军

泰顺 kɤŋ^{1}韵！｜寿宁 kuŋ^{1}｜福鼎 kuŋ^{1}｜福安 kouŋ^{1}｜班华 koun^{1}/*kon^{1}｜霞浦 kuŋ^{1}｜屏南 kuŋ^{1}｜宁德*kun^{1}｜杉洋

kuŋ^{1}|大桥 kuŋ^{1}|福州 kuŋ^{1}|福清 kuŋ^{1};闽东*kun^{1};

裙

泰顺 kuɤŋ^{2}|寿宁 kuŋ^{2}|福鼎 kuŋ^{2}|福安 kouŋ^{2}|班华 koun^{2}/*kon^{2}|霞浦 kuŋ^{2}|屏南 ko̱uŋ^{2}|宁德*kun^{2}|杉洋 koŋ^{2}|大桥 kuŋ^{2}|福州 kuŋ^{2}|福清 kuŋ^{2};闽东*kun^{2};

雲

泰顺 fɤŋ^{2}|寿宁 xuŋ^{2}|福鼎 xuŋ^{2}|福安 houŋ^{2}|班华 houn^{2}/*hon^{2}|霞浦 xuŋ^{2}|屏南 xo̱uŋ^{2}|宁德*hun^{2}|杉洋 xoŋ^{2}|大桥 huŋ^{2}|福州 xuŋ^{2}|福清 xuŋ^{2};闽东*xun^{2};

搵蘸

泰顺 ʋɤŋ^{5}|寿宁 uŋ^{5}|福鼎 uŋ^{5}|福安 ouŋ^{5}|班华 oun^{5}/*ʔon^{5}|霞浦 uŋ^{5}|屏南 uŋ^{5}|宁德*un^{5}|杉洋 uŋ^{5}|大桥 uŋ^{5}|福州 ouŋ^{5}|福清——;闽东*un^{5}。

“春、裙”类字的表现与以上四类字较为相似:

	泰顺	寿宁	福鼎	福安	宁德	霞浦	福州
舌齿音	ɤŋ	ɤŋ	uŋ	ouŋ//uŋ	*un	uŋ	uŋ/ouŋ
其他	ɤŋ、uɤŋ	uŋ					

原始闽东区方言可以拟作*un,与原始宁德方言一致。

泰顺方言中拼唇音声母时读作[ɤŋ]韵,拼牙喉音声母时则读[uɤŋ]韵。“雲”和“搵蘸”的演变过程应该是:

雲 *xun^{2} >*xuɤn^{2} >*xuɤŋ^{2} >fɤŋ^{2}

搵 *un^{5} >*uɤn^{5} >*uɤŋ^{5} >ʋɤŋ^{5}

屏南方言的表现是[uŋ/o̠uŋ]。杉洋方言中今逢阳平和阳去时读作[oŋ]韵，其余则读[uŋ]韵。福清方言的表现和福州方言基本上一样，是[uŋ/oŋ]。

寿宁方言的[yŋ]韵以及泰顺方言的[ʏŋ]韵，这两个韵母的演变过程和以上四类字基本上一样，只是“春、裙”类字发生的是以舌齿音声母为条件的主要元音*u>y、ʏ的演变。请注意，福鼎方言没有发生这一语音演变，以上的例字都读作洪音[uŋ]韵，与泰顺、寿宁方言不相同。

总之，原始闽东区方言的*un可以解释现代闽东区方言中“春、裙”类字的读音。

3.3.4.2 “出、掘”类字

卒棋子之一

泰顺 tɕyeʔ⁷｜寿宁 tsyʔ⁷｜福鼎 tsuʔ⁷｜福安 tʃoʔ⁷｜班华 chout⁷/*tʃot⁷ 土～｜霞浦 tsuʔ⁷ᵃ｜屏南 tsuk⁷～团｜宁德*tʃut⁷｜杉洋 tsuk⁷｜大桥 tsuk⁷｜福州 tsouʔ⁷｜福清 tsoʔ⁷；闽东*tʃut⁷；

出

泰顺 tɕʰyeʔ⁷｜寿宁 tsʰyʔ⁷｜福鼎 tsʰuʔ⁷｜福安 tʃʰoʔ⁷｜班华 ch'out⁷/*tʃʰot⁷｜霞浦 tsʰuʔ⁷ᵃ｜屏南 tsʰuk⁷｜宁德*tʃʰut⁸｜杉洋 tsʰuk⁷｜大桥 tsʰuk⁷｜福州 tsʰouʔ⁷｜福清 tsʰoʔ⁷；闽东*tʃʰut⁸；

掘挖

泰顺 kuəʔ^{8}｜寿宁 kuʔ^{8}｜福鼎 kuʔ^{8}｜福安 kuʔ^{8}韵！｜班华 kut^{8}/*kut^{8}韵！｜霞浦 kuʔ^{8a}｜屏南 kuk^{8}｜宁德*kut^{8}｜杉洋 kuk^{8}｜大桥 kuk^{8}｜福州 kuʔ^{8}｜福清 kuʔ^{8}；闽东*kut^{8}；

熨～斗

泰顺 yeʔ^{7}韵！｜寿宁 uʔ^{7}｜福鼎——｜福安 oʔ^{7}｜班华 out^{7}/*ʔot^{7}｜霞浦 uʔ^{7a}｜屏南 uk^{7}｜宁德*ut^{7}｜杉洋 uk^{7}｜大桥 uk^{7}｜福州 ouʔ^{7}｜福清 oʔ^{7}；闽东*ut^{7}。

“出、掘”类字辖字较少，但我们仍然能够看出它的表现与“春、裙”类字大致上平行：

	泰顺	寿宁	福鼎	福安	宁德	霞浦	福州
舌齿音	yeʔ	yʔ	uʔ	oʔ	*ut	uʔ	uʔ/ouʔ
其他	uəʔ	uʔ					

原始闽东区方言可以拟作*ut，与原始宁德方言一致。

泰顺方言中的读音与“雪、月”类字合并了。演变过程应该是：

出 *tʃ^{h}ut^{7}＞*tʃ^{h}yt^{7}＞*tʃ^{h}yət^{7}＞tɕ^{h}yeʔ^{7}

雪 *θuɔt^{7}＞*syot^{7}＞*syət^{7} ＞ɕyeʔ^{7}

掘 *kut^{8} ＞*kuət^{8} ＞kuəʔ^{8}

月 *ŋuɔt^{8}＞*ŋuot^{8}＞*ŋuət^{8} ＞ŋuəʔ^{8}

福清方言的表现和福州方言基本上一样，是 uʔ/oʔ。

总之，原始闽东区方言的*ut 可以解释现代闽东区方言中“出、掘”类字的读音。

3.3.4.3 小结

寿宁方言的[yŋ yʔ]韵和一般闽东区方言洪音的语音对应一般出现于舌齿音声母字，是以声母为条件的变体，均来自早期的洪音。泰顺方言的[ɤŋ yeʔ]韵也经历了与寿宁的[yø yøʔ]韵大同小异的语音演变过程。以舌尖音声母为条件的主要元音*u>*y 是这一过程中最为关键的环节。

3.3.5 “吹”

寿宁方言中“吹”的读音是细音，一般闽东区方言则为洪音。情况与上述的几类字相近，在此顺便提一下。

各地方言中“吹”的读音如下：

吹

泰顺 tsʰɵy^{1} | 寿宁 tsʰyø^{1} | 福鼎 tsʰoi^{1} | 福安 tʃʰui^{1} | 班华 ch'ui^{1}/*tʃʰui^{1} | 霞浦 tsʰoi^{1} | 屏南 tsʰoi^{1} | 宁德*tʃʰuɔi^{1} | 杉洋 tsʰœy^{1} | 大桥 tsʰoi^{1} | 福州 tsʰuei^{1} | 福清 tsʰɔ̱y^{1}；闽东*tʃʰuɔi^{1}。

泰顺方言中“吹”的[ɵy]韵可以理解为原始闽东区方言*tʃʰuɔi^{1} 的*ɔ 和*i 发生相互同化的结果。寿宁方言的[yø]韵则可以理解为像[ɵy]这种读音的进一步发展，而与“主、句”类字合并。例如：

吹 $^{*}tʃ^{h}uɔi^{1}$ ＞ $^{*}tʃ^{h}øy^{1}$ ＞ $^{*}ts^{h}ø^{1}$ ＞ $ts^{h}yø^{1}$

成房子 $^{*}tʃ^{h}uɔ^{5}$ ＞ $^{*}tʃ^{h}yo^{5}$ ＞ $ts^{h}yø^{5}$

3.3.6 总结

一般闽东区方言读洪音的字寿宁方言以及临近的泰顺、福鼎方言中往往读作细音。本节把表示这种语音对应的字分成六类进行了分析。结果表明细音都是后起的读音，洪音则代表了早期读音。寿宁方言以及泰顺、福鼎方言中的细音乃是以舌齿音声母为条件*u＞*y这一语音演变的结果。根据秋谷裕幸（2010b）的分类，寿宁、福鼎方言属于北片福宁小片，泰顺方言则属于北片浙江小片。那么，*u＞*y是在北片分成两个小片之后才发生的新兴语音演变。

这一观点有一个问题，要假设原始闽语和现代寿宁方言以及泰顺、福鼎方言之间“细音＞洪音＞细音”的回头语音演变。举一例：

	原始闽语①	原始闽东	寿宁
输	*šio¹	＞*θuɔ¹	＞syø¹

不过，这种回头演变并不是不可能的语音演变。自《戚林八音》至现代福州方言之间曾发生“洪音＞细音＞

---

① 原始闽语根据 Jerry Norman(1974)和 Jerry Norman(1981)。

洪音”的回头语音演变。举一例：

	《八音》	19 世纪①	福州
输	*suo^{1}	＞sio^{1}	＞suɔ^{1}

所以本书仍然认为寿宁方言以及泰顺、福鼎方言中的细音是后起的读音。

3.4　寿宁、福安方言中“灯、硬”和“得、逆”等字的读音

3.4.1　问题的提出

秋谷裕幸（2018）构拟了原始宁德方言音系。韵母一共构拟了 79 个。其中有*ɛŋ 韵和*ɛk 韵。例字如下（秋谷裕幸 2018：627 - 629）：

*ɛŋ 韵　　灯、榛～子：栗子、层量词、羹调～、硬、行～头：衣服、杏；

*ɛk 韵　　得～罪、侧侧身、责、色颜～、剋、逆。

下面把这两类分别称作“灯”类字和“得”类字。在寿

---

① 《戚林八音》的拟音根据秋谷裕幸、陈泽平（2012），19 世纪的福州方言则根据陈泽平（2010）。

宁、福安方言和班华当中这两类字的韵母都以[œ]为主要元音。

本节研究“灯”类字和“得”类字在闽东区方言里的表现。

3.4.2 “灯”类字

3.4.2.1 “灯”和“层量词”

在 3.4.2.1 里,加边框的读音表示能够追溯到原始闽东区方言的读音。

灯

泰顺 te¹ | 寿宁 tœŋ¹ | 福鼎 teŋ¹ | 福安 tœuŋ¹ | 班华 [teing¹/*teŋ¹] | 霞浦 tɛŋ¹ | 屏南 tᴇiŋ¹ | 宁德*tɛŋ¹ | 杉洋 [tiŋ¹] | 大桥 [tiŋ⁻¹¹]~盏 | 福州 [tiŋ¹] | 福清 tᴇŋ¹;闽东*tiŋ¹;

层量词

泰顺 tse²读字 | 寿宁 tsœŋ² | 福鼎 [tɕʰiŋ²] | 福安 [tʃeiŋ²] | 班华 [cheing²/*tʃeŋ²] | 霞浦 [tɕiŋ²] | 屏南 tsʰɛiŋ² | 宁德*tʃɛŋ² | 杉洋 tsɛŋ²读字 | 大桥 tseiŋ²读字 | 福州 tseiŋ²读字 | 福清 tsᴇŋ²;闽东*tʃiŋ²、*tʃʰiŋ²。

本书认为以上加边框的读音才能追溯到原始闽东区方言。这些读音和“肯”的韵母同韵:

肯

泰顺 kʰe³ | 寿宁 [kʰiŋ³] | 福鼎 [kʰiŋ³] | 福安 [kʰiŋ³] | 班华

k'ing^{3}/*k^{h}iŋ^{3} | 霞浦 k^{h}iŋ^{3} | 屏南 k^{h}iŋ^{3} | 宁德 *k^{h}iŋ^{3} | 杉洋 k^{h}iŋ^{3} | 大桥 k^{h}iŋ^{3} | 福州 k^{h}iŋ^{3} | 福清 k^{h}iŋ^{3}；闽东 *k^{h}iŋ^{3}。

也与“藤”相近：

藤

泰顺 tɪŋ^{2} | 寿宁 tiŋ^{2} | 福鼎 tiŋ^{2} | 福安 teiŋ^{2} | 班华 tein^{2}/*ten^{2} | 霞浦 tiŋ^{2} | 屏南 tɛiŋ^{2} | 宁德 *tin^{2} | 杉洋 teŋ^{2} | 大桥 tiŋ^{2} | 福州 tiŋ^{2} | 福清 tiŋ^{2}；闽东*tin^{2}。

请注意，非圆唇高、半高元音后面鼻尾 n 和 ŋ 之间的对立在《班华》和原始宁德方言当中不很稳定。

着眼于中古音，“灯”以及“肯”“藤”都是曾摄开口一等字。那么，班华、杉洋、大桥和福州方言中的“灯”字读音应该才是闽东区方言的固有读音。

虽然比“灯”稍微复杂一点，但“层”字读音的情况也大同小异。福安、班华和霞浦方言的读音追溯到*tʃiŋ^{2}，福鼎方言以及咸村方言的[tʃ^{h}eŋ^{2}]则追溯到*tʃ^{h}iŋ^{2}，均与“灯”和“肯”同韵。声母的送气不送气之别难以解释，只好构拟两种原始形式。

从以上的讨论来看，“灯”和“层量词”两个字的泰顺[e]、寿宁[œŋ]、福鼎[eŋ]、福安[œuŋ]、霞浦[ɛŋ]、屏南[ɛiŋ/ɛiŋ]、宁德*ɛŋ、杉洋[ɛŋ]、大桥[eiŋ]、福州[eiŋ]、福清[ɛŋ]都是外来读音。

3.4.2.2 “羹调～”和“硬”

羹调～

泰顺 kaŋ¹ | 寿宁 kœŋ¹ | 福鼎 keŋ¹ | 福安 œuŋ⁻⁴⁴³ | 班华 koeng¹ /*kœŋ¹ | 霞浦 kɛŋ¹ | 屏南 kɛiŋ¹ | 宁德* kɛŋ¹ | 杉洋 lɛiŋ⁻⁴³³ | 大桥 ueiŋ⁻⁵⁵ | 福州 keiŋ¹ | 福清 kɛŋ¹瓢～；闽东——；

硬

泰顺 ŋaŋ⁶ | 寿宁 ŋœŋ⁶ | 福鼎 ŋeŋ⁶ | 福安 ŋœuŋ⁶ | 班华 ngoeng⁶ /*ŋœŋ⁶ | 霞浦 ŋɛŋ⁶ | 屏南 ŋɛiŋ⁶ | 宁德* ŋɛŋ⁶ | 杉洋 ŋɛŋ⁶ | 大桥 ŋeiŋ⁶ | 福州 ŋaiŋ⁶ | 福清 ŋɛŋ⁶；闽东——。

这两个字都是中古梗摄开口二等字。这一音韵地位一般与原始闽东区方言的*aŋ 韵和*iaŋ 韵对应。例如：

更三～

泰顺 kaŋ¹ | 寿宁 kaŋ¹ | 福鼎 kaŋ¹ | 福安 kaŋ¹ | 班华 kang¹ /*kaŋ¹ | 霞浦 kaŋ¹ | 屏南 kaŋ¹ | 宁德*kaŋ¹ | 杉洋 kaŋ¹ | 大桥 kaŋ¹ | 福州 kaŋ¹ | 福清 kaŋ¹；闽东*kaŋ¹；

行走

泰顺 kiaŋ⁻⁴² ～骹□lɪʔ⁷：用一条腿跳 | 寿宁 kiaŋ² | 福鼎 kiaŋ²～棋：下棋 | 福安 kieŋ² | 班华 kiang² /* kiaŋ² | 霞浦 kiaŋ² | 屏南 kiaŋ² | 宁德*kiaŋ² | 杉洋 kiaŋ² | 大桥 kiaŋ² | 福州 kiaŋ² | 福清 kiaŋ²；闽东*kiaŋ²。

就“羹调～”和“硬”而言，除了泰顺方言的读音合乎原始闽东区方言和中古音之间的语音对应以外，其他闽东区方言里的读音都不合*aŋ韵和*iaŋ韵的语音对应规律。

关于泰顺方言的［aŋ］韵，我们至少可以提出两个假设：

（1）如果"羹调～"和"硬"的［aŋ］韵是泰顺方言的固有读音，我们就把"羹调～"和"硬"的原始闽东区方言形式分别拟作**kaŋ^{1}和**ŋaŋ^{6}。由于此处参照了外部证据（即，中古音），所以在原始闽东区方言形式要加两个星号。

（2）临近的吴语方言中"羹调～"和"硬"的读音往往与［kaŋ^{1}］和［ŋaŋ^{6}］相似。比如吴语处衢片庆元方言把这两个字分别读作［kã^{1}］和［ŋã^{6}］。所以，泰顺方言的读音也有可能是借自周边吴语方言的读音。如果这样，"羹调～"和"硬"恐怕就不能构拟原始闽东区方言形式。

3.4.2.3　"杏"

杏

泰顺 he^{1}｜寿宁 xœŋ^{5}｜福鼎——｜福安 hœuŋ^{6}｜班华 hoeng^{6}/*hœŋ^{6}｜霞浦——｜屏南——｜宁德*hɛŋ^{6}｜杉洋 xɛŋ^{6}｜大桥 heiŋ^{6}｜福州 xaiŋ^{6}｜福清 xɛŋ^{6}；闽东——。

"杏"是在闽东区很少见的水果。所以，原始闽东区方言中很可能不存在这个词。

3.4.2.4　小结

总之，原始闽东区方言的韵母系统里恐怕不能构拟

*ɛŋ 韵。原始宁德方言在谱系树上的层级很低，所以才可以构拟*ɛŋ 韵。

3.4.2.5 寿宁、福安方言和《班华字典——福安方言》的主要元音[œ]

在以上不能追溯到原始闽东区方言的读音也即外来读音当中，我们可以建立这样的语音对应：

泰顺 e|寿宁 œŋ|福鼎 eŋ|福安 œuŋ|班华 oeng/*œŋ|霞浦 ɛŋ|屏南 ᴇiŋ/ɛiŋ|宁德*ɛŋ|杉洋 ɛiŋ/ɛŋ|大桥 eiŋ|福州 eiŋ/aiŋ|福清 ᴇŋ/ɛŋ。

如果自己音系里缺乏与外来读音相同的韵母时，引进时要发生语音的变形。正如袁碧霞(2010：216－217)所指出，出现“灯”类字的这一语音对应应该是模仿*əŋ 而形成的韵母。这个韵母是中古曾梗摄的阳声韵合并以后的标准音。这一合并在邵雍(1011—1077 年)的《皇极经世声音唱和图》里已经发生。参看平山久雄(1993：77、80－81)。由于自己的音系里不存在 əŋ，所以寿宁、福安方言以及班华用[œŋ œuŋ]韵来代替，屏南、宁德、杉洋、大桥、福州、福清方言则用[eiŋ ᴇŋ]等韵来代替。① 泰顺的[e]韵是它的进一步发展。福鼎、霞浦方言中早期的*œŋ 韵失去

① 袁碧霞(2010：217)假设了*əŋ＞eŋ＞eiŋ＞øŋ、œŋ 的语音演变。本书则认为[œŋ œuŋ]韵直接是从*əŋ 来的。也参看袁碧霞(2010：228)。

了合口特征，所以不明白它们[eŋ ɛŋ]韵的来历。

3.4.3 “得”类字

“得”类字是与“灯”类字相应的入声字。

3.4.3.1 “得~罪”“责”和“逆”

得~罪

泰顺 tɛʔ⁷｜寿宁 tœʔ⁷｜福鼎 teʔ⁷~奖｜福安 tœʔ⁷｜班华 toec⁷/*tœk⁷~意｜霞浦 tɛʔ⁷ᵃ｜屏南 tɛik⁷｜宁德*tɛk⁷｜杉洋 tɛik⁷｜大桥 teik⁷｜福州 taiʔ⁷~意｜福清 tɛʔ⁷；闽东——；

责

泰顺 tsɛʔ⁷｜寿宁 tsœʔ⁷｜福鼎 tseʔ⁷｜福安 tʃœʔ⁷｜班华 choec⁷/*tʃœk⁷｜霞浦 tsɛʔ⁷ᵃ｜屏南 tsɛik⁷｜宁德*tʃɛk⁷｜杉洋 tɕieik⁷｜大桥 tseik⁷｜福州 tsaiʔ⁷｜福清 tsɛʔ⁷；闽东——；

逆

泰顺 ŋɛʔ⁸｜寿宁 ŋœʔ⁸｜福鼎 ŋieʔ⁸｜福安 ŋœʔ⁸｜班华 ngoec⁸/*ŋœk⁸｜霞浦 ŋɛʔ⁸ᵃ｜屏南——｜宁德*ŋɛk⁸｜杉洋——｜大桥——｜福州 ŋiʔ⁸｜福清——；闽东——。

我们可以建立这样的语音对应：

泰顺 ɛʔ｜寿宁 œʔ｜福鼎 eʔ｜福安 œʔ｜班华 oec/*œk｜霞浦 ɛʔ｜屏南 ɛik｜宁德* ɛk｜杉洋 ɛik、ieik｜大桥 eik｜福州/aiʔ｜福清/ɛʔ。

杉洋方言中[ɛik ieik]两韵往往混乱，它们正处于合并的过程中。参看秋谷裕幸、陈泽平(2012：73)。

各地方言中“得～罪、责、逆”的读音是引进早期标准音当中*əʔ 或*ək 韵的读音，与*əŋ 韵平行。请注意，“逆”在闽东方言中不是常用字。福鼎[ŋieʔ^{8}]和福州[ŋiʔ^{8}]这两种读音的性质与其他方言里的读音不一样，不一定引进*əʔ 或*ək 韵的读音。

总之，原始闽东区方言里恐怕不能构拟这三个字的原始形式。

3.4.3.2 “侧侧身”和“色颜～”

侧侧身

泰顺 tɕieʔ^{7}□□laʔ^{8}kaʔ^{7}～，韵！|寿宁 tsœʔ^{7}□□ka^{-55}laŋ$^{-55}$～|福鼎——|福安——|班华——|霞浦——|屏南 tsᴇik^{7}□□ka^{-11}la^{-11}～|宁德* tʃɛk^{7}|杉洋 tɕieik^{7}□□ka^{-11}laʔ$^{-3}$～|大桥 tseik^{7}□□ka^{-11}la^{-11}～|福州 tsaiʔ^{7}|福清——；闽东*tsək^{7}；

色颜～

泰顺 sɛʔ^{7}|寿宁 sœʔ^{7}|福鼎 θeʔ^{7}|福安 θœʔ^{7}|班华 soec^{7}/*θœk^{7}|霞浦 θɛʔ^{7a}|屏南 sᴇik^{7}|宁德* θɛk^{7}|杉洋 θɛik^{7}|大桥 seik^{7}|福州 saiʔ^{7}|福清 θɛʔ^{7}；闽东*θək^{7}。

和“得～罪、责、逆”不一样，这两个字无疑都是口语字。请注意，在闽东区方言中“色”往往可以单说。比如，宁德城关方言“这酒颜色很漂亮”说“这酒色野很好”；古田城关方言“这种颜色很漂亮”说“这色野很俊”；福州方言“颜色不好看”说“色𫗴好看”。① “侧侧身”和“色颜～”的原始闽东区方言形式可以分别拟作*tsək[7]和*θək[7]。问题是在原始闽东区方言的韵母系统中几乎没有必要构拟元音*ə。另外，泰顺方言“侧侧身”的[ieʔ]韵来历不清楚。

3.4.3.3 “北”和“墨”

最后我们观察“北”和“墨”的读音：

北

泰顺 pɛʔ[7] | 寿宁 pɛʔ[7] | 福鼎 peʔ[7] | 福安 pœʔ[7] | 班华 poec[7] /*pœk[7] | 霞浦 pɛʔ[7a] | 屏南 pœ̠k[7] | 宁德*pœk[7] | 杉洋 pœyk[7] | 大桥 pøyk[7] | 福州 pœyʔ[7] | 福清 pœʔ[7]；闽东*pək[7]；

墨

泰顺 mɛʔ[8] | 寿宁 mɛʔ[8] | 福鼎 meʔ[8] | 福安 mœʔ[8] | 班华 moec[8] /*mœk[8] | 霞浦 mɛʔ[8a] | 屏南 mœ̠k[8] | 宁德*mœk[8] | 杉洋 mœyk[8] | 大桥 møyk[8] | 福州 møyʔ[8] | 福清 mœ̠ʔ[8]；闽东*mək[8]。

这两个字的读音与“目 b”较为相似。以上除了泰顺、寿宁和霞浦的[ɛʔ]以外的读音都均与“目 b”或者其相应的松音相同。寿宁等三个方言则只用“目 a”。参看上文 3.2.5.2。

---

① 这三个例子由陈丽冰教授、李滨教授和陈泽平教授提供。笔者自己调查时没有注意“色”字能否单说的问题。表示“色彩”的“颜色”较早的用例见于《齐民要术》(约成书于公元 530—540 年)。参看汪维辉(2007：3、324)。“颜色”这一词能否追溯到原始闽东区方言或原始闽语还要做进一步的研究。

由于各地方言之间的语音对应很规则，而且从古今对应的角度来看“北”和“墨”都是德韵帮组字，所以我们要给这两个字构拟出与“目 b”和“目 a”都不相同的韵母。我们有两个方案，*œk 和*ək。

前者*œk 较为容易解释各地方言的具体音值，不过这个构拟要使得原始闽东区方言韵母系统不平衡。参看3.5。这个方案的结果是：*ək 只有两个所属字，它们都是齿音声母字，而*œk 也只有两个所属字，它们都是*p 组声母字。

后者*ək 可以给“侧侧身、色颜～”和“北、墨”四个字构拟同一个韵母。我们可以假设在除泰顺和寿宁方言以外的方言中*ək 韵拼*p 组声母时发生了*ək＞*uək＞*œk 的语音演变。泰顺的 ɛʔ 韵是与“得”类字*ək 相同的表现。寿宁的 ɛʔ 韵大概是以 p 组声母为条件的读音之一。试比较：

朋　　寿宁 pɛŋ^{2}｜福安 pœuŋ^{2}｜借源方言的读音*pəŋ^{2}；

猛　　寿宁 mɛŋ^{3}｜福安 mɵŋ^{3}｜借源方言的读音*məŋ^{3}；

北　　寿宁 pɛʔ^{7}｜福安 pœʔ^{7}｜原始闽东*pək^{7}；

墨　　寿宁 mɛʔ^{8}｜福安 mœʔ^{8}｜原始闽东*mək^{8}。

对于寿宁、福安方言而言“朋”是书面语。参［句］02。“猛”的读音也属于文读层。白读音还保存在福清方言，读作[maŋ³]。所以"朋"和"猛"都是外来读音，不能构拟原始闽东区方言。

此外还有一个相似的语音对应：

鹏 寿宁 pœŋ² | 福安 pœuŋ² | 借源方言的读音*pəŋ²；

盟 寿宁 mœŋ² | 福安 mœuŋ² | 借源方言的读音*məŋ²；

迫 寿宁 pʰœʔ⁷ | 福安 pʰœʔ⁷ | 借源方言的读音*pʰəʔ⁷或*pʰək⁷。

这三个字都是很典型的书面语。寿宁方言的[œŋ œʔ]韵大概是从福安方言引进的读音。

总上，本书暂时给"北、墨"构拟出与的原始韵母"侧侧身、色颜～"相同的*ək。

3.4.4 "犁"类字

我们最后观察"犁""粞米磨的粉""西"和"□粆"四个字的读音。这些字的表现与"灯"类字和"得"类字有所相似。以下称之为"犁"类字。先举出最为典型的例子：

犁农具之一

泰顺 lei² | 寿宁 lɛ² | 福鼎 lɛ² | 福安 lœ² | 班华 le²/*lɛ² | 霞浦 lɛ² | 屏南 lɛ² | 宁德*lɛ² | 杉洋 lɛ² | 大桥 lɛ²农具之一、lœ⁻¹¹～剪：理发推剪 | 福州 lɛ²农具之一、～剪：理发推剪 | 福清 lᴇ²；闽东*lə²。

咸村方言①读作[lœ²]。除了农具之一以外，“洋犁理发推剪”里的“犁”也这么读。在九都方言里，表示农具是读作[lɛ²]，在“犁剪理发推剪”里则读[lœ²]，与大桥方言一致。

粞米磨的粉

泰顺——|寿宁——|福鼎——|福安 tʃʰœ⁵～粉|班华——|霞浦 tsʰɛ⁵～□po²|屏南 tsʰɛ⁵|宁德*tʃʰœ⁵|杉洋 tsʰɛ⁵～粉|大桥 tsʰɛ⁵～粉|福州 tsʰa⁵|福清 tsʰɛ⁵；闽东*tʃʰə⁵；

西

泰顺 sei¹|寿宁 sɛ¹|福鼎 θɛ¹|福安 θɛ¹|班华 soe¹/*θœ¹②|霞浦 θɛ¹|屏南 sɛ¹|宁德*θɛ¹|杉洋 θɛ¹|大桥 sɛ¹|福州 sɛ¹|福清 θᴇ¹；闽东*θə¹；

□耖，农具之一

泰顺——|寿宁 sɛ⁵|福鼎 θɛ⁵|福安 θœ⁵|班华 soe⁵/*θœ⁵|霞浦 θɛ⁵铁～|屏南——|宁德*θɛ⁵|杉洋——|大桥——|福州——|福清——；闽东*θə⁵。

以上四个字的读音除了[œ]韵的读音以外，均与原始闽东区方言*ɛ韵的表现一致。此举二例：

洗

泰顺 sei³|寿宁 sɛ³|福鼎 θɛ³|福安 θɛ³|班华 se³/*θɛ³|

① 实际上是一种宁德方言。

② 根据《班华字典》的 INTRODUCCION，soe¹/*θœ¹是城关和城北的读音，城南读作 sé。

霞浦 θε^{3}｜屏南 sε^{3}｜宁德*θε^{3}｜杉洋 θε^{3}｜大桥 sε^{3}｜福州 sε^{3}｜福清 θᴇ^{3}；闽东*θε^{3}；

街

泰顺 kei^{1}｜寿宁 kε^{1}｜福鼎 kε^{1}｜福安 kε^{1}｜班华 ke^{1}/*kε^{1}｜霞浦 kε^{1}｜屏南 kε^{1}｜宁德*kε^{1}｜杉洋 kε^{1}｜大桥 kε^{1}｜福州 kε^{1}｜福清 kᴇ^{1}；闽东*kε^{1}。

以上举出表示“理发推剪”的“洋犁”和“犁剪”都不是口语词。与此相反，“粞米磨的粉”和“□耖”无疑是口语字，所以不大可能是外来成分。既有口语字也有非口语字是“犁”类字的特点之一。

“犁”类的四个字不能建立规则语音对应。请看表 9：

表 9　“犁”类字的读音

	泰顺	寿宁	福鼎	福安	班华	霞浦	屏南	宁德	杉洋	大桥	福州	福清
犁	ei	ε	ε	œ	*ε	ε	ε	*ε	ε	ε、œ	ε	ᴇ
粞	——	——	——	œ	——	ε	ε	*œ	ε	ε	a	ε
西	ei	ε	ε	ε	*œ	ε	ε	*ε	ε	ε	ε	ᴇ
□耖	——	ε	ε	œ	*œ	ε	——	*ε	——	——	——	——

虽然难以建立严整的语音对应规律，但是如果假设*ə，我们较为合理地“犁”类字的表现。*ə>ε 或 œ 这种语音演变在闽北区方言音韵史上也曾发生过。参看秋谷裕幸(2019：287)。

“犁”类字表示在原始闽东区方言里大概存在单元音的*ə韵，也即“侧侧身、色颜～”和“北、墨”*ək 韵里的*ə并不是孤立的元音。

3.4.5 总结

秋谷裕幸（2018：627 - 629）所构拟原始宁德方言*ɛŋ韵和*ɛk 韵的字即“灯”类字和“得”类字一般不能追溯到原始闽东区方言。只有原始宁德方言*ɛk 韵的“侧侧身、色颜～”才有可能追溯到原始闽东区方言。它们的韵母可以拟作*ək。原始宁德方言中能够构拟*œk 韵“北”和“墨”大概也来自原始闽东区方言的*ək 韵。“犁”类字的韵母似乎可以追溯到*ə，能够作为支持*ək 韵构拟的迹象之一。今后我们还要继续寻找与*ək 韵相应*əŋ 韵的痕迹。

3.5 原始闽东区方言的韵母系统

秋谷裕幸（2018：710 - 711）曾指出原始宁德方言的韵母系统相当接近于原始闽东区方言的韵母系统，只缺*iai 韵和*uɑi 韵（参看上文 3.1.2）。但从以上所论几个相关问题的讨论来看，情况更复杂。

原始宁德方言的韵母系统如下，共有 79 个，加边框的韵母是本章重点研究的韵母：

阴声韵

	*i 鼻米二来字耳	*u 富浮露醋菇牛	*y 猪汝你沝水鱼
*a 爬饱茶咬孝芽下	*ia 蛎纸写寄鹅艾	*ua 簸大瓜我瓦话	
*ai 拜碓菜屎害□埋		*uai 妹拐歪	
*au 包昼午饭头糟九	*iau 庙钓照笑轿		
*ɛ 稗犁齐洗街矮	*iɛ 池弟紫世鸡肺		
*ɛu 雕愁吊料凑扣			
*ɔ 报帽做槽好袄		*uɔ 布戍房子输课雨	
*ɔi 短袋螺碎坐爱		*uɔi 飞皮煤税火岁	
*œ 苎助初梳黍			*yœ 茄乳豆～
*ui 肥沸锤醉虮畏	*iu 住酒树球油		

*m/*p 尾韵

	*im 深婶金□鸟类的胃		
	*ip 入～被立～夏急		
*am 胆篮杉三暗	*iam 鬵淡□引诱		

*ap 答蜡铡甲鸽鸭	*iap 屐木～□挥手		
*ɛm 店念针蚕鹹	*iɛm 添镰尖盐欠		
*ɛp 贴捏涩十狭	*iɛp 碟接荚叶姓		

*n/*t 尾韵

	*in 瓶面脸藤秤新	*un 粪春船滚雲	*yn 根近忍引
	*it 笔直力七拭橘	*ut 出掘挖佛熨	*yt 乞～食□稠
*an 馒炭山肝汗雁	*ian 懒癣鳝团	*uan 盘鳗棺换万	
*at 辣捋割□拾	*iat 搦用肩扛□溅	*uat 钵泼阔罚袜	
*ɛn 板填莲前犬闲	*iɛn 变麵癫天年圆		
*ɛt 八密裂贼血压	*iɛt 篾獭铁舌热		
*ɔn 钝断嫩孙蒜魂		*uɔn 分椽砖关远	
*ɔt 屑垃圾骨滑核桃～		*uɔt 绝雪蕨髮	
			*yœn 毽件量词献
			*yœt 羯阉歇休息

*ŋ/*k、*ʔ 尾韵

	*iŋ 顶停灵星肯	*uŋ 崩放蜂□虹	*yŋ 等浓肿铳穷
	*ik 踢漆锡	*uk 腹木毒郭福	*yk 竹缩肉粥麯
*aŋ 平郑晴醒哽坑	*iaŋ 饼听岭声营	*uaŋ 梗菜～横	

*aʔ 白麦宅册隔客	*iaʔ 壁摘赤勺额	*uaʔ 劃笔～画动词
*ɛŋ 灯层羹调～硬		
*ɛk 得～罪色剋		
*ɔŋ 帮桩肠疮霜糠	*iɔŋ 帐让唱痒羊	*uɔŋ 光荒黄颜色
*ɔk 博换撮量词□剁	*iɔk 婥好	*uɔk 国
*ɔʔ 薄粕桌镯学	*iɔʔ 箬借尺石药	*uɔʔ 剥曝晒粟沃淋
*œŋ 梦网东虫双红		
*œk 北浊读六凿角		

自成音节鼻音

*n 伓不

上文 3.1 的研究表明原始宁德方言的*ua 韵在原始闽东区方言当中要分成两韵，*ua 韵（“瓜、花、画”等）和*uɑi 韵（“破、大、沙、我”等）。原始宁德方言的*ai 韵在原始闽东区方言当中也要分成两韵，*ai 韵（“派、治杀、蔡、□陶瓷器”等）和*ɑi 韵（“碓、腿、雷雷公”等）。

3.2 的研究则表明原始宁德方言的*œŋ 韵字在原始闽东区方言里一般读为*uŋ 韵（“网、东、虫、红”等），“双”则读*iuŋ 韵。原始宁德方言中不存在“窗～门”，但这个字在原始闽东区方言中的韵母应该也是**iuŋ 韵。原始宁德方言的*œk 韵字在原始闽东区方言里一般读为*uk 韵（“读、六、角”等），而“戳”读*iuk 韵。3.2 所提出的方案还需要解决一系列相关问题。比如，原始宁德方言“读”$^*t^hœk^8$和“毒”$^*tuk^8$在原始闽东区方言中的读音如何。①

根据 3.4 的研究，原始闽东区方言中恐怕不存在*εŋ 韵和*εk 韵。但能够构拟原始宁德方言*εk 韵的“侧侧身”和“色”在原始闽东区方言中有可能读作*ək 韵。原始宁德方言中读*œk 韵的“北”和“墨”也可以构拟原始闽东区方言的*ək 韵。元音*ə 有可能还出现在“犁农具之一、粞米磨的粉、西、□秒”。所以，原始宁德方言的*ε 韵在原始闽东区方言中要分成*ε 韵和*ə 韵。不过，至今为止支持构拟*ə韵和*ək 韵的证据还很不充分。这是特别需要强调的。

此外，在原始闽东区方言中恐怕不存在*iɔk 韵。从福鼎方言“伓爱不要”里的读音[m^{-33}]和《班华字典——福安方言》里的读音 m^6/$^*m^6$ 来看，“伓不”在原始闽东区方言里的读音应该是$^*m^6$。

综上所述，原始闽东区方言的韵母系统如下：

---

① 屏南方言“毒”一般读作[tuk^8]，表示“不很严重的毒”时则读[$t\underline{œ}k^8$]。[$t\underline{œ}k^8$]有可能是闽东区方言的固有读音。那么，原始宁德方言的$^*tuk^8$以及各地方言中与此对应的读音当为外来读音，不能在原始闽东区方言的层级上构拟原始形式。

阴声韵

	*i 鼻米二来字耳	*u 富浮露醋菇牛	*y 猪汝你鱼
*ɑi 碓腿雷雷公□嗦子		*uɑi 簸大濑沙我	
*a 爬饱茶咬孝芽下	*ia 蔗车坐~写也	*ua 瓜瓦花话	
*ai 拜菜屎害□埋	*iai 蛎寄鹅艾	*uai 拐歪	
*au 包昼午饭头糟九	*iau 庙钓照笑轿		
*ɛ 稗齐洗街矮	*iɛ 池弟紫世鸡肺		
*ɛu 雕愁吊料凑扣			
*ɔ 报帽做槽好袄		*uɔ 布戍房子输课雨	
*ɔi 短袋螺碎坐爱		*uɔi 飞皮煤税火岁	
*œ 苎助初梳黍			*yœ 茄乳豆~
(*ə 犁粞米磨的粉□耖)			
*ui 肥沸锤醉肌畏	*iu 住酒树球油		

*m/*p 尾韵

	*im 深婶金□鸟类的胃		
	*ip 入~被立~夏急		
*am 胆篮杉三暗	*iam 𩞀淡□引诱		
*ap 答蜡铡甲鸽鸭	*iap 屐木~□挥手		
*ɛm 店念针蚕鹹	*iɛm 添镰尖盐欠		
*ɛp 贴捏涩十狭	*iɛp 碟接荚叶姓		

*n/*t 尾韵

	*in 瓶面脸藤秤新	*un 粪春船滚雲	*yn 根近忍引
	*it 笔直力七拭橘	*ut 出掘挖佛熨	*yt 乞~食□稠
*an 馒炭山肝汗雁	*ian 懒癣鳝团	*uan 盘鳗棺换万	
*at 辣捋割□拾	*iat 揭用肩扛□溅	*uat 钵泼阔罚袜	
*ɛn 板填莲前犬闲	*iɛn 变 麵 癫 天年圆		
*ɛt 八密裂贼血压	*iɛt 篾獭铁舌热		
*ɔn 钝断嫩孙蒜魂		*uɔn 分椽砖关远	
*ɔt 屑垃圾骨滑核桃~		*uɔt 绝雪蕨髮	
			*yœn 犍件量词献
			*yœt 羯阉歇休息

*ŋ/*k、*ʔ 尾韵

	*iŋ 顶停灵星肯	*uŋ 蜂梦□虹东虫红	*yŋ 浓肿铳穷
		*iuŋ 窗~门双	
	*ik 踢漆锡	*uk 腹木读六凿角	*yk 竹缩肉粥麴
		*iuk 戳	
*aŋ 平郑晴醒哽坑硬	*iaŋ 饼听岭声营	*uaŋ 梗菜~横	
*aʔ 白麦宅册隔客	*iaʔ 壁摘赤勺额	*uaʔ 劃笔~画动词	
*ɔŋ 帮桩肠疮霜糠	*iɔŋ 帐让唱痒羊	*uɔŋ 光荒黄颜色	

*ɔk 博换撮量词□剁 *uɔk 国

*ɔʔ 薄粕桌镯学 *iɔʔ 箸借尺石药 *uɔʔ 剥曝晒粟沃淋

(*ək 北墨侧侧身色)

自成音节鼻音

*m 伓不

共有 81 个韵母，包括*ə、*ək 韵在内。这只不过是阶段性的结论。以上原始闽东区方言的韵母系统存在较为明显的不平衡之处。存在*ə、*ək 韵，而不存在*əŋ 韵。元音*ɑ 的分布也很有限。这些问题今后还需要继续研究。

3.6 屏南方言的归属

3.6.1 问题的提出

《中国语言地图集》把屏南方言归属于闽东区侯官片，《中国语言地图集》(第 2 版)则把它归属于闽东片侯官小片，都把屏南城关方言视为与广义的福州方言或闽东区南部方言之一。

秋谷裕幸(2010b)较为详细地讨论闽东区方言的分区，把屏南城关方言归属于闽东区南片福州小片，其处理与《中国语言地图集》和它的第2版大同小异。后来，秋谷裕幸(2017：132)则写道："屏南城关方言的位置要重新思考。这个方言和其他福州小片方言之间的差异较为明显。"可见，笔者对屏南城关方言的归属问题较为动摇。

本节根据本书所搜集的材料重新探讨屏南城关方言(下文称作屏南方言)的归属。

3.6.2 音韵特点

首先我们使用本书描写屏南方言的材料重新观察秋谷裕幸(2010b：50－63)提出的九个音韵特点的表现。

3.6.2.1 鼻音韵尾的对立(特点1)。屏南方言里不存在鼻音韵尾的对立，也不存在鼻音韵尾对立在主要元音、介音或元音韵尾上的反映。这是主要见于南片的表现。此举二例：

(1)"远"和"荒"

	泰顺	班华	屏南	宁德	福清	闽东
远	fuɔi^6	hun^6 /* hun^6	xouŋ^6	* huɔn^6	xuɔ̠ŋ^6	* xuɔn^6
荒	fɔ̃^{1}	hung^1 /* huŋ^1	xouŋ^1	* huɔŋ^1	xuoŋ^1	* xuɔŋ^1

《班华字典——福安方言》和宁德直接保存了鼻尾*n之*ŋ间的区别。在泰顺方言里鼻尾*n之*ŋ间的区别转换成介音和元音韵尾的区别了。

(2)“染”和“年”

	福安	《班华字典》	屏南	宁德	福清	闽东
染	niɐŋ^{3}	nim^{3}/*nim^{3}	neiŋ^{3}	*niɛm^{3}	nieŋ^{3}	*niɛm^{3}
年	niŋ^{2}	nin^{2}/*nin^{2}	neiŋ^{2}	*niɛn^{2}	nieŋ^{2}	*niɛn^{2}

《班华字典——福安方言》和宁德直接保存了鼻尾*m之*n间的区别。在福安方言里鼻尾*m之*n间的区别转换成主要元音的区别了。

其他例子参看秋谷裕幸(2010b：50－55)。

3.6.2.2　古浊入声的连读变调(特点2)。屏南方言里前字古浊入声的连读变调与前字阳去的连读变调不平行,不合乎北片的表现。参看2.1.3.3的表3。

3.6.2.3　通摄三等舒声的读音(特点3)。屏南方言读作撮口呼及其松音变体。比如“肿”读作[tsyŋ^{3}],“龙”读作[lœ̲eŋ^{2}]。这是南片的表现。北片则一般读作洪音。例如：

龙

泰顺lɤŋ^{2}|寿宁luŋ^{2}|福鼎luŋ^{2}|福安louŋ^{2}|班华loung^{2}/*loŋ^{2}|霞浦luŋ^{2}|屏南lœ̲eŋ^{2}|宁德*lyŋ^{2}|杉洋løŋ^{2}|大桥lyŋ^{2}|福州lyŋ^{2}|福清lyŋ^{2};闽东*lyŋ^{2}。

原始宁德方言的表现也不合乎北片的表现。请注意,这个音韵特点不引起原始韵类之间的合并。

3.6.2.4　果摄开口一等歌韵、合口一等戈韵帮组,即原始闽东区方言*uɑi 韵的表现(特点 4)。屏南方言的读音带有元音韵尾[i]。参看上文 3.1.2。

3.6.2.5 “鹅”类字,即原始闽东区方言*iai 韵字的表现(特点 5)。屏南方言读作[e]韵,与止摄开口三等支韵,即原始闽东区方言*iɛ 韵的读音相同。这是南片福州小片的表现。例如:

蛎牡蛎

泰顺 tia^6 | 寿宁 tia^6 | 福鼎 tia^6 | 福安 te^6 | 班华 tie^6/*$tiɛ^6$ | 霞浦 tia^5 | 屏南 te^6 | 宁德*tia^6 | 杉洋 $tiɐ^6$ | 大桥 tie^6 | 福州 tie^6 | 福清 tia^6;闽东*$tiai^6$;

弟阿~

泰顺 tei^6 | 寿宁 tie^6 | 福鼎 tie^6 | 福安 ti^6 | 班华 ti^6/*ti^6 兄~ | 霞浦 te^6 | 屏南 te^6 | 宁德*$tiɛ^6$ 兄~ | 杉洋 tie^6 单说 | 大桥 tie^6 单说 | 福州 tie^6 依~ | 福清 $tiᴇ^6$ 单说;闽东*$tiɛ^6$。

屏南方言“寄”读作[$keɐ^5$],为例外。

3.6.2.6 蟹摄开口三四等祭齐韵和摄开口三等支韵,即原始闽东区方言*iɛ 韵的音值(特点 6)。屏南方言读作[e]韵。这是常见于北片的表现。参看上面“弟”字的读音。《屏南县志·第三十四篇方言》里则记作[tie^6]。这是合乎南片的读音。可见,本书所记屏南方言的[e]韵缺乏时间深度。

3.6.2.7 宕摄开口三等药韵和梗摄开口三等昔韵,

即原始闽东区方言*iɔʔ韵的音值(特点 7)。屏南方言读作[ø]韵。这是常见于北片的表现。例如:

药

泰顺 iaʔ⁸韵! | 寿宁 yøʔ⁸ | 福鼎 io³ | 福安 jiʔ⁸ | 班华 yüi⁸/*jyiʔ⁸ | 霞浦 øʔ⁸ᵇ | 屏南 ø¹ | 宁德*iɔʔ⁸ | 杉洋 yɵʔ⁸ | 大桥 yøʔ⁸ | 福州 yɔʔ⁸ | 福清 yo¹;闽东*iɔʔ⁸。

《屏南县志·第三十四篇方言》里则记作[yø¹]。这是介乎南北之间的读音。福鼎方言的读音则是典型的南片读音。可见,本书所记屏南方言的[ø]韵缺乏时间深度。

3.6.2.8　阳平的调值(特点 8)。屏南方言的调值是[221],属于低调。这是北片的表现:

表 10　闽东区方言中阳平的调值

泰顺	寿宁	福鼎	福安	霞浦	屏南	宁德	杉洋	大桥	福州	福清
33	211	41	221	11	221	*21	21	33	52	44

泰顺方言的[33]和福鼎方言的[41]均为例外。需要指出的是其他福鼎境内方言的阳平调值还是属于低调。比如城关方言的阳平是[212],赤溪方言的阳平是[21]。参看秋谷裕幸(2010a: 26)。

3.6.2.9　阳入的调值(特点 9)。屏南方言的阳入是[43],比阴入[5]低。这是北片的表现:

表 11 闽东区方言中阴阳入的调值

	泰顺	寿宁	福鼎	福安	霞浦	屏南	宁德	杉洋	大桥	福州	福清
阴入	5	5	2	5	5、55	5	*5	35	1	23	21
阳入	43	2	5	2	3、33	43	*1	5	5	4	5

屏南方言的阳入[43]和福清方言的阴入[21]都是短促调。福鼎方言和杉洋方言的表现都是例外。需要指出的是其他福鼎境内方言表现合乎北片的表现。比如城关方言的阴入为[5],阳入为[23]或[23]赤溪方言的阴入为[5],阳入为[24]。参看秋谷裕幸(2010a：26)、秋谷裕幸(2010b：62－63)。关于杉洋方言阴阳入的调值,参看秋谷裕幸、陈泽平(2012：280)。

以上归纳成表 12。“南”表示“多见于闽东区南片的表现”,“北”则表示“多见于闽东区北片的表现”。请注意“南”和“北”都不表示具有鉴别意义的特点。在右角下加“音”字的是有关音值的特点,在斜线的后面是《屏南县志·第三十四篇方言》里的表现:

表 12 屏南方言的音韵特点

(1)	(2)	(3)音	(4)	(5)	(6)音	(7)音	(8)音	(9)音
南	南	南	南	南	北/南	北/南北	北	北

总的来说,屏南方言中合乎南片的音韵特点多于合乎北片的音韵特点,而且后者都是音值特点,属于表层的

特点。(6)和(7)的北片表现则都缺乏时间深度。

于是秋谷裕幸(2010b：65、70)认为屏南方言属于南片福州小片。

3.6.3　单字调和连读变调

然而自秋谷裕幸(2017：132)以后，笔者开始怀疑屏南方言的南片身份，主要是因为它的单字调系统是非常典型的北片单字调系统。试比较：

表 13　屏南方言和闽东区北片的单字调系统

	阴平	阳平	上声	阴去	阳去	阴入	阳入
屏南	443	221	41	335	224	5	43
寿宁	44	211	41	335	223	5	2
福安	443	221	42	335	223	5	2
霞浦	44	11	42	335	224	5、55	3、33
杉洋	433	21	41	335	112	35	5

这种一致恐怕不会是偶然的。关于这一单字调系统的分布，请参看秋谷裕幸、陈泽平(2012：276－278)。

需要指出的是屏南方言的连读变调。北片福宁小片较为常见的连读变调模式是前字阴平的连读调和前字阳去的连读调相同或相近，前字上声的连读调和前字阴去的连读调相同或相近，前字阳平的连读调则不与其余合并。本书 2.1.1.3 所描写的寿宁方言连读变调很有代表性。在单字调系统完全不一样的北片浙江小片的连读调里也能观察到这个特点，说明它具有早于原始福宁小片的来历。参看秋谷裕幸(2010b：69)。然而屏南方言不太显示这种连读变调特点。参看本书 2.1.3.3 的表 3。这是至关重要的。因为它表示彼此之间单字调的一致有可能不是源于共同的来源，而是横向渗透的结果。

3.6.4 词汇特点

秋谷裕幸、陈泽平(2012：216－236)根据 33 个词条考察了古田大桥方言和杉洋方言的词汇特点。本小节使用这一套词条考察屏南方言的词汇特点之一斑。编号也沿用了秋谷裕幸、陈泽平(2012：216－236)的编号。"南"表示"多见于闽东区南片的说法"，"北"则表示"多见于闽东区北片的说法"。在本小节声调标出实际调值。

(1) "下雨"([词]005)说"□雨"[tɔuŋ^{33} ŋy^{41}]。"南"

(2) "雹"([词]010)说"雹"[$\text{p}^{h}\underline{\text{œ}}\text{k}^{43}$]。"南"

(3) "女人"([词]056)说"妇女农"[xu^{11} ny^{11} nœŋ^{51}]。在闽东区，这个说法相当罕见。在闽东区，除了屏南方言以外，周宁方言也说"妇女农"[xu^{44} ny^{44} nœŋ^{44}](林寒生 2002：50)。闽北区有少数方言"女人"说"妇女人"。比

如，建瓯方言说“妇女人”[xu^{44} ny^{21} neiŋ^{22}]（北京大学2005：269），浦城山下方言说“妇女（人）”[xu^{52} ny^{31} (neiŋ^{22})]。“妇女侬”里的“侬”表示“人”，而屏南和周宁都离闽北区较近。可以推测，屏南方言以及周宁方言的“妇女侬”是闽北区方言词汇的渗透。

（4）“祖父（面称）”（[词]073）说“阿公”[a^{0} kuŋ^{443}]。“南”

（5）“祖母（面称）”（[词]074）说“阿妈”[a^{0} ma^{41}]。“南”

（6）“耳朵”（[词]112）说“耳囝”[ŋɛ^{33} iaŋ^{41}]。“南”

（7）“手指”（[词]119）说“指指”[tseiŋ^{11} nzai^{51}]。“南”

（8）“玩儿”（[词]400）说“□跳”[tʰa^{55} leu^{221}]。“北”

（9）“的”（[词]454）说“个”[ɛ^{0}]（<*ki^{2}）。“南”

（10）“湿”（[词]575）既说“澹”[taŋ^{221}]也说“灡”[laŋ^{224}]。南片说“灡”，北片则多说“澹”。

（11）“错”说“错”[tsʰɔ^{335}]。“北”

（12）“小孩儿”（[词]057）说“□□囝”[kɔ̱^{11} lɔ̱i^{11} iaŋ^{51}]或“□□”[kɔ̱^{11} lɔ̱i^{41}]。“北”

（13）“脖子”（[词]115）说“脰管”[ta^{33} uŋ^{41}]。“北”

（14）“大家”（[词]314）说“大家”[tai^{44} ka^{443}]。多数南片方言说“大家侬”。“南”

（15）“牙齿”（[词]509）说“喙齿”[tsʰu^{335} i^{51}]。“北”

（16）“肚子”（[词]513）说“腹肚”[puk^{4} tu^{51}]。“北”

（17）“跨”（[词]533）说“□”[xuak^{43}]。“北”

(18) “跑”([词]535)说“走”[$tsau^{41}$]。“北”

(19) “闻(用鼻子)”([词]546)说“嗅”[xiu^{335}]。“北”

(20) “饿”(参[词]589)说“饥”[kui^{443}]。“北”①

(21) “又”([词]595)说“又”[eu^{224}]。“北”

(22) “盛(饭)”(参[词]495)说“贮”[$tø^{41}$]。“南”

(23) “时候”([词]298)说“前后”[$sɛiŋ^{11}\ ŋau^{224}$]。“前后”是闽东区特有的说法,南片和北片都有分布。

(24) “今日”([词]347)说“今早”[$kaŋ^{335}\ nza^{51}$]。“北”

(25) “哭”([词]556)说“啼”[$t^{h}e^{221}$]。“南”

(26) “衣服”([词]162)说“袄裳”[$ɔ^{11}\ zøŋ^{51}$]或“袄”[$ɔ^{41}$]。在闽东区,这个说法较为罕见。除了屏南方言以外,古田境内方言也有同样的说法。大桥说“袄”[$ɔ^{41}$]、“袄裤”[$ɔ^{24}\ u^{433}$];杉洋说“袄”[$ɔ^{41}$]、“袄裤”[$ɔ^{44}\ k^{h}u^{44}$]、“衣裳”[$i^{11}\ lyoŋ^{41}$]、“衣裳袄”[$i^{11}\ lyoŋ^{44}\ ŋɔ^{41}$]。

(27) “稀(粥太～了)”([词]430)说“浅”[$ts^{h}eiŋ^{41}$]。在闽东区,这个说法较为罕见。除了屏南方言以外,古田境内方言也有同样的说法。大桥说“浅”[$tɕ^{h}ieŋ^{41}$];杉洋

---

① 南片福州小片福州方言和福清小片福清方言也用或用过“饥”。十九世纪的福州方言“肚子饿”也可以说“腹肚饥”[$pouk^{7}\ lɔ^{3}\ kui^{1}$](数字为调类)(陈泽平 2010：386)。不过这个说法对现在的福州人来说是完全陌生的说法。福清海口方言“饿”也可以说“饥”[kui^{51}](陈学雄 2017：附录第11页)。这两个方言里的“饥”应该是从闽北区方言等山区闽语沿着闽江传播到闽东区南片的词。参看秋谷裕幸、陈泽平(2012：235－236)。

说“浅”[tɕʰieiŋ41]。

(28) “想，思索，忖（～一～）”（[词]561）既说“忖”[tsɔuŋ221]也说“想”[søŋ41]。“忖”为北片的说法，“想”则为南片的说法。

(29) “窗户”（[词]039）说“床门”[kʰaŋ11 mouŋ51]或“床门囝”[kʰaŋ11 mouŋ13 ŋiaŋ51]。“南”

(30) “门坎儿”（[词]040）说“门□”[mouŋ11 tsɛiŋ-nzɛiŋ224]，后字的单字音声母为塞擦音[ts]。在闽东区，这个说法较为罕见。除了屏南方言以外，古田杉洋方言和寿宁斜滩方言也用这个字，杉洋说“门□”[muoŋ11 tsɛiŋ-ɲɛŋ112]，斜滩说“门□”[mʊŋ11 tsɛiŋ112]。秋谷裕幸、陈泽平（2012：232）认为这个说法是吴语处衢片词汇的渗透。

(31) “表示人称代词复数的成分”（[词]310～313）说“齐”[zɛ221～ɛ221]或“□农”[u44 nœŋ221]。“齐”是北片的说法。“□农”[u44 nœŋ221]是一个很少见的说法。除了屏南方言以外，目前仅发现古田平湖方言的用例，说“□农”[u55 nøyŋ33]（秋谷裕幸、陈泽平 2012：233）。

(32) “寻找”（参[词]386）说“□”[lɔ224]或“寻”[sɛiŋ221]。“寻”是北片的说法，但分布很有限。“□”[lɔ224]在闽东区的分布也很有限。除了屏南方言以外，古田大桥方言、寿宁方言以及浙江小片苍南炎亭方言也用这个词。比如大桥方言说“□”[lɔ224]。在福州方言中

“盲目寻找”说“□”[lɔ^{242}]，①也是同一个字。

(33)“窄”([词]571)说“窄”[tsa^{335}]。“南”

以上33条词条的各种说法当中，多见于南片的说法共有14个：

(1)“□雨”、(2)“雹”、(4)“阿公”、(5)“阿妈”、(6)“耳囝”、(7)“指指”、(9)“个”[ᴇ^{0}](<*ki^{2})、(10)“濫”、(14)“大家”、(22)“贮”、(25)“啼”、(28)“想”、(29)“尿门(囝)”、(33)“窄”。

多见于北片的说法共有15个：

(8)“□跳”[t^{h}a^{55} leu^{221}]、(10)“澹”、(11)“错”、(12)“□□囝”[kɔ̱^{11} lɔ̱i^{11} iaŋ^{51}]或“□□”[kɔ̱^{11} lɔ̱i^{41}]、(13)“脰管”、(15)“喙齿”、(17)“□”[xuak^{43}]、(18)“走”、(19)“嗅”、(20)“饥”、(21)“叉”、(24)“今早”、(28)“忖”、(31)“齐”、(32)“寻”。

南片的说法和北片的说法均衡出现。此外，(10)“湿”既用南片的“濫”也用北片“澹”，(28)“想”既用南片的“想”也用北片的“忖”。(20)“饿”说“饥”，这是多见于北片的说法。但是屏南方言“嘴馋”说“腹肚□”[puk^{4} tu^{51} ᴇu^{443}]，“□”[ᴇu^{443}]是在南片当中表示“饿”的词。

显而易见，闽东区南北片的词语在屏南交叉，充分地

① 承蒙陈泽平教授告知。

表现出屏南方言词汇闽东区南北片之间的过渡特点。这种情况与古田大桥方言和杉洋方言一致。参看秋谷裕幸、陈泽平(2012：235)。

我们还注意到有少数词语分布得十分有限。其中,(26)“衣服”说“袄裳”或“袄”;(27)“稀(粥太～了)”说“浅”;(31)“表示人称代词复数的成分”说“□农”[u^{44} $nœŋ^{221}$]都只分布在屏南方言和古田境内方言。另外,屏南方言“头发”([词]506)说“头发”[$t^{h}aŋ^{11}$ mok^{5}],前字的韵母和后字的声母都特殊。这个说法的前身显然是大桥方言的“头发”[$t^{h}au^{11}$ $muok^{1}$]。它的前字韵母还没有受到后字声母[m]的同化。

综上所述,就词汇特点而言,屏南方言和古田境内方言(福州小片和福宁小片)性质十分接近。

3.6.5 总结

屏南方言属于南片还是北片这个问题实际上就是怎么理解福宁片型单字调系统。参看上文 3.6.3。如果把这个单字调系统理解为福宁片特点的横向渗透,屏南方言就属于南片。不过,这个解释有一个难点。屏南方言的周边方言当中具有这个单字调系统的只有古田杉洋方言。临近的屏南黛溪方言和宁德方言的单字调系统都很独特,与表 13 的单字调系统不一样:

表 14 黛溪方言和原始宁德方言的单字调系统

	阴平	阳平	上声	阴去	阳去	阴入	阳入
黛溪	42、2	221	21	24	324	5	3
宁德	*44	*21	*41	*35	*41	*5	*1

原始宁德方言的上声*41 是短调，与长调的阳去*41 有区别。

杉洋方言不是强势方言，不大可能有力量对屏南城关方言起到作用，转变整个单字调系统。通过外方言的渗透改变整个单字调系统应该还要伴随其他语言特点的改变。不过，在屏南方言当中看不出像单字调系统这么明显的转变现象。

如果把这个单字调系统理解为屏南方言固有的单字调系统，它就属于北片。而且从表 12 屏南方言的音韵特点的表现来看，要把屏南方言作为北片当中的一个独立的小片。这个解释也有难点，即难以解释屏南方言与其他北片不同的连读变调。另外，采取这一方案，我们就要给单字调系统过重的谱系分类意义，而这使得在 3.6.2 里所讨论其他音韵特点的谱系分类意义大大降低。

总之，在发现更多的证据之前，屏南方言的归属只好存疑。

秋谷裕幸、陈泽平（2012：280－281）曾提出，“古田方言圈”是一个后起的方言圈。古田大桥方言属于南片，杉洋方言则属于北片。尽管如此，它们具有一些与众不同的共同特点。笔者认为屏南方言也属于古田方言圈。3.6.4 所讨论词汇方面的特点很清楚地表示屏南方言属于古田方言圈。还要指出的是本书 2.1.3.5 所描写的否定式。它是把词干声母的鼻音化和声调的交替来表示否定的构词法。这也是古田方言圈的重要特点之一。秋谷裕幸、陈泽平（2012：281）还谈到了经过音位处理后/ia/、/iai/、/iaʔ/和/iak/韵的具体音值。屏南方言只有/ia/和/iak/。例如：

	音位	大桥	杉洋	屏南
社	/sia^{6}/	siɐ^{6}	θiɐ^{6}	seɐ^{6}
獭	/$t^{h}iak^{7}$/	$t^{h}iak^{7}$	$t^{h}iak^{7}$	$t^{h}iak^{7}$
听	/$t^{h}\text{iaŋ}^{1}$/	$t^{h}\text{iaŋ}^{1}$	$t^{h}\text{iaŋ}^{1}$	$t^{h}\text{eˀɐŋ}^{1}$

屏南方言的/iaŋ/韵逢上声时读作[iaŋ]，其余则读[eˀɐŋ]，本书里均处理成 iaŋ。

这种位于介音/i/之后/a/的音值表现也是古田方言圈的特点。

《屏南县志·第三十四篇方言》第 755 页指出：

历史上的原因和地理的条件，使屏南人和古田人交往密切。因此，屏南话和古田话形成一个自具特色的小片，若把它们同闽东方言中南片话和北片话比较，也可以把屏南话和古田话这个小片看作是闽东方言中南片和北片之间的过渡片，它既具有南片话的主要特点，又具有北片话的某些特点。

虽然没有举出可作为证据的具体语言材料，但笔者全面赞同这一段话所提出的观点。这里所说的“这个小片”就是笔者所提出的“古田方言圈”。这个方言圈的方言中大桥方言的南片身份和杉洋方言的北片身份都较为明确。屏南位于这两地的北面，直线距离差不多。屏南方言的归属难以解决也可以从这种地理位置的角度去理解。

参考文献

秋谷裕幸（AKITANI Hiroyuki）2001 《吴语江山广丰方言研究》，[日本]爱媛大学综合政策研究丛书1（爱媛大学法文学部综合政策学科）。

——— 2005 《浙南的闽东区方言》，《语言暨语言学》专刊甲种之十二，中央研究院语言学研究所。

——— 2008 《闽北区三县市方言研究》，《语言暨语言学》专刊甲种十二之二，中央研究院语言学研究所。

——— 2010a 《闽东区福宁片四县市方言音韵研究》，福建人民出版社。

——— 2010b 论闽东区方言的分区，《罗杰瑞先生七秩晋三寿庆论文集》（余霭芹、柯蔚南[主编]，香港中文大学中国文化研究所吴多泰中国语文研究中心），47—76页。

——— 2012 《班华字典——福安方言》音系初探，《方言》2012年第1期，40—66页。

——— 2017 编纂汉语方言比较词典的设想——以《闽

东区方言比较词典》为例,《语言研究集刊》第 17 辑,115—134 页。

——— 2018 《闽东区宁德方言音韵史研究》,《语言暨语言学》专刊系列之六十,中央研究院语言学研究所。

——— 2019 原始闽北区方言里的*ə,《语言暨语言学》第 20 卷第 3 期,283—308 页。

秋谷裕幸、陈泽平 2012 《闽东区古田方言研究》,福建人民出版社。

秋谷裕幸、韩哲夫 2012 历史比较法和层次分析法,《语言学论丛》(北京大学中国语言学研究中心《语言学论丛》编委会)第 45 辑,277—335 页。

秋谷裕幸、汪维辉 2016 闽语中疑问代词用法的"若",《历史语言学研究》第十缉,111—122 页。

秋谷裕幸、赵日新、太田斋、王正刚 2002 《吴语兰溪东阳方言调查报告》,[日本] 平成 13—15 年度科学研究费基盘研究(B)(项目号: 13410130)"历史文献データと野外データの综合を目指した汉语方言史研究"研究成果报告书第二分册。

北京大学中国语言文学系语言学教研室 2005 《汉语方言词汇》(第二版重印本),1995 年第二版,语文出版社。

北京大学中国语言文学系语言学教研室编、王福堂修订

2008 《汉语方音字汇》(第二版重排本重印本),语文出版社。
北京语言大学语言研究所 2003 《汉语方言地图集调查手册》,澳门语言学会。
曹志耘 2017 《徽语严州方言研究》,北京语言大学出版。1996 年第一版([日本]好文出版)。
曹志耘、秋谷裕幸主编,曹志耘、秋谷裕幸、黄晓东、太田斋、赵日新、刘祥柏、王正刚 2016 《吴语婺州方言研究》,商务印书馆。
曹志耘、秋谷裕幸、太田斋、赵日新 2000 《吴语处衢方言研究》,[日本]好文出版。
陈鸿迈 1996 《海口方言词典》,江苏教育出版社。
陈学雄 2017 汉语福清方言の记述言语学的研究,[日本]神户市外国语大学博士学位论文。
陈泽平 2010 《19 世纪以来的福州方言——传教士福州土白文献之语言学研究》,福建人民出版社。
戴黎刚 2011 闽东宁德话的变韵,《语言学论丛》(北京大学中国语言学研究中心《语言学论丛》编委会)第 43 辑,129—163 页。
邓享璋 2006 福建省沙县盖竹话同音字汇,《开篇》vol.25,262—282 页,[日本]好文出版。
丁声树、李 荣 1981 《古今字音对照手册》,中华书局。

杜佳伦 2010 闽东方言韵变现象的历时分析与比较研究,《汉学研究》(汉学研究中心)第 28 卷第 3 期(总号第 62 号),197—229 页。

冯爱珍 1998 《福州方言词典》,江苏教育出版社。

福建省地方志编纂委员会 1998 《福建省志·方言志》(黄典诚[主编]、李如龙[副主编]),方志出版社。

——— 2004 《福建省历史地图集》(中华人民共和国地方志《福建省志》之一种,卢美松[主编]),福建省地图出版社。

福建省地方志编纂委员会、福建省地图出版社 1999 《福建省地图集》(中华人民共和国地方志《福建省志》之一种),福建省地图出版社。

福建省地图出版社 2007 《宁德市地图册》(黄哲武[主编]),福建省地图出版社。

福建省福安市地方志编纂委员会 1999 《福安市志》,方志出版社。

蓝运全、缪品枚主编 2000 《闽东畲族志》,民族出版社。

平田昌司(HIRATA,Shôji)主编,平田昌司、赵日新、刘丹青、冯爱珍、木津祐子、溝口正人 1998 《徽州方言研究》,[日本]好文出版。

平山久雄(HIRAYAMA,Hisao)1993 邵雍『皇极经世声音唱和图』の音韵体系,[日本]《东洋文化研究所纪要》第 120 册，49—107 页。
李　荣 1980/1985　吴语本字举例，《方言》1980 年第 2 期，137—140 页。收录于《语文论衡》(商务印书馆)，98—102 页。
——— 1990　飑风的本字(上)，《方言》1990 年第 4 期，241—244 页。
——— 1997　考本字甘苦，《方言》1997 年第 1 期，1—13 页。
李如龙 1997　《福建方言》，福建人民出版社。
林寒生 2002　《闽东方言词汇语法研究》，云南大学出版社。
林文芳、洪　英 2016　福建福清方言的松紧元音，《方言》2016 年第 3 期，316—322 页。
潘悟云 2009　吴语形成的历史背景——兼论汉语南部方言的形成模式，《方言》2009 年第 3 期，193—203 页。
屏南县地方志编纂委员会 1999　《屏南县志》，方志出版社。
盛益民、李旭平 2018　《富阳方言研究》，复旦大学出版社。
寿宁县地方志编纂委员会 1992　《寿宁县志》，鹭江出版社。
汪维辉 1990　《中国语文》1990 年第 1 期读后，《中国语文》1990 年第 6 期，463—464 页。
——— 2007 《〈齐民要术〉词汇语法研究》，上海教育出版社。
汪维辉、秋谷裕幸 2010 汉语“站立”义词的现状与历史，《中国语文》2010 年第 4 期，299—310 页。
——— 2014 汉语“闻/嗅”义词的现状与历史，*Language and Linguistics* 15(5)，699—732 页。
温昌衍 2012 《客家方言特征词研究》，商务印书馆。
吴姗姗 2012 四部福安方言韵书研究，福建师范大学博士学位论文。
叶太青 2003 屏南代溪话音系，福建师范大学硕士学位论文。
——— 2014 《北片闽东方言语音研究》，黄山书社。
游文良 2002 《畲族语言》，福建人民出版社。
项梦冰 2009 本字考证的音韵论证问题——《闽客方言与“脖子与下巴之间的部位”意义有关的本字》读后，收录于《方言论丛》(第一辑)(项梦冰主编，中国戏剧出版社)，211—224 页。
袁碧霞 2010 闽东方言韵母的历史层次，浙江大学博士学位论文。
赵 峰 2008 福安方言本字考释，《湖南医科大学学报(社会科学版)》第 10 卷第 5 期，86—88 页。

郑张尚芳 2005 由音韵地位比较来考定一些吴闽方言词的本字,《语言》第 5 卷,230—240 页。

中华人民共和国民政部 2017 《中华人民共和国行政区划简册·2017》,中国地图出版社。

中国社会科学院语言研究所 1981 《方言调查字表》,商务印书馆。

中国社会科学院、澳大利亚人文科学院 1988 《中国语言地图集》,香港朗文出版(远东)有限公司。

中国社会科学院语言研究所、中国社会科学院民族学与人类学研究所、香港城市大学语言资讯科学研究中心编 2012 《中国语言地图集》(第 2 版),商务印书馆。

周长楫 1998 《厦门方言词典》(第二版),江苏教育出版社。

IBAÑEZ, Ignacio 原著、CORNEJO, Blas 修订 1941-1943 *Diccionario Español=Chino, Dialecto de Fu-an*, Shanghai: Imprimerie Commerciale—"Don Bosco" School.

NORMAN, Jerry (罗杰瑞) 1974 The initials of Proto-Min, *Journal of Chinese Linguistics* 2-1, 27-36.

——— 1977-1978 A preliminary report on the dialects of Mintung, *Monumenta Serica* 33, 326-348.

——— 1979 The verb 治——A note on Min etymology,

《方言》1979 年第 3 期，179 - 181.

——— 1981 The Proto-Min finals, *Proceedings of the International Conference on Sinology, Section on Linguistics and Paleography* (Academia Sinica), 35 - 73.

——— 1983 Some ancient Chinese dialect words in the Min dialects,《方言》1983 年第 3 期，202 - 211.

——— 1984 Three Min etymologies, *Cahiers de Linguistique Asie Orientale* 13 - 2, 175 - 189.

THERAPHAN, L.-Thongkum 1993 A view on Proto-Mjuenic (Yao), *Mon-Khmer Studies* 22, 163 - 230.

图书在版编目（CIP）数据

闽东四县市方言调查研究 / (日) 秋谷裕幸著.
— 上海:上海教育出版社, 2020.8
ISBN 978-7-5444-9959-0

Ⅰ. ①闽… Ⅱ. ①秋… Ⅲ. ①闽语 – 方言研究
– 福建②闽语 – 方言研究 – 浙江 Ⅳ. ①H177

中国版本图书馆CIP数据核字(2020)第139640号

责任编辑 毛　浩
封面设计 陆　弦

闽东四县市方言调查研究
(日) 秋谷裕幸　著

出版发行 上海教育出版社有限公司
官　　网 www.seph.com.cn
地　　址 上海市永福路123号
邮　　编 200031
印　　刷 上海展强印刷有限公司
开　　本 787×1092　1/32　印张 28　插页 4
字　　数 475 千字
版　　次 2020年8月第1版
印　　次 2020年8月第1次印刷
书　　号 ISBN 978-7-5444-9959-0/H·0332
定　　价 198.00 元

如发现质量问题，读者可向本社调换　电话：021-64377165